organizadores

Júlio de Mello Filho e Miriam Burd

Doença & Família

Família materna de Júlio Mello Filho - O primeiro à direita de camisa listrada, em 1946

organizadores
Júlio de Mello Filho e Miriam Burd

3ª edição revisada e ampliada

Doença & Família

Artesã

Doença e Família

3ª edição revisada e ampliada

DIRETOR
Alcebino Santana

DIREÇÃO DE ARTE
Tiago Rabello

COORDENAÇÃO EDITORIAL
Michelle Guimarães El Aouar

REVISÃO
Giovanna Marques Hailer Felipe

CAPA E ILUSTRAÇÃO
Carol Matoso

FOTO DA PÁGINA 1
Família materna de Júlio Mello Filho - O primeiro à direita de camisa listrada, em 1946

PROJETO GRÁFICO E DIAGRAMAÇÃO
Conrado Esteves

D651 Doença e família / organizadores: Júlio de Mello Filho , Miriam Burd. – Belo Horizonte : Artesã, 2023.

456 p. : il. ; 28 cm.

ISBN: 978-85-7074-064-9

1. Psicologia. 2. Saúde da família. 3. Doenças. I. Mello Filho, Julio de, 1933-. II. Burd, Miriam.

CDU 159.9

Catalogação: Aline M. Sima CRB-6/2645

IMPRESSO NO BRASIL
Printed in Brazil

(31)2511-2040 (31)99403-2227
www.artesaeditora.com.br
Rua Rio Pomba 455, Carlos Prates - Cep: 30720-290 | Belo Horizonte - MG
/artesaeditora

Aos meus pais, Marin e Fortunée (in memorian), e à minha irmã Sonia, que me ensinaram o que é ter e ser uma família.

Ao meu esposo, Alberto, e à minha filha Simone, que são a minha família.

Miriam Burd

Aos meus irmãos Paulo Júlio, Rosa Maria, Cristina Maria e Geraldo Júlio (in memorian), por terem conseguido manter e levar a tocha da família por tanto tempo e com dignidade.

Júlio de Mello Filho

Sumário

Terceira parte

Doença e família, um livro inédito

Júlio de Mello Filho e Miriam Burd se encontraram e se conheceram na Universidade do Estado do Rio de Janeiro (UERJ), no curso de Pós-Graduação da Disciplina de Psicologia Médica em 1994, sendo ele o coordenador do curso, e ela, então, aluna.

A amizade entre os dois se fortaleceu com o trabalho de atendimento psicológico a pacientes diabéticos no Hospital Universitário Pedro Ernesto (HUPE-UERJ), quando Miriam Burd demonstrou a sua grande aptidão para trabalhar com pacientes psicossomáticos e Júlio de Mello Filho se mantinha sempre como se fosse seu eterno supervisor.

Esse trabalho foi inserido no livro de Júlio de Mello Filho, *Grupo e Corpo: psicoterapia de grupo com pacientes somáticos* (2000), e se tornou uma referência para o atendimento psicossocial do paciente diabético em nosso meio.

No início do ano de 2001, surgiu a ideia da publicação do atual livro juntando a experiência dos dois autores em trabalhos com pacientes orgânicos, no consultório e na Universidade. O tema que sempre foi muito caro para os autores foi desenvolvido e o livro foi uma oportunidade para fazer uma revisão geral sobre a questão da família em pacientes somáticos e psicossomáticos.

O livro compreende um conjunto de trabalhos sobre o surgimento da doença somática na família, na decorrência de conflitos intrafamiliares e, por outro lado, as repercussões das doenças somáticas na família e em seus componentes.

Foram convidados colegas do Rio de Janeiro, São Paulo, Belo Horizonte, Florianópolis e Porto Alegre para aumentar a amplitude desse livro e colher experiências várias, estendendo assim o número de clínico-investigadores participantes.

Como se trata de um livro com temas inéditos em nosso meio, consideramos uma espécie de marco zero entre as possíveis publicações nesse assunto.

No ensejo, agradecemos à dedicação de nossas secretárias, Sabrina Augusto de Pinto Aleixo, Kátia Álvares e Renata Méier, e a Alberto Burd pelo seu incansável trabalho desenvolvido, sem o qual esse livro não teria sido possível.

Agradecemos também aos colegas psicanalistas da Sociedade Brasileira de Psicanálise do Rio de Janeiro (SBPRJ), Eliane Pessoa de Faria e Joaquim Amélio Couto Rosa, pela ajuda prestada por meio da bibliografia referente ao tema Desenvolvimento, e à bibliotecária da mesma instituição, Eliana Maria de Carvalho Lobo.

Os Coordenadores.

Miriam Burd

Psicóloga Especialista em clínica, escolar e hospitalar, nascida no Estado do Rio de Janeiro, sempre achou importante trabalhar com a família de seus alunos e orientandos, na escola, no hospital e no seu consultório particular. É diplomada pela Universidade do Estado do Rio de Janeiro (UERJ), tanto em nível de formação e pós-graduação (Psicologia Médica), e pelo Instituto de Medicina Psicossomática (RJ), onde foi membro titular e Diretora Clínica.

Especialista em Edição e Gestão Editorial pelo NESPE/Ítalo-Brasileiro-SP.

Foi em 1994 que começou a trabalhar com Júlio de Mello Filho na Universidade do Estado do Rio de Janeiro (UERJ), no Hospital Universitário Pedro Ernesto (HUPE--UERJ), principalmente no Ambulatório de Diabetes e Metabologia, e como professora convidada do Curso de Pós-Graduação em Psicologia Médica da referida Universidade. Na coordenação deste livro, trabalhou o tempo todo a quatro mãos com Júlio de Mello Filho, de 2001 a 2003.

Com textos publicados a respeito do trabalho com pacientes somáticos e psicossomáticos (em artigos, em revistas especializadas e como coautora do Capítulo: Grupos com Diabéticos, no livro de Júlio de Mello Filho, *Grupo e Corpo: Psicoterapia de grupo com pacientes somático,* Artmed, 2000, que ainda é considerado referência para o atendimento grupal a pacientes somáticos e psicossomáticos, e em seu primeiro livro solo *A Criança Diabética e o diabetes – uma visão psicossomática de 2007,* que é uma revisão ampliada e atualizada de sua monografia) firmou-se como escritora e coorganizadora de livros sobre o tema.

Para a autora e coordenadora deste livro (...) "Por meio dos séculos, a família está sempre sendo reinventada, mas como característica primordial ela deve poder conter e lidar no seu seio, como *num continuum*, com a saúde e a doença de seus membros".

Ela espera que os leitores se beneficiem da sua leitura e que a mesma os ajudem a trabalhar com os seus pacientes e suas famílias.

Júlio de Mello Filho

Júlio nasceu em Recife, Pernambuco, filho de uma família local, tendo sido seu avô Governador do Estado. Iniciou seus estudos na Faculdade de Medicina da Universidade Federal de Pernambuco, transferindo-se para o Rio de Janeiro no meio do curso, onde se diplomou pela Uni-Rio em 1957.

Dedicou-se de início à Clínica Médica, tornado-se assistente do lendário Professor Magalhães Gomes, da Universidade Federal do Rio de Janeiro, na Santa Casa de Misericórdia e no Hospital Universitário Pedro Ernesto. Fundou o primeiro Ambulatório de Doenças do Colágeno do Brasil, que logo se tornou referência nacional.

Iniciou sua formação como Analista na Sociedade Brasileira de Psicanálise do Rio de Janeiro e, desde então, se entregou à prática analítica individual e de grupos, tendo sido Presidente da Sociedade de Psicoterapia Analítica de Grupo do Estado do Rio de Janeiro.

Encontrou na psicossomática o seu espaço transicional ideal entre a clínica e a psicanálise e fez deste o seu principal campo de batalha, tendo sido Presidente da Associação Brasileira de Medicina Psicossomática, fundando associações regionais em várias cidades do país. Participou do movimento que tornou obrigatório o ensino de Psicologia Médica nas Faculdades de Medicina brasileiras e foi um dos primeiros professores desta disciplina no Brasil.

Seus livros *Concepção Psicossomática* e *Psicossomática Hoje* são adotados nas Disciplinas de Psicologia Médica e de Psicologia Hospitalar de todo o país e são referências obrigatórias na bibliografia de concursos para psiquiatras e psicólogos.

Seu interesse nos problemas familiares em Medicina existe desde seus tempos de clínico quando testemunhou, por exemplo, crises conjugais desencadeando ou agravando casos de *lúpus sistêmico* ou o advento de um quadro dramático de demência num paciente fazendo desencadear várias somatizações importantes na esposa e na filha.

Quando Chefe do Setor de Psicossomática do Serviço do Professor Lopes Pontes (UFRJ), deparou-se com famílias que se tornavam omissas e levavam pacientes somáticos ao óbito ou com outras que provocavam internações hospitalares porque não queriam cuidar dos seus enfermos somáticos idosos. Ao mesmo tempo, dava conta da verdadeira tragédia que era o advento de uma doença somática severa no pai ou líder de uma família ou em uma mãe de filhos pequenos.

Por tudo isso, iniciou um trabalho de visitação familiar com estudantes de Medicina e um acompanhamento das visitas familiares por estudantes de Medicina e de serviço social.

Trabalhou no Hospital Universitário Pedro Ernesto, supervisionando alunos de pós-graduação que estagiam nas áreas de diabete, nefrologia e reumatologia. No diabete, é fácil constatar o grande envolvimento emocional da criança e do adolescente com suas mães, em torno da dieta, das injeções de insulina e dos demais medicamentos. Daí resulta uma relação simbiótica, ambivalente e nociva para o tratamento como um todo. O autor advogou o uso de grupos terapêuticos para os pacientes e de orientação para as suas mães.

Na Nefrologia, o trabalho centrou-se no apoio psicoterápico aos pacientes hemodializados (rim artificial) e no complexo processo dos transplantes renais com doadores familiares em que se forma uma dupla receptor-doador sujeita a dúvidas, ambivalências, receios, culpas, cobranças, desistências, processo este que é tratado em psicoterapias breves com a pessoa do receptor (ou da dupla).

Já na Reumatologia, dedicou-se ao enfoque grupal de pacientes com lúpus, estudando sobremodo as repercussões no casal dos quadros de frigidez reacional das pacientes, ocasionando rupturas conjugais e outros distúrbios do casal e da família. Também estudou a respeito da fibromialgia, no que concerne às dificuldades sexuais das pacientes repercutindo, igualmente, na dinâmica do casal e na estrutura familiar.

Júlio de Mello Filho nos deixou há alguns anos atrás, abrindo uma lacuna na clínica e na literatura especializadas em psicologia médica e psicossomática. Este livro revisto e atualizado, em nova edição da Editora Artesã, consagra o quanto o tema é importante para todos que estudam e militam na área.

Livros publicados

Concepção Psicossomática: Visão Atual – Júlio de Mello Filho. 9ª Edição.SP: Ed. Casa do Psicólogo.

O Ser e o Viver: uma visão da obra de Winnicott – Júlio de Mello Filho. 3ª Edição. SP: Ed. Casa do Psicólogo.

Psicossomática Hoje, 2ª Edição. Júlio de Mello Filho e Miriam Burd, organizadores. PA: Artmed/Grupo A. 2010.

Winnicott: 24 anos depois. Júlio de Mello Filho e Anna Melgaço (org.) RJ: Ed. Revinter.

Grupo e Corpo: psicoterapia de grupo com pacientes somáticos. Júlio de Mello Filho (org.). SP: Ed. Casa do Psicólogo.

Doença e Família – Júlio de Mello Filho, Miriam Burd e Colaboradores. SP: Editora Casa do Psicólogo, 2004/2010.

Identidade Médica – Júlio de Mello Filho (org.). SP: Editora Casa do Psicólogo.

A Criança e o diabetes – uma visão psicossomática – Miriam Burd. RJ: Auto publicação, Gráfica Trena. 2007.

Novas Configurações Familiares – desafios e soluções para a terapia familiar com pacientes crônicos – Miriam Burd. RJ: Editora WAK, 2015.

Prefácio à primeira edição

David Epelbaum Zimerman

Além de ter sido honrado pelo convite para prefaciar o presente livro, também fui brindado com o privilégio de fazer uma agradável leitura – e um aprendizado – de importantes temas acerca dos múltiplos e variados aspectos que cercam o dia a dia da prática médica, notadamente os que se referem à fundamental participação da família – quer de forma positiva ou negativa – durante o processo de doença de um familiar. Gostei bastante deste novo livro, por uma série de razões que passo a enumerar.

1. Os organizadores – Júlio de Mello Filho e Miriam Burd –, somados a uma equipe de competentes colaboradores, dão um selo de credibilidade e de garantia de que se trata de uma obra séria e de grande utilidade na prática clínica de todos interessados. Conheço Júlio de longa data, e este novo lançamento reforça a admiração que nutro por ele, entre outras razões pelo seu pioneirismo em divulgar, por exemplo, a relevância dos fatores psicológicos na medicina psicossomática e, também, a obra de Winnicott. Minha relação com Miriam Burd é mais recente, porém é transparente que se trata de uma pessoa dinâmica, séria e qualificada, o que é fácil comprovar neste próprio livro, em que ela contribui com capítulos de excelente qualidade.

2. A ciência contemporânea é regida pelo princípio de uma "visão sistêmica", ou seja, já não mais se admite que um determinado ramo científico possa se manter independente dos demais; pelo contrário, todos eles, de uma forma ou outra, estão interligados, se complementando e se influenciando reciprocamente. Da mesma forma também os grupos humanos – o da família, por exemplo – constituem um sistema parcial que, por sua vez, interage com outros sistemas parciais, compondo uma totalidade bastante mais complexa, porém que permite uma visão globalista bastante mais fascinante, enriquecedora e que amplia nossos conhecimentos e a capacidade de usá-los. Em meu entender "Doença e Família", por meio da colaboração de médicos, psicólogos, psiquiatras, grupoterapeutas e psicanalistas, com um diversificado enfoque de uma constelação de aspectos que cercam a saúde, a doença, o doente, o pessoal médico e a família do doente, atinge o objetivo de dar uma dimensão sistêmica ao livro. O capítulo inicial – A família como sistema – excelente trabalho de Luiz Carlos Osório, dá bem uma clara evidência do espírito da totalidade da obra.

3. Assim, o livro está bem sistematizado, dividido em quatro partes, cada uma delas reunindo capítulos que abordam mais especificamente os temas respectivamente referentes à teoria,

notadamente no que diz respeito à família; ao ciclo vital, percorrendo todas faixas etárias, desde a condição do psiquismo fetal até as características das doenças orgânicas, do psiquismo e os vínculos próprios da velhice; a terceira parte privilegia um aprofundamento nos diversos tipos de doenças e doentes, tanto em situações agudas, como as crônicas e as doenças terminais, com o enfrentamento do problema da morte; a última parte se dedica a mostrar as diversas abordagens terapêuticas da família e a psicoterapia familiar.

4. Embora haja essa – didática – divisão em partes distintas entre si, a unidade do livro está garantida, porque todos os capítulos convergem e estão unidos por um elo comum, que é o da família em suas inúmeras interfaces.

5. Existe um merecido destaque relativo às vicissitudes do desenvolvimento emocional primitivo e, neste particular, cabe louvar o substancioso capítulo "O desenvolvimento e a família", de Júlio Mello Filho, que nos presenteia com uma excelente revisão dos principais autores sobre essa temática, como Spitz, Bowlby, M. Klein, Winnicott, Anna Freud, M. Mahler e importantes autores franceses, entre outros mais.

6. Outro aspecto que a mim agrada especialmente é que praticamente todos capítulos estão enriquecidos com convincentes ilustrações da prática clínica nos respectivos campos de trabalho de cada autor. Isso dá um importante recurso didático à obra. Pode servir como ilustração o convincente trabalho "Anamnese da Família: Genograma e Linha de Tempo", em que as autoras descrevem como fazer a construção do genograma familiar, isto é, a visão gráfica de, pelo menos, três gerações da família, por meio de símbolos padronizados, obtidos em entrevistas com uma ou mais pessoas da família, tudo isto ilustrado com um belo exemplo clínico.

7. Particularmente, considero bastante enriquecedor o fato de muitos autores terem destacado o manejo terapêutico em geral, e o aproveitamento de alguma modalidade de terapia grupal, em especial.

8. É possível que alguns leitores considerem que pela razão de que são muitos autores que abordam temas aproximados, os conceitos emitidos se tornem muito repetitivos; em minha visão particular, eu entendo que essa repetição adquire uma significação positiva, porquanto ela ajuda o leitor a fazer uma mais consistente memorização e elaboração dos princípios fundamentais que constituem a essência do livro.

Um ponto fundamental para que um livro como este seja considerado como muito bom é quando ele atinge a meta de despertar indagações na mente do leitor, estimulando-o a fazer reflexões e conexões com a prática clínica de cada um de nós. Foi o que aconteceu comigo: no curso da leitura deste *Doença e Família*, senti-me instigado a fazer as aludidas reflexões clínicas, as quais eu gostaria de partilhar com os leitores. Assim, após uma cuidadosa leitura do livro, eu logo pensei no fato de que há uma unânime concordância sobre a importância do comportamento da família em qualquer ato médico mais significativo; no entanto, justamente por essa reconhecida relevância, alguns aspectos merecem uma atenção mais particularizada, tal como, me parece, são as seguintes:

• As distintas configurações vinculares das famílias. Ninguém mais contesta a existência de dois fatos: um é que a família tradicional vem sofrendo sucessivas, profundas e aceleradas transformações (como é, por exemplo, a "redefinição de papéis" de cada membro da família, da mulher principalmente; ou o grande número de divórcios, seguidos de novos casamentos, em que cada cônjuge entra com seus filhos de casamentos anteriores, etc.). Um segundo fato é que cada família, conforme a configuração vincular que predominar, adquire características próprias e especiais, o que vai determinar uma significativa influência no andamento da doença, do doente e, não raramente, no médico. Destarte, de forma bastante sintetizada, cabe assinalar algumas modalidades de famílias típicas, como: "aglutinadas" (caracterizadas por uma simbiose generalizada que reforça uma forte e mútua dependência exagerada entre todos, de modo que a ansiedade de cada um contagia os demais, fato que, muitas vezes, pode prejudicar a evolução da doença). Outra possibilidade é a da "família dispersada" (em que prevalece uma falta de coesão entre os membros de modo que impera a lei de "cada um por si e Deus por todos"). Famílias "aquarteladas" significa que elas se caracterizam pelo fato de que lembram um quartel, comandadas por um chefe que toma todas as decisões, não permite nenhuma troca de ideias, comanda a tudo e todos e tenta fazer o mesmo com o médico. As "famílias narcisistas", em que todos os membros se consideram perfeitos e se jactam disto, costumam se desestruturar diante de uma doença grave de alguns deles. Também existem as "famílias psicossomáticas" cuja maior característica consiste numa cultura familiar voltada para a doença, com diversas formas de somatizações ou são típicos portadores de quadros hipocondríacos; ou ainda, fóbicos, extremamente ansiosos e alarmados; ou ansiogênicos e alarmistas, a qualquer indício de doença ou a problemas ligados à ideia de morte. É claro que, além das famílias naturalmente normais e bem adaptadas diante de doenças, poderíamos acrescentar famílias de tipo obsessivo, depressivo, paranoide (desconfiados, beligerantes e criadores de casos); esquizoide; histérico (pessoas com características histéricas têm propensão a extrair um "benefício secundário" da doença, de sorte a poder cronificá-la); psicopático, famílias cuja principal defesa é a negação; famílias com características sádico-masoquistas (cuidado: nestes casos existe uma forte tendência de o médico ser pressionado para fazer intervenções cruentas ou cirurgias desnecessárias em algum paciente no papel de masoquista, conluiado com o papel de sadismo de parte da família); etc., cada uma com suas peculiaridades e idiossincrasias que, de uma forma ou outra, influenciam o ato médico, como uma totalidade.

• Transgeracionalidade. Identificações. É importante lembrar que existe uma forte tendência de que essas características peculiares se reproduzam nas sucessivas gerações, através de um constante e variado complexo de identificações projetivas e introjetivas, de todos com todos. Cabe mencionar dois exemplos bastante frequentes: um é o que refere ao "paciente identificado", ou seja, aquele membro da família que, de forma inconsciente, foi escolhido pelos demais familiares para exercer o papel de "bode expiatório", e que fica sendo o portador de todas as mazelas psíquicas que os outros projetam nele, assim negando a parte doente de cada um deles. Um segundo exemplo consiste no processo que, particularmente, denomino como "identificação com a vítima", em que certas pessoas sentem uma obrigação, provinda de mandamentos inconscientes, de adoecer da mesma forma como é (ou foi) o martírio da doença da mãe, ou pai, ou irmãos, etc. Uma eloquente amostra disso é o surgimento ou o agravamento de alguma doença no sujeito durante o período de aniversário de morte de algum familiar especialmente significativo.

• Doenças de fundo hereditário. Neurociências. Psicoimunologia. Cada vez mais, fica claro o grande número de situações (como em casos de câncer, cardiopatias, etc.) em que fica transparente a transmissão genética de uma forte tendência à repetição de certas doenças ao longo de gerações. O reconhecimento dessa relativamente alta probabilidade, por um lado representa um aspecto positivo porque possibilita uma melhor prevenção da doença, porém também acarreta culpas – de consequências, às vezes, maléficas–na mãe, ou no pai, que transmitiu a herança da doença. A carga hereditária está intimamente conectada com a morfologia e a fisiologia do sistema nervoso, com conexões neuronais, secreções de neurotransmissores, serotoninas, cortisol, etc., de sorte que as neurociências, pelo mapeamento de zonas cerebrais, objetivam iluminar os circuitos cerebrais das emoções, especialmente em relação àquelas que estabelecem uma integração entre corpo, mente e espírito. Uma relevante aplicação na prática clínica, resultante da compreensão das descobertas das neurociências, reside no que podemos chamar de "psicoimunologia", ou seja, a estreita relação das emoções, mais notadamente as depressivas, com o sistema imunológico. A comprovação clínica dessa afirmativa tanto pode transparecer em situações banais (por exemplo, um estado depressivo facilita o surgimento de uma gripe porque as defesas imunológicas ficam debilitadas), até situações mais sérias, como um pós-operatório melhor ou pior, conforme se comportar o sistema imunológico, dentro da máxima de que "se o sujeito pensa positivamente, a sua imunologia também responde positivamente, e vice-versa". Outro exemplo, ainda a ser comprovado cientificamente, é a possibilidade de que o largo espectro de "doenças autoimunes", – também de natureza hereditária e constitucional –, algumas bastante graves, esteja obedecendo a este circuito dos aspectos biológicos cerebrais em recíproca conexão com os emocionais.

9. Finalmente, é necessário destacar que, em sua grande maioria, os capítulos deste livro são seguidos de uma extensa bibliografia, bastante atualizada e bem selecionada, que possibilita ao leitor aprofundar os conhecimentos que mais de perto lhe digam respeito.

Em síntese, considero Doença e Família um livro que necessariamente deve fazer parte da biblioteca de todos aqueles que têm algum tipo de interesse no conhecimento e manejo dos vínculos e do, muitas vezes, conturbado campo dinâmico psíquico, que entrelaça o doente, a doença, o médico e a família do doente.

Prefácio à nova edição do livro *Doença e família*

Dezoito anos se passaram da primeira edição do livro *Doença e família* e, voltando no tempo, lembro-me como se fosse hoje da noite de autógrafos no Rio de Janeiro. Ela aconteceu nos jardins do Palácio do Catete, na então Livraria República. Mais de trezentas pessoas estiveram lá para prestigiar esse novo livro de Júlio de Mello Filho com outra coorganizadora, cuja maioria não conhecia, chamada Miriam Burd. Foi assim que passaram a me conhecer.

Era aniversário de Júlio de Mello Filho e um grande bolo de aniversário foi preparado para cantar os parabéns. Discursos e palmas se fizeram presentes. Era uma noite estrelada e deliciosa. Alguns autores trouxeram a família, os filhos. Então, não era um livro sobre a família? Era um livro sobre a família. E a doença onde estava? Estava no belo trabalho escrito por esses mesmos autores que estavam lá "se" e "nos" prestigiando. A família de Júlio estava lá comemorando. A minha família foi também. Tratava-se de uma festa das famílias.

A autora Therezinha Penna foi convidada para representar todos os demais autores do livro e discursou com muita propriedade sobre a obra. E a noite transcorreu sem percalços, como um sonho que se sonha junto. Lembro-me da minha fala: naquela noite, falei da letra da música *Prelúdio*, de Raul Seixas:

> *"Sonho que se sonha só*
> *É só um sonho que se sonha só*
> *Mas sonho que se sonha junto é realidade".*

Tratava-se de um sonho nosso se tornando realidade, com dedicação e trabalho de todos. E deu muito trabalho por se tratar de um tema inédito. Os autores precisaram escrever sobre uma prática que todos os demais faziam, mas não "sabiam" que faziam.

– "O trabalho com a família dos pacientes? Sim, nós fazemos. Mas ainda não paramos para pensar... muito menos para escrever sobre esse trabalho", nos diziam alguns autores que foram convidados.

E eles pararam para pensar e escreveram lindamente.

E o livro saiu: grande, bonito, robusto. Um grande livro de referência. Temos que agradecer a todos que sonharam junto. E aconteceram outras noites de autógrafo em São Paulo, Belo Horizonte. Outros grandes acontecimentos.

E eis que uma nova edição está agora sendo reimpressa, com uma nova Editora, a Artesã. Obrigada, Artesã, por esse sonho que está sendo novamente realizado. Foi importante não deixar "morrer" esse sonho que se sonhou junto. O livro *Doença e Família* continuará com a sua trajetória.

O livro foi revisado e capítulos atualizados. A foto da capa e a foto da família materna de Júlio continuarão na nova edição. Lá está ele à direita, no cantinho, um pré-adolescente de camisa listada.

Meu professor e amigo Júlio de Mello Filho foi-se para outra dimensão do "viver" e do "sonhar"..., mas estará sempre conosco, sonhando e fazendo acontecer... Ele me ensinou a sonhar e a fazer. E como ele fazia, também entrava no sonho dos outros e entrou no meu. Júlio deixou um legado, o mais importante, que foi de ensinar a sonhar e fazer o sonho acontecer.

Obrigado, amigo, por sonhar junto... Foi muito bom sonhar e fazer junto o que se tornou e continua se tornando realidade. Onde você estiver, essa nova edição é para você... É para todos nós, os autores, que sonharam e fizeram a realidade acontecer. Muito obrigada a todos!

Os organizadores

Miriam Burd

Júlio de Mello Filho (*in memoriam*)

PRIMEIRA PARTE

Capítulos introdutórios

CAPÍTULO 1

A família como sistema

Luiz Carlos Osorio

A grande mudança paradigmática ocorrida em meados do século XX no campo das ciências em geral, e no das ciências humanas em particular, foi o advento do chamado "pensamento circular ou sistêmico", que veio contrapor-se ao denominado "pensamento linear", até então hegemônico, como balizador da aquisição do conhecimento humano.

O pensamento linear, padrão causa-efeito, tinha como fundamento a noção de que todo o fenômeno observado se originava de um agente determinante e que, para compreendê-lo, tornava-se imperioso identificar esse agente e sua forma de agir na geração do fenômeno em questão. "Sublata causa, tollitur effectus" (eliminada a causa, o efeito desaparece) era o axioma emblemático desse paradigma cognitivo que pautou a evolução científica até décadas atrás.

Freud, filho de sua época e criado na tradição determinista gerada por essa ótica reducionista que a tudo buscava explicar com a identificação de suas causas, não fugiu aos preceitos do paradigma linear, cartesiano, os quais alicerçavam o pensamento científico de então. Assim, tratou de identificar nos subterrâneos da mente o que pudesse dar sentido aos fenômenos psicopatológicos que observava, estabelecendo relações de causa-efeito entre o registro traumático de experiências passadas e os sofrimentos psíquicos atuais de seus pacientes. Tudo conforme o figurino do paradigma então vigente, que sustentou os delineamentos de sua teoria do determinismo psíquico, em que a leitura vertical do que se passava na mente humana levava à forçosa conclusão de que efeitos presentes só poderiam advir de causas passadas, fossem essas fruto de ações reais ou fantasiadas.

Ora, por extensão e metaforicamente, a família era visualizada sob a ótica psicanalítica como um feixe piramidal (ou árvore genealógica), em que cada elemento se originava dos anteriores e dele obtinha seus significados.

Não muito distante, no tempo e espaço das formulações do gênio criador da psicanálise que revelou ser o inconsciente o reduto das grandes causas para os efeitos psíquicos observados, surgiam os primeiros vagidos da que seria, como assinalamos, a grande mudança paradigmática na forma como desde a antiguidade buscava-se entender a natureza física, bem como a humana.

Em 1910, ao elaborar sua teoria dos tipos lógicos, **Bertrand Russell** (9) postula não ser possível uma classe (grupo) ser membra de si mesma, assim como um de seus membros não pode ser a classe (grupo), abrindo caminho para a formulação do princípio da não somatividade, uma das pedras angulares da teoria dos sistemas, como veremos a seguir. Segundo esse princípio, um sistema (por hipótese, a família) não pode ser entendido como a mera soma de suas partes (indivíduos) e os resultados da análise dos segmentos isolados não podem se aplicar ao conjunto como um todo.

A ***teoria geral dos sistemas*** foi elaborada e sistematizada por ***von Bertalanffy*** (3) a partir da década de 20. Depois da teoria psicanalítica e da teoria behaviorista a teoria geral dos sistemas é considerada como a terceira grande contribuição à busca de uma teoria unificada do comportamento humano.

Von Bertalanffy postulava que a biologia não podia se ocupar apenas em desvendar o que se passa ao nível físico-químico ou molecular, mas sim, tratar de observar e compreender o que ocorre nos níveis mais elevados de organização da matéria viva. Criou, então, a expressão "biologia organísmica" para acentuar seu enfoque sistêmico (no caso, relativo aos "organismos vivos") à aproximação do estudo dos fenômenos biológicos.

A observação de que havia um isomorfismo entre o modelo estrutural criado por ***von Bertalanffy*** para o estudo dos organismos biológicos e o que se verificava em outros campos do conhecimento humano, como nas ciências sociais, impulsionou-o a desenvolver uma concepção gestáltica que permitisse abranger o saber emergente nas ciências em geral a partir do vértice fornecido pela noção de "sistema". Ou seja, postulando que em todas as manifestações da natureza (*lato sensu*, isto é, tanto a natureza física como a que denominamos natureza humana) encontramos uma organização sistêmica, o que pressupõe não apenas um aglomerado de partes, e sim, um conjunto integrado a partir de suas interações. Desta forma, questões como ordem, totalidade, diferenciação, finalidade e outros tantos, menoscabados pela ciência mecanicista, passaram a ter particular relevância no contexto dessa nova orientação epistemológica.

No campo da história (que é a sociologia em ação, como diz von Bertalanffy*)*, por exemplo, os acontecimentos já não seriam explicáveis pela referência causal ou em função de decisões e ações individuais, mas sim, em decorrência da ação de sistemas sócio-culturais em interação, sejam eles preconceitos, ideologias, grupos de pressão, tendências sociais, ciclos civilizatórios, e o que mais for.

Vemos como essa concepção emergente com a teoria geral dos sistemas ganha espaço no âmbito das ciências humanas, o grupo em detrimento do indivíduo, o que determinará a ênfase posta no grupo familiar e não nos seus componentes como foco dos distúrbios mentais.

Segundo **Kuhn** (5), uma revolução científica define-se pelo surgimento de novos esquemas ou paradigmas conceituais. A mudança fundamental proposta pela teoria sistêmica diz respeito à substituição do modelo **linear** de pensamento científico (padrão causa-efeito) pelo modelo **circular** (padrão interativo). O que isto quer dizer? O princípio fundamental da ciência clássica (mecanicista ou fisicalista), vigente desde os tempos de Galileu e Descartes, apoia-se na procura de uma causa isolável para os efeitos (ou fenômenos) naturais e na procura de unidades elementares (átomos, células, etc.) nos vários campos da ciência. Este princípio determinou os chamados "procedimentos analíticos" da ciência, os quais entendem que uma entidade pode ser estudada resolvendo-se em partes e, por conseguinte, pode ser constituída ou reconstruída (síntese) a partir dessas partes. Para que essas partes fossem idealmente isoladas para seu estudo, elas não poderiam interagir, pois tal interação obviamente afetaria o conjunto. Por outro lado, as relações entre as partes teriam que ser forçosamente lineares, isto é, uma equação que descreve o comportamento do todo é equiparável às equações que descrevem o comportamento das partes.

Essas condições não são satisfeitas pelas entidades chamadas "sistêmicas", as quais são constituídas de "partes em interação". E esse é o principal axioma do paradigma sistêmico, ou seja, a noção de interatividade entre os elementos constituintes de um sistema.

Há que se observar, contudo, que **pensamento linear** (padrão causa-efeito) e **pensamento circular** (padrão retroalimentação ou *feedback*) não são excludentes e apenas se inserem na espiral evolutiva do conhecimento humano como aportes que se sucedem, complementam e ampliam o entendimento dos fenômenos estudados. Portanto, não se trata de um "ou" outro, e sim, de um "e" outro. Graficamente, podemos assim expressá-los:

Entre os conceitos oriundos da teoria sistêmica, e que se vinculam estreitamente à visualização do contexto familiar, segundo sua ótica, estão os seguintes:

Retroalimentação (*feedback*)

É a propriedade que define o enfoque circular, o qual se baseia na reciprocidade dos fatores causais, e que nos diz que cada produto (output) de um sistema é um novo aporte (input) a este mesmo sistema, com o que inevitavelmente o modifica e transforma. Haveria uma **retroalimentação positiva**, que predispõe à mudança, e outra **negativa**, que busca a homeostasia do sistema, sendo ambas interdependentes e complementares (recorde-se que aqui "positivo" e "negativo" não têm a conotação de "bom ou desejável" e "mau ou indesejável", mas apenas pontua o sentido contrário dos mecanismos referidos).

O conceito de **homeostasis**, de *Cannon* (cit. in 8), é a pedra angular dessas considerações. Não é demais enfatizar que tanto a *estabilidade* como a *mudança* são condições indispensáveis à existência da vida e sua alternância é fator predisponente para o estado de "saúde evolutiva" dos organismos (tanto biológicos como sociais).

A noção de que no seio de uma família os comportamentos de seus membros são retroalimentadores uns dos outros, ou seja, que influências recíprocas entre eles são permanentes e inevitáveis e que não se pode assim isolar o que sejam "causas" e "efeitos" das atitudes, sentimentos e maneiras de pensar de cada um e de todos introduz, como se pode deduzir, uma variável de transcendental significado na abordagem da família e das vicissitudes de seus componentes.

Por outro lado, a metáfora identificatória do contexto familiar seria não mais a da pirâmide, como na visão psicanalítica, mas a de uma rede trançada, cujos nós, seriam os membros da família, independentemente de sua hierarquia geracional ou generacional.

A "Caixa Preta"

Este é um conceito oriundo do campo das telecomunicações. Essa expressão, tornada de domínio público pela frequente alusão feita a ela por ocasião de acidentes aéreos e pela busca de suas causas, originalmente era empregada para certos tipos de equipamentos eletrônicos a fim de que, se fossem capturados pelo inimigo, resultasse em algo perigoso ao abrir pela possibilidade de conter cargas explosivas. Posteriormente, passou a ser utilizado para identificar aqueles equipamentos eletrônicos que, pela complexidade de seus sistemas, levaram os especialistas a se concentrarem antes nas relações específicas entre suas entradas (inputs) e saídas (outputs) do que na sua estrutura interna. Metaforicamente, podemos dizer que a mente do indivíduo (e da mesma forma o sistema familiar) é como uma caixa preta, a qual podemos examinar através de seus *outputs* (reações emocionais, sintomas, sonhos, atos falhos, associações livres, manifestações transferenciais, atuações) e da relação desses com os *inputs* (atitudes dos familiares e circunstantes, realidade sócio-econômico-cultural circunjacente, intervenções do terapeuta), sem que precisemos ingressar na intimidade dos processos intrapsíquicos (estrutura interna) para alterar comportamentos.

O Princípio da Equifinalidade

Em qualquer sistema fechado, o estado final é inequivocamente determinado pelas condições iniciais; isso, no entanto, não é o que ocorre nos sistemas abertos, cujo estado final pode ser alcançado a partir de diferentes condições iniciais e por diversos caminhos. A equifinalidade tem suma importância não só para o entendimento dos fenômenos de regulação biológica, mas, e no que aqui nos interessa, no entendimento da multideterminação dos conflitos humanos. O conceito de "trauma psicológico", tão caro à teoria psicanalítica na explicação etiológica dos distúrbios mentais, não só se modifica pela introdução da noção de trauma repetitivo em substituição ao sucesso traumático único e específico, como passa a exigir, para embasá-lo, a consideração do "como" ocorreu a ação traumática e não apenas "de quem" o infligiu, bem como leva em conta a resposta diferenciada de quem o sofreu.

Totalidade e não somatividade

Essas duas noções, que estão intrinsecamente relacionadas, são esboçadas na já mencionada teoria dos tipos lógicos de ***Russell*** e, por sua vez, alicerçam a teoria gestáltica. Um sistema não pode entender-se como a soma de suas partes, que examinadas isoladamente não permitiriam a compreensão do sistema como um todo. Cada uma das partes de um sistema está relacionada de tal modo com as outras que qualquer alteração numa delas provoca modificações nas outras e no sistema total.

Um **sistema** psicossocial, por exemplo, como é a família, é um conjunto de seres humanos com atributos (como com capacidade de se comunicar) que interage e cujas relações mantém a condição do sistema.

Fizemos menção à capacidade de se comunicar como expressão das propriedades de um sistema interpessoal, e isso nos remete ao exame das características da comunicação humana, conforme foram descritas por aquela que nasceu paralelamente à teoria sistêmica e veio complementá-la (ou suplementá-la) na compreensão e abordagem da família como um sistema: a teoria da comunicação humana.

Se ***von Bertalanffy*** foi um dos criadores e principal codificador da teoria geral dos sistemas, podemos dizer que ***Bateson*** (2) abriu magistralmente o caminho para os estudos da pragmática da comunicação humana com seu trabalho precursor sobre a relação entre a patologia comunicacional e a gênese da esquizofrenia, elaborando o conceito do **duplo vínculo** (em 1956).

A situação de Duplo Vínculo[1]

A hipótese elaborada por *Bateson* partiu da observação da comunicação dos esquizofrênicos e da formulação da pergunta inicial, que poderíamos resumir assim: "Que condições do processo de socialização do esquizofrênico podem determinar tal forma de comunicar-se, onde predominam metáforas não rotuladas como tais pelo senso comum?"

Bateson sugere que a esquizofrenia é em essência o resultado de uma interação familiar em que ocorrem não propriamente experiências traumáticas específicas, mas padrões sequenciais característicos que levam a experiências vivenciais em que o impasse, a ambivalência e a confusão mentais são consequências de mensagens comunicacionais contraditórias e impossíveis de serem logicamente obedecidas.

Vejamos como isso ocorre acompanhando a descrição de *Bateson* (2) do que é necessário para que se estabeleça uma situação de *duplo vínculo*:

> Primeiro são necessárias duas ou mais pessoas, das quais uma é designada como a "vítima". Sejam elas, por hipótese, a criança potencialmente esquizofrênica (vítima) e seus pais. Em seguida o estabelecimento de uma experiência repetida, onde existe uma instrução negativa primária – por exemplo, "não faça isso senão te castigarei" – e a seguir uma instrução secundária que contradiz a anterior, nem sempre transmitida por mensagens verbais, mas por meios não verbais (gestos, tom de voz, atitudes) e que corresponde, no exemplo sugerido, a algo como "não me vejas como repressor "ou" não penses que

---

[1] Pensamos que "duplo aprisionamento" traduziria melhor em português o "doble bind", original de Bateson, mas a expressão "duplo vínculo" já se consagrou pelo uso, após sua passagem pelo espanhol "doble vínculo" e, por isso, a manteremos inalterada neste texto, limitando-nos a fazer esta observação para enfatizar que a situação descrita caracteriza-se pelo "aprisionamento" e não pelo "vínculo" no sentido usualmente tomado para este termo em nossa língua e particularmente no campo das terapias grupais (também chamadas por alguns "das relações vinculares").

estou querendo te submeter" ou ainda "é por amor que te castigarei". Finalmente uma terceira instrução negativa que proíbe a vítima de escapar do campo relacional, como por exemplo, "não podes te afastar de mim porque me necessitas para tua sobrevivência". Essa instrução final pode não ser explicitada, mas estar implícita no contexto da situação vivencial em questão.

Uma vinheta extraída de minha experiência clínica como psiquiatra de crianças poderá auxiliar a ilustrar mais claramente o que seja uma situação de duplo vínculo ou aprisionamento: a mãe de um menino trazido à avaliação psiquiátrica e previamente instruída de como proceder para facilitar minha entrevista com o menino se posta à porta do consultório com o menino a sua frente e, enquanto diz "vai, meu filho, vai com o doutor, não tenhas medo; ali na sala tem brinquedos de que vais gostar", apoia (sic) suas mãos nos ombros do filho e o retém junto a si, crispando os dedos sob suas clavículas para dar força ao gesto. O menino, para obedecê-la e me acompanhar até a sala de entrevistas, terá que forçosamente desvencilhar-se daquele abraço "a tergo" da mãe e, por seu turno, para obedecer ao que a linguagem não verbal da mãe lhe comanda, não poderá atender a sua instrução verbal de me acompanhar, ou seja, está "aprisionado" numa situação de duplo vínculo da qual, por outro lado, não pode escapar pelas contingências do contexto em que está, ou seja, o da consulta psiquiátrica a que veio.

Segundo a proposição de *Bateson,* é a sequência repetida de situações similares que poderá levar ao longo do tempo à desestruturação esquizofrênica, em razão da falha dos padrões comunicacionais em sua função organizadora do "self", acarretando conflitos internos de tipificação lógica.

A hipótese do "duplo vínculo" foi indiretamente responsável pelo surgimento da noção de "*paciente identificado*", elemento axial em torno da qual se movimentaram as primeiras abordagens da família pelas terapias de fundamentação sistêmica. O paciente identificado (ou "designado", como preferem alguns, para sublinhar a participação do sistema familiar na determinação de sua sintomatologia) seria o emergente da situação conflitante reinante no seio da família à qual pertence ou na qual se acha imerso. Seu comportamento sintomático é entendido como resultante da disfunção do sistema familiar. Por outro lado, seria ele o emissor de sentido para a patologia familiar subjacente.

Bateson foi mais além das hipóteses que, a partir do modelo psicanalítico, fez, em meados da década de 40, *Frida Fromm-Reichmann* (4) sobre o papel da "mãe esquizofrenogênica", mas ainda assim ficou aquém da noção de circularidade introduzida pela teoria geral dos sistemas e que postularia que na interação mãe(ou pais)-filhos tais mensagens contraditórias podem ocorrer nos dois sentidos e, ainda que se suponha que pela estruturação prévia do seu "self" um adulto não seria tão vulnerável a situações de duplo vínculo impostas pelos filhos (e, consequentemente, não "esquizofrenizaria" por sua ação) essas também poderão afetar, embora em menor grau, comportamentos e sentimentos dos pais. Quem já não presenciou uma mãe exclamando diante de atitudes do filho: "Esta criança ainda vai me deixar louca?" Atentem para as circunstâncias e não se surpreendam se aí identificarem uma situação de duplo vínculo proposta pelo rebento.

Vejamos a seguir um dos axiomas básicos da teoria da comunicação: a *impossibilidade de não comunicar.*

Recordemos que, para a pragmática, *comunicação* e *conduta* são palavras sinônimas. Não há uma não conduta; logo, não há uma não comunicação. Por outro lado, toda conduta está inserida num contexto interativo e tem um valor de mensagem, isto é, comunicação.

Mensagem é qualquer unidade comunicacional singular, e uma série de mensagens intercambiadas entre pessoas recebe o nome de *interação*. Falamos de *pautas de interação* quando houver um nível mais complexo ou sofisticado do processo comunicacional.

O indivíduo que está sentado numa poltrona de avião, ao perceber que alguém está ocupando o assento ao seu lado, cerra os olhos e finge estar dormindo para "não se comunicar" está, "malgré lui", enviando a seu vizinho uma mensagem não verbal que comunica "condutualmente" não querer se comunicar "verbalmente".

A sua comunicação condutual se dá num campo interativo que abarca duas pessoas, no caso dois passageiros de um mesmo avião. Imaginemos que o passageiro recém-chegado recebeu a mensagem, mas não a decodificou ou não tomou dela conhecimento por não estar com seu aparelho perceptivo conectado para percebê-la e, então, desejoso de entabular conversação (suponhamos que esse é um recurso de que se valha para eludir seu medo crônico de voar), cutuque o braço de nosso pretenso dorminhoco e faça-lhe alguma pergunta "puxa-conversa". O outro abre os olhos, responde monossilabicamente e volta a fechá-los, mantendo seu propósito de "não se comunicar", enviando nova e repetida mensagem desestimuladora. Esta leva o propósito de reforçar a anterior, porventura não detectada pelo "interlocutor". Das duas, uma: ou nosso insistente passageiro capta a segunda mensagem ou, supondo que tenha sua percepção toldada pelo medo de voar, a nega ou rejeita e ensaia outra forma de comunicar-se, como por meio de uma conduta ruidosa ou espalhafatosa de quem está à beira do pânico, o que acabará, então, atraindo a atenção do companheiro ao lado, obrigando-o a alterar sua pauta interativa e, se desejar continuar comunicando seu desejo de privacidade, terá que fazê-lo com novas e distintas mensagens, e não apenas "fingindo" que dorme.

Um segundo axioma da pragmática da comunicação humana nos diz que *toda comunicação tem aspectos referenciais (conteúdo) e conativos (relacionais) de tal forma que os segundos classificam os primeiros e correspondem, por consequência, ao que se chama uma "metacomunicação"*.

Podemos nos valer para ilustrar este axioma da já clássica historinha do pai que se queixava à esposa do filho que lhe pedia num telegrama: "Pai, me manda dinheiro!", lidas pelo pai num tom áspero e autoritário e que, na interpretação da mãe, não alterando os dizeres (conteúdo) do telegrama, mas sim a entonação da voz (aspecto relacional), passou a significar um pedido doce, suave e humilde de um filho necessitado, correspondendo a algo que está "além da comunicação formal" (metacomunicação).

Um terceiro axioma é assim enunciado: *A natureza de uma relação depende da pontuação das sequências comunicacionais entre os indivíduos comunicantes*.

Aqui, o exemplo a que mais comumente se recorre para ilustrar o conteúdo do axioma é o do chiste do rato de laboratório que afirmava ter condicionado o pesquisador, pois, cada vez que pressionava a alavanca, este lhe dava de comer. Nos casais, a questão de quem disse o que provocou a discussão é outra situação emblemática da pontuação das sequências comunicacionais. "Eu me retraio porque me criticas", diz um dos parceiros; "eu te critico porque te retrais", afirma o outro. E ambos ficam aprisionados numa sequência comunicacional cuja pontuação só se modificará pela "metacomunicação", ou seja, a possibilidade de alguém interromper o monótono intercâmbio acusatório e indagar-se (e indagar ao outro) sobre as pautas interativas repetitivas em que estão imersos nesse moto contínuo sem solução. A peça teatral *Quem tem medo de Virgínia Wolff?*, de Albee, quiçá seja um dos mais acabados e completos tratados sobre a incapacidade dos indivíduos comunicantes de sair da situação conflitiva pela impossibilidade de "meta comunicarem-se" sobre o que está ocorrendo.

Vejamos o quarto axioma: *Os seres humanos comunicam-se tanto digital como analogicamente. A linguagem digital conta com uma sintaxe sumamente complexa e habilitada a expressar conteúdos de pensamento, mas carece de uma semântica adequada para transmitir o que se passa no campo relacional, ao passo que a linguagem analógica possui a semântica, mas não a sintaxe apropriada para a definição inequívoca da natureza das relações.*

O que seria a comunicação analógica? A resposta é: tudo o que seja comunicação não verbal. E a digital? É a constituída por expressões verbais, que são sinais arbitrários, as quais se manejam de acordo com a sintaxe lógica da linguagem.

A comunicação analógica tem suas raízes em períodos arcaicos da evolução humana e é empregada pelos animais para se comunicar. O homem é o único ser que utiliza tanto os modos de comunicação analógicos como digitais. No exemplo da mãe que fazia um movimento de retenção do corpo do filho junto ao seu (linguagem analógica), enquanto verbalmente lhe indicava que deveria ir comigo à sala de entrevistas (linguagem digital), podemos ver claramente como o aspecto relativo aos conteúdos se transmite de forma digital, enquanto o aspecto relativo à relação aparece sob a forma analógica.

No campo da fisiologia, podemos encontrar a linguagem analógica na condução das mensagens hormonais, enquanto o sistema nervoso utiliza-se da informação digital binária para transmitir suas mensagens por meio da rede neuronal. E ambas as modalidades – hormonal e neuronal – coexistem e se complementam, tal qual no âmbito da comunicação interpessoal.

Um quinto e último axioma é assim formulado: **todos os intercâmbios comunicacionais são simétricos ou complementares, conforme estejam baseados na igualdade ou na diferença.**

A interação simétrica caracteriza-se pela igualdade e por uma diferença mínima no comportamento dos indivíduos comunicantes, enquanto a complementar caracteriza-se pela diferença máxima nesse comportamento.

Graficamente, podemos assim expressar **simetria** e **complementaridade**:

Na patologia comunicacional, encontramos as denominadas **escalada simétrica** e **rigidez complementar** como expressões limites dessas tendências comunicacionais. Assim, um casal que está competindo para ver quem manda em casa apresenta um comportamento simétrico em escalada, enquanto um casal no qual um é quem manda e o outro quem obedece está evidenciando um comportamento complementar rigidificado.

A saúde comunicacional apoia-se na alternância de situações simétricas e complementares, de tal sorte que igualdades e diferenças possam coabitar e se potencializar mutuamente.

Para finalizar esta breve incursão no estudo da comunicação humana, queríamos fazer referência a duas observações decorrentes da teoria acima aludida e que nos parecem de suma importância prática por suas repercussões no campo das interações humanas.

A primeira diz respeito à relativização dos conceitos de **normal** e **patológico** ao considera-los a luz da interação comunicacional: assim, a esquizofrenia deixaria de ser visualizada como uma enfermidade mental incurável e progressiva de um indivíduo para se constituir na única reação possível frente a determinado contexto comunicacional absurdo e insustentável. Este enfoque por certo é polêmico e, por sua vez, poderá se tornar insustentável diante das evidências clínicas de um processo esquizofrênico que não pode ser modificado a posteriori pela correção dos distúrbios comunicacionais, mas não há como negar que se abriu um novo espaço para ensaios terapêuticos fundamentados nos aportes da teoria da comunicação ao entendimento das interações humanas.

A segunda refere-se ao conceito de **profecia autocumpridora**, um interessante fenômeno no campo da pontuação e que está na origem de muitos sofrimentos psíquicos no exercício da interatividade humana. Seja, por exemplo, um indivíduo que, julgando-se malquerido por determinada pessoa, ao encontrá-la, o faz de forma defensiva, ressentida ou mesmo agressiva, provocando nesta pessoa uma resposta de rechaço ou hostilidade, e que reage com a seguinte observação:"eu não disse que ele não gosta de mim?!", corroborando desta maneira sua impressão original; tal confirmação é feita por meio do mecanismo denominado "profecia auto cumpridora (sic)". Podemos encontrar, como assinala Watzlawick (8), um interessante uso cultural dessa modalidade comunicacional nas atividades dos casamenteiros profissionais em comunidades de famílias judias orientais, em que esses "experts" em promover casamentos que interessassem às famílias que o contratavam iam de um a outro dos prováveis cônjuges alimentando-os de informações sobre os supostos interesses recíprocos, dizendo-lhes "confidencialmente" do amor que cada um despertava no outro, mas que cada qual não se atrevia a manifestar. Tais profecias não tardavam a cumprir-se, conforme a tradição.

Família e doença: o fenômeno psicossomático como via de acesso à visão sistêmica

O estudo do fenômeno psicossomático padece do mal eidético da dicotomia que o acomete desde suas origens. A postulação cartesiana sobre o dualismo corpo-mente funciona como uma poderosa *vis a tergo* que impregna de tal sorte o pensamento explicativo-causal das Ciências Naturais que não há quem haja lustrado os bancos acadêmicos de um curso de Medicina que tenha escapado da sua influência dissociadora. Por mais que se faça profissão de fé da noção integradora intrínseca ao enfoque psicossomático, há quem continue na *práxis* clínica, quando não no próprio discurso teórico, a tratar as agências do corpo e da mente como entidades separadas, concedendo-lhes o estatuto da causalidade recíproca, o que já, no entanto, representa avanço em relação à mencionada formulação cartesiana e sua axiomática consequência: sendo corpo e mente de distinta natureza, não podem interagir.

Enquanto persistiu-se contrapondo o físico ao emocional, o orgânico ao psíquico, a aproximação ao fenômeno psicossomático ficou condicionada à busca de relações de causa e efeito, e não de significado ou sentido; a procura de um nexo fora do referencial etiológico do pensamento linear conduziu-nos à questão da simbolização na compreensão das manifestações psicossomáticas. E, mais recentemente, à sua visualização dentro da ótica sistêmica, que privilegia a noção de multicausalidade, retroalimentação e interconversibilidade entre os componentes de um sistema aberto que não só interagem entre si como com os demais sistemas com os quais se comunicam.

Todo fenômeno vital expressar-se-ia simultaneamente num plano ou nível somático e noutro psíquico. São as duas faces jânicas de um mesmo processo pertencentes a um mesmo sistema.

Metaforicamente, podemos dizer que esse fenômeno vital pode se apresentar sob seu registro no "idioma psíquico", por meio dos códigos semânticos que lhe são peculiares, ou inscrito na "linguagem somática", em seus correspondentes emissores de significado.

Todo o fenômeno ou processo vital é, portanto, psicossomático. Assim como ruidosas expressões somáticas podem se acompanhar de quase imperceptíveis concomitantes psíquicos, a recíproca é verdadeira. Um intenso quadro depressivo pode se manifestar somaticamente apenas sob a forma de discretas alterações bioquímicas, assim como o crescimento de uma massa tumoral maligna pode acarretar apenas leve alteração no estado de ânimo.

A cada manifestação somática corresponde, pois, um equivalente psíquico e vice-versa. Nem sempre, contudo, se exteriorizam ou são acessíveis a nossa observação. É como quando se escutam duas emissoras de rádio transmitindo numa mesma frequência: uma poderá ser mais audível, por ter maior potência de transmissão, e dificultar ou impedir a compreensão da mensagem transmitida pela outra.

Conforme assinalamos anteriormente, a busca de um sentido que não se cingisse ao princípio da causalidade linear (causa / efeito), que rege o determinismo das ciências físicas, conduziu os estudiosos dos fenômenos psicossomáticos a deterem-se na questão da simbolização e suas vicissitudes. E aí reside o ponto de intersecção com as teorias sistêmica e da comunicação humana. Mas tecer considerações sobre essas fascinantes fronteiras paradigmáticas extrapola as finalidades desse capítulo, razão pela qual remetemos os leitores a outro texto em que o autor aborda mais detidamente tais questões (6).

Se formos seguir especulando sobre a maneira como a linguagem corporal expressa a presença de elementos conflituosos acionados no plano psíquico, provavelmente contataríamos com as observações das escolas sistêmicas de terapia familiar, que consideram o sintoma a expressão pessoal da psicopatologia familiar. Cite-se, como ilustração, o caso mencionado por Andolfi (1) do menino que, com sua enurese noturna, "chorava" pelo pai as lágrimas que este não se permitira verter quando da morte do avô do menino.

Ao considerar os fenômenos psicossomáticos sob uma ótica integradora, não dissociando mente e corpo como propunha a lógica cartesiana, inevitavelmente teremos que fazer uma inflexão em direção ao pensamento sistêmico, incluindo não só a dimensão familiar como até mesmo as redes socioculturais em que o indivíduo está incluído para que obtenha uma compreensão holística do fenômeno e possa abordar com base em novas relações de sentido.

E com essa menção às relações entre família e manifestações psicossomáticas no contexto sistêmico passamos à seguinte vinheta clínica, que de certa forma ilustra a própria trajetória do autor na transição entre a perspectiva psicanalítica e a sistêmica de considerar o tema proposto por este livro.

A propósito de um caso de anorexia nervosa: do pensamento linear ao sistêmico

A "anorexia nervosa", denominação imprópria para um quadro sindrômico onde a inapetência é apenas um dos sintomas e, em nosso entender, não seu elemento nosográfico central, sempre se constituiu num desafio tanto do ponto de vista etiopatogênico como terapêutico. Como tantos outros especialistas em adolescência, sempre me intrigou o fato de que a imensa maioria dos quadros de "anorexia nervosa" ocorre entre adolescentes do sexo feminino. E vinculá-la a fixações orais denunciadoras de conflitos na primitiva relação diádica mãe-filha como se sugeria que fossem suas origens psicodinâmicas, segundo o viés do pensamento psicanalítico de marcada influência kleiniana predominante em nosso meio, no início da segunda metade do século passado parecia-me um entendimento reducionista e defasado das circunstâncias do aparecimento do evento clínico. Isso me levou a buscar outras formas de compreensão e abordagem psicanalítica do mencionado quadro, mas dentro do padrão linear de buscar causas que melhor explicassem os efeitos sintomáticos observados.

O caso apresentado a seguir foi por mim atendido em meados da década de 70, quando ainda não havia tomado contato com o pensamento sistêmico. Na época, tanto a compreensão psicodinâmica que dele obtive como os benefícios terapêuticos que pareciam decorrer dessa compreensão pareciam corroborar minha hipótese sobre a gênese da "anorexia nervosa", que partiam da constatação de sua alta incidência no grupo etário adolescente do sexo feminino e apoiavam-se no estudo das vicissitudes da cristalização da identidade sexual feminina no acme do processo puberal.

Vejamos, por meio dessa breve vinheta clínica, qual o enfoque adotado para monitorar a abordagem psicanalítica dessa paciente adolescente e como, posteriormente, a visão sistêmica possibilitou-me não só entrar em contato com a trama de significados "mais além" do entendimento intrapsíquico como ainda entender as circunstâncias da interrupção, por iniciativa de familiares, de um processo analítico que parecia tão bem encaminhado.

Anaïs, uma adolescente de 14 anos, nos é referida com a informação de tratar-se de um "quadro típico de anorexia nervosa". Residia numa cidade do interior e seu atendimento transcorreu em sessões condensadas nos fins de semana.

Desde o início, Anaïs mostrava-se particularmente desejosa de compreender o que se passava com ela e evidenciava uma invulgar motivação para o atendimento proposto, apesar das condições adversas criadas por residir em local distante; por outro lado, apresentava uma capacidade acima da média em adquirir "*insight*" de seus processos inconscientes. Tais fatores certamente foram responsáveis pelo rápido esbatimento dos sintomas e o progresso que apresentava aos 6 meses de atendimento, quando, abruptamente e sem nenhuma explicação plausível por parte da mãe de Anaïs, o tratamento foi interrompido.

Anaïs apresentava, por ocasião de nosso primeiro contato, um discreto emagrecimento, referindo vômitos de repetição após cada ingestão alimentar, estando em amenorreia há alguns meses, após um breve período de menstruações irregulares que se seguiu à menarca.

Outros dados colhidos após as entrevistas iniciais de avaliação: Anaïs mora com a mãe viúva, a avó e uma irmã menor, tendo o pai falecido quando tinha sete anos incompletos. Sua família, como as demais da comunidade, é muito religiosa e, desde a morte do marido, a mãe sempre recorreu ao pároco local como mentor da educação moral das filhas. No dizer da mãe, tão logo Anaïs "ficou mocinha" (isto é, menstruou pela primeira vez), mostrou um intenso desejo de relacionar-se com os garotos da escola onde estudava, que tão súbito como se instalara, desapareceu, sem que houvesse necessidade de qualquer intervenção de caráter repressivo por parte da mãe, conforme ela mesma assinala.

Anaïs passou, então, a evitar a companhia dos rapazes e, logo em seguida, surgiram os primeiros vômitos, concomitantes com uma progressiva inapetência e a "suspensão das regras".

Deixou de frequentar a escola e ficava o dia inteiro em casa, auxiliando a mãe nas tarefas domésticas e evitando sair à rua.

Apresentamos a seguir a sucessão de desenhos produzidos por Anaïs ao longo de seu atendimento psicoterápico e que ilustram simultaneamente o perfil dos conflitos da paciente com sua feminilidade emergente e o curso de suas progressivas melhoras:

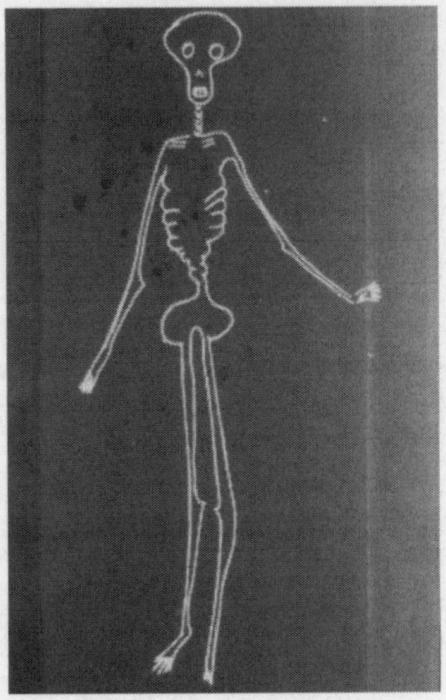

Figura 1

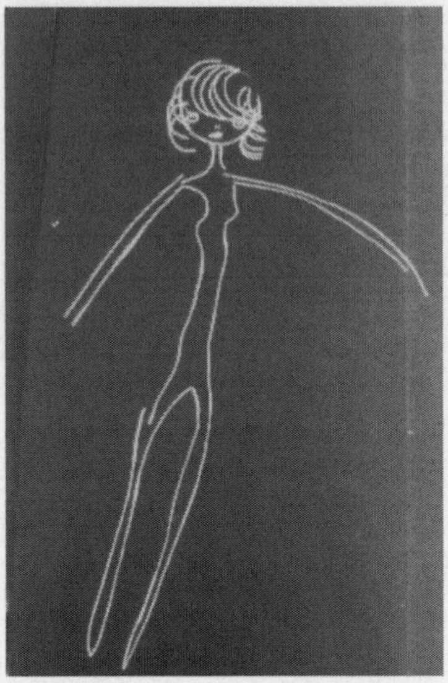

Figura 2

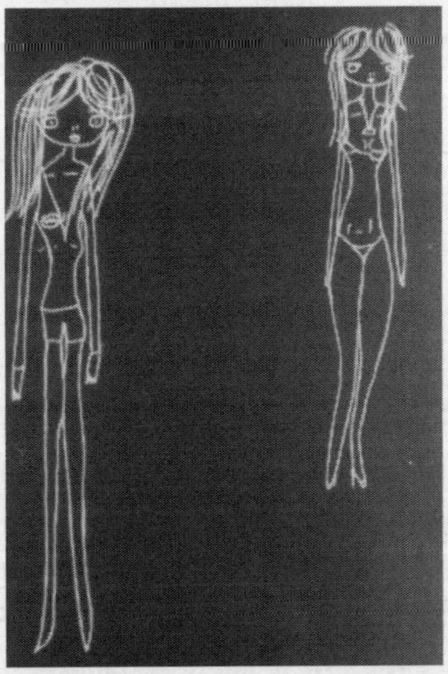

Figura 3

Figura 4

A sequência de figuras constitui-se num eloquente painel projetivo da situação intrapsíquica de Anaïs, desde o esboço esquelético inicial (Figura 1) – que nos remete à dramática condição suicidógena dos casos extremos de anorexia nervosa, cuja caquexia progressiva é o próprio testemunho clínico da pulsão de morte – até as evidências da recomposição progressiva da imagem corporal comprobatória de sua condição feminina (Figuras 2, 3 e 4).

A experiência com o atendimento de Anaïs ensejou-nos compreender sob um distinto enfoque à gênese da "anorexia nervosa", visualizada, então, no contexto mais abrangente dos conflitos vinculados à emergência da sexualidade juvenil. O eixo em torno ao qual gravitavam as vicissitudes do processo puberal de Anaïs, exteriorizadas por meio do quadro psicopatológico que determinou a busca de ajuda psicoterápica, é constituído pela rejeição de sua condição feminina face aos temores fóbicos relacionados ao desempenho da genitalidade adulta, destino da evolução psicossexual ao término da adolescência.

A intensidade e polimorfismo dos distúrbios da imagem corporal apresentados por Anaïs nos balizaram o acesso à intimidade de seus conflitos com sua identidade sexual feminina. Anaïs, na representação mental de seu corpo, o esqueletizava, como a evidenciar assim seu repúdio ao arredondamento de suas formas, testemunho da condição feminina emergente. Tão logo identificava nesse corpo algo que pudesse sugerir à mulher que nela desabrochava, tratava de atacar tal percepção com alguma distorção da imagem corporal.

Embora estivesse longe do estado de emagrecimento almejado para esconder suas formas femininas, percebia-se como tendo só "pele e ossos" e, se no decorrer de uma sessão seu olhar distraído fixava os brotos mamários mal disfarçados pela larga blusa que usava, a figura tracejada no papel onde desenhava, a modo de associação, tratava de "renegá-los", pela silhueta absolutamente retilínea com que projetava sua autoimagem. Da mesma forma, se reflexivamente seu olhar pousasse num de seus ombros, torneado pelo coxim adiposo que, "malgré lui", suavizava os contornos da omoplata, ipso facto tratava de reproduzi-lo sob a sugestiva forma de um penhasco pontiagudo do qual despencava, como fio a prumo, um braço descarnado.

Os vômitos, inicialmente compreendidos como uma representação histeriforme de uma gravidez temida-desejada, fruto das fantasias de intercurso sexual com os rapazes com que saía nos pródromos da crise, mostraram posteriormente estarem servindo ao propósito de não aproveitamento do alimento que, se assimilado, poderia arredondar-lhe as formas, tornando evidente sua condição de mulher.

Até aqui o paradigma linear, padrão causa-efeito, com que na ocasião buscava compreender e abordar os conflitos intrapsíquicos de meus pacientes. A partir de agora uma leitura sistêmica, que possibilita o entendimento da inserção de componentes familiares, bem como socioculturais, na determinação do quadro psicopatológico apresentado por Anaïs, como expressão do sofrimento compartilhado pelo naipe feminino desse núcleo familiar, assim como permite que se infira as razões que levaram à interrupção precoce e à abrupta do atendimento de Anaïs.

No matriarcado instalado na casa de Anaïs, após a morte de seu pai, percebe-se o clima opressivo dos desejos reprimidos. Tal como na peça *A Casa de Bernarda Alba*, de Garcia Lorca, que magistralmente discorre sobre a autoimolação da sexualidade feminina reprimida, ao luto pelo pai morto, segue-se o longo martírio coletivizado da condição feminina oferecida em holocausto no cotidiano existencial de uma viuvez ressentida, que esteriliza a progênie na permanente vigília contra a eclosão dos apetites sexuais.

As mulheres adultas da casa (mãe e avó materna), sobrevivendo aos homens, atestavam a periculosidade feminina, capaz de aniquilar o pai edípico, impedindo-lhe a aproximação que Anaïs, então com 6 anos de idade, ostensivamente buscava (conforme suas reminiscências relatadas durante o processo psicoterápico). Ao pai substituem-no pelo *velho cura* provinciano, feitor da sexualidade feminina na senzala do confessionário, onde Anaïs, a exemplo das demais mulheres da família, procurava exorcizar as tentações com que o demônio açodava sua carne juvenil.

Eis que, então, no corpo de Anaïs floresce a puberdade e intensificam-se os conflitos e a correspondente ambivalência entre assumir ou rejeitar a condição feminina, com todas as prerrogativas que lhe são inerentes. Anaïs escapa, contudo, ao trágico destino de Adela (personagem da aludida peça de Garcia Lorca que se suicida, ao supor ter sido seu amante e noivo de sua irmã assassinado por sua mãe), a quem a mãe sepulta virgem, pois nossa jovem em tempo liberta-se, por meio do processo psicoterápico, dos grilhões da sexualidade interditada, possibilitando-lhe o reencontro nas vivências transferenciais com a figura do pai, que viabiliza, pela sua função agenciadora da clivagem do par simbiótico mãe-filha, a retomada por parte desta trajetória em busca da plenitude de sua condição feminina.

No entanto, a liberação do jugo da sexualidade reprimida, denunciada pelo esbatimento dos sintomas, e a eclosão da feminidade até então sufocada em Anaïs, desestabilizou o sistema familiar, reativando provavelmente temores fóbicos nas demais mulheres adultas da casa, particularmente na mãe, determinando, assim, a brusca interrupção do tratamento de Anaïs para que se reinstalasse a homeostasia familiar em torno ao vetor repressivo outrora existente e se exorcizasse a mudança ameaçadora nos padrões da moral sexual doméstica insinuada pelas melhoras de Anaïs.

A situação exposta ilustra a noção de **paciente identificado**, apresentada anteriormente, sendo um dos pilares da abordagem sistêmica em terapia familiar. Anaïs seria, pois, a emergente da conflitiva sexual desse sistema familiar feminino, e sua sintomatologia, estaria expressando o sofrimento coletivo das mulheres da família diante de sua impossibilidade de elaborar culpas e perdas subjacentes a essa dor psíquica compartilhada.

Essa visão sistêmica também nos permite supor que dificilmente as melhoras alcançadas por Anaïs durante seu processo psicoterápico terão se consolidado após a interrupção de sua terapia. E, por outro lado, nos levam à hipótese de que outro talvez tivesse sido o desfecho dessa história se na época já houvéssemos incluído o marco referencial teórico-técnico da terapia familiar sistêmica em nossa bagagem epistemológica e de recursos clínicos.

Referências

ANDOLFI, M; ANGELO, C; MENGHI, P; NICOLÒ-CORIGLIANO, A.M. *Por trás da Máscara Familiar.* Porto Alegre: Ed. Artes Médicas, 1984.

BATESON, G. e cols. *Interacción Familiar.* B. Aires: Ed. Tiempo Contemporáneo, 1971.

BERTALANFFY, von L. (1968). *Teoria Geral dos Sistemas.* Petrópolis, RJ: Ed. Vozes, 1975.

FROMM-REICHMANN, F. *Psicoterapia en la psicosis.* Buenos Aires: Hormé, 1962.

KUHN, T.S. *The structure of scientific revolutions.* Chicago: The University Chicago Press, 1970.

OSORIO, L.C. *Futuro da Psicanálise.* Porto Alegre: Mercado Aberto, 1995.

OSORIO, L.C. *Grupos*: teorias e práticas. Porto Alegre: Artmed, 2000.

WATZLAWICK, P; BEAVIN, V.H. e JACKSON, D. *Teoría de la Comunicación Humana.* Buenos Aires: Ed. Tiempo Contemporaneo, 1971.

WHITEHEAD, A. N. e RUSSELL, B. *Principia Mathematica.* Cambridge: Cambridge Univ.Press, 1910-13.

CAPÍTULO 2

Doença e Família

Júlio de Mello Filho

Já não distingo os que se foram dos que restam.
Percebo apenas a estranha ideia de família viajando
através da carne.
(Carlos Drummond de Andrade)

Introdução

Em 1976, publicamos o presente trabalho, como parte do livro *Concepção psicossomática: visão atual*[1], no qual descrevemos nossa experiência de psicologia médica (com o nome de psicossomática, naqueles idos) no Serviço de Clínica Médica do Prof. Lopes Pontes, da UFRJ. Foi um trabalho pioneiro, cujo tema é hoje reestudado no livro atual, onde, em função dos conhecimentos acumulados e das diferentes experiências de vários autores, será, necessariamente, expandido.

Por um caráter inovador presente até os dias atuais, e pela amplitude de sua experiência clínica, decidimos repuplicá-lo praticamente em sua forma original, com um fecho final. Pela importância do tema e de sua inter-relação, o nome deste primeiro trabalho se manteve presente em nossas mentes e em nossa prática até hoje, inclusive como título do livro atual.

Ater-nos-emos a uma relação importantíssima neste contexto: a do doente com sua família e as possibilidades mórbidas daí decorrentes. Este assunto é muito amplo e estudado, preocupação mesmo da moderna medicina e da saúde pública, enfim, de qualquer trabalho que vise o bem-estar social. Enfocaremos, contudo, apenas um aspecto do tema: a relação entre equilíbrio--desequilíbrio familiar e a eclosão de patologias várias, em particular de manifestações somáticas.

---

1 Este texto foi publicado, pela primeira vez em 1976, no livro de Júlio de Mello Filho, *Concepção Psicossomática*. Visão Atual. RJ: Ed. Tempo Brasileiro.

Partindo do homem como primeira unidade, já vimos como o desequilíbrio entre seus impulsos, tendências, ambições e ideologias, constituindo situações conflitivas, impulsiona no sentido descompensações somáticas, psíquicas ou da esfera do comportamento. Tudo isto ocorre, nunca é demais dizer, em permanente interação com o meio no qual se situa.

A segunda unidade, a dupla, o par, também adoece por seus desequilíbrios de funcionamento. É a ligação mãe-filho funcionando desarmonicamente, fonte de tantas exteriorizações somáticas da criança, como estudaram Spitz (1960), Winnicott (1965, 1972), e muitos outros. Também o casal desarmônico, funcionando em equilíbrio neurótico, precário, produz as suas patologias. Ou a ruptura de um equilíbrio, uma morte, por exemplo, propicia o surgimento da doença, como demostra o trabalho de Parkes, já citado, sobre a ocorrência de enfermidades após a viuvez (1964). Às vezes, mesmo o casal se estrutura em função da doença, como evidencia interessante trabalho de Cobb e colaboradores (1969), demostrando que as uniões entre mulheres com artrite reumatoide e homens com úlcera péptica são mais frequentes do que se pode estatisticamente prever. Aqui, as necessidades de mando e controle das mulheres artríticas encaixam-se com os aspectos de dependência e submissão dos ulcerosos.

Consideramos, agora, a partir da terceira unidade, a família triangular – pai, mãe e filho – a unidade família, de qualquer extensão, como um todo. Este modelo de família como um sistema, uma Gestált, foi desenvolvido pela psiquiatria, principalmente após os trabalhos de Ackerman e seu grupo sobre o enfoque e tratamento dos problemas familiares em conjunto, a psicoterapia do grupo familiar (1971). Exemplifiquemos com uma situação que foi, por nós, atendida.

Uma família, constituída de pai, mãe e três filhos, vive uma existência normal na periferia de uma grande cidade. A esposa, por sua estrutura pessoal e pela cultura em que vive, depende basicamente do esposo, homem aparentemente forte, mas que esconde uma série de frustrações, trabalhando excessivamente e tendo frequentes casos amorosos de que a esposa desconfia, mas faz "vista grossa". No momento em que esta começa a trabalhar e a adquirir alguma independência, o marido reage – inconscientemente, pois havia concordado com a nova vida da mulher – e assume uma amante mais abertamente, permitindo à esposa saber do "caso". Há atritos conjugais, ameaças de separação e, nesta fase, o filho menor começa a apresentar episódios de faringite de repetição, com febre muito alta, que "assusta" os pais e os "une" na tarefa de cuidar dele. Depois, esta fase de desequilíbrio conjugal é superada, porém, coincidindo com a entrada do filho mais velho na juventude, o pai entra com ele em competição inconsciente e inicia novos casos. A reação da mãe, a esta altura, é de prolongada depressão e surge nova "intercorrência" num dos filhos: este começa a ter episódios disrítmicos, até então, latentes e desconhecidos.

Esta interação de fatos, apesar de frequentíssima, foge amiúde da observação médica, não voltada para tais tipos de fenômenos. Além disso, o atendimento ambulatorial, fora do domicílio familiar, tira a oportunidade de ver a família em inter-relacionamento. Por isso, o médico de família, em suas frequentes idas à casa do doente, tem a oportunidade de perceber as nuanças psicológicas da vida em família e de detectar fatores como os que relatamos.

Outro fenômeno típico desta patologia intrafamiliar é a projeção de uma dificuldade inconscientemente vivida num outro membro da família. Assim, mães que estão passando por vários problemas emocionais voltam-se frequentemente para a saúde dos filhos e descobrem que estes "não estão comendo bem", "estão magros" e apegam-se a pequenos problemas, reais ou fantasiados, para levá-los ao médico. Winnicott, que antes de psicanalista foi um grande pediatra britânico, dizia que uma das causas mais frequentes de procura de consultas em pediatria era o estado depressivo subjacente da mãe (1965).

Doença e Filicídio

Este processo de "atingir" a criança, projetando nela suas dificuldades, pode evoluir para formas mais claras de agressão, presentes na relação mãe-filho, principalmente se esta atribui seus problemas ao fato de ser mãe. Aqui entramos no lamentável tema das agressões impostas às crianças pelos pais, magistralmente estudado por Rascovsky em seus trabalhos sobre as formas atuais dos filicídios (1974). Examinemos este tema no que nos interessa, à luz de um caso por nós acompanhado no Hospital São Francisco.

Um colega endocrinologista pediu que colaborássemos no tratamento de T., garoto de 9 anos com severo diabete infanto-juvenil, que o levava a quadros de hipoglicemia e episódios de cetoacidose. Este percebera que a mãe do paciente era muito ansiosa, agressiva e controladora em relação a ele. O pai se envolvia pouco com os problemas da casa e T. tinha uma irmã moça, cujo nascimento parecia ter sido o fator emocional desencadeante do diabete, mantido naquele tipo de evolução pelos constantes conflitos mãe-filho.

T. era um menino disrítmico, agressivo e rebelde. Por necessitar de acompanhamento psiquiátrico concomitante, foi indicado a um centro especializado. Contingências estruturais, já comentadas, não permitiram, entretanto, receber ali a assistência psicológica de que necessitava.

Passamos a atender psicoterapicamente a mãe, visando focalmente dois objetivos: melhorar seu relacionamento com T. e trabalhar uma situação de intensos ciúmes vivida com o marido, que lhe provocava ansiedade e raiva, sentimentos que dirigia para o filho. Este trabalho foi muito difícil, pois ela era uma mulher com traços paranoides, o que a fazia receber de forma suspeitosa e mesmo agressiva nossas observações, apesar do cuidado de não mobilizar suas intensas culpas persecutórias. Durante as entrevistas, discutindo sobre a dificuldade de lidar com o filho, que achava "mau e pirracento", disse que "o melhor mesmo era que ele morresse", numa de suas crises de descompensação diabética.

Alguns meses de entrevistas permitiram aliviar a situação, mas, a pedido da mãe do paciente – que nunca teve suficiente *insight* de suas dificuldades – foram interrompidas. Ao longo dos anos seguintes, a situação veio, todavia, a se agravar. T. estava na puberdade e sua sintomatologia disrítmica acentuara-se. Ele ficava, esteriotipadamente, "beliscando" durante horas a mãe. A resposta desta, a não ser em momentos de depressão, também era agressiva. O médico assistente tentou, em vão, que a mãe voltasse ao acompanhamento psicoterápico; esta se recusava, negando os progressos que haviam sido feitos. Num dos episódios de ceto-acidose, T. entra em coma irreversível, vindo a falecer.

Neste caso, o "homicídio através da doença" pode ser detectado nas frequentes referências da mãe à morte do filho, negando, ao mesmo tempo, sua participação na enfermidade deste, para evitar terríveis sentimentos de culpa. E, ameaçada cada vez mais por este "saldo devedor" culposo, passa a desejar, inconscientemente, a "eliminação" do problema, o que efetivamente consegue, com sua "colaboração" nas situações conflituosas que alimentam a enfermidade.

Continuemos a examinar este tema em outro caso acompanhado por nossa equipe e já relatado em trabalho anterior (1976).

O doente como "bode expiatório"

B. era um homem de 43 anos, nordestino, casado, pai de nove filhos, dos quais duas eram mulheres, sendo a mais velha casada. Ele trabalhava como pedreiro e não era previdenciário. Foi internado em nosso serviço com insuficiência cardíaca (de provável etiologia reumática) e quadro de acidente vascular cerebral (afasia, disartria e hipomnesia), consequente a possível episódio tromboembólico a partir de estase auricular esquerda. Veio conduzido por um irmão, pois, segundo ele, a esposa de B. era uma mulher agressiva e desinteressada pela sorte do companheiro. Como a família não compareceu às visitas foi convocada pelo Serviço Social. Veio, então, seu filho mais velho que, diante da equipe, mostrou-se muito frio em relação ao pai. Foram necessárias várias convocações para que a esposa comparecesse. Era uma mulher com traços paranoides, muito controladora, que usava várias racionalizações para justificar a omissão da família. Após muitas dissimulações, contou-nos a seguinte versão dos fatos.

B. sempre foi um homem pacato, porém há alguns meses atrás começou a sair sempre perfumado e a voltar tarde do trabalho. A filha mais velha foi "avisada" numa sessão espírita que o pai tinha uma amante e combinou com sua mãe de levá-lo ao "centro" sem que ele reagisse. Foi depois deste fato – apuramos – que B., após passar certo tempo acabrunhado, começou a apresentar a insuficiência cardíaca. Só quando o quadro se agravou ao extremo é que a família o levou ao Pronto Socorro. Ele foi residir temporariamente na casa da filha casada, onde ocorreu o acidente vascular cerebral que motivou sua atual internação.

A esposa culpava B. por todos os problemas familiares e lamentava-se por ter baixado muito de nível social para casar com ele. Desde os relatados episódios, ela se recusava a ter relações sexuais com o marido.

À medida que o paciente melhorou, foi trabalhada sua alta com a família, sempre com mínima colaboração desta. Ao voltar para casa, ele não fez uso de medicação prescrita e abusou de atividades físicas, descompensando das condições cardiovasculares em poucos dias. Foi novamente internado, trazido pela esposa, que o deixou no hospital e desapareceu. Repetia-se a situação, tendo sido, inclusive, feita uma visita à casa do paciente por um dos acadêmicos da equipe que o acompanhava (João Galvão Alves), sem resultados. B. estava sempre deprimido, falava muito pouco e a única referência que fez a dificuldades familiares foi o relato de que sua esposa era muito ciumenta nos primeiros anos de casados.

Aproximava-se a nova alta e a equipe que o assistia resolveu convocar sua família e o irmão para uma entrevista conjunta, na qual tentaria discutir a problemática e decidir sobre para onde iria o paciente. Compareceram a esposa, o genro, a filha solteira e o irmão. Na reunião, o genro, que alegou não ter condições econômicas para albergar B., admitiu as dificuldades existentes entre B. e a esposa e disse que por sua mulher ser também muito ciumenta estava passando por crise conjugal. A filha presente, que era noiva e a preferida de B., deu à equipe a impressão de que não se interessava em ajudar efetivamente o pai. Decidiu-se que B. iria para a casa do irmão, onde receberia a visita da família, voltando ao lar quando houvesse uma concordância geral quanto a isto, inclusive de sua parte.

B., acompanhado do irmão, ficou em controle ambulatorial até que voltou à sua casa. Poucos dias depois foi, entretanto, trazido em nova e grave insuficiência cardíaca, sendo transferido para um serviço de emergência, vindo a falecer dois dias depois. A família – esposa e filha – que praticamente se evadiu do hospital após trazer o paciente, não mais compareceu, até o momento do óbito.

Aqui se vê mais de perto a participação da família no agravamento da doença de B. – com o "apoio" deste, por sua omissão – e na sua "eliminação", qual corpo estranho. Ao mesmo tempo, a doença de B. emerge como principal resultante dos conflitos familiares subjacentes, que permanecem, inclusive, ocultos por trás da sua gravidade. E B., por meio de sua doença, passa a funcionar como "bode expiatório" dos problemas familiares não resolvidos, condição já tão reconhecida em relação aos doentes mentais e, a nosso ver, igualmente frequente nas doenças somáticas.

O permanente estado de tensão da família e do paciente funciona como causa desencadeante da doença de B., interferindo na sua dinâmica cardíaca, que até então suportava a presença de uma lesão valvular já antiga[2]. E sua condição de doente "corporal esconde para todos – ele, família, médicos – os conflitos subjacentes, ainda 'melhor' que no caso do doente mental, que subentende a presença de problemas familiares". Ademais, o doente mental pode trazer à tona tais problemas, ao acusar e responsabilizar, por vezes, a família por suas dificuldades.

Perestrello tem focalizado a doença em função das configurações feitas pelo paciente nos seus vários relacionamentos (1974). No nosso trabalho, em particular, temos observado como a doença emerge frequentemente de configurações familiares patológicas que propiciam a descompensação de um ou mais membros. Assim, no presente caso, pela soma de várias condições, formou-se uma configuração na família de B. que "necessitava" a sua exclusão para seu "funcionamento" e "evolução". Enquanto apenas B. exibia a má estruturação familiar, os demais componentes, às custas de sua doença, permaneciam "sadios". Mas já num segmento da família – filha e genro – uma crise semelhante se esboçava, embora num nível de comportamento ainda considerado normal.

Ao mesmo tempo, a doença é função de configurações ainda mais amplas, como as estruturas sócio-econômico-culturais, dentro das quais se desenvolve, como abordaremos no capítulo seguinte.

As crises familiais, complementares das crises existenciais desencadeantes das enfermidades, ao contrário, outras vezes, do presente exemplo, em vez de "fazer adoecer" um único membro, contribuem para suscitar uma eclosão em série de patologias, de expressões as mais várias. Tomemos um novo exemplo extraído da prática.

Crise familial e alternância psicossomática

Uma família composta de pais e um casal de filhos, estes com idade em torno de 20 anos, durante longo tempo vinha evoluindo bem, em termos de saúde, até que o seu chefe e cabeça, aos 52 anos, começou a apresentar um quadro de demência pré-sentil, de rápida evolução, que em pouco tempo o transformou em um homem inválido. Ele deixou de se comunicar com seu meio e perdeu até o controle esfincteriano. A filha, que era a ele muito ligada, iniciou uma dermatomiosite, acompanhada de um quadro depressivo que, tratados, ficaram sob controle. No mesmo período, a esposa passou a ter episódios de cólicas biliares ligados a uma litíase até

[2] Aliás, a relação entre episódio de insuficiência cardíaca e fases de tensão emocional já foi bem documentada em trabalho de Chambers e Reiser, que estudaram a este respeito 25 pacientes hospitalizados (1953).

então silente, que cessaram quando medicada; porém, desenvolve-se uma artrite reumatoide rapidamente progressiva, que, em poucos meses, condiciona-lhe várias deformações articulares e, em função de uma osteoporose de desuso, colapso vertebral.

Aqui temos uma sucessão de patologias ocorrentes, após sério revés em que uma família se vê em pouco tempo privada de seu chefe e responsável, ocasionando-lhe, além do trauma emocional, várias dificuldades de ordem econômica. Uma filha a seguir "descompensa" por meio de uma doença somática sistêmica e um quadro mental que nos pareceram reativos às perdas da imagem de um pai hígido, como também de sua condição de sadia. A mãe, sob o efeito da dupla dificuldade, de lidar com a doença do pai e a doença da filha, faz uma exteriorização também somática, por meio de cólicas biliares. Depois, seu estado se agrava com uma condição mais avançada, a artrite reumatoide deformante, talvez porque a situação de base – a doença do marido e suas múltiplas consequências – mantinha-se e intensificava-se.

Em nossa experiência, esta sucessão de patologias somáticas, seguindo-se a uma crise familiar e "expressando-a", é algo muito frequente, embora pouco estudado. As doenças expressam-se de vários modos, conforme a composição da família, sua cultura própria e condições mórbidas subjacentes – predisposições constitucionais, hereditárias e familiares. Assim, podemos ter uma verdadeira "alternância familiar psicossomática" com patologias alternando-se – e imbrincando-se – no terreno mental, físico ou do comportamento.

Num dos casos já discutidos neste trabalho, do paciente R., vemos a descompensação familiar iniciar-se com uma doença somática da mãe, um lupus sistêmico, que a deforma fisicamente – sequelas de lesões cutâneas e de acidente vascular cerebral. Ela e o esposo, aparentemente, viviam em razoável harmonia, embora ela apresentasse frigidez sexual há vários anos. O marido, todavia, após a mulher ficar naquele lamentável estado, modificou seu comportamento e passou a ter amantes, ostensivamente, como forma de hostilizar a família, ao mesmo tempo que se tornou alcoólatra em avançado grau. Expressa sua descompensação na área mental; em pouco tempo, porém já tem alterações na área física, representadas por um processo de cirrose hepática que se inicia.

A filha, que vivia naquele ambiente, também "responde" a este clima de crise com seu comportamento, fazendo ligações patológicas com adolescentes, das quais resultaram graves acidentes automobilísticos, encerrando intensos suicidas que depois ficaram manifestos com uma tentativa de suicídio diretamente feita.

R., enquanto fora daquele ambiente caótico, vivia em equilíbrio psicossomático; porém, ao passar a conviver com a família, logo iniciou um quadro de neurose de ansiedade expresso principalmente por sintomas somáticos – cefaleia, tonteira. Depois, entrou em estado de depressão crônica e nas múltiplas dificuldades existenciais, discutidas anteriormente.

O *modus faciendi* do desequilíbrio familiar é função de várias influências, tais como a herança psicogenética familiar – constituída pela soma dos acontecimentos que marcaram a história daquela família –, as ações culturais e sócio-econômicas, às quais está submetida, e o potencial morbígeno heredo-constitucional que traz em seu bojo.

Assim, por exemplo, no lupus, que aparentemente iniciou a crise, admite-se existirem anomalias no sistema imunológico, hereditárias ou consequentes a doenças virais anteriores. Ao mesmo tempo, não se pode deixar de indagar sobre a influência do desajuste sexual com cocausa, em nível psicológico, na manifestação da doença. Doença que, aparentemente, iniciou um desequilíbrio; porém, em função do entendimento global do casal, já existia antes. O marido reagiu como costumam fazer os homens de sua cultura diante de uma situação deste tipo – a mulher está "estragada", procuram-se outras. Neste processo, há "farras" e abrem-se portas para o alcoolismo, que passa a funcionar como fuga a realidades dolorosas e, ao mesmo tempo, como alternativas – dependência alcoólica – da dependência que sempre teve da esposa.

A jovem engaja-se no comportamento típico de sua "geração de protesto" e, ao mesmo tempo que procura namorados de *status* social mais elevados, tenta compensar as decepções com a família; o faz, porém, em nível mais inconsciente, como busca da imagem paterna. O pai, mecânico de automóveis, aos domingos levava a família passear nos carros que estava consertando.... Como já tinha, contudo, suas dificuldades, vez por outra causava pequenos acidentes nestas fugas com os carros dos clientes. E este mesmo elemento da herança psicogenética familiar – a propensão ao acidente – surge mais tarde em R., que, dirigindo o carro de um amigo, sente uma necessidade desenfreada de correr, quase suicida. Consegue, contudo, conter-se a tempo a recorda-se – ajudado pelos efeitos da psicoterapia que estava fazendo – dos acidentes do pai, da irmã e do amigo que morreu.

Outro aspecto significativo é a forma pela qual R. vem à consulta inicialmente. Ele e a sua mãe, dentro do quadro que apresentava, desprezam o "nervosismo" e enfatizam a tonteira e a cefaleia que os preocupava como possível causa de ocultas doenças que poderiam existir. Era necessário fugir dos sintomas mentais, que com mais facilidade denunciariam a relação com a crise que estava se desenrolando. A mãe tentava evitar a culpa de se sentir lesando o filho ao trazê-lo para aquele ambiente, e este também tentava negar os nexos para não lidar com o ódio inconsciente que a situação lhe gerava.

O modo de a família adoecer, que no presente caso comporta diferentes exteriorizações, às vezes é mais homogêneo, principalmente quando um acontecimento traumático marcou a *gestalt* familiar que, por identificação patológica, passa a ser repetido. É o que ocorre, a nosso ver, no caso seguinte.

Uma família traumatofílica

Os dados foram obtidos de um paciente de 41 anos, casado, com seis filhos, que chamaremos de O. Ele foi internado no Serviço do Prof. Lopes Pontes por apresentar síndrome ulcerosa. Tivera uma vida muito "acidentada", embora se dissesse resignado, apoiando-se na religião. Era natural do Nordeste e contou ao interno que o acompanhou, sob nossa orientação (Otelo de Souza), que seu pai era alcoólatra e muito violento com os filhos. A mãe morreu "de parto" quando tinha nove anos e, desde então, sua vida complicou-se com a madrasta. Saiu de casa já adulto para provar ao pai, que duvidava de suas capacidades, ser capaz de casar e constituir família.

Veio para o Sul, onde esteve em vários empregos, ao quais deixou por desavenças com os patrões, passando fome e privações. Numa das idas ao Norte, casou-se e veio morar com a esposa no Rio. Começaram a nascer os filhos. Dois morreram de gastroenterite. Há 20 anos, iniciou-se a síndrome ulcerosa que lhe valeu internações e benefícios previdenciários que pretende manter indefinidamente.

Há cinco anos sentiu-se "obrigado" pelos médicos-peritos a voltar a trabalhar. Nesta ocasião, ao atravessar uma rua, "distraído", sem olhar para os lados, é atropelado por automóvel, tendo sido internado por traumatismo cranioencefálico de pouca gravidade e lombar, que lhe valeu a operação de uma hérnia discal. Desde então, não mais trabalhou, ficando "encostado no

Instituto" e vivendo, como de hábito, de "biscates". Após ter alta da internação que se seguiu ao acidente e regressar a casa, uma filha de 10 anos foi atropelada. Ela também estava atravessando uma rua e, ao passar diante de um ônibus parado, "não viu" um auto que passava ao lado deste. Ficou quatro meses internada.

Pouco tempo depois, o filho mais velho, de 11 anos, que era o seu favorito e já estava trabalhando, ao atravessar uma rua correndo foi também atropelado e levado ao Pronto socorro. A mãe, avisada, foi apressadamente com o filho mais moço ao P.S., porém, a caminho, foi igualmente acidentada: chovia e um muro em construção caiu sobre os dois.

O filho atropelado veio a falecer. Desde então, a mãe está "muito impaciente, nervosa e com esquecimento". O. costumava conversar com ela sobre este filho, antes do acidente fatal, dizendo que "se visse aquele filho morrer um dia, morreria também". E, realmente, seu aspecto passivo e sua "resignação" pareciam de um indivíduo morto para a vida.

A vida de O. configura, num primeiro plano, toda uma situação de neurose de fracasso, por meio de sua impossibilidade de progredir existencialmente, relacionada com a má relação com a figura do pai, levando-o a fazer da vida um desafio para superá-lo. Os sentimentos de amor-dependência-ódio, todavia, o impediram de realizar-se e triunfar sobre este; uma provável culpa inconsciente, diante das mortes dos irmãos e filhos, contribuía para alimentar a necessidade do fracasso e o consequente masoquismo.

Aqui a neurose de fracasso, ou melhor dizendo a "condição de fracasso", manifesta-se não apenas por mecanismos neuróticos de mau relacionamento no trabalho, como também pela estruturação do quadro ulceroso ("doença do fracasso") e, por último, pela "traumatofilia" implícita no acidente a que, inconscientemente, se impôs.

Este é o ponto que realmente nos interessa no caso de O. Vemos aqui, após seu acidente, que praticamente sela sua condição de inválido, uma secessão de acidentes semelhantes na sua família. Parece-nos mais uma típica situação de crise familiar, a partir da "doença" da personalidade do chefe que propicia um emergir de patologias, no caso com uma mesma feição – a propensão ao acidente, configurando uma autêntica família traumatofílica. Apenas o acidente com a esposa e o filho menor parece-nos obra da coincidência. Mesmo assim, dá o que pensar...

Os seguidos acidentes com os dois filhos de O. sugerem uma identificação com o pai, passando a usar o mecanismo pelo qual este se esquivava ainda mais das responsabilidades, transferindo uma enorme carga para a família. No caso do filho mais velho, que já começava quase a funcionar como arrimo, parece-nos mais claro o acidente funcionando como fuga deste acúmulo de responsabilidades. Ao mesmo tempo, fuga da perspectiva de substituir o pai fracassado, muito amoroso com os filhos – e provavelmente também amado – porém, pela condição de fracassado e "azarado", inevitavelmente odiado.

A história desta família também nos evidencia outro elemento mórbido comum: a presença da morte entre os filhos. E do mesmo modo que O., em seus comentários no Hospital, sempre se referia à morte dos irmãos e dos filhos menores, provavelmente junto ao núcleo familiar "semeou" este clima de tragédia, de fatalidade. A repercussão deste fato na morte dos filhos, principalmente do mais velho, é algo a interrogar. Sabemos do efeito destas "sugestões" na saúde e na evolução das doenças por uma série de exemplos da vida de todo dia, os quais, pela sua complexidade, a Medicina mal começa cientificamente a estudar.

A história da família de O. nos fala também de um tema de enorme importância para nós: o "hábito de adoecer". É uma família que adoece por causa, no caso, do "hábito de acidentar-se".

De modo mais corriqueiro vemos, no dia a dia médico, famílias que adoecem de uma mesma forma, com doenças não hereditárias, porém, que se repetem nos seus membros. É uma espécie de "tradição mórbida familiar" que se expressa, por exemplo, em famílias nas quais todas as suas mulheres têm complicações durante o parto ou gestação. Há uma "história familiar" de que gravidez e parto são coisas muito complicadas e isto é transmitido de mães para filhas com poderosos efeitos sugestivos e concomitantes processos identificativos.

Mesmo naquelas "doenças de família", em que há nítidos componentes hereditários, como a enxaqueca e o enfarto do miocárdio, quem pode afastar a poderosa influência dos processos identificativos, atuando como cocausas, sobretudo, em certos momentos de desencadeamento? Há interações inconscientes muito poderosas atuando no meio familiar. A ocorrência de patologias simultâneas, não heredo-familiares, em gêmeos heterozigotos – através do fenômeno da identificação mútua – e a já referida reação de aniversário são, a nosso ver, exemplos eloquentes da significação da dinâmica intrafamiliar na patologia humana.

O trabalho com a família do paciente

Por tudo que até aqui foi dito – e por tudo mais que liga o paciente, sua doença e a família – ressalta diante de nós a importância da abordagem da família como parte integrante do tratamento do paciente. Isto, que vem sendo feito de forma cada vez mais intensiva nos hospitais psiquiátricos, não tem recebido, contudo, a necessária atenção em relação ao doente somático. Em parte, pensamos como consequência do não reconhecimento das vinculações doença-família, como também em decorrência do quase desaparecimento do médico de família, que podia *in loco* constatar tais interações e preveni-las ou tratá-las, conforme o alcance de suas observações e formação.

O problema das relações doente-família a este respeito é muito amplo e vai desde os aspectos de como o médico lida com a família do doente, até à perspectiva de lhe dar assistência. E envolve muitos problemas práticos da relação médico-paciente, como o lidar com a figura do acompanhante. Este tema tem sido frequentemente trazido às nossas sessões.

Nesse sentido, pensamos – embora não haja regras fixas – que o importante é detectar se o acompanhante é útil à consulta ou ali está exatamente para dificultar o seu desenvolvimento. Neste segundo caso, temos o acompanhante que exerce poder sobre o paciente e que permanece para manter esta relação de dependência – mãe e adolescente, por exemplo – ou para evitar a verbalização de uma situação que ameace a dinâmica familiar. Por vezes, tal tipo de acompanhante se impõe ao paciente, por vezes age em conluio com este.

Um aspecto prático é a forma como contratransferencialmente o médico recebe a presença do acompanhante e, a partir disto, lida com este. No trabalho com asmáticos, já referido, tivemos a oportunidade de constatar como a presença de mães controladoras e intrusivas na consulta dos filhos irritava os médicos-assistentes que, identificando-se com os filhos, "apressavam" muitas vezes a saída da mãe do consultório. Esta, ameaçada diante de perspectiva de separação do filho, reagia, então, abandonando o tratamento e levando consigo o paciente. Portanto, é preciso compreender que há vezes em que o paciente e o acompanhante formam uma configuração tão íntima e imbricada que só lentamente pode ser "dissolvida".

Muito mais complexo é, naturalmente, lidar com a família do paciente como um todo. Neste sentido, impõem-se várias habilidades, como reconhecer a dinâmica da *gestalt* familiar, suas ideologias, lideranças, etc., e ao mesmo tempo perceber o que o doente e a sua doença representam para o todo familiar, fator de integração ou desintegração de ansiedade ou tranquilidade, de "necessidades" ou "exclusão".

No nosso Serviço, o contato com a família do doente é maior e mais importante, normalmente, nos casos internados. Uma das dificuldades mais frequentes que temos encontrado é a omissão familiar, que pode tornar-se tão flagrante como no caso de B. Este é um importantíssimo problema social nos nossos hospitais, principalmente em relação aos pacientes idosos. O aumento do tempo médio de vida, a crise da estrutura familiar dos nossos dias, o desprezo dos jovens pelos que estão nas últimas etapas da vida são fatores sociais que, interagindo com dificuldades econômicas, tendem a fazer com que muitos doentes idosos sejam levados aos hospitais para de lá não mais retornarem.

A este contexto socioeconômico ajunte-se a importância do relacionamento prévio do paciente com sua família. Discutindo o caso de B. em trabalho anterior (1955), lembrávamos que cada um na vida colhe a partir do que semeia e que tudo indicava que B. tinha semeando pouco – ou mal – no seio de sua família.

O ideal é que a equipe de saúde contate os familiares desde a internação e os ponham a par das particularidades do doente e da sua evolução, dando-lhes responsabilidade na condução do caso e mantendo-os preparados para enfrentar as eventualidades que possam ocorrer. Tudo isto funciona como profilaxia de crises família x instituição.

O conhecimento do relacionamento paciente-família indica em que casos o médico precisa interferir junto à família para auxiliar na condução do paciente. Por vezes, este trabalho pode ser realizado pelo clínico-assistente; quando os problemas são de maior complexidade, requerem uma atuação integrada, com participação do consultor psiquiátrico e do Serviço Social.

Este trabalho, que temos feito quando necessário, em certos casos traz resultados muito imediatos e gratificantes. No caso de P., um adolescente diabético já apresentado, as entrevistas feitas pelo médico que realizou a interconsulta com seus pais, esclarecendo-os quanto a vários aspectos da doença do filho, dissolvendo tabus nos quais acreditavam, mostrando-lhes, sem críticas, que o estavam controlando excessivamente, trouxeram excelentes resultados. Eram pessoas simples, com boa estrutura psicológica e que precisavam, basicamente, de orientação e esclarecimento.

Noutro caso de adolescente, relatado em trabalho sobre asma (1976), nosso contato com a irmã e o cunhado do paciente, com os quais morava, também foram fáceis e proveitosos. Tratava-se de uma situação em que o paciente era rejeitado pela irmã – por relembrar-lhe terrível asma que ela havia tido na infância – e superprotegido pelo cunhado.

Ao mesmo tempo, a irmã, por tratar com privilégios os próprios filhos, que conviviam com o paciente, deixava-o enciumado. O esclarecimento dos efeitos desta dinâmica familiar sobre a asma do paciente e o trabalho concomitante feito junto ao mesmo pelo acadêmico do leito (Jorge Farha), alterando sua atitude junto ao núcleo familiar, permitiram a modificação das relações conflitivas para um modelo mais harmonioso e "terapêutico" em relação à saúde do paciente e da própria família em si.

Quando o núcleo familiar é bem estruturado e a relação com o paciente é preservada, também é possível obter bons resultados, mesmo em situações clínicas mais difíceis. Tal ocorreu com um paciente de 60 anos de idade, casado e pai de quatro filhos adultos, internado por insuficiência coronariana, já com quatro episódios de enfarto do miocárdio. O acadêmico que o assistia (José Roberto Muniz), estagiário do nosso Setor, ouviu dele várias queixas de que era desprezado pela esposa e filhos, sendo mesmo ironizado em sua casa, sentindo-se como um estranho e inútil à espera do fim. No contato com o paciente, ele havia percebido, contudo, traços paranoides e uma estrutura onipotente e arrogante que o fazia explodir quando não era cumprida sua vontade. Propôs um diálogo com a esposa e o filho mais velho, com quem já contatara e dos quais tivera boa impressão quanto ao interesse demostrado para com o paciente.

Na entrevista conjunta, o doente expôs suas críticas e, com a mediação do terapeuta, pôde perceber, pelo menos temporariamente, quanto havia de fantasia em suas suposições. Ensimesmado, ficou muito tempo sem contato real com a família, preso apenas aos seus pensamentos negativos. Em decorrência deste trabalho, melhorou do estado depressivo em que se encontrava e pôde ter alta em boas condições.

Quando o paciente-problema ou grave se junta a uma família-problema, este trabalho torna-se muito difícil, requer grandes esforços da equipe e é frequentemente frustrador nos resultados. Tal fato ocorreu em relação a um paciente com grave nefropatia e à sua família. Era um doente jovem e de nome quase idêntico ao de outro nefropata, vizinho de enfermaria, que morrera recentemente. A semelhança fazia com que a equipe frequentemente o chamasse pelo nome do que desaparecera, com o que, inconscientemente, estava comunicando que para ele esperava o mesmo destino. Era um indivíduo introvertido e tornou-se cada vez mais calado após a morte do colega. Nas reuniões de equipe, coordenadas por nós, ao fazer referência à sua família era para criticá-la, dizendo que seus pais queriam sempre mandar em sua vida, não entrando, porém, em mais pormenores.

Depois de certo tempo de internação, os pais passaram a vir ao hospital. Pertenciam a uma seita religiosa muito rígida, vestiam-se de modo bizarro, sentindo-se "profetas de Deus". Começaram a pressionar a alta do paciente, dizendo que "Deus o estava chamando para ir morar com ele". O paciente, muito deprimido, a princípio não queria ir com os pais, mas depois terminou acendendo. Tivemos, então, com outros membros da equipe, uma entrevista com o pai, que pouco adiantou com relação às suas convicções. Poucas vezes nos defrontamos com tamanha rigidez e onipotência. Ele sabia de todas as verdades e a nossa Medicina era um nada diante de sua sapiência.

Por fim, levaram o filho para uma cidade do interior na qual moravam, onde este veio a falecer, em péssimas condições psicológicas, conforme constatou um membro do *staff* que o foi visitar no hospital no qual foi internado nos seus dias finais.

Este trabalho, mesmo quando frustrador em relação aos nossos intentos, sempre traz grandes ensinamentos sobre os aspectos globais da Medicina aos que dele participam. Isto pode depreender-se do presente caso, quanto à importância das seitas religiosas muito primitivas – infelizmente em expansão no mundo atual – sobre a evolução dos pacientes de classes menos favorecidas.

Finalmente, em casos ambulatoriais, quando necessário, também temos feito acompanhamento familiar, conforme o exemplo seguinte.

Uma mãe de meia idade, separada do marido, trouxe dois filhos adolescentes ao ambulatório deste Serviço. Os filhos foram consultados por acadêmicos diferentes, sob supervisão clínica. A mãe acompanhou a consulta da filha e disse que achava que ela estava com vermes porque "andava muito preguiçosa, dormindo muito e não estudava". O acadêmico apurou que a filha passou a comportar-se assim depois que esse sentiu ironizada pelos colegas no Dia do Papai, devido à sua condição de filha sem pai.

O irmão mostrou-se muito introvertido e irritado e quase não colaborou na consulta. De início, sua mãe disse que o achava anêmico, porém, depois confessou que estava de fato preocupada com suas crises de irritabilidade.

Consultados, achamos que estávamos diante de uma família em crise e nos propusemos a fazer uma entrevista com os três e mais um dos acadêmicos-consultantes. Logo no primeiro contato, as dificuldades definiram-se: os filhos brigavam constantemente, disputando o amor da mãe, e o jovem, de comportamento muito agressivo, estava querendo sair de casa para ir morar com o avô. A reunião ajudou a delinear esta situação e permitiu que se concretizasse a sua saída de casa, aliviando a tensão ambiental. A seguir, vistas semanais, com a mãe e a filha, visando a melhorar a desarmonia entre as duas. Alcançando este objetivo, as reuniões foram suspensas, com indicação de terapia individual para a filha.

Pós-escrito

As interações doença-família e família-doença foram sendo cada vez mais observadas nas práticas de saúde, permitindo uma percepção mais integral da Medicina e o advento de novos enfoques terapêuticos, centrados em conhecimentos psicossociais. Todavia, em muitos centros médicos e biológicos, mormente naqueles de definição organicista, a importância da família do paciente nas questões de saúde ainda não é de todo reconhecida.

As maiores mudanças vieram, sobretudo, na área pediátrica e na obstetrícia, como era de se esperar. Na pediatria cita-se o alojamento conjunto e a participação quase total das mães nas internações dos filhos. Na UERJ, por exemplo, Angela Peccini, num trabalho que já supervisionamos, faz grupos simultâneos de mães e filhos com leucemia, num trabalho de jogos (desenho) de expressão e fidedignidade impressionantes.

Hoje em dia, em pediatria, na maioria dos casos pensa-se na dinâmica familiar. Isto, sem dúvida, é herança dos estágios de psicólogos, psicanalistas e psicossomaticistas nas clínicas infantis, semeando estes conhecimentos. As obras do Winnicott, Mahler, Bowlby e outros também contribuíram neste sentido, bem como os modernos estudos da relação mãe-bebê desde o útero.

Tudo isto também influiu na obstetrícia, tornando-a uma especialidade praticamente familiar com um enfoque que basicamente considera a mãe, o pai e o filho, num relacionamento mútuo. Por outro lado, também na ginecologia a presença do casal é quase uma constante, na realidade da participação do cônjuge na consulta médica ou na sua imagem diante da dupla paciente-terapeuta. Aliás, há ginecologistas que não aceitam a realização de uma consulta sem a presença do casal.

Em cancerologia, admite-se, hoje em dia, a importância da família desde o diagnóstico às etapas finais do tratamento de uma neoplasia, e há mesmo quem admita o papel do relacionamento familiar como um dos aspectos desencadeantes do processo. A família é admitida como um importantíssimo agente na revelação do diagnóstico e no seu papel terapêutico, de apoio, sobretudo, na evolução de uma neoplasia. Assim, tem sido enfocado o papel positivo (ou negativo) do cônjuge ou da mãe da paciente em casos de câncer de mama.

Em doenças consideradas mais orgânicas, como as ortopédicas, reumatológicas ou neurológicas, o papel da família como agente desencadeante está ainda por ser reconhecido pela classe médica, apesar de importantes trabalhos a este respeito nas lumbalgias, na artrite reumatoide e nas doenças autoimunes, por exemplo.

As relações doença-família, levando a efeitos negativos e desagregações familiares, são melhor admitidas em famílias mais pobres, por razões socioeconômicas, principalmente. Mas ainda se reconhece pouco o efeito devastador da doença de um familiar sobre a saúde geral da família, principalmente se as repercussões se fazem sobre doenças não reconhecidamente psicossomáticas. Ou em áreas iguais a dos acidentes, como em um dos casos apresentados.

Ao mesmo tempo, os trabalhos terapêuticos com a família do paciente são cada vez mais desenvolvidos, por exemplo, informando e orientando familiares de doentes internados em CTI.

Interessados nesta interação, sempre a investigamos durante os grupos compacientes internados, pesquisando se a visita familiar se dava e se ela era positiva ou negativa para o paciente. Aqui, entram em jogo as antigas noções da psiquiatria de "doente-relíquia" e "doente-problema", isto é, aqueles que eram amados e visitados pelos parentes e os que eram odiados (consciente ou inconscientemente) e rejeitados.

Durante o período do São Francisco, colocávamos alunos como "olheiros" das visitas de familiares e amigos – observavam o clima das relações de modo não intrusivo. As experiências de visitação familiar, que realizamos naquela época, foram extremamente importantes para compreendermos os casais em sua totalidade e para trabalharmos o problema das ausências (parciais ou totais) das famílias.

As visitas de José Galvão Alves à família do paciente B. foram memoráveis para o Serviço, como coleta de material clínico e psicológico e trabalho terapêutico possível de ser realizado. Tudo isso também funciona ou como um dos trabalhos pioneiros ao que vem sendo hoje o Programa de Saúde da Família em suas visitações à casa dos pacientes, estratégia tão importante em seu trabalho de pesquisa e terapêutico.

Durante o período em que estivemos no Hospital do Fundão, fizemos um trabalho de supervisão com assistentes sociais em sua tarefa de assistir os parentes dos pacientes internados naquele hospital. Constatamos que, pela sua formação teórica e prática hospitalar, aqueles profissionais são os mais bem equipados para enfrentar este duro trabalho de lidar com a família dos pacientes. Pensamos que não devem ceder de todo este campo para o psicólogo, como vem acontecendo, apesar deste ser, no momento, o profissional mais útil na área da psicologia médica (ou da psicologia hospitalar, não importa o nome, e sim a prática).

Atualmente, nosso enfoque em psicologia médica está centrado basicamente em técnicas grupais, com pacientes portadores de doenças crônicas, renais, diabéticos, enfisematosos, hanseniásicos, com lupus, fibromialgia, etc[3]. Nestes grupos, os problemas familiares estão sempre presentes nas relações de poder, nas questões intrafamília, econômicas, etc. As pacientes de lupus, por exemplo, têm quase sempre problemas de autoestima (febre, reumatismo, lesão cutânea levando os esposos a relacionamentos extraconjugais retaliativos, que elas terminam tomando conhecimento). A feitura de grupos de casais em que esta problemática se repetia foi útil na solução dos aspectos conflitivos destes casos. Aprendemos com a experiência que o tratamento da criança ou do adolescente rebelde, com diabetes, individualmente, por si só não basta. É preciso quase sempre fazer grupos concomitantes de mães em que se possa trabalhar a enorme culpa por ter gerado filhos defeituosos, como também a permissividade excessiva ou a rejeição a estes.

---

[3] Tudo isto foi publicado recentemente no livro *Grupo e corpo: Psicoterapia de Grupo com pacientes somáticos*.

Pensamos, todavia, que somente no momento em que os profissionais de saúde admitem esta dinâmica doença-família em todas as direções, e quando estiverem presentes profissionais psi que saibam tratar de crianças, casais e famílias nos hospitais e nos serviços de psicologia médica, este objetivo estará mais próximo de ser alcançado.

No momento, já temos um grande objetivo alcançado na interação paciente-família--comunidade: o Programa de Saúde da Família (PSF). Esta é, talvez, a maior vitória do nosso movimento de psicossomática, ao lado de outros profissionais de saúde, como os da medicina social.

Há vários pontos positivos e mesmo revolucionários deste programa, como as entrevistas com vários membros da família, as visitações domiciliares, o trabalho com grupos (de família, idosos, mães) e, principalmente, a participação de equipes interdisciplinares (médicos, psicólogos, assistentes sociais), que é uma das grandes estratégias da psicologia médica no momento.

Referências

ACKERMAN, N. W. *Diagnostico y tratamiento de las relaciones familiares*. Buenos Aires, Ediciones hormé, 1971.

CHAMBERS, W. M.; REISER, M. F. *Emotional stress in the precipitation of congestive heart failure*. Psychosom. Med., 15: 38, 1953.

COBB, S. The intrafamilial transmission of rheumatoid arthritis: recalled parent child relations by rheumatoid arthritis and control. *Jour. Chron. Disesses*, 22: 223, 1969.

MELLARY, A. R.; MEYER, E.; WEITZMAR, D. J. *Observations on role of depression in some patients with dissemanited lupus erythematosus*. Psychossom. Med., 17: 311, 1955.

MELLO FILHO, J; ALVES, J. G.; ISSA, J. Crise familiar e insuficiência cardíaca. *Jom. Bras. De Medicina*, 31: 132, 1976.

MELLO FILHO, J; FARHA, J.; MOREIRA, M. D. Assistência integral ao asmático. *J. Bras. Med.*, 31: 132, 1976.

PARKES, C. M. Effects of bereavement on physical and mental health. A study of the medical records of windows. *Brit. Med. J.*, 2: 274, 1964.

PERESTRELLO, D. *A medicina da pessoa*. Rio de Janeiro, livraria Atheneu, 1974.

RASCOVSKI, A. *O filicídio*. Rio de Janeiro, Ed. Artenova, 1974.

SPITZ, R. *Desenvolvimento emocional do recém-nascido*. Rio de Janeiro: Livraria Pioneira Editora, 1960.

WINNICOTT, D.W. *The family affected by depressive illness in one or both parents*. In: the family and individual development. LONDON, Tavistock Publications, 1965.

WINNICOTT, D. W. The teory of the parent – infant relationship. In: T*he naturational process and the faciliting environment*. LONDON, The Hogarth Press, 1972.

CAPÍTULO 3

Sexualidade e família[1]

Júlio de Mello Filho

"Todas as famílias felizes se parecem;
as desgraçadas são infelizes a sua maneira".
(TOLSTÓI)

A família sempre foi e continua sendo o grande cadinho das experiências humanas. É lá que se desenvolvem as primeiras manifestações psicológicas, motoras e afetivas do bebê, que nasce um psiquismo e depois um *self*, onde se aprendem as primeiras relações objetais, as noções de limite, proibição e penalidade. Ainda, na primeira infância, o sexo. Depois, a explosão da puberdade em casa e no mundo de fora; aprende-se a ser adolescente no mundo e também no lar. O amor, obviamente, é forjado nas trocas das relações entre pais e filhos e nos filhos entre si.

Escrevendo sobre este tema – amor, sexualidade, família –, nossos grandes escritores produziram boa parte da criação humana – em nossas epopeias e tragédias que continuam nas outras gerações.

Se o afeto e o sexo decorrem, basicamente, de relações familiares, por que a ocorrência da sexualidade dentro da família não é bem mais frequente que nas relações sexuais esporádicas entre pais, filhos e irmãos?

Chama-se de endomia a ocorrência da sexualidade dentro da família e de exogamia o movimento de dirigir a sexualidade para fora, considerado normal. O incesto é um tipo de endogamia, isto é, a sexualidade entre pais e filhos, proibida por laços de parentesco próximos. Mas o sentimento, sem prática, também é incesto, mesmo que inconscientemente, mostrou-nos Freud.

Há culturas onde o incesto e a endogamia são permitidos em grau maior ou menor. Em nossa civilização, o incesto (relação entre pais e filhos ou entre irmãos) ocorre esporadicamente, ou com regularidade durante uma fase ou período, sempre em situações consideradas patológicas.

---

[1] Este trabalho foi publicado anteriormente no livro *Sexualidade Humana*, de Carlos Alberto Morais de Sá, Rosângela Kalil, pela Editora Revinter, no ano de 1999. Felipe Tavares fez a revisão do capítulo comigo, a quem reitero meus agradecimentos.

A possibilidade de uma degeneração da prole em decorrência da consanguinidade não explica, por si só, a proibição do incesto. Tudo indica que houve um grande movimento da civilização na direção da exogamia.

A igreja, sem dúvida, teve um papel importante. E o princípio da exogamia tornou-se um dos pilares de nosso desenvolvimento e grau de civilização. Freud, que abriu este debate, mostra-nos isto com muita clareza. Já os animais, vivem de um modo francamente incestuoso, sem qualquer consciência disto, entre si. Talvez exatamente porque se não há consciência, não há incesto. Assim, no crescimento de uma unidade ou de uma espécie, o incesto é a regra e não há conflitos, nem maiores consequências em decorrência disto.

Em seu portentoso trabalho, *Confusão de Linguagens entre o Adulto e a Criança*, Ferenczi fala-nos em duas sexualidades: a da criança, dominada pela ternura, e a do adulto, pela paixão (erotismo). A criança vai buscar ternura no adulto e encontra o sexo propriamente dito, o erotismo, o orgasmo, o que Ferenczi chamou de paixão. Este trabalho de Ferenczi ilumina muito do que ocorre no trauma sexual infantil e incesto também. Já naquela época, inícios do século passado, ele falou sobre a importância e extensão deste tema dizendo como eram frequentes as relações sexuais entre crianças e adolescentes com babás, empregados e familiares. Tudo isto era desconhecido e negado, entretanto, pelas normas ditas civilizadas, pela moral vitoriana que insistia em desconhecer estes prolongamentos incestuosos, poderemos dizer.

Assim, muitas coisas continuam a acontecer nos tempos atuais e persiste um comportamento hipócrita da nossa sociedade, como denunciou Ferenczi.

Diante do poder de Freud, pai da psicanálise, Ferenczi como que clamava no deserto ao dizer que o incesto existe, que as crianças eram desrespeitadas e brutalizadas pelos adultos, que as famílias eram enormes organizações incestuosas, com participação ativa e extensa dos empregados nos incestos.

Nosso tema, portanto, é muito extenso e comporta muito da patologia das relações interpessoais (ou triangulares, Freud), bem como a patologia das relações duais (falha básica, Balint) herdeiros do que se passou entre mãe e bebê. Compreende assim, quase toda a patologia mental humana, tudo que foi descrito até hoje nos grandes romances ou em grandes filmes da criação humana.

Nelson Rodrigues, entre nós, realizou um trabalho de gênio quando entrelaçou família, incesto, perversão e psicopatologia e são exatamente esses ingredientes que geraram uma obra tão real, chocante e complexa.

Tentaremos aqui relacionar sexualidade e família numa visão psicanalítica mais atual e, a seguir, falar das complexas relações entre família e AIDS, isto é, dos conflitos que podem emergir entre o paciente acometido e seu universo familiar.

Começaremos falando da estrutura familiar e de sua dinâmica, como tem sido por tempos e como se apresenta no mundo atual.

Sem dúvida, vemos o mundo conforme nossa realidade interna e, deste modo, podemos desconhecer situações ou tingi-las de cores diferentes, impor coisas nossas aos demais, absolvê-los ou incriminá-los desonestamente. Quão mais enfermos, mais utilizaremos mecanismos projetivos e de negação e mais deformaremos a percepção da realidade.

O moderno cinema (Bergman, Fassbinder, Bunuel) mostra-nos este fato com muita clareza, melhor que qualquer descrição psicanalítica.

Por outro lado, se somos saudáveis ou doentes de um modo diferente, somos capazes de ver a realidade, de assimilá-la e mostrá-la aos outros, de um modo mesmo especial, se somos artistas.

O ambiente e a realidade externa voltaram à psicanálise por meio dos teóricos das relações objetais, analistas ingleses que restituíram a significação dos traumas infantis, com base nas falhas empáticas dos self-objetos (Kohut).

Estrutura e dinâmica familiar

Antropólogos, sociólogos, psicanalistas estudaram sobre vários ângulos a instituição família nas últimas décadas, em trabalhos que têm múltiplos aspectos e convergências dos quais destacaremos alguns, como abordagem ao nosso tema.

O antropólogo Ralph Linton, estudando as funções da família no mundo atual, distingue as que são baseadas no biológico (cuidado a criação dos filhos; proporcionar satisfação sexual aos cônjuges) daquelas baseadas no social: produção econômica; cuidado de velhos e inválidos; proteger seus membros contra estranhos. Ele comenta que a família não tem, todavia, certas funções como a de se responsabilizar pelos seus filhos adultos.[2]

A família ocupa um lugar intermediário entre o indivíduo e a sociedade. Linton e outros antropólogos dizem que a família evoluiu de um matriarcado para um patriarcado. Um dos traços considerado comum são as atitudes gerais impostas a cada membro da família. Esta parece ter se iniciado no fenômeno biológico (unidade reprodutora) e evoluiu para o fenômeno social.

Do mesmo modo, ainda existe, segundo a cultura, uma distinção entre uma unidade reprodutora (casal e filhos) e uma família institucional, composta de demais parentes e agregados.

O que se vê no mundo de hoje é, por um lado, a família se manter, apesar de tudo, com suas estruturas e funções e, por outro, se atrofiar e desvalorizar. O número de filhos e agregados é cada vez menor. A convivência com vizinhos se, por um lado, pode enriquecer a família, também pode representar uma autêntica intrusão, patrocinada pelos filhos mais jovens. E a televisão pode se constituir numa invasão permanente que desacultura a família e a submete a ideologias várias e fragmentadoras.

Em quase todas as espécies, a criação dos filhos é entregue às fêmeas. Entretanto, a assistência de algum adulto masculino é importante, não só na esfera econômica, porém para que os filhos se identifiquem com ele e obtenham bom êxito como homens.

Quanto ao cuidado com os mais velhos, escreve Linton, não há sociedade em que a conexão do indivíduo com a família seja cortada assim que sua utilidade cessar. Porém, ele lembra que há culturas que aliviam as famílias desse encargo, matando seus membros mais idosos. Penso que esta é uma das características da família atual, a profunda intolerância e mesmo rejeição com os mais velhos, os quais são isolados ou desconhecidos dentro dos lares ou movidos de lar em lar, quando não de casas de saúde, asilos ou lares ditos protegidos. Claro que há questões econômicas e despreparo dos lares para abrigar um velho. Porém, parece-me que o cerne da questão está no afrouxamento dos vínculos de família e, entre estes, os de gratidão e reconhecimento para com os mais velhos.

---

[2] Sobre isto, poderíamos dizer que, com a crescente dificuldade dos jovens de entrar no mercado de trabalho, estes ficam um tempo cada vez maior na dependência dos seus pais. E que as patologias incestuosas, gerando uma dupla dependência genitor-filho, tendem a retardar a liberação destes que, muitas vezes, nunca alcançam a liberdade e a exogamia totais.

Natan Ackerman é dono de uma vasta bibliografia dedicada ao estudo da família como instituição, a sua psicodinâmica, a sua saúde, a família como sistema e, finalmente, ao diagnóstico e tratamento das patologias psíquicas familiares.

Ele nos diz

> A família é uma instituição que é tão antiga como a espécie humana. É uma entidade paradoxal e evasiva, capaz de assumir inúmeras aparências. É a mesma em todos os lugares e, não obstante, não é nunca a mesma... Na verdade a família não é o pilar da sociedade.

A sociedade, sim, molda o funcionamento da família para conseguir maior utilidade.

Ackerman, como Erickson, foi um grande estudioso das crises do homem. Ele recorda que, do mesmo modo que no desenvolvimento individual, há na família crises decisivas em que os vínculos podem se fortalecer ou se debilitar. Assim, os arranjos das relações se modificam em cada etapa das transições: gestação e nascimento; puberdade (filho) a maturidade (pais); quando os primeiros crescem, casam, seguem seus caminhos e os pais envelhecem.

Cada homem tem várias famílias: da infância; do matrimônio (e paternidade); do ocaso, se é avô. Em cada período, o indivíduo desempenha (e vive) diferentes papéis familiares.

Com toda a sua experiência, ele continua: "Fundamentalmente, a família faz duas coisas: assegura a sobrevivência e constrói o essencialmente humano do homem".

Entre as várias funções sociais da família ele inclui:

- Oportunidade para desenvolver a identidade pessoal ligada à identidade familiar.[3]
- Modelagem dos *papéis sexuais*, o que prepara o caminho para o amadurecimento e para a realização genital.
- Treino para se integrar aos *papéis sociais* e para aceitar a responsabilidade social.
- Fomento de aprendizagem e apoio da iniciativa e criatividade do indivíduo.
- Nesta linha de ideias escreveu Ackerman:

> O que molda a identidade da nova família é a interação, fusão e rediferenciação das individualidades das partes do par matrimonial. A identidade da nova família costuma partir da imagem que tem de si mesmo cada cônjuge e das imagens das respectivas famílias de origem. Além disso, desenvolve-se habitualmente algo novo e único, que confere a sua necessidade... A estabilidade da família e de seus membros depende de um padrão sutil de equilíbrio e intercâmbio emocional... A enfermidade emocional de um membro pode completar a do outro ou ter efeitos antagônicos.

Sobre papéis familiares:

> Os papéis familiares são a ponte entre os processos internos do indivíduo e a estrutura da família como grupo... São intrinsecamente recíprocos. Cada membro é obrigado a se

---

[3] A questão da identidade pessoal relacionada com a família e o fenômeno dos papéis familiares ganhou relevo especial nos últimos anos, por exemplo, nas observações de Pichon Riviére sobre o papel do bode expiatório e sua relação com a psicose e com qualquer tipo humano, podemos acrescentar. Estes trabalhos também aproximam a psicanálise e a psicoterapia das abordagens grupais como o psicodrama, com as contribuições de Kurt Lewin e com as práticas de gestalt.

integrar a papéis, inclusive extrafamiliares. É preciso analisar o bom êxito ou fracasso na aptidão aos papéis; mais ainda, como cada papel influi nos outros reforçando ou impedindo a adaptação aos demais.

Assim, ele analisa, à luz de suas teorias de mudanças de papéis e adaptações, a família do mundo atual:

> A família contemporânea está mais segura economicamente. Desfruta mais das coisas materiais da vida, entretanto não é feliz por isto... A família contemporânea está respondendo aos efeitos inexoráveis da industrialização, urbanização, progresso tecnológico e os antagonismos de valores vitais.... Há uma tendência para alienação da família das funções tradicionais, do trabalho, culto religioso, cuidado dos enfermos e educação. Surgiu maior mobilidade... Incrementou-se o divórcio, modificou-se a moral sexual, além de um ressurgimento periódico da delinquência (sic).[4] Tudo isto parece expressão do processo de transformação.

Para entendermos o comportamento da família moderna Ackerman propõe alguns pontos básicos:

Identidade psicológica

Mostra-se confusa e conflitiva e daí dividida e mesmo fragmentada. Este é um enorme problema, principalmente para os jovens que buscam alguma definição no que são e no que buscam realmente. O homem da primeira metade do século sabia muito mais quem ele era e o que queria da vida. Apesar de isto poder levar a certa pobreza existencial, por vezes...

Voltando a Ackerman: "Reduziu-se a identificação e a participação emocional, bem como a comunicação eficiente. Teme-se a dependência emocional. Rechaça-se a ternura por considerá-la uma debilidade".

A questão da identidade foi apontada por Erickson, há quatro décadas, como o grande problema da civilização ocidental.

Nós tivemos todos os valores da nossa civilização, em nome do progresso, estraçalhados no mundo do pós-guerra. Daí todas as noções de sexo, saúde, moral, normas, poder, terem cambiado e, vivendo num mundo que continua em câmbio, não temos nada de estável para oferecer aos jovens.

Estabilidade

Como a identidade, as pautas de estabilidade são inseguras e vulneráveis. Há uma exagerada preocupação com os problemas de controle e disciplina...[5] A instabilidade da família favorece a

---

[4] Alguns destes temas merecem um comentário. Em primeiro lugar, o divórcio, em vez de uma manifestação de mobilidade dentro da estrutura familiar, deve ser visto, no momento, como uma das maiores manifestações de patologia da estrutura familiar, principalmente em razão da enorme frequência que atingiu. Ademais, a delinquência das famílias de baixa classe não é ocasional e no nosso meio configura-se em um problema de enorme proporção e muito difícil solução.

[5] A preocupação por estas questões, em parte, se deve a que de tal forma foram negados até então, que se tentou mesmo viver em um mundo sem regras. Assim, em parte, há uma tentativa de resgate de

implantação de defesas patológicas contra a ansiedade: substituição da agressão por ansiedade, busca de "bodes expiatórios", anulação mágica, projeção e isolamento, tendência ao *acting-out*.

Conflito e restabelecimento

Os recursos de conflito e restabelecimento se sucedem em vários níveis a que se superpõem: conflitos intrapsíquicos de seus integrantes; entre seus membros e a família; entre seus membros e a comunidade. Na família contemporânea há conflitos nos três níveis.

Entre os recursos de restabelecimento usados pelos integrantes de uma família (ou pela família como um todo) pode-se apontar o isolamento, a devoção obsessiva aos filhos, os traslados geográficos, a fuga na bebida e nos tóxicos, as formas bizarras de divertimento, etc. Trata-se de operações geralmente ineficazes, que não neutralizam os conflitos, a ansiedade, a alienação emocional e a tendência à desorganização.

Adaptação ao papel, aprendizagem a uma maior adaptação

Escreve Ackerman:

> Na família contemporânea é notória a dificuldade de integração dos papéis familiares... Os pais sentem culpa e ansiedade por sua imperfeição como pais. Há dúvidas sobre os papéis sexuais femininos e masculinos... Os papéis complementares são exercidos de modo confuso e instável. Em algumas famílias os papéis se tornam rígidos ou membros são prisioneiros da exigência de um só papel. Quando se derruba a reciprocidade dos papéis sobrevêm (sic) a desorganização das relações familiares, o que trava a capacidade de aprender com a experiência e de conseguir maior desenvolvimento.

Outro trabalho sobre a família que merece ser discutido aqui foi escrito por um psicanalista argentino, Edgardo Rolla, em 1976, chamado *Família e Personalidade*.

Para ele, a família é um grupo biopsicossocial institucionalizado, composto por adultos (união sexual) e filhos (grupo consanguíneo) que geram o usufruto da dependência.

Ele descreve as seguintes características:

Exogamia

O princípio básico é a exogamia, e há um acordo tático de que, após certo tempo, os filhos deixarão a casa, deixarão de ser "filhos".

Segundo Rolla, a família não é um grupo, é um compacto (designação que ele escolheu), "porque os filhos não pediram para nascer".[6]

---

questões fundamentais para o viver, como o limite e o controle, como também o advento de táticas fascistas oportunistas – excesso de controle e disciplina – em um mundo quase sem regras, como o em que vivemos.

[6] Penso que em qualquer lugar a família comporta-se como um grupo com características especiais, porém, sempre um grupo, em seu modo de funcionar, a não ser que esteja enferma. Assim será uma família esquizoide, dividida, dispersa, desagregada, sem coesão, um não grupo. Minkowska, aliás, considera

No seu trabalho, Rolla acentua uma série de aspectos muito importantes para a dinâmica familiar e sua patologia:

• **Aspectos reivindicatórios e missões outorgadas aos filhos:** Cada pai sempre outorga certas missões aos filhos. Por missões, ele se refere aos desejos e reivindicações do pai que estão presentes naquilo que ele espera e induz no filho, como casamento, escolha profissional, missão existencial, ideologia, etc.

Obviamente, o filho atende ou não ao pedido do pai, porém, muitos não têm condições de dizer não e seguir seu próprio caminho. Em minha experiência, o grupo terapêutico em que as imagos internas e externas de cada um possam ser representadas, criando um novo padrão familiar para cada paciente, pode se mostrar como um campo muito fértil de elaboração dessas questões familiares, que cada um traz em si mesmo.

Rolla diz mesmo que há sempre uma luta surda entre pai e mãe, cada um querendo delegar mais as suas missões existenciais aos filhos. Tive pacientes cujas missões existenciais recebidas preencheram suas vidas, que passaram a representar suas próprias existências.

Algo assim pode ser visto em certas profissões de sucesso, em que pais, filhos e netos se sucedem.

Isto não significa necessariamente patologia familiar, porém vários rumos podem ser postergados se só funciona uma identificação maciça e o cumprir a reivindicação do outro.

• **Narcisismo e autoerotismo:** A família é uma fonte em que cada um fortalece o seu narcisismo por meio da função empática e por especular dos outros, sendo, portanto, o *locus* maior onde se constrói a função da autoestima e onde surgem ou são escolhidos os self-objetos mais importantes de nossas vidas (Kohut).

Todavia, se estes desenvolvimentos não são atingidos, pode predominar o narcisismo negativo e tendências autoeróticas e fantasias de bissexualidade passam a imperar. Isto pode favorecer a escolha narcísica de um companheiro ou, caso esta pessoa consiga chegar a um casamento, a impossibilidade, por várias razões, de ter filhos.

Quando por essas razões ou outras o temor de ter filhos é muito grande e, se apesar disso, eles nascem, poderão advir relações difíceis ou conflituosas com estes, e mesmo o que poderíamos chamar de microfilicídios, isto é, "acidentes" na relação pais-filhos representados por problemas de agressividade ou de saúde na evolução daqueles.

• **Aspecto pigmaliônico:** Na famosa peça de Bernard Shaw, a relação entre um marido mais velho e uma mulher mais jovem se dá como ela sendo sua aluna, aspecto este que possibilitou a união – ele era professor e de classe social mais alta, e ela pobre, inculta e de hábitos pouco polidos.

Em nossa sociedade, por várias razões psicológicas e sociais, este tipo de ligação entre homens mais velhos e mulheres mais jovens ocorre cada vez com maior frequência, com um cortejo de problemas associados.

---

as famílias patológicas a esquizoide, do mundo atual, e a simbiótica (griscoide, fechada, isolada) que predominou na primeira metade deste século, naquelas décadas que nos precederam e que também está presente em nossos dias. Evidentemente, há vários tipos de famílias patológicas. Poderíamos falar em famílias psicopáticas, agressivas, psicossomáticas, passivas, etc. Mas o que a autora enfatizou foi a patologia segundo a capacidade de comunicação e o grau de coesão familiar.

Numa cultura assaz narcísica entra em jogo o prazer do homem em conquistar uma mulher bela e jovem, enquanto ela se contenta com a experiência e poder do companheiro, a ser apresentado ao seu círculo social. Por um mecanismo de identificações cruzadas, ele também consegue se sentir jovem como ela, e ela, por sua vez, inteligente e culta, como ele.

São relações das vezes as mais edipianas e, por isso mesmo, apresentando uma série de fragilidades, sujeitas a grandes idealizações de ambas as partes, com culpas e gratificações que podem redundar em novas frustrações. O narcisismo pessoal como ideal narcísico fica claro na figura masculina vivida como poderosa e dadivosa e na beleza e juventude da mulher, como um bem inacabável.

• **Linhagem e escolha do filho:** Como coloca Rolla, cada cônjuge sempre escolhe seu filho (predileto), consciente ou inconscientemente. Os irmãos se dão conta disto, o que é motivo de ciúmes e rivalidades justificados. Estas motivações são muito poderosas e este fenômeno sempre se dá numa terapia de grupo, qualquer que seja esta. É uma das armadilhas a nós terapeutas, descobrir quem é o nosso cliente preferido, tornando-se mesmo um dos passatempos preferidos do grupo.

Do mesmo modo, cada cônjuge traz sua linhagem familiar, e é uma das provas de maturidade emocional poder renunciar a ela e construir uma nova linhagem: a do casamento.

• **Incongruência sexual:** Os filhos precisam aprender as experiências da sexualidade em seu período familiar, mas não podem aprender com as experiências sexuais dos pais (paradoxo).

• **"Brecha geracional":** Espaço cada vez maior entre os valores e conhecimentos da geração dos filhos e dos pais e consequentes conflitos e distanciamentos em decorrência da velocidade cada vez maior com que se produzem as mudanças tecnológicas e comportamentais no mundo atual.

• **Independência familiar e social:** O púbere e o adolescente devem fazer identificações preferencialmente parciais, que possam ser abandonadas e substituídas por outras no começo da vida adulta.

Sair de casa, adquirir uma profissão, ter valores outros que os da família são manifestações de aquisição de uma identidade própria, de independência e de exogamia. Seguir fielmente o pai, escreve Rolla, é manter a endogamia.[7]

Estamos diante de três grandes revisões da família: a de Linton (mais no território da Antropologia), a de Ackerman e a de Rolla, como psicanalistas.

Ackerman reestuda conceitos como identidade e papéis, já desenvolvidos por Erickson, e nos fala da instabilidade dos papéis no mundo atual, como o papel do pai e da mãe, masculino e feminino, filho ou mantenedor da família, que podemos acrescentar.

Assim, tudo é possível no mundo de hoje no universo familiar: há filhas masculinizadas, há filhos extremamente passivos, há namorados de uma filha que assumem o controle da família. Namorados de uma mãe separada têm casos, ao mesmo tempo, com as duas filhas, com pouco constrangimento.

O fator socioeconômico é importante em muitas situações, em muitos casos. Assim, um namorado mais rico pode conseguir muitas vantagens no comportamento sexual de uma jovem,

[7] Conheci casos em que seguir os rumos do pai foi mais uma adaptação à aceitação do contexto familiar do que submissão e falta de independência.

de uma família, do que outro mais pobre e com menos possibilidades quanto ao futuro daquela moça. As famílias mais ricas, por outro lado, permitem-se uma série de liberdades sexuais quanto aos filhos, pois há mais permissividade, menos preconceitos e, ao mesmo tempo, menos cuidado e vigilância sobre estes.

O poder do dinheiro cada dia é maior do que a força das tradições, das ideologias, do determinado durante anos por aquela família.

Todavia, enfoca Ackerman, os limites existem e é função da família determinar limites ao seu funcionamento e aos direitos de cada membro.

Tudo é cambiante, entretanto... A quem pertence um velho doente? À família? A um asilo de caridade? As pessoas rejeitam os mais velhos ou os mais moços também: um filho ser abortado; um filho a ser mandado para um colégio distante, sem dor, sem culpa, sem constrangimento.

A sensação ao escrever sobre família é de que estamos escrevendo tudo de novo. Como se tudo que tivéssemos escrito antes fosse destruído, negado, abandonado. Parece que a família "pagou o pato" de tudo que se fez, de mal e de errado – e de certo também – neste século, neste após a guerra. "Pagou o pato" pela filosofia repressiva e também pela ausência de repressão em certos lugares ou épocas. Pagou o preço das perversões e também de não tolerância pelas perversões, pagou o preço pelas manifestações de agressividade e também pela apatia e negação. Pagou o preço pelos casamentos infelizes e também pelas separações apressadas, pelos filhos enfermos, pelos psicóticos e pelos que se evadiram, viraram psicopatas, meninos ou jovem de rua.

É como se não existisse, na determinação das doenças, o fator individual e muito menos o social, a patologia social. Só a patologia familiar, a família como geradora de todas as patologias, é o que parece valer nesta ideologia antifamília tão dominante nos tempos atuais, até em nosso terreno, no terreno *psi*.

Família, sexo e desenvolvimento

Apesar de todas as críticas à estrutura, funções e papéis da família que vem ocorrendo nos últimos 50 anos, este ainda é o melhor contexto com que se conta para promover o desenvolvimento do ser humano. Assim, a família, principalmente se rica de experiências humanas, de modos diferentes de ser (irmãos, pais, avós, agregados) é a forma natural de crescimento do ser humano em seus processos de identificação, seleção e constituição de uma identidade.

Parece-nos que no contexto do mundo atual esta riqueza de diversidade de pontos de vista vem sendo prejudicada pelo grande número de famílias com um único filho ou de filhos também únicos de mães separadas e, portanto, com uma experiência diminuída de contato paterno.

Todavia, a experiência de uma educação à base da verdade, apanágio dos nossos tempos, talvez contrabalance os prejuízos da família pequena, também de nossa época.

A maior parte das contribuições ao estudo da patologia psicológica da família advém da psicanálise, principalmente se relacionada à sexualidade, nosso tema. O enfoque da psicanálise centrou-se na questão do incesto, desde que Freud, analisando pacientes adultas, histéricas, sobretudo, percebeu que este tema era central na vida psíquica dessas pessoas que se mantinham afetiva e sexualmente ligadas à figura do pai e, ao mesmo tempo, em competição e hostilidade com o genitor do mesmo sexo (a mãe).

Sendo o tema sexualidade e família quase inesgotável, centraremos-nos aqui, basicamente, na questão do incesto, bem como na sexualidade, no relacionamento e na patologia da família enferma. Comecemos estudando o desenvolvimento do homem dentro da família, pois é durante este desenvolvimento que as patologias comumente se instalam.

Vendo o incesto como uma patologia de uma relação a três, em que dois se unem e um é excluído, poderíamos dizer que a gravidez em si mesmo já pode se constituir numa relação incestuosa, em que a mãe ama e diviniza o filho que está por vir e o pai se sente esquecido rejeitado e, então, enciumado. Esta seria uma das patologias possíveis da gravidez, o desvio de uma das situações mais belas do viver, o nascimento, a realização do casal, a criatividade primeira.

Estaríamos no terreno dos paradoxos, apontado por Winnicott, ou seja, uma das realizações máximas do ser humano, do casal, também pode ser fonte de conflitos, de patologia.

Porém, se o amor da mãe pelo filho é narcísico e edípico e o pai é carente e enciumado, vive-se um drama edípico não declarado, que pode mesmo servir de base para uma futura separação do casal, pois as patologias tendem a se continuar anos a fio.

Esta situação pode se continuar no puerpério, na amamentação e nos primeiros tempos do bebê, em que este ainda não tem uma relação real com o pai, que amenize os ciúmes e a carência deste. Alcoolismo, adicções, úlceras pépticas, distúrbios psicossomáticos são problemas paternos herdados, por vezes, deste contexto.

Até a fase edipiana, propriamente dita, as coisas se passam mais ou menos desta forma, podendo o filho se relacionar mais com a mãe ou com o pai durante seu crescimento, podendo deixar o genitor menos preferido sentindo-se proletado, não amado, ou abertamente enciumendo e, portanto, ressentido com o vencedor da pugna pelo bebê. Afinal de contas, a relação triangular é sempre difícil de manter e manejar durante toda nossa vida.[8]

O conceito que usamos neste trabalho é o de sexualidade no sentido mais amplo, que Freud criou e Klein, Bion, Winnicott, Kernberg, Mahler e outros fizeram preciosos adendos. É a sexualidade que se relaciona à libido, ao erotismo, como também ao amor e à agressão, e ainda à zona erógena, desenvolvimento, adaptação, instinto, territorialidade, perversão.

Se por um lado Freud ampliou muito o conceito e os limites da sexualidade humana ao vinculá-la às zonas erógenas e não somente à genitalidade, por outro, a restringiu ao vincular sexualidade, instinto e agressão primordialmente a processos instintivos, biológicos, deixando quase que de lado o psicossocial. E neste psicossocial está principalmente a família, o que Winnicott chamou de ambiente facilitador (do desenvolvimento como um todo) que foi resgatado pelos chamados teóricos das relações objetais, como Balint, Fairbairn, Guntrip, Kohut e o próprio Winnicott.

E as primeiras relações de objetos que se instalam durante o desenvolvimento são exatamente com os pais.

A chamada fase oral é hoje menos estudada como tal, pois se dá mais importância à relação mãe-bebê como um todo, com a significação que adquire o corpo do bebê que vai sendo nomeado, desvendado, pela mãe aos poucos.

---

[8] Na realidade, os filhos não escolhem os pais, e sim são escolhidos ou não por estes. Representam, assim, identificações com figuras do horizonte preterido dos pais, avós, tios, figuras amadas e idealizadas, expectativas de "salvação", de objetivos, nunca dantes realizados ou, ao contrário, o filho que não vem para salvar, vem para complicar (gravidez e nascimento indesejados, representação de um irmão não amado, etc.).

É a mãe como fonte de carinho, acolhida, recepção, *holding*, construção de limites corporais e extracorporais, também como fonte do narcisismo primário, primórdios da relação mente-corpo e da estruturação do *self*. A oralidade é um aspecto muito importante, que se relaciona com ansiedade, avidez, carência, primórdio de futuros distúrbios da sexualidade e do comportamento de adição.

A chamada fase anal é apenas um aspecto do comportamento que se relaciona com noções de sujeira, controle e educação. A atitude da mãe a esse respeito é da maior importância, ajudando a criança na confecção do seu *toilet*, no estabelecimento de limites (de tempo e de situação), de normas e classificações. A patologia destes processos pode gerar distúrbios intestinais e comportamentos rígidos, compulsivos ou reativamente desregrados. Também pode gerar o prazer com a sujeira, a sexualidade como o sujo, sujeira moral e física.

Esta fase, e as seguintes, relacionam-se, assim, aos importantes processos de formação de hábitos de comer, de limpeza, de cuidados vitais para o estabelecimento de uma vida pessoal familiar e, depois, societária.

A fase uretral é tão somente masculina, pois envolve um órgão que a mulher tem atrofiado (uretra) em relação ao homem, e o órgão que o contém, o pênis. O prazer de urinar, de ter um pênis fica claro nos meninos nesta fase e também a sua relação com processos competitivos e agressivos com os demais meninos.

A questão da inveja do pênis, que se relaciona nos primórdios, com estas fases do desenvolvimento do pênis é ainda, a nosso ver, um elemento importante na educação familiar e no relacionamento entre os sexos, embora muitos que lidem com a psicologia sexual se inclinem a negar sua importância. As mulheres tendem a desprezar esta questão. Todavia, se esta não nos parece uma questão presente em todas as mulheres, em algumas é crucial e decisiva para o seu desenvolvimento sexual. Quantas mulheres fálicas (formação reativa) vemos no mundo atual... Que importância pode ter este problema na sexualidade feminina, por exemplo?

Por um lado, a mulher de hoje, com muito mais realização sexual, tende a invejar menos o homem, a sexualidade do homem representada pelo *falus*. Porém, por outro lado, muitas mulheres não realizadas, incompletas nos vários aspectos das suas vidas (entre estes a sexualidade) tendem a invejar o homem, as prerrogativas deste e mantêm uma atitude de inveja e competição para com ele, não podendo amá-lo, valorizá-lo e se dar sexualmente a ele.

Nas fases seguintes, genitais (ou primeira fase genital), há a descoberta e erotização dos genitais com tudo que de importante possa advir daí. Todavia, este processo de descobrir e dar vida ao genital vem de muito antes, sabe-se hoje em dia. Desde a manipulação das fraldas, o asseio dos genitais, o processo do banho, o próprio contato com as roupas. E a mãe, novamente, e a babá – ou quem cumpra estas funções – são importantíssimas, com tudo o que transmite a criança por meio do seu toque. Prazer, aceitação, nojo, lidar com coisas sexuais rejeitadas, temidas, sujas ou naturais e aceitas. Neste processo, a menina pode perceber até mesmo a existência de uma segunda cavidade: a vagina. As questões da excitação genital, masturbação, importância do pênis, distúrbios da genitalidade no homem e na mulher já são por demais conhecidos e mesmo absorvidos, podendo dizer que não há homem ou mulher em nossa cultura que não saiba algo destas questões, por vivência própria ou adquirida no contato com outros.

Quanto à fase edipiana, propriamente dita, podemos dizer que é por vezes apenas um momento, um período, um apogeu de uma longa vida de ligação muito maior com um dos pais.

Isto, então, acentua-se dos três aos cinco anos de idade, ou novamente, exacerba-se em torno da puberdade ou de outros períodos da vida.

Os fenômenos do que Freud chamou Complexo de Édipo (utilizando a expressão complexo de Jung e o nome do personagem da mitologia grega) compreendem o interesse ou atração por um dos pais (geralmente aquele do sexo oposto) e o repúdio ou competição com o outro. A fenomenologia inclui ciúme, inveja e outros sentimentos mais.

Os irmãos podem ser sentidos como ausentes da situação ou vistos como rivais e denunciadores. A complexidade, maior ou menor, inclui a atitude com as outras mulheres da família, no caso do menino, ou fora desta.

Tive um paciente que desconheceu uma forte ligação edipiana com sua mãe por muitos anos. O fato era conhecido de toda a família e a idealização e a atração pessoal partia, sobretudo, dela, da mãe, provocando muitos sentimentos de ciúme e rejeição para com ele, nos irmãos. Houve uma forte ligação e fantasias com quase todas as demais mulheres da família durante sua puberdade, incluindo as empregadas de sua casa.

Nesta fase, houve um alívio das tensões em torno da mãe, as quais não eram de todo percebidas. Esta situação edipiana prolongou-se por quase toda a vida do paciente, tendo havido sérios atritos entre sua esposa e sua mãe. Com uma progressiva consciência da sua parte, ele pode fazer escolhas objetais menos incestuosas e melhorar a relação com os irmãos, graças a uma relação progressivamente menos sedutora com a mãe (sedução em nível intelectual).

Neste caso, o elemento mais importante da constelação etiológica era a mãe ver no filho a imagem do seu pai (biotipo, temperamento) a quem era enormemente ligada, numa relação edipiana do passado que se repetiu com o filho no presente.

A grande falha de Freud foi atribuir o cerne da situação edipiana aos desejos sexuais da criança, constitucionalmente determinados e ligados à fase genital infantil. Com isto, ele desconheceu o papel do ambiente, dos pais que é, a nosso ver, fundamental.

Na realidade, Freud descobriu a psicanálise em torno do tema do incesto, ao se deparar com traumas infantis e situações incestuosas na etiologia de suas primeiras pacientes, histéricas, submetidas à livre associação de ideias. Elas se referiam a situações incestuosas vividas no passado (ou no presente) com familiares, substitutos paternos. O trauma, a culpa, o conflito geravam os sintomas conversivos.

Posteriormente, buscando uma pureza do trabalho analítico que lidasse tão somente com a verdade interna do paciente, ele passou a atribuir importância apenas às fantasias destes tornando-se a psicanálise a "ciência do mundo subjetivo" (Freud, 1917). É como se os traumas reais, os dramas familiares tivessem deixado de existir.

Claro que a criança também entra neste jogo com interesse maior por um dos pais, com sua sedução, com sua ternura (e necessidade de ternura) como mostrou Ferenczi. É discutível se aquela altura há um maior incremento da libido infantil, constitucionalmente, como acreditou Freud, em direção ao genitor do sexo oposto, por razões constitucionais. Alguns estudiosos do desenvolvimento (Freud, Klein) viram as coisas desta maneira. Outros (Ferenczi, Winnicott, Kohut) assim não o desenvolveram e não atribuíram o principal papel à constitucionalidade da criança, e sim aos self-objetos (objetos sentidos como parte do *self*), pais, babá, professora, objetos de amor e de dependência.

O fato é que vemos na clínica, ou observando o desenvolvimento dos bebês e infantes no seio de uma família, um tremendo envolvimento dos pais com estas questões: filhos que são escolhidos, outros desconhecidos ou rejeitados, interferências com a sexualidade *in nascendi,* seduções, interferências na relação entre o filho e o outro pai, interferências sobre as atividades, gostos e preferências dos filhos.

Por vezes, os pais criam uma situação edipiana claramente ao interpor um filho entre um casal que está em conflito, por exemplo. Ou usando o filho como tampão para determinados papéis, como a mãe que vai dormir com o filho cada vez que briga com o pai, exemplo de todos os dias.

Claro que os filhos, por seus impulsos e necessidades, entram nesta situação. Numa condição de relação objetal, todos os objetos participantes jogam um papel. Mas nunca deveríamos, em sã consciência, atribuir o papel maior a uma criança na primeira infância num jogo com adultos de várias idades e experiências.

A exogamia começa a ser praticada pela criança no colégio, em todos os contatos afetivos ou sexuais que ali podem ser feitos.

Depois, as práticas sexuais extramuros sofrem um incremento com a puberdade e adolescência, surgindo a masturbação até que a heterossexualidade se estabeleça como uma prática, uma alternativa à masturbação que nasceu no ambiente naturalmente incestuoso do lar.

O fato é que a sexualidade humana está sempre ligada ao incesto, e mesmo que o homem consiga realizar a exogamia, há sempre indícios de que os problemas edipianos continuam presentes em sua vida, por meio das pessoas a quem ele se liga, por exemplo.

Sem dúvida, a (des) repressão afetiva e sexual em curso no mundo atual favoreceu de todos os modos a exogamia e possibilitou a milhões de pessoas, mulheres, sobretudo, uma vida sexual verdadeira, como não havia antes, nas primeiras décadas deste século. As pessoas, ao mesmo tempo, sabem hoje muitas coisas sobre os percalços do Édipo e desafiam de público suas vicissitudes e problemáticas; só não conseguem, obviamente, superá-las. Assim, o homem que exibe ostensivamente uma mulher muito mais velha e mais culta não percebe que o problema é muito maior do que todas as suas tentativas de minimizá-lo.

Sem dúvida, a desrepressão foi o que se fez de melhor, em termos de saúde mental, contra o incesto. São os jovens que começam a praticar a sexualidade com a namoradinha em plena puberdade, são as relações que se fazem agora com parceiras e não mais com as empregadas domésticas, com seu claro sabor incestuoso, geralmente sem afeto, precursoras da prostituição.

O outro vértice do nosso estudo, aqui já esboçado, diz respeito às relações entre experiência familiar e todo o desenvolvimento normal ou anormal da sexualidade, pois, como vimos, é no seio da família onde se estruturam os principais pilares do edifício da sexualidade. Este, muitas vezes, ao emergir no mundo de fora, já está irremediavelmente comprometido em sua estrutura e função, por tudo que se passou dentro do mundo familiar.

Um problema do dia a dia refere-se aos efeitos nos filhos da percepção da pobreza da sexualidade (ou mesmo da ausência) nos pais, problema ainda maior quando há pobreza de afetos, ou mesmo uma vida de ódios, entre os dois. Quantas vezes constatamos por trás de uma frigidez sexual uma presença de pais frios, ou mesmo toda uma família fria, sexualmente falando? Sabemos hoje que a falta de informação sobre sexualidade não é a causa principal de dificuldades sexuais futuras, como já se pensou. Porém, a família fria, que não aceita a sexualidade, que não consegue vê-la como uma coisa boa a ser aceita, a ser praticada, também não fala sobre isso com os filhos e dependentes e lhes transmite, sem palavras, que esta é uma coisa indesejada, que deveria ser mesmo eliminada. E a filha mais susceptível às repressões – e o filho com maiores chances, porém neutralizado – sucumbe às mensagens sub-reptícias, numa espécie de solidariedade aos problemas familiares, e também se entregam às inibições e repressões da sexualidade, formando-se novos seres frios e impotentes, artífices de uma vida calcada no medo, na frieza e na evasão.

Outra patologia familiar representa exatamente o contrário, a família, digamos, quente, que exalta a sexualidade de uma jovem, que usa o seu poder de admiração, de espelho para se fazer uma cortesã, uma mulher sedutora 24 horas de um dia, uma permanente chacrete, poderíamos dizer.[9]

A patologia aqui é a pseudo-sexualidade em excesso que, leva a mulher a viver para se exibir, para mostrar compulsivamente seus atributos corporais aos outros. Sem dúvida, em nossa sociedade, isto pode levar a jovem a ser modelo, artista de cinema, televisão etc. O que colocamos aqui é a sexualidade a serviço do narcisismo e de uma realização compulsiva que nem sempre representa uma realização afetiva e sexual verdadeira, legítima, orgástica.

A sociedade atual, permitindo um grau de exibição cada vez maior em ambos os sexos dá a mulher, entretanto, oportunidade de neutralizar muitos dos sentimentos de inferioridade que tem diante do homem. Vice-versa, o homem também tenta neutralizar com suas conquistas todos os sentimentos de inferioridade que tem diante da mulher, o poder da mãe, a capacidade das irmãs de serem abertamente sedutoras.

A família funciona patologicamente neste contexto valorizando mais um sexo do que o outro, estimulando um irmão a competir com outro, insinuando que aquele vitorioso na competição terá uma posição mais valorizada dentro da família. Aqui entram em jogo todos os tabus familiares acerca do sexo e da sexualidade, tabus muito arraigados principalmente em famílias tradicionais. Tabus que geralmente desvalorizam a mulher, responsáveis por muitas exigências absurdas a esta (pureza, virgindade, gravidez, não gravidez, aborto), tabus que ainda têm muito poder apesar das mudanças radicais nos costumes das últimas décadas. Também há tabus que afligem o homem e sua sexualidade. Os ideais de masculinidade e de virilidade a qualquer preço, a obrigatoriedade do homem de se vincular a padrões de machismo. Já falamos de famílias frias que estimulam a frigidez sexual dos seus membros. Uma família pode não ser ostensivamente fria, porém, pode gerar mulheres que sejam frias, porque, entre outras razões, o assunto sexo nunca é abordado nas conversas familiares, inconscientemente se passa o tema como desagradável, feio, repelente. O pai e os demais homens da família também não têm uma atitude saudavelmente sedutora quando algum tema ligado ao sexo possa vir à baila.

Um dos resultados é a frigidez, que atinge uma ou mais mulheres desta família. Algumas escapam, ou porque fizeram relações importantes fora da família, ou porque se casaram cedo, ou porque escolheram profissões ligadas à sexualidade (modelo, por exemplo). Claro que esta escolha pode ser, também, uma formação reativa.

Nestas famílias em que impera a frigidez, é comum as mulheres também apresentarem dismenorreia (cólicas menstruais) e este fenômeno é "ensinado" pelas mais velhas às mais jovens, isto é, que as menstruações são sempre dolorosas e esta ação de sugestão sem dúvida joga um papel importante nestes quadros em que, se nem todas são frígidas, todas ou quase todas são dismenorreicas.

---

[9] Esta é uma das soluções que se apresenta às famílias mais pobres, o superinvestimento na sexualidade da filha que vai conquistar homens ricos com sua sensualidade, e quem sabe, entrar mesmo no mundo da (alta) prostituição.

O fato é que além do incesto, do exibicionismo patológico, dos distúrbios da sexualidade em si, como a frigidez e a impotência, a promiscuidade, tudo isto se relaciona com o ambiente familiar e suas patologias.

A questão da promiscuidade, da prostituição, merece uma palavra aqui. A prostituição infantil é um problema crucial para o Brasil, é uma das maiores do mundo. Levando-se em conta que o incesto entre famílias pobres (favelados, por exemplo), entre o pai e a filha mais velha ou com todas as filhas é muito frequente, sabe-se que muitas destas mulheres procuram a prostituição para fugir de uma relação incestuosa com o pai. Também para procurar um homem que lhe pague, fugindo de uma relação em que só se sente vítima, lesada, submetida.

Sexualidade, família e AIDS

De um modo geral, há dois impactos diante da revelação do diagnóstico de AIDS, em membros de uma família em que consta um homossexual: a revelação da homossexualidade e da própria AIDS. Amiúde, muitos familiares suspeitam que aquele parente é homossexual, porém, muitas vezes, isto só se confirma quando este é acometido de AIDS. Nestes casos, trata-se, então, de um duplo trauma para a autoestima familiar: há um homossexual em minha família e, além disso, ele tem AIDS. É uma situação quase sempre geradora de culpa ("eu não fiz nada por ele") para os que negaram, seja a homossexualidade ou, por vezes, a própria percepção da AIDS. Inclusive a saúde mental e física, dos demais, pode ser razão de constrangimento e mal-estar por estes reterem a saúde e a perspectiva de vida, diante de um enfermo que, pela sua condição, passa a ser o emissário da morte.

Para nós, a questão da família vs. AIDS tem, portanto, uma conotação diferente ao se tratar de um homossexual que adquiriu a doença ou de pacientes pertencentes a outros grupos de risco.

Apesar de uma grande crítica feita atualmente aos trabalhos psicanalíticos sobre patologias familiares como a causa maior da homossexualidade, em nossos casos observados, cerca de 50, no Serviço de Psicologia Médica do Hospital Universitário Pedro Ernesto. Na história destes pacientes, predominava nitidamente a presença de um casal de pais desarmônicos afetivamente, muitas vezes sem vida sexual, sendo a mãe fortemente protetora e mesmo sedutora para com este filho e o pai distante, desinteressado ou mesmo hostil e repressor, mais ainda quando o filho começava a apresentar gestos e comportamentos femininos.

Sem discutir pormenores desta situação, o que quero colocar é que a homossexualidade é em quase todos os casos uma condição difícil e conflituosa para o meio familiar. Desde os ciúmes dos irmãos à ligação estreita mãe-filho homossexual, a inveja dos irmãos pelo fato deste se comportar como o superior e o diferente, como formação reativa a se sentir o pior, aquele que nem consegue assumir sua real sexualidade. Com o tempo, muitas vezes, ele passa a negar sua condição de homem e a idealizar a homossexualidade e a vida das comunidades gays.

Quando este homossexual se transforma em um caso de AIDS, apresentam-se, então, os mais variados comportamentos por parte da família. É o pai que fica ainda mais omisso, é a mãe que o transformou em líder e que agora entra em desespero e culpa, são os irmãos que passam a rejeitá-lo ainda mais ou então querem fazer por ele, neste momento, tudo o que não fizeram antes.

Em trabalho conjunto com o Serviço de Doenças Infecto Contagiosas e Parasitárias do HUPE, reunimo-nos regularmente com estas famílias para orientá-las, apoiá-las e trazer esclarecimentos. Quando estes pacientes eram internados, estas emoções tornavam-se intensas, conflitos e cenas de desespero, esclarecendo parte do que se passava nos subterrâneos familiares. Enquanto as famílias expressavam seus dramas e emoções, os pacientes se mostravam apáticos e dissociados pela intensidade do seu sofrimento e medo da morte.

Acima de tudo, buscávamos operativamente saber como as famílias poderiam ser mais cooperativas para com os pacientes, diminuindo a culpa e as sensações de débito. Também com esses pacientes de AIDS, em regime ambulatorial, é importante que a equipe de psicologia médica faça contatos com a família (mãe, irmãos) para dirimir as dúvidas, aceitar a real condição do paciente, poder colaborar consigo neste difícil momento e trabalhar focalmente conflitos que obstruam a relação da família com o paciente, no lar.

O caso do bissexual tem particularidades próprias e é, por regra, ainda mais difícil de conduzir. Estes pacientes costumam negar ainda mais sua situação de base.

Na bissexualidade; vemos pessoas que nunca conseguiram se libertar de toda homossexualidade e que tentam isto mantendo relações heterossexuais, se casando, tendo filhos. Porém continuam em seus subterrâneos uma vida homossexual com travestis (que os penetram), ou mantendo "casos" com amigos ou parceiros de trabalho. São pessoas, portanto, de vida dupla e que para esconder este fato, seus conflitos, apelam para mecanismos de negação, adotando comportamentos dissociados ou maníacos.

Geralmente, apresentam-se como heterossexuais plenos, realizados, com mulher e filhos, amados por esta e por estes. Então, como lidar com a realidade de que tiveram relações homossexuais, praticaram coitos anais e, daí, a AIDS? Negam-se a admitir isto, opondo-se com toda a veemência e cinismo as evidências confirmadoras, como a doença (AIDS) da mulher, e mais ainda que certos bissexuais afirmam de modo definitivo que contraíram a AIDS com mulheres com quem se relacionaram (prostitutas), mulheres que não escolheram bem, tese aliás bem aceita por muitos profissionais de saúde ainda mal informados sobre a realidade da AIDS.

As mulheres desses pacientes são em geral submissas e apaixonadas, aceitando-os integralmente. Nem o fato de saber que eles as contaminaram muda uma postura de idealização e dependência emocional, que as levam a muitos sofrimentos e até à morte.

A bissexualidade, trazendo a AIDS para o centro da família, pode criar situações muito difíceis, como a presença da doença no homem, na mulher e em um recém-nato, como tivemos oportunidade de ver, por algumas vezes.

Outro grupo de risco que apresenta uma situação familiar muito complicada, mesmo antes do surgimento da doença, é o drogadicto, aquele paciente que antes da AIDS já convivia com estados de desespero e de vazio, com o nada e com a depressão. E que já provinha de lares patológicos, então, a desestruturação de suas personalidades e a busca compulsiva da droga.

Se antes do surgimento da AIDS o toxicômano já necessitava de uma abordagem psicológica, mais ainda, depois da doença, esta se torna imperiosa, pois, além do desespero e da *negação* quase suicidas, eles passam a ser mais discriminados pela família e pela sociedade. Surge também a culpa por ter se contaminado devido à droga, bem como o medo da morte e a sensação de estar cuidando muito mal de sua saúde e de sua vida. Ao falharem a negação e a dissociação, mecanismos de nível psicótico, a personalidade tão frágil e regressiva do toxicômano agora torna-se ameaçada por agonias impensáveis (Winnicott), por sentimentos de desintegração, por angústias as mais primitivas. Urge que esses pacientes tenham uma ajuda psicoterápica individual ou em grupo e que suas famílias sejam assistidas na tarefa de lidar com um toxicômano-aidético, a assumir sua parte na(s) doença(s) do paciente, a reconhecer a realidade do tóxico e da AIDS.

Geralmente, essas famílias negam o processo da toxicomania e a extensão do dano psíquico desses pacientes. Agora, com a AIDS, é mais difícil negar. Porém, por outro lado, é muito tarde. Sentimos que nós, psiquiatras, devemos aprender a lidar com toda a complexidade desses quadros. No nosso meio, da UERJ, os pacientes com drogadição são atendidos pela equipe do NEPAD.

O termo discriminação ainda diz muito pouco da plenitude das reações que se erguem contra a AIDS pelos que não têm a doença e inclui muitos sentimentos e técnicas defensivas tais como o repúdio, a projeção, o isolamento e a dissociação. É assim um fenômeno ao mesmo tempo paranoide, esquizoide e sádico que se ergue contra o paciente. Obviamente, o maior conhecimento da doença e as campanhas de esclarecimento possibilitaram um maior acolhimento do paciente por parte das famílias e da sociedade. Porém, quando a doença está vinculada diretamente ao sexo e ao vício, como nos casos que descrevi, as questões continuam dramáticas, mormente se há internação hospitalar e perspectiva real de morte.

Poderíamos mesmo perguntar como podem estas pessoas, vítimas de tanto desprezo e crueldade por parte dos outros, daqueles que deveriam ajudá-los, que foram criados irmamente, como conseguem sobreviver? Obviamente, pacientes drogaditos, narcísicos, carentes, regredidos, sadomasoquistas são de convivência muito difícil, sofrem e fazem sofrer. Eles mesmos constróem o caminho de sua solidão e da fuga para o tóxico, ou da sua sexualidade como um tóxico.

Há certos papéis fixos de dinâmica familiar que nunca irão se modificar, mesmo com o advento de uma doença que pode abalar o equilíbrio daquele conjunto. Assim, alguns continuarão a ser os todos poderosos, outros dadivosos, outros os distantes que não se envolverão com nada, com alguém com uma doença grave.

Já o papel do "bode expiatório" com facilidade poderá ser ocupado pelo doente: adquiriu a doença porque quis, ainda mais se por meio de sexo ou vício; passa a ser fonte de despesa e de trabalho, pode contaminar os outros, etc., ou, um pouco ao contrário, menos frequentemente, podem adquirir o papel de vítima e, então, merecer proteção, embora sendo motivo de vergonha e de asco por toda a família; esta situação é minoritária, sem dúvida.

Em nosso trabalho de assistência psicoterápica e pacientes aidéticos, atendemos outros casos não tão dramáticos como os transfundidos. Porém, obviamente, tudo se complica na presença da morte, ainda mais quando se trata de uma doença – hemofilia – que acometeu vários membros de uma família. Tal foi o caso já relatado de um menino atendido por um componente de nossa equipe. Este garoto havia recém-perdido dois tios e a mãe, que, devido à morte dos irmãos, suicidou-se.

A comunidade hemofílica do Rio de Janeiro há anos foi contaminada maciçamente por um erro involuntário no preparo do fator sanguíneo utilizado como terapêutico e que se tornou agente da morte. Assim, a comunidade de hemofílicos que atuava como uma grande família foi dizimada pelos próprios agentes da terapia, da vida, produzindo os mais variados dramas e patologias familiares. Mostra-se, hoje, todavia, inteiramente recuperada, graças a um belo trabalho de saúde comunitária que há muitos anos se desenvolve.

Na fase da contaminação dos hemofílicos pelo fator VIII (há cerca de seis anos), atendemos casos dramáticos, por vezes, mais de um numa mesma família. Certas situações eram muito difíceis, entre outras razões, por envolverem crianças e necessitaram da presença de mais de um membro da nossa equipe por enfermaria, inclusive para que pudesse discutir a situação de cada paciente diariamente com a equipe clínica e entre profissionais de psicologia médica, envolvidos com tantos sofrimentos, revoltas e perplexidades.

Nosso trabalho com pacientes de ambulatório ou internados iniciou-se em 1985 e produziu algumas pesquisas sobre o atendimento psicológico a pacientes com AIDS. De início, o clima era muito difícil entre os pacientes internados, por vezes, vários a beira da morte. Aliás, o atendimento destes doentes (em qualquer nível) inclui sempre a possibilidade de acompanhar um paciente terminal, o que nem sempre será tão dramático e terrível no caso da AIDS, pois muitos destes já estarão em fase demencial como já afirmamos em outros trabalhos.

Estamos em outra fase e já não mais se vêem colegas da nossa equipe apáticos, desligados, chorando ou desesperados como antes. A humanidade está aprendendo a conviver melhor com a AIDS, com o câncer, com a doença fatal. Porém, estes pacientes vivem tremendos dramas existenciais, um medo real da morte e necessitam de psicoterapeutas com experiência com pacientes somáticos graves, com vivência de trabalhar com equipes e com famílias para poder enfrentar este tipo de situação, a qual pode mobilizar nossa contratransferência negativa.

Recentemente, atendíamos um paciente bissexual que havia contaminado a esposa e estes dados, por manipulações, estavam sendo escondidos desta. Ela acreditava que ele tinha se contaminado com outras mulheres, mas lhe prestava total apoio e consideração e acreditava em tudo o que ele lhe dizia. Quando se aproximava o momento em que não conseguiria esconder tudo o que estava ocorrendo, o paciente interrompeu a psicoterapia alegando para seu clínico que nós, psicoterapeutas, não estávamos interessados em lhe ajudar.[10]

Neste e em outros casos com pacientes com AIDS que tem dificuldades em lidar com a questão da verdade, o problema da sinceridade torna-se cada vez mais patente a ponto de invadir a área do caráter e o funcionamento daquilo que Winnicott chamou de falso self, estrutura presente em todos nós, porém, que às vezes assume o primeiro plano como alternativa a um funcionamento mais verdadeiro, mais baseado no que ele chamou de verdadeiro self, cuja característica principal é o uso da verdade e a assunção de responsabilidades.

Nossas técnicas com estes pacientes incluem o apoio, o reasseguramento à confrontação, o esclarecimento de problemas, as técnicas breves e focais, e menos comumente à psicanálise propriamente dita, individual ou grupal. Realizamos alguns grupos homogêneos só de pacientes homossexuais com bons resultados. Nosso objetivo é possibilitar a discussão de problemas típicos do homossexual e de sua comunidade, o que seria difícil se pacientes outros estivessem presentes.

Neste tipo de grupo, os pacientes devem ser apenas soropositivos, pois a emergência de outras fases da doença – e inclusive a possibilidade da morte – pode gerar medo, horror e ansiedade hipocondríacos. Este é um cuidado que devemos tomar apenas com pacientes com patologias graves, como certas formas de câncer, por exemplo, em relação à seleção de casos para grupoterapia.

Outro problema que há que se levar em conta no atendimento do paciente homossexual com AIDS diz respeito às difíceis relações entre família e parceiro quando o doente está hospitalizado e estas duas partes se encontram. Muito comumente, o homossexual substituiu a família pelo parceiro, quando este é estável. Pode, então, surgir conflitos entre família e parceiro, ciúmes e disputa pela posse do paciente. Comumente à própria relação paciente-parceiro, é

[10] Este é apenas o *flash* de um atendimento de um paciente com AIDS que ilustra as patologias de um casal, as manipulações da verdade e, por vezes, a tentativa de usar o profissional de saúde como "bode expiatório".

difícil, ambivalente a sujeira a transições. Uma estabilidade nas relações afetivas deve ser procurada na psicoterapia na busca de um benefício emocional para o paciente e uma menor chance de reinfecções, quando o parceiro não é contaminado.

Não tivemos procura de outro tipo de pacientes, como imunodeprimidos. Também não atendemos às prostitutas e acreditamos que estas, pelo uso regular de preservativos, não se configurem em real grupo de risco em nosso meio. Elas são, sim, um exemplo de prevenção a ser seguido por outras camadas da população. Elas têm tudo para serem contaminadas, porém, protegem-se de modo eficiente e significativo, ao contrário da mulher do bissexual que, por afeto e dependência, aceita uma relação sem preservativo. Numa atitude profissional, a prostituta se nega a qualquer relação sem preservativo e, com isto, praticamente não mais se contamina, segundo dados dos nossos órgãos de saúde. Na prática deixou de ser um grupo de risco. A solidariedade e a coesão grupal também devem ser levadas em conta nesta atitude salvadora de pessoas altamente expostas à AIDS.

Observação: Este trabalho foi elaborado nos anos finais da década de 80, quando a realidade médica da AIDS era ainda muito sombria e mesmo desesperadora. Nos tempos atuais, a situação não é tão dramática, com o advento dos coquetéis terapêuticos. Além disto, os homossexuais são hoje muito mais aceitos pela sociedade de modo que sua condição já não é mais tão conflitiva envergonhante. E o trabalho de recuperação da imagem do homossexual foi feito pela classe homossexual exatamente em torno do problema da AIDS. Todavia, as configurações psicodinâmicas básicas, aqui descritas, persistem.

Referências

ACKERMAN N.W. *Diagnóstico Y Tratamiento de las Relaciones Familiares*. Buenos Aires: Hormê, 1974.

ARIÉS P. *História Social da Criança e da Família*. Rio de Janeiro: Guanabara-Koogan, 1981.

BERESTEIN I. *Família y Enfermidad Mental*. Buenos Aires: Paidos, 1976.

COOPER D. *Psiquiatria e Antipsiquiatria*. São Paulo: Ed. Perspectiva, 1967.

ERICKSON E. *Identity*: Youth and Crisis. Nova York: Norton, 1968.

FRENCZI (1933). *Confusão de Línguas entre os Adultos e as Crianças*. São Paulo: Martins Fontes, 1992. Obras Completas.

FOCAULT M. *História da Sexualidade*. Rio de Janeiro: Graal, 1988.

FREUD S. *Obras Completas*, Edição Standart Brasileira. Rio de Janeiro: Ed. Imago, 1972.

FROMM E et al. *La Família*. Barcelona: Ed. Península, 1970.

GREENBERG R. *Identidad Y Cambio*. Buenos Aires, 1971.

GREENBERG JR, MITCHEL S A. *Relações Objetais na Teoria Analítica*. Porto Alegre: Artes Médicas, 1994.

GREGÓRIO K. *A Escola Britânica de Psicanálise*: The middle group. Porto Alegre: Artes Médicas, 1994.

KOHUT H. *A Restauração do Self.* Rio de Janeiro: Ed. Imago, 1988.

LACAN J. *La Família. Homo Sapiens*. Buenos Aires: 1977.

MASSINIA L. *Dialética da Família*. Brasília: Ed. Brasiliense, 1981.

MASSON J M. *Atentado a Verdade*: A Suspensão da Teoria de Sedução por Freud. Rio de Janeiro: José Olímpio, 1984.

MEAD M. *El Hombre y la Muyer.* Buenos Aires: Libros del Mirasol, 1961.

MELLO Fo. J. *O Ser e o Viver*: Uma Visão da Obra de Winnicott. São Paulo: Casa do Psicólogo, 2001.

MELLO Fo. J. AIDS: O Doente, o Médico e o Psicoterapeuta. In: *Psicossomática Hoje*, Porto Alegre: Artes Médicas, 1992.

MELLO Fo. J. *Grupo e Corpo*: Psicoterapia de Grupo com Pacientes Somáticos, Porto Alegre: Artes Médicas, 2000.

MINUCHIN S. *Famílias*: Funcionamento e Tratamento. Porto Alegre: Artes Médicas, 1982.

RASCOVSKY A. *O Filicídio.* Rio de Janeiro: Arte Nova, 1974.

ROLLA EH. *Família y Personalidad.* Buenos Aires: Paidos, 1976.

SATIR V. *Terapia do Grupo Familiar.* Rio de janeiro: Francisco Alves, 1980.

WINNICOTT DW. *A Família e o Desenvolvimento do Indivíduo.* Belo Horizonte: Interlivros de Minas Gerais, 1965.

WINNICOTT DW. *Da Pediatria à Psicanálise.* Rio de Janeiro: Livraria Francisco Alves, 1978.

WINNICOTT DW. *O Ambiente e os Processos de Maturação.* Porto Alegre: Artes Médicas, 1982.

WINNICOTT DW. *Tudo Começa em Casa.* Rio de Janeiro: Martins Fontes, 1989.

CAPÍTULO 4

Comentários ao trabalho de Minuchin e colaboradores: *Psychosomatic families*

Júlio de Mello Filho

Felipe de Medeiros Tavares

Apresentação

Este trabalho é uma síntese do livro de Salvador Minuchin e colaboradores, *Psychosomatic families*, que decidimos aqui incluir em razão do seu pioneirismo e abrangência presentes até hoje. Trata-se de um trabalho de 1978, que os autores incluem na teoria psicossomática, centrado numa visão sistêmica da anorexia nervosa, com interessantes observações sobre o diabetes mellitus. Nos capítulos introdutórios, há uma rica discussão sobre o problema dos paradigmas. O texto é denso, polido e circunspecto, por vezes difícil, porém válido em razão do seu conteúdo. O livro apresenta vários exemplos da técnica do tratamento sistêmico da anorexia nervosa em torno de casos clínicos que não puderam ser aqui incluídos por razões de espaço. Nos tópicos deste trabalho, seguiremos os autores em suas considerações, guardando nossas impressões e experiências para o item *Discussão*. Procuraremos sempre seguir as ideias dos autores em suas palavras, num trabalho de tradução livre.

Introdução

O conceito de um paciente anorético tem sido parte dos dados relatados por investigadores nos últimos 200 anos. Mas, somente desde 1950, investigadores com um sistema científico de orientação têm olhado para o anorético neste contexto. Como um resultado, nós estamos agora num período no qual pelo menos dois modelos de terapia coexistem, em torno dos quais diferentes terapias e métodos podem ser organizados. Estas são duas referências conceituais que têm caracterizado o estudo da anorexia nervosa, o linear e o sistêmico. O modelo linear, o qual se enfoca no indivíduo, compreende os modelos psicodinâmico, médico e a terapia behaviorista. O modelo sistêmico, o contexto e o *feedback* que os conecta levam a métodos de terapia familiar. Ambos os modelos não são nitidamente definidos na prática. De fato, é possível encontrar muitos elementos comuns nos diferentes pontos de vista, olhando a clínica e seu tratamento. Aqui, é importante tomar o ponto de vista oposto e polarizar diferenças[1]. Entretanto, esse formato pode distorcer como a polarização sempre faz.

Divisão dos paradigmas

Por meio da história, a estrutura para a observação e, portanto, tratamento da anorexia nervosa, tem se expandido e mudado. Primeiramente, havia o modelo médico, o qual se dirigia a diferentes sistemas biológicos que causavam doenças no organismo humano. Então, veio a dialética ou o enfoque psicossomático, o qual examinou a inter-relação dos contextos do paciente ou estresses da vida com os mecanismos de mediação psicológicos e fisiológicos. Finalmente, o enfoque sistêmico trata o paciente e seu contexto como um todo integrado. Essas mudanças nos focos de estudo e tratamento da anorexia nervosa não são apenas resultado de qualquer expansão do conhecimento científico. Mais do que isso, elas nascem de diferentes conceituações do homem e sua posição no mundo.

Muitos estudos das mudanças nos paradigmas científicos se concentram na relação do sistema de crença de uns para com os outros. Mas, como apontou Thomas Kuhn, maiores desvios nos paradigmas científicos são também descontínuos. Kuhn definiu uma revolução científica como o processo de elaborar uma mudança de um paradigma. Edgar Leverson argumentou de um modo semelhante: "Quando a sociedade muda, as transformações acontecem e um novo sistema de relação que emerge não é um desenvolvimento linear do passado, mas um novo arranjo." A Psicanálise, sustenta Leverson, tem mudado com as transformações na visão do mundo. Como evidências dessas mudanças, ele descreve três diferentes modelos de pensamento psicanalítico: 1) Paradigma da Energia[2]; 2) Paradigma da Comunicação; 3) Paradigma Organísmico.

Don Jackson, um dos pioneiros da terapia de família, também discute a descontinuidade de teorias: "Alguém encontra a si mesmo... em face de certos momentos críticos conceituais, certas descontinuidades entre dados interacionais e teorias individuais". Como exemplo de um *momento crítico conceitual*, Jackson citou o termo *terapia individual*. É como ele escreveu: "Isso para nós significa o termo individual; quando nós tomamos o sistema familiar em conta é bem diferente do que esse termo presente descreve".

De fato, para estes autores, a partir de um ponto de vista sistêmico, não existe algo como uma terapia individual. O terapeuta que trabalha com o indivíduo está fazendo uma intervenção em uma direção (unidirecional), numa família ou em algum grupo natural. Ele pode não reconhecer o impacto que isto tem no grupo, mas ele existe. A psicoterapia está agora num período de revolução científica ou de mudança de paradigma. Terapeutas parecem estar trabalhando com teorias mistas. Como resultados, sistemas de pensamento usam velhos termos para explicar novos conceitos, algumas vezes, chegando apenas a formulações globais.

Clínicos psicodinâmicos expandem sua linguagem para incorporar novas significações podendo tentar salvar velhos paradigmas criando complexas elaborações. O paradigma da comunicação representa a primeira mudança significativa no pensamento psicanalítico. Leverson

---

1 Este e os demais destaques são dos autores nacionais.

2 Ou o *paradigma dos instintos*, descrito e desenvolvido por Freud.

relaciona esse modelo à cibernética, ao estudo de "padrões de sinais por meio dos quais a informação é transferida dentro de um sistema. A ênfase nesse modelo não é uma *inexorável máquina de relógio*, mas uma mudança de padrões, nunca inteiramente o mesmo duas vezes. H. S. Sullivan atentou para a relação interpessoal do terapeuta com o paciente e fez a primeira abertura da psicanálise para a influência da informação e a teoria da comunicação"[3].

O paradigma organísmico é biológico, não físico; ele deriva do processo biológico que pode ser observado nos organismos vivos. A psiquiatria seguiu os sistemas teóricos de Ludwig von Bertalanffy em sua mudança de paradigma. De acordo com ele, o modelo organísmico vê o homem como uma "personalidade sistêmica ativa" envolvido numa rede de relações com o seu ambiente. A concepção subjacente para o paradigma da energia, explicou Leverson, é o trabalho da máquina eletrônica. O conceito subjacente do paradigma da comunicação também é a máquina eletrônica e para o modelo organísmico (o qual corresponde ao modelo sistêmico) o conceito subjacente é o mundo como organização. Todos os três modelos foram incorporados ao pensamento psicanalítico.

Como foi descrito por Gerald Chrzanowski,

> A construção do observador participante, introduzido por Sullivan, coloca o analista-analisando em contato com a nova luz... Isso enfatiza o fato do analista como o observador e o analisando como observado; ambos são parte do mesmo campo terapêutico... Observar é um fenômeno que invariavelmente modifica e altera o que está sendo observado. Em outras palavras, o papel do analista é tal que epistemologicamente a noção do analista-espelho ou o conceito da neutralidade do analista não é viável. Um não pode estar fora do campo de observação do outro.... Por outro lado, o observador participante inclui aspectos significantes da personalidade do observador, na emergência de dados significantes terapêuticos.

A unidade de intervenção

Jay Haley discutiu que a escolha de uma unidade de intervenção impõe diferentes planejamentos teóricos. Mudando a unidade do indivíduo para a díade ou tríade, ele escreveu, se requereram mudanças descontínuas as quais exigiram transformações da teoria. Essas mudanças podem parecer menores, mas carregadas para as suas conclusões lógicas, elas requereram "uma revisão revolucionária de pontos de vista clínicos".

Os argumentos contrastantes de Leverson e Haley oferecem um interessante esquema referencial para olhar para a terapia. Se ambos estão corretos, um pode logicamente supor que a mudança de paradigmas do intrapsíquico para o interpessoal, do homem na sua estrutura social, possa resultar em mudanças na unidade de intervenção. Mas isso é típico do presente período amorfo em que conceitos de causa e a unidade de intervenção não coincidem.

Exemplificando, Murray Bowen, um pensador sistêmico, seleciona frequentemente como sua unidade de intervenção apenas uma parte do sistema familiar. Ele pode trabalhar com o

[3] Não é verdade que Sullivan foi quem primeiro utilizou a teoria da comunicação em psicanálise. Ela estava implícita em toda a obra de Freud. Davi Liberman, na Argentina, desde a década de 60, escreveu sobre isto.

membro mais saudável ou com o mais motivado membro da família, usando esse indivíduo como agente de mudança para o conjunto. Ou ele pode orientar o paciente mudando sua relação com sua família de origem, esperando que essas mudanças ressoem por meio do sistema, mudando sua estrutura. Ou ele pode eleger trabalhar com os "poderes centrais". Assim, ele pode concentrar o seu trabalho nos pais, na suposição que quando estes aprendem a lidar com os seus problemas dentro do subsistema dos esposos, a criança, livre de triangulações, possa ser capaz de se desenvolver e crescer.

R. D. Laing, um pensador existencial, escolheu a família como sua unidade de intervenção. Mas, em sua formulação, a família é a culpada. Essa é a origem do problema da criança. Portanto, a técnica de Laing é jogar a criança contra os pais, aumentando a polarização entre os dois. Sua terapia, portanto, perde um fator de significação na terapia familiar: o reconhecimento do *feedback* da criança dentro de um sistema patogênico. Essas intervenções *familiares* são realmente orientadas para *salvar* o indivíduo do sistema ao qual ele pertence.

Em uma sessão familiar, o terapeuta pode ver todos os membros de uma família nuclear e explorar os seus padrões de regulação mútua. Mas ele poderá incluir na sua formulação as conexões da família com o prolongamento familiar e suas relações espaciais e sociais com a sociedade. A verdadeira unidade de intervenção para a terapia sistêmica é holística. É o indivíduo na rede de relações significantes na qual cada pessoa interage.

Explorações precoces em diabetes

Além da experiência em anorexia nervosa, os autores relatam aqui seu trabalho com o diabetes mellitus. Escrevem eles que

> (...) os trabalhadores de saúde mental não lidam sempre, via de regra, com matérias de vida e de morte. Se um paciente psicótico sofre um episódio ou se há uma infelicidade numa família, o terapeuta pode gastar este tempo para revelar estes mistérios da vida. Mas quando o terapeuta lida com um distúrbio psicossomático mais sério, ele subitamente entra numa arena mais dramática. A criança diabética, a asmática e a caquético-anorética são crianças cujas vidas estão em perigo.
>
> Nós trabalhamos no campo da medicina psicossomática não por qualquer tendência filosófica, mas pela severidade dos problemas clínicos apresentados por nossos pacientes. Como em muitos outros projetos em medicina psicossomática, isto decorreu de um desapontamento com os resultados terapêuticos dos enfoques utilizados até então. Novas ideias no campo da saúde mental encorajaram-nos a ampliar nosso foco, incluindo componentes extra individuais do processo psicossomático.

Os primeiros casos que forneceram dados para este trabalho foram de crianças com situações repetitivas de cetoacidose. Elas tinham inusuais internações por cetoacidose diabética[4]. A acidose pode ser um sintoma inicial em uma criança com diabete não diagnosticada. Mas é raro para uma criança diabética ser reinternada por acidose, desde que o tratamento tenha começado,

[4] Descompensação diabética grave; caminho para um coma diabético.

porque a criança e a família, após terem aprendido a conhecer os sinais alarmantes da acidose, podem tratá-la corretamente em casa aplicando doses adequadas de insulina.

Porém, diferentemente do diabete *normal*, estas crianças não respondem a um regime médico adequado. Em virtude disto, ficam como que paralisadas pelas suas doenças requerendo frequentíssimas internações: dez a quinze por ano.

A tarefa inicial era hospitalizá-las para afastar quaisquer fatores orgânicos envolvidos, reeducar as crianças e suas famílias. A busca de fatores de complicação mostrou-se negativa.

Três adolescentes diabéticos estavam sempre a se reinternar. O aspecto mais surpreendente desses casos era a repetida observação de que elas não respondiam às doses esperáveis da insulina administrada em seus lares. Uma das pacientes, cuja dosagem de insulina diária era de trinta unidades, recebeu quinhentas unidades de insulina no lar, administradas por sua mãe. Mesmo assim, teve de ser internada em cetoacidose. No hospital, em seguimento à correção de sua acidose, ela somente requereu trinta unidades para adquirir controle de sua diabete.

As três pacientes eram cheias de vida. Todas eram adolescentes jovens que pareciam quietas, gentis e agradáveis. Eram pacientes "modelos" que ajudavam as enfermeiras a cuidar das crianças mais jovens. Suas famílias pareciam estáveis, úteis, preocupadas e interessadas em seguir as instruções[5].

Dentro do modelo médico tradicional, a ausência de fatores orgânicos sugeria que estas doenças poderiam ser enquadradas na categoria de distúrbios funcionais ou psicogênicos. Elas foram então encaminhadas a um psiquiatra e iniciaram terapia. A visão deste foi similar: as pacientes tinham dificuldade de manusear os estresses; tendiam a internalizar a raiva; eram imaturas em sua capacidade de lidar com situações difíceis.

Por tudo isso, parecia que essas pacientes tinham um componente psicossomático importante, isto é, "uma causalidade psiquiátrica que levava diretamente a uma descompensação do seu estado diabético". Assim, tornava-se mais e mais evidente que as emoções e o despertar emocional eram a chave dos repetidos piques de acidose. As famílias colaboravam apenas em não produzir estresses adicionais aos tratamentos. Porém, apesar das sessões psicoterápicas semanais, os episódios de cetoacidose continuaram. As garotas passaram a ser hospitalizadas numa unidade intermediária.[6]

Entretanto, continuava um modelo linear de psicossomática: as crianças eram continente ou conteúdo de suas doenças e o estresse, mais a personalidade destas, formavam um perfil. Na psicoterapia, pretendia-se "compreender e expressar suas emoções mais apropriadamente e ajudá-las a adquirir capacidade de *copying*"[7].

Percebia-se, entretanto, que caminhava para uma parentectomia[8], mas este, além de ser um recurso agressivo, também parecia ineficiente. E continuaria no mesmo modelo linear: o ambiente é nóxio.

---

[5] Esta descrição da afabilidade das crianças e da *bondade* da família lembra o fenômeno falso self, descrito por Donald Winnicott, aplicado ao caso da diabete. Há a presença de uma falsa personalidade baseada na imitação e com a presença de formações reativas – ser infinitamente bom. Nestes casos, parece que a família também desenvolve mecanismos de falso selves. Esta situação causa um equívoco da equipe assistente, levando a uma confusão entre o que é falso, imitação, e o que é verdadeiro, autêntico.

[6] Unidade médica de atendimento de casos graves.

[7] Capacidades adaptativas.

[8] Afastamento de pais e filhos, outrora adotado.

Uma criança, entretanto, tinha internações de três em três semanas, por isso, foi decidido colocá-la em terapia familiar. O *approach* oposto surtiu resultado: surgiram os conflitos familiares. A tarefa passou a ser ajudar as crianças a se engajarem nestes de um modo autônomo. As sessões, geralmente dramáticas, eram acompanhadas de modificações nas internações. A criança que poderíamos chamar de *problema* passou a se internar hebdomadariamente. As sessões aconteciam às terças-feiras à tarde e a criança se internava entre segunda-feira à noite e terça-feira à noite, para tomar fluido intravenoso com insulina.

Após vários meses, aconteceram, entretanto, muitas modificações. Os pais já podiam negociar seus conflitos sem a interveniência dos filhos. Há nove anos, esta paciente não mais tem sido internada. Parece que certos padrões transicionais são típicos de todas as famílias. Assim, as famílias de um anorético, de um diabético ou de um asmático funcionam de modo muito equivalente. Mas o funcionamento destas famílias difere muito do funcionamento das famílias normais de diabéticos que vêm à terapia por outros problemas. Continuamente imersos na terapia de família, pudemos aprimorar estas observações, generalizando-as de família em família até termos o modelo das famílias psicossomáticas.

Doença psicossomática primária e secundária

Neste item, os autores pretendem elaborar uma teoria geral psicossomática que dê conta destes casos, embora revelem poucos conhecimentos teóricos, conceituais, deste campo, mas isto não tira o brilho deste trabalho nem o seu caráter revolucionário.

Eles dividem as doenças psicossomáticas em primárias e secundárias.[9] Eles incluem nestas doenças as metabólicas, como o diabetes, e diáteses alérgicas, como a asma. "O elemento psicossomático jaz na exacerbação de um sintoma já existente. Então, um doente com asma, cujos severos ataques representem uma intensificação de uma desordem sub-reptícia em resposta a estímulos emocionais, mais que fisiológicos, pode ser considerado como tendo uma asma psicossomática."[10] Isto não implica uma etiologia psicológica para a doença de origem.

Nos distúrbios psicossomáticos secundários, nenhuma predisposição física pode ser demonstrada. O elemento psicossomático é aparente na transformação de conflitos emocionais em sintomas somáticos. Os sintomas podem se cristalizar numa grave e debilitante anorexia nervosa.

A escolha dos sintomas pode ser diferenciada nestas duas instâncias. Nós questionamos se eles podem ter famílias diferentes. Todavia, trabalhando em terapia com estas famílias, percebemos que todos os padrões transicionais eram semelhantes e característicos.

Famílias psicossomáticas

Quatro características emergiram de nossas pesquisas. Nenhuma das quatro bastava para desencadear o processo a sós, mas seu padrão transacional era característico de uma família que

---

[9] Nas primárias, uma disfunção fisiológica está presente.

[10] O livro faz muito pouca referência à asma: uma parte é dedicada ao diabetes e todo o restante à anorexia nervosa, incluindo a parte referente ao tratamento.

estimula a somatização. Estas quatro características são: enredamento, superproteção, rigidez e falta de resolução de conflitos.

Enredamento, aglutinação ou simbiose[11] se refere a extremas formas de proximidade e intensidade nas interações familiares. Tem implicações em todos os níveis: indivíduo, família e Subsistemas[12]. Em uma família totalmente enredada, as mudanças em um membro ou entre dois membros reverberam para os sistemas. Os diálogos são rapidamente difundidos pela entrada de outros membros no sistema ou um membro da família pode bloquear a comunicação de um terceiro com o todo da família.

Os limites subsistêmicos em famílias enredadas são pobremente diferenciados e frágeis. Esta situação resulta em inadequadas performances de funções subsistêmicas. Por exemplo, a relação de um esposo é subordinada a levar a cabo uma função parental ou o controle parental do filho é deficiente. Quando os limites são ultrapassados, a criança pode atuar inapropriadamente com os pais ou irmãos. Em âmbito individual, a diferenciação interpessoal em um sistema enredado é muito pobre.

Em todas as famílias, os membros individuais são regulados pelo sistema familiar. Os limites que definem a autonomia individual são tão fracos que o funcionamento em uma forma individual diferente é radicalmente deficiente. Excessivos contatos (proximidade) causam uma falta de privacidade. Os membros da família se interpenetram uns nos outros, nos seus pensamentos e sentimentos (simbiose e endogamia – Júlio de Mello Filho).

A *superproteção* das famílias psicossomáticas mostra-se no alto grau de preocupação que estes têm com o bem-estar dos outros. Respostas estão sempre sendo pedidas. Os membros da família são hipersensitivos a sinais de tensão, queixas e aproximações de perigosos níveis de tensões ou conflitos. Em tais famílias, a superproteção dos pais retarda o desenvolvimento das crianças, a autonomia, a competência e os interesses fora da família[13].

A criança, por sua vez, principalmente se ela é uma criança psicossomática, sente grande responsabilidade em "proteger" a família. Para ela, a experiência de proteger a família, usando seus sintomas, pode ser um reforço maior para a sua doença (tirania infantil)[14].

As *famílias rígidas* são altamente comprometidas em manter o *status quo*. Em fases em que a mudança e o crescimento são necessários, elas experimentam grandes dificuldades. Por exemplo, em fases em que uma criança ganha a adolescência, sua família pode mudar seus papéis e regras transacionais de um modo tal que não permita uma autonomia apropriada à idade, embora ainda preservando uma continuidade familiar. Mas a família de uma criança psicossomática doente insiste em reter os métodos costumeiros de interação.

Se a família não muda, há um acréscimo de rigidez. Tal sistema pode se tornar patológico. Os membros do sistema não mais se experimentam como apoiadores. Forma-se uma jaula. A exploração das alternativas é diminuída e bloqueada.

---

[11] Tradução do autor.

[12] Para os autores, existem quatro tipos de subsistemas: os conjugais (os pais como esposos), os parentais (os pais como pais), os filiais (os filhos) e os fraternos (os filhos como irmãos).

[13] Por tudo isto, condições como a puberdade e a adolescência tornam-se sujeitas a crises em função das reivindicações dos filhos.

[14] Isto é típico da criança falso-self, que cuida principalmente da mãe, como é mais bem explicitado no livro *Vivendo num país de falsos-selves*, de Júlio de Mello Filho.

As *famílias que temem as mudanças* (conflitos), tais como as trocas sobre autonomias individuais, não se permitem *vir à superfície* quando as mudanças estão sendo negociadas. Mesmo quando vêm à terapia, essas famílias se dizem sempre sem problemas, a não ser pelo fato de albergarem um membro enfermo. Tais famílias são altamente vulneráveis a eventos externos, tais como a mudança ocupacional e a perda de um parente. Quase todos os eventos externos podem sobrecarregar seus mecanismos de *copying* disfuncionais, provocando doença.

A rigidez e a superproteção das famílias psicossomáticas, combinadas com as constantes invasões mútuas características dos padrões de enredamento, tornam os limiares de conflitos destas famílias muito baixos. Usualmente, um código religioso (ou ético) muito rudimentar é usado como uma forma racional de evitar conflitos. Como um resultado, os problemas ficam não resolvidos, a ameaçar sempre e sempre, continuamente ativando os circuitos de *avoidance*.

Cada estrutura idiossincrática de uma família psicossomática funciona em termos de evitar conflito. Geralmente, uma esposa é uma avoider[15]; quando o não-avoider busca áreas de diferenciação, o *avoider* consegue o desvio (*detour*)[16] da confrontação, impedindo a discussão e reconhecimento da situação (ou a sua solução).

Muitas famílias psicossomáticas negam a existência de tais problemas; elas acham que não necessitam de discórdias e que são altamente investidas em consenso e harmonia.

Outras famílias psicossomáticas discordam abertamente; as frequentes interrupções e temas individuais obscurecem qualquer assunto antes que este possa aparecer. Os membros da família se mobilizam rapidamente para manter um limiar manuseável de conflito. Eles adquirem este controle por meio de posições divididas ou *manobras de distração*. Se as famílias com crianças psicossomáticas doentes evitam ou diluem os temas, uma incapacidade para confrontar diferenças (ou negociar uma resolução) é então característica de todas estas famílias. As famílias normais são capazes de discordar.

Estas são as quatro estruturas gerais e características funcionais que identificamos como típicas destas famílias com uma criança enferma.

Entretanto, enquanto elas são descritivas de um contexto familiar indutor de estresse para uma criança vulnerável, a identificação destas caraterísticas sozinhas não nos move de uma explicação linear para uma sistêmica. Foi a observação da circularidade do *feedback* que necessitou de uma nova ordem de explicação.

Observado de um ponto de vista transacional, o sintoma do paciente adquire uma nova significação como um fator regulador do sistema familiar. Mais especificamente, torna-se aparente que o fator principal suportando o sintoma principal é o envolvimento da criança no conflito parental. Este fator, então, é a *quinta característica da família psicossomática*.

Dentro do contexto de uma família psicossomática, a criança é envolvida nos conflitos parentais de muitos modos. Os pais são incapazes de lidar uns com os outros em união para cuidar da doença dos filhos, evitando conflitos por protetores detour ou um conflito conjugal é transformado em parental, apesar do paciente e do seu manejo. Em tais famílias, as crianças são recrutadas, tomando partidos pelos pais ou se introduzem elas mesmas como mediadoras ou *helpers* (apoiadoras).[17]

---

[15] O que evita, o que foge.

[16] Desviar, deslocar.

[17] Esta era a situação da adolescente diabética referida páginas atrás.

Há três padrões: triangulação, coalizão pai-filho e desvio. Nos dois primeiros padrões, os pais estão francamente separados ou em conflito e a criança só pode expressar-se tomando partido de um pai contra o outro. Frases que impõem uma escolha são usadas com este fim. Na coalizão pai-criança, ela tem uma ligação estável com um dos pais.

No terceiro padrão, o desvio, a díade está ostensivamente unida. Os pais submergem seus conflitos numa postura de proteger ou lamentar o filho doente, o único problema da família. Em algumas famílias, os pais reivindicam que os filhos digam que eles são bons e que se preocupam com as famílias. Os pais, por vezes, vacilam entre o cuidar dos filhos e o fardo que estes representam, deixando de cuidar de si mesmos. Estes padrões não são classificações, são sequências transicionais, em resposta a conflitos familiares. Tais sequências estão dentro dos métodos que uma família usa para lidar com conflitos. Todavia, as famílias normais usam outros métodos de confrontação e negociação. As famílias psicossomáticas usam sequências mal adaptativas, sempre e sempre.

Estratégias de mudança

Quando uma família anorética vem à terapia, os parentes do paciente quase invariavelmente veem a si mesmos como acompanhantes. No ponto de vista deles, alguma coisa muito "terrivelmente" errada aconteceu com a criança. Eles esperam que o terapeuta trabalhe com ela, acreditando que uma cura será possível, fazendo a criança retornar feliz à sua família.

É natural que a família siga o modelo linear de pensar sobre essa doença. Como eles veem, a garota se tornou obsessiva quanto ao comer, e os pais não podem ajudá-la. Eles têm passado por um longo período de tentativas de lidar com o problema e têm se convencido de que eles não podem resolver isso. Eles tentaram tudo o que puderam fazer: ralhando, bajulando e subornando. Tudo falhou. Quando a família entra na terapia, os pais e o anorético podem estar lutando contra a recusa da criança em comer, ou os pais podem ter desistido inteiramente disso.

Os membros da família amiúde têm uma conduta de insistir que não há razões para a criança agir desse modo. Em alguns casos, eles podem oferecer uma variedade de dados históricos, indicando acontecimentos externos à família normal, feliz, até que isso aconteceu. O mais efetivo modo de mudar o sintoma é mudar os padrões que o mantêm. O "gol" da terapia não é mudar o indivíduo, mas o sistema familiar funcional em que se podem encontrar as necessidades de todos os seus membros por autonomia e suporte.

Mudando o enredamento

As operações que desafiam o enredamento caem em três categorias: suportar o espaço individual vital; suportar a definição do subsistema; manter a organização hierárquica do sistema familiar. A qualidade do enredamento é usualmente apresentada pela família anorética desde que eles se vejam como sendo leais, protetores, responsáveis e responsivos, o que, com efeito, são. O terapeuta pode encontrar meios de suportar a individuação e de desafiar o enredamento, mas ele pode ajudar se fizer isso sem desafiar o valor da família unida. O terapeuta pode também sublinhar o direito de cada indivíduo e não somente o da criança anorética, de ter e defender seu próprio espaço psicológico.

Destarte, os terapeutas geralmente insistem para que todos os membros da família falem por si mesmos. Ele impede que um membro da família explique como o outro sente e pensa. Dois membros da família não podem discutir sobre um terceiro membro sem participação pessoal deste.

O encorajamento do terapeuta a cada indivíduo para falar e dar seu ponto de vista reforça o direito às operações individuais e tende a aumentar a diferenciação. Do mesmo modo, o terapeuta pode encorajar um membro da família a não falar dos territórios dos quais qualquer indivíduo tem direito a guardar em segredo.

Se um membro da família começa a chorar, o terapeuta pode encorajá-lo, porém deve bloquear a tentativa de outros membros da família tornarem-se suportivos[18].

O direito à individuação pode também ser acentuado por meios não verbais, tais como usar o espaço e a representação. O terapeuta pode criar modificações especiais, separando as cadeiras, movendo um membro da família como se prevenisse um contágio verbal ou sentando ele mesmo entre dois membros da família que habitualmente se obstaculizem uns com os outros. O terapeuta pode usar suas mãos como um guarda de trânsito para criar uma impressão física de separação.

Essas operações são necessárias ao longo da terapia. Os membros da família são consistentemente alertados para o fato de que eles não podem dizer "nós" sem primeiro checar um ao outro, não podem falar pelo outro, revelar a história de outro, terminar a frase de alguém.

Amiúde, o terapeuta pode rastrear o conteúdo da comunicação familiar para encontrar uma metáfora que comunica a sua carência de diferenciação. "Essa é uma família em que não se pode fechar as portas." / "Nessa família, todo mundo observa todo mundo." / "Essa é uma família sem sinais de trânsito."

Se o terapeuta for consistente, os membros da família tornar-se-ão autoconscientes de suas manobras intrusivas. A separação torna-se marcada como uma operação para a saúde.

O terapeuta deve encontrar meios de bloquear a intrusão e realçar o desejo de ter claros limites, mas sem ficar envolvido no conteúdo, na situação. O terapeuta deve dizer ao intruso: "Você perguntou se eles querem a sua participação?". Ele pode dizer à díade: "Vocês pediram ajuda?". Ou ele pode ser mais específico: "Isso é uma matéria que concerne a seus pais, não a vocês"; "Deixe as suas crianças trabalharem por elas mesmas".

A criança necessita de oportunidades para aprender a acomodar-se a posições quando ela tem pouco poder e a atuar autonomamente em situações de mais poder. Os sistemas sociais humanos e vivos já são em si organizados hierarquicamente. Faz sentido para a criança aprender como negociar e a acomodar-se em situações hierarquicamente inferiores.

Modificando as evitações de conflitos

A evitação de conflito da família anorética não deve ser confundida com harmonia. Clínicos têm identificado luta e conflitos como patológicos, e terapeutas estão acostumados a reconhecer seus efeitos doentios.

---

[18] Toda essa conduta lembra um tratamento de orientação behaviorista, sendo quase o oposto da neutralidade buscada em um tratamento analítico.

Desafiando a fachada gentil das pessoas que parecem não estar em conflito, elas parecem destrutivas para os seus respectivos terapeutas. Contudo, as transações evitadoras de conflitos da família anorética são parte de padrões patogênicos que mantêm o sintoma e estão entre as disfunções mais resistentes nas características destas famílias.

Em famílias anoréticas, o terapeuta é amiúde convidado a tomar posição de árbitro ou juiz, porque os membros em conflito tendem a usá-lo do mesmo modo que eles usam outros membros da família para dissolver conflitos. É importante para o terapeuta resistir a tais demandas, participando somente para aumentar ou manter a intensidade do conflito. Ele age como se fosse um porteiro prevenindo a intrusão ou o escape e mantendo o diálogo mais longo que o habitual. Ele usa os limites de tempo para forçar a díade a enfrentar os conflitos, bloqueando a fuga.

Nas famílias onde um esposo é um "evitador de conflitos", é necessário para o terapeuta aliar-se ao desafiador. Tal como em alianças triangulares, a aliança do terapeuta deve aumentar a intensidade do seu desafio, já que ele quer guardar o poder da sua coalizão. Em outros casos, o terapeuta usa a mesma estratégia para se aliar com um evitador de conflito. Sua aliança pode, então, preservar o suporte terapêutico somente se ele negocia com este cônjuge. Em tais operações, o terapeuta tem de ser "injusto". Ele sabe que os esposos são envolvidos em transações complementares, nas quais um organiza o outro, mas ele opera como se um dos esposos fosse o culpado. Mas, às vezes, uma operação "injusta" é o único modo de "sacudir" os esposos dos modelos transacionais nos quais eles têm sido bloqueados.

Pode um terapeuta, sabendo que a realidade é mais complexa, operar com uma realidade parcial, assistindo um membro da família e culpando o outro? Essa é uma matéria ética complexa, mas nós estamos sempre lidando com realidades parciais. Quando digo "eu vejo uma maçã", estou vendo parte da maçã e assumindo que a parte que eu não posso ver está aqui. Similarmente, quando um terapeuta se junta a um membro da família contra o outro, ele está operando um constructo parcial, mas não falso – o terapeuta sabe que sua intervenção é parcial, mas ele também sabe que ela é transicional. Por último, ele pode ser capaz de suportar o ataque do(a) esposo(a). O terapeuta deve estar confortável com o conhecimento de que isso é uma parte do processo de cura.

Em diferentes pontos, ele suporta diferentes membros do sistema, com o propósito de ajudar o sistema inteiro a escapar da rotina disfuncional. Além de suportar o conflito do paciente e o conflito em escalão entre os esposos, o terapeuta facilita o desenvolvimento da resolução do conflito entre os pais e o paciente anorético. Ele focaliza áreas fora da temática de "comer" na arena interpessoal, relacionadas à capacidade da criança de fazer coisas por si própria e à habilidade dos pais de fazer demandas pessoais com a criança.

Matérias como a performance da criança nos seus afazeres permitem a intensificação dos conflitos entre pais e filhos e o desenvolvimento de diálogos sobre meios alternativos de resolver diferenças, que são essenciais para o desaparecimento da síndrome anorética. O terapeuta suporta os direitos do pai, de estabelecer regras no lar, e os direitos da criança, de comandar conforme a autonomia apropriada à idade.

Modificando a rigidez

A rigidez da família anorética não é a rigidez de uma pedra, mas a rigidez de uma maré e de um fluxo de água. A dificuldade do terapeuta é que, quando ele empurra, a família se move. Ele, então, repetidamente tem a ilusão de fazer uma marca na estrutura familiar somente para encontrar aquilo que tem sido arrastado além da praia. O terapeuta deve, portanto, ser cauteloso diante da família que parece aceitar suas intervenções terapêuticas. Ele deve "colocar um pé atrás" para não se sentir traído e, portanto, enraivecido com a família. Esta tem a habilidade de convencer o terapeuta de que ele está tentando, mas que a mudança é impossível. Isto pode resultar na aceitação pelo terapeuta da imagem da família e de sua falta de cooperatividade, daí o desespero e o tomar para si toda a reponsabilidade pela mudança. Nesse ponto, o terapeuta se encontrará utilizando com os anoréticos os mecanismos que os pais já usaram, e ele falhará.

Por causa da qualidade parasitária da família, sutis interpretações de um único sentido não são úteis. O problema de trabalhar com a família anorética é o de adquirir intensidade. A família embota a intensidade das mensagens do terapeuta. Ele deve aumentar a sua intensidade até fazer o impacto. A repetição da mensagem é um meio de dar intensidade. Ela pode ser incrementada aumentando o tempo em que os membros de uma família estão numa situação conflitiva. A criação de limites sem limites e dramas ou rituais adjetivos são igualmente relacionados a uma necessidade para elevar a "intensidade" em famílias rígidas. É importante para o terapeuta perceber que as palavras transmitem somente efêmeras mensagens para a família anorética. A representação da matéria e o desenvolvimento de temas concretos e de tarefas claramente diferenciadas são muito mais efetivos[19].

Sintetizando

O uso de uma criança anorética para difundir estresse na família é parte de características *enmeshment*[20] da família. Membros da família estão continuamente utilizando uns aos outros para difundir estresse e para manter pseudo-harmonia. Entretanto, a criança anorética tem uma posição especial na família, desde antes do desenvolvimento da síndrome anorética. A síndrome foi incorporada em *settings* transacionais já existentes. Mas o papel da criança conduz a privilégios especiais dos quais ela não quer desistir. Entretanto, a anorexia é desenvolvida por ambos os pais e a criança responde. Ela pode ser altamente resistente às tentativas do terapeuta de criar mudanças.

O terapeuta usa duas diferentes modalidades para aumentar a força dos limites entre os pais e a criança. Algumas vezes, ele usa sua autoridade dentro do sistema terapêutico para bloquear as manobras intrusivas de pais e filhos. Isso requer um terapeuta que funcione como diretor, trabalhando a certa distância da família. Em outras vezes, o terapeuta usa a si mesmo, num estilo próximo do que caracteriza a família, afiliando e interagindo em coalizões contra alguns membros que embalançam o sistema familiar.

No processo de proteção (proteger um membro da família triangular), o terapeuta pode afiliar-se com ele muito estreitamente. Os trianguladores podem ser desafiados, mas eles também devem ser apoiados. O terapeuta tem que trabalhar com ambos os lados, afiliando-se

---

[19] Pensamos que aqui os autores se referem a técnicas de dramatização. Ato de enredar, enredamento, formação de redes (NR).

[20] Ato de enredar, enredamento, formação de redes (NR).

simultaneamente com todos os membros da família de tal modo que eles se sintam respeitados, ouvidos e afirmados.

Para combater o *enmeshment*, a superproteção, o conflito avoidance e a rigidez, pede-se que um terapeuta seja capaz de trabalhar em momentos altamente afetivos, que possa criar e estar confortável em momentos de intensidade dramática e que possa manter sua intensidade sem ser "arrancado" em sua "ajuda", por meio disso, diluindo a intensidade. A tarefa requer um terapeuta que possa se sentir confortável, aliando-se a um membro da família contra o outro, sendo eticamente injusto, mas terapeuticamente correto. As matérias de ética e moralidade são importantes, mas elas não devem diminuir ou prejudicar o processo de cura.

Discussão

O ponto alto deste trabalho nos parece ser a descrição de mecanismos familiares básicos do adoecer psicossomático consubstanciado nos cinco itens descritos: enredamento (ou simbiose), rigidez, superproteção e baixa tolerância a conflitos e alianças dos filhos com um dos pais (triangulações). Quem lida com psicossomática vê comumente essas situações, mormente em crianças, não apenas nas enfermidades apontadas pelos autores. Ademais, os próprios pacientes psicossomáticos mais graves costumam ser simbióticos, rígidos na manutenção dos seus sintomas, buscam ser superprotegidos e têm ojeriza a admitirem conflitos, dentre outras características.

Também costumam ser dependentes, masoquistas e, por vezes, entre os adultos, usar o pensamento operatório. Quanto às suas famílias, além dos problemas descritos, costumam apresentar lutos não resolvidos, componentes hipocondríacos, dissociação mente-corpo e outras situações que não nos cabe aqui desenvolver. Por tudo isto, nos parece que as situações descritas se referem sobretudo às famílias simbióticas (que Minkowska chamou de griscoides) mais do que em relação às famílias esquizoides ou desgarradas, muito comuns no mundo atual.

Em nossa experiência, atendemos a pacientes diabéticos e aos seus familiares durante mais de vinte anos de atividades como supervisor do Serviço de Psicologia Médica do Hospital Universitário Pedro Ernesto, da Universidade do Estado do Rio de Janeiro; a asmáticos, como clínico, e depois como profissional de psicologia médica; e a muitos poucos casos de anorexia nervosa. Vimos muitos adolescentes diabéticos entrarem em cetoacidose, em coma diabético e mesmo morrerem em razão de conflitos não resolvidos, principalmente com suas mães.

Elucidamos esta situação com um caso clínico por nós assistido (Júlio de Mello Filho).

Em 1978, quando iniciava minha segunda fase de trabalho na UERJ, fui procurado por uma médica endocrinologista que estava muito preocupada com o caso de um paciente diabético e, sobretudo, com a conduta de sua mãe. Esta dizia a todo o momento: "Por que meu filho não morre logo, doutora?". Propus entrevistá-la e me deparei com uma mulher obesa, muito ansiosa, com acentuados traços paranoicos, que se sentia lesada pelo filho que não melhorava; pelo marido, que não colaborava; e pela médica, que não resolvia clinicamente aquela situação.

Na entrevista, ela me dizia que seu filho púbere não tinha mais jeito e repetia a todo o momento a pergunta terrível que pressagiava a morte deste. Ele estava sempre a se internar por episódios de cetoacidose, transgredia como podia a dieta e reagia à aplicação das injeções de insulina. Esta mãe, com a ansiedade que a caracterizava, não tinha paciência nos contatos com ele e de vários modos o agredia verbalmente, culpando-o como se fosse o grande responsável por esta situação. Com a sua não adesão ao tratamento, ele reagia ao comportamento da mãe.

Tentei fazer um trabalho psicoterápico com esta mulher, porém pouco consegui, pois os seus componentes paranoicos eram muito intensos, não deixando lugar para que sentisse qualquer responsabilidade e culpa pela condução do caso do seu filho.[21] Obviamente, esta era uma psicoterapia de apoio visando lhe oferecer um *holding* para que se sentisse amparada naquela difícil situação. Mesmo assim, reagia às minhas intervenções. Para o seu ego, era como se estivesse diante de um juiz. Enfim, começou a se sentir também perseguida por mim.

Num desses episódios de cetoacidose, o paciente lamentavelmente veio a falecer.[22] Atendi ainda a esta mãe umas poucas vezes, mas ela se mostrava perplexa, lacônica e não se comunicava, até que abandonou o tratamento. O tiro saíra pela culatra, e ela não estava aliviada com a morte do filho, como anunciava antes.

Este foi um dos casos de filicídio que assisti na minha trajetória pela medicina psicossomática. Geralmente, este é um componente inconsciente da mãe, perseguida pela doença crônica de um filho, porém, neste caso, apresentava-se mesmo como uma situação consciente. Com uma mínima culpa, porque ela não o estava matando, mas este sim morrendo, pela doença que o acometera.

Lidando com famílias de crianças e adolescentes diabéticos, vemos frequentemente a mãe assumindo todas as responsabilidades e um pai ausente e omisso, caracterizando uma situação psicossocial muito frequente em nosso meio.

Isto é ainda mais comum porque, no caso do diabetes, cabe geralmente às mães preparar a dieta e ministrar as injeções de insulina – nas famílias mais numerosas, às vezes, por outras pessoas (o pai ou os irmãos mais velhos).

Na realidade, esta conjunção de fatores, uma mãe que assume todas as responsabilidades no cuidado de um filho e um pai ausente – geralmente enciumado pela intensa relação mãe-filho –, é uma constante nas doenças crônicas de crianças e adolescentes, sendo mesmo uma condição cultural característica do nosso meio, mormente nas classes mais baixas, onde predomina ainda mais o "machismo" dos homens e a submissão das mulheres.

Essas mães assumem, quase sempre, uma postura de culpa por terem transmitido a hereditariedade "nefasta" que fez seu filho doente, mais que os pais, que geralmente não se sentem participantes desse processo, pois não viveram a intensidade das reações da mulher, próprias da gravidez, do parto e dos primeiros anos de vida dos seus filhos.

Tal situação se repete nas psicoterapias de grupo com pais de diabéticos em que, via de regra, apenas as mães comparecem. Num dos grupos que abordamos, essa situação era tão intensa que não foi possível completar a tarefa terapêutica, tal o nível de culpa das mães envolvidas, tornando inviável o processo grupal em virtude das faltas apresentadas.

As crianças diabéticas, por submissão aos pais, geralmente se sacrificam às injeções de insulina e à dieta, vindo depois à forra, na puberdade, em meio à crise de rebelião típica dessa idade, tornando-se pacientes ainda mais problemáticos.

---

21 Não tínhamos ainda, àquela altura, experiência bastante para propor uma psicoterapia de dupla mãe e filho.

22 Infelizmente, não dispúnhamos ainda, àquela altura, de terapeutas especializados em adolescentes em nossa equipe. Hoje, somos um serviço de psicologia médica com mais de cinquenta membros, incluindo os alunos de especialização.

Obviamente, aqui estamos nos referindo aos diabéticos tipo I (também conhecido como infanto-juvenil ou insulinodependente) de evolução bem mais inconstante do que os casos de diabetes melito tipo II, que geralmente começam na idade adulta.

Não fizemos a abordagem do núcleo familiar como um todo e, portanto, não temos condições de falar do enredamento dessas famílias, mas sem dúvida as relações entre mãe e filho são de franca simbiose e, quando o caso é avançado, a família toda costuma girar na órbita do pequeno paciente, ficando enredada em torno de sua doença.

Uma interessante particularidade desses pacientes diabéticos é a frequência com que apresentam uma estrutura falso-*self*, usando a terminologia criada por Winnicott[23]. Assim, para lidar com os desvios do tratamento e com as transgressões dietéticas, eles se tornam, desde crianças, sinuosos, fugidios, mentirosos. Isso se torna um traço de personalidade que vai continuar ao longo de suas vidas.

É plausível de entendimento que os membros da família que não apresentem a doença formem uma família enredada pela culpa de ser sadia. São aqueles irmãos que, biologicamente, são favorecidos e, por isso, têm culpa por não serem diabéticos, tendendo a se aproximar do irmão enfermo para formar uma rede em redor deste, criando-se, assim, uma espécie de rede superprotetora. Concomitantemente, aparece um novo tipo de conflito, com sentimentos de raiva, ciúme e inveja da superproteção e dos privilégios que o irmão diabético recebe (conflito de ambivalência). A elaboração destes conflitos em psicoterapia individual ou de grupo permitiu-nos compensar muitos diabéticos.

Aliás, nossos pacientes adolescentes tinham um comportamento oposto aos casos descritos por Minuchin, pois eram abertamente desobedientes, revoltados, "criadores de caso". Já as crianças diabéticas costumam ser medrosas, passivas, submetidas aos pais em relação à medicação e à dieta.

Quanto à asma, situação apenas citada neste livro e não desenvolvida, tivemos contato com esta doença desde quando éramos clínicos, tendo tido a oportunidade de acompanhar alguns casos em psicoterapia individual e grupal.

Trata-se de uma enfermidade que cedo cria uma dependência estreita entre o filho e a mãe, pois as crises, via de regra noturnas, acompanhadas de angústia de morte, geram uma situação de pânico no seio da família e são comumente atendidas pela mãe. O filho passa a dormir na cama com a mãe e vai, com seu potencial edipiano, tomando cada vez mais o lugar do pai, tudo isto sem aparentes conflitos. Somam-se, assim, nestes casos, as características apontadas por Minuchin: simbiose mãe-filho; superprotecionismo materno. Também negação dos conflitos parentais e edipianos. Num caso de que tivemos conhecimento num grupo de estudos, o grau de simbiose mãe-filho era tão intenso que este, de seis anos, mamou na mãe até os dois anos e meio e dorme com esta até hoje na mesma cama. Naturalmente, numa situação deste tipo, a relação com o pai fica muito distante, em função dos naturais ciúmes paternos e da idealização que a criança faz da mãe, que tudo permite.

A asma geralmente constitui uma situação de dependência, mormente na infância. Esta se dá comumente entre a mãe e o filho e é semelhante ao tipo de dependência que se dá no diabetes. Mas ainda pode ser mais intensa por causa da angústia de morte que se instala nos dois.

---

[23] Este tema é magistralmente desenvolvido no trabalho de Janaina Marques, *O paciente diabético falso* self (Biblioteca da disciplina da Psicologia Médica da UERJ).

A angústia da falta de ar é apontada por vários autores como a pior forma de morte, a morte por asfixia. E há, além disso, o inesperado da crise. Se esta vem em situações determinadas geralmente em função do potencial alergógeno, por vezes, vem subitamente, desencadeando pânico. Daí a importância da bombinha, verdadeiro objeto transicional do asmático, sentido como salvador e, por isso, mesmo carregado para onde ele for.

O que foi dito para o pai do diabético, bem como para os irmãos, sem dúvida vale para o asmático, podendo, nesses casos, a situação ser ainda mais regressiva e o ambiente familiar ainda mais afetado em virtude da angústia de morte presente, isso nos casos de asma mais graves.

Em razão da estrutura de dependência, os asmáticos têm dificuldades nas suas relações objetais, temendo o se dar, o se envolver, e ser "engolfado" pelo outro. Por vezes esses pacientes são francamente esquizoides, e, portanto, suas relações pessoais são ainda mais difíceis.

Neuza é uma mulher negra, de 30 anos de idade, que me foi encaminhada por um colega clínico que a atendeu por inúmeras vezes no pronto-socorro do Hospital Souza Aguiar com crises intensas de asma. Ele me disse que esta lhe parecia ser uma pessoa meio abandonada, sem família e, por isso, solicitou-me que a internasse no Hospital São Francisco de Assis, o que eu fiz. Tratava-se de um caso de asma severa que foi tratado com a medicação habitual, incluindo corticosteroide, tendo apresentado uma boa evolução clínica, sendo acompanhada pelo Dr. Emilio Myra y López, de nossa equipe de psicossomática, que a atendeu clinicamente e numa psicoterapia de apoio.

Neuza evoluiu muito bem e sua alta foi marcada. Ela sempre dizia que tinha parentes e amigos que a visitariam no hospital, que, todavia, nunca apareciam. Quando indagada pelos médicos ou pelo serviço social sobre essas ausências (família e amigos), ela sempre as justificava e apontava novas pessoas a virem lhe visitar, que se tornavam, porém, novas ausências.

No dia da sua alta, mostrava-se ansiosa, contudo, parecia disposta a sair. Quando o momento da sua alta se aproximou, ela, então, entrou numa intensa crise asmática que não respondeu à medicação de urgência ministrada, e Neuza veio a falecer, para a surpresa de todos, pois até aquele dia estava evoluindo muito bem.

Lamentavelmente, Neuza faleceu de uma síndrome de alta, descrita por Abraham Ekstermam, que se caracteriza por uma recidiva dos sintomas para evitar a temida alta, por alguém que sofre de uma condição de dependência e teme a vida fora das condições de um hospital.

Como foi descrito pelo psicossomaticista americano Knap, esta condição se deve a uma intensa crise de broncoespasmo, seguido da formação de tampões mucosos maciços nos pequenos bronquíolos, conferindo uma situação de asfixia interna.

Neuza, sem dúvida, mentiu a todos sobre os fictícios parentes e amigos para esconder a sua brutal situação social de profunda solidão. Para ela, ser desalojada daquele hospital onde tanto melhorou, equivaleu a uma angústia de morte, que se transformou na morte real.

Porém, nem todo asmático tem um fim trágico. Assim, em uma paciente que supervisionamos nos seus primórdios, pudemos sentir a força da relação médico-paciente num grave quadro de asma brônquica no que poderíamos chamar de psicoterapia implícita à prática médica (Perestrello)[24]. Trata-se de uma mulher que chamaremos de Aurea, já com 32 anos de acompanhamento. Este se iniciou no Hospital São Francisco de Assis, da UFRJ (onde eu dirigia um

[24] PERESTRELLO, D. *A psicoterapia do médico prático.* Med. Carli, 1:153, 1962.

Setor de Psicossomática), por meio do Dr. Luiz Arthur Juruema de Matos – hoje, chefe da Gastroenterologia e da Endoscopia Digestiva do Hospital da Lagoa –, àquela altura um quartanista de Medicina, que vem acompanhando a paciente até hoje.

Aurea era uma asmática crônica, solteira, que naquela época – como Neuza – ia diariamente a um pronto-socorro para minorar suas severas crises. Ela morava num pequeno apartamento com sua patroa, D. Maria, e logo ficou claro na supervisão que os conflitos entre as duas – em torno de espaço ou pelo trato de dois cachorros – eram os desencadeantes emocionais das crises.

Numa oportunidade, quando Luiz Arthur lhe comunicou que iria mudar de especialidade, da pneumologia para a gastroenterologia, Aurea comentou: "Mas doutor, eu tenho azia...". Deste modo, ela estava lutando pela manutenção de uma ligação humana importantíssima que fez com seu doutor.

O tratamento se firmou, em torno de consultas quinzenais, com uma parte clínica e sempre com um espaço de livre conversação em que Aurea falava das pequenas e poucas coisas de sua vida.

Ao longo deste tempo, a asma de Aurea foi arrefecendo e há muitos anos que ela não tem mais crises, permanecendo apenas com uma medicação de controle. D. Maria faleceu há cinco anos, os cachorros também, e Aurea herdou o apartamento. Ela tem mais de 80 anos, faz caminhadas diárias e conseguiu fazer um núcleo de amigos entre os vizinhos, fato importante para uma pessoa tímida e introvertida como ela. O foco do tratamento continua a ser a asma, uma esofagite de refluxo[25], uma hipertensão arterial que passou a apresentar e a sua qualidade de vida. Ela se mostra muito grata a Luiz Arthur, presenteando-o sempre nas datas significativas.

Em relação à anorexia nervosa, temos visto, via de regra, o conflito de afirmação descrito por Winnicott em que o filho é capaz de se imolar e mesmo de morrer por meio da anorexia como forma de ser independente diante da mãe. Assim, é geralmente uma doença da relação mãe-filha(o), com um medo muito intenso da filha de ser "invadida" e dominada pela mãe (isto é, de ser alimentada por esta)[26]. Por esse motivo, a *Tavistock Clinic* desenvolveu uma forma de terapia que consiste em a mãe alimentar sua filha na presença de um psicoterapeuta. Assisti mesmo à apresentação de um trabalho acerca desse tema (isto é, da filha ser alimentada pela mãe) com bons resultados terapêuticos em relação à técnica executada. Na descrição de Minuchin, há mesmo o relato de refeições serem realizadas durante as sessões terapêuticas.

Segundo Winnicott, o mesmo conflito apresentado na anorexia nervosa ocorre nos distúrbios de aprendizagem, isto é, na dificuldade em adquirir conhecimento, enfim, como na anorexia nervosa, de preencher um vazio existencial.

Pensamos, e esta é a grande lição deste livro, que a abordagem familiar é fundamental nestes casos, principalmente nos pacientes mais graves, e já tivemos oportunidade de atender a dupla familiar mais envolvida (o casal; mãe e filho) e eventualmente toda a família de modo breve, procurando trabalhar os focos conflitivos.

Obviamente, a abordagem sistêmica é mais completa, pois inclui a participação de todos os membros da família em todas as sessões. Mas o nosso enfoque permite trabalhar situações de simbiose mãe/ filho, questões do casal diante do filho enfermo, abordagens familiares focais, etc.

---

[25] Fato comum em casos de asma brônquica.

[26] Tratamos estes casos no feminino, pois a anorexia nervosa é uma condição muito frequente em mulheres.

Os autores (Minuchin e cols.) durante quase toda a obra confrontam a técnica sistêmica com a psicanálise, mostrando as vantagens da primeira. Aqui não estamos buscando confrontações, inclusive por não termos conhecimentos profundos da técnica sistêmica. Porém, nos referimos aos resultados positivos que obtivemos usando técnicas de base analítica.

Normalmente, a psicanálise trabalha com mais neutralidade do que é referido na terapia sistêmica, quando é dito que o terapeuta pode fazer aliança com certos membros da família contra outros, visando o progresso terapêutico do paciente e do conjunto. Em psicoterapia analítica de grupo, entretanto, já nos permitimos fazer alianças parciais com um dos participantes do grupo, geralmente o de *self* mais frágil, necessitando de um *holding* especial que nem sempre era realizado pelo grupo. Porém, nesta situação, o grupo muitas vezes se sentiu enciumado até se dar conta que esta era uma forma do terapeuta proteger um membro sem que isto representasse uma negação dos demais.

São questões sempre polêmicas, em que o importante, como nos diz Minuchin, são os resultados terapêuticos.

Esta situação, das alianças com um dos participantes, está também presente na técnica de tomar partido de um dos membros contra o outro, por eles mesmos, reconhecida como eticamente discutível, porém terapeuticamente necessária. Isto nos parece ferir ainda mais a postura de neutralidade e mesmo a ética, como admitem os próprios autores. Porém, somente uma imersão maior na terapia sistêmica nos permitiria ter uma visão mais definitiva sobre estas questões.

A descrição, pelos autores, das crianças que se preocupam com as suas famílias lembra aquelas descritas por Alice Miller, que querem compulsivamente cuidar dos pais e irmãos, crianças por mim designadas como tendo um comportamento falso *self* como está descrito nesse trabalho.

A terapia descrita implica uma série de manejos próprios (por exemplo, fazer com que um paciente pare de falar) que se firmaram ao longo de toda uma experiência. E, para caracterizá-la como diferente das terapias analíticas, basta lembrar, como está neste texto, que não se usa a estratégia da interpretação. Deseja-se modificar comportamentos viciados, estereotipados, mas sem referi-los ao inconsciente, o que na psicanálise é fundamental.

Referências

ALEXANDER, F. *Psychosomatic medicine*. New York: Norton, 1932.

BRUCH, H. *Eating disorders*: obesity, anorexia and the person within. New York: Basic Books, 1973.

BRUCH, H. *Perils of behavior modification in treatment of anorexia nervosa*. New York: JAMA, 230:1419, 1974.

CHRZAKOWSKY, J. *Participant observation. Contemporary psychoanalysis*, 57:31, 1976.

GULL, W. W. *Anorexia nervosa*. Lancet, 1:516, 1888.

HALEY, J. Family therapy: A radical change. In: Charging Families, HALEY, J. *Grune and Stratton*, New York, 1971.

JACKSON, D. D. *The individual and the larger contexts*. Family Process, 6:139, 1967.

KUHN, T. *The structure of scientific revolutions*. Univ. of Chicago Press, 1970.

LAING, R. D. *The polities of the family*. New York: Pantheon, 1971.

LEVENSON, E. *The fallacy of understanding.* New York: Basic Books, 1972.

MELLO FILHO, J. *Concepção psicossomática*: visão atual. São Paulo: Casa do Psicólogo, 2002.

MELLO FILHO, J. et al. *Aspectos psicológicos do Diabetes Mellitus, Parte I e II.* Med. HC-UERJ 2, 174 e 256, 1983.

MELLO FILHO, J. et al. *Psicossomática hoje.* Porto Alegre: ArtMed, 1992.

MINUCHIN, S. *Families and family therapy.* Harvard Univ. Press, 1974.

MINUCHIN, S. et al. *A conceptual model of psychosomatic illness in children.* Arc. Gen. Psychiatry, 32:1031, 1975.

MINUCHIN, S.; ROSMAN, B.; BAKER, L. *Psychosomatic families*: anorexia nervosa in context. Massachussets: Harvard University Press, 1978.

ROSSMAN, B.; MINUCHIN, S.; LIEBMAN, R. Family lunch session: an introduction to family therap. In: *Anorexia Nervosa.* Amer. J. Orthopsyquiatry, 45: 846, 1975.

SLOAN, R. B. et al. *Psychoterapy versus behavior therapy.* Harvard Univ. Press, 1975.

TROLSTRUP, I. K. The treatment of anorexia nervosa. In: Childhood and adolescence. *J. Child Psychology and Psychiatry*, 16:75, 1975.

WEISS, E.; ENGLISH, O. S. *Psychosomatic medicine.* W. B. Sanders, Philadelphia, 1957.

CAPÍTULO 5

Anamnese da família: genograma e linha de tempo Genograma da esperança e ecomapa

Miriam Burd

Cristiana Moniz de Aragão Baptista

> *"Cada família ordena seus acontecimentos vividos num tempo que retém todas as características de estrutura familiar... O tempo se transforma num marco onde se colocam não só os acontecimentos vividos, mas também a relação entre todos eles".*
>
> (BERNSTEIN, 1979. In: *Família e Doença Mental*)

Considerações iniciais

A organização da família está formada por uma rede de relações que é preexistente ao sujeito. Numa família existem relações conjugais, materno-filiais e fraternas, cada uma com significação diferente para a satisfação das necessidades do indivíduo. As famílias desenvolvem uma estrutura característica, um padrão bem definido e repetitivo de papéis e regras, dentro dos quais os seus membros funcionam. Algumas regras ou normas são estabelecidas pela família, vão nortear a conduta de seus membros e irão variar de família para família. Outras são similares para um grupo de famílias, condicionadas pela classe social, nível cultural, etc. Essas regras geram ritos que exteriorizam hábitos. Os ritos são produtos da tradição e sancionados pelo consenso do grupo e exigem, como condição básica, a crença na sua eficácia e a repetição constante (WERLANG, 2002).

Na família saudável, há regras e padrões que servem de guia para o crescimento grupal e individual. Essas famílias percorrem o ciclo vital, estão livres para mudar, adaptar-se e crescer, sem medo nem apreensão. Nas famílias disfuncionais, as regras são usadas para inibir a mudança e manter o *status quo*. O comportamento de um passa a depender do comportamento dos outros, e assim, os padrões de interação transcendem à qualidade dos membros como indivíduos singulares.

A história natural da família é transmitida de geração a geração, por meio das condutas repetitivas. Nada acontece por acaso, os fenômenos são entendidos da mesma forma que na teoria psicanalítica; na vida mental e no comportamento humano, por meio do conceito de determinismo psíquico, e na perspectiva Intergeracional, considerando os problemas individuais como familiares, com sua raiz nos fatos passados, transmitidos de pais para filhos. A proposta Intergeracional analisa a transmissão dessa cultura, identificando padrões, costumes, segredos, mitos e problemas que determinam o funcionamento pessoal e familiar.

Sampaio e Carneiro (1985), citados por Werlang (2002), trabalham em dois eixos: o eixo vertical ou transgeracional, identificando papéis e funções; o nível de autonomia e diferenciação de cada membro face à família de origem; e o eixo horizontal ou do aqui e agora, que inclui o estudo dos padrões da interação pessoal e familiar, e como cada um e a família lidam com as dificuldades de sua vida.

Murray Bowen (1954) trabalhou numa pesquisa em que os pacientes eram internados com suas famílias num período de seis meses a dois anos, numa área do hospital reservada para isso. Dentro da perspectiva Intergeracional, trabalhou com famílias de doentes mentais. Concluiu que a patologia do *paciente identificado* só pode ser compreendida em relação ao sistema emocional do qual faz parte e afirmou que os padrões vinculares em determinada geração proporcionam modelos implícitos para o funcionamento pessoal e familiar nas gerações seguintes. Chamou a isso de transmissão multigeracional ou Intergeracional e propôs uma entrevista de avaliação, tentando precisar nomes, idades e atividades de todos os membros da família durante três gerações, assim como os principais acontecimentos: data de nascimento, casamentos, separações, mortes, etc., organizando um mapa que oferece uma imagem gráfica da estrutura familiar ao longo de várias gerações, denominando *genetograma* ou *genograma familiar.*

Baseado na teoria sistêmica familiar e na árvore genealógica de Murray Bowen, o genograma é um instrumento clínico de investigação da família. Até os anos 80, não apresentava formato padronizado, existindo várias formas diferentes de construí-lo, com símbolos próprios e maneiras de traçar as constelações familiares, provocando confusões e impossibilitando a sua leitura por parte de outros profissionais. O formato foi organizado por um comitê e foi divulgado por Mônica McGoldrick e Randy Gerson pela primeira vez no ano de 1985.

O desenho da árvore permite a distribuição de informações sobre os membros da família e seus relacionamentos entre si, inclusive com as gerações anteriores. É uma excelente fonte de hipóteses que possibilita o entendimento do contexto. Como mapa, fornece um resumo clínico bastante rápido e eficiente sobre a organização e o funcionamento familiar e uma visão dos problemas em potencial. Facilita a memorização dos nomes, dos padrões comportamentais e dos eventos importantes que se repetem na vida da família. Como resultado, auxilia o profissional a reconhecer a família, mesmo anos depois de tê-la atendido, pois as informações ficam armazenadas e as interpretações subjetivas dos dados da família podem ser ampla e continuamente realizadas.

A história médica de uma família pode fazer parte do genograma, utilizando-se para isso as categorias do DSM –V[1]; do CID – 10[2], ou abreviações reconhecíveis, quando existirem (por exemplo, Câncer – CA; derrame – AVC). Listam-se apenas as doenças e problemas maiores ou crônicos e, quando possível ou aplicável, incluem-se as datas. Essa expressão gráfica fornece para

---

[1] DSM-V – APA, Manual de Diagnóstico Estatístico de Transtornos Mentais, da Associação Psiquiátrica Americana, 2014.

[2] CID – 10 Classificação Estatística Internacional de Doenças e Problemas Relacionados com a Saúde (CID-10).

o profissional e para própria família uma "rápida gestalt" dos complexos padrões familiares, sendo uma rica fonte de hipóteses a respeito de como um problema clínico pode ter se originado e evoluído no contexto familiar, ao longo do tempo. O paciente colocado como identidade isolada, portadora da sintomatologia (paciente identificado), deixa de ser o foco principal, passando apenas a ser um dos elos de um sistema disfuncional, que é gerador de sofrimento e doença (Werlang, 2002).

Fazendo-se o genograma, a construção de uma relação médico-paciente pode ser mais rápida e a confiança pode ser estabelecida com muitos pacientes. Graficamente, ele retrata os riscos herdados para certas doenças. O médico pode apontar para o fato na consulta e encaminhar o paciente a uma mudança de estilo de vida, encorajando-o a perder peso e se exercitar, por exemplo, para se prevenir de desenvolver diabetes mellitus ou hipertensão arterial. Uma vez que o genograma entra no prontuário médico (registro), continua a servir como *marcador familiar* durante as consultas subsequentes. A leitura rápida do genograma pode dar ao médico uma visão geral da história médica familiar e sugere estratégias para diagnóstico e orientação.

Além do genograma, poderão ser utilizadas cronologias familiares ou linhas do tempo da família. Esses métodos da avaliação inter e transgeracional da família são mapas ou retratos gráficos de como os diferentes membros de uma família estão biologicamente e legalmente relacionados uns com os outros, de uma geração para a outra. Também poderão ser utilizados, nos casos de famílias com crianças com doenças crônicas, o Genograma da Esperança e o Ecomapa.

Fazendo o genograma (o gráfico)

O genograma é construído com figuras/símbolos (quadrados e círculos), que representam as pessoas, e com linhas (cheias ou pontilhadas), que descrevem os seus relacionamentos. Ele pode ser criado no computador ou desenhado à mão com régua e caneta. Usualmente, é melhor fazer um ou dois esquemas no início para ver como fica a colocação dos símbolos no espaço do papel.

A construção do genograma é realizada por meio de uma entrevista de avaliação clínica. Pode ser realizado no primeiro contato, depois de o clínico ouvir o motivo da procura do atendimento. No processo do psicodiagnóstico, feito pelo psicólogo, é realizado depois da primeira ou segunda sessão. Qualquer profissional das áreas escolar, da saúde, do direito, etc., pode se utilizar da visão gráfica das famílias, privilegiando a área que deseja confirmar um diagnóstico e proceder ao prognóstico e tratamento ou às intervenções. Os dados podem ser colhidos entrevistando um único membro da família ou vários. Colher informações de diferentes membros aumenta a fidedignidade dos dados e, quando reunidos em entrevista familiar, esta possibilita, de forma direta, a observação das interações. A família encontra uma nova maneira de se ver e o profissional tem no genograma um excelente recurso de entrosamento com ela, uma vez que a entrevista funciona como um meio para a investigação das questões sistêmicas e prepara os membros da família para a apreensão de uma nova perspectiva sobre os eventos familiares.

Na entrevista familiar, é aconselhável a atuação de um coordenador e um observador. O coordenador registrará, com eventual ajuda da família, o mapa familiar, conduzindo as perguntas e coordenando a atividade para garantir a participação de todos. O observador anotará as comunicações não verbais e outros detalhes que pareçam significativos. Pode-se utilizar gravador e/ou filmadora, com prévia concordância dos participantes. O tempo da entrevista varia de caso a caso, mas em média é de 90 minutos, devido ao volume grande e variado de informações, uma verdadeira rede de informações em círculos cada vez maiores e em diferentes direções. Aconselha-se orientar as perguntas: do problema atual até o contexto maior do problema; da família imediata até a mais extensa e os sistemas sociais mais amplos; da situação atual da família até uma cronologia histórica de eventos familiares; de indagações fáceis e não ameaçadoras até questões difíceis que provoquem ansiedade; de fatos óbvios ao julgamento do funcionamento e relacionamentos até hipóteses sobre padrões familiares (McGoldrick e Gerson, 1987; McGoldrick, Gerson e Shellenberger, 1999).

Reúna as informações necessárias tais como: o nome de todas as pessoas que estão inseridas no genograma, o número de crianças de cada família, as datas de nascimento em ordem e o sexo; a condição conjugal dos casais e outras informações pertinentes, tais como datas de aniversário, casamento, divórcio, morte, etc. Use os símbolos padronizados: quadrados para representar homens e círculos para as mulheres; círculos duplos ou quadrados duplos para indicar a pessoa identificada; o nome, o ano de nascimento e morte, respectivamente abaixo e acima do quadrado ou do círculo.

Coloque um "x" dentro das figuras dos membros falecidos. As relações conjugais devem ser mostradas pelas linhas de conexão que ligam os pais. O marido deve ficar à esquerda e a esposa à direita. O divórcio é indicado com dois cortes (//) na linha horizontal e a separação é indicada apenas com um corte (/). As datas de casamento e divórcio, se relevantes, devem ser escritas no alto da linha de casamento. As linhas verticais são desenhadas abaixo das linhas de casamento, para as crianças nascidas da união, com o filho mais velho colocado à esquerda e o mais novo à direita. Linhas pontilhadas conectam filhos adotados e linhas divergentes os filhos gêmeos. Os gêmeos idênticos são conectados por uma barra entre as crianças. Abortos são anotados com uma parte pequena preenchida no círculo; a gravidez, por um triângulo.

O profissional deve ser cuidadoso na coleta de dados, pois algumas questões delicadas para a família certamente surgirão de maneira clara ou encoberta. Podem-se desvelar questões inconscientes, bem como perceber melhor as características patológicas das relações familiares, desfocalizando o comportamento sintomático do paciente identificado ou sintomático. Temas como morte, doença somática ou mental, dependência química, falência profissional, suicídio, entre outras, exigem muita sensibilidade da parte do profissional, pois o que é considerada uma questão problemática para ele, pode ser facilmente assimilada pela família. Por outro lado, situações vistas como simples pelo profissional podem ser vivenciadas como tabu pela família.

Pelo menos três gerações, incluindo pais, avós, tios, irmãos, primos, cônjuges, filhos, agregados e apoios externos (babás, empregados, vizinhos, médicos, professores, etc.) da família, que tenham desempenhado um papel importante para o seu funcionamento devem ser investigados; a família de origem, tanto materna, quanto paterna, e a família imediata (que compartilha a mesma casa); e a do contexto atual, onde ocorre o problema. Às vezes, a família não consegue fornecer todos os dados de uma só vez, mas esse mapa é guardado pelo profissional que a está atendendo, e a cada dado novo nos encontros posteriores complementa-se (com a família) o genograma com esses dados acessórios. O que se nota na clínica é que no início dos atendimentos as famílias não se preocupavam em saber sua história, mas com o atendimento familiar em processo, eles se interessam e começam a buscar novos dados e registros esquecidos com outras pessoas: fotografias, álbuns de família antigos, objetos com valor histórico para a família de posse de outros parentes e em outras cidades, conversas com parentes próximos ou distantes, e que agora fazem sentido para eles. Esse trabalho geo-histórico-médico-social da família é uma forma importante de diagnóstico, mas também de ajuda no tratamento.

De modo geral, a confecção do genograma deve levar em conta certas áreas como: a estrutura e o ciclo vital da família, os padrões repetitivos por meio das gerações, os eventos importantes e o funcionamento da família, os padrões relacionais e as triangulações, a estabilidade e o desequilíbrio familiar. Começa-se de observações objetivas para constatações médico-psicólogas, profissionais, legais, socioculturais, etc. Os transtornos mentais, uma doença física grave, casos de dependência de álcool e/ ou drogas, comorbidades, podem ser representados com a metade esquerda do símbolo preenchidos com cor escura. O destaque dado deve-se à importância atribuída a esses transtornos na confecção do mapa gráfico e para facilitar a leitura pelos interessados.

É importante representar os membros que se encontram institucionalizados ou fazem algum tipo de tratamento: psicoterápico, médico e/ou participam de outros programas institucionais. Segue-se, na entrevista, o delineamento dos relacionamentos entre os membros da família e os papéis de cada um deles. Para isso, também existem alguns símbolos. Na identificação de padrões de interação temos: íntimo, distante, conflitivo, dependente, etc.; nos papéis de cada um há: o submisso, o fracassado, o dominador, o problemático, o "bode expiatório", o vitimado, o culpado, etc. As mudanças que ocorreram ao redor dos diversos eventos e transições também devem ser marcadas: nascimentos, mortes, separações, casamentos, fracassos, etc. Todos esses são dados que proporcionam oportunidades para a formulação de hipóteses a respeito do estilo (adaptativo ou não) da família, pistas sobre regras familiares, padrões de organização e fontes de recursos ou de resistência.

Outro dado importante são as repetições que ocorrem ao longo de várias gerações, como conduta suicida, hospitalizações psiquiátricas e asilares, fatos traumáticos, casamentos múltiplos, segredos e/ou mentiras sobre morte ou sobre outro fato, violência doméstica, abusos, incesto, abandonos, problemas com a lei, migração, etc. Perceber essa repetição possibilitará ajudar a pessoa e a sua família a evitar novas repetições, frustrando esse acontecimento disfuncional.

O aspecto mais difícil no traçado do genograma, durante a entrevista, é o de estabelecer prioridades para a investigação e inclusão dos dados. O profissional deve estar atento às conexões que os familiares fazem ou deixam de fazer em relação a certos fatos, mas não podem seguir todos os indícios. A literatura sugere como regra prática rastrear sintomas repetitivos na família imediata e por meio das gerações; coincidência de datas (ex: morte seguida de início do sintoma, doença grave e aguda do filho acontecida na mesma época e do mesmo tipo de doença do pai, etc.); impacto das mudanças ou transições inoportunas no ciclo vital, que se dão fora do esperado e/ou planejado; reações de aniversário, famílias traumatofílicas, casos de filicídio, etc.[3]

[3] Mello Filho (1988) nos diz que há famílias onde existe o *hábito de adoecer e/ou de se acidentar*. Adoecem de uma mesma forma, por meio de doenças não hereditárias e acidentes, que se repetem nos seus membros, pelo fenômeno da identificação mútua, ocorrendo a reação de aniversário. Outras vezes, a patologia da família está nas agressões impostas pelos pais às crianças que podem evoluir para formas mais claras de um homicídio através da doença. É o filicídio, fenômeno descrito por Rascovsky, em que os pais desejam, inconscientemente, a eliminação do problema e efetivamente o conseguem ou se omitindo ou alimentando o agravamento da enfermidade (p. 169 e 178).

As transmissões entre as gerações são características familiares ou individuais. As convicções, os valores culturais, as características genéticas ou os estilos de vida passados de uma geração para a próxima são informações importantes e devem constar do genograma. Essas informações podem ser colocadas no final do traçado para não dificultar a sua leitura.

Um caráter transicional é aquele no qual o padrão de transmissão foi quebrado. Indicam-se de três a cinco transmissões geracionais no gráfico com símbolos, linhas ou desenhos. Podem-se usar também outras características e/ou fazer uma legenda ou chave, mostrando o significado dos símbolos que se utilizou.

Possíveis itens para rastear no genograma

A. **Fatores socioeconômicos**: ocupação, nível de educação, papel social na comunidade, serviço comunitário.

B. **Fatores físico-genéticos**: cor dos cabelos, lateralidade (direita ou canhestra), calvície, visão, tendências a doenças, etc.

C. **Valores religiosos**: afiliação a igrejas, prática religiosa (por exemplo: observância do dia sabatino, praticante ou não, pagamento do dízimo, frequência à igreja, história familiar da atividade religiosa, atividades de chefia e serviço voluntário religioso, etc.).

D. **Fatores ambientais e genéticos**: habilidades artísticas/musicais/literárias, tendências ligadas ao peso corporal, características de personalidade como parcimônia, consideração pelos outros, amizade, prudência, capacidade para amar, etc.

E. **Valores familiares**: famílias próximas, desejo de obter conhecimento ou educação, preferências por política, bens materiais, alimentação, trabalho ético, em equipes esportivas, etc.

F. **Experiência cultural**: país de origem, idiomas falados, artes, práticas, tradições culturais, padrões mencionados, etc.

A interpretação do genograma tem como base a *teoria geral dos sistemas* que considera as relações familiares como determinantes da saúde emocional de seus membros. McGoldrick, Gerson e Shellemberger propõem a interpretação de seis categorias que sugerem um conjunto geral de suposições, a partir do qual se levantam hipóteses relevantes do ponto de vista clínico sobre os padrões familiares. São elas: estrutura familiar, adaptação ao ciclo vital, sucessos da vida e funcionamento familiar, padrões vinculares e triângulos, equilíbrio e desequilíbrio.

É útil ter um espaço no final do genograma para anotações de outras informações-chave. Isso incluiria eventos críticos, mudanças na estrutura familiar desde que o genograma foi feito, hipóteses e anotações sobre problemas ou mudanças familiares importantes, com as respectivas datas e resumidas, uma vez que cada porção extra de informação em um genograma o deixa mais complicado e reduz sua legibilidade. Isso ajuda o profissional a reformular hipóteses e promover mudanças.

O genograma também permite antecipar os desenvolvimentos da próxima geração. O fator prevenção do uso desse mapa pode ajudar o profissional envolvido e as famílias a lidarem com as fases que virão, explorar os impedimentos para seguir em frente no ciclo da vida, proporcionar valiosas pistas para as dificuldades e problemas envolvidos nas crises ou pontos críticos como perdas, doenças, envelhecimento, morte da geração mais velha e o trabalho de luto enquanto a geração mais nova se modifica, e os relacionamentos e hierarquias que precisam ser reordenados. A cronologia da família pode vir concomitante ao traçado do genograma: esta segue as datas importantes e em ordem de acontecimento.

O genograma em si é limitado diante da infinidade de dados que a família traz e que vão sendo acrescentados durante tratamento. Na realidade, trata-se de um excelente recurso técnico, um instrumento terapêutico para a investigação clínica, que deve ser utilizado de forma integrada à avaliação familiar como um todo. Seguem-se dois outros instrumentos de investigação que podem ser utilizados: a linha do tempo familiar e o genograma linha do tempo.

A linha do tempo familiar

Além do genograma, Cerveny (1994) utiliza-se de uma linha de tempo familiar (LTF). A autora faz uma linha (horizontal ou vertical) com a família nuclear, onde coloca as datas e os fatos mais importantes. É uma estratégia usada no ensino de história para mostrar ao aluno a ocorrência dos fatos, numa sequência de tempo. A experiência clínica de Cerveny mostrou que fazer a LTF faz com que se obtenha mais informações e serve também como parte do diagnóstico da família. Traça-se a linha e faz-se a pergunta à família: "Em que ano essa família começa? Em que data começa a história de vocês?" A resposta mais comum é começar pela data de casamento dos pais; mas outras respostas podem aparecer: data de nascimento do primeiro filho, do namoro dos pais ou quando o casal se conheceu ou passou a morar sozinho. Continua, da esquerda para a direita, a colocar as datas e os fatos, observando se há concordância entre o casal, se algo é importante para um e não para o outro, e assim por diante. É fácil de fazer e tem função diagnóstica e terapêutica para as famílias.

Com algumas famílias, pode-se fazer uma LTF da família nuclear e outra para as famílias de origem. Às vezes, existem coincidências na linha de tempo, há repetições de padrões Intergeracionais, momentos de estresse e de grandes acontecimentos, etc. McGoldrick e Gerson (1985) chamam-na de *cronologia da família*, que é uma relação ordenada de fatos importantes na história da família que poderia ter afetado o indivíduo. Os autores assinalam a importância de fazer a cronologia de um período de tempo que foi mais crítico para a família, ou mesmo, a cronologia de um só indivíduo da família.

Cerveny, citando Friedman, Rohrbaugh e Krakauer (1988), diz que os autores adaptaram os símbolos de McGoldrick e Gerson (1985) com acréscimos e modificações. O nome é *genograma linha de tempo (GLT)*, no qual o tempo é marcado em linha vertical, de maneira que os acontecimentos possam ter sua correspondência em nível de data. O GLT teria, então, duas leituras: uma horizontal e outra vertical. A desvantagem seria a dificuldade de sua construção e a pouca flexibilidade para colocar as pessoas ou distribuir os acontecimentos.

Seguem-se os símbolos usados no genograma standard e exemplos de genogramas e LTF (McGoldrick e Gerson, 1987; McGoldrick e Gerson 1995; McGoldrick, Gerson e Schellemberger, 1999; Marlin, 1989).

Simbologia do Genograma

Homem

Mulher

Morte (colocar data de nascimento-falecimento)

 1910-1975

Paciente Identificado (ou sintomático)

Membro Familiar Institucionalizado. Ex: Freira (convento), Lar de Idosos, etc.

Casamento

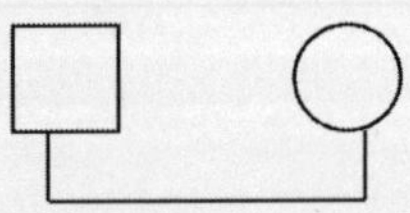

União Não Oficial

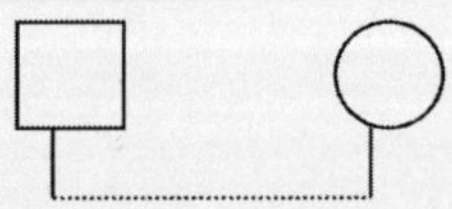

Casal de homossexuais

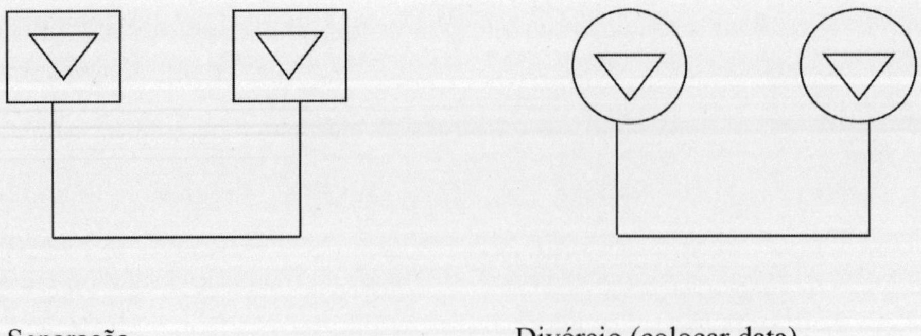

Separação

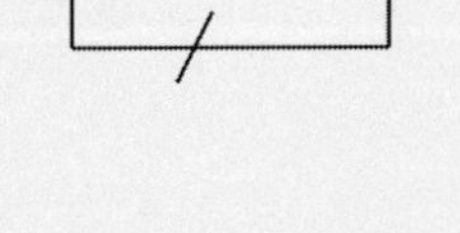

Divórcio (colocar data)

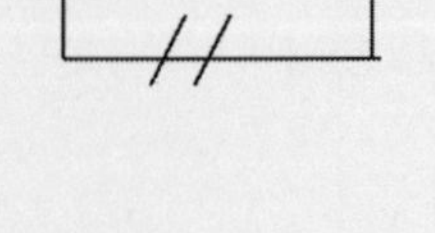

Filhos (por ordem de nascimento, o mais velho à esquerda)

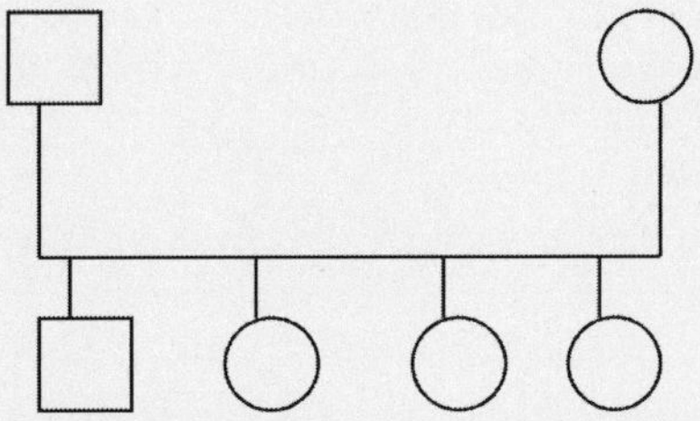

18 anos 16 13 11

Filhos Adotivos

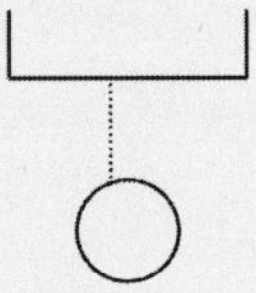

Gêmeos

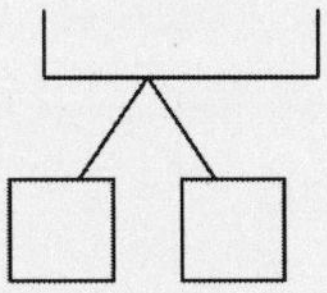

Gêmeos Idênticos

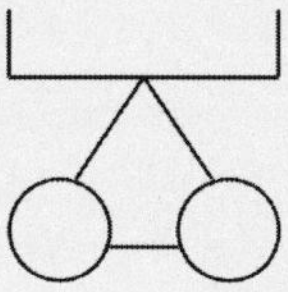

Gravidez

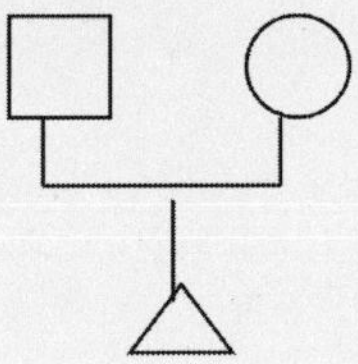

Aborto Espontâneo

Aborto Induzido

Natimorto

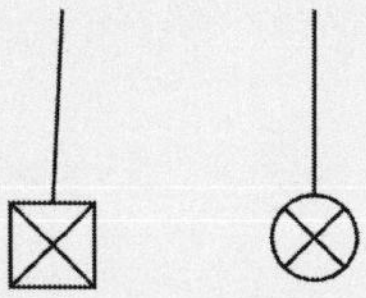

Símbolos para os padrões de interação familiar

Relacionamento biológico e normal

Abuso físico

Rompimento

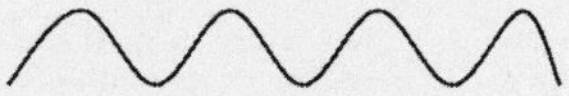

Abuso sexual

Relação Forte/Íntima

Relação Forte e Fusionada

Relação Conflituosa

Relação Distante

Exemplo de Genogramas

Figura 1 – Com três gerações (avós, pais e filha)

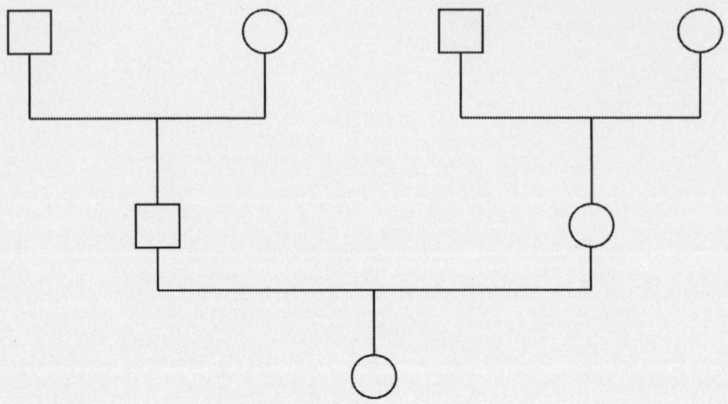

Figura 2[4] – Com aliança Intergeracional

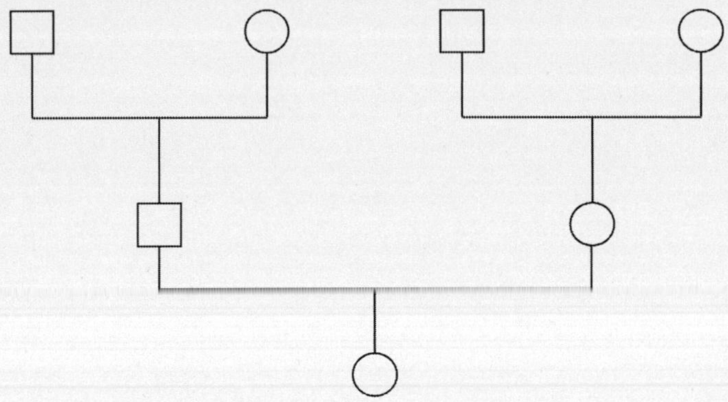

Figura 3[5] – Com aliança Intrageracional

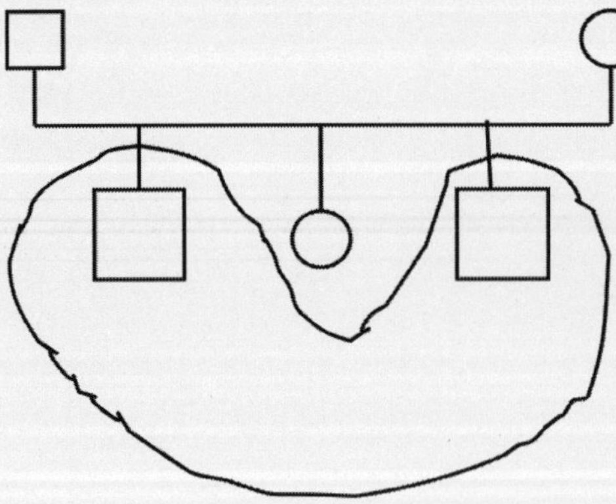

[4] Nessa família, a aliança se faz entre as mulheres das três gerações do lado materno. Pode ser uma característica de personalidade, uma doença comum hereditária, um hábito de acidentar-se, etc.

[5] Nessa família, a aliança é entre os filhos homens da mesma geração.

Figura 4 – Com as categorias nosológicas segundo o DSM-IV (1995)

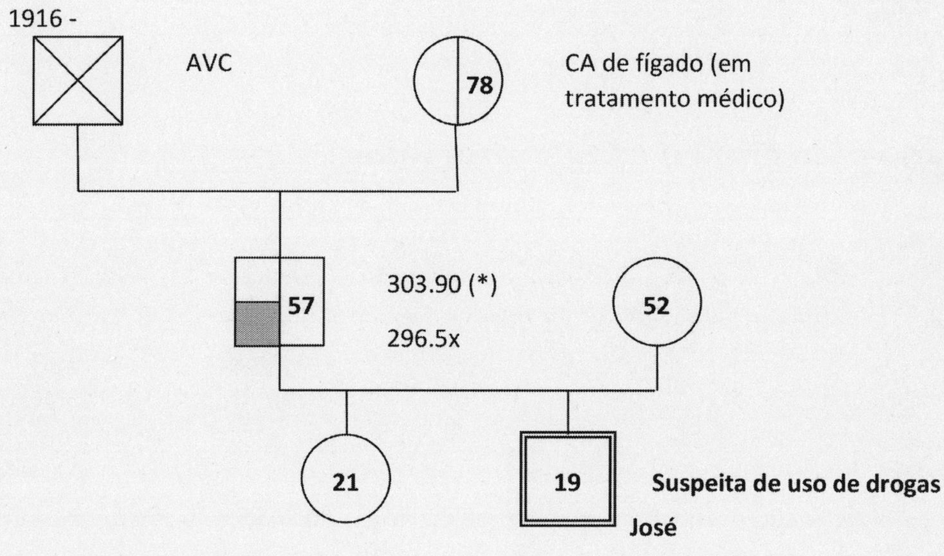

Genograma do caso José

Nessa família, a avó paterna tem 78 anos e está com câncer de fígado. O avô paterno já é falecido em decorrência de um acidente vascular cerebral (AVC). O pai é dependente de álcool, com comorbidade de um transtorno bipolar. O paciente identificado é José, adolescente de 19 anos de idade, que foi trazido pela mãe por suspeita de uso de drogas. José tem uma irmã mais velha que está na Universidade.

Exemplo de LTF da Família X

1974	casamento e nascimento de R[6]
1975	período satisfatório
1976	pai inicia negócio próprio
1977	nascimento de B
1978	morte da avó materna
1979	início do diabetes infanto-juvenil de R
1980	acidente de carro com a família
1981	separação conjugal
1982	Início da terapia de casal

[6] R é um menino de 5 anos de idade com DM 1, cuja abertura se deu logo após a morte da avó a quem era muito ligado.

Como exemplo de um genograma, segue o relato do caso clínico da paciente Júlia, o genograma realizado em duas sessões com as autoras do presente capítulo e a Linha de Tempo Familiar do presente caso.

Relato do caso clínico da paciente Júlia

Júlia (1) é uma paciente com quadro de fibromialgia[7] da Clínica de Dor do Hospital Universitário Pedro Ernesto, da UERJ. Ela tem 43 anos de idade e está casada há onze meses com Paulo (2), de 66 anos de idade, embora já tenham uma relação estável há 16 anos. É professora primária e trabalha na Secretaria de Educação do Município do Rio de Janeiro. Tem nível superior, cursou pedagogia e fez pós-graduação em psicopedagogia. O marido era viúvo, desde que a conheceu, tem duas filhas do primeiro casamento (3 e 4) e dois netos (5 e 6). Júlia não tem filhos.

A paciente iniciou o tratamento com uma cirurgia de "túnel do carpo" na mão direita. Ela diz que a cirurgia não foi bem-sucedida e que as dores se espalharam por todo o corpo. De início, tratava-se com os médicos do plano de saúde, depois foi encaminhada para a Clínica da Dor do HUPE. Recebeu um diagnóstico de fibromialgia e lhe indicaram uma combinação de tratamento medicamentoso e psicoterapia de grupo. Ela frequenta o grupo para pacientes fibromiálgicos, de forma irregular, há três anos. Diz que toma a medicação quando está pior das dores e que esta a deixa impossibilitada de trabalhar porque fica sonolenta. Já ficou 18 meses em licença médica e teve muitos problemas com os peritos da biometria. Em suas palavras, eles não acreditavam na sua doença, e ela viveu situações difíceis para se relacionar com eles e obter as licenças de que diz ser merecedora. Foi readaptada ao seu emprego, deixou as salas de aula e trabalha atualmente num setor de administração.

Ao ser questionada como iniciaram seus problemas, diz que sua vida se divide em antes da doença e depois dela. Antes, ela era alegre e trabalhava muito; depois, passou a ser triste, sempre com dores e com dificuldades de fazer até seus afazeres domésticos, quanto mais sair e dar aulas. Apesar desse ponto de corte no tempo, o qual marca a sua história, ela começa a contar sua vida difícil a partir da idade de sete anos. Naquela época, Júlia morava com os pais (7 e 8) e um irmão (9) três anos mais velho que ela. De família estruturada, morando numa casa boa, saiu um dia com a mãe, levada pelo braço, e foi morar num morro, num barraco muito pobre em companhia da mãe e de um homem (10) que nunca tinha visto antes, a quem chama de "o grande amor da vida de sua mãe". Ficou naquele lugar durante um mês, quando foi levada novamente pela mãe para a casa dos avós maternos, onde foi deixada por ela com a promessa de vir vê-la sempre. A mãe demorou muito para voltar a vê-la.

Como a mãe não aparecia e os avós não tinham recursos financeiros para criá-la, foi levada para a casa dos tios-avós maternos (11 e 12). Desta vez, foram os tios-avós quem levaram J. para

---

[7] Fibromialgia é uma síndrome crônica caracterizada por queixa dolorosa musculoesquelético difusa e pela presença de pontos palpáveis hipersensíveis e dolorosos à pressão em regiões anatomicamente determinadas. Fatores psicossociais desempenham um papel relevante na manutenção e progressão rápida dos sintomas. Apesar de não ser uma doença grave, tem grande impacto na qualidade de vida de seus portadores.

a casa da filha deles e do marido (13 e 14), onde ficou por dez anos. Foi separada do irmão, do pai, da mãe, da casa e de tudo que era importante para ela. A mãe se uniu a outro homem e teve outro filho, Gustavo (15), que hoje tem 33 anos de idade e mora ainda com a mãe. Esta teve diversos relacionamentos e, mais tarde, foi viver com outro companheiro (16), o atual.

O pai era um português rude e recém-vindo da sua terra, que também se casou mais uma vez (17), mas não teve outros filhos. Ajudou com recursos financeiros a família que criou os seus dois filhos, isto porque, mais tarde, também entregou o filho mais velho para ser criado junto da filha. Vinha visitar regularmente Júlia, o que aconteceu dos seus sete aos dezessete anos de idade. Na casa em que vivia, era obrigada a trabalhar nos afazeres domésticos, como se fosse uma empregada.

Aos dezessete, anos planejou sua "fuga" para a casa do pai. Deixou tudo para trás e saiu com um embrulho pequeno de roupas. Ficou por três anos na casa do pai, mas, como não se dava com a madrasta, saiu para morar sozinha, trabalhar e se sustentar. Dividia despesas com amigas, trabalhou em vários lugares até se fixar numa loja que vendia material para obras de construção. O dono, um português bem mais velho que ela, era para Júlia como um "substituto de pai". O irmão, que já trabalhava, também a ajudou a pagar seus estudos, e ela conseguiu fazer os cursos, se formar e ser professora.

O tema filhos é para Júlia um tema delicado. Pensou durante todos esses anos que o marido era estéril por conta de uma cirurgia de próstata realizada há muitos anos. Recentemente, em exames realizados, descobriu também sua esterilidade, as suas trompas estão obstruídas e tem dois miomas na parte externa do útero. Chegou a agredir o marido com palavras e ameaçando atirar-lhe coisas em cima, dizendo que seu grande sonho era casar-se com um "Paulo" e ter um filho dele, de mesmo nome. Isso se acirrou quando a filha mais velha do marido teve um filho (6) e colocou o mesmo nome do avô no menino. Usa ainda essa descoberta como um trunfo contra o marido. Diz que não mentiu, mas omitiu a verdade, da mesma forma que ele faz quando "omite" para as filhas o casamento deles, em ato civil e evangélico, há onze meses.

Seu casamento com Paulo nunca foi explicitado para as filhas dele; sempre há uma desculpa para que essa situação não seja explicitada. A mentira não é vista por Paulo apenas como omissão. Paulo é, na opinião de Júlia, um bom marido, incentiva-a a se tratar, tomar a medicação, ir aos grupos e fazer caminhadas. A relação é hoje mais estável e mais harmoniosa do que quando ela começou há três anos no grupo de apoio.

A paciente fala muito, relata sua história com riqueza de detalhes e faz os encadeamentos no tempo com precisão. É extrovertida e exemplifica seus relatos dramatizando, por vezes, o que viveu. Fala do trauma que viveu aos sete anos de idade, quando foi levada pela mãe para longe da família constituída; das três vezes em que foi vítima de tentativas de abuso sexual por parte de pessoas da família: o avô materno (18), o marido da prima que a criou (14), o marido atual da avó (19), e da dificuldade em viver durante todos os anos que ficou na casa dos tios, e depois do pai.

Nessa família, nas três gerações pesquisadas (dos avós, dos pais e da própria paciente), não há outra doença como a dela. Temos a recorrência de doenças cardiovasculares do pai e do irmão mais velho da paciente. Os dois não se trataram. O primeiro morreu em decorrência disto e o segundo *prefere não assumir* que precisa de tratamento. O avô paterno morreu de câncer, a avó materna no parto do pai de Júlia. Há vários casos de uso nocivo de álcool (o pai, os irmãos que, alcoolizados, também impõem violência física às esposas), de uso abusivo de substâncias psicotrópicas, consequente tentativa de suicídio da mãe, que sofre de depressão, e tentativas de abuso sexual de adultos contra a criança (Júlia).

Houve muitos recasamentos nessa família, tanto dos homens como das mulheres. À viuvez se seguem outros casamentos, à separação se seguem outras uniões que vão à busca dos "grandes amores da vida". "Fugas" são engendradas, omissões ficam no lugar das mentiras. O grande estresse por que passou a paciente, as tentativas de abuso sexual em idade tenra e o trauma aos sete anos de idade marcam esta história. Com certeza a fibromialgia vem falar disso tudo, essa doença pós-moderna que, embora não seja um distúrbio psiquiátrico, tem sido descrita como uma síndrome funcional, com características semelhantes a outros quadros deste tipo[8]. São as grandes dores que percorrem seu corpo marcado pela tensão e estresse constantes. As doenças do coração ficam com os homens desta família, porque engolem a raiva e não reclamam da sorte.

Seguem a sequência de três gráficos, as Figuras 1, 2 e 3. A Figura 1 é a linha de tempo familiar, recurso utilizado para a anamnese de pacientes e suas famílias. Como marco zero dessa linha de tempo, a paciente Júlia escolheu a data de seu nascimento. As datas subsequentes foram privilegiadas por ela também para fatos marcantes de sua vida.

As Figuras 2 e 3 são do genograma do caso. A Figura 3 completa a Figura 2. As figuras foram obtidas em duas sessões com a paciente. Algumas informações foram suprimidas para facilitar a sua leitura. Ainda para facilitar, criamos convenções, em forma de numeração que são repetidas tanto no texto quanto no gráfico. Os nomes foram trocados para preservar o anonimato da paciente e de seus familiares.

Quando submetida aos instrumentos mencionados, a paciente pôde perceber e elaborar os dados obtidos, à medida que iam sendo transformados em figuras dentro do gráfico. A fibromialgia pôde ser analisada em sua relação com os eventos de sua vida. Júlia fez ligações entre os momentos em que suas dores se intensificam e as circunstâncias psicossociais que muito provavelmente as deflagram. Ela pôde, além disso, perceber que a dor tem diversos significados, alguns muito pessoais. No seu caso, os eventos traumáticos talvez fossem incoerentes demais para serem vivenciados pela consciência e foram, assim, transformados estrategicamente, numa busca de atenção e cuidados por meio de seu posicionamento no papel de doente, com consequente ganho secundário. Pelas narrativas de vida e de situações de sofrimento e trauma, é possível alcançar uma compreensão dos significados de queixas somáticas ditas funcionais ou somatizações crônicas, como no caso dos sintomas da fibromialgia. Esta abordagem tem sido amplamente utilizada não só por psicólogos e antropólogos médicos, mas também por médicos clínicos, como parte da avaliação e do tratamento desses pacientes. No caso específico de Júlia, que já vinha elaborando os eventos traumáticos de sua vida na terapia de grupo, uma "decodificação" mais aprofundada de seus sintomas foi possível por meio da construção do genograma familiar, o que permitiu uma visão mais ampla – inclusive trigeracional – e mais integrada do contexto em que emergiu sua doença.

---

[8] Síndromes funcionais trata-se de um termo "guarda-chuva" para sintomas somáticos com ausência de achados orgânicos compatíveis, alterações estruturais ou anormalidades bioquímicas.

Figura 1 – Linha de Tempo Familiar (caso clínico Júlia)

Data	Fatos/acontecimentos
1960	Nascimento de Júlia (a mãe tentou fazer um aborto).
1967	Separação dos pais de J e a sua saída para a casa dos avós maternos.
1967-1977	Tempo que passou na casa dos primos e os filhos destes.
1977	Volta à casa paterna.
1980	Saída da casa paterna para morar com amigas, estudar e trabalhar.
1982	Aluga a primeira casa com Eliana – um bom período.
1984	Compra a primeira casa em construção em sociedade com Eliana.
1987	Conhece Paulo.
1991	O pai de J morre e Paulo monta uma casa com ela, mas ainda moram separados.
1997	Começam os primeiros sintomas da fibromialgia.
1998	Paulo passa a morar com ela na casa acima referida.
2000	Paulo lhe dá um apartamento em seu nome.
2001	Recebe a notícia que há problemas na justiça com o apartamento.
2002	O apartamento acima é considerado definitivamente seu e casa-se no civil com Paulo.
2003	As filhas de Paulo ficam sabendo do seu casamento com Paulo.

Figura 2 – Genograma de Júlia (1ª sessão)

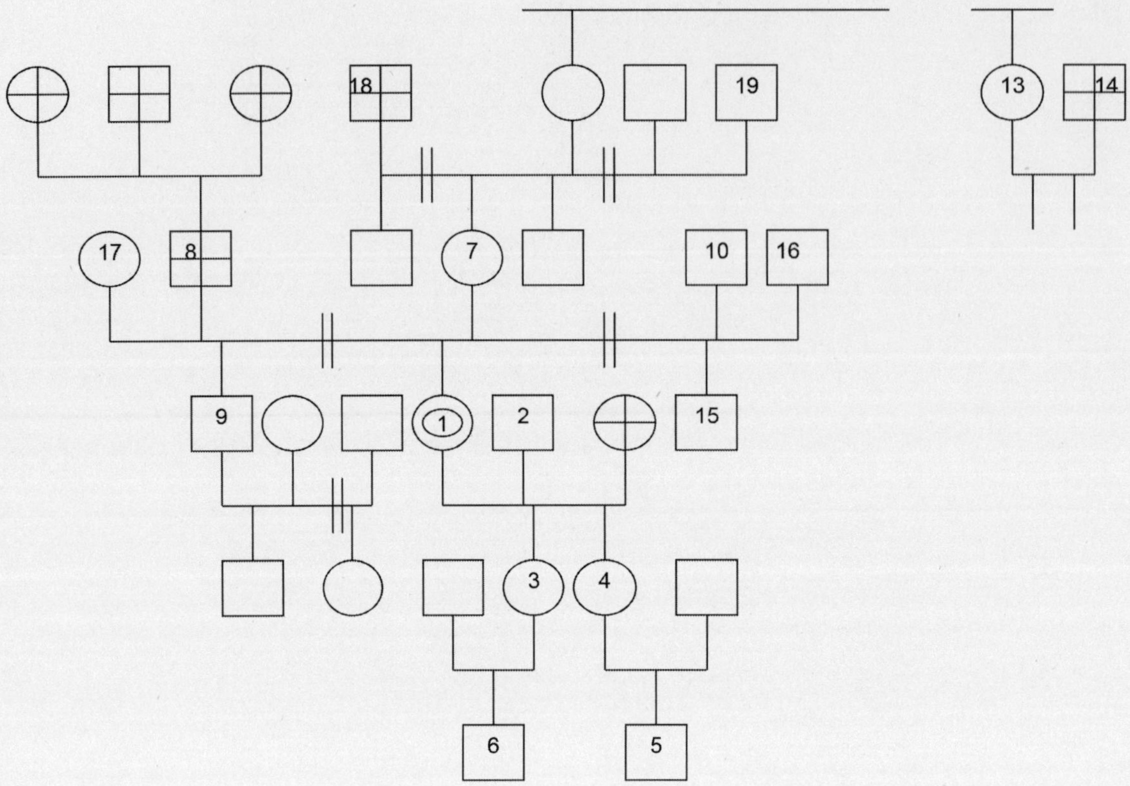

Convenções

1 – Júlia
2 – Paulo, marido
3 – Enteada 1
4 – Enteada 2
5 – Neto 1
6 – Neto 2
7 – Vera, mãe
8 – Gilberto, pai
9 – Junior, irmão mais velho
10 – Companheiro da mãe e pai de Gustavo
11 – Olga, tia-avó materna
12 – Tio-avô materno
13 – Iracema, prima de Júlia
14 – José, marido de Iracema
15 – Gustavo, irmão mais novo
16 – Companheiro atual da mãe
17 – Companheira do pai
18 – Avô materno de Júlia
19 – Atual marido da avó materna

Figura 3 – Genograma de Júlia (2ª sessão)

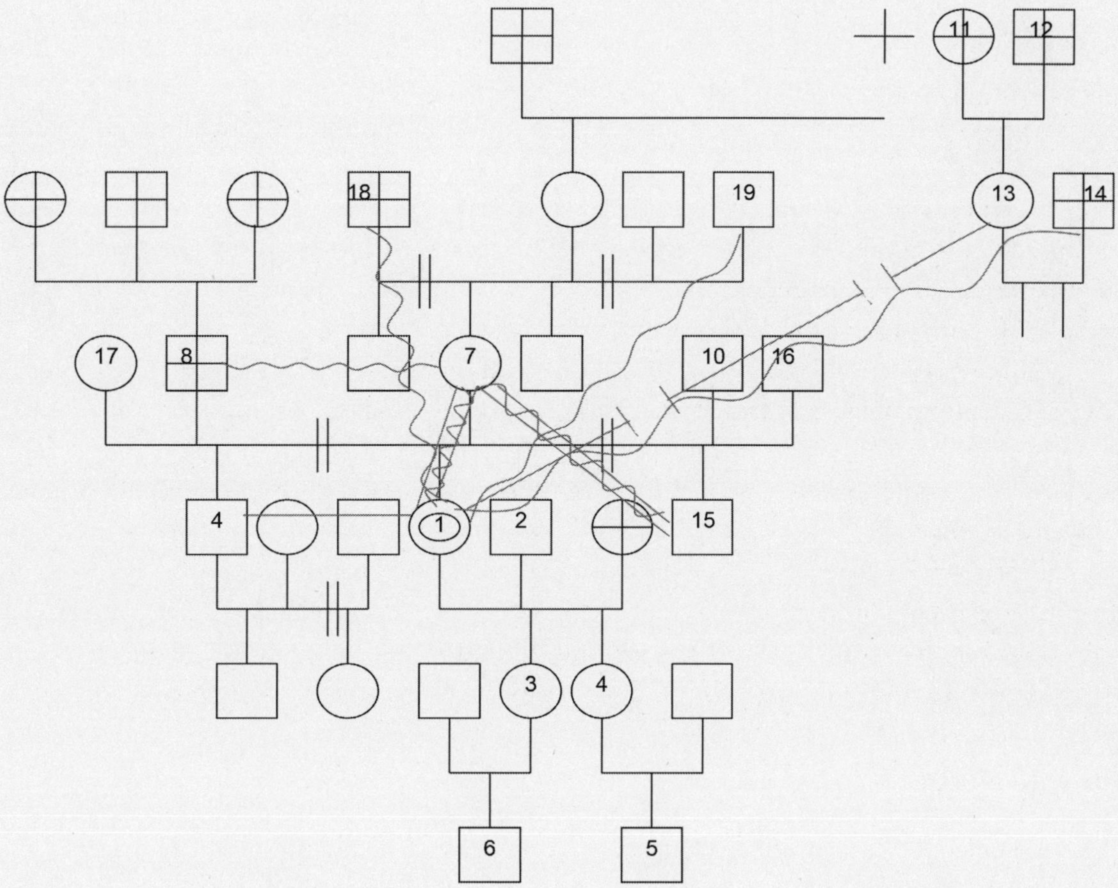

Convenções das Interações

Próxima e íntima

Distante

Separação

Abuso físico

Fusionada a conflitiva

M 70.9 Código da doença fibromialgia

Abuso sexual

O Genograma da Esperança

Charepe et al. (2011) são enfermeiros e se utilizam desses dois instrumentos para a pesquisa em hospitais e centros de saúde. Para eles, a *esperança* é definida pela Classificação Internacional para a prática de Enfermagem, versão 1.0, como "a confiança nos outros, o entusiasmo pela vida, a expressão de razões para viver, a paz interior, o otimismo, o traçar de objetivos e a mobilização de energia".

Os autores se utilizaram da avaliação e intervenção familiar junto com os pais de crianças com doença crônica, do genograma e do ecomapa. Os instrumentos são valorizados como importantes na compreensão dos processos familiares e no reconhecimento do nível de relação estabelecida com os recursos disponíveis na comunidade.

A história da família assume, no genograma familiar, uma tendência para estar configurada em torno de um problema: as famílias tendem a confundir a sua própria história com a história de seus problemas. Os autores citados propõem diferentes adaptações ao genograma familiar, das quais, a título de exemplo, também citam o *genograma de recursos, o genograma de sonhos e o genograma espiritual.*

O genograma de esperança objetificou identificar os recursos e interações de esperança em uma perspectiva Intergeracional, o que implicou que fosse fomentado em contextos de avaliação da esperança no sistema familiar, constituindo-se em um recurso colaborativo junto com os pais e a família de crianças com doença crônica (Burd, M, 2015, p. 252-3).

Por que avaliar a esperança?

A esperança é dinâmica, multidimensional, central à vida, altamente personalizada, orientada para o futuro, confere *empowerment* (empoderamento) e está relacionada com a ajuda externa, o cuidar e o conceito de fé.

Vantagens da utilização do genograma da esperança

Facilitar a operacionalidade de um plano de intervenção que vise à promoção da esperança.

Incentivar uma abordagem nas forças e nos recursos da esperança.

Pode complementar as informações que forem mais adequadas ao contexto familiar em que pretende intervir.

Os pais poderão ter a oportunidade de (co) construir a sua história, focalizando-se nas mensagens de esperança, memórias e sentimentos acerca de vivências significativas refletidas na história das suas próprias famílias.

Nos padrões de interação em esperança, foram contemplados os seguintes níveis de relação:

Relação promotora de esperança: Quem, no momento atual, lhe transmite esperança e em que situação?

Relação com antecedentes de esperança: Quem, no passado, lhe transmitiu esperança e em que situação?

Relação de ameaça à esperança: Quem, no momento atual, você identifica como uma ameaça à manutenção da sua esperança?

A esperança é comunicada de pessoa a pessoa, de geração a geração. Associando as recordações positivas às histórias de esperança na família, estas podem se transformar em um recurso valioso, pois permitem a descrição de contextos, comportamentos e características das pessoas significativas.

O Ecomapa

O Ecomapa permite analisar previamente a natureza e a qualidade das relações fortes ou próximas que existem entre os pais e a família e os recursos da comunidade. Sendo de fácil acesso à sua construção, ressalvando-se o seu caráter dinâmico, dado que representa os recursos existentes no momento da sua realização.

Em contexto de avaliação da esperança, a mensuração da intensidade dos relacionamentos identificados foi obtida por meio da formulação de uma pergunta-escala:

"Em uma escala de 1 a 10, considerando que 10 é o relacionamento que o (a) faz sentir com maior esperança (onde sentiu maior encorajamento) e 1 a sua ausência, que número atribuiria aos relacionamentos que identificou no Ecomapa?"

No contexto da pesquisa, e considerando que todas as famílias têm forças e recursos internos, os pesquisadores referidos destacaram no artigo os pontos fortes que permitiram aos seus membros lidarem com os desafios e as mudanças impostas pela doença da criança: os traços que existem em um indivíduo (por exemplo: coragem e otimismo) e/ou competências nos cuidados parentais. Como conclusão para os seus estudos, e partindo da premissa de que a vivência de uma doença crônica pode colocar em risco a coesão e a adaptação do sistema familiar, os autores propõem a utilização (atualização) dos instrumentos como forma de reconhecer um apoio efetivo e continuado (Burd, M, 2015, p. 253-4).

Referências

BOWEN, M. *Family therapy in clinical practice.* New York: Jason Aronson, 1978.

BURD, M. *Novas Configurações familiares*: desafios e soluções para a terapia familiar com pacientes crônicos. RJ: WAK Ed., 2015.

CERVENY, C. M. O. *A família como modelo-desconstruindo a patologia.* São Paulo: Editorial Psy II, 1994.

CHAREPE, Z B; FIGUEIREDO, M H J S; VIEIRA, M M A N. *(Re) descoberta de esperança na família da criança com doença crônica através do genograma e ecomapa.* Artigo Original. Texto contexto enferm. Vol 20, n. 2. Florianópolis. Apr./June, 2011.

CROUCH, M. A.; DAVIS, T. Using the Genogram (Family Tree) Clinically. In: CROUCH, M. A.; ROBERTS L. (Eds). *The family in medical practice*: A family systems primer. New York: Springer-Verlag, 1986, 174-192.

DOPSON, C. C.; HARPER, M. B. *Unresolved grief in the family.* Am. Fam. Physician 1983; 27:207-211.

LIKE, B. C.; ROGERS, J.; MCGOLDRICK, M. *Reading and interpreting genograms*: a systematic approach. J. Fam Prac 1988; 26(4): 407-412.

McGOLDRICK, M.; GERSON, R. *Genograms in family assessment.* New York: W. W. Norton, 1985.

McGOLDRICK, M.; GERSON, R. *Genogramas en la evaluación familiar.* Buenos Aires: Celtia, 1987. Título Original: Genograms in family assessment. Norton e Company Inc., New York, 1985.

McGOLDRICK, M.; GERSON, R. Genetogramas e o ciclo de vida familiar. Cap. 8. In: *As mudanças no ciclo de vida familiar.* Uma estrutura para a terapia familiar. CARTER, B., McGOLDRICK, M. e colaboradores. Porto Alegre: Artes Médicas, 1995.

MELLO FILHO, J. *Concepção psicossomática*: visão atual. Rio de Janeiro: Editora Tempo Brasileiro, 1988.

MINUCHIN, S.; BAKER, L.; ROSMAN, B. L. et al. *A conceptual model of psychosomatic illness in children*: Family organization and family therapy. Arch. Gen. Psychiatry, 1975 ;(32): 1031-1038.

MULLINS, H. C.; CHRISTIE-SEELY, J. Collecting and recording family data-The genogram. In: CHRISTIE-SEELY J. (Ed.). *Working with the family in primary care*: a systems approach to health and illness. New York: Praeger, 1984, 179-181.

WERLANG, B.G. Avaliação inter e transgeracional da família. Cap. 12 In: *Psicodiagnóstico.* 5a ed. V. Jurema A. Cunha e Cols. Porto Alegre: Artmed,., 2002.

Webgrafia. Disponível em: <http://faculty-web.at.nwu.edu/commstud/galvin/genograms/welcome.htm#welcome>. Acesso em: 20 mar. 2022.

CAPÍTULO 6

Trabalhando com as famílias na atenção primária

Luiz Fernando Chazan

A atenção primária

A atenção primária, que pode ser entendida como o primeiro nível de atenção em saúde, é altamente complexa (embora não reconhecida como tal) e tem interfaces com outros setores não médicos, – importantes determinantes de saúde populacional –, tais como saneamento básico, habitação, transporte, emprego, educação, etc. A atenção primária atua de forma integral, com alta resolubilidade; tem aspectos de promoção da saúde, de prevenção e tratamento de enfermidades, é centrada na família e na comunidade e surgiu *da "análise sobre o que estava acontecendo no setor saúde durante o decênio de 1970, no mundo. As iniciativas da atenção primária à saúde permitiram as seguintes mudanças de paradigmas":*

a) da cura para a atenção preventiva;
b) da atenção hospitalar para a atenção à comunidade;
c) da atenção urbana para a rural;
d) dos fatores determinantes dentro do setor saúde para os fatores determinantes fora do setor;
e) da responsabilidade única do governo pela saúde da população para a responsabilidade das pessoas por sua saúde;
f) dos serviços centralizados para os serviços descentralizados de saúde;
g) do poder político centralizado para o poder político descentralizado.

O conceito da atenção primária à saúde (APS) apareceu pela primeira vez na Declaração de Alma-Ata (Capítulo VI), originado na Conferência de Saúde Mundial de Alma-Ata (1978) e incorporado nas políticas oficiais de saúde dos países desenvolvidos e em desenvolvimento para alcançar "saúde para todos no ano 2000". Foi conceituada da seguinte forma:

> A atenção primária da saúde é a assistência sanitária essencial. Baseia-se em métodos práticos e na tecnologia, tem fundamentos científicos e sociais, é acessível a todos os indivíduos e às famílias da comunidade e tem sua participação completa. A comunidade e o país podem pagar seu custo em todas e em cada uma das fases do desenvolvimento com um espírito de autorresponsabilidade e autodeterminação. A atenção primária é parte integrante do sistema de saúde nacional, do qual é a função central e principal núcleo, assim como do desenvolvimento social e econômico da comunidade. Representa o primeiro nível de contato dos indivíduos, da família e da comunidade com o sistema nacional de saúde e leva, na medida do possível, a atenção da saúde aos lugares onde as pessoas vivem e trabalham. Constitui o primeiro elemento de um processo permanente de assistência sanitária. (OPAS, 1999)

A Atenção Primária em Saúde (APS) recebeu no Brasil um enorme reforço quando, em 1994, o Ministério da Saúde começou a implementar a estratégia do Programa Saúde da Família (PSF). Esta é uma estratégia de Atenção Básica para efetivar a consolidação do Sistema Único de Saúde (SUS), conforme o artigo 196 da Constituição de 1988.

> O PSF elege como ponto central o estabelecimento de vínculos e a criação de laços de compromisso e de corresponsabilidade entre os profissionais de saúde e a população. Sob essa ótica, a estratégia utilizada pelo Programa Saúde da Família (PSF) visa à reversão do modelo assistencial vigente. Por isso, nesse, sua compreensão só é possível através da mudança do objeto de atenção, forma de atuação e organização geral dos serviços, reorganizando a prática assistencial em novas bases e critérios. (MS, 1997)

O perfil proposto para o profissional de saúde do PSF exige capacidade resolutiva por meio de ações de promoção, prevenção, assistência e reabilitação, sempre voltada aos princípios de universalidade, integralidade e equidade das ações de saúde; espera-se que ele tenha uma visão sistêmica e integral do indivíduo e da família.

Ao definir a unidade assistencial como a família, o PSF pode estar criando condições para uma verdadeira revolução na eficiência e eficácia da assistência. O revolucionário seria a utilização dos conhecimentos no campo das estruturas familiares de uma forma sistemática e em termos nacionais e, mais ainda, na prática da Medicina geral e preventiva. Ignorar, como tem sido comum, a interação familiar no processo saúde-doença tem trazido inúmeras perdas tanto do ponto de vista econômico – desperdício de recursos – como no aspecto humano, com mortes e incapacidades evitáveis. Como exemplo, podemos citar a baixa aderência aos tratamentos pelos pacientes crônicos (diabéticos, hipertensos e até mesmo de dependentes químicos). Estes pacientes necessitam de mudanças importantes na autoestima e até mesmo no seu modo de viver. Pressupor que a família é apenas mera coadjuvante nestes processos é, no mínimo, ignorar a força dos processos de interação das relações pessoais, tanto na construção da identidade pessoal quanto nas realidades socioculturais.

Este capítulo contém uma proposta que, acreditamos, pode contribuir para aprimorar a qualidade assistencial na Atenção Primária. O trabalho terapêutico com famílias não é o único que pode ampliar os recursos da rede de saúde, elemento necessário às redes sociais – vide a Terapia Comunitária do professor Adalberto Barreto, da Universidade Federal do Ceará –, mas é certamente uma necessidade.

Rede social e família

Para além da família, e também nela, outro conceito que sustenta a qualidade do trabalho do PSF é o de rede social. Segundo Sluzki (2003):

> a rede social pessoal pode ser definida como a soma de todas as relações que um indivíduo percebe como significativas ou define como diferenciadas da massa anônima da sociedade. Essa rede corresponde ao nicho interpessoal da pessoa e contribui substancialmente para seu próprio reconhecimento como indivíduo e para sua autoimagem. Constitui uma das chaves centrais da experiência individual de identidade, bem-estar, competência e agenciamento ou autoria, incluindo os hábitos de cuidado da saúde e a capacidade de adaptação em uma crise.

O conceito de rede social começa com o de família, pois é nela que se inicia a base da qualidade dos vínculos, conceito caro ao de rede social.

Se para a Biologia bastam um óvulo e um espermatozoide para que o milagre do corpo humano se faça, para que a mente se desenvolva, é necessária uma relação humana. A complexa rede criada pelos vínculos familiares tanto sustenta e desenvolve quanto enreda e sufoca. Por outro lado, definir família é tarefa árdua, mas aqui consideraremos a definição para o PSF que, segundo Aguiar (2002),:

> trata-se de um sistema de indivíduos que mantém consigo alguma relação de vínculo e compromissos necessários à sobrevivência, como alimentação, abrigo, proteção, afeto e socialização, no todo ou em parte, sendo parentes consanguíneos ou não. Pessoas pertencentes a esse sistema vivendo sob tetos diferentes não excluem a classificação de família caso sejam observados os vínculos mencionados.

Uma das dificuldades de definir família deriva em parte do fato de o modelo da classe média, que antes dominava, já não ser visto como o único e nem aplicável a todas as realidades socioculturais. Entretanto, alguns aspectos são fundamentais ao se considerar qualquer trabalho com famílias. O primeiro é que todas as famílias podem ser compreendidas sob uma ótica sistêmica. E aqui definimos sistema como uma organização cujos elementos constitutivos têm uma interdependência e, ao mesmo tempo, uma autonomia. Stacey apud Caulkin (1995) esclarece que:

> os sistemas puramente físicos ou químicos são determinísticos – as regras são as mesmas, mesmo se os resultados reais não puderem ser previstos. Mas sistemas orgânicos complexos, como os das espécies, ecológicos ou sociedade são adaptativos em vez de determinísticos, de modo que as regras mudam à luz das consequências do comportamento que elas mesmas produzem. Elas evoluem frequentemente em inesperadas direções, até o ponto em que um novo conjunto de regras torna-se aplicável.

Como o caráter adaptativo é uma característica dos sistemas familiares, podemos pensar que uma situação patológica pode levar a uma menor adaptabilidade e vice-versa. A saúde está na flexibilidade que, por sua vez, implica em movimento do ciclo vital (pessoal e familiar) em contraposição à rigidez estrutural e limite-continente que se contrapõe à complacência do abandono.

Os McGoldrick e Carter (1995) consideram a família um sistema movendo-se através do tempo. "A família é o primeiro e, exceto em raros instantes, o mais potente sistema a que nós, humanos, pertencemos" (McGoldrick, 1999).

Toda família, independentemente de sua estrutura, é geradora de uma matriz (Groisman, 2003), na qual se constrói o sujeito. Este "eu pensante", que é reconhecido como ser humano, é produto e também produtor. Entretanto, reafirmo, a base, a pedra fundamental, que também é litográfica do ser, é a família.

Minuchin, apud Groisman (2003), escreve: "a experiência humana de identidade tem dois elementos: um sentido de pertencimento e um sentido de ser separado. O laboratório em que estes ingredientes são misturados e administrados é a família, a matriz da identidade".

A família e a sua abordagem no âmbito da atenção primária podem ser o campo de escolha para o que podemos entender como prevenção em saúde mental. O trabalho com famílias na atenção primária pode contribuir para a ampliação e até mesmo para a criação de um ambiente facilitador do desenvolvimento dos membros de uma família e, consequentemente, dela própria. Se, como Freud dizia, "a criança é o pai do homem", é na família que se constrói a criança.

Assim como não existe ser humano vivo que não tenha recebido um mínimo de cuidado, não é possível qualquer evento humano que não ocorra no campo mental. *Não existe mente humana sem as interfaces das relações humanas.* A recente finalização do mapa genético do homem revelou não só que as diferenças genéticas entre os seres humanos são da ordem de menos de 1%, mas também como o papel do ambiente – muito maior do que se supunha – é fundamental na construção do homem. (Xavier, 2003)

O trabalho das equipes

O Ministério da Saúde (1997) preconiza que se considere a família e o seu espaço social como núcleo básico de abordagem no atendimento à saúde.

Elas devem ser cadastradas e os componentes familiares, a morbidade referida, as condições de moradia, o saneamento e as condições ambientais das áreas onde essas famílias estão inseridas identificadas. Essa etapa inicia o vínculo da unidade de saúde/equipe com a comunidade, a qual é informada da oferta de serviços disponíveis e dos locais, dentro do sistema de saúde, que prioritariamente deverão ser a sua referência.

Os agentes comunitários de saúde devem morar na localidade, de maneira a intensificar o vínculo das equipes com a comunidade. Além disso, os profissionais devem compreender a doença em seu contexto pessoal, familiar e social.

A visita domiciliar faz parte das atribuições das equipes do PSF, porém, visitar a família e conhecer os seus membros é fundamental, mas não suficiente para uma proposta ampla que inclua e extrapole os aspectos biomédicos; propomos algumas ações que, integradas, podem permitir uma maior consistência nas propostas do PSF.

Estas ações devem conciliar o conhecimento para que as equipes atuem nos quatro primeiros níveis abaixo relacionados, a habilidade para fazer um genograma e o trabalho integrado com profissionais de saúde mental. No livro *Terapia Familiar Médica*, McDaniel et al. (1994) descrevem cinco níveis de crescente complexidade no trabalho com as famílias, que reproduzimos a seguir com pequenas modificações:

Nível 1: Ênfase mínima sobre a família

Este nível básico de envolvimento consiste em lidar com famílias apenas o necessário por razões práticas ou médico-legais, mas sem ver a comunicação com as famílias como parte integrante do papel de médico ou como habilidade que deve ser desenvolvida por ele. Este nível presumivelmente caracteriza a maior parte do treinamento nas escolas de Medicina, em que as questões biomédicas são o único foco consciente de atendimento ao paciente.

Nível 2: Informações e aconselhamento médico contínuo

Base de conhecimentos: além dos conhecimentos do nível 1, é importante reconhecer os aspectos psicossociais do relacionamento médico-paciente, em especial, a dimensão triangular dos relacionamentos humanos.

Desenvolvimento pessoal: disposição para engajar pacientes e famílias de uma forma cooperativa.

Habilidades:

1. Comunicar regular e claramente achados médicos e opções de tratamento aos membros da família.
2. Trazer aos membros da família questões que façam surgir informações diagnósticas e de tratamento relevantes.
3. Escutar atentamente as dúvidas e preocupações dos membros da família.
4. Aconselhar as famílias a como lidar com as necessidades médicas e de reabilitação dos pacientes.
5. Saber como canalizar a comunicação para famílias grandes ou que exigem muito, por meio de um ou dois membros-chave.
6. Identificar ampla disfunção familiar que interfira no tratamento médico, encaminhando a família a um terapeuta.

Nível 3: Sentimentos e apoio

Base de conhecimento: o ciclo de vida familiar e as reações ao estresse.

Desenvolvimento pessoal: conscientização dos próprios sentimentos no relacionamento com o paciente e a família.

Habilidades:

1. Escutar e fazer empaticamente questões que façam emergir os sentimentos e a preocupação de todos relacionados à condição do paciente e seus efeitos sobre a família; informá-los sobre a normalidade da situação, quando apropriado.
2. Formar uma avaliação preliminar do nível de funcionamento da família, à medida que se relaciona com os problemas da mesma.
3. Encorajar os membros da família em seus esforços para enfrentarem a situação como uma família.

4. Adaptar os conselhos médicos às necessidades, às preocupações e aos sentimentos da família.
5. Identificar a disfunção familiar e adaptar uma recomendação de encaminhamento à situação particular da família.

Nível 4: Avaliação sistemática e intervenção planejada

Base de conhecimentos: sistema familiar.

Desenvolvimento pessoal: consciência da própria participação no sistema, incluindo o triângulo terapêutico, o sistema médico, o próprio sistema familiar e os sistemas comunitários mais amplos.

Habilidades:

1. Engajar os membros da família, incluindo aqueles relutantes, em uma reunião familiar planejada e/ou em uma série de reuniões.
2. Estruturar uma reunião com uma família com um baixo fluxo de comunicação, de tal modo que todos os membros tenham uma oportunidade de expressão.
3. Avaliar sistematicamente o nível de funcionamento da família.
4. Apoiar os membros individuais, evitando, ao mesmo tempo, conluios.
5. Redefinir o que a família entende como o "seu" problema de forma que o torne mais resolvível.
6. Ajudar os membros da família a verem suas dificuldades e como desenvolver novas formas de esforço cooperativo.
7. Ajudar os membros da família a gerarem modos alternativos e mutuamente aceitáveis de lidar com as dificuldades.
8. Ajudar a família a equilibrar seus esforços, calibrando seus vários papéis de maneira que permita o apoio com o mínimo sacrifício da autonomia de qualquer um de seus membros.
9. Identificar a disfunção familiar grave que exija um encaminhamento, esclarecer a família sobre a proposta terapêutica e ser capaz de interagir como terapeuta familiar no que for necessário.

Nível 5: Terapia familiar

Base de conhecimento: sistema familiar e padrões pelos quais as famílias disfuncionais interagem com profissionais e outros sistemas de cuidado à saúde.

Desenvolvimento pessoal: capacidade para lidar com intensas emoções nas famílias e em si mesmo e para manter o próprio equilíbrio face à forte pressão dos membros da família ou de outros profissionais.

Habilidades:

A lista seguinte mostra a relação de algumas habilidades fundamentais que diferenciam o nível cinco de envolvimento da proposta de atendimento em nível primário.

1. Entrevistar famílias ou membros da família que sejam bastante difíceis de serem engajados.
2. Gerar e testar eficientemente hipóteses sobre as dificuldades e padrões interacionais da família.
3. Ampliar o conflito na família a fim de romper um impasse familiar.
4. Aliar-se, temporariamente, a um membro da família contra outro.
5. Lidar, construtivamente, com a forte resistência da família a mudanças.
6. Negociar relacionamentos cooperativos com outros profissionais e outros sistemas que estão trabalhando com a família, mesmo quando esses grupos mantêm hostilidade uns para com os outros.

Acreditamos que é possível instrumentalizar as equipes para atender às famílias até o nível 4, e que este seja um processo integrado às outras ações e intervenções já usualmente efetivadas pelas equipes. Uma leitura sistêmica dos processos de saúde e doença exige que se atue em um trabalho familiar consistente.

Genograma

O genograma, genetograma ou familiograma é um instrumento essencial para o profissional de saúde que venha a trabalhar com famílias, pois permite que se descreva e veja como uma família funciona. Como já visto anteriormente, a família pode ser crucial na prevenção de doenças, na recuperação de um paciente ou pode ser parte da origem e da manutenção da patologia.

McGoldrick et al. (1999) esclarece que o

> genograma é uma informação sobre os membros de uma família e suas relações por pelo menos três gerações. O genograma apresenta graficamente a informação sobre a família de maneira que permite uma rápida visão dos complexos padrões familiares e é uma rica fonte de hipóteses sobre como um problema clínico pode estar relacionado tanto com o contexto familiar atual quanto com o contexto histórico familiar.

Wagner et al. em *Ferramenta de Descrição da Família e dos Seus Padrões de Relacionamento – Genograma – Uso em Saúde da Família*, nos diz:

> Suas características básicas são: identificar a estrutura da família e seu padrão de relação, mostrando as doenças que costumam ocorrer – a repetição dos padrões de relacionamento e os conflitos que desembocam no processo de adoecer. O instrumento, útil para a equipe de saúde, também pode ser usado como fator educativo, permitindo ao paciente e à sua família ter a noção das repetições dos processos que vêm ocorrendo e de como estes se repetem. Isto facilita o *insight* necessário para acompanhar a proposta terapêutica a ser desenvolvida.

No excelente livro *Genograms: Assessment and Intervention*, McGoldrick et al. (1999) mostra-nos como o genograma pode ser utilizado em Medicina de família e escreve (tradução livre):

> A maior vantagem do genograma é o seu formato gráfico. Quando existe um genograma no prontuário, o clínico pode, em um piscar de olhos, ter uma imagem imediata

da situação clínica e da família sem uma árdua procura em pilhas de notas. Informação médica importante pode ser destacada no genograma e o problema médico atual pode ser visto em seu amplo contexto familiar e histórico. Desta maneira, o genograma, por si só, amplia a perspectiva sistêmica da doença.

No Treinamento Introdutório para Equipe Básica do PSF, elaborado pelo Polo de Capacitação em Saúde da Família do Rio de Janeiro, do qual fazemos parte, em 2000, o seu uso é preconizado com o nome de familiograma. McGoldrick (1999) descreve mais três áreas em que o genograma pode ser utilizado neste campo: na construção do vínculo, na relação médico-paciente, no manejo do tratamento e na prevenção. Sobre construção do vínculo, ela escreve:

> em um mundo médico apressado, tecnológico e de complexidade crescente, os pacientes reclamam dos impessoais médicos tecnologistas que mostram interesse apenas em suas desordens, mais do que neles como pessoas. A entrevista para o genograma mostra interesse no bem-estar de cada membro da família. Isto é crucial porque a cooperação e a obediência dos pacientes às prescrições são frequentemente relacionadas à confiança e à esperança depositadas no clínico.

Sobre o manejo do tratamento e a prevenção, McGoldrick, citando Smilkstein, afirma que a avaliação do funcionamento familiar é importante na prática clínica porque:

> 1) o médico pode antecipar comportamentos patológicos e, em certos casos, iniciar medidas preventivas;
>
> 2) pode ser benéfico na aderência e na avaliação de recursos para incrementá-la;
>
> 3) documentar os fatos da vida pode assinalar os estressores que venham afetar o tratamento;
>
> 4) problemas psicossociais graves podem necessitar de intervenções imediatas e/ou encaminhamentos. É sugerido que particularmente em pacientes com problemas em áreas tais como somatizações, intensa procura do atendimento, queixas múltiplas e dor crônica, a avaliação do funcionamento familiar e o suporte social oferecem boas recompensas.

Indicações no genograma de doenças prévias ou padrões de sintomas podem levar a detecções precoces de um problema e ao tratamento preventivo dos membros em risco da família. Os padrões das relações interpessoais no genograma podem sugerir a probabilidade da aderência da família a um tratamento dado e indicar qual o suporte social que estará disponível para manejar a doença. O genograma mostra os eventos críticos da vida que podem estar estressando o paciente, tanto na atualidade como, historicamente. Tais eventos necessitam uma reorganização da família para se adaptar à mudança, particularmente quando as transições do ciclo da vida e a troca de papéis estão envolvidos. E, finalmente, o genograma é um importante registro do funcionamento psicossocial da família, que pode indicar quando uma intervenção é necessária.

O genograma usa símbolos gráficos, que são universalmente aceitos, o que facilita sua compreensão por qualquer profissional de saúde familiarizado com o sistema.

Alguns exemplos:

Homem Mulher

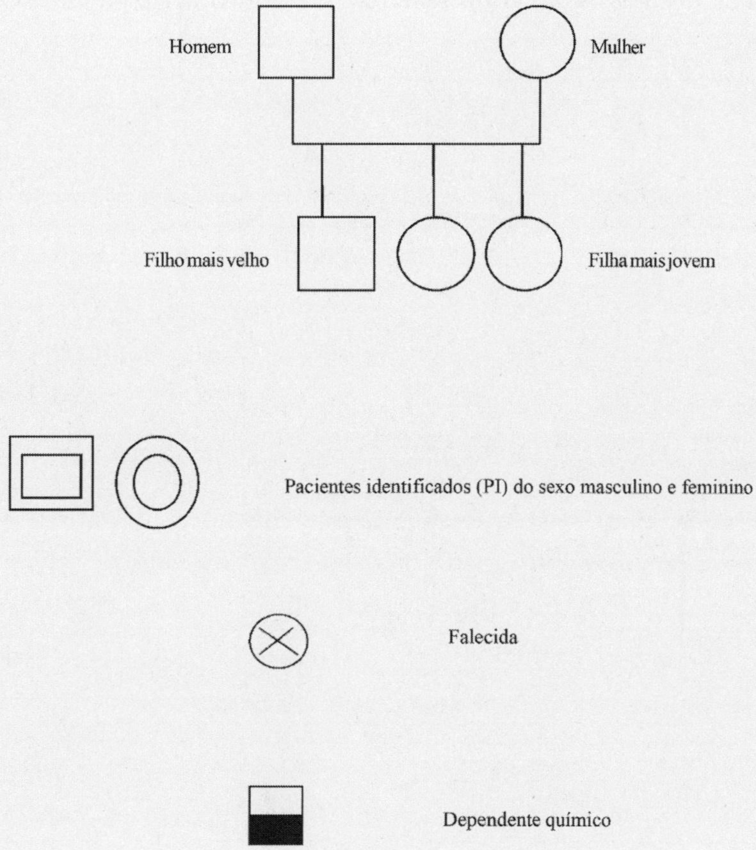

Outro aspecto importante é que o genograma não só representa quem é quem, mas também as linhas de relacionamento:

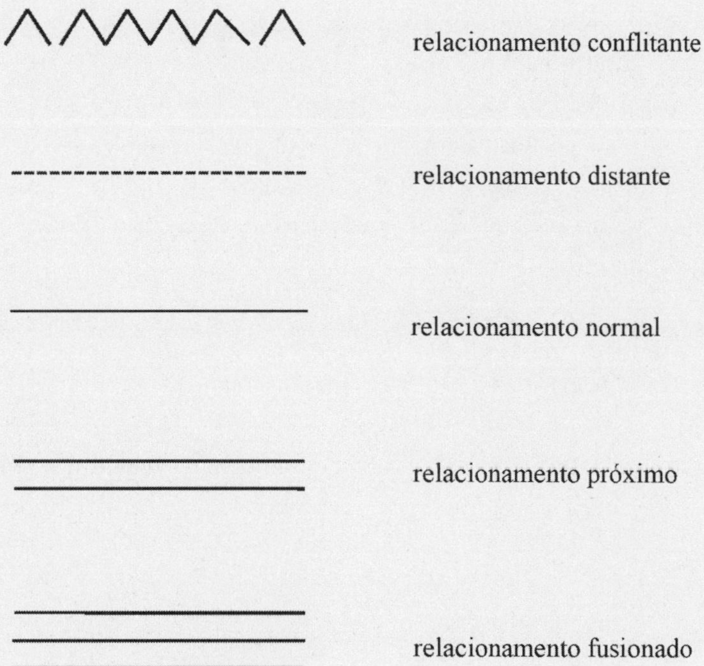

Para uma descrição detalhada dos símbolos, ver As *mudanças no ciclo de vida familiar*, de McGoldrick et al. (2001), e no capítulo *Anamnese familiar*, do presente livro.

Abaixo vemos o genograma de Dulce[1]:

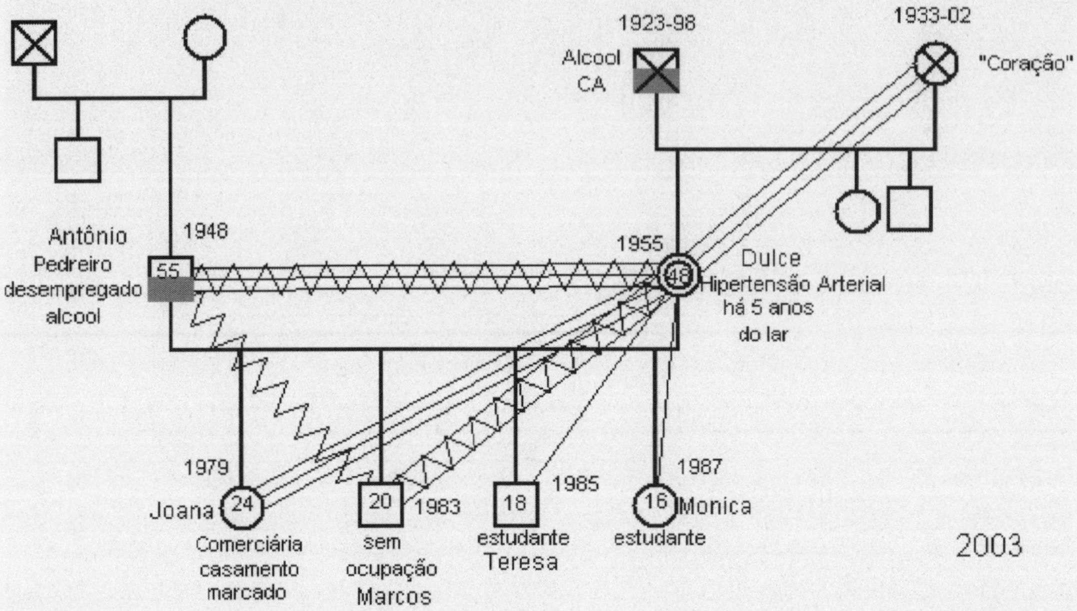

Como dito anteriormente, basta uma rápida olhada para percebermos padrões repetitivos, tais como alcoolismo do pai e do marido, Antonio; o desemprego do marido e do filho Marcos; a relação triangular fusionada e carregada de conflito entre Dulce, Antonio e Marcos; a hipertensão de Dulce surgindo (ou pelo menos diagnosticada) após a morte do pai e significativamente conectada com a morte da mãe. É possível prever um casamento de risco para Joana, pois ela ocupa a mesma posição da mãe na sua família de origem, tanto como primeira filha quanto com relação à intensidade da ligação mãe-filha. Outro ponto que merece consideração é a questão da renda familiar. Joana parece ser a única fonte regular de recursos, mas vai casar. Como ficará a situação da família? Será esperado que neste contexto familiar descrito, Dulce possa tratar adequadamente da sua patologia? Esta e outras questões podem ser feitas, mas o importante neste momento é ressaltar que uma estratégia de ajuda pode ser desenvolvida pela equipe do PSF, baseada nestes dados.

Capacitação das equipes

Basta conhecer a formação do profissional de saúde para concluir que o treinamento, neste campo, não pode se restringir a um único período. A educação permanente (ALMEIDA, 1997) se

[1] Genograma utilizado em prova para o 3° ano de graduação em Medicina da FCM-UERJ e cedido pelo prof. José Roberto Muniz.

impõe, não só pela extensão da tarefa, mas também porque a troca interdisciplinar perene é uma vacina contra a geração de verdades, que acabam por congelar a criatividade inerente à saúde.

Neste sentido, torna-se de capital importância uma verdadeira integração entre os profissionais que compõem as equipes de atenção primária e os profissionais de saúde mental. As Inter consultas, as consultas conjuntas, o estar e "trabalhar com" desses profissionais pode dar a consistência necessária para que se alcance o, hoje ideal, índice de 80% de resolubilidade esperado das equipes do PSF.

Acreditamos que os profissionais de saúde mental, para este trabalho, necessitem de habilidades específicas, além das inerentes à especialidade, como sair dos consultórios e trabalharem com as equipes *in loco*. Os profissionais de saúde mental têm um papel fundamental na supervisão, no treinamento das equipes, além de servirem de referência de atenção secundária. Não é demais ressaltar que o mesmo modelo de criação e manutenção de vínculos proposto para as Equipes do PSF – Famílias Comunidades deve ser aplicado nesta relação.

Referências

AGUIAR, R. A. T. In: *Apoio ao Programa de Saúde da Família*. Disponível em: <http://www.saudepublica.bvs.br/itd/ level3.php?channel=psf glossario>. Acesso em: 2002.

ALMEIDA, J. A. *Educação permanente em saúde*: um compromisso inadiável. Olho Mágico n. 14, ano 3, out/dez/97.

ATENÇÃO PRIMÁRIA AMBIENTAL, OPAS/BRA/HEP/001/99.

CAULKIN, S. Chaos Inc. Disponível em: <http://www.co-i-l.com/coil/knowledge-garden/oi/articles/chaosinc.shtml>. Acesso em: 1995.

GROISMAN, M. et al. *Histórias Dramáticas*: terapia breve para famílias e terapeutas. Rio de Janeiro: Rosa dos Tempos, 2003.

McDANIEL, S. H. et al. *Terapia familiar médica*: um enfoque biopsicossocial às famílias com problemas de saúde. Porto Alegre: Artes Médicas, 1994.

McGOLDRICK, M. et al. *As mudanças no ciclo de vida familiar*: uma estrutura para a terapia familiar. Porto Alegre: ArtMed, 2001.

McGOLDRICK, M. et al. *Genograms*: assessment and intervention. W. W. Norton, 1999 2nd ed.

MINISTÉRIO DA SAÚDE. *Saúde da família*: uma estratégia para a reorientação do modelo assistencial. Brasília, 1997.

SLUZKI, C. E. *A rede social na prática sistêmica*: alternativas terapêuticas. São Paulo: Casa do Psicólogo, 2003.

WAGNER, H. L. et al. *Ferramenta de descrição da família e dos seus padrões de relacionamento – genograma – uso em saúde da Família*. Disponível em: <http://planeta.terra.com.br/saude/PSF/psf002.htm>. Acesso em: 20 mar. 2022

XAVIER, C. Concluído o mapa genético do homem. In: *Rádis* n. s10, jun. 2003, FIOCRUZ.

CAPÍTULO 7

Afrodescendência, família e prevenção

Ângela Baraf Podkameni
Marco Antônio Chagas Guimarães

Quando se fala de um homem, fala-se dele juntamente com a soma de suas experiências culturais. O todo forma uma unidade. (...) Utilizando a palavra "cultura" estou pensando na tradição herdada. Estou pensando em algo que pertence ao fundo comum da humanidade, para o qual indivíduos e grupos podem contribuir, e do qual todos nós podemos fruir, se tivermos um lugar para guardar o que encontramos.

(WINNICOTT, 1975, 137)

Introdução

Partindo dos pressupostos de Donald Woods Winnicott, que consideram o meio ambiente como fator fundamental não só no início, mas ao longo da vida do indivíduo para a construção e manutenção da "área de ilusão" e do "espaço potencial"[1], o presente trabalho pretende contribuir para a compreensão dos efeitos nocivos provocados pela sociocultura brasileira sobre a subjetividade da família afrodescendente, por não se apresentar como um "meio ambiente suficientemente bom"[2] para esta população de brasileiros. Pretende também contribuir para a criação de formas de prevenção que visem minimizar e ir erradicando estes efeitos.

Iniciaremos relatando o caso de uma mulher de 38 anos, que aqui chamaremos de Cleonice. Ela é negra e nos foi encaminhada para atendimento no grupo de gestantes pela médica do posto de saúde da favela de Vigário Geral, do qual fazíamos parte, por apresentar uma gravidez de alto risco, ser obesa, hipertensa, "muito nervosa" e, em razão destes sintomas, ter perdido um

[1] WINNICOTT, 1975.

[2] WINNICOTT, 1988. Neste texto, privilegiamos a tradução "suficientemente bom" para os termos *good enough*, por ter sido a mais difundida em língua portuguesa.

bebê no sexto mês de uma gestação anterior. Escolhemos este caso por ser paradigmático da história de vida de inúmeras participantes de nosso projeto.

Ficava evidente, por meio de sua aparência, que ela era descuidada consigo mesma, apesar de ser uma pessoa bastante asseada. A falta de cuidado se refletia tanto na roupa desencontrada que usava quanto nos cabelos despenteados e desarrumados. Quando chegou ao grupo, Cleonice tinha um menino de três anos que apresentava sérios problemas de comportamento. Ela nos deixou saber rapidamente que se sentia escravizada e prisioneira desta criança, razão pela qual ela pouco saía de casa e o que, conforme seu relato, impedia-a de trabalhar fora. Na época, ela ganhava o seu sustento alugando um cômodo de "seu barraco". Ao iniciar no grupo, pudemos observar de imediato um discurso coerente contrastando, porém, com um tom alto e agressivo de voz. Ela era bem espaçosa. Certamente, ocupava com sua opulenta presença, aliada à sua excessiva atividade oral, seja falando ou ingerindo alimentos, um grande espaço no grupo. Fomos rapidamente constatando que sua necessidade de ocupar o centro das atenções encobria uma negação da presença das outras participantes do grupo, enquanto que o tom alto e agressivo a ajudava a escoar o excesso de medo e ansiedade que transparecia no seu olhar. Observamos que, no início, o grupo reagia defensivamente, com silencioso afastamento. Ao longo de sua permanência no grupo, fomos compreendendo, conforme se evidencia a seguir, que Cleonice, utilizando-se de uma formação reativa com seu comportamento intenso e espaçoso, reproduzia o seu cotidiano "normal" de não valorização pessoal, isolamento e ataque defensivo, que estava diretamente relacionado à convivência com um meio ambiente adverso, inóspito e sutilmente hostil, que não se apresentava como bom o bastante em sua história de vida.

Cleonice fazia parte de um grupo de gestantes nomeado Projeto Mãe-Criadeira, idealizado e desenvolvido pelos autores deste trabalho. O projeto, implementado no posto de saúde da favela de Vigário Geral, Rio de Janeiro, propôs-se a ter fins terapêuticos em termos de sua intervenção direta no trabalho com as gestantes, assim como fins profiláticos, no que diz respeito à saúde física e emocional da unidade mãe-bebê e da família. Tínhamos em vista o fato de que esta futura mãe – já exposta às adversidades do meio ambiente sociocultural de uma "comunidade carente" – iria ser responsável pela formação, no bebê, de um sentido de si mesmo, de um *self*. Procurar, portanto, provê-la em suas necessidades de proteção e apoio neste período de sensibilidade e vulnerabilidade, parecia-nos fundamental, tanto para ela, como consequentemente para o seu bebê e para a família.

Nossos objetivos foram influenciados pelas ideias de Winnicott, de ser necessário dar proteção e informação, assim como "dar suporte moral à boa mãe comum, educada ou não, inteligente ou limitada, pobre ou rica, e protegê-la contra tudo e todos que se interpuserem entre ela e seu bebê"[3]. Os objetivos, tanto profiláticos quanto terapêuticos, relacionavam-se à hipótese que temos desenvolvido há algum tempo de que a sociocultura brasileira, por não se apresentar como um meio ambiente suficientemente bom para o indivíduo e para a família afrodescendente em função do racismo, da desigualdade, da intolerância, interfere de forma nociva na subjetividade deste grupo de indivíduos, porque não facilita a manutenção de seu campo de transicionalidade, campo imaginário e de mediação psíquica, fundamental para a construção e manutenção subjetiva.

[3] WINNICOTT, 1989, 100.

Meio ambiente bom o bastante, área de ilusão e campo paradoxal de ser não sendo

Em sua prática de pediatra e psicanalista, Winnicott percebeu que bebês e crianças pequenas faziam uso habitualmente e espontaneamente de certos objetos como a fralda, o travesseirinho, também o dedo, e, posteriormente, um brinquedo mais duro como um boneco. Ele compreendeu que estes objetos, que chamou de *objetos transicionais*[4], eram representantes da figura materna e tinham a função de lidar com angústias, principalmente angústias de separação, naturais do processo de amadurecimento. Estes objetos eram o lado objetivo de processos psíquicos importantes, os *fenômenos transicionais*[5], que estavam se desenvolvendo no interior da subjetividade ainda em formação da criança. Por meio da função paradoxal, que aqui nomeamos, de ser não sendo do objeto transicional, Winnicott procurou mostrar que o indivíduo necessita não só no início, mas ao longo de sua vida, de mecanismos psíquicos de mediação que o ajudem a lidar com os conflitos naturais que se estabelecem entre necessidade-desejo e os limites que a realidade impõe; em outras palavras, entre princípio do prazer e princípio da realidade. Mostrou ainda que o meio ambiente é fundamental no estabelecimento destes mecanismos de mediação que foram se instalando desde cedo na relação mãe-pai-filho e que deveriam ter a oportunidade e a possibilidade de se prolongar no convívio da criança com os seus pares, escola, comunidade e finalmente com a sociedade em geral. Entendemos que é justo aí, nesta passagem do convívio estreito de sua família primária ao caminho do espaço potencial e, por conseguinte, experiência cultural, que estabelecem situações de vulnerabilidade para o afrodescendente.

Para Winnicott, no início do desenvolvimento, o indivíduo, que parte de uma não integração e de uma dependência absoluta, necessita de um meio ambiente ativamente adaptado. Esse meio ambiente é a mãe, ou pessoa que exerça esta função. Esta mãe que Winnicott vai nomear de *mãe suficientemente boa*[6] (*good enough*) é a mulher "comum" que é capaz de desenvolver um processo de profunda identificação com o bebê conseguindo assim "saber", traduzir e atender suas necessidades.

Ser ativamente adaptada é não só traduzir as necessidades fisiológicas, como a alimentação, por exemplo, mas, sobretudo, compreender as necessidades de suporte holding e acolhimento de sua criança. Esta adaptação ativa, fruto de uma identificação profunda, constrói um clima de confiabilidade entre a criança e o mundo para que a realidade externa não se apresente de forma intrusiva, não deixando que o bebê tenha interrompida sua continuidade de ser, se sinta invadido e reaja criando defesas.

Se o meio ambiente é adequado, a não integração vai sendo substituída por momentos cada vez maiores e mais constantes de integração, em que a criança começa a fazer uma diferença entre ela, como um si mesmo diferenciado, e o outro, como parte do mundo externo. A mãe, sendo ela mesma um espaço de mediação, facilita no bebê a construção das experiências ilusórias, primeiros rudimentos do campo imaginário que se constituirá na área de ilusão e futuramente no espaço potencial.

---

[4] WINNICOTT, 1975.

[5] WINNICOTT, 1975.

[6] WINNICOTT, 1988.

Para entender esse processo, tomemos como modelo as primeiras experiências do bebê com o seio. O bebê sente uma "coisa" dentro dele, que não sabe bem o que é. É uma coisa estranha e que o impulsiona na direção de algo, que também ele ainda não sabe o que é. Se a mãe está identificada com seu bebê, ela entende o que ele está comunicando e oferece o seio. Esta atitude, aliada ao potencial para a onipotência, permite que no bebê se desenvolva a experiência ilusória de ter criado o seio, a experiência de ter criado o objeto de sua necessidade, apesar de não tê-lo criado, pois este já estava lá.

A experiência ilusória, que só se viabiliza em função da profunda identificação da mãe com o bebê, está, para Winnicott, ancorada no paradoxo da transicionalidade[7]. Winnicott propõe, com a ideia deste paradoxo, que, por um período determinado de tempo, as verdades últimas sejam suspensas e se admita um período de hesitação. Entende ele que, em função da fragilidade inicial do ser humano, que se caracteriza, como evidenciamos, por um estado de não integração e de dependência absoluta, o bebê necessitaria de um período de hesitação, uma vivência paradoxal, que aqui chamamos de ser não sendo, para que a realidade seja absorvida sem interrupção da linha de continuidade de ser. Vale ressaltar que a possibilidade da vivência deste paradoxo depende fundamentalmente da identificação fidedigna de uma mãe ambiente boa o bastante. A mãe, em função de sua capacidade de se identificar, "sabendo" o que o bebê necessita, facilita o exercício do narcisismo primário do bebê permitindo, a um só tempo, ele "ser" o objeto da necessidade, embora "não sendo". A continuidade dessas experiências positivas constrói a área de ilusão, também um campo paradoxal, que permite, por meio de um delicado Interjogo de ser não sendo, o encontro do bebê com a "falta", com o limite da realidade externa, sem interrupção da continuidade do ser e sem invasão do eu.

O estabelecimento deste campo paradoxal é, portanto, uma decorrência da dinâmica relacional mãe-bebê que se constrói gradativamente e em consonância com o desenvolvimento e amadurecimento do bebê. A figura paterna participa inicialmente como elemento de suporte e segurança da díade mãe bebê para, em seguida, ir se transformando num elemento representante de uma realidade adaptativa e suportável. Portanto, se no início, e principalmente, é a mãe, respaldada no suporte e na segurança dada pelo pai, que ajuda instalar os alicerces deste campo paradoxal que são as experiências ilusórias, e a seguir a área de ilusão, é com a ajuda da *presença* da figura do pai, que vem contribuir dando direção e continuidade ao processo maturacional que, gradativamente, vão se instalando no espaço potencial as bases da entrada deste sujeito em desenvolvimento.

A presença deste campo paradoxal de ser não sendo no bebê é testemunha do desejo dos pais "suficientemente bons" de cuidar de seu bebê, fruto de sua união. Neste campo, habitado pelos fenômenos transicionais, conjugam-se as dimensões de tempo e espaço, presença e ausência, fome e satisfação, realidade interna e realidade externa, propiciando, assim, uma vivência de continuidade e de realização do potencial criativo inato. Este campo – área de ilusão e depois espaço potencial – é entendido como o espaço que existe entre o subjetivamente concebido e o objetivamente percebido. Este espaço único, aonde se vai criando a ligação e convivência "do que está dentro" com "o que está fora", permite ao bebê vir a brincar não só com sua onipotência, e assim, realizar o seu potencial criativo inato, como também amortecer as desilusões e

---

7 WINNICOTT, 1975.

o sofrimento causado pelas perdas sistemáticas da "mãe-ambiente", e a "destruição ilusória" dos objetos essenciais. Os objetos e fenômenos transicionais preparam a psique para lidar com os futuros processos de separação de forma não invasiva, enquanto dando continuidade ao ser em construção. Em função do processo de crescimento e amadurecimento da criança, os objetos transicionais vão sendo substituídos pelo brincar, ampliando e dando novos coloridos e contornos à área de ilusão, transformando-a, então, no espaço potencial. Tudo se passaria de forma adequada se a sociocultura, por estar identificada com a família afro-brasileira, facilitasse a esses pais a possibilidade de dar a continuidade necessária ao processo progressivo da constituição da área de ilusão a caminho do espaço potencial da criança afrodescendente. Vejamos, então, a partir da nossa pesquisa de campo, como pais afrodescendentes tentam lidar com mais esta sobrecarga.

Família, preocupação parental primária e afrodescendência

Este texto pretende dar visibilidade a um fenômeno que se observa na família afrodescendente, no qual os pais se veem impossibilitados de exercer o papel de mediadores, de campo de transicionalidade para os filhos. Entendemos que "qualquer casal" em função da gestação, do parto e da convivência com um bebê seu, passa a viver um processo que poderíamos, winnicottianamente, chamar de preocupação parental primária. Neste processo, há a possibilidade de entrar em contato com seu narcisismo primário e suas próprias experiências arcaicas de relação mãe/bebê que, embora não sejam acessíveis a nível consciente, estão registradas subjetivamente. Entendemos que *qualquer casal*, projetivamente, desde a gestação e com o nascimento do bebê, vive a experiência paradoxal de que, cuidando do bebê, está cuidando de si mesmo, seu "eu/bebê".

Entendemos, porém, que na família afrodescendente, esta capacidade profunda de identificação, que aqui nomeamos de preocupação parental primária, e que permite aos pais este cuidado intenso, tem uma peculiaridade. Se, como em "qualquer casal", esta capacidade facilita em seu bebê a deflagração das experiências ilusórias, área de ilusão, espaço potencial e o sentimento de que é possível obter o objeto da necessidade/desejo, concomitantemente, no casal, ela reinveste, assim, e novamente o campo de transicionalidade dos pais, e realimenta nestes, o sentimento de esperança, o sentimento de que "a vida vale a pena ser vivida"[8]. O casal realimenta suas experiências narcísicas e se fortalece subjetivamente, podendo fortalecido, se colocar como meio ambiente suficientemente bom, campo de transicionalidade e instrumento de para excitação[9] para seu bebê. A peculiaridade está no fato de o casal afrodescendente, diferente e em desigualdade em relação a "qualquer casal", sem escolha, ser obrigado a viver este processo mergulhado na linguagem adversa e invasora da ideologia racista de seu entorno cultural. Adversa e invasora, porque os pais vivem bombardeados cotidianamente por esta linguagem, desde o momento em que saíram de seu núcleo familiar primário para em seu lugar também colocar a sociocultura.

Enquanto para "qualquer casal" o processo de realimentação do campo de transicionalidade é uma decorrência natural da preocupação parental primária, nossa pesquisa evidencia que, para o casal afrodescendente, este processo, em lugar de ser uma decorrência natural, implica em

[8] WINNICOTT, 1975.

[9] Marty, 1976, Kreisler, 1981.

um esforço psíquico – o que aponta para uma situação de desigualdade. Implica em um esforço psíquico porque esta dinâmica se processa em dois aspectos simultâneos e antagônicos. Em um deles, a realimentação do campo de transicionalidade é utilizada como barreira defensiva ao entorno sociocultural adverso para que, no outro, possa então, realizando seus reais potenciais de campo paradoxal de ser-não sendo, construir o sentimento de esperança, constituindo-se como uma reserva de futuro em termos subjetivos.

Continuando nossas reflexões, queremos ainda evidenciar que em "qualquer casal", sucede ao período de preocupação parental primária e de realimentação de seu campo de transicionalidade, um processo de desilusionamento natural, que ocorre em consonância com o desenvolvimento físico e psíquico do bebê, que está crescendo e construindo sua diferenciação e início de independência. Enquanto o bebê vive um processo natural de desilusão, substituindo por experiências criativas a "falta" natural e necessária do meio ambiente maternante (mãe e pai), os pais vão preenchendo os espaços livres deixados pela maior independência do bebê, com o afeto existente na relação do casal, os feitos do filho em desenvolvimento, e com seu gradual retorno à inserção no entorno sociocultural. Compreendemos que este processo de desilusionamento natural fica dificultado em sua elaboração entre os afrodescendentes porque este casal inevitavelmente volta, neste momento e uma vez mais, a se confrontar com um meio ambiente sociocultural adverso e nocivo.

A dificuldade se evidencia porque o casal é atravessado, tanto pela impossibilidade de continuar tendo a esperança de que é possível obter o objeto da necessidade/desejo, como também pelas experiências vividas pelo filho (parte projetada de seu si mesmo) frente aos dispositivos do preconceito e do racismo, ficando, deste modo, impedido de exercer em relação a seus filhos, o papel de mediador, de tradutor, de campo de transicionalidade em direção ao espaço potencial. Tanto em seu gradual retorno à inserção no meio ambiente sociocultural, quanto na identificação com seu filho, o casal é atingido no seu narcisismo primário. Reativa-se o trauma de uma ferida narcísica que continuou viva e, junto e paralelamente com seu filho, a família como um todo se vê paralisada frente a uma situação vista e sentida como sem solução. O casal sofre processos defensivos que paralisam e impedem, portanto, o acionamento do potencial criativo, como também precisa, quando consegue, canalizar seus investimentos subjetivos para se defender desta situação insolúvel, deixando assim de atuar como mediador para os filhos.

À falta de perspectiva de um futuro, acompanhada da desesperança que estes pais já carregam desde cedo frente a esta situação conflitiva traumática, vai-se somando, projetivamente, o trauma de seus sonhos de esperança, encarnados no seu filho, mais uma vez, serem desmanchados pelo mesmo motivo de outrora, qual seja, a grande dificuldade de identificação do meio ambiente sociocultural com o afrodescendente. Um curto passado bom o bastante que ainda permitiu viver onipotentemente a ilusão de ser não sendo, que foi reativado nos pais – na sua identificação com o filho durante a gestação e como bebê – esbarra novamente com um presente cruel e traumático que inscreve um apagamento das funções essenciais da vida fantasmática impedindo, assim, o exercício natural de uma vida criativa.

À situação de vulnerabilidade decorrente do efeito produzido por esta situação traumatogênica no viver cotidiano desta população, que já requer um esforço psíquico maior, soma-se, para estes pais, a sobrecarga da reatualização do trauma primário, no momento que o filho, depositário dos seus sonhos de esperança, entra no nosso entorno sociocultural e é surpreendido, como veremos, por esta situação incompreensível.

Criança afrodescendente e espaço potencial

Entendemos que é nesta passagem, no encontro da criança afrodescendente com a sociocultura, que elas começam a estabelecer situações de vulnerabilidade subjetiva porque o seu entorno sociocultural não se coloca com características de meio ambiente suficientemente bom, como o foram a mãe e o pai afrodescendentes. Em função das atitudes de racismo, preconceito, intolerância e desigualdade por ela vivenciadas, a criança se depara com o paradoxo de que o meio ambiente "criado" ao longo do seu processo inicial de amadurecimento está longe de ser o meio ambiente por ela *encontrado*. Esta distância intransponível, entre o *criado* e o *encontrado*, é uma consequência direta da falta de identificação do nosso meio ambiente com a família afrodescendente.

A ideologia do racismo, que fundamentou a falta de identificação da sociocultura brasileira com o negro e justificou dispositivos utilizados durante o período colonial, foi transformando, ao longo da história do Brasil, diferença em desigualdade. Estatísticas e dados colhidos em estudos atuais sobre saúde da população negra evidenciam taxas de mortalidade precoce significativamente mais altas entre os negros em todas as faixas etárias, assim como evidenciam que a expectativa de vida dos negros é hoje sete anos menor que a dos brancos[10]. Contrariando o padrão geral das diferenças por sexo, as mulheres negras apresentam um índice de mortalidade semelhante ao do homem branco que, por sua vez, apresenta índice de mortalidade maior do que as mulheres brancas. Por outro lado, em relação aos homens negros, os efeitos da violência urbana como agravante do perfil das mortes por causas externas, representam a perda de quarenta anos potenciais de vida11. Entre as crianças negras, a tendência observada de uma queda de taxa de mortalidade infantil de menores de um ano é bem menos acentuada, fato este que contribui para que o diferencial de mortalidade entre crianças negras e brancas venha aumentando ao longo dos anos12. Os dados demonstram a evidente desigualdade de tratamento dispensada por esta nossa "pátria mãe gentil" para com seus filhos afrodescendentes.

É no interior de vividos naturalizados de uma pseudodemocracia racial que nossas relações sociais continuam recriando um imaginário que desvaloriza, desqualifica e violenta a autoestima e a dignidade da família afrodescendente. Em relação à criança, citaremos apenas alguns destes vividos como, por exemplo, na escola, onde não existem heróis negros nos livros de história do Brasil; nos brinquedos infantis, onde praticamente inexistem bonecas e bonecos negros; na mídia, onde o negro está em geral na contingência de subalternidade, onde as apresentadoras de programas infantis são brancas; no contato com seus pares, brancos e afrodescendentes, onde o rótulo de feio, macaco, carvão, cabelo ruim, cabelo de bombril, boneca de piche, relaciona a afro-descendência a características desvalorizadas e negativas. No imaginário da cultura brasileira, o negro está sempre representado através de propriedades negativas, indicando não só a desvalorização, mas também a desigualdade de tratamento em relação a esta população.

Esses dispositivos nocivos que atingem a criança assim como a família afrodescendente no seu cotidiano, de forma tácita porem virulenta, impossibilitam a cicatrização da ferida narcísica Inter geracional imposta a este grupo. O relato que se segue vem exemplificar essa situação nociva.

---

[10] Informativo *Política Nacional de Saúde da População Negra*: uma Questão de Equidade, Brasília, 2001.

Maria, uma mulher negra, nos conta uma situação que a marcou muito quando tinha doze anos. Ela estava no primeiro ano ginasial, numa turma de quarenta e cinco alunas, onde só duas eram negras. Conta que quando trocavam as roupas e colocavam os shortinhos para a aula de educação física, as colegas riam e debochavam dela porque tinha pernas pretas. Sentia-se envergonhada, desvalorizada e quando comentava acabrunhada, com a mãe, sua angústia frente à situação vivida, ela respondia unicamente: "se você é preta, a sua perna é preta". A atitude da mãe não ajudava Maria na solução do conflito vivido por ela, que passou a faltar às aulas desta disciplina, o que acabou fazendo com que fosse reprovada naquele ano letivo, por faltas. Fica evidenciado, neste exemplo, como a mãe, que sempre fora uma mãe atenciosa e carinhosa, não conseguiu acolher o conflito da filha e assim traduzir, intermediar para ela, o paradoxo da atitude racista e preconceituosa das colegas, permitindo que Maria encontrasse criativamente uma forma de elaboração psíquica.

Olhando este exemplo sob o prisma da mãe, inoculada que foi pelos efeitos nocivos de um meio ambiente preconceituoso, podemos começar a entendê-la, mais e melhor, agora. De acordo com nossas hipóteses, esta mãe, por ter sido submetida ao paradoxo de o meio ambiente "criado" no seu núcleo familiar não corresponder ao meio ambiente "encontrado" na sociocultura, e por ser também negra, e ter ela mesma vivido situações de racismo e desigualdade e não ter tido a possibilidade de elaboração desta situação conflitual, vivia por meio da filha seu próprio conflito. Reagindo defensivamente, e repetindo, assim, a sua vivência, ficando paralisada frente a um paradoxo insolúvel, não pôde naquele momento, se colocar como meio ambiente suficientemente bom e campo de transicionalidade para Maria.

O relato que Maria nos fez evidencia o impacto dos efeitos deste evento sobre a sua subjetividade. A vivência dolorosa da não aceitação do meio ambiente racista das colegas, conjugada à repentina e surpreendente ausência do *holding* caloroso habitual desta mãe *suficientemente boa*, visivelmente minou a sua autoestima, sua segurança e a impediu de encontrar mecanismos criativos de ultrapassagem. Esta situação se objetivou na perda, e nas suas consequências, de um ano letivo. Vemos que a transformação histórica da diferença em desigualdade, da diversidade corriqueira e natural em motivo de discriminação e preconceito cria uma situação de vulnerabilidade subjetiva para a família afrodescendente porque tanto afeta os pais quanto a criança.

Entendemos que, a partir do momento que a criança ensaia os primeiros passos fora do âmbito familiar, a discriminação do meio ambiente começa a agir, atacando o invólucro (a cor de sua pele, seus cabelos, suas feições), que até este momento foi representativo de um *self* seguro. Por não conseguir lidar com esta situação incompreensível e dolorosa, a criança procura o porto seguro do seio familiar. É surpreendida por pais repentinamente paralisados e emudecidos frente ao seu sofrimento. A criança passa a viver o trauma de uma dupla dor: a dor de um ataque incompreensível ao seu *self*, assim como a dor da perda da segurança da família, instalando dúvida e insegurança em seu lugar. Segundo nossas reflexões, sistemas de defesa entram em funcionamento para poder lidar com uma sociocultura que desqualifica e ataca constante e sutilmente o corpo e seus envelopes[11], parte fundamental do *self*.

Nossas reflexões mostram que, não se colocando como meio ambiente suficientemente bom, a sociocultura não consegue *sentir*, perceber, acolher características, traços do ser e viver

[11] ANZIEU, D, 2000.

negro-brasileiro *comuns*, tornando-os, então, marcas de uma desigualdade. Por não conseguir aceitar e conviver naturalmente com as diferenças e, portanto, exercer sua capacidade de poder se identificar, não consegue construir o campo de Interjogo da *tolerância*, e assim, propiciar o período de hesitação paradoxal de ser não sendo. Essa situação ultrapassa as possibilidades adaptativas da criança afrodescendente, levando a que os processos transicionais, processos por excelência de mediação psíquica, deixem de ir se constituindo, como também deixem de assegurar a sua função como representantes da simbiose primária. A criança lança mão dos dispositivos defensivos da dissociação, construindo e fortificando um falso-*self*.[12] Este falso-*self*, – complacente, submisso e adaptado às exigências do mundo externo, protegendo e dissimulando o verdadeiro-*self* que foi atingido –, vai se construindo a partir das experiências reativas do encontro com um mundo externo adverso e insuportável por este estar atacando justamente o envelope do corpo, parte essencial e constituinte do *self*. Cortado de seu verdadeiro-*self*, o sujeito irá vivenciando um sentimento de futilidade ou não autenticidade e irá se empobrecendo, levado a não experimentar novas vivências. O campo de transicionalidade, portanto, vai se esgarçando lentamente, enquanto um falso-*self* vai se instalando e se fortificando.

É necessário, no entanto, destacar neste ponto como nossa sociocultura criou dispositivos sutis para que o brasileiro continue tendo a impressão de pertencer a um país que não discrimina e é tolerante. Podemos trazer como exemplo o fato de o afrodescendente ter encontrado campo de valorização no que tange à música, dança e ao futebol. Este dispositivo contém na sua face oculta a discriminação, pois valoriza principalmente o corpo, – não mais e somente como instrumento de trabalho, mas como possível instrumento de exibição e gozo. Nega a discriminação à medida que sutilmente determina, limita e cerceia o imaginário desta população quanto ao campo que ela possa ocupar. Só lhe permite ocupar o espaço do folclórico e do exótico, continuando a lhe impedir a entrada nos campos da educação, da ascensão social (salvo raras exceções que, no entanto, confirmam a regra), da igual oportunidade no emprego, etc.

Processos defensivos da criança e do jovem afrodescendente: observações preliminares

Neste momento inicial de nossa pesquisa, pudemos constatar três tipos de defesa se destacando primordialmente. Compreendemos que essas defesas são da ordem da negação, do isolamento e da identificação com o agressor. Negando seu *self* afro-brasileiro, a criança passa a desconhecer e desvalorizar a memória de sua ancestralidade e, consequentemente, seus potenciais em termos de autoestima, inteligência, criatividade e beleza. Pode ainda passar a criticar e até ironizar seus próprios pares afrodescendentes, chamando-os de cabelo ruim, beiçudo, burro. Com relação ao isolamento, a criança, e futuramente o adolescente, cerceiam seu espaço vital mantendo-se preso à família, restringindo como seu campo possível de acesso o lugar em que vive. Pode ainda identificar-se com o agressor, negando, banalizando, naturalizando a violência sofrida e podendo apresentar comportamentos que evidenciam uma dificuldade de se preocupar (concern) consigo mesmo e com o outro. Exemplificando este último mecanismo, utilizaremos

[12] MELLO FILHO, J. 2003.

uma situação colhida do cotidiano de um adolescente afrodescendente do subúrbio do Rio de Janeiro e já descrita em trabalho anterior. "No ritmo do rap, que envolvia não só a música que cantava, mas também seu corpo, nosso jovem falava de uma 'nova' versão de uma antiga cantiga de ninar":

> *Boi, boi, boi,*
> *Boi da cara preta,*
> *Pega esse menino,*
> *Com uma bala de escopeta...!*[13]

Entendemos que na transformação do verso "que tem medo de careta"[14] – neste caso superdimensionado no seu aspecto de agressividade, quando de sua finalização como "bala de escopeta" – assim como na transformação da cantiga de ninar, portanto um acalanto, em rap, instrumento de protesto, o jovem atualiza uma contradição por ele vivida e não compreendida. O jovem procura se defender de uma sociocultura que o ataca no seu cotidiano, situação esta dolorosa e desestruturante e, por isso, se identifica precisamente com sua marca peculiar, isto é: a violência disfarçada. A violência da "bala de escopeta" é negada e, como se fosse uma doença autoimune que perversamente se volta contra si mesmo, é banalizada – disfarçada – ao ser inserida num verso de acalanto e cantada por meio do ritmo do rap.

Observamos que a conjugação do uso excessivo de mecanismos de defesa particularmente necessários a esta população, resulta não só num esforço psíquico maior, como também numa paralisação que tanto impede como prejudica a continuidade e o desenvolvimento do campo da transicionalidade. Esta paralisação aponta, por outro lado, para a sua histórica origem traumática, que é da ordem de "sofrer calado". Exemplificamos retomando a situação vivida por Maria e sua mãe, evidenciando um processo de defesa fortemente organizado contra uma situação que a economia psíquica não é capaz de decodificar e para encontrar formas de escoamento. Este processo de paralisação se estabeleceria frente à situação paradoxal do *criado* ser o oposto do *encontrado*. O *criado*, como vimos, diz respeito às memórias de cuidado do meio ambiente suficientemente bom no núcleo familiar original; o *encontrado* é um meio ambiente que se diz construído sobre uma democracia racial, mas que, contraditória e cotidianamente, é preconceituoso, racista, intolerante e desigual.

Estes mecanismos de defesa – que vão se implantando desde a infância e se mantêm no adolescente e no adulto – são pouco eficientes, e só servem para escamotear e manter uma suposta igualdade, passando, com o correr do tempo, a cristalizar e prejudicar o desenvolvimento do campo de transicionalidade em construção, levando ao que chamamos de uma situação de vulnerabilidade subjetiva.

Em termos da construção desta situação de vulnerabilidade, podemos dizer que, a confiabilidade que foi introjetada pela identificação positiva do meio ambiente familiar (mãe, e depois a mãe e o pai) neste recém-constituído "eu sou", e que se torna elemento fundamental na estruturação do *self*, vai perdendo firmeza, atingida que foi, por um processo corrosivo, lento,

---

[13] PODKAMENI e GUIMARÃES, 1999.

[14] O segundo verso do acalanto em questão, "boi da cara preta", que tem embutido um ideário discriminatório, levando a uma situação paradoxal incompreensível para o afrodescendente, foi discutido em trabalho anterior (1999).

imperceptível e, consequentemente, perigoso. Os seus corolários podem seguir o mesmo caminho: a autoestima, a segurança, a esperança e a capacidade de criar.

Redes de sustentação: família afrodescendente e prevenção

Como evidenciamos anteriormente, a área de ilusão – e posteriormente o espaço potencial –, resíduo do Interjogo adequado do vínculo bom o bastante da relação mãe-bebê, é fundamental para o estabelecimento sem rupturas do processo de continuidade de ser e de integração. Este campo imaginário e de mediação é, como disse Bittencourt[15], um "bilhete de passagem" para a absorção da realidade como um conjunto de códigos simbólicos a partir dos quais é possível construir o registro de que é possível buscar e obter o objeto da necessidade, como o bebê outrora conseguiu em relação ao seio. Este campo só poderá se desenvolver se o meio ambiente for bom o bastante, ou seja, tenha a capacidade de identificar-se com o bebê e compreender, traduzir e atender suas necessidades. Recolocando a hipótese para qual encaminha este trabalho, entendemos que a sociocultura brasileira, por não se identificar geralmente com a família e o indivíduo afrodescendente, não facilita a construção e a manutenção do campo paradoxal de ser-não sendo dessa população de brasileiros.

Entendemos, portanto, que uma ação afirmativa e profilática se faz imperativa com esta população duplamente estigmatizada, tanto pelo aspecto do racismo e discriminação, quanto pela desigualdade manifesta por perfazer este grupo a quase absoluta maioria da *população carente*. Ações afirmativas e profiláticas se fariam por meio da construção de *redes de sustentação*, "um campo inter-relacional de suporte e acolhimento, que traz embutido no seu interior sistemas de limite transicional, portanto, não invasores, que permita o estabelecimento de diferenciações, construindo e mantendo processos de continuidade da linha de vida"[16]. A rede de sustentação tem como proposta se inserir no tecido social por meio de programas de saúde, programas educativos, de ação social e cultural, por exemplo, constituindo-se como campos de transicionalidade que facilitem a construção e a manutenção da área de ilusão e espaço potencial. A rede de sustentação permitiria a vivência em um meio ambiente suficientemente bom e forneceria o *holding* e *handling* impossibilitados pela falta de identificação da sociocultura com o afrodescendente, restaurando o campo transicional – campo de ser não sendo, onde seja possível vivenciar um período natural de hesitação, de tolerância – e facilitando a experiência fundamental de onipotência do criar e recriar o objeto-mundo.

Retomemos, então, o caso de Cleonice que, em seu percurso de atendimento, evidencia o Projeto Mãe-Criadeira como um modelo do que compreendemos como rede de sustentação. O relato de sua história de vida explicava, em grande parte, a postura onipotente e defensiva que ela assumira. Resumidamente, podemos dizer que, por ser negra, carente e favelada, e por ter sofrido experiências de discriminação e desigualdade em sua infância e adolescência, ela construiu um *self* desvalorizado, que tanto a levava a fazer escolhas que a desvalorizavam, paralisavam, quanto a deixavam "nervosa", isolada e só. Isto se refletia, por exemplo, no homem que

[15] BITTENCOURT, A. M., 1997.

[16] GUIMARÃES, 2001, p. 57.

Cleonice escolheu como pai de seus filhos, um homem que rapidamente ela descobre estar dominado pela figura materna, e assim, impossibilitado de manter um vínculo conjugal. Ela, apesar de ter tido a experiência de assumir a primeira gestação como mãe solteira – porque o pai da criança se afastou ao saber da gravidez – quando este reaparece, depois de o filho ter por volta de um ano, engravida novamente, quando ocorre um novo afastamento do pai da criança. Ela relata que foi um período difícil, durante o qual ela ficou "muito nervosa", sua pressão subia muito e acabou tendo seu bebê prematuramente aos seis meses de gravidez, o qual acabou não resistindo. Novamente, ela repete a escolha pela desvalorização e engravida uma terceira vez do mesmo homem, que volta a se afastar. Em função dos sintomas apresentados nesta gestação, e que eram também de hipertensão, obesidade e *nervoso*, Cleonice é encaminhada para atendimento no grupo. Sua atitude frente ao encaminhamento feito pela médica do posto de saúde para uma maternidade de referência no atendimento de gestantes de alto risco repetia, também, seu aspecto de não valorização de si mesma, já que sua ida à maternidade era sempre adiada, não conseguindo, assim, beneficiar-se desse atendimento. Quando questionada no grupo sobre o que a impedia de ir, demonstrou claramente que esta impossibilidade estava relacionada à vivência do estigma de ser negra, *favelada* e mãe solteira, o que não ocorreu em sua vinda para o Projeto Mãe-Criadeira, porque este se desenvolvia no posto de saúde de sua comunidade.

A falta de cuidado com sua aparência, o tom agressivo e a atitude belicosa, evidenciavam não só a sua desvalorização, como também não facilitavam o convívio que ela reiteradamente procurava e não encontrava. A sua relação com o mundo era referida como difícil, fato que a deixava *nervosa*, preferindo o refúgio de *seu barraco* e a solidão do isolamento, não obstante a sua necessidade/ desejo de relação afetiva. Ela refere ter tido várias *gravidezes psicológicas* anteriormente, que se pode entender como tentativas de não mais *ficar sozinha*! Algum tempo depois da chegada de seu primeiro filho – que foi recebido com muita alegria por achar que não mais estaria só –, ela sentiu que a solidão continuava presente, acrescentada pela mágoa de ter perdido o seu companheiro para uma *outra mulher*, a mãe dele. A necessidade/desejo de ter um relacionamento levou-a pela terceira vez a procurar o pai de seu filho como se fosse a única chance de sair do isolamento. Este encontro resultou, para sua surpresa, numa terceira gravidez em relação à qual ela tinha uma grande ambivalência. Ser escrava de um filho já era uma tarefa exaustiva e penosa... de dois filhos?! Por outro lado, ter mais um filho significava estar menos só e representava a capacidade de criar algo por si mesma e, desta maneira, valorizar-se.

A partir de sua experiência como psicanalista, que também atendia grupos, Júlio de Mello identifica como existentes no processo psicoterápico grupal, fenômenos conceituados por Winnicott como *holding*, integração, espaço de transicionalidade, criatividade, o grupo como espelho. Para Júlio de Mello, o grupo é capaz de exercer a função *holding* da mãe não só por meio do terapeuta, mas também pela matriz grupal. Mostra ainda que "o grupo em sua evolução repete o desenvolvimento do indivíduo". Em seus primórdios, apresenta-se não integrado, é uma soma de partes diferentes, não diretamente relacionadas umas com as outras. Depois, como a criança contida por uma mãe suficientemente boa desenvolve simultaneamente sua sensibilidade intero-propioceptiva com sensações de unidade e equilíbrio, o grupo evolui para um estágio de integração em que os vários componentes formam uma *gestalt* harmônica coesa e una"[17].

---

[17] MELLO FILHO, J., apud Osório, L. C., 1986.

A rede de sustentação, um modelo winnicottiano de intervenção em saúde coletiva, tem efeitos terapêuticos porque em função do manejo de conceitos como *holding*, *handling*, fidedignidade, atendimento à necessidade, espaço continente de projeções, facilita a construção de um meio ambiente suficientemente bom para seus participantes, permitindo a eles reconstruir um processo de continuidade e confiabilidade necessário para o acionamento da capacidade de criar. Esta possibilidade pode ser observada nas falas de Cleonice, durante sua participação no grupo e após o seu término, que reproduziremos a seguir.

O meio ambiente de acolhimento, apoio, troca e informação condizente com as suas necessidades foi rapidamente incorporado, introjetado como podemos ver em seu relato trazido no terceiro encontro do grupo: "Depois de nossa primeira reunião, refleti. É como uma dieta que o médico passa e que a gente pode fazer ou não. As coisas que conversamos aqui fizeram com que eu pensasse.... Eu não estava tendo consciência de que não valia a pena ficar na esquina e ficar ouvindo comentários. Isso ajudou bastante. Foi como uma luz no fim do túnel". Seu comportamento defensivo inicial estava começando a se amenizar em virtude do grupo e seus facilitadores não a rejeitarem, nem a deixarem *falando sozinha* ocupando todo o espaço. O grupo em sua função *holding* e a um só tempo, apresentando limites não invasores foi vivido, como bem observou Júlio de Mello, como "espaço com limite, conteúdo com continente, risco com segurança"[18]. Sua vivência no grupo possibilitou-lhe começar a encontrar laços de semelhança, apesar das diferenças, e assim, gradativamente, colocar as bases de uma identificação. Isto se manifestou quando ela informou, no encontro seguinte, ter conseguido finalmente ir ao hospital e se assegurar de um acompanhamento para sua gravidez que era de risco. Diz Cleonice num tom alegre e vibrante: "Fiquei contente. Estou mais animada. Estou com vontade de fazer as coisas. Achei interessante que o que falaram no hospital foi a mesma coisa que falamos aqui. Vai dar tudo certo. Já está dando certo".

No quinto encontro, o grupo observou e comentou a respeito da modificação que estava se processando em sua aparência. Cleonice, apesar de estar com as mesmas roupas simples de antes, passou a combiná-las mais harmoniosamente, qualidade que se estendia também à maneira como tratava seus cabelos, com dois delicados prendedores. O interesse evidenciado pelo uso de um óleo de amêndoa para seu corpo, "para deixar minha pele mais macia e sem estrias", demonstrava para os facilitadores indícios de um processo de consciência e cuidado com o seu corpo. Com uma autoestima crescente, no terceiro mês do grupo, ela informa com satisfação, ter buscado e conseguido um trabalho de *boca de urna* [estávamos próximos ao período de eleição]. Neste mesmo momento, ela informa que sua pressão tem se mantido normal e estável, o que não acontecia antes. Após o término dos encontros deste grupo do Projeto Mãe-Criadeira – que tinha a duração, para cada grupo, de cinco meses, com encontros semanais de hora e meia – quando perguntado a ela, numa entrevista de *follow-up*, sobre a experiência vivida diz:

> Nessa gravidez eu fiquei muito mais calma, na outra eu estava muito nervosa. Nessa não. Toda vez que a gente chegava lá [no grupo] tinha uma conversa diferente, experiências diferentes de outras pessoas, a gente passava a nossa experiência, foi bom demais. Fiquei tranquila, fui para a maternidade sozinha, as vizinhas em pânico, eu super calma. Ainda busquei o menino no colégio, peguei minha bolsinha, peguei o ônibus e fui embora para a maternidade. Fiquei esperando na emergência, tranquila.

[18] MELLO FILHO, J., apud Osório, L. C., 1986.

Acrescentou ainda que o grupo para ela era um lugar de apoio, porque:

> A hora que eu quiser ir lá e participar das reuniões eu posso. Não foi só um apoio da gestação, que acabou, é uma coisa que eu posso contar sempre. A hora que eu quiser chegar lá, se estiver com algum problema com meu filho. Foi uma boa experiência, continua sendo, está sendo.

Nesta entrevista, Cleonice relata toda a experiência positiva vivida nos encontros grupais. Diz ela:

> É uma coisa muito gostosa quando a gente se encontra na comunidade, porque a gente lembra [dos encontros do grupo], olha para o filho uma da outra e vê como é bonito. E a gente lembra do sufoco que era, do calor, de ficar com o pé inchado, uma querendo disputar o ventilador com a outra... [em função das condições limitadas oferecidas pelo espaço físico onde se desenvolvia o projeto] A gente comparava a barriga, fazia brincadeiras, ficava assim que nem criança, a gente ria muito. Era muito bom...

Entendemos que à medida que o grupo é introjetado como rede de sustentação *boa o bastante*, permite às *mães do Projeto*, por meio de um processo identificatório, continuar mantendo os laços umas com as outras, dando continuidade ao processo grupal de realimentação do campo de transicionalidade das participantes.

Conclusão

Os autores deste trabalho se fundamentaram na teoria winnicottiana e seu aparelho conceitual para uma leitura psicanalítica do seu objeto de estudo: a saúde do afro-brasileiro. O foco teórico usado veio ajudar a pôr em evidência e iluminar fenômenos socioculturais como o racismo, o preconceito, a discriminação, a desigualdade e a intolerância, quanto à sua origem e, sobretudo, seus efeitos sobre a subjetividade do afrodescendente, e, por conseguinte, sobre a sua saúde mental e psicossomática.

Como podemos depreender, a teoria de Winnicott nos possibilita entender os avatares do caminho essencial a ser percorrido da dependência rumo à independência, das experiências ilusórias e capacidade de criar aos fenômenos transicionais, e a entrada no espaço potencial, entrada na experiência cultural. Visto o referencial teórico winnicottiano, sabemos que a experiência cultural começa essencialmente na primeira infância e, portanto, inicia-se com a relação mãe-bebê. Quando tudo corre bem, é a identificação da mãe com o seu bebê – a fidedignidade e a confiabilidade por ela impressas nesta relação – uma vez internalizada, que permite a entrada no espaço potencial. O paradoxo da separação do meio ambiente maternante é preenchido normal e gradualmente pelo brincar e pela experiência cultural, sendo estes, evidências paradigmáticas da incorporação de um viver criativo. Como bem disse Winnicott, "o espaço potencial entre o bebê e a mãe, entre a criança e a família, entre o indivíduo e sociedade ou o mundo, depende da experiência que conduz à confiança",[19] e, acrescentaríamos, depende

[19] WINNICOTT, 1975, p. 142.

da experiência e fidedignidade de um meio ambiente que, por sua capacidade de identificação, apresenta o mundo com limites que naturalmente respeitem a integridade do eu, limites que não provoquem reações defensivas e que não impeçam o acionamento dos processos criativos.

Nossa pesquisa evidencia que na criança afrodescendente as vivências decorrentes do racismo, do preconceito, da desigualdade, vivências sem possibilidade de compreensão deixam registros representacionais e afetivos, micro traumatismos que minam lenta e gradativamente as bases seguras recém-estabelecidas de um "eu sou" e atingem imperceptível e cumulativamente a área de ilusão, a caminho da constituição do espaço potencial. A confiabilidade que proporciona a segurança é uma decorrência natural da identificação do meio ambiente parental com a criança, e é, portanto, um esteio essencial para o campo de transicionalidade.

Entendemos que é justo este esteio, este pilar que sofrerá cumulativamente os múltiplos micro impactos e consequentes traumatismos impostos pela sociocultura. Esta situação ocorre porque a família acaba por ficar impossibilitada de ocupar o lugar de mediação tão necessário para a saúde mental, por ela ter sido também traumatizada e, assim, compelida a repetir projetivamente por meio dos filhos o trauma inicial não elaborado e muito menos sublimado. Entendemos que a repetição de um traumatismo que historicamente se tornou cumulativo e, portanto, Intergeracional, por atingir o campo de mediação de ser não sendo do afrodescendente, apresenta como perigosas consequências a falta de segurança, de autoestima, de esperança, de acionamento da capacidade criativa e da capacidade de se preocupar consigo mesmo e com o outro. Essas consequências podem propiciar além da construção de processos defensivos – como negação de um *self* afro-brasileiro, de uma memória e ancestralidade afro-brasileira, isolamento e identificação com o agressor – uma paralisação da construção e manutenção do campo de transicionalidade, com sérias consequências.

Partindo da evidência histórica de que a sociocultura brasileira, por não se identificar com o afrodescendente, não se apresenta como um meio ambiente suficientemente bom para esta população de brasileiros, entendemos haver a necessidade da construção do que nomeamos redes de sustentação. Estas redes compreendidas como campos de transicionalidade que se viabilizam em práticas de intervenção, como o foi o Projeto Mãe-Criadeira, visariam o "desenvolvimento" de selves mais integrados, criativos e preocupados consigo mesmos e com o coletivo.

Tendo em vista que se a metodologia criada tinha como objetivo se estabelecer como meio ambiente suficientemente bom e campo de transicionalidade, abrindo passagem para o espaço potencial, as atitudes de *holding* e *handling* dos facilitadores, sua adaptação ativa, a confiabilidade por eles construída em função de sua assiduidade e da continuidade do trabalho, seu manejo com ênfase em uma comunicação verbal e não verbal demonstraram ser elementos essenciais na construção do ambiente caloroso e solidário que se criou. Poderíamos nos atrever a dizer que os facilitadores do grupo foram ocupando o lugar do objeto transformacional do qual Bollas[20] nos fala, objeto este que, mais do que objeto identificável, representa um processo, uma vivência associada às transformações internas e externas cumulativas, que alteram a experiência do *self* através da experiência recorrente do ser. Sabemos que este conhecimento existencial concorre fundamentalmente para o processo de transformação e acompanha o indivíduo vida afora. Entendemos que os facilitadores imprimiram pelo seu estilo de ser uma estética humana,

[20] BOLLAS, 1987.

facilitando a emergência de uma forma a um conteúdo em estado potencial, porém impossibilitado de realização.

Uma sociocultura como a nossa, que é o amálgama de várias raças e etnias, que nega parte significativa de sua população como parte integrante de sua identidade nacional, como ocorre em relação à população afrodescendente, é uma sociedade que está à deriva. É uma sociedade que, além de ser injusta, continua impedindo o seu desenvolvimento como nação com uma identidade nacional singular, em que a diversidade poderia vir a ser vivida como riqueza e a sua cidadania ser exercida por todos, com orgulho e dignidade.

Historicamente, as ideologias dominantes, criando o racismo, o preconceito, a intolerância em relação ao afrodescendente, transformaram diferença em desigualdade. Entendemos que a construção de redes de sustentação é um criar pontes, áreas de mediação para as diferenças. É permitir que diferenças coabitem. É, em relação à afro-descendência, facilitar a elaboração de um trauma historicamente inscrito, na busca de uma sociedade mais justa, mais igual. É permitir que o criativo de cada um e de todos acrescente cores, formas e ritmos diferentes ao caleidoscópio único que é a sociocultura brasileira. É tornar o Brasil, talvez, uma *pátria mãe gentil*. Fazemos nossas as palavras de Kofi Annan, Secretário Geral das Nações Unidas:

> Em todo o mundo, minorias étnicas continuam a ser desproporcionalmente pobres, desproporcionalmente afetadas pelo desemprego e desproporcionalmente menos escolarizadas que os grupos dominantes. Estão sub-representadas nas estruturas políticas e super-representadas nas prisões. Têm menos acesso a serviços de saúde de qualidade e, consequentemente, menor expectativa de vida. Estas e outras formas de injustiça racial são a cruel realidade do nosso tempo, mas não precisam ser inevitáveis no nosso futuro[21].

Referências

ABRAM, J. *A linguagem de Winnicott*. Rio de Janeiro: Revinter, 2000.

ANZIEU, D. *O Eu-pele*. São Paulo: Casa do Psicólogo, 2000.

AUGRAS, M. *Psicologia e cultura*: alteridade e dominação no Brasil. Rio de Janeiro: NAU, 1995.

BARBOSA M. I. É mulher, mas é negra: perfil da mortalidade do "quarto de despejo". In: *Jornal da Rede saúde*. São Paulo: 23, p. 34/36, março 2001.

BITTENCOURT, A. M. Brincar e a área de ilusão. In: PODKAMENI, A. B.; GUIMARÃES, M. A. C. *Winnicott, cem anos de um analista criativo*. Rio de Janeiro: NAU/PUC, 1997.

BOLLAS, C. *The shadow of the object. Psychoanalysis of the unthought known*. London: Free Association Books, 1987.BRAUNSCHWEIG, D.; FAIN, M. *La nuit, le jour*. Paris: Presses Universitaires de France, 1975.

CARONE, I.; BENTO, M. A. S. (Orgs.). *Psicologia social do racismo*. Petrópolis: Vozes, 2002.

CUNHA, E. M. P. Mortalidade infantil e raça: as diferenças da desigualdade. In: *Jornal da Rede Saúde*, São Paulo: 23, p. 48/50, março 2001.

EVARISTO, C. *Ponciá Vicêncio*. Belo Horizonte: Maza, 2003.

[21] **Informativo Política Nacional de Saúde da População Negra**: uma Questão de Equidade, 2001.

FANON, F. *Os condenados da terra*. Rio de Janeiro: Civilização Brasileira, 1979.

FERREIRA, R. F. *Afrodescendente*: identidade em construção. São Paulo: EDUC, Pallas, 2000.

FONSECA, M. N. S. (Org.). *Brasil afro-brasileiro*. Belo Horizonte: Autêntica, 2000.

FOUCAULT, M. *Microfísica do poder*. Rio de Janeiro: Graal, 1997.

GOMES, S. M. L. *Mães-bebês em risco*: Um estudo psicanalítico das manifestações psicossomáticas precoces. Dissertação (Mestrado em Psicologia Clínica) Pontifícia Universidade Católica do Rio de Janeiro, 2000.

GUIMARÃES, A. S. A. *Classes, raças e democracia*. São Paulo: Fundação de Apoio à Universidade de São Paulo, Editora, 34, 2003.

GUIMARÃES, G. *A cor da ternura*. São Paulo: FTD, 1998.

GUIMARÃES, M. A. C. A área de ilusão e a subjetividade afrodescendente no Brasil. In: *Boletim Araye Especial* (17-22). Rio de Janeiro: Associação Brasileira Interdisciplinar de AIDS, 1998.

GUIMARÃES, M. A. C. *A rede de sustentação*: um modelo winnicottiano de intervenção em saúde coletiva. Tese (Doutorado em Psicologia Clínica) Pontifícia Universidade Católica do Rio de Janeiro, 2001.

GUIMARÃES, M. A. C. *População negra e situação de vulnerabilidade subjetiva, comunicação*. Apresentada no seminário Epidemia de HIV/AIDS: população negra e situação de vulnerabilidade – Organização Grupo Criola, 2001, mimeo.

HASENBALG, C.; SILVA, N. V.; LIMA, N. *Cor e estratificação social*. Rio de Janeiro: Contra Capa, 1999.

INFORMATIVO. *Política nacional de saúde da população negra*: uma questão de equidade – workshop interagencial saúde da população negra. Brasília: PNUD/OPAS, 2001.

JORNAL DA REDE SAÚDE. *Informativo da rede nacional feminista de saúde e direitos reprodutivos*. São Paulo, n. 23, março 2001.

KREISLER, L. FAIN; M, SOULÉ, M. *A criança e seu corpo*. Rio de Janeiro: Zahar, 1981.

LOPARIC, S. Z. Winnicott e o pensamento pós-metafísico. In: São Paulo, *Psicologia* USP, vol. 6, 2:39/61, 1995.

MAIO, M. C.; SANTOS, R. V. (Orgs.). *Raça, ciência e sociedade*. Rio de Janeiro: FIOCRUZ/ CCBB, 1996.

MANUAL de doenças mais importantes por razões étnicas na população brasileira afrodescendente, *Ministério da Saúde*/UNB, 2000.

MARTY, P. *Les mouvements individuels de vie et de mort*. Paris: Payot, 1976.

MELLO, F. J. *Grupo e corpo. Psicoterapia de Grupo com Pacientes Somáticos*. Porto Alegre: Artes Médicas, 2000.

MELLO, F. J. *O Ser e o Viver*: uma visão da obra de Winnicott. Porto Alegre: Artes Médicas, 1989.

MELLO, F. J. *Psicossomática hoje*. Porto Alegre: Artes Médicas, 1992.

MELLO, F. J. *Vivendo num país de falsos-selves*. São Paulo: Casa do Psicólogo, 2003.

MOTTA, R. (Coord.). *Os afro-brasileiros*. Recife: Fundação Joaquim Nabuco, Massangana, 1985.

OLIVEIRA, F. *Saúde da população negra*. Brasília: Organização Pan-americana de Saúde, 2003.

OSÓRIO, L. C. (Coord.). *Grupoterapia hoje.* Porto Alegre: Artes Médicas, 1986.

PONTES, R. L. *Psicoterapia de grupo breve focal* – Atualidade e viabilidade de uma nova proposta terapêutica, Dissertação (Mestrado em Psicologia Clínica) Pontifícia Universidade Católica do Rio de Janeiro, 1999.

PODKAMENI, A. B.; GUIMARÃES, M. A. C. Brasil, pátria mãe gentil? In: *Kizumba*: Boletim do Programa de Saúde do Grupo Cultural Afro Reggae, Rio de Janeiro, 1999.

PODKAMENI, A. B.; GUIMARÃES, M. A. C. Projeto Mãe-Criadeira: gestante e grupo espaços potenciais. In: *Anais do IX Encontro Latino Americano sobre a Obra de Winnicott.* Rio de Janeiro: Sociedade Brasileira de Psicanálise, 2000.

PODKAMENI, A. B.; GUIMARÃES, M. A. C. *Winnicott, 100 anos de um analista criativo.* Rio de Janeiro: NAU/PUC-RJ, 1997.

SOUZA, N. *Tornar-se negro.* Rio de Janeiro: Graal, 1983.

SODRÉ, M. *A verdade seduzida, por um conceito de cultura no Brasil.* Rio de Janeiro: Codecri, 1983.

SODRÉ, M. *Claros e escuros*: identidade, povo e mídia no Brasil. Petrópolis: Vozes, 1999.

SODRÉ, M. *Reinventando a cultura*: a comunicação e seus produtos. Petrópolis, Vozes, 2001.

WINNICOTT, C.; SHEPHERD, R.; DAVIS, M. (Orgs.). *Explorações psicanalíticas.* Porto Alegre: Artes Médicas, 1994. WINNICOTT, D. W. *Da pediatria à psicanálise.* Rio de Janeiro: Francisco Alves, 1978.

WINNICOTT, D. W. *Natureza humana.* Rio de Janeiro: Imago, 1990.

WINNICOTT, D. W. *O ambiente e os processos de maturação.* Porto Alegre: Artes Médicas, 1990.

WINNICOTT, D. W. *O brincar e a realidade.* Rio de Janeiro: Imago, 1975.

WINNICOTT, D. W. *Os bebês e suas mães.* São Paulo: Martins Fontes, 1988.

WINNICOTT, D. W. *Privação e delinquência*. São Paulo: Martins Fontes, 1987.

WINNICOTT, D. W. *Tudo começa em casa.* São Paulo: Martins Fontes, 1989.

ZIMERMAN, D. E; OSÓRIO, L. C. (Orgs.). *Como trabalhamos com grupos.* Porto Alegre: Artes Médicas, 1997.

CAPÍTULO 8

Suporte social e família

Eugenio Paes Campos

Suporte social: conceito, estrutura e dinâmica

O homem, em sua natureza, estabelece vínculos com seus semelhantes, compartilhando objetivos e ações, na busca de apoio e ajuda. Durante todo o transcurso da existência, os homens se organizaram e se organizam socialmente formando uma rede de laços (ou relações) interpessoais, constituindo famílias, grupos ou comunidades.

A rede social natural e básica é a família nuclear onde todos nós estamos inseridos a partir do momento em que nascemos da união de um homem e uma mulher. E a interação social primária que vivenciamos é com aquela que cuida de nós nos primeiros momentos da nossa existência.

A criança, ao nascer, é frágil e imatura. Precisa de alguém que cuide dela e que a ajude a reconhecer e a nomear o mundo à sua volta. A mãe parece predisposta a oferecer o cuidado que ela demanda. Daí por diante, parentes, vizinhos, companheiros de escola ou de trabalho, clubes e associações, igrejas, grupos de autoajuda, serviços de saúde, reúnem-se com o propósito de cuidarem – serem – cuidados.

A cada momento, o homem, mesmo que adulto, precisa do outro para se sentir amado, estimado, valorizado, compreendido, informado e cuidado. Além da família, também grupos e comunidades constituem a ampla rede de sistemas sociais em que vivemos. Em 1976, Gerald Caplan e Marie Killilea publicaram o livro *Support Systems and Mutual Help*, analisando e descrevendo os vários sistemas de suporte que permeiam a coletividade humana. Para Caplan, sistemas de suporte implicam em padrões duradouros de vínculos que contribuem de maneira significativa para a manutenção da integridade física e psicológica do indivíduo.

Outros autores se preocuparam com o conceito de suporte social, tais como: Cobb (1976); Barrera (1981); Tolsdorf, citado por Di Matteo e Hays (1981); Weiss, citado por Gottlieb (1981); Antonucci e Jackson (1982); Ornelas (1994); Perrin e Mc Dermott (1997); Hupcey (1997); Kahn, citado por Hutchison (1999). Verifica-se que, embora o conceito *suporte social* seja amplo, abrangente e, às vezes, pouco preciso, mais parecendo um metaconceito, identificam-se nele alguns aspectos comuns e básicos, como a existência de interações sociais e o objetivo de promover bem-estar como resultado delas. As interações sociais são descritas desde uma relação bipessoal (com um familiar ou confidente) a uma rede social (grupos ou comunidades).

Se partirmos da ideia de que na rede social todos têm uma inserção e, nesse sentido, uma aceitação, poderíamos dizer que toda e qualquer rede social funciona como suporte social. Todavia, se entendermos suporte social como forma de relacionamento interpessoal, grupal ou comunitário, que contribui de maneira significativa para a manutenção da integridade física e psicológica do indivíduo, fica claro que constitui suporte aquela forma de relacionamento capaz de propiciar o sentimento de proteção e apoio ao indivíduo. Logo, não basta estar inserido numa rede social, o que de uma forma ou de outra, sempre estamos. É fundamental que essa rede propicie a oportunidade de relacionamentos suportivos.

E quais seriam os *ingredientes* do suporte social? Quais os fatores que efetivamente propiciam o sentimento de proteção e apoio? Verificamos que, embora variáveis externas ou sociais estejam sempre presentes, a grande maioria dos fatores que integram o funcionamento do suporte social, ou seja, constituem o seu conteúdo (ou *ingredientes*, como gosto de chamar) são os oriundos de relações interpessoais próximas e acolhedoras. Embora o suporte possa ser oferecido por um grupo ou mesmo uma comunidade, o que parece funcionar é o estabelecimento desse acolhimento e dessa proximidade.

No meu entendimento, quem melhor descreve a dinâmica do suporte social enquanto relacionamento próximo e acolhedor é Cobb (1976). Para ele, três componentes são essenciais ao suporte social:

- emocional: sentimento de ser amado, cuidado e protegido.
- valorativo: sentimento de autoestima e valorização pessoal (consideração e respeito).
- comunicacional: sentimento de pertencer a uma rede de mútuas obrigações: – algo que pertence a mais de um, ou seja, todos da rede têm acesso às informações, que são partilhadas por todos.

Para Cobb, no suporte social prevalecem as trocas afetivas, os cuidados mútuos e a comunicação franca e precisa entre as pessoas. A relação interpessoal ou a rede grupal constituída é solidária, tem papéis definidos e ocorre de maneira constante, continuada. A resultante é um sentimento de coesão e de apoio que empresta ao indivíduo subsídios para o enfrentamento da realidade, agindo como fator moderador do estresse.

O efeito principal do suporte se faz no receptor à medida que o percebe disponível e satisfatório. Tal percepção advém do fato de o indivíduo sentir-se amado, reconhecido e valorizado, acolhido, cuidado e protegido, e participante de uma rede de informações e recursos partilhados. É essa percepção que lhe empresta força para enfrentar o ambiente, ao trazer consequências positivas para seu bem-estar (redução do estresse; aumento da autoestima e do bem-estar psicológico).

Na tentativa de sintetizar os ingredientes do grupo de suporte, eu diria que a condição inicial, é a de que as pessoas estejam juntas de modo relativamente constante. Não há suporte se não há encontro. A seguir, o sentimento amoroso é, talvez, o cerne dessa ligação ou o vínculo que o suporte pressupõe, pois, havendo amor, haverá carinho, acolhimento, reconhecimento, aceitação e respeito pelo outro. E haverá ímpeto para cuidar. Cuidar fisicamente. Estar disponível. Por fim, e não menos importante, será a capacidade de se colocar no lugar do outro. De empatizar.

De compreendê-lo nos gestos, sentimentos e palavras. De trocar informações de modo franco, aberto, transparente, buscando e dando esclarecimentos claros e precisos.

Em suma: constância, carinho, cuidado e comunicação representam a base dos grupos de suporte, que constituem excelente recurso terapêutico coadjuvante para lidar com pessoas doentes física ou psiquicamente, estressadas ou vivendo situações de crise existencial. Seu objetivo é promover coesão e apoio. É reforçar o *self* do indivíduo, elevando sua autoestima e autoconfiança.

Suporte social, estresse e doença

A formação de grupos parece favorecer a adaptação e a sobrevivência da espécie. A teoria dos sistemas de Bertalanffy, a homeostase de Cannon e a síndrome geral de adaptação de Selye corroboram a ideia de interligações harmônicas, coesas e suportivas entre indivíduos para a construção de unidades maiores (os grupos) e sua sobrevivência.

A luta pela adaptação e sobrevivência ocasiona o que Selye conceituou como síndrome geral de adaptação, ou estado de estresse, que é o estado de tensão de um organismo o qual, de alguma forma, sente-se ameaçado em sua integridade. A resposta adaptativa se faz por um conjunto de respostas físicas, psíquicas e comportamentais. Respostas inadequadas ou excessivas constituem as chamadas doenças de adaptação.

Cassel (citado por McQueen e Celentano, 1982), revendo uma série de estudos no homem e em animais, afirma que há dois mecanismos que medeiam o estresse: a capacidade do organismo se ajustar fisiológica e psicologicamente ao ambiente, e a possibilidade de obter suporte no grupo. Desse modo, o estresse, ou melhor, seus efeitos, estariam intimamente ligados a maior ou a menor presença de suportes sociais.

Inúmeros são os trabalhos clínicos, experimentais ou de revisão que vinculam estresse social a doença, como os de: Selye (1965); Toffler (1972); Jalowiec e Powers (1981); Holmes e Rahe (1967) e Rahe (1970), citados por Arthur (1981); Shapiro e Goldstein (1982); Mann (1984); Rakel (1997); Rodrigues e Madeira (2009).

Outros mostram os efeitos moderadores dos suportes sociais sobre as doenças como os de Wolf (1971); Groen (1971 e 1975); Cobb (1976); Eckenrode e Gore (1981); Mc Queen e Celentano (1982); Kaplan e Toshima (1982); Eskin (1993); Strogatz (1997).

Cobb (1976) cita uma série de trabalhos que apontam para os efeitos moderadores dos suportes sociais em relação às doenças: Nuckolls, por exemplo, estudou 170 mulheres grávidas registrando as complicações ocorridas durante a gestação. Aplicando uma escala de eventos estressantes e outra de suportes sociais a essas mulheres, pôde constatar a elevada incidência de complicações naquelas com pouco suporte e muitos eventos estressantes (91%) contra 33% de complicações nas que enfrentaram muitos eventos estressantes, mas receberam bastante suporte social.

Complicações durante a gravidez

Incidência de eventos estressantes	Suportes sociais	
	alto	baixo
Alta	33%	91%
Baixa	39%	49%

Ao correlacionar doença com baixo nível de suporte social, Cobb (1982) cita o trabalho de Berkman, que analisou dados de 7000 pessoas mostrando que a incidência de morte é menor nos que têm boa rede de suporte. Tal suporte foi medido em função de casamento, contato com parentes e amigos íntimos, ser membro de uma igreja, participar de grupos formais ou informais.

Cobb (1982, p. 195) afirma que a "associação de aderência ao tratamento e suporte social é uma das mais bem demonstradas relações de toda a sociologia médica". E mais adiante: "A literatura nessa área é sumarizada em dois trabalhos de revisão (Baekeland e Lundwall, 1975; Hayness e Sackett, 1974). De 41 artigos, 34 mostram a associação de suporte social e aderência ao tratamento, 6 mostram resultado insignificante e 1 registra resultado negativo".

Rosengren e cols. (1993) desenvolveram estudo objetivando correlacionar eventos estressantes com mortalidade e suporte social. Foram pesquisados 752 homens de 50 anos na Suécia e, após sete anos, registradas 41 mortes. Mediu-se a incidência de eventos estressantes no ano anterior ao início da pesquisa e o nível de suporte social das pessoas. Concluiu-se que a incidência maior de eventos estressantes aumentou a mortalidade e que o nível de suporte social protegia os indivíduos reduzindo a mortalidade. O autor destaca que os resultados devem ser recebidos com prudência devido ao número pequeno de casos estudados, mas refere que outros trabalhos têm apontado na mesma direção, parecendo que o suporte social aumenta a resistência psicológica aos efeitos do estresse.

Apesar da complexidade do conceito e imprecisão de alguns instrumentos utilizados para medi-lo, a utilização de grupos de suporte para o enfrentamento de doenças como hipertensão arterial, diabetes, DPOC, AIDS, insuficiência cardíaca e tantas outras vem demonstrando sua importância como recurso coadjuvante de grande valor terapêutico, ao alcance dos que se propõem, como os profissionais de saúde, a contribuir para o restabelecimento ou preservação do equilíbrio biopsicossocial das pessoas e das famílias.

Família: organização e funções

As configurações familiares são inúmeras e variam de acordo com a época e o lugar. Podem ser vistas e analisadas a partir de várias perspectivas, como a antropológica, a sociológica, a psicológica, dentre outras: Sarti (1992); Singly (2000); Brym (2006); Castro, Borges e Brito (2008); Pizzi (2012); Piato, Alves e Martins (2013). Vou me ater a alguns aspectos que, entendo, devam ser destacados para melhor compreender sua estruturação e dinâmica, tomando, como referência, a família ocidental moderna.

Sua estruturação original se faz a partir da união de um homem e de uma mulher para a geração de filhos. É a família nuclear. Esta, por sua vez, se estende por laços de conjugalidade, consanguinidade e afinidade, constituindo a família extensa. Nesta se incluem as famílias do homem e da mulher que se uniram, os filhos que cresceram e formaram novas famílias nucleares, os primos, tios, avós, genros, cunhados, sogros.

Partindo da família nuclear, identifico nela três funções principais: procriação, cuidado com a prole e sua socialização. O cuidado e a socialização se impõem, considerando que nós, humanos, somos ao nascer totalmente frágeis e dependentes, e isso se estende por um longo período de desenvolvimento, o que pressupõe que a estrutura familiar seja suficientemente estável e prolongada. É na relação de cuidado dos pais que os filhos estruturam sua personalidade e identidade, por meio da formação de vínculos afetivos que se constroem na relação dos pais entre si, com seus filhos e estes, entre eles. Tradicionalmente, são as famílias nucleares que desempenham essa função, embora com inúmeras variações por falta do pai e/ou da mãe, substituídos por outros parentes, outras pessoas sem vínculos de parentesco ou até mesmo por instituições. Do mesmo modo os velhos, quando perdem sua autonomia pessoal, passam a ficar dependentes do cuidado de terceiros, sejam os filhos, outros parentes, outras pessoas sem vínculos de parentesco, ou até mesmo, de instituições.

A função socializante, por sua vez, *nomeia* o mundo para a criança e disponibiliza um conjunto de normas e valores que será internalizado como seu e que orientará a sua conduta. Essa função socializante é influenciada pelo conjunto de valores e normas da sociedade em que a família se encontra inserida.

Podemos, portanto, dizer que a família nuclear se organiza grupalmente e funciona como um sistema que, por um lado, mantém sua identidade e coesão e, por outro, interage com outras unidades ou sistemas ao seu redor, tecendo, assim, uma rede social. Ou seja, a família é, ao mesmo tempo, um grupo, um sistema e um membro de uma rede social. A família é, ao mesmo tempo, um fenômeno biológico e social.

A dinâmica de funcionamento da família nuclear já constituída tem, por finalidade, dar provimento às funções de cuidado e socialização dos filhos pequenos. Por meio do cuidado, os bebês e as crianças são alimentados, protegidos e acolhidos afetivamente. Constroem-se vínculos afetivos entre pais e filhos, entre irmãos e entre marido e mulher. A criança vivencia e incorpora sentimentos de apego, amizade, amor.

A essas funções básicas que exigem dedicação e estabilidade acrescentam-se outras de ordem econômica, jurídica e religiosa. Aqui fica claro que, se na origem houve algo biológico (ato sexual com geração de filhos), na sua dinâmica prevalece a influência social, pois que todo o processo de socialização se faz por influência do contexto cultural em que está inserida essa família. Os interesses e as influências econômicas, jurídicas e religiosas vigentes naquela sociedade atuam sobre a família, embora, de algum modo, cada família interfira e influencie a dinâmica da sociedade.

Eu diria que os princípios que sustentam a família extensa são os mesmos, distinguindo-se apenas porque o cuidado, na família nuclear, é constitutivo e na família extensa é demandado sempre que um dos membros vivencie alguma situação de vulnerabilidade ou fragilidade. A socialização, na família nuclear, é primária ou formativa e na família extensa é secundária ou interativa.

A família seja a nuclear ou a extensa funciona como uma rede de interação e de apoio entre seus membros, na medida em que laços afetivos são mantidos, gerando a preocupação de se cuidarem uns aos outros e de oferecer ajuda econômica, afetiva, educacional, além de uma série de cuidados demandados pelas circunstâncias. Arrisco-me a afirmar que não só as crianças e os velhos necessitam de um grupo cuidador. Todos nós, mesmo adultos, precisamos de relações acolhedoras, afetuosas, empáticas, cuidadoras e protetoras, dentro e fora da família.

Talvez, esse seja um dilema dos dias atuais: queremos ser livres, autônomos, capazes de assumir ações e decisões pessoais, individuais e, ao mesmo tempo, intimamente desejamos ser acolhidos, reconhecidos, valorizados e queridos pelos outros. Nem sempre a família funciona como suporte social, sofrendo tensões oriundas dos relacionamentos interpessoais no seu interior, mas também atravessada por influências externas vindas do ambiente social maior em que a família se insere.

Com esta síntese, entendo que podemos, agora, compreender a relação entre família e suporte social. E buscar alguma compreensão sobre a família contemporânea e seus caminhos.

Estresse familiar e suas formas de enfrentamento

Nós, humanos, nascemos, vivemos e morremos em grupos ou comunidades, tecendo uma rede social de interações e de interesses, na busca da sobrevivência e do bem-estar. Todavia, e considerando que somos todos diferentes, com modos de pensar e de agir diferentes, a rede social é, ao mesmo tempo, fonte de acordos e desacordos, cooperação e competição, rupturas e coesões. Ora, a família é uma das formas de organização grupa, e assim, membro da rede social maior que é a sociedade. Podemos, pois, afirmar que os conflitos ocorridos no seu interior são idênticos aos que acontecem na rede como um todo.

Quais os principais fatores geradores de estresse no interior das famílias? De que formas a família enfrenta esse estresse?

Alguns autores se dedicaram à pesquisa dos fatores geradores de estresse social em geral. Um dos estudos clássicos é o de Holmes e Rahe (1967). Nesse estudo, a maioria dos eventos estressantes identificados ocorre na família: 10 dos 15 eventos mais estressantes são eventos familiares.

De fato, vários trabalhos demonstram que a quebra da estrutura familiar, traduzida pela perda de um dos seus membros, é altamente estressante para os demais, sobretudo na dependência da posição que esse familiar ocupava na hierarquia ou estrutura daquela família. A morte de um cônjuge aumenta a probabilidade de doença ou morte do outro, pelo menos nos dois primeiros anos. Os viúvos que não se casam novamente têm taxas de morte maiores do que aqueles que o fazem. Os efeitos da perda nas mulheres são menos consistentes ou prognosticáveis. A existência e o número de filhos vivos são os prognósticos mais poderosos da sobrevida entre idosos.

Em síntese, a vida familiar se vê habitualmente envolvida com eventos estressantes, como:

- casamento
- nascimento de filhos
- entrada dos filhos no colégio
- saída dos filhos de casa
- entrada dos filhos na adolescência
- aposentadoria dos pais
- separação conjugal
- famílias casadas, mas com intensos conflitos conjugais
- repercussão do divórcio nos filhos
- novas uniões após separação conjugal

Além destes, ocorrem outros como doenças, acidentes, perda de emprego, morte de familiares, mudança de residência. A forma de enfrentamento das situações relatadas tende a ser diferente com o passar do tempo e com as inevitáveis transformações na organização e na dinâmica familiar.

Alguns autores têm se dedicado à pesquisa das formas de enfrentamento engendrados pela família para a superação dos eventos estressantes. De um modo geral, a forma de enfrentar uma situação de estresse depende, por um lado, da intensidade e natureza do agente estressor e, por outro, dos recursos que o indivíduo dispõe para enfrentá-lo. Assim, Averill, Opton e Lazarus (1971) explicam que o indivíduo ao avaliar uma situação não só *julga* o evento em si (avaliação primária), mas também os recursos que dispõe para enfrentá-lo (avaliação secundária ou *coping*). Todo o conjunto de avaliação e enfrentamento depende de fatores constitucionais, das primeiras experiências de vida, das normas e valores introjetados e de circunstâncias atuais, sendo, pois, singular, de acordo com aquela pessoa e sua história de vida (CAMPOS, 2010).

Um dos fatores pessoais que contribuem para o enfrentamento do estresse é a resiliência ou vigor. Kobosa e cols.(1982), citados por Rakel (1997), aplicaram o termo *vigor* aos indivíduos que, em seus estudos, demonstraram baixa incidência de enfermidade na presença de estresse elevado. Para os autores, essas pessoas possuem:

1. maior senso de controle sobre o que ocorre em suas vidas;
2. sentimento de compromisso com as várias atividades das quais participam;
3. perspectiva da mudança como desafio e não como ameaça;
4. senso de significado de suas vidas.

Mais recentemente, e a partir dos estudos sobre a resiliência pessoal, alguns pesquisadores vêm se dedicando ao que seria a resiliência familiar, ou seja, à capacidade da família como um todo de reagir de forma positiva a situações de crise ou vulnerabilidade, saindo dela fortalecida. Rooke e Pereira-Silva (2012) analisaram 140 trabalhos publicados no período de 1990 a 2011. Desses, 8,6% foram trabalhos nacionais. Segundo Walsh (2002) (citado pelas autoras), a RF é identificada em famílias com:

- Cuidados constantes com as crianças.
- Relacionamentos de qualidade pais-filhos.
- Dinâmica familiar flexível.
- Comunicação, coesão e apoio mútuo.
- Envolvimento paterno com a educação das crianças.
- Práticas educativas com afeto, reciprocidade, trabalho em equipe, estabilidade, confiança, liderança compartilhada.

Bluck e Lobo (2008) incluem perspectiva positiva, espiritualidade, harmonia familiar, boa gestão financeira, redes de apoio.

Para Walsh (2005, 2007) citada por Martins (2014), a resiliência depende de três domínios que fundamentam os processos-chave:

- **Sistema de crenças** – que os orienta para a recuperação e crescimento. As crises são vistas como desafios, envolve a transcendência e espiritualidade, otimismo e confiança na superação da adversidade, visão positiva, mas realista, aceitando os fatos inevitáveis, utilização da força da fé.

- **Padrões organizacionais** – flexibilidade e estabilidade, sentido de coesão (vínculos afetivos, apoio mútuo e compromisso entre os membros familiares), recursos sociais e econômicos.
- **Processos de comunicação** – clareza, expressão emocional sincera e aberta, empatia, resolução cooperativa de problemas.

Ressalte-se que os estudos sobre resiliência familiar são ainda escassos em nosso país e, mesmo no exterior, demonstram uma grande variabilidade relativa ao seu conceito e modos de funcionamento. De qualquer forma, apontam para a possibilidade da ação de fatores protetores da dinâmica familiar frente a situações adversas. Mesmo no interior das famílias, os eventos estressantes atingem seus membros de modo variável, embora, de certa forma, todos sejam atingidos. A inabilidade familiar em enfrentar eventos estressantes parece contribuir para a ocorrência de abuso de drogas, violência física e doenças.

Segundo Olson e Mc Cubbin (1982), existem três características da organização familiar que favorecem o enfrentamento de crises: sua capacidade de comunicação, coesão e adaptabilidade.

Coesão familiar é o laço emocional que membros da família mantêm entre si, preservado certo grau de autonomia individual que experimentam. Os extremos de laços emocionais excessivos ou excessiva autonomia individual abalam a coesão.

A adaptabilidade é a habilidade da família em mudar sua estrutura de poder, papéis e normas de relacionamento em resposta a situações de estresse. Os níveis de adaptabilidade são: rígido, estruturado, flexível e caótico. As famílias estruturadas e as flexíveis em relação à adaptabilidade são as que apresentam melhor funcionalidade. Por fim, as habilidades de comunicação necessárias à funcionalidade familiar e que contribuem decisivamente para a coesão e adaptabilidade de seus membros são:

- conversar claramente;
- estabelecer empatia;
- fazer afirmações suportivas;
- ter efetiva habilidade na resolução de problemas.

Tais fatos têm motivado pesquisas buscando identificar, dentre as diversas formas de enfrentamento do estresse adotadas pelas famílias, aquelas que se mostram exitosas. Dentre elas, encontram-se as de Moos (1976); Mc Cubbin (1979); Boss, Mc Cubbin e Lester (1979), todas citadas por Mc Cubbin, Cauble e Patterson (1982).

Como estratégias exitosas, os autores destacam a:

- sustentação da autoconfiança;
- manutenção da unidade familiar;
- utilização de suportes sociais.

Concluo, pois, que a família que funciona como suporte social para seus membros propiciará melhores condições de enfrentamento do estresse e superação das doenças, seja o estresse oriundo de crises internas ou externas.

A família como sistema de suporte

A família exerce funções cruciais para o desenvolvimento humano a começar pela proteção, socialização e afeição que os pais oferecem a seus filhos pequenos.

Caplan, 1976, em trabalho que até hoje permanece como referência, enuncia as funções da família como sistema de suporte:

- coletora e disseminadora de informações sobre o mundo
- fornecedora de orientação e feedback
- fonte de ideologia
- guia e mediador na solução de problemas
- fonte de serviços práticos e ajuda concreta
- refúgio para repouso e recuperação
- fonte validadora da identidade
- apoio para o domínio emocional

Caplan enfatiza que a família funciona como fonte de crenças, valores e códigos de comportamento, a qual dá ao indivíduo a sensação de identidade ante o mundo e a si próprio, além de orientar quanto a forma de agir. Como a família é a fonte primária da identidade de um indivíduo e esta é crucial para o enfrentamento das crises (que habitualmente abalam a identidade), a família se constitui na melhor fonte de reforço dessa identidade.

A família contribui para fortalecer o ego de seus membros no que tange ao domínio emocional. As crises habitualmente geram ansiedade, raiva, depressão, culpa, e a intervenção dos familiares minimiza esses sentimentos ao expressar solidariedade e oferecer amor, esperança e conforto.

O apoio dado por familiares é, na maioria das vezes, sentido como um direito de quem o recebe. Os familiares habitualmente conhecem e compreendem melhor os outros familiares pelas identificações construídas e pela proximidade vivida. Isto permite mais confiança na abordagem de problemas íntimos e na possibilidade de obter partilhamento na solução desses problemas. A família premia ou pune o comportamento dos seus membros, e isso é tolerado como fonte de referência, de afirmação da identidade e do meio de acolhimento e proteção do indivíduo.

Outro aspecto destacado por Caplan é o fato de que em famílias multigeracionais as crises de identidade se sucedem e seus membros aprendem a lidar com elas. A família, assim, adquire habilidade no manejo da troca de papéis, vivendo-os intimamente e continuadamente. Segundo Boulding, citado por Caplan (1976, p. 26), "nós podemos ver a família como um *workshop* em mudança social".

Segundo Caplan, há alguns fatores que limitam ou obstaculizam os efeitos suportivos da família:

1. Dificuldades de comunicação entre jovens e idosos, às vezes, até em função de migração, fazendo com que os jovens falem um idioma e os mais velhos outro.
2. Relações interpessoais patológicas devido a desordens físicas ou mentais atingindo um dos membros da família ou conflitos interpessoais não resolvidos.
3. Dissonância entre a ideologia familiar e a do ambiente à sua volta, podendo gerar conflito a partir de alguns membros da família que questionem a própria ideologia.

Caplan propõe um conjunto de ações sociais a serem desenvolvidas em apoio à família para que funcione como sistema de suporte:

1. Estimular projetos de interação entre jovens e idosos.
2. Promover projetos de interação étnica e religiosa.
3. Promover programas de relações de vizinhança visando à troca cultural e de mútua ajuda.
4. Desenvolver programas de engajamento social para pessoas aposentadas ou solitárias; essas pessoas poderiam ser usadas como cuidadoras intermediárias entre os profissionais cuidadores e a comunidade.
5. Desenvolver programas de mútua ajuda entre famílias.
6. Desenvolver programas de *famílias afiliativas*, em que pessoas desconectadas de sua família extensa seriam agregadas para viver como família (morando ou não no mesmo teto e dividindo ou não recursos financeiros).

Com relação a serviços de saúde e instituições comunitárias, Caplan propõe:

1. Cuidar das pessoas doentes em casa ou em hospitais-dia.
2. Se a hospitalização for inevitável, reduzir sua duração e encorajar a presença de familiares.
3. Envolver a família nos planos de tratamento e reabilitação.
4. Envolver a família em toda intervenção de crise.
5. Utilizar os momentos de crise para estimular a família no uso de estratégias adequadas de resolução de problemas e mútua ajuda.
6. Estimular as organizações comunitárias, religiosas ou recreacionais a promover atividades envolvendo toda a família.

Bases psicodinâmicas do suporte social: o *holding*

Ao desenvolver minha tese de doutorado, propus uma articulação entre o conceito de suporte social, vindo da psicologia social, com o conceito de *holding*, vindo da psicanálise (Campos, 2005). Eu diria que o suporte social à luz da teoria de Winnicott parece ser uma revivência do *holding*.

A descrição de Cobb (1976) sobre a dinâmica do suporte social destaca três "ingredientes" fundamentais: trocas afetivas, cuidados mútuos e comunicação precisa e franca entre as pessoas. Segundo Cobb, tal dinâmica empresta ao indivíduo um sentimento de acolhimento e apoio que lhe dá força para enfrentar o estresse ambiental. Poderíamos dizer que o *self* do indivíduo se vê reforçado. Sua autoestima se eleva. Ora, se nos reportarmos ao desenvolvimento, conforme Winnicott o aborda nas suas diversas obras, constatamos que, na formação da personalidade, na estruturação do *self*, os mesmos *ingredientes* ocorrem pela relação mãe-bebê, constituindo o que Winnicott chamou de *holding*.

Holding: um conceito winnicottiano

O conceito de *holding* ocupa lugar central na teoria de Winnicott (1982, 1990, 1999) e se refere ao conjunto de cuidados que o ambiente, sobretudo representado pela mãe, dispensa ao bebê.

Assim, Winnicott (1982, p. 48), descreve o *holding*:

- Protege de danos físicos.
- Leva em conta a sensibilidade epidérmica do bebê – toque, temperatura, sensibilidade auditiva, sensibilidade visual, sensibilidade a quedas (ação da gravidade) e falta de conhecimento, por parte do bebê, da existência de qualquer coisa além do eu.
- Inclui toda a rotina de cuidados por todo o dia e noite, e não é a mesma com quaisquer duas crianças, porque é também parte do bebê, e não há dois bebês iguais.
- Ele também acompanha as diminutas alterações diárias decorrentes do desenvolvimento e crescimento do bebê, tanto físicas como psicológicas.

São características do *holding*:

- segurar fisicamente o bebê;
- entender e atender às suas necessidades (comunicação);
- transmitir-lhe amor e cuidado;
- demonstrar *preocupação* com o bebê.

O *holding* é uma função (de maternagem) por meio da provisão de um ambiente facilitador (oferecido pela mãe ao bebê) e que contribui fundamentalmente para a estruturação do *self* da criança.

Como funciona?

O bebê quando nasce está imaturo. Sua comunicação é precária, primitiva. Não tem recursos que lhe permita prover os próprios cuidados. Sequer tem percepção de si mesmo como alguém individualizado, pessoal. Não faz distinção entre o que lhe pertence e o que não lhe pertence (a realidade exterior). Funciona como um somatório de partes físicas e psíquicas não integradas. O bebê precisa vitalmente de alguém que cuide dele e que seja capaz de captar e atender às suas necessidades. Precisa de alguém que, gradativamente, vá lhe *apresentando* o mundo que se acha à sua volta. De certa forma, precisa de alguém que o ajude a *apresentar-se* a si mesmo. Precisa de alguém que *junte seus pedaços*, e assim, sinta-se integrado (outro conceito básico de Winnicott que representa a união de partes do *self* e dos aspectos psíquicos e somáticos do *self*).

Quando a mãe tem a sensibilidade do tipo *preocupação materna primária*, ela pode sentir como se estivesse no lugar do bebê e, desse modo, responder às suas necessidades, o que corresponde a prover o bebê dos cuidados necessários à sua sobrevivência. Internamente, o bebê registra (e organiza) suas percepções associando tais necessidades ao pronto atendimento que lhe é propiciado, atribuindo-se o poder de criar o próprio objeto do desejo – o seio materno. O bebê tem a ilusão de possuir uma força criativa mágica e que a onipotência existe como um fato (por meio da sensível adaptação da mãe). O bebê alucina o seio e o seio lhe é apresentado; ele tem, então, a ilusão de tê-lo criado (criatividade primária). Essa onipotência inicial constitui a base para que depois (e gradualmente) o bebê possa reconhecer a ausência do controle mágico sobre a realidade externa. Na continuidade, a criança percebe que ela e a mãe são seres diferentes e adquire a noção de eu x não eu, ingressando, assim, no mundo da realidade. Em outros termos, o si mesmo (*self*) começa a tomar corpo e o faz inicialmente de forma mágica, onipotente, não discriminada (entre mundo interno e externo).

A continuidade do desenvolvimento ocorre, de um lado, pela gradativa capacidade cognitiva (ou discriminativa) das experiências vividas pelo bebê e, por outro, pela quantidade e qualidade da provisão ambiental que auxilia o bebê na tarefa de *nomear* o mundo à sua volta e com ele estabelecer relações, vínculos ou limites. O *self* do bebê caminha, então, na direção da diferenciação e da autonomia, sensível à experiência vivida na relação com seu *provedor* (a mãe).

O *bom* desenvolvimento ocorrerá se tal relação for *suficientemente boa*. Ou seja, aquela onipotência original do bebê será *impregnada* de confiança na medida em que os seus momentos de excitação (necessidade – desejo) forem prontamente atendidos. O bebê confia que o objeto de desejo pode ser encontrado e isso significa que ele gradualmente pode tolerar a ausência do objeto (a mãe). À medida que o bebê percebe não possuir, não controlar a realidade exterior, ele desenvolve internamente a crença na sua possibilidade de lidar com a realidade com recursos próprios. Ele *renuncia* de algum modo a onipotência e passa a acreditar nos seus recursos de comunicação e enfrentamento. A confiança em si mesmo originou-se do pronto atendimento às suas necessidades, que dependeu da sensibilidade da mãe em percebê-las (eu diria, do seu pronto entendimento).

Podemos então destacar como "ingredientes" essenciais ao "bom" *holding*, de um lado, a captação das necessidades do bebê e, de outro, o modo como a mãe atende a essas necessidades. O atendimento envolve o ato físico de segurar o bebê, mas também a forma (amorosa) de fazê-lo e todo o conjunto de cuidados oferecidos pela mãe. O entendimento pressupõe a disposição empática da mãe, que lhe permite captar as necessidades do bebê.

Em síntese, na comunicação primitiva mãe-bebê, o *campo de linguagem* utilizado foi a experiência vivida de cuidar-ser-cuidado. O bebê se expressava com o corpo e a mãe respondia com cuidados (que envolviam seu corpo, seu rosto, seu olhar, seus sentimentos e atitudes).

Para Winnicott, a *boa* estruturação da personalidade dará origem a um *self* coeso, bem individualizado, confiante e criativo, conferindo ao indivíduo a capacidade de se autodirigir e de lidar com a realidade sem perda da identidade pessoal. Somente em momentos de crise ou vulnerabilidade, o indivíduo necessitará resgatar, no seu ambiente, a experiência internalizada do *holding*.

Durante a vida adulta, continuamos precisando de *holding*?

Num certo sentido, não. Afinal, não somos mais bebês. Falar de *holding* na vida adulta pressupõe, então, falar de *funções* que se atualizam. O conceito de transferência nos remete à possibilidade de atualizarmos sentimentos e atitudes que, embora originados na infância, são vividos como atuais e referidos a pessoas com quem nos defrontamos naquele momento. É um processo inconsciente. A experiência de termos sido cuidados enquanto bebês permanece registrada em nosso inconsciente e tende a ser atualizada em momentos de vulnerabilidade. Mello Filho (1995), em excelente trabalho sobre a obra de Winnicott, diz que, para Winnicott, o ser humano caminha "rumo ao desenvolvimento", sempre com a necessidade de encontro com as amizades, com a poesia e com todos os fenômenos da área transicional.

Na verdade, jamais o ser humano encontra a *absoluta independência* ou um estado de desenvolvimento que lhe propicie prescindir do apoio e da proteção de outros. A existência de relações interpessoais e grupais, tais como oferecidas pela família, parece contribuir para o adequado desenvolvimento do indivíduo por meio do exercício dos vínculos entre os membros dessa família e a possibilidade de exercerem comunicações significativas.

Davis e Wallbridge (1982, p. 155) dizem textualmente:

> Ao afastar-se da família, quando o indivíduo rompe com tudo que se encontra ao seu redor, que dá segurança, a excursão somente é lucrativa quando existe uma passagem de volta... Cada vez que a criança rompe um *círculo protetor*, ela precisa encontrar outro mais amplo (em última análise, retornar ao anterior)... O processo de entrada em círculos cada vez mais amplos é grandemente facilitado pela existência contínua da família real.

Verifica-se que a criança internaliza a existência desses vínculos protetores e, no decorrer de sua vida, busca revivê-los como fonte habitual e segura de *reabastecimento*.

No percorrer da obra de Winnicott, encontra-se de maneira constante a ideia de que os adultos continuam a precisar de *holding*, como continuam precisando de alimento. Em *Natureza Humana* (1990, p. 179), Winnicott assim se expressa:

> Os estágios iniciais jamais serão verdadeiramente abandonados, de modo que ao estudarmos um indivíduo em qualquer idade, poderemos encontrar todos os tipos de necessidades ambientais, das mais primitivas às mais tardias... Ao cuidar da criança ou ao realizar uma psicoterapia é necessário estarmos sempre atentos à idade emocional do momento, de modo a podermos fornecer o ambiente emocional adequado.

Há momentos, pois, em que o indivíduo se mostra mais vulnerável, mais ameaçado em sua integridade física ou psicológica. Seu *self* se torna menos coeso, menos estruturado, menos confiante. Psicologicamente, o indivíduo regride a uma fase de dependência. Ele busca um *self*-objeto capaz de lhe restituir a integridade, o *eu* que ele construíra nos seus primórdios por meio da relação de *holding* e o faz dinamicamente, buscando o mesmo ambiente emocional, relações interpessoais ou grupais que contenham, na sua essência, aqueles *ingredientes* adequados à *boa* estruturação (ou reestruturação) do *self*.

Assim, a família que funcione dentro da dinâmica da coesão grupal (ou suporte social) com carinho, cuidado e comunicação precisa e franca, empresta aos seus membros subsídios para reestruturarem seu *self*, sua individualidade. A coesão grupal funciona como combustível do *self* e o suporte social é uma função atenuada e síntese do que, em época remota, foi função primordial e progressiva.

Suporte social e família no mundo globalizado

O mundo globalizado

A expansão do conhecimento e da tecnologia, acentuada nos últimos 100 anos, atingiu sobremaneira o desenvolvimento dos meios de transporte e de comunicação e trouxe, como consequência, uma verdadeira aceleração existencial. Isto porque os bens e as informações geradas passaram a circular de modo mais ágil, mais veloz, atingindo grandes distâncias a intervalos de tempo cada vez mais curtos.

Somos confrontados, a cada momento, com um volume imenso de *coisas* a conhecer, a consumir ou a contatar. E isso nos apressa. Há muito que fazer! Há muito que saber!

Inevitavelmente, tal afluxo de bens e informações rompe, questiona, abala as estruturas, os sistemas e os processos sociais até então existentes. As coisas se tornam obsoletas num piscar de olhos. Estamos constantemente obrigados a mudar ou a nos defrontar com as mudanças.

Podemos, sem temor, afirmar que o mundo de hoje é o mundo da velocidade e das mudanças.

Mas mudar implica em sair de uma situação de conforto, de segurança, de domínio para outro lugar que é novo, desconhecido e, portanto, inseguro, desconfortável (pelo menos em princípio). A necessidade de mudar gera dúvida e perplexidade, não só diante de fatos concretos, mas também em face de valores e atitudes. As noções de certo / errado, bom / mau se confundem e os questionamentos acabam por romper com normas e vínculos sociais até, então, aceitos pacificamente. A própria identidade pessoal se alui e os indivíduos ficam atônitos diante de si mesmos.

Se considerarmos que os fatos aqui descritos ocorrem simultaneamente, podemos vislumbrar um quadro social que envolve:

- deslocamentos de um lugar para outro de modo mais rápido e frequente;
- comunicação mais rápida, trazendo informações de locais mais longínquos;
- premência de tempo no cotidiano;
- necessidade de se adaptar a mudanças constantes;
- ruptura de vínculos e normas sociais;
- ruptura da identidade pessoal.

E envolve também repercussões econômico-financeiras que permeiam todas as outras e as influenciam sensivelmente. Os bens a consumir e o capital produzido também circulam de modo rápido e abrangente. De um lado, os que consomem veem-se ávidos diante de tanta novidade. De outro, os que produzem veem-se alucinados, na busca de abertura de novos mercados. Instaura-se uma competitividade desenfreada que tem como objetivos finais consumir e/ou lucrar.

Ora, os consumidores para fazê-los precisam ganhar. De algum modo, precisam produzir capital e trabalho. Mas a tecnologia substitui, cada vez mais, a mão de obra humana, e assim, *rouba* o espaço de trabalho, gerando ociosidade ou desemprego. A excessiva oferta de bens e a competitividade pelos *nichos* de mercado forçam a necessidade de se reduzirem custos na geração dos bens a serem consumidos e, desse modo, os produtores procuram concentrar as tarefas nas mãos de um número menor de trabalhadores, ficando outros ociosos (ou desempregados).

Aqueles produtores que detêm o conhecimento e a tecnologia passam a ter vantagens significativas sobre os outros, na medida em que podem alargar seu campo de atuação ao se deslocarem de um lugar para outro na busca de mão de obra mais barata e oportunidades de mercado e substituírem o trabalho humano pelo das máquinas. As consequências são:

→ Lucros Maiores – Acúmulo de Capital – Reinvestimento – Lucros Maiores

Se não bastasse, parte desses lucros passa a circular como capital especulativo, ocasionando mais lucros pela sua aplicação virtual.

A resultante é o acúmulo de riqueza nas mãos de uma minoria e acentuada desproporção com os demais, que se dividem nos desvalidos, desempregados, alijados do mercado de trabalho e nos que se sustentam nesse mercado, alimentando aquela minoria com seu trabalho, cada vez mais exigido e menos remunerado, como única opção para garantirem um mínimo de ganho que lhes permita consumir uma pequena parcela de tanto que lhes é oferecido. Assim, podemos dizer que o mundo de hoje é o mundo da competitividade e da desigualdade.

Os indivíduos se enquadram em duas categorias diante dos que disputam o mercado: os potenciais *inimigos* – os que de algum modo ameaçam seu campo de influência – e os potenciais *otários* – os que devem ser seduzidos para consumir seus produtos.

Seria simplista afirmar que tudo se resume nisso. O mundo de hoje é também um mundo de mais conforto material, de mais conhecimento e informação, de maior expectativa de vida. Todavia esses benefícios são muito mal distribuídos. A desigualdade é muito grande. E as consequências sociais são perversas. Não nos referimos só à questão econômico-financeira, mas à solvência dos vínculos interpessoais e da própria identidade pessoal.

A excessiva oferta de bens e informações, a competitividade desenfreada na produção e o consumo desses bens, transformou nossa vida numa correria alucinada para ganhar – gastar – ganhar. O mundo transformou-se num balcão de negócios e o *valor* maior da existência tornou-se o lucro. Deslocou-se da pessoa em si para o que essa pessoa pode representar em termos de lucro.

Obviamente, a primeira consequência é o aumento significativo dos excluídos, ou seja, daqueles que, por circunstâncias pessoais, estão fora da possibilidade de produzir lucro. Mas os que sobrevivem no mercado são sujeitos à pressão das *ofertas* de bens, dos novos produtos que surgem, dos novos comportamentos e valores sugeridos, que os deixam atônitos e perplexos ante as opções que são induzidas a fazer. Seus vínculos pessoais se perdem na correria do cotidiano e a competição acaba por colocá-los uns contra os outros. Todos se tornam potenciais inimigos ou potenciais otários.

As pessoas ficam altamente estressadas e individualistas, voltadas para o próprio umbigo e o espírito de solidariedade, afeição, respeito mútuo, se esbate, se dissolve. As consequências, todos conhecemos, traduzidas pelo aumento de:

- violência pessoal e social;
- uso de drogas;
- conflitos e rupturas familiares;
- alienação social e política;
- xenofobia;
- conflitos étnicos e religiosos;
- doenças psicossomáticas;
- degradação ambiental.

A família no mundo globalizado

A família se vê atingida diretamente pelo mundo globalizado. A começar pela televisão que ocupa sua sala e, de dentro, veicula tudo o que o mundo oferece de sedutor, tornando-se, por vezes, deletéria. Atualmente, também o computador ocupa a sala das famílias e, por meio da internet, contribui significativamente para a criação de um mundo ilusório e, às vezes, perigoso. Antes que se atribua uma posição maniqueísta a este argumento, apresso-me em dizer que não é a televisão em si ou o computador que são deletérios, mas a forma como são utilizados. Sua força reside no poder de atração e sedução que exercem por serem meios tecnológicos de comunicação. A ponto de alguns acharem que: se apareceu na televisão ou na internet, é verdade!

A família hoje tem menos oportunidade de estar junta trocando afeto, trocando ideias. Os afazeres não deixam. A começar pelos horários de refeição que acabam sendo individuais. A facilidade dos transportes faz com que os membros de uma família estejam separados com relativa frequência, na medida em que alguns deles residem numa cidade, mas estudam ou trabalham em outra.

Os diversos e inúmeros apelos e interesses sociais carreiam os membros de uma família para ambientes e atitudes diferentes, separando-os entre si. Os momentos rituais, tradicionais e de convívio como o natal, passagem de ano, festas regionais, aniversários, casamentos, cerimônias de colação de grau são questionados e *desrespeitados* por alguns dos membros familiares a título de maior liberdade individual e modernidade.

Enfim, a família se vê atingida pelo fantástico volume de informações que questionam a cada instante suas normas, atitudes e valores. Os conflitos de pensamento e comportamento entre seus membros se acentuam e os adolescentes parecem ser os principais focos dessa confusão. Os interesses diferentes em relação ao consumo e à constante luta pela geração de recursos financeiros eleva o nível de tensão intrafamiliar, gerando divergências e atritos às vezes difíceis de conter. Por fim, o conjunto de fatores aqui relatados acaba, muitas vezes, por forçar o rompimento familiar entre cônjuges, irmãos, pais e filhos.

Ora, a família que é a base do desenvolvimento humano, a partir da união de um homem e de uma mulher que geram, acolhem e cuidam dos seus filhos pequenos, deixa de funcionar como suporte social face a tantas pressões externas. Gradativa e inexoravelmente, as famílias vão perdendo sua função de refúgio e aconchego.

De modo imperceptível, seus membros são distanciados uns dos outros, física e emocionalmente, reduzindo-se às oportunidades de trocas afetuosas, de cuidados mútuos, de comunicações empáticas que lhes permitam se sentirem acolhidos, reconhecidos, amados, entendidos.

De modo imperceptível, cada membro familiar busca compensação no próprio trabalho, no consumo exagerado e ávido de bens, de informações, de atividades sociais, de comida e de bebida, de drogas e até de pessoas.

Não obstante, as crises são excelentes oportunidades de redimensionamento e crescimento, seja em nível das pessoas, das famílias ou das comunidades. Embora o mundo que vivemos hoje se caracterize por tantas tensões e contradições, ele certamente não é diferente do que foi em épocas pretéritas. Queremos dizer que tensão e contradição sempre estiveram presentes na vida dos seres humanos que, aliás, têm revelado até ao momento, incrível capacidade de adaptação e superação. Desigualdades, exploração do homem pelo homem, carências e exageros não são privilégios do mundo de hoje. Por outro lado, o conjunto de fatos e circunstâncias, tais como descritos, caracterizam ou personalizam o mundo atual, e é em face deles que precisamos nos posicionar, enfrentar, superar.

Jamais o ser humano teve à sua disposição tanta informação e tanta tecnologia. Jamais o ser humano teve à sua disposição meios de comunicação e transporte tão velozes e de tanto alcance. Provavelmente, jamais o ser humano se viu tão confrontado entre a sua capacidade de pensar e de sentir. Ou seja, embora alguns homens tenham, no decorrer da história, refletido sobre o existir, o sentido da vida e das relações entre os homens e dos homens com o ambiente à sua volta, jamais a sociedade como um todo se viu tão comprometida nessa reflexão. Hoje podemos efetivamente pensar o mundo de modo globalizado. Podemos até visualizar a Terra além dela.

O individualismo gritante de hoje contrasta com a globalização atual. Sentimo-nos personagens alienados num universo de dimensões gigantescas, mas percebemo-nos partes atuantes e significativas do planeta que habitamos. Estamos sós, mas jamais tivemos tantas oportunidades de interagir com outras pessoas.

O movimento no sentido de organizar cooperativas, associações e parcerias aponta para a inclinação natural e irrefutável do homem de se vincular por grupos. A necessidade primária do bebê de ter alguém que o ame, cuide e capte seus desejos permanece dentro de nós e faz com que continuemos a buscar, de algum modo, quem nos ame, cuide e entenda. O homem precisa de acolhimento, aceitação, aconchego. Precisa ser olhado, reconhecido e valorizado. Precisa ser amado. Até aquele que mata, ou se mata, parece no seu íntimo, dizer que assim age na busca desesperada daquilo que constitui a essência da sua vida: o amor de alguém.

A reflexão no momento de solidão pode nos fazer vislumbrar o caminho do resgate dos vínculos que nos são de direito e de natureza. A reflexão pode nos mostrar que o apego às coisas nada mais é do que um desvio do apego natural às pessoas. Pode nos permitir restabelecer relacionamentos afetivos, solidários e francos com as pessoas e relações operacionais, objetivas e utilitárias com as coisas, sem que elas ocupem o lugar dos verdadeiros agentes de relacionamento que são os nossos parentes, nossos amigos, nossos vizinhos, nossos conterrâneos, nossos semelhantes.

Talvez, para isso, seja fundamental fazer um esforço inaudito, determinado e perseverante para nos desprender das coisas. Para resistir à sedução e ao apelo do consumo pelo consumo e para ficar atento à *lavagem cerebral* que tenta atingir nossas instituições, nossos valores e nossos vínculos, removendo-os para que a *passagem* fique aberta ao livre trânsito das normas e regras do mercado.

Desregulamentar, por exemplo, significa, em boa parte das vezes, romper com normas de proteção ao trabalhador em benefício de lucros maiores dos investidores. Ser liberal ao excesso com os filhos pode significar, muitas vezes, não criar obstáculos ao livre consumo de drogas. Privatizar pode significar, às vezes, entregar à exploração de uns poucos, uma empresa ou serviço que deveria estar voltada para a coletividade, o que transforma as pessoas em objeto de lucro, e não cidadãos com direitos a serem preservados. Manter-se atualizado do tecido que nos envolve, acalenta, protege e dá sentido – o tecido social.

A pandemia que o mundo enfrenta hoje nos escancarou a fragilidade e a vulnerabilidade de todos nós, humanos. Mostrou-nos que existe um imponderável que não podemos prever, mas evidenciou o desejo de viver, que nos estimula a lutar e tentar superar esse imponderável. E talvez tenha nos revelado, com maior ênfase, quanta falta nos faz o convívio afetivo, acolhedor e solidário cm os outros. Por mais espetaculares e atraentes que sejam as coisas, são secundárias porque inanimadas, sem alma, sem coração. O vírus tem nos mostrado que apesar de o mundo ter parado, a vida continua e somente com paz e solidariedade conseguiremos retomar o curso normal das nossas atividades. O vírus tem nos mostrado como a família é (ou pode ser) o refúgio, o aconchego, o porto seguro neste mar tão conturbado em que navegamos hoje.

Enfim, a empreitada não é fácil, mas o resultado pode ser muito gratificante. No momento em que um número razoável de pessoas conseguir se desprender das coisas, sabendo usá-las a serviço pessoal e da coletividade e, no momento que resgatarmos a capacidade de estabelecer vínculos de amor, de cuidado, de respeito e de sinceridade com os nossos semelhantes, a começar pelos mais próximos que são os nossos familiares, estaremos transformando o mundo. E isso depende de nós. De cada um de nós.

Referências

ANTONUCCI, TC and JACKSON, JS. The role of reciprocity in social support. In: MC CUBIN, HI; CAUBLE, AE; PATTERSON, J M. *Family stress,coping and social support*. Charles C Thomas; Springfield; Illinois; 1982.

ARTHUR, R J. A reação ao estresse. In: Usdin, G. *Psiquiatria na prática médica*. Guanabara Koogan: Rio de Janeiro, 1981.

AVERILL, J R; OPTON, EM; LAZARUS, RS. Cross-cultural studies of psychophysiological responses during stress and amotion. In: LEVI, L. *Society, stress and disease*. Oxford University; London; 1971.

BARRERA, M. Social support in the adjustment of pregnant adolescents: assessment issues. In: GOTTLIEB, B. *Social networks and social support*. Sage Publication: California, 1981.

BRYM, Robert. Famílias. In: *Sociologia*: sua bússola para um novo mundo. São Paulo: Thomson Learning, 2006.

CAMPOS, E P. Aspectos psicossomáticos em Cardiologia: mecanismos de somatização e meios de reagir ao estresse. In: MELLO F, J. *Psicossomática Hoje*. 2 ed. Porto Alegre: Artmed, 2010.

CAMPOS, E P. *Quem cuida do cuidador*. Petrópolis, RJ: Vozes, 2005.

CAPLAN, G.; KILLILEA, M. *Support systems and mutual help*. Grune & Stratton. New York; New York, 1976.

CAPLAN, G. The family as a support system. In: CAPLAN, G. e KILLILEA, M. *Support systems and mutual help*. Grune&Stratton; New York; 1976.

CASTRO, CLC; BORGES, AF; BRITO, MJ. *Família e relações de parentesco*: inserção de uma abordagem antropológica para compreensão da dinâmica das organizações familiares. V Encontro de Estudos Organizacionais da ANPAD. Junho-2008.

COBB, S. Social support as a moderator of life stress. *Psychosomatic Medicine*, 38; 5; 300-314; 1976.

COBB, S. Social support and health through the life course. In: MC CUBIN, HI; CAUBLE, AE; PATTERSON, J M. *Family, stress, coping and social support*. Charles C Thomas; Springfield; Illinois; 1982.

DAVIS, M.; Wallbridge, D. *Limite e Espaço*. Imago: Rio de Janeiro, 1982.

DI MATTEO, MR; HAYS, R. Social support and serious illness. In: GOTTLIEB, B. *Social networks and social support*. Sage Publication: California; 1981.

ECKENRODE, J.; GORE, S. Stressful events and social supports: the significance of context. In: GOTTLIEB, B. *Social networks and social support*. Sage Publication: California, 1981.

ESKIN, M. Reliability of the turkish version of the peceived social support from friends and family scale, scale for interpersonal behavior, and suicide probability scale. *J. of Clinical Psychology*. 49; 4; 515-522; july 1993.

GOTTLIEB, B. *Social networks and social support*. Sage Publication: California, 1981.

GROEN, J. J. Social change and psychosomatic disease. In: LEVI, L. *Society, stress and disease*. Oxford Univ. Press, London, 1971.

GROEN, J.J. Society interhuman communication and psychosomatic disease. In: LEVI, L. *SOCIETY, STRESS AND DISEASE-*. Oxford Univ. Press, London, 1975.

HOLMES, TH; RAHE, R H. The social readjustment rating scale. *J Psychosom Res*. 11: 231-216, 1967.

HUPCEY, J E. Clarifying the social support theory-research linkage. *Journal of Advanced Nursing*, 27; 1231-1241; 1997.

HUTCHISON, C. Social support: factors to consider when designing studies that measure social support. *Journal of Advanced Nursing*; 29; 6; 1520-1526; 1999.

JALOWIEC, A; POWERS, M. J. Stress and coping in hypertensive and emergency room patients. *Nurs Res*. 30; 1; 10-5; 1981

KAPLAN, R M; TOSHIMA, M T. The functional effects of social relationships on chronic illnesses and disability". In: MC CUBIN, HI; CAUBLE, AE; PATTERSON, J M. *Family, stress, coping and social support*. Charles C Thomas; Springfield; Illinois; 1982.

MANN, A. *Hypertension psychological aspects and diagnostic impact in a clinical trial Psychol*. Med. suppl. 5; 1-35; 1984.

MARTINS, M. *Resiliência Familiar*: revisão teórica, conceitos emergentes e principais desafios. Grupo de Estudos Interdisciplinares Giordano Bruno – GREI, 2014.

MC CUBIN, H I; CAUBLE, AE; PATTERSON, J M. *Family, stress, coping and social support*. Charles C Thomas; Springfield; Illinois; 1982.

MC QUEEN, D V e CELENTANO, D D. Social factors in the etiology of multiple outcomes: the case of blood pressure and alcohol consumption patterns. *Soc Sci Med*. 16(4); 397-418; 1982.

MELLO, F, J. *O ser e o viver*. Artes Médicas: Porto alegre, 1995.

OLSON, DH.; MC CUBIN, H I. Circumplex model of marital and family systems: application to family stress ans drisis intervention. In: CAUBLE, AE; PATTERSON, J M. *Family, stress, coping and social support*. Charles C Thomas; Springfield; Illinois; 1982.

ORNELAS, J. *Suporte social*: origens, conceitos e áreas de investigação. Análise psicológica. 2-3 (XII): 333-339, 1994.

PERRIN, K. M.; MCDERMOTT, R. J. Instruments to measure social support and related constructs in pregnant adolescents: A review. *Adolescence, 32*(127), 533–557, 1997.

PIATO, R. S.; ALVES, R. das N.; DE MARTINS, S. R. C. (1). Conceito de família contemporânea: uma revisão bibliográfica dos anos 2006-2010. *Nova Perspectiva Sistêmica, 22*(47), 41-56, 2013.

PIZZI, MLG. Conceituação de família e seus diferentes arranjos. *Revista Eletrônica*: LENPES--PIBID de Ciências Sociais-UEL.1 (1), jan-jun 2012.

RAKEL, RE. *Tratado de Medicina de Família*. Guanabara Koogan: Rio de Janeiro, 1997.

RODRIGUES, VB; MADEIRA, M. Suporte social e saúde mental: revisão da literatura. *Revista da Faculdade de Ciências da Saúde*, 6: 390-300, 2009.

ROOKE, M I; PEREIRA-SILVA, N L. *Resiliência Familiar e Desenvolvimento Humano*: Análise da Produção Científica. Psicol. pesq. vol. 6 n. 2, Juiz de Fora dez. 2012.

ROSENGREN, A. e cols. *Stressful life events, social support, and mortality in men born in 1933.* BMJ. vol. 307; 1102-1105; october 1993.

SARTI, C. A. *Contribuições da antropologia para o estudo da família.* Psicologia USP. 3 (1-2): 69-76, 1992.

SELYE, H. *Stress, a tensão da vida.* Ibrasa. São Paulo, 1965.

SHAPIRO, H.D. e GOLDSTEIN, I. B. Biohavioral perspectives on hypertension. *J. Consult. Clin. Psychol.* 50; 6; 841-51; 1982.

SINGLY, François de. La réinvention de la famille. *Label France*, n 39, abril, p. 16-17, 2000.

STROGATZ, D e cols. Social support, stress, and blood pressure in black adults. *Epidemiology*, 8; 5; 482-487; 1997.

TOFFLER, A. *O choque do futuro.* São Paulo: Artenova, 1972.

WINNICOTT, DW. *O ambiente e os processos de maturação.* Porto Alegre: Artes Médicas, 1982.

WINNICOTT, DW. *Natureza Humana.* Rio de Janeiro: Imago, 1990.

WINNICOTT, DW. *Os bebês e suas mães.* São Paulo: Martins Fontes, 1999.

WOLF, S. Psychosocial forces in miocardial infarction an sudden death. In: LEVI, L. *Society, stress and disease.* London: Oxford. Univ. Press, 1971.

SEGUNDA PARTE

O ciclo vital e a família

CAPÍTULO 9

Desenvolvimento e família

Júlio de Mello Filho

Introdução

"... a psicologia do desenvolvimento precoce, a psicologia perinatal,
a psiquiatria do bebê, não mudarão o mundo,
elas mudarão os bebês e eles mudarão o mundo. "
BERNARD GOLSE

Como psicanalista e profissional de psicologia médica, não quis deixar de abordar este tema, embora em torno de assuntos já de conhecimento de muitos, principalmente de psicólogos e psicanalistas. Talvez nem sempre com a abrangência aqui tentada, de apresentar a obra de importantes teóricos (e práticos) do desenvolvimento ao mesmo tempo. Aqui, por razões de espaço, atentemo-nos apenas à infância, particularmente à primeira infância, deixando de fora a adolescência, a idade adulta e a velhice, abordadas a este respeito em outros capítulos deste livro.

Assim, falaremos basicamente das relações das crianças com os pais, como constam dos trabalhos feitos a este respeito, com poucos dados sobre os contatos, outros com a família nuclear.

Trata-se de uma fase em que domina a cena, a figura da mãe, e durante muito tempo isto foi levado ao exagero, com exclusão parcial ou mesmo total da pessoa do pai, como se poderá constatar nas obras dos cinco grandes autores aqui apresentados[1].

Na verdade, Freud foi o verdadeiro pioneiro do desenvolvimento infantil ao lançar as bases da sexualidade infantil e da vida instintiva (pulsões de vida e de morte), dos princípios do prazer e da realidade, da importância dos afetos (amor, ódio, inveja, competição, rivalidade) ao

[1] Como Winnicott realçou muito a figura da mãe em torno de conceitos que estão se tornando conhecidos mundialmente, por algum tempo, ele foi considerado como tendo desprezado a pessoa do pai. Todavia, trabalhos atuais em nosso meio, como os de Outeiral, indicam que ele valorizou o pai em importantes atributos.

postular os narcisismos primário e secundário (decorrente de feridas da autoestima) e os até, então, desconhecidos complexos de Édipo e de Eletra.

Em seu trabalho genial, podemos vislumbrar uma primeira tópica (consciente x inconsciente) e uma segunda tópica (Id, Ego e Superego). Podemos dizer que o inconsciente domina a vida mental infantil e precoce e se relaciona com aquilo que se convencionou chamar de instinto materno, isto é, as pressões internas da mãe para cuidar do seu filho.

Freud também postulou as bases para o estudo dos importantes fenômenos da identificação e da identidade, por meio dos quais os filhos manifestam, copiam de um modo próprio, os aspectos superficiais e, sobretudo, profundos dos seus pais, e também os repelem – identidade negativa. Ele ainda concebeu a existência de defesas (contra a ansiedade e a dor) que começam a atuar desde a precoce infância: introjeção, cisão, repressão, projeção, negação, racionalização e repúdio, entre outros. Embora o ego fosse a sede principal do seu trabalho, ele criou a designação de *self* para se referir ao ser humano total.

Freud também ficou famoso pelos seus trabalhos sobre a teoria da libido e suas fases – oral, anal, uretral, fálica e genital. Para ele, o bebê inicialmente vive basicamente na fase oral devido à sua equipagem instintiva, pouca atenção, tendo dado à pessoa da mãe sua interação, seus estímulos, seus afetos. Aliás, Freud sempre escreveu mais sobre os aspectos da masculinidade, e ele mesmo dizia com a sinceridade que o caracterizava que a feminilidade era para ele um "continente escuro" do qual pouco entendia.

Sem dúvida, ele deu muita ênfase à sexualidade infantil na sua concepção de que a criança era, em sua realidade última, um perverso polimorfo, levando ao extremo suas concepções de sadismo e masoquismo. Obviamente, em estado de latência plena, podemos admitir que sim, pois na realidade Freud foi um ser amoroso que deu ênfase ao amor em sua obra. Mas o seu finca-pé no ódio e na agressividade foram necessários para uma cultura que teimava em negar estas dimensões (era vitoriana e *belle époque*, por exemplo).

Penso que Fairbairn, na sua crítica à teoria instintivista de Freud, faz uma colocação fundamental a este respeito: a libido não busca o prazer, e sim, objetos (pessoas). Todavia, não resta dúvida que Freud tirou das trevas o continente escuro da infância que assim jazia durante séculos, sendo as crianças, em via de regras, joguetes dos interesses dos adultos. Neste sentido, ele publicou os primeiros trabalhos sobre espancamentos infantis pelos pais. Afinal de contas, ele foi um grande crítico da era vitoriana, na qual nasceu.

Elegemos aqui apresentar a obra daqueles autores históricos que pavimentaram a base do edifício do desenvolvimento. Com este lastro, nossos leitores poderão penetrar melhor na obra dos autores mais atuais, como Daniel Stern, Bernard Golse e o grupo da Escola de Psicossomática de Paris.

Outros importantes teóricos do desenvolvimento não serão debatidos, por razões de espaço, como Ferenczi e Abraham[2], contemporâneos de Freud; Helen Deustch e Karen Horney, que estudaram a evolução sexual da mulher, a feminilidade e a maternidade; Margareth Mead, antropóloga que estudou a evolução sexual em culturas primitivas, Erick Ericson, a quem devemos

[2] Abraham fez preciosos acréscimos à teoria da libido postulando uma primeira fase oral, incorporativa, e uma segunda, canibalística; uma primeira fase anal, eliminatória, e uma segunda, retentiva, expressas em termos psicossomáticos, como diarreia e constipação.

preciosos estudos sobre a identidade, Bion, com seu conceito sobre a mãe como continente das projeções do filho (reverie), Masud Khan, com o precioso conceito de trauma cumulativo, Stern e os estágios do *self* infantil e outros como Oto Kernberg, André Green e Bernard Golse, estes últimos da Escola Francesa de Psicanálise. Golse é atualmente considerado uma das maiores autoridades do mundo em desenvolvimento infantil, tendo publicado múltiplos trabalhos, entre estes a questão do pai e os aspectos transgeracionais. Ele nos fala mesmo de uma psicoterapia da dupla mãe-pai do bebê.

Um grande desenvolvimento neste campo vem tendo a Escola da Psicologia do *self*, fundada por Heinz Kohut. Este postulou, entre vários novos enfoques, uma nova visão do *self*, do narcisismo e da autoestima, principalmente do narcisismo que Freud chamou de secundário, reacional a perdas, frustrações e carências. Para ele, há dois cursos da libido, um objetal, outro narcísico. Ele chamou de *self*-objetos àqueles sentidos como fundamentais ao *self*–pais, irmãos, cuidadores, amigos, terapeutas, consortes, filhos, etc. As falhas dos *self*-objetos costumam provocar uma intensa raiva nas personalidades narcísicas e, nas crianças, a fúria narcísica. Esta escola lançou as bases do que se convencionou chamar de intersubjetividade (Atwood e Storolow), isto é, a sintonia (e seus distúrbios) entre duas subjetividades diferentes, a mãe e o bebê, e a partir daí de várias duplas humanas diferentes, como o casal, a relação analista-analisando, etc.

Interessantes investigações vêm sendo feitas pela Sociedade de Psicossomática de Paris, fundada por Pierre Marty, sobretudo sobre as relações mãe-bebê patogênicas gerando somatizações. São investigados vários quadros somáticos e psicopatológicos do bebê e da criança, como a insônia do recém-nascido, o merecismo, a anorexia, o eczema, a asma, as cólicas, os vômitos espasmódicos. Como característica de base, existe nestas crianças a condição que Kreisler chamou de depressão fria ou branca, caracterizada por uma indiferença morna, sem queixas, nem lágrimas. Não há tristeza, "o próprio de sua semiologia é ser negativa" (KREISLER). É um estado similar ao que Marty designou no adulto de *depressão branca* e Spitz na criança de *depressão anaclítica*. Nas mães destas crianças também existe uma condição depressiva, geralmente a perda de uma relação significativa, sendo as mais patogênicas os abortos provocados e a morte do filho mais velho. A depressão pode se manifestar de um modo ruidoso, como um quadro melancólico pós-parto, ou uma depressão silenciosa, como a dos pacientes somáticos, configurando-se a situação de mãe presente-ausente (ou de mãe morta no dizer de Green), tornando-se, então, uma função inexistente para seu filho.

Os cinco gigantes do desenvolvimento

Depois dos trabalhos de Freud e dos seus seguidores, era necessário que outros analistas estudassem e pesquisassem este tema vital. De sua compreensão dependia mesmo o próprio futuro do ser humano, para sempre ligado às suas raízes primitivas. Surgiram, então, em torno da década de 40, cinco expoentes da psicanálise que, trabalhando com crianças, dedicaram-se a investigar em profundidade este assunto. São eles: Spitz, Bowlby, Melanie Klein, Anna Freud e Winnicott. A própria filha de Freud, considerada a sua preferida, tomou para si uma das importantes vertentes da psicanálise, dedicando-se a continuar a pesquisar um importante trabalho deixado pelo seu pai: a investigação da infância e da adolescência.

Diga-se, a bem da verdade, que estes trabalhos foram em sua feitura mais completos que os do próprio Freud, pois não se tratava apenas da reconstituição da infância em pacientes em análise, mas da observação direta de crianças e suas mães num *setting* clínico ou experimental.

Spitz e a separação materna

A obra deste grande autor compreende duas partes: a descrição dos pontos que considerou como capitais na evolução das crianças normais durante a primeira infância e o estudo das condições decorrentes da privação materna em crianças institucionalizadas.

Ele começa descrevendo o que chamou de sorriso social da criança, que ocorre no terceiro mês de vida, pelo reconhecimento da face da mãe, principalmente do que chamou de *gestalt-sinal* fronte, olhos e nariz. É uma resposta que se dá, entretanto, para com outro qualquer adulto, porém que foi elaborada por meio da percepção progressiva da face da mãe, a partir do segundo mês. A percepção do olhar da mãe para ele é fundamental. Como diz Spitz, isto significa que a criança conseguiu separar entre as coisas caóticas e sem significação que a rodeiam um elemento que se tornará cada vez mais significativo. Este momento da evolução infantil, consubstanciando progressos anteriores, representa a primeira reação afetiva da criança, indícios de memória conscientes, início do pensamento, início rudimentar do ego, início das relações sociais do ser humano, transformação da libido narcísica em objetal.

Continua Spitz, dizendo que, depois dos três meses, a criança começa a manifestar seu desagrado quando o companheiro humano a abandona e que, em torno dos seis meses, a diferenciação dos estados de prazer e desprazer é mais nítida (aumento da percepção diacrítica). Escreve, a este respeito, que privar a criança dos afetos de desagrado durante o primeiro ano de vida é tão nefasto como privá-la das satisfações, pois ambos colaboram na constituição de um psiquismo saudável.

No oitavo mês, a criança já não mais responde com um sorriso a qualquer rosto que lhe é apresentado. Ao contrário, agora distingue entre amigo e estranho. Assim, ao se apresentar o estranho, chora e esconde a face para não ver. É o que Spitz chamou de angústia do 8º mês, uma angústia ante o desconhecido, a angústia da ausência da mãe[3]. Segundo Spitz, este é o primeiro indício de uma angústia real na criança, ao contrário de outros, como Winnicott, que no chorar compulsivo dos primeiros meses já vê uma manifestação de angústia. Trata-se, assim, de uma resposta a uma percepção intrapsíquica, ao que podemos chamar de resposta a um objeto interno (M. Klein), a mãe, no caso, a sua ausência. Segundo Spitz, é uma função do ego que surge, a função do juízo. Estes dois organizadores psíquicos mostram, segundo ele, duas fases diferentes da evolução das relações objetais, demonstrando que os objetos têm sido constituídos não só no terreno das percepções visuais, porém, sobretudo, no terreno afetivo.

Uma terceira fase descrita por Spitz como marcante do desenvolvimento, que se dá ao longo do primeiro ano de vida, é o surgimento da capacidade da criança de dizer não aos pais, representando isto para ele um grande progresso que depois se manifestará novamente como comportamento básico na puberdade e na adolescência. É na infância a fase do terceiro organizador mental[4].

---

[3] Por este motivo, é fundamental que a mãe não esteja presente para que se dê esta experiência.

[4] Este seria para ele o início do processo de simbolismo.

Porém, o grande prestígio de Spitz se deve aos seus trabalhos sobre carência materna. Ele distingue as carências afetivas parciais e totais. Entre as primeiras, ele descreve o que chamou de depressão anaclítica[5], que estudou em 34 casos de 170 observados. Eram crianças que vinham de uma relação satisfatória com as mães, porém, insatisfatória com as pessoas substitutivas. Estas tinham choros frequentes e parada do desenvolvimento. Havia insônia, perda de peso e tendência a contrair enfermidades recorrentes. A expressão facial era rígida. Após o terceiro mês de separação ou ausência afetiva, surgiam gemidos estranhos, o retardo aumentava e a criança se tornava letárgica. A entrada em cena da mãe ou de uma substituta adequada fazia desaparecer o quadro com notável rapidez.

A outra situação descrita, o marasmo, corresponde ao que Spitz considerou uma carência afetiva total. Ele estudou 91 casos que tiveram uma relação satisfatória com as mães durante ao menos três meses, e depois foram entregues a uma babá que, entretanto, atendia a dez ou mais crianças ao mesmo tempo, o que representava para os bebês receberem apenas a décima parte do que necessitavam, equivalendo a uma carência afetiva total, pois as demais provisões físicas eram perfeitas.

Logo de início, estas crianças apresentavam um quadro de depressão anaclítica que evoluía para um retardo motor ainda maior, com total passividade, uma face vazia de expressão, conferindo um ar de idiotia. Surgiam espasmos musculares e movimentos estranhos dos dedos, que recordavam a catatonia. Ao cabo de dois anos, os testes de inteligência revelaram um nível de idiotia. Instalavam-se infecções recorrentes frequentes, ainda mais graves que na fase de depressão anaclítica, e este quadro marchava para a morte em 37% dos casos. Os que sobreviveram não conseguiram pôr-se de pé, andar nem falar. Aqui, o retorno da mãe ou a presença de uma substituta adequada também fazia reverter o quadro se as alterações não eram irreversíveis. Um sintoma que muito intrigou a Spitz foi a tendência à autoagressividade observada nestas crianças: bater a cabeça contra as grades da cama, arrancar mechas de cabelo. No seu entender, trata-se de uma difusão (separação) dos instintos que não se neutralizavam entre si (Freud), voltando-se à agressão contra o próprio *self*, explicando muito do quadro clínico do marasmo.

Vemos assim em Spitz uma série de pioneirismos em relação à infância e suas patologias: um pioneirismo na relação mãe-bebê e nos estágios da percepção e do desenvolvimento egoico; um pioneirismo em relação ao que se chamou depois de psicoimunologia; uma visão pioneira sobre a metapsicologia da agressão em sua relação com a fusão instintiva; um pioneirismo em relação às questões das privações afetivas.

Spitz nos mostra, sobretudo, que o afeto e o amor são fundamentais para o ser humano. Sua falta, sua ausência provocam vários quadros psíquicos e psicossomáticos. A falta de amor, por último, mata.

Bowlby e a importância da etologia

A obra deste importante autor, infelizmente pouco conhecido mesmo em meios psicanalíticos, compreende, de início, uma extensa revisão do problema dos instintos, que tanto interessou a Freud.

---

[5] De anáclise, dependência.

Resumindo sua teoria, Bowlby escreve que "a observação do modo em que se conduz um menino pequeno com respeito à sua mãe, tanto em presença desta como especialmente em sua ausência, pode facilitar em muito, nossa compreensão do processo de desenvolvimento da personalidade". Ele usou a expressão *attachment* para designar o vínculo que une o bebê à mãe. Ele estudou tanto o vínculo que une o bebê à mãe como o vínculo da mãe com o bebê (preocupação materna primária, no dizer de Winnicott). Para Bowlby, este vínculo é de início instintivo e depois afetivo. Ele também postulou que "toda antítese entre inato e adquirido é artificial". Deste modo, o que vale é a interpretação do geneticamente herdado com o ambiental.

Parte de sua revisão compreende um estudo do que se convencionou chamar de etologia (ciência dos instintos) de sistemas de controle: "Considera-se que a conduta instintiva é o resultado de sistemas de controle integrados que funcionam dentro de determinados tipos de ambientes..." (Assim) "A conduta instintiva não é produto da herança: o que se herda é certo potencial para desenvolver determinados tipos de sistemas..." Como exemplos de sistemas de controle ele aponta a conjugação de sistemas bioquímicos que permitem regular a taxa de açúcar no sangue[6].

A seguir ele estuda os processos adaptativos e recorda Darwin ao escrever que "A adaptação de uma estrutura biológica qualquer, seja morfológica, fisiológica ou relativa à conduta, se dá como produto da seleção natural (das espécies)".

Bowlby também faz preciosas considerações sobre o problema do *imprinting* na espécie humana. Trata-se de um comportamento descrito por Lorenz, em 1935, também chamado de *flash learning* (viu – aprendeu) no qual, por exemplo, crias de pato que nunca andaram, ao ver a mamãe pata passar diante deles, põem-se também a caminhar atrás desta. Bowlby aponta as seguintes características do *imprinting*: "desenvolvimento de uma preferência definida; esta preferência se desenvolve com bastante rapidez; uma vez adquirida se mantém relativamente fixa".

Ele pergunta: por que um comportamento que pertence a praticamente todas as espécies animais não existiria no homem? Para ele, o que chamou de conduta de apego se baseia no *imprinting* que se dá entre o filho e a mãe no primeiro ano de vida. E acrescenta: "Uma vez que a criança se sente fortemente apegada a uma figura em particular, pode preferi-la a todas as demais e esta preferência tende a persistir apesar da separação". Isto, para ele, é muito semelhante ao que ocorre com os demais mamíferos e com as aves nidífugas[7].

Ele descreveu cinco tipos de conduta de apego do bebê com a mãe que depois se transformam num vínculo afetivo. São condutas de buscar a mãe, de se ligar a ela: sugar, chorar, olhar, agarrar, sorrir. "Estes sistemas se organizam e se ativam de tal maneira que a criança tende a manter-se próxima à mãe".

Golse, citando Anzieu, enumera os cinco critérios de apego de Bowlby: troca de sorrisos, solidez do colo, calor do abraço, doçura do tocar e interação de sinais sensoriais e motores durante o aleitamento.

Bowlby nos recorda que a criança ao nascer, ou logo depois, já tem em funcionamento todos os seus sistemas sensoriais. Isto se conjuga com o funcionamento dos seus sistemas de

---

[6] Acredito que com o avanço dos conhecimentos poderá ser estabelecido que estes mecanismos são, na verdade, neuroquímicos.

[7] Bowlby pensava que a conduta de apego representava, nos tempos imemoriais da evolução da espécie humana, uma defesa contra o ataque dos animais predadores.

controle e com mecanismos de *imprinting* no funcionamento das condutas de apego. Tudo isto, obviamente, acrescento, tem uma contrapartida na conduta empática da mãe (Kohut), criando situações de intersubjetividade (Storlow), mantendo as trocas em níveis de intimidades.

Todas estas ideias desaguam na segunda e na terceira parte de sua obra, que podemos chamar de clínico-observacional sobre as questões para nós fundamentais da perda e da separação, do ponto de vista das circunstâncias do desenvolvimento. Ele divide suas observações em:

a) de crianças pequenas em estado de separação;
b) de pessoas de maior idade durante a separação de um ser amado, ou de uma perda permanente;
c) observações clínicas com crianças e adolescentes que experimentaram uma separação prolongada ou perda, incluindo aqueles com várias formas de ansiedade e depressão aguda ou crônica[8]. Falando de crianças institucionalizadas, ele se refere à importância da pessoa do cuidador, de suas qualidades positivas ou negativas para esta tarefa. A criança separada da mãe apresenta de início uma intensa ansiedade, quase incontrolável. Ao voltar para o lar, mostra geralmente um grande desapego emocional para com a mãe, como se estivesse se vingando, rejeitando-a (depende do tipo de separação), precedendo um lapso de tempo após o qual volta para ela com grande afinco. Entre os efeitos nos adultos com relação às separações infantis, cita os neuróticos ansiosos e reivindicadores, que não conseguem estabelecer ligações afetivas de profundidade.

Lebovici, numa revisão da obra de Bowlby, escreve que, embora sua obra fosse realizada na Inglaterra, na Tavistock Clinic, perto do berço kleiniano, ele não seguiu as ideias kleinianas em razão de sua objetalização do seio (em vez da mãe)[9]. Ele se dirigiu mais para a Escola Húngara de Psicanálise, para Michael Balint com sua teoria do *amor primário* e o *sentimento oceânico* entre mãe e bebê. Em função de suas pesquisas, ele postulou uma pulsão primária, de fixação ou vínculo, de natureza não libidinosa. Ao longo de sua lenta evolução ele tentou integrar elementos das teorias de comunicação e sistêmica aos seus próprios achados.

Lebovici comenta que as consequências desta revisão foram numerosas. Elas vão tocar nos conceitos de prevenção em saúde mental em crianças pequenas. As observações sobre hospitalismo de Spitz e de Bowlby levaram a recomendar o prolongamento das licenças-maternidade para evitar afastamentos precoces da dupla mãe-bebê. Porém, foi uma luta a obtenção destes avanços. Margareth Mead, famosa antropóloga aqui citada, escrevendo numa monografia da Organização Mundial de Saúde, pronunciou-se radicalmente contra a medida, dizendo que estas visavam sabotar os progressos no reconhecimento dos direitos das mulheres, impedindo-as de trabalhar e confinando-as no lar.

---

[8] Os trabalhos de Bowlby foram fundamentais para a compreensão dos estados de luto e a sua contribuição foi mesmo premiada pela Organização Mundial de Saúde. Colin Parkes, a maior autoridade mundial sobre luto na atualidade, foi seu discípulo e, no seu mais famoso livro, *Luto*, reconhece o quanto deve a seu mestre.

[9] Bowlby também não quis seguir o caminho de Spitz por achar que este se tornou excessivamente freudiano e que isto prejudicou o seu trabalho.

> De fato, a experiência mostrou largamente que, nas classes desfavorecidas da população, os bebês eram muitas vezes hospitalizados por ocasião de uma doença benigna... que as creches contribuíam para agravar a carência em experiências positivas, que, enfim, as crianças eram colocadas sem precaução na casa de nutrizes mercenárias, sem que estas últimas tivessem recebido qualquer formação.

Lebovici também se refere à condição das crianças com um *passado lamentável* que desenvolveram retardo intelectual (oligofrenia emocional) ou se tornaram psicopatas.

Escreve Winnicott que se deve a Bowlby o fato de haver um relacionamento entre uma privação emocional e a tendência antissocial[10], no período em que a criança começa a dar os primeiros passos.

> Quando existe uma tendência antissocial, houve um verdadeiro desapossamento (não uma simples carência), quer dizer, houve perda de algo bom que foi positivo na experiência da criança até uma certa data e que foi retirado; a retirada estende-se por um período maior do que aquele em que a criança pôde manter viva a lembrança da experiência[11].

Na descrição das crianças de Bowlby, predominam as situações de ansiedade de perda, enquanto nas de Spitz, os quadros depressivos – depressão anaclítica. Será que isto se ligaria ao tempo da separação? Ou à natureza do cuidador, mais ou menos empático?

Curiosamente, um não cita o outro nos seus textos, só na bibliografia. Assim, são os grandes pensadores. Por vezes, desconhecem a obra de outros criadores, principalmente se estes são produtos de uma mesma geração.

Melanie Klein e os estados primitivos da mente

De origem austríaca, mas tendo trabalhado basicamente na Inglaterra, Melanie desenvolveu uma obra profundamente original que, entretanto, desperta até hoje muitas reações pelo seu inusitado e radicalismo. Para ela, a criança já nasce com um ego rudimentar, ao contrário do que pensam Spitz, Anna Freud e a grande parte dos analistas. Ela propõe um desenvolvimento mental arcaico que se dá, sobretudo, nos seis primeiros meses de vida. A sua criança é, como a de Freud, basicamente oral. Ela levou às últimas consequências o conceito de instinto de morte de Freud, sede da agressividade e da destrutividade por toda a vida. Para ela, a inveja também é inata, conceito, entretanto, não aceito pela grande maioria dos psicanalistas.

Para Melanie, os mecanismos de defesa primitivos começam a atuar muito cedo: cisão, projeção, idealização e negação[12]. Como a mãe sempre falha no atendimento ao bebê, este, desde

---

[10] Nome dado por Winnicott à tendência da criança ou do adolescente ao roubo e à destrutividade (*fazer bagunça*) como reação a uma ou mais carências na precoce infância. Ele distingue a tendência antissocial da delinquência, onde o menor tira proveito de sua ação antissocietária.

[11] Vemos aqui Winnicott reconhecer a contribuição de Bowlby para um tema, a tendência antissocial.

[12] A descrição de funcionamento mental dos mecanismos de defesa precoces é uma de suas grandes contribuições para a clínica, permitindo descrever muitos aspectos da mente do psicótico e dos pacientes chamados *borderlines*.

o início da vida, a divide por cisão em duas mães aparentemente agindo separadamente: a mãe que frustra as amamentações é a mãe má, persecutória, que passa a ser odiada; a mãe que gratifica é a mãe boa, a mãe idealizada. Esta é a fase inicial, esquizo-paranóide, da vida de toda criança, que se mantém nos três primeiros meses da existência. A seguir, a criança, com o desenvolvimento de suas percepções, constata que a mãe que frustra é a mesma que gratifica e pode, então, unir as duas imagens fantasiadas[13]. Esta é a chamada posição depressiva[14], o momento básico da evolução infantil, pois significa que o ódio da mãe má e os ataques feitos a ela na fantasia foram dirigidos ao mesmo ser que a criança ama: a mãe boa e gratificante. Daí surgem a culpa e uma ansiedade especial, a ansiedade depressiva, que é o oposto da ansiedade persecutória, vivida na posição esquizo-paranóide. Estas concepções sobre culpa e depressão tiveram uma grande repercussão na compreensão do psiquismo de crianças de mais idade, bem como do adulto, sendo fundamentais na visão psicanalítica dos lutos patológicos.

Hoje, o consenso para a maioria dos estudiosos do assunto é de que os fenômenos da posição depressiva se fazem em torno dos 12 meses. Melanie Klein também postulou que a criança, após a posição depressiva, elabora outro importante processo mental: a reparação, isto é, a capacidade de reconstruir os danos que na fantasia infligiu à mãe, substituindo o ódio por amor, saindo deste modo da culpa depressiva para a culpa reparadora. Isto permite dividir os seres humanos em dois grandes grupos: o dos neuróticos, capazes de ter sentimentos de culpa e poder fazer reparações e, do outro lado, os destituídos de culpa, compreendendo parte dos perversos e dos psicóticos e, basicamente, os portadores de distúrbios de caráter.

Ela também descreveu um funcionamento mental primitivo, a identificação projetiva, através do qual uma pessoa força e penetra partes do seu psiquismo no de outros, livrando-se deste modo de incômodos sentimentos (de culpa, sobretudo, e de inferioridade) que passam a ser vividos pelo outro. Este conceito foi desenvolvido após sua morte por Bion, seu discípulo.

Melanie Klein construiu seu trabalho com crianças de sua clínica privada, e uma das críticas que lhe são feitas é a de que elaborou seus conceitos trabalhando com crianças muito enfermas psiquicamente, sobretudo psicóticas. Uma das grandes contribuições de Klein é a sua visão do funcionamento dos dois grandes mecanismos mentais (não apenas de defesa), a introjeção e a projeção. No que descreveu como identificação introjetiva e projetiva temos a formação de um mundo de introjetos (objetos internos) e de elementos a serem eliminados, projetados. Assim, formamos um mundo interno, povoado de objetos bons e maus segundo o funcionamento da nossa percepção e a ação de nossas fantasias inconscientes sobre a visão do mundo real.

Melanie Klein aceitou integralmente as ideias de Freud, complementando-as. Assim, a sua visão de complexo de Édipo é muito original. Ela concebeu o que chamou de complexo de Édipo precoce que se dá em crianças pequenas segundo a fase da libido que estejam vivendo. Deste modo, crianças na fase oral imaginam o coito dos pais (cena primária) como se estes estivessem se sugando ou se mordendo; na fase anal, como se estes estivessem se sujando. Diga-se, a bem da verdade, que as teorias de Melanie Klein sobre o psiquismo precoce foram elaboradas

[13] Como podemos deduzir destes exemplos, Melanie Klein deu plena ênfase ao uso da fantasia pela criança – um dos pontos altos do seu trabalho – mormente as fantasias que se processam no inconsciente.

[14] Designação está muito discutível, antropomorfizada, pois é inverossímil que uma criança desta idade sinta depressão.

sobre sua experiência clínica com crianças. Aqueles que dela discordam colocam que crianças normais não apresentariam tais fenômenos. Entre nós, Elias Mallet R. Barros escreve:

> De posse de uma técnica psicanalítica que lhe possibilitava tratar crianças, e de um sistema conceitual que permitia compreender a vida mental de seus pacientes, Klein dedica-se a aprofundar suas ideias a respeito da transferência e desenvolve uma técnica interpretativa que a diferencia de outros analistas da época[15]... A concepção interpretativa preconizada por Melanie Klein privilegia a ansiedade como centro da interpretação. Esta dirige-se à fantasia inconsciente subjacente à relação estabelecida com o analista, fantasia que contém tanto a ansiedade como os mecanismos de defesa utilizados contra ela.

A seguir, Mallet se refere ao conceito de objeto interno, muito útil no entendimento de um mundo de objetos internos em oposição aos nossos objetos externos e cita Baranger "quanto ao perigo de uma deformação que consiste em se lidar com o conceito de objeto interno como se se tratasse de uma coisa que tivesse uma identidade própria, identificação do sujeito". E, sobre o conceito de identificação projetiva, coloca Mallet:

> A grande novidade consistia na teoria que permitia compreender a interação existente entre introjeção, projeção e identificação ocorrendo simultaneamente em relação ao mesmo objeto... A compreensão desta forma narcísica de relação objetal cria condições para o desenvolvimento da análise de psicóticos[16]... Inicialmente, a identificação projetiva foi descrita como um mecanismo patológico por si. Posteriormente a própria Melanie Klein passou a considerar que este fazia parte de processos necessários ao desenvolvimento normal e somente seu excesso seria patológico.

Melanie Klein, dona de forte liderança, juntou em torno de si um grupo de fiéis seguidores que tem elaborado uma série de importantes trabalhos teóricos e técnicos para a psicanálise. Pela sua relevância, podemos citar: diferenciação entre a personalidade psicótica e não psicótica (Bion), formação de símbolos (Hanna Segal), aspectos agressivos do narcisismo (Rosenfeld), organizações patológicas da mente (Steiner), contratransferência normal e seus desvios (Money--Kyrle), o paciente de difícil acesso (Betty Joseph), análise de crianças hoje (Esther Bick), morte e crise de meia idade (Elliot Jacques).

Quanto a uma de suas principais contribuições, a posição depressiva, podemos acrescentar que esta é uma elaboração que dura toda uma vida e que se relaciona com o que Winnicott chamou de etapa da consideração (pelo outro), e com o que Lacan colocou sobre o princípio de toda ética, a ética do outro.

No seu último livro, ao contrário dos primeiros, eivados de situações agressivas, predomina basicamente o amor, de filhos e de pais, desde o título Amor, ódio e reparação.

---

[15] Klein preconizava o uso de interpretações precoces e profundas, postulando que estas levariam ao *insight* do paciente. Winnicott propunha um modelo quase inverso de interpretações que deviam, de preferência, ser *descobertas* pelo próprio paciente.

[16] O grupo kleiniano sempre foi o mais interessado na análise de psicóticos e de pacientes com um predomínio da parte psicótica da personalidade. Winnicott também contribuiu muito para a análise de psicóticos, mormente com o seu conceito de ansiedades de desintegração. O seu trabalho é pleno de casos de pacientes borderlines e esquizoides, isto é, pré-psicóticos.

Winnicott, o *holding* e a transicionalidade

"Um bebê, existe isto, um bebê?"
Winnicott, ao acentuar que não se pode falar de um bebê sem descrever os cuidados maternos que o fazem existir.

Em *O Ser e o Viver: uma introdução à obra de Winnicott*, escrevo

> Winnicott foi um dos principais autores em psicanálise a dar ênfase a este fato óbvio, presente em todas as ciências, da biologia, a filosofia e a metafísica, de que somos o produto de uma integração constante e permanente com o meio, resultado do encontro dos processos de maturação com um ambiente facilitador, que possibilita o desenvolvimento destas potencialidades.

Ele fala da relação mãe-bebê desde o útero ao dizer que quando a mãe está ansiosa isto se reflete na composição do seu sangue e, deste modo, o feto é atingido[17]. Também postulou que desde o final da gravidez até os primeiros meses de vida do bebê ela entra em um estado de ligação total com o filho, a *preocupação materna primária*, graças as suas propriedades intero-propioceptivas, ficando atenta a todas as manifestações de vida do filho, desligando-se do ambiente e funcionando mesmo como se fosse uma pessoa psicótica[18].

Ele criou a expressão *mãe suficientemente boa* ou *mãe devotada comum* para se referir à mãe habitual, que não precisa ser ótima, porém, de todo adaptada ao seu papel, cuidando do seu bebê com carinho e devoção. De tal modo, ele enfatizou a importância da mãe, dos pais e da família, que foi mesmo considerado um *ambientalista* pela escola kleinianas pelo fato de esta enfatizar, sobretudo, o papel dos instintos.

Para Winnicott, o papel essencial do pai é o de funcionar como um escudo protetor da dupla mãe-bebê e como substituto da mãe quando isto se fizer necessário. Com o tempo, ele se torna o *ambiente indestrutível*, contendo a criança em sua agressividade, dando-lhe limites, construindo um espaço para circunscrever sua ação.

A função materna recebeu dele a designação de *holding*, do inglês segurar, conter, dar um colo, um acolhimento. A mãe, ele disse, fornece um *holding* físico, por vezes ao filho, mas lhe dá continuamente um *holding* psíquico[19].

Quando há falhas grosseiras da função materna, a criança de colo sente o que ele denominou de *angústias de aniquilamento*, expressas nas sensações de ter o corpo desintegrado, despedaçado, ter vertigens, cair num espaço sem fim[20]. É o *holding* que tira a criança deste estado, no qual o *id* funciona de modo direto e caótico. No seu dizer, o funcionamento do *id* é como se fosse para

---

[17] Ele se antecipou desta forma ao que se sabe atualmente sobre a ação dos neurotransmissores da mãe sobre o feto.

[18] Isto explica as frequentes manifestações de ciúmes dos pais, levando-os a não respeitarem os filhos recém-natos.

[19] Por meio do importante fenômeno da empatia, isto é, se colocar no lugar do outro e sentir suas necessidades. Necessidade, ele disse, é uma palavra mágica.

[20] Estas angústias são comuns em estados psicóticos ou em pacientes fronteiriços, nos quais a desintegração e a ameaça de caos estão entre os principais sintomas.

o Ego do bebê uma espécie de ribombar de trovões, caracterizando a fragilidade inicial, psicobiológica do bebê. É exatamente o *holding* que dá apoio ao ego rudimentar dos primeiros meses de vida e possibilita que este, mais tarde, com toda a ação positiva do meio ambiente, dome o *id*, usando-se aqui a célebre metáfora de Freud do cavaleiro domando o cavalo.

Deste modo, as ideias de Winnicott servem de acesso à compreensão das angústias psicóticas, como na síndrome do pânico.

Winnicott descreveu três fases no desenvolvimento infantil: dependência absoluta, dependência relativa e rumo à independência. Na fase de dependência absoluta (que está sendo descrita), ele se sente fundido com a mãe, não distinguindo ambos como objetos separados[21]. É a fase de a mãe ser um objeto subjetivamente concebido pelo bebê, isto é, ela como que não tem existência própria. A dependência absoluta dura até os três ou quatro meses de vida.

Na fase de dependência relativa, com o progredir do sensório do bebê, ele já é capaz de ter percepções da mãe como um objeto separado ao ouvir, por exemplo, os ruídos da cozinha que lhe anunciam que a amamentação está para chegar[22]. É na fase da dependência relativa que a figura do pai começa a se apresentar e que se dá a angústia do oitavo mês de Spitz. Esta fase se situa até o primeiro ano de vida.

O período do rumo à independência – que define sua concepção de que o ser humano nunca é de todo independente – se inicia com os primeiros passos, com a fala, com o reconhecimento das pessoas, dos irmãos[23] e demais familiares próximos. É a fase do objeto objetivo reconhecido como tal, em construção desde a dependência relativa. Nesta fase, tem suma importância, segundo ele, a capacidade de estar só, construída desde os momentos em que a criança está só na presença da mãe, geralmente brincando, podendo introjetar sua imagem calma e tranquila. Daí, com esta imagem dentro de si, já pode brincar ou estar sozinho sem a angústia simbiótica, fóbica de ter a mãe fundamentalmente junto a si. Ele chamou este processo de *capacidade de estar só*, designação esta que ficou consagrada.

Por tudo isso, o bebê passa a distinguir um *eu* de um *não eu*, separados fundamentalmente pela pele funcionando como membrana delimitadora. Assim, ele começa a ter um dentro e um fora e um esquema corporal. O resultado desta interação de fenômenos é a possibilidade de o bebê alcançar o estágio de *ser uma pessoa*[24]. Tudo isto leva à construção de um *self*, do inglês eu, representando a pessoa, o ser total, contendo *Id*, Ego e Superego, o corpo e suas funções.

Winnicott postulou uma dicotomia na constituição do *self*, formado por um verdadeiro *self* e um falso *self*. Para ele, o verdadeiro *self* é representado pelo corpo, pelos instintos, pelo funcionamento do coração e dos pulmões e o falso *self* surge no processo do desenvolvimento, quando o filho cede aos erros da mãe e não protesta – chorando, por exemplo, – e daí passa a conciliar e a imitar os mais poderosos do que ele[25].

---

[21] Corresponde à fase simbiótica da Margareth Mahler.

[22] Como a amamentação é uma função, ela pode se realizada por pessoas outras que não a mãe, com um prejuízo relativo para a saúde mental do bebê.

[23] Penso que de início, em condições normais, irmãos entram substituindo funções maternas e paternas, estimulando jogos e apresentando o mundo em pequenas doses.

[24] MELLO FILHO, J. *O Ser e o Viver.*

[25] Em *Vivendo em um país de falso*-selves, eu postulo que esta é uma base para aprender a enganar e para viver de ludibriar os outros, e que isto pode ser um importante fato na trajetória de políticos, pessoas

Ele também se interessou muito pelas questões do brincar, na terapia e na vida em geral. Assim, não apenas utilizou os jogos para lidar com as crianças que tratou[26] como elaborou toda uma teoria sobre o brincar. Postulou que a partir da fase do desmame a criança – em torno do oitavo mês geralmente – busca um substituto para a mãe e que a *abandona* encontrando um *objeto transicional* na figura de um ursinho ou na ponta de um cobertor, entre outros.

O objeto transicional – que é sentido ao mesmo tempo como a própria criança e a mãe – é para ele a base do simbolismo, do brincar e de toda a atividade lúdica. Extrapolando a questão do desenvolvimento, ele viu aí o gérmen da própria atividade terapêutica, da criatividade e da cultura, que se fazem no espaço entre o sujeito e o objeto, ou espaço potencial, raiz de toda comunicação humana.

Além dos objetos transicionais, ele descreveu também os fenômenos transicionais, representados principalmente pela música e pela religião. Em relação à patologia da transicionalidade, ele citou o uso de drogas, o talismã dos rituais obsessivo-compulsivos, o fetichismo e o roubo[27].

Pesquisando a este respeito, Horton postula que a área do consolo[28] – nome que ele dá à área transicional – está presente nos relacionamentos de intimidade, nas práticas de saúde e nos fenômenos religiosos e místicos.

Winnicott também postulou a existência de dois tipos de criatividade. Um primeiro tipo está ligado aos elementos femininos da personalidade e diz respeito ao ser; o segundo é a criatividade masculina, voltada para o fazer[29].

A criatividade ligada ao ser se relaciona com a feminilidade e com a maternidade, elementos essencialmente femininos. Já a criatividade ligada ao fazer se relaciona mais com a masculinidade, com a tendência à atividade mais própria do homem. Ele escreveu uma frase que ficou famosa a este respeito: "Primeiro ser e depois fazer, mas, antes de tudo ser".

Estes conceitos têm uma aplicação imediata para a questão do verdadeiro e do falso *self*. Assim, o verdadeiro ser é aquele que é possuidor de um *self* espontâneo, criativo e bem integrado. O falso *self* é aquele que faz as coisas compulsivamente, vivendo uma vida de *colecionador de futilidades*.

Winnicott, além da atenção que deu às relações precoces, estudou a família nas várias fases do desenvolvimento e escreveu preciosos trabalhos sobre a fase escolar, bem como sobre a adolescência, ao disser que todo adolescente mata na fantasia seus pais e este parricídio é mesmo necessário ao seu desenvolvimento.

Ele criou a teoria dos círculos sociais e sobre isto escreveu:

> A contribuição dos pais para a família que eles estão construindo depende muito de sua relação geral com o círculo maior, em volta deles, seu meio social mais próximo. Pode-se pensar em círculos cada vez maiores, cada grupo social dependendo, para o que ele é interiormente, do seu relacionamento com outro grupo social externo. Naturalmente os círculos se sobrepõem.

---

envolvidas com corrupção, advogados, empresários, prostitutas, podendo também jogar um importante papel no fenômeno da delinquência consumada.

[26] Criando os famosos *squigles*, jogos dos rabiscos, em que ele e a criança desenhavam um mesmo objeto conjugadamente.

[27] Em vez de serem repositários de criatividade, levam ao vazio existencial, as manobras estereotipadas, à negação da cultura e de uma vida plena de significados.

[28] Porque é bastante forte para afastar a dor existencial.

[29] Para ele, ambos os elementos coexistem nos dois sexos, mas predominam em um dos dois.

Davis e Wallbridge, baseando-se nestas ideias, criaram o seguinte diagrama:

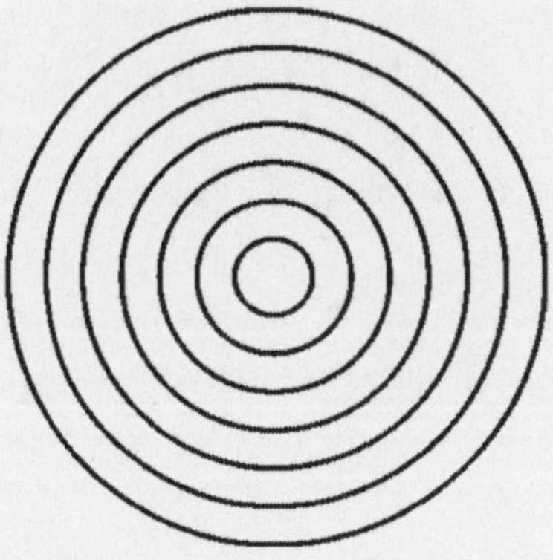

O primeiro círculo representa o pai protegendo a unidade simbiótica mãe-bebê. O segundo círculo é o da família, constituída por irmãos, avós, tios, empregados. O terceiro círculo representa o colégio, colegas, professores. O quarto círculo é o bairro onde se mora, com as casas de comércio, as conduções e a presença eventual da polícia. O quinto círculo representa os outros bairros, os clubes, os restaurantes, os amigos mais distantes. O sexto círculo é a periferia da cidade, para aonde se vai só eventualmente. O sétimo círculo representa o país onde se vive.

Cada círculo exerce uma pressão para não ser ultrapassado. Se a pressão é muito intensa, temos o círculo rígido e o indivíduo tende a ficar em casa, a não sair, a não procurar amigos. Se o círculo é frouxo, dá-se uma tendência centrífuga, a nunca estar em casa, ganhar a rua, à vadiagem.

Estes autores, que escreveram um importante livro sobre a obra de Winnicott, dizem que os círculos representam uma relação dialética entre o risco e a segurança. Ultrapassar cada círculo é um risco, um desafio à segurança. A tendência ao desenvolvimento gera os riscos e a necessidade de segurança (representada pelo superego e pelas imagens paternas) gera a prudência que, se exagerada, leva ao imobilismo.

Estes fatos são muito nítidos em se tratando de pessoas na adolescência. Winnicott deixou uma imensa obra que guarda a marca de sua genialidade e que abrange o estudo do desenvolvimento humano e da família, a educação infantil, o estudo da criatividade[30] e da cultura, o fenômeno que chamou de tendência antissocial e a delinquência, a análise de adultos e de crianças com uma série de adaptações técnicas, uma nova compreensão dos pacientes psicossomáticos, esquizoides, *borderlines* e psicóticos.

Anna Freud e as crianças da guerra

"As pessoas se esquecem de levar em conta o quanto a criança deve sofrer com o fato de precisar tanto de ajuda".

(Anna Freud)

[30] Para ele a criatividade não é somente uma obra de arte, é o modo de se dar uma aula, de se vestir ou fazer um arranjo culinário.

Anna Freud, outra dos grandes do desenvolvimento, tem sua obra pouco conhecida no Brasil. Sua vida foi marcada pela presença forte do pai. Ele, a princípio, pareceu decepcionado com o fato de ela ter nascido mulher, conforme escreve Janet Sayers em *Mães da psicanálise*, mas depois fez dela sua filha preferida, principalmente por ter se tornado médica, passando a funcionar como confidente, assistente e uma espécie de secretária. Ela teve, a princípio, uma relação distante da mãe, que menosprezava a psicanálise[31], para depois aproximar-se muito desta.

Freud também dissuadiu a filha de se casar com vários analistas pretendentes, caracterizando o vínculo incestuoso entre os dois. Durante a prolongada enfermidade (câncer de boca) que vitimou seu pai, ela foi uma infalível companheira, cumprindo a trajetória descrita pelo próprio Freud, ao escrever sobre as mulheres edipianas, que tinham como sina acompanhar os pais na velhice. Em razão de tudo isto, Anna nunca veio a se casar.

Depois de um breve período como psicanalista de adultos, ela passou a trabalhar com crianças por toda sua vida profissional. Além do seu consultório psicanalítico, lidou com crianças e adolescentes em várias instituições, em creches, orfanatos e hospitais, principalmente durante a guerra.

Anna foi uma severa crítica de Melanie Klein e, durante muito tempo, ela e Klein (e os respectivos grupos) se revezaram na Sociedade Britânica de Psicanálise por meio de contendas sem fim. Para ela, a técnica dos jogos, por exemplo, não era a análise infantil em si, mas sim uma forma de se chegar ao inconsciente da criança. Assim, a análise sempre se dava pela palavra, como afirmava Freud. Já Melanie Klein acentuava os aspectos pré-verbais e a importância da fantasia inconsciente. Ela também enfatizava que as atitudes infantis em relação à mãe e ao analista poderiam ser diferentes e até mesmo antagônicas, diante do que dizia Klein ao postular uma identidade entre ambas. Na verdade, argumentava Anna, uma relação poderia mesmo ser o oposto da outra. E a criança precisa de experiências diferentes para confrontá-las, acrescento.

Ainda sobre estas divergências, ela postulou que a análise de crianças só poderia ter sucesso com o apoio dos pais, e não em todas as instâncias, como afirmava Klein. Para Anna, o analista funcionaria sempre – como Freud postulou para os adultos – como *ego auxiliar*.

Anna constituiu vários grupos em torno de si. Ainda em Viena foram seus discípulos, que deixaram nomes na psicanálise: Bibring, Marianne Kris, Anne Reich, Margareth Mahler, Edith Sterba, Baxbaum e Lump de Groot, todas as mulheres. Ela também foi inspiradora do *Psychoanalytic Studies of the Child*, uma famosa revista de psicanálise de fama mundial. Em seu livro mais famoso, publicado em 1936, *O Ego e seus mecanismos de defesa*, ela aprofunda este estudo feito pelo seu pai e acrescenta a descrição de novas defesas baseadas em suas experiências com a maternalização, como a *rendição altruísta* e a identificação com o agressor. Este último mecanismo permite explicar uma série de fatos psicológicos e sociais, como a identificação de um filho com um pai que o agride ou de toda uma maioria de uma população com o poder agressor, como houve com parte do povo do Brasil diante dos governos militares.

Para Anna, era preciso primeiro prestar atenção ao Ego para podermos chegar ao *Id*. Ao voltar-se para o Ego, afirmou ela, ampliava-se o alcance da psicanálise, que passaria a abranger

---

31 Provavelmente, por ciúmes do marido e da filha em relação à atividade profissional.

a área do caráter. Anna acentuou os efeitos negativos dos mecanismos de defesa formadores de sintomas, porém, também os aspectos adaptativos[32] que levam à saúde mental, ao contrário de seu pai, para quem as defesas eram quase sempre patológicas[33].

A guerra, com os constantes bombardeios de Londres pela Alemanha, foi uma importante experiência profissional para Anna, assim como para Bowlby e Winnicott[34].

Ela escreve categoricamente que não é a situação do bombardeio em si que apavora a criança. É a ausência da mãe ou o pânico desta, como fator de identificação – a identificação com o fraco, digamos. Escreve ela a respeito das crianças separadas das mães: ... "a situação de perigo dos ataques aéreos e de dormir no metrô (com as mães) (era) o estado de bem-aventurança a que todas desejavam voltar". Ela criticou duramente o governo inglês pela medida *protetora* de evacuar as crianças para longe dos pais.

Particularmente, daninha era a separação repentina e seus efeitos eram ainda piores porque as crianças as viviam como rejeição, castigo ou efeitos dos seus maus sentimentos edipianos. Ela desenvolveu um trabalho com os pais que visitavam os lares infantis coletivos e se solidarizou com estes pela apropriação que os internatos faziam das funções parentais.

Depois de negligenciar por tanto tempo a maternalização, Anna passou, nessa época, a enfatizar publicamente sua importância frisando que ela servia de padrão para todas as relações posteriores. Sua ausência, escreveu, motivava uma regressão do apego afetivo da criança para um apego apenas físico, para a agressão e os acessos raivosos, como também para a perda de controle dos esfíncteres. Nessa mesma linha, começou a realizar nestas instituições grupos familiares, num trabalho pioneiro neste campo, sendo estes incorporados à legislação britânica de assistência ao menor.

O trabalho de Anna nos internatos infantis também deu margem a várias modificações e avanços que estão sendo incorporados na medicina atual. Assim, no seu trabalho com a pediatria e a psicologia médica, ela deu ênfase à importância da separação da mãe durante as internações, recomendando a prática do hoje chamado alojamento conjunto, sugerindo que as mães participassem sempre dos cuidados físicos dos seus filhos internados. Ela também frisou que as mães, muitas vezes, estavam em melhores condições de compreender as reações psicológicas à doença do que a equipe médica, por ser esta fragmentada. Anna também escreveu que as crianças com longas internações tendem a se tornar hipocondríacas, e que uma pequena intercorrência médica pode causar mais angústia que uma exposição à guerra.

Lidando com a identidade profissional, ela escreveu que os médicos separam a mente do corpo, os professores o pensamento do sentimento, e os advogados os aspectos financeiros e morais das considerações emocionais.

Quanto à etiologia da sintomatologia psíquica dos adultos, pensava que seus sintomas condensavam várias perturbações infantis diversas. Tampouco, a patologia era sempre provocada

---

[32] Foi baseado nestes conceitos que Hartman postulou a teoria das esferas do Ego livres de conflito que se tornou muito valorizada nos meios psicanalíticos dos Estados Unidos, sobretudo.

[33] Klein também acentuou o uso normal dos mecanismos de defesa, tais como a introjeção, projeção, identificação, cisão.

[34] Winnicott elaborou as suas famosas teorias sobre o que chamou de a tendência antissocial e a delinquência estudando, como Anna Freud, crianças afastadas de seus lares, em estado de privação afetiva.

pela mãe[35], a *mãe rejeitadora*, como era corrente na psicanálise do pós-guerra[36] e, diz ela, a criança sempre se sentirá rejeitada pela mãe, em maior ou menor grau, dada a hipersensibilidade infantil.

Embora concordando com Bowlby que a presença da mãe é fundamentalmente necessária para a criança pequena, ela discordou dele ao afirmar que a conduta de apego é basicamente instintiva. Ela é igualmente imbuída de aspectos psicológicos, como o universo do desejo e da fantasia.

Ainda quanto à psicanálise clínica Anna afirmou que tudo depende – como Freud pensava – da força do Ego e que não se deve enfatizar a análise do Ego nem a do Id, e sim, trabalhar os conflitos entre as duas instâncias. Deste modo, a análise caminha, como a vida, ao longo de movimentos de progressão e de regressão.

Nos seus cursos de psicanálise, ela instituiu a chamada observação de bebês, que é hoje adotada em quase todas as sociedades de psicanálise[37]. Entretanto, Anna nunca admitiu que a relação mãe-bebê precoce pudesse se manifestar na transferência e, por isto, sempre se opôs à chamada *psicanálise maternalizante* praticada por Melanie Klein, Winnicott, André Green e outros analistas. Ela só acreditava na análise a partir do Édipo e do substrato da palavra.

Todavia, indagamos, parafraseando Sayers, uma teoria e uma prática que levam em conta todo o tempo a pessoa da mãe, as influências de sua separação, a importância da mãe na evolução da libido, na vida institucional, nas doenças mentais e orgânicas da criança, isto não é também uma psicanálise maternalizante?

Referências

BOKANOWSKY, T. *Sandor Ferenczi*. São Paulo: Via Lettera, 2000.

BOWLBY, J. *El vinculo afetivo*. Buenos Aires: Paidós, 1976.

BOWLBY, J. *La separation afetiva*. Buenos Aires: Paidós, 1976.

BOWLBY, J. *Perda*. Buenos Aires: Paidós, 1976.

ENDE, P. N. René Spitz, Dialogues from infancy, Selected Papers, E. P. N. Ende, Int Univ. *Press*, New York, 1983.

ERIKSON, E. H. *Infancia y sociedad*. Buenos Aires: Hormê, 1970.

FAIRBAIRN, W. R. *Estudio psicanalítico de la personalidad*. Buenos Aires: Hormê, 1962.

FRAIBERG, S. *Insights from the blind*. New York: Basic Books, 1977.

FREUD, A. Normality and pathology in childhood. In: *The Writings of Anna Freud I*. New York: Int. Univ. Press, 1965.

FREUD, A. *O ego e seus mecanismos de defesa*. Rio de Janeiro: Editora Civilização Brasileira, 1972.

[35] E não pelo pai, o "pai castrador" como nos anos iniciais de Freud.

[36] Como é ainda comum na visão de muitos analistas, terapeutas e leigos no mundo atual.

[37] Trata-se de uma observação do comportamento do bebê e da sua relação com a mãe e, por extensão, com a família nuclear, na qual o observador é em princípio neutro para não interferir com o campo a ser pesquisado. Atualmente, em certos círculos, o observador participa mais ativamente e mesmo pode prestar orientação. Todavia, a técnica mais adotada é a preconizada pela psicanalista inglesa Esther Bick.

FREUD, S. *Three essays on the theory of sexuality*. Standard Edition. Londres: Hogart Press, 1976.

GOLSE, B. *A transmissão psíquica no desenvolvimento e na formação*, apresentado na Sociedade Brasileira de Psicanálise do Rio de Janeiro, 2002.

GOLSE, B. *Sobre a psicoterapia pais-bebês*: narratividade, filiação e transmissão. São Paulo: Casa do Psicólogo, 2003.

GREEN, A. *André Green e a Fundação Squiggle*. Rio de Janeiro: Editora Roca, 2003.

GREEN, A. *Sobre a loucura pessoal*. Rio de Janeiro: Imago, 1988.

HARTMAN, H. *Ego psychology and the problem of adaptation*. New York: Int Univ. Press, 1958.

HERZOG, J. M. On father anger: The father's role in the modulation of agressivity and fantasy, In: *Father and Child*. Boston: Litttle Brown, 1982.

JACOBSON, E. *The self and the object world*. New York: Int. Univ. Press, 1964.

KERNBERG, O. *Agressão nos transtornos de personalidade e nas perversões*. Porto Alegre: Artes Médicas, 1995.

KHAN, M. M. R. *Psicanálise*: teoria, técnica e casos clínicos. Rio de Janeiro: Francisco Alves, 1984.

KHAN, M. M. R. *The concept of cumulative trauma*. The psychoanalytic. St. of Child, 18:283,1963.

KLEIN, M. *Contribuiciones al psicoanalisis*. Buenos Aires: Hormê, 1964.

KLEIN, M. *Desarollos em psicoanalisis*. Buenos Aires: Hormê, 1962.

KLEIN, M. *Nuevas direcciones em psicoanalises*. Buenos Aires: Paidós, 1965.

KOHUT, H. *Analisis del self*. Buenos Aires: Amorrut, 1977.

KOHUT, H. *La restauracion del si-mismo*. Buenos Aires: Paidós, 1980.

KOHUT, H. *Self e narcisismo*. Rio de Janeiro: Zahar, 1984.

KREISLER, L. *A nova criança da desordem psicossomática*. São Paulo: Casa do Psicólogo, 1999.

MAHLER, M. et al. *O nascimento psicológico da criança*. Porto Alegre: Artes Médicas, 1975.

MELLO FILHO, J. *O Ser e o Viver*: uma introdução à obra de Winnicott. São Paulo: Casa do Psicólogo, 2000.

MELLO FILHO, J. *Vivendo num país de falso-selves*. São Paulo: Casa do Psicólogo, 2003.

PROVENCE, S. Struggling against deprivation and trauma. *The Psychoan*. Study of Child, 38-233,1983.

SANDER, I. K. Infant and caretaking environmental. In: *Explorations in child psychiatry*. New York: Ed. J. Anthony, 1975.

SAYERS, J. *Mães da psicanálise*. Rio de Janeiro: Zahar, 1992.

SPILIUS, E. B. *Melanie Klein hoje*: desenvolvimentos da teoria e da técnica. 2 vols. Rio de Janeiro: Imago, 1990.

SPITZ, R. *O primeiro ano de vida*. São Paulo: Livraria Martins Fontes, 1993.

STERN, D. N.; BARNETT, R. K.; SPIELEN, S. *Early transmission of affect*: some research issues. New York: Basic Books, 1983.

STERN, D. *O mundo interpessoal do bebê*. Porto Alegre: Art Med, 1992.

STOROLOW, R. D.; ATWOOD, B. E. *Contexts of being*: the intersubjective foundation of psychological life. Londres, The Analitic Press, 1992.

TYSON, P. *A developmental line of gender identity, gender role and choice of love object.* J. Am. Pschoanal. Ass, 30:84, 1982.

TYSON, P; TYSON, R. *Teorias psicanalíticas do desenvolvimento*: uma integração. Porto Alegre: Artes Médicas, 1993.

TYSON, R. L. The roots of psychopathology and our theories of development. J. of. Am. *Achademy of Child Psychiatry*, 25, 1:12, 1986.

TYSON, R. L. et al. The origins and fates of psychopatology in infancy: a panel discussion. In: CALL, J. D.; GALENSON, E.; TYSON, R. L. *Frontiers of infant psychiatry.* New York: Basic Books, 1985.

YOUNGMAN, M. N. Observations on father – infant relationship. In: GURWITT; J. M. Ross. *Father and child.* Boston, 1982.

WINNICOTT, D. W. *O ambiente e os processos de maturação.* Porto Alegre: Artes Médicas, 1982.

WINNICOTT, D. W. *O brincar e a realidade.* Rio de Janeiro: Imago, 1975.

WINNICOTT, D. W. Preocupação materna primária. In: *Textos escolhidos*: da pediatria à psicanálise. Rio de Janeiro: Imago, 2000.

ZIMMERMAN, P. *Bion*: da teoria à prática. Porto Alegre: ArtMed, 1994.

Simbiose e separação-individualização: a grandeza do trabalho de Margareth Mahler[38]

Este é um dos trabalhos mais completos sobre o tema, talvez o mais completo, poderíamos dizer, mas logo nos recordamos de Spitz, Winnicott, Bowlby, Ana Freud e Melanie Klein, igualmente grandiosos[39]. Há pontos em comum discutidos por todos e aspectos específicos que ela desenvolveu, como a significação psicológica do andar.

Mahler, entre outras grandezas, criou a denominação de individuação-separação para o processo ao longo do qual o ser humano se torna um indivíduo, uma pessoa que se separa da mãe. Também revisou os conceitos de autismo e simbiose que eram de um modo pouco preciso aplicados em psicanálise. Todo seu trabalho foi feito com observadores, evitando um empirismo psicanalítico. Seu trabalho é eminentemente clínico e, por isto mesmo, ilustrado todo ele com casos observados. As suas técnicas de observação são mesmo sofisticadas. Para observar, por exemplo, crianças maiores brincando numa classe, existiam boxes especiais, de dentro dos quais técnicos disfarçados observavam as crianças interagindo entre si.

Ela postulou, de início, uma fase de autismo infantil, em que a criança nasceria sem qualquer contato emocional com a mãe, aproximando-se dela aos poucos. Depois, baseada nos seus achados e demonstrando o seu rigor científico, afastou a suposta fase autista baseada no fato de que a criança tem sempre um contato subjetivo com a mãe. Assim, para ela, hoje, a criança nasce em um estado simbiótico, embora numa condição de aparente autismo, permanecendo sonolenta a maior parte do dia (inatividade alerta de Wolff) num estado de fixação esplâncnico-vegetativo da libido, isto é, numa interiorização visceral da libido. A finalidade deste estado é atingir um equilíbrio homeostático com o meio extrauterino. Sua duração é de três a quatro semanas.

Na quarta semana, antecedendo a fase simbiótica, que dura de um a três ou quatro meses, há um aumento da sensibilidade global aos estímulos (Benjamin). Esta fase corresponderia ao sentimento de plenitude oceânica de Freud e do *holding* de Winnicott. Patologicamente, pode haver uma regressão para este estado de um *delírio de fronteira comum*, explicando-se por este mecanismo a psicose infantil simbiótica.

Na prática, há o desenvolvimento ideal da simbiose quando a mãe permite a troca visual olho-a-olho. A resposta do sorriso social, descrita por Bowlby, caracterizaria o início desta fase simbiótica.

A principal característica desta fase, apontada por Margareth Mahler é, segundo ela, a *catexis* da mãe, seguida de uma migração da libido para a periferia (ao contrário do estado anterior) formando um escudo receptor e protetor.

Após a fase simbiótica, entramos no processo de separação-individuação. Este compreende as seguintes subfases:

---

[38] Optamos por apresentar a obra de Margareth Mahler em separado daqueles que cognominamos de *Os cinco gigantes* por esta ter se iniciado cerca de 20 anos depois. Todavia, o seu trabalho também foi pioneiro, pelos temas abordados e pelas técnicas de observação que ela inovou.

[39] Talvez o trabalho de Winnicott seja o mais amplo e profundo, porém, o trabalho de Mahler é o mais sistematizado e uniforme.

- Diferenciação e desenvolvimento da imagem corporal (4-5 a 7-10 meses).
- Treinamento (7-10 a 15-16 meses).
- Reaproximação (18 a 21 meses).
- Consolidação da individualidade e início da constância objetal (20-24 a 30-36 meses).

Ela nos diz que neste processo, segundo o seu didatismo, podemos ver dois cursos seguirem paralelos. Um é o curso da individuação, da autonomia intrapsíquica, da percepção, da memória, da cognição. O outro é o curso da separação, do distanciamento, da formação de fronteiras e desligamento da mãe. O primeiro curso é o do desenvolvimento, e o segundo, o da maturação. Na prática, se intercomunicam e mantêm pontes entre si. Estão ambos a serviço da mesma causa, a independência e o crescimento do ser humano.

A fase seguinte é a diferenciação e o desenvolvimento da imagem corporal. Mahler usa uma expressão muito significativa para esta fase, o "desabrochar", que lembra o processo de crescimento de uma jovem mulher ou de uma flor. Surge a diferenciação com a mãe através do contato pele-a-pele (temperaturas diferentes). A criança se afasta do corpo da mãe e pode começar a engatinhar. Há uma exploração visual, táctil e olfativa dos objetos: ela toca com a visão (Greenacre).

Surge a angústia ao estranho (Spitz, oitavo mês), nas crianças que não desenvolveram a confiança básica.

A criança começa a usar os objetos e fenômenos transicionais, bem como os jogos de esconder, características de um *self* em desenvolvimento (Winnicott).

Subfase de treinamento

Aqui, começa o *caso de amor da criança com o mundo*. É, segundo ela, o *passo mais importante na individuação* em que o *narcisismo atinge o seu mais alto grau*. É o milagre do andar, em que o novo ser atinge a posição bípede e um novo ângulo de visão com o mundo. Há um período inicial de se afastar da mãe (7 aos 10; 10 aos 12 meses), que corresponde aos primeiros passos e depois do andar propriamente dito, dos 10-12 e 16-18 meses.

A mãe participa ativamente do processo e aquelas que não estão em empatia com o filho, abraçam-no, por exemplo, na hora errada. Todo o processo se relaciona com a capacidade da criança de aquisição de limites. Ao mesmo tempo, com a questão da segurança em relação a quedas e frustrações.

Disse Kierkegaard que, nesta fase, a mãe sustenta a criança com os olhos e com os braços. É, segundo Mahler, nesta fase que a mãe esquizofrenogênica, sem empatia para com o filho, revela-se. Quando a mãe está distante e a criança concentrada, segundo Rubinfine, inicia-se a imaginação. Quanto maior for a dificuldade de separação, menor o prazer que a dupla mãe e criança encontra no processo.

Nesta época, ocorre a descoberta do pênis, que se torna um órgão de prazer e curiosidade. Também o urinar, nos meninos, desperta progressivamente mais prazer, aumentando o sentimento de inveja do pênis nas meninas.

Como podemos constatar, a descrição do processo de treinamento (ou prática) é outra grande contribuição de Mahler ao estudo do desenvolvimento, junto com a simbiose e o processo de individuação-separação. É toda uma exaltação da libido narcísica numa fase que não era anteriormente ligada ao narcisismo.

A *reaproximação*, que se dá, segundo ela, dos 12 aos 24 meses, é uma decorrência do crescimento da fase anterior, e é marcada por ambivalências, temores e mesmo por regressões. Há um incremento das funções do ego (fala, capacidade de relação, simbolismo) com aumento da angústia de separação, em torno dos 18 meses.

Mahler aponta as seguintes características desta fase:

- Crise na onipotência (percepção da separação da mãe).
- Ambivalência e indecisão.
- Medo de perder o amor da mãe.
- Maior expressão da agressividade.
- Importância do pai.
- Fase anal com ganância e retenção.
- Descoberta da diferença sexual.
- Presença de jogos simbióticos e de domínio.
- Início da empatia.
- Início da socialização.
- Negativismo.

Vemos, então, nesta fase todo um suceder de aspectos positivos e negativos, de idas e vindas, de recaídas e de crescimentos, próprios do desenvolvimento do homem, em todas as suas fases.

A principal característica é o medo dos progressos feitos nas fases anteriores, estimulando os movimentos regressivos em relação à mãe e mimetizando o comportamento neurótico do adulto – ambivalência no comportamento egoico e na esfera das relações objetais.

Como nos diz Mahler, esta fase é uma verdadeira "encruzilhada no desenvolvimento da personalidade". A ambivalência é o seu selo e constitui uma zona de fixação para possíveis regressões a estes fenômenos em outras fases da curva da vida.

A fase seguinte, a última do esquema de Mahler, marca a consolidação da individualidade e o início da constância objetal (24 aos 36 meses). Há nela a aquisição cognitiva da representação do objeto, isto é, a representação do objeto torna-se permanente e estável, cessando o ódio que acompanhava sua ausência (fusão do amor e ódio, neutralizando-se o último). A responsabilidade para com o objeto tende a se tornar estável.

Como decorrência desta situação, surge a capacidade de ficar só, descrita por Winnicott, em que ele mostra que esta condição é um paradoxo decorrente do fato de a criança poder ficar só na presença da mãe que, de um modo empático, a deixa ficar sozinha em sua presença, brincando geralmente. Daí a criança aprende a ficar só na ausência da mãe, sem angústia e sem medo.

Nesta fase, também se dá o início da consolidação da identidade pessoal e da identidade de gênero e se formam as estruturas defensivas e os processos adaptativos: projeção, dissociação, negação, repressão, etc.[40] Também se formam os precursores do Ego.

Mahler também aponta os fatores de interferência que se dão nesta fase:

[40] Para Melanie Klein, estes processos se formam muito antes, nos seis primeiros meses de vida, sendo esta uma das maiores discordâncias que a sua escola tem com o grupo da Psicologia do Ego, representado aqui por Mahler.

- **Tensões do período anal** – fase em pleno desenvolvimento.
- **Diferença sexual** – a criança já percebe as diferenças anatômicas, com as naturais consequências.
- **Doenças dos pais** – as percepções da criança e suas naturais consequências deixam-na vulnerável a estes acontecimentos.
- **Separações dos pais** – como no item anterior, a criança já é suscetível a estas situações.
- **Grau de empatia da mãe** – a criança é (e será sempre) sensível às alterações de empatia da mãe, seu humor, seu amor e sua agressividade.

A partir desse ponto, coloca Mahler, o desenvolvimento se tornará uma questão estritamente individual, não havendo mais condições de descrevê-lo como um processo geral e básico.

Referências

ABELIN, E. L. *The role of the father in separation* – individuation process. New York: Int. Univ. Press, 1971.

BENEDEK, T. *Parenthood as a development phase*: A contribuition to the libido theory. J. Psychoan. Ass. 7:389, 1959.

BOWLBY, J. *The nature of the child's tie to the mother.* Int. J. Psychoan. 39: 350, 1958.

ERICSON, E. *Identity and the life cicle. Psicological Issues.* New York: Int. Univ. Press, 1959.

FREUD, A. *Observations on child development.* The psychoanalytical study of child, vol. 6, 18, 1951.

FREUD, A. *The concept of developmental lines.* The psychoanalytic study of child, 18:245, 1983

GREENACRE, P. *On focal simbiosis. In: Dinamic psychology in childhood.* New York: Grune Stratton, 1959.

JACOBSON, E. *The self and the object world.* The psychoanalytic study of child, 9:75, 1954.

KAUFMAN, I.C., ROSEMBLUM, L. A. *Depression in infant monkeys separated for their mothers.* Science, 55:1030, 1968.

KERNBERG, O. *On child psychosis and schizofrenia: autistic and symbiotic infantil psychosis*, New York: Int. Univ. Press, vol. 7, 1952.

MAHLER, M. S.; GODLINER, B. J. *On simbiosis child psychosis*: genetic, dinamic and restitutive aspects. The psychoanalytical study of child, 10:195, 1965.

MAHLER, M.; PINE, F.; BERGMAN, A. *O nascimento psicológico da criança.* Porto Alegre: Artes Médicas, 1993.

MODEL, S. H. *Objet love and reality.* New York: Int. Univ. Press, 1968.

PARENS, H. *Agression:* a reconsideration. J. Am. Psychoanal. Assos., 21:34, 1973.

PIAGET, J. *The construction of the reality in the child.* New York: Basic Books, 1954.

PINE, F.; FUHRER, M. *Studies of the separation-individuation phase*: a methodological overview. The psychoanalytic study of child, 18:325, 1963.

RIBBLE, M. A *The rights of infants.* New York: Columbia Univ. Press, 1943.

SANDER, I. W. *Adaptative relationships in early mother child interation.* J. Am. Acad. Child Psychiatry, 3:231, 1962.

SPITZ, R. A. *Relevant of direct infant observations.* The psychoanalitic study of child, 10:215, 1950.

SPOCK, B. *Innate inibition of agressiveness in infancy.* The psychoanalitc study of child, 20:340, 1965.

A interação pai-bebê e a triangularidade

Em uma publicação de Sergio Lebovici, de 1983, que seguiremos ao longo deste capítulo, ele escreve que este tema vem sendo abordado há somente uns seis anos. Ele nos diz que talvez o movimento de pesquisas tenha produzido, no âmbito epistemológico, a tendência a ignorar o papel do pai e a interferência introduzida por ele na função dual, preocupando-se apenas com a dupla mãe-bebê. Ele cita de início o trabalho de Greenberg e Morris sobre o impacto do recém-nascido sobre o pai. São trinta casos de homens que tiveram filhos do sexo masculino pela primeira vez. Eles diziam que o bebê se parecia muito com eles (reconhecimento psicoafetivo do bebê).

Quase todos os pais apresentavam um sentimento de exaltação logo depois do nascimento do bebê. Ele é *o cúmulo da perfeição*. A exaltação é maciça, extrema, quase incontrolável. E, continua Lebovici:

> Não se pode deixar de comparar estas vivências com o sentimento de exaltação maníaco. O bebê parece, então, liberar para estes pais uma brutal carga de energia psíquica. Enfim, se questiona se isto não pode levar a uma depressão pós-parto nos pais...

Também questionou se os bebês poderiam ter um papel ativo neste processo de investimento afetivo dos pais[41].

Aprofundando a visão psicanalítica da gravidez e do parto, para o homem, Lebovici e Solerü colocam a visão de que o parto é uma parte de si mesmo que é brutalmente devolvida, levando-o a lutar contra o desejo de tomar uma posição feminina e de ser a mãe durante a gestação.

Lebovici fecha esta parte do capítulo ao escrever que

> Nós temos muito a aprender com a psicologia do pai em relação à sua esposa. É possível que este compartilhe com sua mulher a angústia de ver nascer um bebê monstruoso, anormal, fruto dos seus ataques que reeditam aqueles que dirigiu ao corpo de sua própria mãe... Neste sentido, o nascimento de um bebê real, inteiro e saudável representa um alívio maciço para o pai (e para a mãe) e a confiança reencontrada em sua realidade de amor.

Há duas maneiras de abordar a relação pai-filho. A primeira é considerar os contatos e trocas entre pai e filho em relações diretas. A segunda (indireta) considera a influência que o pai exerce no bebê por meio da relação conjugal, do apoio que oferece à mãe e dos diferentes aspectos desta relação de par.

Consideremos agora a relação direta pai-bebê. Ela contém certos aspectos comuns com a interação mãe-bebê. Há trocas, reciprocidades, processos de mútua regulação.

Segundo Youngman, a interação pai-bebê tem um caráter mais físico e mais estimulante. Ele descreve o jogo de um pai com um filho de quarenta e cinco dias. Ele leva o bebê a se sentar, dá várias palmadas neste (suaves) e imprime movimentos de pedalar em suas pernas. Este jogo leva o bebê a estados de vigília e atenção intensos.

Youngman também fez um estudo com díades de bebês dos dois sexos e de pares de sexos diferentes. Revelou-se que os *jogos* surgiam na maior parte das sequências de interação mãe-bebê

---

41 Comentário na linha do bebê suficientemente bom de Tyson, isto é, de um bebê ativo e assertivo na relação com o pai.

e de interação pai-bebê, mas eram mais frequentes com os pais. Os jogos mais comuns eram os puramente visuais ou puramente táteis ou a combinação dos dois. Os jogos táteis eram mais frequentes com os pais; os visuais com as mães.

Coloca Clarke-Stewart a este respeito: "Os jogos dos pais são geralmente mais físicos e estimulantes, enquanto que os das mães são mais intelectuais, didáticos e mediados por objetos".

Diz Brazelton que parece que os pais também esperam reações mais lúdicas e mais intensas do seu bebê. (E conseguem!) E cita o bebê de duas ou três semanas com os olhos bem abertos e um sorriso brincalhão a lhe tomar o rosto. Tentando esclarecer estas questões, escreve Judith Kestenberg:

> Desde o início a criança sente a maneira diferente como é tomada por cada um dos pais. Assim, a criança do sexo masculino pressente os ritmos motores, que são iguais aos dele. Sua adaptação aos ritmos motores da mãe favorece a oralidade, principalmente se a amamentação é feita no seio. Assim, os ritmos motores da mãe se caracterizam por mais continuidade e os do pai por rudeza.

Kestenberg recorda que, embora os pais se digam mais próximos dos seus filhos, eles na realidade são mais distantes. Assim, os pais levam o bebê à sua própria altura, enquanto as mães os levam ao seu rosto ou ao seu seio[42]. Os pais, como foi dito antes, são destros em jogos de soltar o bebê no ar, "uma prática que serve de exercício de separação entre o bebê e o seu pai", no dizer desta autora. O bebê, continua Kestenberg, percebe o pai como mais ativo e agressivo, mais brusco, mais audacioso e mais distante do que a mãe, e nisto o pai favorece a agressividade e a independência do filho. Com o tempo, o pai é cada vez menos um satélite da mãe e cada vez mais uma entidade em si mesmo. E, conclui ela brilhantemente: "O pai, talvez da mesma forma que os irmãos ... tornou-se o mediador da separação e o catalisador da sublimação da agressividade através dos jogos."

Também escreve a autora sobre o papel do pai no desenvolvimento psicossexual:

> Parece que o pai tem um papel importante em relação à diferenciação psicossexual da criança e a aquisição progressiva de uma identidade sexual. Assim, o pai fornece a este último a primeira prova da existência de outro sexo e a diferença dos sexos.

Outro estudo, de Thoman e colaboradores, mostra que os pais tratam de maneira diferente os seus filhos e filhas desde o nascimento. Assim, é com os bebês masculinos, com os quais os pais trocam mais contatos táteis e vocalizações do que com as filhas. Inversamente, neste estudo, as mães falavam antes às suas filhas e tinham mais contatos táteis com elas do que em relação a seus filhos.

Como mostram Sawin e Parkes, em situação de jogo, os pais eram muito mais estimulantes com seus filhos. Seus próprios olhares eram muito mais frequentes quando os dirigiam aos filhos. Eram, sobretudo, as mães que jogavam com suas filhinhas. Entretanto, o quadro é muito complexo. Assim, os pais, ao longo do aleitamento de mamadeira, não tomavam seus filhos no colo de forma carinhosa, reservando esta atitude de *holding* para com as filhas. As mães, inversamente, tendiam a agarrar seus filhos de maneira mais próxima a elas, compondo assim o *holding* com estes.

---

[42] Isto decorre, a meu ver, de uma maior possibilidade das mães de criarem um clima de *holding* com seus filhos que os pais.

Esta interação diferente pode estar relacionada às percepções dos pais em relação ao que um bebê do sexo masculino e do sexo feminino possa ser. Rubin e colaboradores consideram que, simplesmente por ter olhado seus filhos, os pais os avaliam como "mais firmes, dotados de uma melhor coordenação, mais espertos, mais fortes e mais sólidos", enquanto as meninas eram consideradas "mais doces, dotadas de traços mais femininos, menos atentas, mais fracas e mais delicadas."

Pedersen e equipe estudaram bebês com cinco meses em sua relação a um estranho e encontraram que os bebês que tinham mais contato com o pai aceitavam melhor o estranho e até compactuavam com este. Eles tinham mesmo prazer com o estranho[43]. Esta relação, entretanto, não se manifestou com as meninas.

Entre estes bebês, as situações de angústia mais frequentes e mais importantes se observaram entre os bebês cujos pais eram mais ausentes e as situações de angústia menos frequentes e menos marcadas se davam com os bebês que eram mais cuidados pelos pais.

Quanto ao desenvolvimento cognitivo e motor, Pedersen e colaboradores demonstraram que os bebês do sexo masculino obtinham escores superiores quando seus pais eram partes integrantes das suas famílias. Esta influência não existia para com os bebês do sexo feminino.

Discussão

O trabalho de Lebovici é interessante, diversificado e acompanhado de pesquisas e comprovações que tornam os seus dados ainda mais fidedignos. A exaltação quase maníaca de um pai diante do nascimento do seu filho é um fato corriqueiro que pode representar uma condensação da alegria de ver o filho saudável e livre das fantasias destrutivas que pode ter feito durante a gravidez; prazer de ver uma parte sua que estava inacessível e escondida dentro do corpo da mãe livre e disponível; euforia de ir à forra com a mãe por tanto tempo de posse do bebê; deixar de ser o terceiro excluído nesta relação triangular.

A relação do pai com o filho pequeno por meio de jogos musculares é um fato muito frequente no dia a dia da vida familiar, como a brincadeira de jogar o filho para o ar e depois segurá-lo num exercício de separação e união que ameaça o bebê (separação) para logo a seguir tranquilizá-lo. Sem dúvida, há muita agressividade paterna em relação ao filho por trás deste jogo que, todavia, sempre termina bem, com uma grande sublimação.

Estas e outras condutas musculares são fundamentais para ensinar a criança a lidar com a sua agressividade e a neutralizá-la (ver Tyson).

Já os jogos maternos são mais visuais e táteis, não dotados de agressividade.

Depois dos oito meses, os jogos passam a incluir o objeto transicional (ursinho, ponta do cobertor) e, a partir daí, com o desenvolvimento gradual da criança, tornam-se mais complexos, conservando, porém, o seu quê de ingenuidade e simplicidade. A introdução do lápis e da bola são elementos fundamentais nesta escalada. A mãe irá usar mais o lápis, e o pai, a bola.

---

[43] Trabalhos como este são importantes para reconsiderar outros mais conhecidos, como o de Spitz, da angústia do oitavo mês, que leva em conta apenas as influências maternas. Aliás, Spitz é um autor, um importante autor, que desconheceu por completo a figura do pai.

Particularmente, a psicanálise francesa mais atual vem colocando, nas últimas décadas, a importância da pessoa do pai na relação triangular infantil, desde Lacan, ao dizer que o pai interdita a relação mãe-bebê. E se há um pai real, presente, há também um pai no inconsciente da mãe, influenciando-a e, por extensão, ao seu bebê, ao qual está ligada simbioticamente. Escreve Green sobre a relação mãe-bebê mais arcaica:

> Winnicott disse corretamente que não existe isto que chamamos de bebê, querendo dizer que temos sempre de considerar o bebê em relação a alguma outra coisa – sua mãe, o ambiente, o berço ou o que quer que seja. Eu gostaria de acrescentar a isto que não existe isso de relação mãe-bebê (destaque meu). Digo isto, é claro, como um lembrete do papel do pai... Embora, seja óbvio que um bebê, bem no início de sua vida, está relacionado exclusivamente ao objeto materno, não há razão para considerar que o pai não tenha nenhuma existência durante este período.

Para ele, é fundamental neste estágio de coisas uma relação de amor entre a mãe e o pai, e vice-versa, para que o pai possa estar presente na mente da mãe.

Há assim, desde o início, uma situação triangular mãe-bebê-pai, podemos mesmo dizer edipiana, pelas vivências de ciúme e rivalidade arcaicas do pai envolvidas.

É este ciúme intenso, inconsciente, do privilégio do filho no ventre materno, que leva tantos pais, com frequência, a atuarem estes sentimentos e a se envolver em aventuras extraconjugais num jogo de identificações projetivas (M. Klein) com as esposas ou a terem problemas de impotência durante a gestação ou ainda, em razão da mobilização inconsciente, despertada a apelarem para o álcool e outros tóxicos ou a apresentar quadros ansiosos, depressivos ou somatizações várias, principalmente digestivas (orais) em consonância com a regressão parcial que estão vivendo. O pai é, assim, o terceiro indispensável para o bebê continuar a perceber o mundo de fora, não mãe, extra mãe. Deste modo, ele interdita, proíbe a manutenção sem fim da relação dual mãe-bebê. André Green, ainda escrevendo sobre esta situação triangular que ele chama de terceiridade, também nos coloca:

> Por outro lado, o pai é ausente para a criança. A mãe está coexistindo com a criança é claro, mas temos que nos lembrar que a mãe é a única parceira do triângulo que tem um relacionamento corporal tanto com o bebê como com o pai. Esta situação gera um alto grau de conflito para ela, devido ao misto de ternura (bebê) e sensualidade (pai) e ter também que se desembaraçar delas. Então se ela está coexistindo com a criança numa proximidade íntima, enquanto está pensando no pai, ela está de certa forma ausente, embora ainda estando com a criança. A mãe pode lidar com a situação articulando um laço interno entre a criança e o pai através dos seus próprios desejos.

Supõe-se que este seja um laço afetivo positivo unindo o bebê ao pai na mente da mãe. E, continua Green, com sua clarividência:

> O pai está coexistindo com a mãe e ausente para a criança e, embora ele possa ter um relacionamento corporal com a criança, não é um objeto distinto no início, nem seu relacionamento corporal com a criança pode ser comparado, de modo algum, com aquele com a mãe. Ele então nos fala da importância da sexualidade na relação do pai com o corpo da mãe e da grande repressão que ela precisa fazer para deixar a sua relação com o filho livre dos resíduos da relação sexual com o pai. E completa: "É incrível ler toda

a literatura sobre o relacionamento entre mãe e bebê como se a sexualidade estivesse totalmente ausente do quadro"[44].

E, fechando este tópico, coloca Green:

> O verdadeiro problema da pesquisa desenvolvimentista não é a jornada de dois para três, da díade para a tríade, mas a transição do estágio do terceiro elemento potencial (quando o pai está apenas na mente da mãe) para o terceiro efetivo, quando é percebido pela criança como um objeto discriminado. Em outras palavras, esta é a jornada do pai que está residindo internamente na mente da mãe para o estágio em que ele se torna presente na percepção da criança em sua existência assim como em sua representação. Desnecessário dizer que estou aludindo aqui a uma fase bem anterior à edipiana.

Esta fase, da relação mãe-bebê, é chamada até aqui de dual, mas o fato é que contém vários ingredientes de uma relação triangular, que se instala, depois, em sua plenitude. Porém, se não estamos em uma fase edipiana típica (três a cinco anos), temos aqui elementos edipianos nítidos, como os representados pelos intensos ciúmes do pai da dupla mãe-filho, ainda em fase intrauterina, quando a vivência deste de exclusão da relação é mais intensa, pois mãe e bebê estão na maior simbiose possível durante uma vida e ele nem sequer visualiza o bebê[45].

Com o nascimento, dá-se um milagre, para a mãe e para o pai, que é ver o filho vivo, disponível, e isto explica o impacto sobre este levando as reações de exaltação quase maníaca, no dizer de Greenberg e Moris.

Cabe ao pai, como diz Winnicott, agir como um escudo-protetor da dupla mãe-filho em simbiose, contra invasões, ruídos, estímulos excessivos, visitas inconvenientes. Cabe também ao pai auxiliar no cuidado do filho e substituir a mãe em suas ausências. Quando a criança chega ao estágio de dependência relativa (quatro meses a um ano) a pessoa do pai se faz mais presente e é, então, a mãe (notadamente a mais insegura) que pode ter ciúmes da relação criança-pai.

Winnicott disse que a mãe deve apresentar o mundo em pequenas doses para a criança, porém, penso que esta é uma função a ser realizada principalmente pela dupla pai-bebê nos passeios que este dá com a criança no carrinho de rodas, abrindo um horizonte total para o filho. E, depois, nos passeios a pé ou de automóvel, o pai nomeando as coisas do mundo para o filho.

Depois de um ano, o pai começa a exercer a função que Winnicott chamou de ambiente indestrutível, isto é, que existem coisas que a criança não pode fazer (nova interdição), há objetos que ela não pode destruir com a sua motilidade, que é a base que se transformará depois em agressividade. Esta é, sem dúvida, uma das raízes do que será mais tarde, a partir da fase edipiana, o Superego.

Os jogos musculares com o pai, o seu grito másculo lembrando força, o seu poder de interdição sobre as coisas domésticas, a mística do seu trabalho, tudo isto leva a uma intensa idealização deste, deslocada depois para as figuras dos super-heróis, presentes em todas as histórias infantis e cada vez mais cultivadas em nossos meios de comunicação.

---

[44] De fato, se observarmos sonhos de mulheres amamentando, vamos ver muitas que confundem ternura com impulsos sexuais para o bebê. Outras, não conseguem amamentar por ver, neste ato, uma relação sexual com o bebê.

[45] Balint chamou essa relação de amor primário, o amor entranhado nas vilosidades coriônicas que ligam a placenta ao feto, como a base para todo e qualquer amor futuro.

Deste modo, parece-nos que a mãe, via de regra, é o objeto mais amado, e o pai o mais idealizado[46]. Isto explica a brutal desidealização da criança quando se dá conta que o pai não é o super-herói dos seus sonhos. Por outro lado, a exclusão da figura paterna é um aspecto presente na psicopatologia de diversos quadros mórbidos, como a drogadição e a delinquência.

A observação da relação mãe-bebê evoluiu para a observação da relação pai-bebê e daí para a psicoterapia da relação pais-bebê, um trabalho realmente inédito e revolucionário[47].

Eliane Pessoa de Farias, num rico trabalho, a este respeito coloca:

> A princípio, pode parecer um paradoxo falar em psicoterapias com bebês e seus pais. De fato, o bebê não é um paciente adequado para este tipo de atendimento: ele não fala, não faz aliança terapêutica, não tem insight[48]. Por outro lado, o bebê é o catalisador do processo terapêutico: é por causa dele, apesar dele ou por ele que os pais nos procuram. Sua participação é muitas vezes ativa, chamando os pais à vida, ao vínculo... Nesta consulta é interessante notar que ele choraminga e a mãe acalenta-o e tranquiliza-o, mostrando assim, corporal e emocionalmente, que pegar no colo salva... (Já) O pai é outra possibilidade para o bebê, como figura de identificação e como modelo diferente de interação.

Mas o que interessa neste trabalho é o vínculo da dupla dos pais entre si e o vínculo destes com o bebê.

Ela propõe o modelo da psicoterapia, breve e focal para estes casos e cita as contraindicações: distúrbios estruturais da criança, presença de projeções maciças dos pais sobre esta e a presença de psicopatologia grave nos pais.

Analisando as indicações ela escreve: "Certas situações e transtornos são específicos deste momento da vida: a depressão pós-parto, a psicose puerperal, as cólicas dos três meses, as dificuldades na amamentação e o desmame". Em outro momento, ela nos cita os transtornos funcionais do bebê (no sono e na alimentação, em especial), os transtornos do apego e as dificuldades com a *maternagem* ou a *paternagem*.

Outro interessante trabalho que vem sendo feito se refere às influências transgeracionais transmitidas de pais para filho impondo papéis, situações conflitivas inconscientes, desígnios familiares.

Golse cita Lebovici a este respeito e escreve:

> Lebovici propunha habitualmente duas ou três sessões mais ou menos longas com os pais e a criança com o objetivo de revelar e clarificar os diferentes mandatos transgeracionais inconscientes que pesavam sobre o desenvolvimento da criança e a entravavam em seus desdobramentos. Esperava-se que isto oferecesse à criança e a seus pais um maior grau de liberdade...

A liberdade de escolher o seu próprio destino, digo eu, e não ser um simples joguete de desígnios e mandatos familiares.

---

[46] Tudo isto, obviamente, é cambiável numa cultura em transformação como a nossa. O fato de a mãe trabalhar e em muitas situações ser responsável pela família pode mudar o quadro, mas aqui estamos falando da família padrão que recebemos dos nossos ancestrais.

[47] Neste *setting* estão presentes os pais e a *pessoa* do bebê. Por vezes, apenas a mãe e o bebê, e nestes casos, a psicoterapia se faz em torno do vínculo mãe-bebê.

[48] Ela nos recorda que a condição bebê se situa até os 30-36 meses, a palavra não é ainda o vínculo da comunicação/representação e o pronome *Eu* não é ainda utilizado.

Referências

FARIAS, E. P. A clínica com bebês e seus pais. *Boletim Científico da Soc. Bras. de Psicanálise do Rio de Janeiro*, agosto, 2003.

FEDERSEN, F. A.; RUBINSTEIN, J. L.; YARROW, L. J. Infant developmental in father absent families. *J. Fenctie Psychology*, 135:61, 1979.

GOLSE, B. *Sobre a sicoterapia pais-bebês*: narratividade, filiação e transmissão. São Paulo: Casa do Psicólogo, 2003.

GREEN, A. *André Gereen e a Fundação Squiggle*. Rio de Janeiro: Ed. Roca, 2003.

GREENBERG, M.; MORRIS, N. *Engrossment*: the inform impact upon the father. Am. J. Orthopsychiatry, 44:520, 1974.

KESTENBERG, H. C.; SOSSIN, K. M.; STEVENSON, R. The development of paternal attitudes. In: *Father and Child, Development and Clinical Perspectives*. USA: Boston, 1982.

LEBOVICI, S. *La pratique des psychothérapies mères-bébés par Bertran Cramer et Francisco Palacio Espasa*. La Psychiatrie de l'enfant, 2:415, 1974.

LEBOVICI, S. *O bebê, a mãe e o psicanalista*. Porto Alegre: Artes Médicas, 1987.

RUBIN, J.; PROVENZANO, F. J.; LURIN, Z. *The eye of the beholder*: Parent's view of sex of the newborn. Am. J. Orthopsychiatry, 43:720, 1974.

YOUNGMAN, M. Observations of the father infant relationship. In: CATH, S. M.; FURWITT, A. R.; ROSS, J. J. *Father and Child, Developmental and Clinical Perspectives*. USA: Boston, 1982.

Robert Tyson – uma integração

"Dificuldades são coisas que acontecem porque nós somos humanos."
(Epitetus, 60 depois de Cristo).

O estudo do desenvolvimento humano é um campo cada vez mais explorado pela psicanálise, tornando-se nos últimos anos, com o aprimoramento do estudo da relação mãe-bebê, numa técnica privilegiada dentro da psicanálise, como campo de pesquisas, clínico e experimental. Deste modo, consubstancia-se numa forma de pesquisa de campo, com uma série de influências clínicas.

Em um trabalho muito rico e abrangente, escreve Robert Tyson sobre este tema em 1986, num trabalho que nos norteará ao longo desta publicação:

> A imagem mágica da mente de não analistas do desenvolvimento é uma caricatura dos modelos oral, anal e fálico. Fixações orais resultam de desmames muito precoces; fixações anais resultam de *toilet trainings* muito precoces ou muito tardios; e fixações fálicas resultam de masturbações proibidas ou permitidas.

Como podemos ver, trata-se de visões pobres, reducionistas, que só poderiam mesmo causar reações nas comunidades analíticas, para analíticas ou mesmo entre leigos. Corresponde a uma fase de pouco desenvolvimento da psicanálise, com escassez de trabalhos, com exceção de Anna Freud, Spitz, Winnicott, Mahler e Bowlby, na área do desenvolvimento. São, então, duas áreas diferentes: a atual, que estamos vivendo agora, com o bebê da observação analítica, estudado até por ultrassom, e a fase anterior, eivada de reducionismos, mas com trabalhos exponenciais e (fica) que serviram de base aos temas atuais. Continua Tyson,

> Subsequentemente significantes contribuições sobre nosso conhecimento do desenvolvimento foram feitas por Spitz, Mahler e outros. Uma explosão de trabalhos de pesquisa em psicologia do desenvolvimento tem ajudado no esforço de construir um campo conceitual.
>
> Alguns analistas construíram suas contribuições sobre o desenvolvimento a partir do material das análises dos pacientes. O trabalho central a este respeito é o de Freud, cujos pacientes se tornaram famosos pelas suas descrições englobando sempre aspectos do desenvolvimento (Dora, Anna O. *O homem dos lobos*, *O homem dos ratos*).
>
> O trabalho básico de Freud (*Três ensaios sobre a sexualidade*) foi escrito em 1905, mas está vivo até hoje, como fonte de conhecimentos e de inspiração para outros trabalhos. Mas há um dado importante: Freud, em mais de uma vez, confessou que pouco entendia da feminilidade, que era um continente escuro em sua vida.[49]

O enorme aumento da atenção à infância durante as últimas décadas coincidiu com questões sobre as origens do desenvolvimento.

Há uma crescente convicção de que um infante experimenta precocemente afetos, medos, ansiedades, conflitos, desejos, expectativas e padrões de interações com outros. Amplas gamas de

---

[49] O *continente escuro* explica a sua preferência por temas da psicanálise masculina e de situações triangulares, como o complexo de Édipo.

diferenças entre crianças podem refletir não somente diferentes aspectos genéticos e diferentes temperamentos, mas também diferentes interações precoces com cuidadores.

> A medida dos processos de desdobramento maturacionais começou com Gesel e Cattel, que construíram testes infantis na presunção de que suas forças motivadoras eram de natureza genética. Uma forte correlação entre inteligência e precocidade maturacional foi feita, junto com uma concepção genética da inteligência. O infante era visto como um organismo isolado, impelido por inevitáveis forças maturacionais e a pesquisa era dirigida para quocientes de desenvolvimento, dos quais os testes de Q.I. constituem os mais claros padrões de desapontamento.

As ideias psicanalíticas primordiais davam um papel fundamental aos instintos. A criança, pensava-se, desenvolvia uma ligação primordial com a mãe, porque esta aliviava sua fome e diminuía seu desconforto.

Porque a criança era vulnerável ao trauma e, portanto, aos fatores capazes de desenvolver uma desordem neurótica, despertou-se um novo interesse pelos cuidadores. Como um resultado, a avaliação se expandiu para incluir o estresse emocional dentro da família, ou melhor, dentro da dupla mãe-bebê.

> Através do estudo de crianças desviantes e de suas mães, foi possível se demonstrar como certas funções que se pensava terem autonomia primária poderiam estar secundariamente perturbadas (Hartman). Vários outros psicanalistas estudaram importantes aspectos da personalidade e do comportamento infantil além do ego, trazendo avanços para a compreensão dos sensos de emergência, de identidade, autoestima e de confiança nos outros, bem como para o Superego, mormente depois dos trabalhos de Ana Freud, consubstanciados em *O Ego e seus mecanismos de defesa.*

Infortunadamente, o papel da mãe no desenvolvimento emocional tem sido super-enfatizado, o que tem levado a ver as suas falhas como as únicas na psicopatologia.[50] Pesquisadores vários, todavia, têm nos mostrado o reverso disto. Eles têm nos chamado a atenção para aspectos específicos do comportamento do bebê (*attachment behaviors*), os quais a mãe vem se ligar.

> Novos conceitos sobre a neurologia do infante também enfatizam a interação social. O sistema nervoso já foi descrito como um aparelho informador e processador que gera atividade, recebe, transmite, conduz, transforma, estoca e compara mensagens. Ele inicia e mantém a atividade nervosa, regula o sistema autônomo, adapta o comportamento social, pesquisa e regula estímulos e adapta os estados comportamentais às demandas do ambiente.

O autor nos adverte que, embora as disfunções deste sistema possam nos parecer mínimas de início, elas podem se tornar grosseiras posteriormente ou influenciar outros sistemas. Este procedimento deverá incluir uma avaliação da relação da mãe e do pai com o cuidador. Tal visão integrada pode fazer a execução desta tarefa mais difícil. Nossos instrumentos de medida precisam se tornar mais amplos para conter as respostas descontínuas das crianças, porque o desenvolvimento normal pode frequentemente parecer ser rompido patologicamente em períodos de regressão.

---

[50] Pouca ou quase nenhuma ênfase tem sido dada ao papel do pai, a não ser em certos trabalhos mais atuais como os apresentadores do tópico anterior.

O enorme aumento da atenção à infância durante as últimas duas décadas intensificou as questões sobre as origens do desenvolvimento nas últimas configurações da personalidade. Amplas diferenças comportamentais como também diferenças nas relações precoces com os cuidadores costumam ser evidentes. Por outro lado, influências no desenvolvimento da personalidade podem afetar os padrões neurobiológicos, tornando impossível separar a ação das experiências precoces dos efeitos genéticos.

Continua nosso autor:

> O estudo do desenvolvimento mental e da competência motora, então, dominava a psicologia clínica (infantil) nas primeiras décadas deste século... De um ponto de vista médico, acreditava-se que o recém-nascido funcionasse somente em um nível de organização nervosa. Consequentemente, os exames neurológicos eram avaliações estereotipadas de comportamentos reflexos, dos quais somente os aparentemente mais grosseiros eram diagnosticados.

Prossegue Tyson com sua grande cultura na área:

> Nas décadas de 40 e 50, a psicologia psicanalítica, com sua ênfase nas raízes primitivas da neurose do adulto, começou a ter um impacto no modo como a criança era vista... A criança precisava desenvolver uma ligação (*attachment*) com sua mãe e, em consequência desta, mitigava a sua fome e o seu desconforto. A atenção era dirigida para a duração da amamentação, características do desmame, idade e método do "toilete", etc. Todavia, com o trabalho de Spitz, Winnicott, Bowlby e Mahler, outros rumos tiveram lugar. Spitz, com crianças institucionalizadas, percebeu que a apatia e o retardo no desenvolvimento, eram consequência da falta de um (a) cuidador (a) adequado (a). Ele concluiu que uma ligação afetiva com a mãe levava a criança a perceber e a aprender. Do mesmo modo, a teoria psicanalítica colocava a criança no contexto de uma díade, na qual a adição da mãe era vista ser um determinante central no desenvolvimento da criança. A atenção desviada do processo maturacional provocou uma ênfase nos processos ligados à aprendizagem e nos processos ambientais que influenciam o desenvolvimento.

O comportamento do cuidador tomou outro interesse. Como um resultado, o estresse da relação mãe-filho, ou melhor, da família, é estudado como um processo geral neste campo. O amor da mãe, ou a falta dele, então, torna-se uma condição *sine qua non*, para o normal ou para a patologia. A atenção é dirigida principalmente à criança institucionalizada (Provence e Lipton, 1962) e às formas como isto se reflete, como atraso no desenvolvimento egóico.

> Pontes entre a psicologia acadêmica e a psicanálise tornam-se possíveis, como, por exemplo, percepção, desenvolvimento cognitivo e linguagem. Estes trabalhos estenderam nosso conhecimento das atitudes da mãe e comportamento para outros aspectos cognitivos e emocionais da criança. Jacobson (1964), foi pioneira em ligar patologia de desenvolvimento, desenvolvimento egóico (sic) e relações de objeto. Kohut (1971) elaborou uma teoria do tratamento das pessoas narcísicas baseada em falhas ambientais. Todavia, somente Anna Freud, Kris e Mahler fizeram observações sistemáticas de crianças.

Algumas questões importantes permanecem, entretanto, de pé. Uma delas é a questão dos chamados degraus silentes, isto é, as fases e as questões do processo de desenvolvimento que não se consegue explicar, justificar, embasar do ponto de vista psicopatológico. Outra questão importante diz respeito também à psicanálise e à psicoterapia, ao se indagar porque certos pacientes têm tudo para adoecer, para desencadear patologias graves e não o fazem, não adoecendo ou o fazendo de forma apenas benigna.

Uma terceira questão diz respeito às teorias que explicam muito bem a doença, a patologia, sendo essencialmente pobres em suas abordagens dos fenômenos da saúde.

Um tema polêmico introduzido pelo autor é o de que não é somente necessária uma mãe suficientemente boa[51] nos processos de desenvolvimento, mas também um filho suficientemente bom. E dá como exemplo aquelas situações em que a criança não tem uma resposta apropriada à idade, levando a mãe a esforços desesperados para obter os comportamentos que espera do seu filho.

Tyson também, cita o comportamento das crianças cegas de Selma Fraiberg (1977) que, ao utilizar os canais auditivos e táteis, faz com que estas tenham um bom desenvolvimento motor ao andar, por meio dos sinais de consciência dos quais a criança cega é capaz.

Escreve Tyson, que os ingredientes das relações normais são bebês suficientemente bons, mães suficientemente boas e pais suficientemente bons, estes, o continente escuro atual, pois as mães têm sido muito mais estudadas.

Mahler (1975) nos dá um interessante exemplo de uma doença do bebê interferindo com a relação com a mãe. O bebê nasceu saudável, mas depois as suas *dicas* para a mãe cessaram[52]. Descobriu-se que ele sofria de uma hérnia dolorosa. Então, deixou de ser um bebê suficientemente bom. Depois que ele foi operado, tudo voltou ao normal.

No trabalho da Drª Fraiberg, ela descreve situações em que a criança ensina a mãe a explorar canais sensoriais alternativos. Decerto, é um fenômeno familiar ver uma nova mãe interessada em perceber o que os sons e as ações do seu bebê representam e notar as comparações feitas por mães mais experientes entre estes e outros bebês.

Winnicott reconheceu isto como uma parte do que ele chamou de "preocupação materna primária", referindo-se a um carinho específico (empatia) da mãe com o seu bebê.

Por outro lado, há circunstâncias em que o pai pode estabelecer uma reciprocidade fundamental com o bebê e desempenhar funções que a mãe não pode realizar. Por exemplo, ele pode ser muito mais suscetível às carências do bebê que a mãe.

Tyson coloca que, embora muitas crianças só tragam paz e amor para seus pais, outras trazem frustrações diárias, pois são filhas de pais separados, sofrem de doenças da mente ou corpóreas. Para com estas, as mães empregam a sua preocupação materna primária e os pais a sua capacidade de ligação (*attachment*). Com as pesquisas atuais, nós podemos ver mais criticamente do que antes como desenhar uma *receita* para as ligações humanas. Nós também podemos começar a perguntar quando o psicobiológico, em contraste com o biológico, começa a se tornar importante.

Por último, nós podemos perguntar sobre questões envolvendo o *timing*,[53] que duração de ausência materna tem um efeito discernível no desenvolvimento? Que tipo de experiência anterior tem um comportamento deste tipo?

---

[51] Designação feita por Winnicott para se referir à mãe que dá conta de todas as suas tarefas junto ao filho, com amor e satisfação.

[52] O bebê dá dicas basicamente corporais que cabem à mãe decifrar e devolver ao bebê, de forma igualmente corporal ou verbal.

[53] *Timing*, expressão inglesa que significa o senso de adequação de alguma coisa. É um fenômeno muito importante nas interações humanas.

Comparando a hérnia infantil com a criança cega, nós podemos dizer que a mãe não é suficientemente boa todo o tempo, do ponto de vista da criança, mas que suas exigências são sempre legítimas. Então, o "adulto morfismo" não resolve nosso problema, especialmente em relação à doença, ao defeituoso ou outras coisas atípicas, cujas dificuldades inerentes sejam difíceis de detectar. Talvez seja melhor dizer que se eles não são suficientemente bons um para o outro (e não são), eles podem ser ajudados a se tornar, e como. Com essa formulação, uma dimensão adicional é avaliável no julgamento da mãe sobre si mesma, isto é, encontrando seus próprios aspectos internos.

Ensina Tyson: "Há três áreas em que o pai, diferentemente da mãe, joga um papel fundamental, contribuindo para as relações objetais da criança e sem que as suas relações futuras sejam prejudicadas. Estas áreas são: a aquisição do sentido de identidade do gênero; a diferenciação self-objeto; a modulação da agressão".

Quando a criança chega aos dois anos, a exploração dos genitais atinge um cume e faz parte da relação mãe-filho. No meio do segundo ano de idade, estabelece-se o núcleo da identidade de gênero, que é o sentido de se pertencer a um sexo e não ao outro. Isto ocorre apesar de todos tipos de dificuldade: crianças institucionalizadas após o nascimento, ausência de um dos pais, pais homossexuais, etc. Os distúrbios da identidade de gênero parecem relacionados à dificuldade de se reconhecer a genitália durante o nascimento. A presença de um pai distinto da mãe, com voz típica, personalidade e comportamentos específicos, estimula esta diferença.

"Entre as características do pai, estão: ser masculino, ser firme, envolvido com o filho e com a mãe desde muito cedo e ser acessível". E ainda, segundo nosso autor:

> A menina sem o pai não tem a mesma dificuldade que o menino, mas lhe falta a possibilidade de um contraste entre mãe e pai, quando ambos estão presentes. Tudo isto também ajuda no processo de separação/individuação e a dissolver a simbiose.... Sem um pai, também falta o suporte de sua emergente feminilidade, um importante suporte para sua identidade de gênero...
>
> A orientação sexual para um partner ou a escolha de um objeto de amor é uma aquisição que demora muito a acontecer para garotos e garotas e não pode ser dependente da presença do pai nos primeiros anos de vida, como é o caso da identidade de gênero.

E, continuando, escreve Tyson: "De um modo geral a criança faz distinções perceptuais entre a mãe e a outra pessoa e faz diferenciações entre a mãe e o pai aos oito meses. Em situações de estresse as crianças claramente preferem as mães aos pais".

Parece que o mais precoce papel do pai na diferenciação *self*-objetal[54] é simplesmente como um alvo no qual a criança possa exercitar suas crescentes capacidades perceptuais e cognitivas. Se o alvo permanece o mesmo depois de oito meses, uma ligação será evidente, mas há evidências de que o pai terá vantagens em relação a outro objeto, ou sobre uma série de objetos.

> Quanto à modulação da agressão, esta começa no segundo ano de vida, quando as crianças são mais vulneráveis às perdas ou ausências da mãe (Herzog, 1982) e incluem pesadelos, hostilidade deslocada para irmãos e colegas e depressões, sendo estas mais

[54] *Self*-objetos são objetos indispensáveis ao desenvolvimento, sentidos como se fossem próprios de nós mesmos (Kohut).

comuns após a idade de cinco anos. Infelizmente, estes estudos geralmente não comparam as reações da perda da mãe com aquela do pai, ficando apenas testemunhada a fome do pai (Herzog, 1980).

Observações de Youngman e Burlingham (1973, 1982), demonstraram que a relação da criança com o pai difere, em muito, da relação da criança com a mãe. Pesquisas laboratoriais mostraram um padrão mais estável, mas ao mesmo tempo mais excitante e estimulante que a relação com a mãe. Tipicamente, o pai inicia, controla e ao mesmo tempo muda abruptamente o padrão, por exemplo, jogando a criança para o alto, numa brincadeira que envolve separação e logo retomada, união. É este um jogo que todas as crianças normais jogaram com seus pais e que lhes traz enorme satisfação. Em suma, é uma brincadeira de lidar com a separação na qual a criança se sai sempre bem.

Ainda sobre suas pesquisas, escreve o autor:

> A perda do pai, antes que a criança possa sucessivamente internalizar seus próprios controles sobre as descargas motoras e agressivas, pode resultar na predominância de temas abertamente agressivos vistos em tais crianças... Nós podemos supor que a criança não pode sucessivamente aprender a desviar sua agressividade sem a presença e ajuda do pai, uma aquisição que é feita mais lentamente.

Nós precisamos avaliar a base por meio da qual um pai é considerado suficientemente bom, ou não. Então, ele pode não ser um pai suficientemente bom segundo o filho, ou segundo a mãe, ou sobre o conceito de paternidade. Se a mãe e o filho adquirem a possibilidade de um bom relacionamento, o pai também tem muita possibilidade de entrar nesta boa relação. Entretanto, há condições em que o pai pode atingir esta reciprocidade mútua e a mãe não.

Por exemplo, o pai pode, por vezes, ajudar tão bem como a mãe a criança cega a *arrulhar*[55], usando canais alternativos. De fato, em algumas circunstâncias, ele pode ser mais capaz de se relacionar com o bebê porque está menos ferido narcisicamente do que a mãe, que tende sempre a se sentir responsável pela saúde do filho. E, pergunta o autor:

> Dados os ingredientes de mães suficientemente boas, pais suficientemente bons e bebês suficientemente bons, como eles se combinam no primado do biológico para o psicológico?[56] Os psicólogos teóricos do desenvolvimento têm sempre afirmado que os distúrbios precoces das relações biológicas resultam em distúrbios nas relações psicológicas (as quais se sentem dependerem ou se apoiararem no biológico). Por exemplo, o prazer em sugar se confunde com nutrição. Foi conjeturado que se a amamentação para muito cedo ou muito rápido, ou se o fluxo é insuficiente, o desenvolvimento psicológico também sofrerá porque ele depende de uma adequada gratificação.... Cada fase tem suas vulnerabilidades representadas por tipos particulares de distúrbios psicológicos, por somatizações ou por distúrbios de caráter, como está estabelecido desde os trabalhos de Freud.
>
> O desenvolvimento psicológico tem demonstrado, desde o nascimento, uma complexidade insuspeitada antes deste processo, que recebeu o nome de nascimento psicológico. É mais

---

[55] Arrulhar é como fazem os pombos ao namorarem uns com os outros.

[56] Pais suficientemente bons, termo inicialmente usado por Winnicott. Bebês suficientemente bons, expressão utilizada pela primeira vez por Tyson.

> um processo que um ponto de extensão do desenvolvimento.... Tem sido evidente que há um número de degraus ou fases na interação mãe-filho, os quais podem ser notavelmente documentados. As fases de Mahler são agora bem conhecidas, incluindo o sair do ovo, marcando a consciência de outro mundo que não a mãe. Brazelton e Als (1979) detalham as minúsculas trocas na relação mãe-filho e como a criança atinge progressivamente graus maiores de autonomia. Esta evolução ocorre moldada pelas capacidades e limitações da mãe, afetada pelo pai e pelas capacidades e limitações do filho (destaque do autor).

Uma questão final é: quão cedo são discerníveis os efeitos na relação cuidador-bebê produzidos por uma mudança no cuidador? O trabalho do grupo de Sander demonstrou que dez dias já eram bastantes para provocar alterações, se a criança era desviada para outro cuidador. No décimo-oitavo dia, ela já demonstrava sinais de *estresse alimentar* (cuspir, fazer caretas, chorar, agitar-se, engasgar-se). Quanto mais específico era o cuidado dispensado por um cuidador, mais óbvia a resposta era.

Entretanto, se nós formulamos a questão, o que é que mais afeta a ausência maternal, temos que considerar um número de variáveis: idade e desenvolvimento do *status* da criança, experiências prévias, distúrbios silentes, adaptação às condições temporárias do cuidador, ritmo da separação.

Segundo Anna Freud, o amplo escopo deste referencial deve incluir as relações entre as estruturas psíquicas (Id, Ego e Superego), motivações conscientes e inconscientes, forças genéticas ou desenvolvimentais, relações objetais, desenvolvimento do sentido de autoestima, maturação física e adaptação ao ambiente externo.

Foi com Anna Freud (1965) que a psicanálise ampliou seu campo, incluindo a análise de jovens teenagers, crianças e pré-escolares, inclusive crianças institucionalizadas.

Referências

ENDE, P. N. *René Spitz, dialogues from in*fancy. Selected Papers, E. P. N. Ende, New York: Int Univ. Press, 1983.

FRAIBERG, S. *Insights from the blind.* New York: Basic Books, 1977,

FREUD, A. Normality and pathology in childhood. In: *The Writings of Anna Freud I.* New York: Int. Univ. Press, 1965.

FREUD, S. *Three essays on the theory of sexuality.* Standard Edition, Londres: Hogart Press, 1976.

HARTMAN, H. *Ego psychology and the problem of adaptation.* Int. Univ. Press, 1958.

HERZOG, J. M. On father anger: the father's role in the modulation of agressive and fantasy. In: *Father and child.* Boston: Litttle Brown, 1982.

JACOBSON, E. *The self and the object world.* New York: Int. Univ. Press, 1964.

KHAN, M. *The concept of cumulative trauma.* The psychoanalytic. St. of Child, 18:283,1963.

KOHUT, H. *The analysis of the self.* New York: Int. Univ. Press, 1971.

MAHLER, M. et al. *O nascimento psicológico da criança.* Porto Alegre: Artes Médicas, 1975.

PROVENCE, S. *Struggling against deprivation and trauma.* The Psychoan. Study of Child, 38-233,1983.

SANDER, I. K. Infant and caretaking environmental. In: *Explorations in Child Psychiatry.* New York: Ed. J. Anthony, 1975.

SPITZ, R. *El primeiro ano de vida del niño*. Madrid: Aguilar, 1975.

STERN, D. N.; BARNETT, R. K.; SPIELEN, S. *Early transmission of affect: some research issues. New York: Basic Books, 1983.*

TYSON, P. *A developmental line of gender identity, gender role and choice of love object* – J. Am. Pschoanal. Ass, 30:84, 1982.

TYSON, P.; TYSON, R. *Teorias psicanalíticas do desenvolvimento*: uma integração. Porto Alegre: Artes Médicas, 1993.

TYSON, P. *The roots of psychopathology our theories of development*. J. of Am. Achademy of Child Psychiatry, 25, 1:12, 1986.

YOUNGMAN, M. N. Observations on father – infant relationship. In: GURWITT and J. M. Ross. *Father and child*. Boston, 1982.

WINNICOT, D. W. Primary maternal preocupation. In: *Trough paediatrics to psychoanalysis*. Londres: Tavistock Publications, 1958.

WINNICOTT, D. W. *Maturational process and facilitating environmental*. Londres: Hogarth Press, 1965.

Alessandra Piontelli e a ultrassonografia fetal

Ester Bick, na Inglaterra, criou, junto com outros pesquisadores, um método de observação da relação mãe-bebê que passou a ser adotado por instituições psicanalíticas do mundo inteiro, como parte integrante da formação analítica. Como em outras instituições analíticas, há um conjunto de regras a serem seguidas, para dar rigor e objetividade ao método. No nosso caso, interessa-nos este método como instrumento de pesquisa sobre o desenvolvimento.

As técnicas de observação também são usadas com crianças de qualquer idade, da infância e da adolescência, para estudar o comportamento padrão ou os seus desvios, com crianças internadas em creches ou instituições penais, por exemplo. Tudo isto traz subsídios ao estudo do desenvolvimento ou de seus desvios. Spitz, por exemplo, estudou crianças hospitalizadas e Winnicott, crianças e adolescentes com distúrbios de comportamento (*tendência antissocial*), após terem sido afetados pela guerra.

Piontelli, entre outros, avançou em muito a pesquisa sobre o desenvolvimento infantil ao *levar* a situação a ser pesquisada para a vida intrauterina. Assim, o uso do ultrassom para pesquisar se a vida intrauterina levou para esta etapa da vida humana a pesquisa científica e a observação em condições padrão.

Esta autora afirma que antes do uso deste método só se usava o ultrassom para estudar fetos humanos não viáveis ou fetos de animais. Agora, passou-se a estudar fetos normais em seu *habitat*. A presença de ar e água dificulta a visualização do feto, mas não a impede. Assim, a camada uterina e a parede abdominal permitem ao obstetra criar uma imagem bidimensional e segui-la. Há facilidade em ver o corpo fetal, dependendo da experiência com o método. Inclusive os movimentos finos fetais podem ser detectados.

Há, todavia, limitações importantes: após vinte e duas semanas é impossível seguir o corpo inteiro do feto. Por outro lado, deve-se levar em conta que o ultrassom não é um filme da realidade; ele é mais semelhante ao raio-X que à vida real.

Todavia, pode-se ver fetos ativos, como que coordenando a gravidez e o parto. Eles ouvem, respondem à pressão, à dor e ao toque, engolem líquido amniótico (regulando seu volume e sua nutrição).

As mães podem se comunicar com os fetos de várias maneiras: por suas próprias falas, por ruídos, por extra-sístoles, por borborigmos, por ruídos produzidos pelos grandes vasos. Já as emoções maternas atingem os fetos por meio de alterações de pressão dos grandes vasos ou pela ação das catecolaminas, que cruzam a barreira placentária.

Piontelli, que é uma psicanalista italiana, de Milão, acrescenta que os movimentos fetais se instalam bem antes das mães terem uma percepção destes. Assim, os movimentos *vermiculares* da vida fetal se iniciam na sétima semana. Tais movimentos posteriormente desaparecem e quando reaparecem mais tarde geralmente indicam uma regressão na vida fetal e uma situação de real perigo para este. Engolir, respirar e succionar se iniciam na décima-quarta semana.

Piontelli comenta que o seu referencial teórico psicanalítico é o de Melanie Klein, que postulou que a criança já nasce com uma situação infantil mental bastante atuante, com um ego e mecanismos de defesa em franco desenvolvimento.

Ela comenta que a vida intrauterina com a capacidade de flutuar dá ao bebê uma enorme sensação de liberdade e de movimento, que parece ser perdida com a vida extrauterina.

É essencial em cada observação captar qual a postura essencial para aquele bebê, bem como suas atitudes e reações. "Cada um dos quais parece ter uma diferente personalidade. Cada um dos quais também se relacionará diferentemente do seu ambiente e dos seus vários componentes."

Continua Piontelli dizendo que é evidente o que está vendo no écran, ouvindo os comentários feitos pelos presentes (mãe e acompanhantes): "Ele é nervoso."; "Ele é do tipo reflexivo."; "Está sentado na placenta."; "Trata mal o cordão umbilical.". Tudo isto pode ser acompanhado a posteriori, acrescenta Piontelli.

A seguir, ela descreve a situação de uma dupla acompanhada, mãe e filha, que ela chama de A. e de Julia, sendo ela uma mulher corpulenta casada com um homem muito baixo. A mãe estava profundamente envolvida com a gravidez, enquanto o marido (provavelmente enciumado) chamava a filha de *aquela coisa*, desinteressado e pouco se demorando nas observações.

Desde o início, pareceu a Piontelli que Julia flutuava prazerosamente no líquido amniótico e que tinha os movimentos muito fáceis e ágeis. O que mais impressionou a Piontelli, entretanto, foi o movimento *voluptuoso* da língua, num entrar e sair da boca, sugando a placenta e até o cordão umbilical. Era um brincar com a língua e com a boca, criativo, pouco comum, que parecia lhe dar um grande prazer.

O parto de Julia foi muito demorado, durando quase vinte e quatro horas. Não havia dilatação e a mãe ficou extenuada. Apesar de toda sua expectativa em ter um filho, não conseguiu sequer olhar para o bebê.

Na primeira vez que Piontelli visitou a dupla, a mãe estava preparada para amamentar Julia e houve outra frustração. Julia, em vez de mamar, lambeu o seio da mãe e seu tórax. Isto deixou a Srª A. muito desapontada. Porém, ela era muito ágil nas racionalizações: "Ela mamou cinco minutos; depois é que me lambeu", disse na vez seguinte. Este jogo das sensações fez com que a vida de Julia se tornasse uma grande festa. Sua mãe comentou sobre o seu grande prazer em ver. Ver, escutar, acariciar (os outros e ela mesma); lamber, até o tapete do chão, em seu aveludado. Piontelli já havia observado uma atividade semelhante à masturbação na fase intrauterina: colocar as mãos entre as coxas. Na fase atual, a avó materna também notou e comentou com Piontelli.

Nesta fase, Julia e a Srª A. estavam morando com a avó materna de Julia, mãe de seis filhas que moravam todas juntas, num ambiente de muita excitação. Inclusive, era uma família de glutões e de obesas, e o pai de Julia implicava muito com isto. A atitude dele diante da filha era de desinteresse e Piontelli soube, pela Sr.ª A., que ele havia sido escolhido pela sogra para se casar com a filha. Isto explica muitas das implicâncias do marido da Srª A. com a família desta, com as mulheres da família e, por extensão, até com a própria filha.

Com a evolução, Julia adestrou cada vez mais suas capacidades motoras. Como Piontelli observou no útero, ela conservava o mesmo talento em usar suas mãos. Assim, era capaz de sugar o polegar e ao mesmo tempo acariciar sua face e pelos. Aos dez meses, ela conseguia ficar de pé e aos onze deu os primeiros passos. "Ela tinha onze meses quando eu a ouvi pronunciar suas primeiras palavras", escreve Piontelli.

O destino de Julia parecia o de pertencer àquela família e se adaptar a ela. Entretanto, ela era do tipo mais sensual que o padrão familiar. Seu pai continuava distante dela, tratando-a como mais uma mulher inconveniente. Víamos duas opções para ela: permanecer *engarrafada* naquela família ou exercer as suas possibilidades de liberdade.

Nesta observação, podemos ver entre outras coisas: padrões de comportamento intrauterino que continuam na vida extrauterina; um conflito crônico entre os pais envolvendo a recém-nata; situações de saúde a serem prevenidas, como a obesidade da família da mãe.

O segundo paciente, que ela chamou de Gianni era, em muitos sentidos, o avesso de Julia. Ele era demasiadamente parado, sem vida, parecendo mesmo deprimido. Assim, descobriu um buraco no fundo do útero e lá ficou, de olhos fechados, parecendo mais um quadro de Munch. Os braços jaziam ao lado do tórax, sem se mexer. Ficou meses nesta posição. Um obstetra, vendo sua imagem no écran, comentou que parecia que ele tinha cem anos...

Chegando ao tempo determinado, Gianni não fazia a versão, e assim ficou por muito tempo. Precisou inclusive colocar uma prótese extrauterina num dos pés. A imobilidade de sua face era ameaçadora. Parecia dormir um sono profundo. Reagia aos ruídos com sensação de pavor.

Esta era a terceira gravidez de sua mãe. Na última, houve um descolamento prematuro de placenta. Isto lhe valeu uma reação hipocondríaca de medo de ter um novo descolamento, que durou quase toda a gravidez. Invadida pela angústia hipocondríaca, dormia mal, relatando estes fatos a Piontelli.

Depois, cessou a hipocondria e surgiu um enorme interesse por sexo. Queria, inclusive, saber detalhes da vida íntima de Piontelli. Parecia uma criança hipercuriosa sobre a vida sexual. Tornou-se muito exibicionista e usava shorts muito curtos. Como a mãe de Gianni tivesse feito um quadro hipertensivo que não reagiu muito bem à medicação, uma cesárea foi feita.

Gianni manteve o padrão de imobilidade até uns três meses depois do parto, mas continuou sempre parado, passivo, sem vida. Sua mãe, entretanto, permitia que tivesse contatos prolongados com o seio, por muito tempo. Caminhava de carrinho com ele.

Mamou até os dez meses. Começou a se sentar, porém ficava imóvel. O mais patológico de sua mãe eram as brincadeiras sexuais que fazia com Gianni, sempre reivindicando atitudes sexuais, humilhando-o. Numa destas brincadeiras, a que Piontelli assistiu, cobrava-lhe que ficasse com o pênis ereto. Mostrava, assim, todo o seu sadismo e sua inveja diante da masculinidade do filho.

Aos dez meses, Gianni esboçou seus primeiros sorrisos.

Piontelli, a seguir, faz considerações sobre o significado das observações, sobre todo o vigor da sensualidade de Julia e como nisto era semelhante à sua mãe. Comenta que não sabe dos seus dados, o que é genético e herdado e o que é ambiental. Comenta que Gianni, tão submetido às angústias de sua mãe, deve ter recebido, ainda no útero, um *bombardeio* de hormônios. A seguir, fala do "contínuo comportamento que se pode observar na vida antes e depois do nascimento e como tal continuidade parece afinar com as brilhantes intuições de grandes figuras do passado". E cita Freud (1926): "Há muito mais continuidade entre a vida intrauterina e a precoce infância que a imprecisa cesura do nascimento poderia nos fazer crer."

Discussão

Estas duas observações da vida fetal e do primeiro ano de vida nos demonstram como atitudes e padrões de comportamento intrauterinos podem continuar na vida extrauterina, com grande fidedignidade. Assim, Julia, um feto buliçoso, e poderíamos dizer, voraz, irá se transformar num bebê inquieto, oral, criativo, talvez mesmo dono de uma sexualidade precoce (masturbatória). As rejeições do pai a Julia e o conflito deste com as mulheres da família da mãe poderão, entretanto, ter futuras repercussões na sexualidade/identidade da filha. A mãe, pela boa relação que tem com Julia, tende a continuar a funcionar como um bom modelo de identificação.

Chamou-nos a atenção a grande motricidade de Julia desde o útero e a relação disto com a sua deambulação e fala aos 11 meses[57].

Seu destino, como diz Piontelli, é ser mais uma mulher daquela família ou libertar-se, com a sua inquietude e criatividade e com um padrão sensual identificado precocemente por Piontelli com a sua sensibilidade. Para isto, precisaria ter o apoio do pai, coisa que, até o momento da observação, não tinha. Ao contrário, tinha a sua rejeição.

Piontelli comenta que a vida de Julia dentro e fora do útero era como uma festa, uma festa de sensações, de tocar (sobretudo), de ver, de ouvir, de manifestar prazer em se relacionar com as coisas. Isto, o funcionamento de sua libido, dos seus instintos de vida, poderá ser uma base firme para um viver criativo (Winnicott) por meio do prazer de descobrir as coisas do mundo, de uma existência voltada para a arte, por exemplo. Obviamente, aqui entram em jogo os pais, o ambiente, drenando (ou não) a sensibilidade da filha nesta ou naquela direção.

Vemos em Julia o que Freud chamou de *caráter oral* manifestar-se mesmo dentro do útero. Assim, chama a atenção o uso da boca (da língua, sobretudo) para explorar o mundo, as superfícies, o corpo da mãe – *incidente* da primeira mamada em que Julia queria mais lamber do que mamar. Isto tudo conecta a oralidade, a voracidade, (sentidos antes como aspectos pós-natais) com a vida intrauterina. E a língua desponta como o grande órgão da vida de relação de Julia, com funções que ficarão depois incluídas no território geral da oralidade e da sexualidade, possivelmente.

Gianni é, em tudo e por tudo, o oposto de Julia. Parado, imóvel, parecendo mesmo deprimido, semelhante a um quadro de Munch, pintor que retratava figuras humanas profundamente depressivas. Esse padrão seguiu em sua vida extrauterina, esmaecendo-se, talvez, porque a mãe conseguiu lhe injetar uma parte de sua dose de vida.

Piontelli relata o quadro hipocondríaco da mãe que acompanhou toda a gravidez, relacionado a um descolamento prematuro de placenta. E diz mesmo que Gianni deve ter sofrido um *bombardeio* hormonal durante a gravidez.

Já é bem estudado o efeito da psicopatologia da mãe no desenvolvimento do filho. Isto tem sido demonstrado, particularmente, em relação à depressão da mãe poder gerar um comportamento depressivo no filho, que se mantém como traço de personalidade. E a hipocondria é um quadro da órbita depressiva, para muitos mesmo um equivalente depressivo. Em tal situação, a mãe, sem dúvida, bombardeia com catecolaminas o feto, provocando a inibição motora que é o quadro do universo depressivo que ele apresenta.

Esta mãe, como as pessoas depressivas, é profundamente infantil na sua suposta hipersexualidade e exibicionismo, o que nos parece, por outro lado, uma reação hipomaníaca e, portanto, ainda dentro da condição maníaco-depressiva.

Em sua ambivalência infantil, ela ama o filho, mas também compete com a sua sexualidade masculina, exigindo-lhe uma ereção que ele não pode ter, pretendendo humilhá-lo (inveja do pênis).

Assim, este caso nos ilustra quanto à possível gênese de um comportamento fetal patológico, que poderíamos chamar de depressão, como decorrência de uma condição psicopatológica da

---

[57] Aliás, as mães dizem: "Este menino se mexeu muito dentro do útero, vai andar cedo". E isto, de fato, muitas vezes acontece.

mãe (hipocondria severa) e nos dá margem à realização de múltiplas outras pesquisas ultrassonográficas sobre estes primeiros estágios do desenvolvimento.

Refletindo sobre estes casos, é possível entender por que Piontelli utiliza os referenciais kleinianos – com a concepção de um ego presente desde o nascimento – na elaboração de suas teorias. De fato, é difícil conceber os livres movimentos de Julia no interior do líquido amniótico, sua oralidade precoce, tudo parecendo predeterminado, sem admitir a força dos seus processos instintivos e mesmo a interação de um Ego precoce.

Nesta concepção, cabe contestar aqueles que veem o surgimento de um Ego depois (a maioria dos autores aqui estudados), ao longo do primeiro ano de vida.

Referências

BICK, E. *Notes of infant observation in psycho-analytical training.* Int. J. Psychoanal., 45:558, 1964.

BIRNHOLZ, C.; STEPHENS, J. C.; FARIA, M. *Fetal movement patterns*: a possible means of defining neurologic development milestones in utero. Amer. J. Roentgenology, 130:547, 1978.

DE VRIES, J. I. P. et al. *The emergency of fetal beha*viour. I Qualitative aspects. Early human develop., 7:301, 1982.

FREUD, S. *Inhibitions, symptoms and anxiety.* S. E., 20, 1926.

PIONTELLI, A. *Infant observation from before birth.* Int. J. Psycho-Anal., 6:70, 1976.

PIONTELLI, A. *Backwards in time.* Perthshire: Clunie Press, 1986.

TIMOR-TRITSH, I. et al. *Classification of human fetal movement.* Amer J. Obstet. Gynaecol, 130:693, 1978.

CAPÍTULO 10

Infância e família

Elisa Maria Parahyba Campos

Margareth Álvares

Patrícia Abreu

Olha, a ambiguidade melancólica do rosto
dessa mulher à janela, que abre para mares
impossíveis de liberdade, enquanto
passa em cortejo o alvo corpo do anjinho...
(DRUMMOND)

A família e a infância nem sempre foram objeto de estudo, preocupação ou sequer interesse por parte dos profissionais de saúde.

Na perspectiva biomédica, apenas a doença, e como lutar contra ela eram objetos do interesse dos responsáveis pela promoção de saúde, em todas as classes e etapas da vida.

A enfermidade era vista como consequência de um conjunto de causas que atuavam na produção de sintomas, os quais deveriam ser eliminados em busca da cura. Neste conjunto, os aspectos individuais, sociais ou a dinâmica da situação em que a doença podia ocorrer eram ignorados.

Este modo de compreensão da doença é coerente com um pensamento mecanicista, que tem sido a base da produção do conhecimento até nossos dias.

A ruptura com esse tipo de pensar vem ganhando cada vez mais adeptos, que têm produzido trabalhos e reflexões onde o binômio saúde x doença é visto como um processo, com formas de organização diferenciadas e individuais, de acordo com variáveis que incluem tanto os aspectos físicos como os emocionais e sociais.

Nesse sentido, os estudos a respeito da infância e da família oferecem um terreno fértil de reflexão e investigação, buscando uma ampliação eficaz das possibilidades de intervenção por parte dos profissionais de saúde em geral.

Cada vez mais, a qualidade de vida vem se sobrepondo ao tempo vivido. A quantidade vem dando lugar à qualidade, e a vida do indivíduo só tem sentido se tiver o mínimo de condições necessárias à sensação de pertencer a uma comunidade e a um grupo familiar, sem ser discriminado pela doença.

Este capítulo pretende fazer um histórico das concepções de infância e família, uma revisão da estruturação dos laços entre pais e filhos a partir de uma mudança nas relações afetivas entre os mesmos. Além disso, é nossa intenção demonstrar a importância do atendimento às famílias onde uma criança adoece e eventualmente venha a falecer. Nossas sugestões de intervenção nas famílias, tanto durante o processo da doença como na eventualidade da morte, são os resultados de nossa prática clínica.

Como não existe prática independentemente de uma reflexão e de um referencial teórico que indique o caminho, nossa proposta parte de um modelo biopsicossocial em que o ser humano seja visto como um todo, e não apenas como parte; em que a doença seja quase menos importante do que a pessoa que adoece e o grupo familiar ao qual pertence.

Um dos principais estudiosos da criança em seu contexto familiar e social nos demonstra que a duração da infância sempre foi bastante reduzida a seu período inicial, o mais frágil, portanto. Tão logo pudesse participar dos jogos e das atividades dos adultos, a criancinha pequena adquiria o *status* de adulto, fosse qual fosse sua idade cronológica. Nas palavras desse autor, "a criança aprendia as coisas que devia saber ajudando os adultos a fazê-las" (ARIÈS, 1978).

Ariès relata que a criança era vista como um brinquedo pelos adultos, e que tão logo pudesse ser afastada da mãe, era entregue aos cuidados de outra família, que teria a função de *criá-la*.

A transmissão de valores e a socialização da criança não eram asseguradas pela sua família de origem. As trocas afetivas eram, portanto, realizadas fora do ambiente da família consanguínea. O ambiente em que esta criança era criada estava sempre preenchido por amigos, vizinhos, crianças e velhos.

Os sentimentos que permeiam as relações familiares em nossos dias não eram necessários para que uma família se constituísse como tal. A partir do tipo de missão que a família antiga deveria realizar – a conservação dos bens, a prática de um ofício, a necessidade de ajuda mútua necessária à sobrevivência – se existisse um sentimento amoroso, tanto melhor, porém, o equilíbrio e a sobrevivência da família não dependiam deste tipo de afeto.

Se uma criança morria, a importância do fato resumia-se à necessidade de substituí-la nas *lides* domésticas, pois a perda afetiva não fazia parte do conjunto de valores da família naquele momento.

A criança, na visão de Ariès, não conseguiu sair de um tipo de anonimato na sociedade que antecedeu à Revolução Industrial.

A partir do momento em que a educação passou a ser valorizada, este tipo de situação começou a mudar. A escola substituiu a aprendizagem feita no seio da família, e a criança deixou de ser misturada ao adulto, passando a representar um tipo de prolongamento do casal nuclear em termos de expectativa e possibilidade de enriquecimento da família.

A importância atribuída à educação uniu os casais, gerando um fenômeno previsível: o surgimento de relações afetivas, em que a criança era o centro das atenções. A família começou a se organizar em torno da criança, tirando-a do antigo anonimato. Passou a ser impossível perder ou substituir uma criança sem um enorme sofrimento, e os casais passaram a limitar o número de filhos para poder cuidar melhor daqueles que nasciam. A infância adquiriu um lugar de importância na sociedade, passando a ser objeto de cuidados como nunca o foi na antiguidade.

Historicamente, existem evidências de que as crianças eram vistas sempre como seres imperfeitos, desprotegidos, repulsivos e incapazes. Coser (2000), no seu diálogo com a literatura sobre prematuros, relata-nos que este tipo de discurso encontrava voz tanto em Aristóteles, que colocava a criança no mesmo lugar em que colocava os enfermos, como em toda a sociedade de um modo geral.

A partir do momento em que a criança passa a ocupar um lugar e um espaço afetivos na constelação familiar, portanto, a partir de um *status*, a relação infância-família sofre diversas modificações nas mais variadas áreas.

A saúde do bebê, da criança e do adolescente passa a ser objeto de determinados tipos de cuidados por parte de seus familiares, até então pouco valorizados. A consolidação da pediatria é a demonstração explícita da importância que a criança passa a ter, agora como um cliente importante nos programas de atendimento à saúde.

Embora todas as fases da infância sejam importantes para um desenvolvimento físico e emocional adequados, os primeiros meses de vida do bebê destacam-se como sendo um momento dos mais cruciais ao longo do processo como um todo.

A escola inglesa, principalmente nas figuras de Klein e Winnicott, forneceu-nos diversos estudos a partir das observações clínicas destes autores, o que só comprova a importância dos primeiros momentos da entrada de um bebê no mundo dos adultos.

Em seus trabalhos sobre prematuros, Coser (2000) nos relata aspectos da diferença do *olhar* sobre esse bebê que, embora tenha nascido, ainda não *existe* aos olhos da equipe médica e da enfermagem. Seus relatos a respeito do tipo de comunicação destes bebês, as impossibilidades de compreensão por parte da equipe para decodificar seus sinais impressionam por tocar em aspectos nitidamente preconceituosos por parte dos atendentes.

Este tipo de postura aparece, por exemplo, no tratamento verbal que acompanha os cuidados prestados ao bebê a termo, se comparados ao silêncio com que é cuidado e manipulado o bebê prematuro.

Winnicott, embora tendo iniciado suas atividades como pediatra, atividade que jamais abandonou, a partir de sua atuação como psicanalista, brindou-nos com brilhantes informações a respeito da importância do modo de *segurar* o bebê[1].

Na verdade, a expressão tem um sentido muito mais amplo do que simplesmente carregar um bebê, estendendo-se a diversos tipos de atitudes e cuidados que devem ser oferecidos à criança, não só pela mãe como pela família, e principalmente não só do ponto de vista físico como do emocional.

Uma vez descrita resumidamente, a trajetória da noção de infância do ponto de vista histórico, podemos nos voltar sobre as diferentes etapas atravessadas pelo grupo que hoje denominamos *família*.

De acordo com Ribeiro (1996), os primeiros estudos sobre uma possível história da família têm início com Bachofen, no séc. XIX, mais especificamente em 1861. Nesse ano, o historiador publica *O Direito Materno*, em que formula suas teses a respeito do que teria sido o grupo familiar nos tempos primitivos, em que a promiscuidade sexual excluiria a possibilidade de estabelecer com segurança a paternidade, e como consequência desse fato, a filiação poderia apenas ser contada pela linha feminina. Este fato dava às mulheres grande apreço e respeito, como mostram os estudos sobre as sociedades matriarcais daquela época.

---

1 Embora bastante conhecido, preferimos optar pela tradução do termo inglês *holding*.

Com Durkheim, a família será vista como um fato social, constituindo-se em um grupo de pessoas ligadas não apenas por laços de sangue, mas por outras necessidades, tais como já foi dito anteriormente, ligadas às questões da sobrevivência, em que cada elemento terá uma tarefa a executar.

Posteriormente, com a passagem para a monogamia, ocorre uma mudança em relação ao direito materno, surgindo a possibilidade do estabelecimento da consanguinidade como fator determinante dos laços familiares, o que traz como consequência uma mudança do direito materno para o direito paterno.

A partir da instituição da monogamia, a família passa a se desenvolver de outra forma, ou seja, surge um núcleo – o pai e a mãe –, o que vai receber o nome de *família nuclear*, diferentemente do que seria a *família extensa*, onde outros elementos, como a parentela, agregados, etc., tinham certa representatividade.

Com as formulações do estruturalismo, e principalmente a partir da noção de estrutura móvel, podemos compreender melhor os movimentos da família em face de um imprevisto tal como aquele introduzido pela doença.

De acordo com Ribeiro (1996)

> Com a introdução do modelo estrutural para as Ciências Humanas, chega-se à noção de família como uma estrutura móvel, um conjunto de elementos interdependentes, que se modificam infinitas vezes, tantas quantas sejam necessárias quando ocorram transformações em um dos elementos que a constituem. (Ribeiro, p. 200.)

Ou seja, a família é encarada como um organismo dinâmico, em que movimentos ocorrem, dependendo das variáveis que incidam sobre este mesmo organismo. Essa dinâmica é bastante clara, ao lidarmos com famílias que enfrentam a doença de um de seus membros.

No caso de o paciente ser uma criança, essa dinâmica adquire características específicas, as quais tentaremos compreender à luz de um referencial psicanalítico, uma vez que acreditamos ser este o referencial que pode nos auxiliar na direção desta compreensão.

A partir do momento em que a criança deixa o anonimato, passando a ser o centro das atenções da família nuclear, ela também passa a ser o lugar onde serão depositadas as fantasias, os projetos, as frustrações e as expectativas não só de seus pais, como de seus irmãos e outros elementos componentes da família.

O adoecimento pode aparecer, então, como ameaça, não só à criança, mas a todo um grupo que nela depositou esta gama de sentimentos. Ameaça esta que assume proporções equivalentes à gravidade da doença. A família, então, se defronta com duas tarefas: cuidar da criança doente e lidar com as emoções, a maioria das vezes inconscientes, que passam a transformar as relações entre os seus membros.

Como um dos exemplos dos problemas enfrentados pela família, podemos nos reportar ao papel da mãe nos berçários de neonatos a termo e especialmente nos de baixo peso ou prematuros. Estudos demonstraram que a possibilidade da presença da mãe junto ao bebê desde os primeiros instantes, e ao longo de determinados períodos, determina o surgimento de sistemas imensamente complexos e "à prova de falhas" (Klaus e Kennell, 1995).

Segundo esses autores, mantendo a mãe e o bebê juntos a partir do nascimento, há probabilidade de início da ação de mecanismos ainda não totalmente conhecidos, mecanismos estes de caráter sensorial, hormonal, fisiológico, imunológico e comportamental, o que, ainda de acordo com os autores, teria importante papel no tipo de afeto que unirá pais e filhos.

Rait e Lederberg (1990) afirmam que o surgimento da doença em qualquer família é sempre um fator desestruturante. No caso, os autores referem-se especificamente ao câncer, mas essa desestruturação ocorre qualquer que seja a doença que atinja um dos elementos da família.

O que pudemos observar ao longo da nossa prática clínica é a proporção que o adoecimento de uma criança assume para as famílias atingidas, comparativamente ao adoecimento de um membro adulto.

Ribeiro (1996) propõe a importância da orientação e do atendimento a essa família, que poderá lidar com as angústias despertadas pelo adoecimento de um de seus membros de maneira mais consciente, permitindo que as emoções apareçam, mas sem deixar de lidar com os fatos com a objetividade que estas situações exigem.

Muitas são as doenças que atingem os diferentes membros de uma família, no entanto, o que se observa a partir da literatura é que, cada vez mais, a família é considerada um paciente, passível de atendimento, tanto quanto aquele que realmente adoece.

De acordo com o lugar – que aqui não se refere a um lugar topográfico, mas a um *lugar afetivo* – que o doente ocupa dentro da constelação familiar, existem variações nos tipos de comportamento apresentado pelas famílias.

O que podemos observar, tanto a partir de trabalhos publicados quanto de nossa experiência neste tipo de atividade, é que, quando o doente é uma criança, emoções são mobilizadas com um caráter diverso daquelas que surgem quando o paciente é um adulto.

Sob esse aspecto, a intervenção de um profissional deve ter como objetivos: – a continência das angústias deflagradas pela doença;

- o esclarecimento destas emoções inconscientes;
- a elaboração destas angústias no sentido de tornar mais eficaz o suporte que a família dará ao paciente.

É importante lembrar que, uma vez que encaramos o adoecer como um processo, pelo menos três fases podem ser nitidamente identificadas quanto à forma de lidar com este processo por parte da família:

- o momento do diagnóstico, que consideramos a fase mais crítica ou a fase aguda do processo;
- o desenvolvimento da doença, seus tratamentos e intervenções médicas, que denominaremos de fase crônica, onde ocorre certa acomodação dos familiares à situação;
- a resolução, ou seja, a erradicação da doença com a consequente cura ou a ocorrência da morte.

A cada fase corresponderá sempre uma possibilidade de intervenção diferenciada em relação às outras e, para tanto, o profissional deverá ser treinado e principalmente ter muito claro seus pontos cegos, ou seja, em que momentos podem ocorrer identificações projetivas, o que só contaminaria qualquer possibilidade de ajuda efetiva à família e ao paciente.

Outro aspecto importante diz respeito ao tipo de mecanismos de defesa aos quais as famílias recorrem, no sentido de proteger-se da ameaça externa representada pela doença.

O mais comum dos mecanismos, e o que primeiro pode ser verificado em nosso cotidiano clínico, é a *negação*.

Após o choque inicial com a constatação da doença, muitas famílias podem dar início a um processo de negação, tentando mudar de médico, procurando outros diagnósticos e deixando passar um tempo muitas vezes precioso no combate à doença, seja ela qual for. Quando cessam os procedimentos de negar o fato, muitas vezes, a família passa a se isolar, fechando-se a qualquer intervenção, buscando soluções na religião ou em tratamentos mágicos.

Este fator é bastante comum no Brasil, em função das heranças culturais e do sincretismo religioso que permeiam as relações das famílias com a religiosidade, em geral na população de menor poder aquisitivo e baixo grau de escolaridade.

Vale lembrar que este comportamento aparece também nas classes mais favorecidas e com maior grau de escolaridade, ainda que de forma sofisticada e camuflada sob nomes e procedimentos alternativos, que podem ocultar o mesmo comportamento das famílias de classes menos favorecidas.

Por termos que limitar nossa reflexão em função do espaço e dos objetivos deste trabalho, ressaltaremos ainda o mecanismo da *projeção*, onde as culpas dos familiares, individualmente ou como um grupo, podem ser colocadas na figura do médico, na escola, enfim, deslocadas de seu lugar real, uma vez que se torna insuportável conviver com a ideia de uma situação que pode ter ocorrido sem que haja culpados ou inocentes para ela.

Ainda com relação à culpa, é preciso atenção especial aos irmãos do paciente, caso existam, pois, nossa observação tem constatado que são tomados por profunda angústia, ao perceberem que continuam ativos, na escola, participando das brincadeiras da idade, enquanto o irmão ou a irmã está impossibilitado pela doença de levar a vida comum até, então, desfrutada.

O fato de considerar-se a família como um *paciente* a ser cuidado levou ao desenvolvimento de técnicas de atendimento em grupo, utilizadas principalmente nas instituições de saúde, uma vez que mostraram sua eficácia e possibilidade. As famílias podem ser atendidas individualmente, ou seja, um ou mais profissionais e a família, ou ainda em grupo, onde os profissionais trabalham com várias famílias, na pessoa de um só membro, mas que tenham em comum a doença de uma criança.

A atividade em grupo – uma possibilidade de intervenção

Embora a intervenção da qual trataremos tenha se desenvolvido em uma situação de crianças, em sua maioria, portadoras de câncer, as observações feitas a partir de nosso cotidiano clínico mostram que existem aspectos comuns a todas as famílias onde uma criança adoece.

Valle e Françoso (1999) enfatizam que em muitos casos as necessidades da família excedem às do paciente, tornando-se importante que os acompanhantes sejam incluídos no tratamento da criança, recebendo suporte não apenas para aprenderem a cuidar da criança doente, mas também subsídios para lidar com seus próprios problemas, conflitos, medos e responsabilidades.

Segundo Munari e col. (1997), Valle (1996), Françoso (2000) e Campos (2000), a realização de grupos de apoio tem se revelado uma das melhores formas de atendimento para pais e acompanhantes de crianças com câncer, uma vez que, ao trocarem experiências e compartilharem suas dificuldades, diminuem as sensações de solidão e impotência e são estimuladas as capacidades para interagir e adaptar-se à situação. Assim, o grupo serve de suporte a cada elemento que dele participe, nos diversos tipos de emoções que surgem após o diagnóstico, tais como culpa, medo, angústia por não poder ter acesso a todas as informações, etc.

Osório e col. (1989) enfatizam ainda que a assistência grupal induz a uma sensação de universalidade, sendo ideal para a atuação em instituições, uma vez que amplia o atendimento a um número maior de pessoas.

A população que será objeto deste exemplo foi atendida em uma instituição[2] que compreende uma série de "casas de apoio", assim chamadas por fornecerem alojamento, transporte, alimentação e apoio social em geral à criança e um a familiar responsável durante o tempo que necessitem.

As crianças vêm acompanhadas usualmente pela mãe, e em sua maioria não residem no Estado de São Paulo. Assim, além das questões emocionais mobilizadas pela doença da criança, essas famílias terão que se deparar com questões de ordem prática – financeiras, profissionais – e ainda terão que administrar os aspectos desestruturantes, decorrentes não só da enfermidade como da mudança de residência, da dificuldade de cuidados para os outros membros da família, etc.

A permanência na casa de apoio também tem influência sobre a forma de enfrentamento da situação por parte dos acompanhantes, uma vez que estão convivendo em um mesmo espaço pessoas com diferentes histórias de vida, níveis socioculturais e econômicos, personalidades, desejos e necessidades.

Se teoricamente a doença da criança é o maior desafio a ser enfrentado, na casa de apoio esta dificuldade se sobrepõe a outras, como a distância do restante da família, preocupação com os outros filhos e o convívio com estranhos, unidos pela preocupação comum que é a recuperação do doente.

Em nossa prática, observamos que essas contingências acabavam por interferir em diversos níveis nos familiares, o que tinha como consequência uma influência nociva sobre a criança. O trabalho em grupo teve os seguintes objetivos:

- oferecer suporte emocional aos participantes;
- criar um espaço que fosse continente para as angústias;
- esclarecer as dúvidas que surgiam a respeito das intervenções médicas e dos tratamentos;
- apresentar novos modelos de identificação;
- estimular a utilização dos recursos internos de cada um.

A partir dos relatos verbais dos participantes, revelou-se um universo comum, que começou a ter sentido, e esta *ressignificação* pôde direcioná-los em busca de novas respostas e possibilidades de mudanças.

A primeira proposta do grupo incluía a discussão de temas específicos, que foram considerados pelos psicólogos como sendo de interesse dos familiares. O programa envolvia dez sessões e os temas abordados no grupo abrangiam o reconhecimento de sentimentos, a representação de papéis sociais, a relação com a equipe médica, explicações sobre o que é câncer, o medo da recidiva, a educação dos filhos, a distância de casa, autoimagem e o estabelecimento de metas

[2] HOPE – Casa de Apoio à Criança com Câncer. Trabalham na instituição: psicólogos, assistente social, terapeuta ocupacional, nutricionista, professores de artes e do ensino médio e funcionários da área administrativa. Foram atendidas 477 pessoas em 67 grupos de apoio no ano de 2002.

para o futuro. Para abordar esses assuntos, utilizavam-se algumas técnicas expressivas, tais como colagem, desenho, dramatização, jogos, relaxamento, além da reflexão, discussão e elaboração dos conteúdos emergentes dessas atividades.

A experiência mostrou que, por remeter justamente a questões emocionais sentidas como persecutórias (dados os conteúdos inconscientes representados pela doença da criança), os familiares sentiam-se pouco à vontade para participar dos grupos propostos dessa forma, tendo como consequência uma pequena adesão a este tipo de intervenção. Os participantes diziam que "lembrar era sofrer duas vezes" e que não iriam ao grupo "para chorar".

Nesse sentido, participar dos grupos e deixar emergir os possíveis sentimentos reais em relação ao processo de adoecimento e distanciamento da cidade de origem para o tratamento, ou seja, tornar essa dinâmica consciente, era temido como uma desestruturação.

Ao mesmo tempo, era percebido nos participantes um fortalecimento importante e o desenvolvimento de recursos adequados para lidar com as dificuldades advindas de todo o processo. Dinâmicas em que a emergência de conteúdos inconscientes ficava mais exposta, como é o caso de colagens e desenhos, tinham pouca aceitação, enquanto outras, mais próximas de sua realidade e que lembrassem as brincadeiras de sua infância – dança da cadeira, ouvir histórias, passa-anel, músicas, cabra-cega – faziam emergir conteúdos importantes sobre as vivências emocionais inerentes ao cuidado com a criança.

Foi percebido aos poucos que, mais do que o tema específico da sessão, a importância maior era atribuída à reunião em si, ao ambiente de acolhimento oferecido pelo grupo a cada elemento. Para diminuir resistência e criar um clima de confiança nos participantes, optamos por centralizar a atenção do grupo nas dinâmicas que eram oferecidas e não aos temas inicialmente selecionados. Foram escolhidas atividades que remetessem os participantes a brincadeiras de sua própria infância, o que foi muito bem recebido.

No momento em que conseguiam se sentir como *crianças*, com direito a brincar e a se divertir, deixaram emergir a criatividade e espontaneamente surgiram no grupo os problemas, as dificuldades e as angústias. Além do material relativo à doença de um familiar, vinham sugestões para os problemas vividos no seu dia a dia e que envolviam não apenas o adoecimento da criança, mas também as dificuldades de relacionamento entre os hóspedes da casa. Ao deixar *suas crianças* aparecerem, sentiram-se mais fortalecidos para entender e atender às demandas das crianças sob seus cuidados.

Entendemos que o atendimento em grupo é eficaz não apenas para o enfrentamento das dificuldades geradas pelo adoecimento da criança, mas também para o fortalecimento da identidade dos familiares como cuidadores.

Apesar da dificuldade inicial para trabalhar questões de ordem pessoal num momento em que os cuidados deveriam estar voltados à criança doente, pudemos perceber que, por meio da troca de experiências e das atividades propostas, chegou-se a uma compreensão mais ampla da doença e suas repercussões. Além disso, a identificação de recursos próprios para o enfrentamento da situação mostrou ser variável das mais importantes nesse processo, quando o destino do paciente fica delegado à equipe de saúde e à instituição.

Observamos ainda uma reconfiguração das relações interpessoais, o resgate da esperança e de novas possibilidades de vida ao término do tratamento.

Todos estes fatores, além do objetivo principal, que seria um aprimoramento dos cuidados com a criança, tiveram como consequência a possibilidade de se criar um ambiente de maior solidariedade, companheirismo e empatia na casa.

A criança, a família e a morte

As crianças também morrem, por mais que isto possa ser visto como inversão da ordem natural, como tragédia, como impossível.

Embora ainda seja um tema dificilmente aceito e abordado pelos adultos, incluindo os profissionais de saúde, é preciso romper o silêncio, enfrentar o mistério da morte, e cuidar tanto da criança que morre como da família em que isto ocorre.

A morte é a perda do corpo, do mundo, dos afetos, do pensamento. Lidar com a morte do outro é lidar com a própria terminalidade e, principalmente, na cultura ocidental, esse é um tema *tabu*. A morte transforma a criança em um ser que reflete, pensa e principalmente intui e quer discutir sua morte com aqueles que a cercam. Por mais difícil que seja este diálogo, é papel dos cuidadores desvendá-lo, intermediá-lo, por mais doloroso que isto possa parecer. Alguns autores corajosamente têm publicado trabalhos, em que o relato de suas experiências é um testemunho extremamente rico no auxílio àqueles que ousem entrar nesse universo.

Raimbault (1979) traz à luz diversos discursos de crianças que vão morrer, frisando que elas podem pensar sobre sua própria finitude, falar sobre isso, embora poucos sejam os adultos que aceitam ouvi-las. Nas palavras da autora: "... Elas só podem ser ouvidas por aqueles, crianças ou adultos, que aceitam penetrar nesses pensamentos".

Segundo Raimbault, não podemos ter a pretensão de saber o que é a morte, mas temos a obrigação de acolher este discurso para que possamos cuidar tanto da criança quanto da família no momento oportuno.

Em geral, as famílias lutam com dificuldades imensas para aceitar que vão perder um de seus membros em idade precoce. É preciso enterrar os sonhos e projetos criados desde o momento da concepção. É preciso domar e submeter-se à impotência diante da inexorabilidade da morte.

Como auxiliar essas pessoas? Como propiciar a elaboração de um luto, que se bem realizado poderá enriquecer aqueles que o enfrentaram?

Não existem regras ou teorias, existem apenas as experiências pelas quais podemos aprender alguma coisa, se a isto nos dispusermos.

A dificuldade dos adultos, muitas vezes, é pensar que as crianças veem a morte como eles próprios a veem. No entanto, constatamos que não há necessidade de conceitos filosóficos, religiosos ou de qualquer espécie para que uma criança possa abordar a questão da morte, para que possa imaginá-la, aceitá-la ou ainda recusá-la.

Toda criança tem um conhecimento bastante claro de sua morte iminente, relacionando-a a doença que a impede de ser como os outros. A morte é vista pelas crianças como consequência lógica a partir das diversas internações, sofrimentos e intervenções às quais são submetidas. Cada separação do ambiente familiar, cada ruptura com a rotina e com as suas atividades transforma-as em seres com uma clarividência que impressiona a todos que as cercam.

Seu maior desejo, sem exceção, é não serem esquecidas, como se ter a garantia de que permanecerão vivas na memória daqueles que amam pudesse amenizar a despedida. "Vou fazer um desenho, para você guardar com você depois que eu não estiver mais aqui". (Fala do pequeno B., internado em uma unidade de terapia intensiva após ter sido constatado que sua doença o levaria à morte).

Mesmo assim, a ação de mecanismos de defesa contra a ideia da morte não é impedida. Negação, isolamento, projeção, deslocamento e anulação ocorrem, transformando-se em alguns casos em uma verdadeira obsessão pela ideia da morte. Isso aparece em seu discurso, em seus desenhos, e principalmente na tentativa de criar alguma coisa que possa sobreviver a elas mesmas, depois que partirem.

Os adultos espantam-se diante do conhecimento que as crianças apresentam sobre sua própria morte, muitas vezes desprovido de angústia, mais comum em pessoas mais velhas. Em alguns casos, aparece o desejo explícito de morrer por parte da criança doente, cansada de tantos sofrimentos físicos impostos pela doença. Para que se possa acolher estas manifestações, é importante termos clara a ideia da morte como um alívio e muitas vezes como uma escolha feita pela criança.

S. veio de uma família desestruturada, pais separados, e ele sem amigos ou relações afetivas, em função de uma leucemia que o impedia de viver um desenvolvimento normal com idas à escola, brincadeiras, etc. No momento de sua internação para um diagnóstico, apresentava-se apático e sem ânimo para nada. Em função do longo tempo que permaneceu no hospital, desenvolveu um relacionamento bastante afetivo com alguns enfermeiros, tendo conseguido, inclusive, autorização para sair nos finais de semana, acompanhado por seus recentes amigos.

Em determinado momento, foi feita a indicação de um transplante de medula óssea, o que implicaria uma remoção de S. para outro hospital. Em sua última entrevista com a psicóloga, ele disse que não queria sair dali, pois preferia morrer a ficar sem seus amigos. A pedido da mesma, ele fez um desenho bastante elaborado, apesar de seus nove anos, do que seria sua vida após o transplante.

Desenhou dois quadrados. No primeiro, ele aparecia entre seus dois amigos, com a legenda "S. com seus amigos". No segundo quadrado, o desenho era um jardim, com árvores e arbustos, tendo bem ao centro uma lápide, com uma grande cruz em cima, e a legenda "S. depois do transplante".

Evidentemente, não podemos afirmar que S. escolheu a morte, mas a ideia de morte expressa pelo desenho era irrefutável. O intrigante é que o prognóstico de S. era dos melhores, sendo o transplante visto como uma intervenção com altas possibilidades de cura para S.

Em nossa prática, temos observado que quanto maior for a certeza do amor que uma família dedica à criança doente, mais serenidade ela tem para aceitar a morte.

Isto vale também para os profissionais. Muitos tentam se proteger para não sofrer posteriormente, e demonstram certa indiferença e distanciamento ao lidar com os pacientes. Esses são os que mais sofrem quando vem a morte.

A possibilidade de conversar com as famílias, trabalhando antecipadamente um luto que ainda não ocorreu, tem demonstrado ser uma ferramenta importante para que esta mesma família possa elaborar melhor a perda, não passando pela desestruturação que podemos observar constantemente.

Uma das maiores dificuldades para trabalhar com famílias enlutadas diz respeito à forma como cada qual vive a perda. É muito difícil para cada membro admitir que existem diferenças na maneira de sentir e expressar a dor. Cada qual pensa a perda da maneira pela qual a vive.

Esta negação da diferença no momento de dor é uma das causas principais da desestruturação familiar e, se possível, deve ser o primeiro tema abordado por quem se disponha a cuidar das dificuldades emocionais dessa família, para que a perda possa ser elaborada.

Cabe ainda lembrar que, no momento da dor, aspectos primitivos de nossa personalidade emergem com menor censura. A raiva, a agressividade e a hostilidade devem ser acolhidas com empatia. Segundo relatos de pacientes, a pior coisa que ouviram de alguns profissionais foram conselhos para não demonstrarem tanta raiva ou agressividade em face de um luto recente.

Guérin apud Raimbault (1979, p. 169) nos diz:

> Poder aceitar a morte do outro é aceitar um "nunca-mais" de olhar, de voz, de ternura... Uma ausência de futuro no projeto imaginário comum, o ponto final na partitura de um dos instrumentos de nossa sinfonia fantasmática.

Conclusão

O atendimento a famílias onde uma criança adoece e/ou morre continua sendo um desafio para o profissional de saúde. As implicações emocionais são muitas, tanto por parte da família quanto por parte da equipe de cuidadores.

A maternagem mobilizada em uma equipe a partir dos cuidados que devem ser dispensados às crianças doentes vem se tornando um fator importante e tem sido objeto de reflexão em diversas instituições de saúde. Grupos de discussão têm sido realizados com o objetivo de encontrar formas de intervenção que possam dar continência a estas emoções que, como observamos no quotidiano de nossas clínicas, atingem não só a família do paciente, mas também a equipe de cuidadores.

Parece-nos que este é um dos caminhos a serem percorridos em busca de um aprimoramento contínuo dos cuidados ao paciente e aos seus familiares.

A multidisciplinaridade não é mais suficiente para cuidar da doença e vem dando espaço para o surgimento de equipes que trabalham em um modelo interdisciplinar, ou seja, uma troca de saberes, em que o repensar práticas e o intercâmbio fertilizador podem dar subsídios teóricos e práticos para o atendimento do familiar com crianças doentes ou que venham a falecer.

Cada elemento da equipe terá a importância que o momento exija, em lugar de ocupar um espaço que por si só já lhe dê um *status* de maior ou menor importância.

O todo conterá cada parte, dando a cada um a possibilidade de agir, sempre de acordo com a infinidade de demandas que podem surgir quando nos propomos a cuidar do ser humano.

Uma família, quando bem assistida, seja na doença ou no luto pela perda de uma criança querida, pode lançar mão de recursos anteriormente desconhecidos, elaborando estas dores em uma qualidade de vida melhor, apesar de tudo. Nunca mais será a mesma família, e de nós, cuidadores, pode depender se será uma família melhor, ou pior.

"Hoje somos mais vivos do que nunca.
Mentira estarmos sós.
Nada que eu sinta passa realmente.
É tudo ilusão de ter passado".
DRUMMOND

Referências

ARIÈS, P. *História social da família e da criança.* Rio de Janeiro: Zahar, 1978.

CAMPOS, E. M. P. Suporte social: da teoria à prática. In: CESARETTI, I. U. R. (Org.). *Assistência em estomaterapia*: cuidando do ostomizado, São Paulo: Atheneo, 2000.

COSER, L. M. S. A. Pré (maturo): esse bebê existe? O corpo dos bebês que nascem pré-termo em questão. *Infanto – Rev. Neuropsiquiátrica da Infância e Adolescência.* 8(3):109-118, 2000.

FRANÇOSO, L. P. Grupo de apoio psicológico de intervenção psicorapêutica junto à criança com câncer. *Pediatria Atual,* São Paulo, vol. 13, n. 03, p. 32-37, 2000.

KLAUS, M. H.; KENNELL, J. H. *Alto risco em neonatologia.* 4. ed. Rio de Janeiro: Guanabara Koogan, 1995.

MUNARI, D. B. e col. Grupos de apoio/suporte e grupos de autoajuda: aspectos conceituais e operacionais, semelhanças e diferenças. *Rev. Enferm.* UERJ, vol. 5, n.1, p. 359-366, maio, 1997.

OLIVEIRA, E. A.; TORRANO-MASSETTI, L. M.; SANTOS, M. A. *Grupo de apoio ao acompanhante do transplantado de medula óssea:* uma contribuição à práxis grupal. Paidéia, Ribeirão Preto: FFCLRP-USP, p. 41-52, junho, 1999.

OSÓRIO, L. C. et al. *Grupoterapia hoje.* Porto Alegre: Artes Médicas, 1989.

RAIMBAULT, G. *A criança e a morte.* Rio de Janeiro: Francisco Alves, 1979.

RAIT, D.; LEDERERG, M. The family of the cancer patient. In: HOLLAND, J.; ROWLAND, J. *Handbook of psycho-oncology.* New York. Oxford University Press, 1990.

RIBEIRO, E. M. P. C. A família do paciente terminal. In: CARVALHO (Org.). *Introdução à psico-oncologia.* Campinas: Psy, 1996.

VALLE, E. R. M.; FRANÇOSO, L. A criança com câncer: estudo preliminar. *Pediatria Moderna,* vol. 35, n. 5, p. 320-331, maio, 1999.

VALLE, E. R. M. *Família da criança com câncer diante do diagnóstico da doença,* São Paulo: Pediatria Moderna, vol. 32, n. 07, p. 736-51, 1996.

CAPÍTULO 11

Adolescentes e famílias no contexto médico

Victoria Lidchi

Evelyn Eisenstein

Introdução

Adolescência é o período de transição entre a infância e a vida adulta, caracterizada pelos impulsos do crescimento corporal, pelas mudanças no desenvolvimento emocional, mental e social, e pelos esforços do indivíduo em alcançar os objetivos relacionados às expectativas culturais da sociedade e de seu grupo familiar.

A adolescência se inicia com as mudanças da puberdade e termina quando ocorre a consolidação do crescimento e da personalidade, com a progressiva independência econômica, além da integração em seu grupo social (Heald, 1985).

Os limites cronológicos da adolescência são definidos pela Organização Mundial de Saúde como as idades entre 10 e 20 anos, e pelas Organizações das Nações Unidas como as idades entre 15 e 24 anos, critério usado principalmente para fins estatísticos e demográficos (WHO, 1989). Na maioria dos países, o conceito de maioridade do ponto de vista legal é estabelecido aos 18 anos, mas outros critérios permanecem flexíveis, porém confusos, de acordo com os costumes e culturas locais. No Brasil, o Estatuto da Criança e do Adolescente, Lei 8069, define a adolescência como a faixa etária entre 12 e 18 anos de idade (1990).

Desde 1980, compreende-se progressivamente melhor a importância da família na etiologia e nos comportamentos associados às doenças que ocorrem durante a adolescência. Pesquisas mais recente indicam que as famílias influenciam na saúde e nos comportamentos de risco, na adaptação à doença e no processo de recuperação, assim como na vulnerabilidade nos momentos de crises e nas recidivas (McDaniel, Hepworth e Doherty, 1992). A premissa deste trabalho é que a doença é um processo biopsicossocial, isto é, não existem problemas psicossociais sem fatores biológicos, assim como não existem problemas biomédicos sem fatores psicossociais. Na adolescência, as interfaces desses problemas se tornam tênues e afloram durante o diagnóstico, a conduta e a terapia familiar que o médico ou o profissional de saúde precisam realizar para a melhor integração e resolução da doença emergente.

Incluir o entendimento da dinâmica da família do adolescente é crucial para o tratamento efetivo de qualquer tipo de doença, mesmo que o principal componente seja um fator biológico ou psicossocial, especialmente nos casos de menores legais, crianças ou adolescentes, em que a família atua como uma interface importante entre eles e o mundo social. O objetivo deste capítulo é a introdução de alguns aspectos e conceitos sobre o funcionamento familiar com os quais o clínico pode começar a investigação da dinâmica familiar. Iremos descrever algumas técnicas práticas para o uso clínico no acompanhamento de famílias de pacientes adolescentes.

O conceito sistêmico de família

A terapia médica da família é um desenvolvimento mais recente do trabalho terapêutico com famílias, que começa a partir de 1950. O pensamento sistêmico que fundamenta a terapia familiar reconhece a família como uma unidade de funcionamento que é maior do que a soma das partes individuais. Os conceitos e as técnicas precisam de adaptação e de criatividade para analisar a estrutura e o funcionamento da família, de uma forma holística, assim como as regras e crenças que governam os padrões repetidos de comportamentos.

O ciclo de vida

Conceito geral

Um conceito útil que tem sido adaptado para a compreensão das famílias é o conceito do ciclo de vida. De acordo com Carter e McGoldrick (1989), o sistema familiar se desenvolve durante o tempo de evolução, de acordo com vários estágios. Cada estágio está associado a um número de diferentes tarefas, e a transição de um estágio para outro implica numa mudança da estrutura e organização da família (Minuchin, 1974). Os estágios descritos por Carter e McGoldrick (op cit.) devem ser interpretados com a compreensão de que estão sujeitos às variações culturais e históricas. No entanto, um resumo dos aspectos universais dos estágios, assim como das tarefas, mudanças e problemas associados podem ser resumidos na tabela a seguir.

Tabela 1 – Resumo dos estágios do ciclo da vida (Adaptação do trabalho de Carter & MacGoldrick (1989)

Fase	Tarefa	Mudanças nas relações	Problemas mais comuns
Formando o casal	Compromisso com a nova relação	Aceitação de novos papéis e novos relacionamentos com amigos e parentes; regras sobre a intimidade do casal.	Problemas sexuais e afetivos; (in)fertilidade; problemas psicossomáticos e queixas corporais.
Tornando-se pai e mãe	Integração com um novo membro	Negociação de novos papéis como pai ou mãe; reorganização de horários e das relações sociais, inclusive pelas gerações.	Depressão puerperal; tensão conjugal; abuso físico; pressões econômicas; *stress* no trabalho e na rotina do lar (e do bebê).

Fase	Tarefa	Mudanças nas relações	Problemas mais comuns
Crescimento do(s) filho(s)	Desafio da criação do(s) filho(s)	Estabelecimento da harmonia entre o lar, a escola e o trabalho; promover o crescimento & desenvolvimento da identidade dos filhos.	Crianças fora do controle; problemas escolares; doenças comuns da infância; acidentes, traumas e hospitalizações.
Adolescência	Aumento na flexibilidade dos limites e dos espaços de cada um e da família como um todo nos seus valores	Negociação de novas regras em relação ao controle e independência, individualidade e experiências sociais; escolhas vocacionais.	Riscos e abuso de drogas; violência; recusa escolar; transtornos na alimentação; problemas sexuais (inclusive dos pais); queixas psicossomáticas.
Ajudando os filhos no início da vida adulta	Aumento da independência; filhos saindo e formando suas famílias	Adaptação dos pais à saída dos filhos; retorno do enfoque de suas próprias vidas e da relação como casal; cuidados com os avós.	Surtos psicóticos dos jovens adultos, discórdia marital, crises da vida adulta e reflexões com novas mudanças "existenciais".
Envelhecimento	Aceitação das mudanças nos papéis das gerações	Morte dos avós e de amigos; nascimento dos netos; perdas nos empregos; viuvez ou afastamentos.	Perdas, luto, depressão, demência, doenças físicas comuns dos idosos.

Esses estágios são apresentados aqui para ajudar o clínico a compreender a dinâmica intergeracional das famílias. Uma família com adolescente(s) é somente um estágio do ciclo de vida, e qualquer problema no modo como a família lida com as tarefas de um estágio terá consequências não só para aquele estágio, mas também para os outros.

As transições de um estágio ao outro são consideradas estressores horizontais, os quais a família encontra no desenvolvimento do tempo. As formas como a família lida com estes estressores, incluindo crises ocasionadas por doenças, separações ou divórcios, viagens, perda ou morte de um dos membros são influenciadas por um número de fatores que se denominam estressores verticais, que incluem os padrões de relacionamentos, crenças e tabus (op. cit.). Por exemplo, um casal que começa seu relacionamento com ideias diferentes sobre como ser pai ou mãe, originadas em suas famílias (estressores verticais), e que não é capaz de negociar estas expectativas (estressores horizontais) no estágio do ciclo de vida em que se tornaram pais, e que decide como impor os limites a seus filhos pequenos, terá que rever seus padrões de relacionamento quando os filhos entrarem na adolescência, se tiverem problemas de disciplina e outros distúrbios de conduta (estressores horizontais da adolescência).

Ciclo de vida e doenças

O conceito de ciclo de vida tem sido associado aos critérios da tipologia psicossocial das doenças, em terapia médica familiar (Rolland, 1984; 1987), para compreender o impacto e as readaptações que uma família precisa fazer quando ocorre uma doença. Vamos descrever a seguir um resumo desta tipologia:

Início

A intensidade das readaptações que uma família tem que fazer durante uma doença, em termos de estrutura, papéis e habilidades de resolver problemas é a mesma, independentemente de o início ser gradual ou agudo. No entanto, quando ocorre uma doença aguda, as habilidades de adaptação da família devem ser mobilizadas rapidamente.

Haverá maior desgaste emocional se a família ficar dividida entre a proteção contra a própria desintegração devido à doença e uma reestruturação ativa para se adaptar às consequências dos problemas. Adolescentes que são traumatizados em acidentes, por exemplo, muitas vezes se tornam o pivô da separação dos pais, que não conseguem se adaptar às repercussões incapacitantes do filho traumatizado ou hospitalizado na crise.

Duração

No caso de uma doença progressiva, a família deverá gradualmente adaptar sua estrutura aos problemas incapacitantes. Nos casos de duração crônica e contínua, a família sofre uma mudança semipermanente, mas estável. Depois de um ajuste inicial, o perigo para a família recai principalmente sobre as demandas de cuidar de um membro doente, especialmente quando o adolescente é o principal alvo destas atenções. Finalmente, em casos de doenças com recidivas, em que períodos de estabilidade se alternam com crises ou hospitalizações, a família fica muito mais mobilizada e sobrecarregada, e com dificuldades de retornar à sua normalidade.

Repercussões

Existem diferenças importantes entre doenças fatais (câncer), potencialmente fatais (fibrose cística), ou doenças não fatais, mas crônicas (artrite reumatoide), em termos da ênfase sobre perdas e morte. A doença potencialmente fatal se torna muito ambígua para a família. A crença no "... e se acontecer...", pode levar a uma superproteção dos adolescentes pelas famílias.

Incapacidade

O tipo e o grau de incapacidade, cognitiva ou física, tem sempre um impacto no papel de realocação da família, e é dependente das necessidades do adolescente antes da doença, dos recursos econômicos e da flexibilidade da família.

Conceitos para análise da dinâmica familiar

O ciclo de vida é útil para conceituar a evolução do desenvolvimento da família e sua temporalidade. Para compreender a relação dinâmica em cada estágio e quais aspectos do funcionamento familiar que estão ajudando ou dificultando a adaptação aos estressores horizontais, como doenças nas transições de vida, existem outros conceitos importantes.

Estrutura familiar

As ideias que têm ajudado os clínicos a compreender os aspectos comportamentais das famílias são originadas do trabalho de Minuchin (1974), que via a família como um organismo.

As famílias são analisadas em termos dos padrões de interação, hierarquias e subsistemas, assim como espaços e limites, ligações afetivas e conexões entre os diferentes membros e as diversas idades. Vamos descrever a seguir alguns dos conceitos para analisar esses comportamentos.

Estrutura

É um conjunto invisível de necessidades funcionais ou códigos que organizam o modo como os membros da família interagem uns com os outros. São regras e padrões familiares que mantêm uma estrutura de coerência, até que outra necessidade maior ocorra e exija mudanças. Por exemplo, se uma mãe pede repetidamente para sua filha diabética "não se esquecer de aplicar as injeções de insulina", e ela mesma assim "esquece", mas seu pai a obriga e ela obedece. A regra familiar determina que o pai é a fonte de autoridade e que a mãe é sempre desacreditada, e esta regra é generalizada para outros padrões de interação familiar com a adolescente, que extrapolam o uso da insulina.

Subsistemas

São os componentes criados dentro da família para certas tarefas específicas. Cada membro da família pertence a subsistemas diferentes e tem diferentes poderes e funções, com regras de exclusão baseadas em papéis, em diferenças de idades ou gerações e interesses imediatos (às vezes permanentes) ou alianças temporárias. Dentro do sistema estão os subsistemas conjugal, parental, filial e fraterno.

O subsistema parental é importante em termos das responsabilidades dos adultos sobre seus filhos. Isto permanece mesmo se o subsistema do casal se desintegra após uma separação ou divórcio. Por exemplo, uma mãe e uma filha que cuidam de um adolescente com paralisia cerebral e, quando esta filha se casa e vai formar sua própria família, interrompe a rotina dos cuidados necessários, obrigando a mãe a buscar ajuda externa profissional.

Fronteiras

Elas podem variar da rigidez à permeabilidade, sendo os limites e regras que regem o sistema familiar e os subsistemas, determinando quem são seus componentes. Fronteiras bem definidas ajudam a manter uma separação, porém, também um senso de *pertencer*, ao tornar claros os papéis e as expectativas. Fronteiras nítidas significam que a família é funcional, e que os subsistemas se comunicam entre si, cumprem suas funções e não interferem indevidamente nos espaços dos outros.

Se as fronteiras são muito rígidas, podem ocorrer desconexões, pois os membros têm um senso de sua individualidade, mas pouco senso do pertencer a um grupo coletivo familiar. No entanto, se as fronteiras são difusas, como ocorre em algumas famílias, em que tudo e todos se misturam em seus papéis, todos se tornam preocupados e envolvidos com todos e com cada um, levando a uma superproteção e dificuldades em separação, o que muitas vezes, também, impede que o adolescente assuma sua independência com seus cuidados de saúde.

Alianças

As alianças são definidas como o modo de um membro se aliar ao outro ou contra outro, para qualquer atividade. São as conexões emocionais e psicológicas entre os membros e as coalizões contra outros. Por exemplo, uma mãe se alia à sua filha adolescente que tem asma, superprotegendo-a, infantilizando-a ainda mais nas crises de falta de ar, opondo-se ao pai, que quer que sua filha tenha uma vida mais independente. Conflitos entre os pais levam a um processo de triangulação. Por exemplo, uma adolescente com anorexia nervosa, cuja doença e dependência dos pais disfarçam os conflitos de poder subjacentes do casal, contribui para mantê-los unidos (Minuchin, 1978).

Poder

Tem a relação com a autoridade (quem faz as decisões) e com a responsabilidade (quem executa as decisões) e como estas influências são exercidas na família.

Todos estes conceitos estão inter-relacionados e devem ser analisados dentro da estrutura familiar. Por exemplo, o poder resultante de alianças entre os membros pode determinar se a família é ou não é funcional, e para melhorar ou piorar as condições de uma doença em seu meio. Disfarçar um conflito entre dois membros (pai e mãe ou irmã e irmão) e usar a triangulação pode dar a impressão de que o adolescente tem o sintoma (usa drogas, por exemplo), enquanto o resto da família está em *harmonia*. A comunicação também exerce uma influência direta com o comportamento e esta comunicação pode ser aceita, rejeitada, desconfirmada ou simplesmente transformada no silêncio que envolve a doença num mistério, e o *não dito,* sendo mais patológico do que o "dito" – conteúdo verbalizado ou expresso em comportamento da família (Minuchin et al. 1978; Chaves, 1991; Wood, 1993).

Funções da família

A família é responsável tanto pelos aspectos do cuidado e desenvolvimento de seus membros no âmbito interno, como também pelos aspectos voltados para a adaptação à sociedade e continuidade da sua cultura. As suas funções essenciais são:

– a criação dos filhos, desde o nascimento até se tornarem membros independentes na sociedade;

– o apoio e proteção a cada um de seus membros;

– a transmissão de valores, que dará a orientação e o norteamento à vida das pessoas, com as expectativas do futuro, sendo adaptadas às realidades do momento presente.

A família funcional é aquela percebida como sendo predominantemente afetuosa, com boa comunicação, coesa, com regras flexíveis, porém com limites e fronteiras claras, dando aos seus membros os recursos necessários ao crescimento individual e apoio diante das dificuldades da vida ou doenças intercorrentes. É o equilíbrio entre a proteção e a autonomia oferecido pela família que vai desenvolver nas crianças e nos adolescentes a confiança básica indispensável à organização de seu comportamento e à integração de sua autoestima, e valorização como pessoa, sendo um membro importante e com direito a ter saúde no seu grupo social. Daí, inclusive, o valor transmitido pela preservação da vida e prevenção das doenças.

Aplicação dos conceitos com o adolescente e sua família

Transição da adolescência

A adolescência é um estágio do ciclo de vida que é uma fase de transição tanto para a criança como também para a sua família. Assuntos associados à sexualidade, identidade, autonomia, valores e mudanças nas conexões e relações são temas emocionais para todos os membros da família. Os adolescentes precisam enfrentar estas tarefas ao mesmo tempo em que seus pais estão também revendo estes temas em relação a si mesmos e ao início de seu envelhecimento, trazendo à tona conflitos vários entre as gerações.

Inúmeros fatores se inter-relacionam nesta transição e devem ser avaliados com cuidado. A família pode ser um *tampão* e funcionar como uma base segura (Bowlby, 1988; Byng-Hall, 1996), com fronteiras flexíveis que se adaptam às necessidades dos adolescentes durante a fase de questionamentos à procura de sua própria identidade.

Os pais devem estar conscientes das dificuldades, contradições e exigências conflituosas que este estágio da vida engloba. Eles precisam refletir sobre seu papel como modelos referenciais e saber negociar as diferenças que tiveram em suas próprias fases de adolescência. Alguns aspectos podem se tornar críticos e exercer pressões ou funcionar como estressores horizontais, com as doenças e riscos que ocorrem nesta época ou estressores verticais que influenciam as famílias nesta adaptação às transições e mudanças, algumas exemplificadas nas Figuras 1 e 2.

Figura 1 – Pressões no meio ambiente para adolescentes

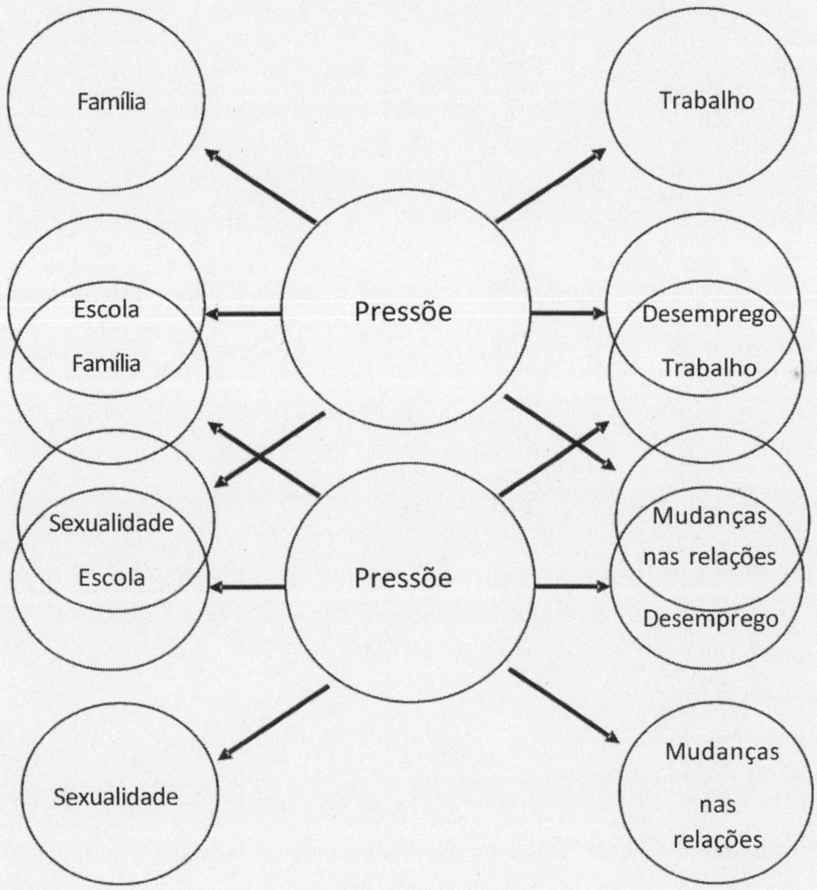

Figura 2 – Aspectos de funcionamento da família

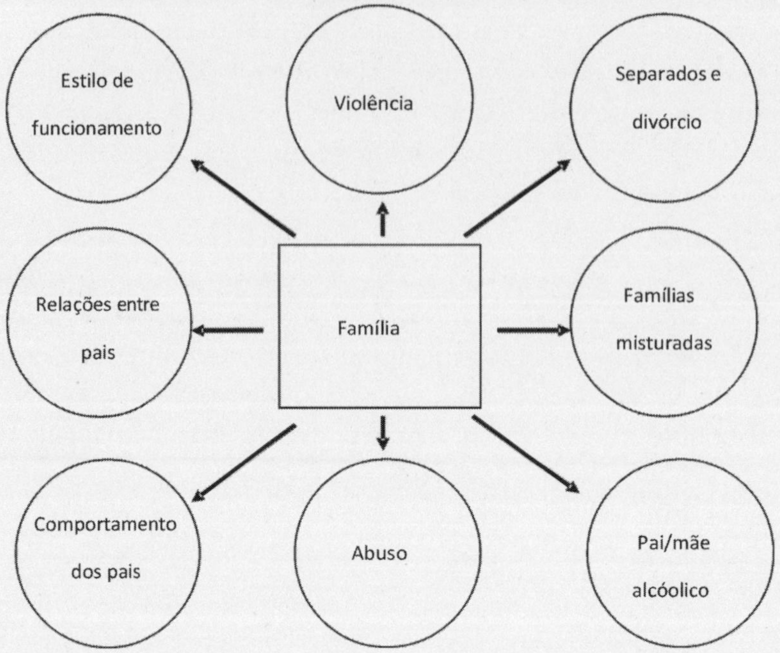

Desenvolvimento psicossocial e doenças psicossomáticas

Durante a adolescência, muitas doenças psicossomáticas aparecem ou se intensificam. Isto ocorre devido à complexidade de fatores e interações familiares que envolvem todos os membros da família próxima ou distante. O adolescente que está passando por mudanças corporais, emocionais e sociais fica também vulnerável e se envolve em coalizões ou triangulações que tornam os conflitos difusos ou aparecem como o *sintoma* de uma família que não está funcionando bem. Em alguns casos, ocorre um processo circular, em que os padrões de interação familiar e o sintoma emergente se tornam complementares, caracterizando a co-dependência, que encontramos frequentemente em casos de adolescentes que abusam das drogas, por exemplo.

Muitas vezes, existem consequências fisiológicas para o adolescente cujo sintoma está sendo usado como um conflito difuso, demonstrado, em casos de adolescentes diabéticos, ou na doença de Crohn (Woods, 1989).

As famílias que influenciam ou intensificam as doenças em crianças e adolescentes têm sido descritas como tendo:

- **dificuldades de comunicação**: inibição (pouco falam), comunicação excessiva (falam demais com muitas interrupções), contradições ou incongruências (dizem coisas tristes com sorrisos), analógica (o corpo expressa outro comportamento, por exemplo: falam *tudo bem*, mas se afastam), ou desviante (uma pessoa *lê os pensamentos* de todos e diz o que pensa, sem qualquer consulta aos outros membros da família);
- **expressões e respostas emocionais anormais**: pais que sentem tristeza, mas que expressam raiva ou simplesmente bloqueiam a severidade do problema; por exemplo: castigam seu filho asmático, obrigando-o a tomar banho frio, mesmo no inverno;

- **super ou subdesenvolvimento**: isto se refere a famílias muito unidas e que atrapalham o tratamento ou, ao contrário, a famílias desintegradas, que abandonam o tratamento ou não seguem as instruções ou prescrições médicas;
- **mitos médicos**: mitos familiares que cruzam as gerações e que têm um efeito importante na estruturação da família e no relacionamento com o sistema de saúde, por exemplo: "sentir tristeza demonstra fraqueza"; "você tem que fingir coragem na frente do médico"; "vovó teve um ataque de coração devido ao seu comportamento rebelde"; "ficar descalça ou com cabelos molhados aumenta as cólicas menstruais";
- **dificuldades de lidar com conflitos**: o adolescente se torna o culpado ou o *bode expiatório* dos problemas familiares, desenvolvendo sintomas e complicações que justificam a ansiedade ou a depressão da família por outros motivos.

Famílias psicossomáticas têm sido descritas como superprotetoras, sem fronteiras ou limites, rígidas e com poucas estratégias para a resolução de conflitos, que levam à triangulação com o adolescente, como o *sintoma*. A expressão aberta da emoção é coberta pelo corpo ou recoberta pelo comportamento, num processo denominado somatização. Uma intervenção no momento adequado pode ter um caráter preventivo, impedindo que a tensão causada por interações disfuncionais se acumule e cristalize, transformando o que era antes uma dificuldade num problema ou até mesmo numa situação de risco ou crise familiar, livrando o adolescente de seu *sintoma* ou de sua *doença*, por meio de uma terapia com enfoque familiar. Exemplos comuns são os transtornos alimentares, tanto a obesidade como a anorexia ou bulimia que se iniciam na adolescência e, muitas vezes, tornam-se crônicos, intensificando ou afetando a saúde na idade adulta.

Doenças agudas ou crônicas e o funcionamento familiar

O *ficar doente* para um adolescente apresenta um estressor horizontal repentino, como também para sua família. A maioria dos pais pensa que seus filhos serão mais saudáveis que eles. As doenças agudas e crônicas alteram aspectos-chave do processo de crescimento, incluindo a progressiva autonomia e independência que o adolescente tanto busca. Um dos maiores desafios enfrentados pela família é como maximizar esta independência, mesmo com as restrições impostas pela doença, sem superproteger e sem *misturar as emoções*.

Esse conflito entre a independência do desenvolvimento e a dependência gerada pela doença pode originar alguns aspectos importantes sobre os cuidados necessários. Adolescentes com doenças crônicas podem começar a desafiar seus limites corporais e *esquecer* de tomar os medicamentos prescritos ou o adolescente pode usar o seu diabetes para resistir às demandas da família. A tarefa terapêutica fica, então, direcionada a resolver esses impasses e trabalhar com a família e o próprio adolescente as formas de manter a autonomia com o autocuidado.

As famílias com adolescentes doentes ou hospitalizados precisam ser ajudadas a buscar uma melhor comunicação com a equipe médica e terapêutica. Abrir os canais de comunicação com a família pode minimizar os sentimentos de raiva, medo, vergonha, culpa, tão comuns e que ficam associados às etapas do tratamento ou são dirigidas à equipe profissional. Este é o trabalho de apoio necessário para ajudar as famílias a colocar a *doença dentro de seu contexto*, aceitar as limitações e se focalizar nos outros aspectos da vida como uma continuidade (McDaniel, Hepworth e Doherty, 1998). Para isso, torna-se necessário que as famílias:

- **criem** um sentido para o evento, problema ou doença;
- **lamentem** a perda da saúde de seu membro ou se adaptem às incertezas temporárias da doença;
- **aceitem** as mudanças permanentes que irão ocorrer, incluindo a incapacidade, as dores, e o envolvimento contínuo com a equipe médica;
- **permaneçam unidas** apesar da doença e sejam capazes de apoiar seu membro e buscar apoio entre si;
- **adaptem-se** às incertezas, desenvolvendo um modo mais flexível de serem afetuosas e coesas, apesar da tensão da doença;
- **sejam mais flexíveis** e, assim, consigam mudar seus hábitos, papéis, relacionamentos para desenvolverem estratégias de resolução de problemas comuns na sobrevivência diária;
- **comuniquem** suas emoções a respeito da doença ou morte com respeito ao doente nas suas etapas do tratamento;
- **tenham crenças** (religiosas, familiares ou culturais) por meio das gerações, que ajudem a suportar os momentos mais difíceis;
- **tenham redes de suporte social**, onde possam obter recursos ou fontes de ajuda em tempos de crises ou de maiores necessidades.
- A família deve tentar manter sua coesão, coerência e valores para funcionar da melhor maneira possível. Por exemplo:
- pais manterem sua relação de apoio ao adolescente, fazendo atividades em conjunto que diminuam a tensão da doença;
- não negligenciar os outros filhos, que podem ficar com raiva ou ciúme e complicar a situação com emoções negativas dirigidas ao adolescente;
- deixar que o adolescente mantenha sua autonomia e algumas responsabilidades sobre seu próprio cuidado e atividades de lazer ou estudo.

Intervenções práticas

Atitude da equipe

É importante para a equipe compreender que a dinâmica da família não deve ser diagnosticada como causa ou consequência da doença, mas ajudada a facilitar na recuperação, nos tratamentos ou na adaptação às repercussões da doença. Brigar ou colocar a culpa na família, que já está estressada pelos efeitos dos acontecimentos, só piora a situação, pois insere mais barreiras e defesas que acabam por fechar possibilidades de conversas ou de mudanças.

Uma entrevista que inclua observações e perguntas sobre o funcionamento familiar pode ajudar o clínico a ganhar compreensão sobre os aspectos emocionais da doença, sobre como a família está se adaptando, e quais recursos ou apoios ainda são necessários, como ajuda de uma assistente social, psicóloga ou terapeuta familiar.

O processo da entrevista

É sempre importante se entrevistar o adolescente sozinho, sua família em separado, e todos juntos, pelo menos numa oportunidade.

A **entrevista com o adolescente** pode trazer muitas informações: como ele se sente a respeito da doença, em relação à sua família, se está ajudando ou atrapalhando no tratamento. Muitos adolescentes imaturos não se sentem bem ao conversarem sozinhos com um estranho que está fazendo perguntas sobre sua vida e se negam a dar qualquer informação verbal, mantendo-se em silêncio. Outras vezes, mais contatos são necessários para o adolescente confiar e expressar sem medo e sua opinião sobre seu estilo de vida e contar o que faz diante ou às escondidas de seus pais ou amigos.

A **entrevista com a família em separado** pode eliciar seus sentimentos, crenças e consequências da doença para toda a família e para o adolescente, do ponto de vista dos pais. É sempre uma oportunidade para a expressão das preocupações e dos medos que estes não querem dividir com o adolescente, mas que ajudam o médico no seu processo de decisão sobre as informações que devem ser abertas, ventiladas ou guardadas para uma próxima oportunidade, ao se tratar de assuntos sensíveis ou mais delicados. É importante manter este canal de comunicação sempre aberto e acessível para evitar maiores problemas de comportamento com os adolescentes.

A **entrevista conjunta com o adolescente e sua família** é uma oportunidade de observação da dinâmica familiar e dos padrões de relacionamento. É sempre importante haver cadeiras disponíveis e notar quem senta perto de quem, se o adolescente senta no meio de seus pais, por exemplo. Após a apresentação, observar quem fala mais ou menos ou sempre interrompe a fala do outro, quem expressa melhor as emoções, quais são as principais preocupações ou problemas, como o adolescente se comporta ou responde às perguntas feitas pelos pais ou pelo terapeuta, se existe respeito entre as opiniões de cada um ou se os limites estão difusos no emaranhado familiar. Se necessário, esta entrevista conjunta pode ser repetida periodicamente enquanto durarem as dificuldades do relacionamento familiar com o adolescente enfermo.

Algumas questões importantes

Apgar familiar

Para uma avaliação familiar rápida, se pode utilizar o APGAR FAMILIAR, um breve questionário que tem como objetivo facilitar para o clínico a coleta de informações que refletirão o clima emocional e familiar e a visão que o adolescente tem de sua família. O APGAR FAMILIAR se propõe a medir a satisfação individual em relação a cinco elementos (SMILKSTEIN, 1978):

A – *Adaptation* – Adaptação

P – *Partnership* – Companheirismo, conexões

G – *Growth* – Crescimento

A – *Affection* – Afeto

R – *Resources* – Recursos

A cada item é atribuído um valor de 0 (quase nunca), 1 (às vezes) ou 2 (quase sempre). A soma dos itens irá variar de 0 a 10.

Os resultados podem demonstrar:

- 0 a 3 – disfunção familiar grave
- 4 a 7 – disfunção familiar moderada
- 8 a 10 – boa função familiar

Cada componente da família pode responder a este questionário, em separado, e, se quiser, as respostas podem servir como início de uma entrevista de diagnóstico ou tratamento, desde que haja concordância entre os membros para revelarem as respostas:

- Você está satisfeito com a ajuda que recebe de sua família quando está preocupado? Comente, se quiser.
- Você está satisfeito com a forma de sua família conversar e dividir seus problemas com você? Comente, se quiser:
- Você acha que sua família aceita e apoia as coisas novas que você quer fazer? Comente, se quiser.
- Você concorda com a forma como você e sua família demonstram os sentimentos de raiva, amor, alegria ou tristeza? Comente, se quiser.
- Você e sua família gostam de ficar juntos? Comente, se quiser.

As perguntas detalhadas a seguir facilitam uma avaliação mais profunda das principais questões e podem ser trabalhadas a cada entrevista ou visita realizada pela família.

Questões relacionadas a comportamentos e crenças sobre a doença

Estas perguntas podem ser usadas para eliciar os pontos de vista do adolescente e de sua família, suas crenças sobre o impacto e o tratamento que recebem. É interessante observar se as opiniões são congruentes e se refletem as informações transmitidas pela equipe de saúde ou se existe negação do problema, minimização ou bloqueio de informações.

- O que você pensa que causou o problema?
- Por que começou?
- O que esta doença significa para você?
- Qual a severidade de sua doença?
- Quais problemas são decorrentes de sua doença?
- O que mais o amedronta nesta fase da doença?
- Que tipo de tratamento você pensa que irá receber?
- Quais os principais resultados que você espera obter?
- Será que aparecerão complicações?
- Quais as experiências que sua família tem tido sobre esta doença?
- Alguém da sua família já teve a mesma doença? E o que aconteceu?
- Qual é a história de recuperação de doenças em sua família?
- O que você acha que será mais difícil para a cura desta doença? (e o seu filho/filha/irmão/irmã?)
- Quais são seus planos para o futuro, mesmo com a doença?

Questões sobre a adaptação da família à doença

Estas perguntas fornecem informações sobre a flexibilidade e adaptabilidade às mudanças originadas pela doença:

– Quais mudanças estão acontecendo ou acontecerão na família?
– Se o adolescente precisar de alguma ajuda especial, quem poderá ajudar?
– Quais são os planos e os recursos da família para os cuidados de longo prazo?

Questões gerais sobre a família e a transição da adolescência

Estas perguntas trazem informações sobre vários assuntos, incluindo a ideia dos pais sobre a adolescência, suas relações, fontes de apoio e recursos, inclusive sobre limites e fronteiras entre as gerações para a resolução dos problemas e expressão dos sentimentos:

– Como os pais viveram sua própria adolescência?
– Como os pais se relacionavam na época?
– Quais mudanças ocorreram nas expectativas de futuro em relação à realidade?
– Quem ficou mais próximo ou mais distante dos avós ou outros familiares?
– Como eram estabelecidos os limites na época, e como se resolviam os conflitos?
– Era divertida ou complicada a vida na época? Quais os novos amigos, ideias ou valores desde então?

Questões gerais para orientar a observação clínica

Estas perguntas servem para orientar o pensamento do médico sobre os importantes padrões de relacionamento e interação familiar e ajudam na consideração sobre a incorporação de elementos psicossociais adequados:

– O que cada um da família acha sobre a saúde do adolescente?
– Será que a doença se tornou parte de um triângulo disfuncional?
– Como estão as outras relações em geral?
– Como os irmãos estão funcionando e reagindo à doença?
– Como os pais estão se relacionando com a equipe médica?
– Quais partes do problema são devidas ao próprio desenvolvimento e quais são devidas à doença?
– A rede de suporte familiar está ajudando a resolver os problemas?

Conclusão

Desde meados da década de 70, sabemos que a saúde das pessoas é influenciada pelos fatores psicossociais e, no caso de crianças e adolescentes, a saúde é biológica e psicossocialmente dependente de suas relações familiares.

Os cuidados médicos integrados necessitam incluir a análise de aspectos do contexto psicossocial para uma melhor compreensão dos fatores que influenciam a evolução da doença do adolescente. Idealmente, os clínicos deverão trabalhar em conjunto com uma equipe de apoio psicossocial e ter acesso a colegas treinados em trabalho terapêutico familiar com adolescentes enfermos ou que estejam passando por crises ou riscos maiores de saúde.

O trabalho em equipe multidisciplinar é essencial para ajudar na promoção e recuperação da estrutura e do funcionamento familiar, de tal modo que a família possa se adaptar ao processo da doença e às suas consequências, assegurando o melhor cuidado possível de saúde ao adolescente.

Referências

BOWLBY, J. *A secure base*: clinical applications of attachment theory. London: Routledge, 1988.

BYNG-HALL, J. *Rewriting family scripts*: improvisation and systems change. New York: The Guilford Press, 1995.

CARTER, B.; MCGOLDRICK, M. *Mudanças no Ciclo da Vida Familiar*: Uma estructura para a terapia familiar. Porto Alegre: Artes Medicas, 1995.

CHAVES, R. A Família e suas Dinâmicas. In: *Academia Nacional de Medicina*, 421-433, Rio de Janeiro, ANM, 1991.

EPSTON, D. *Selected Papers*. Adelaide: Dulwich Publications, 1989.

HEALD, F. P. *Nutrition in Adolescence Pan American Health Organization*. The health of adolescents and youths in the Americas, Scientific Publications 489:51-61, PAHO/WHO, Washington, 1985.

MINUCHIN, S. *Families and family therapy*. Cambridge: Harvard University Press, 1974.

MINUCHIN, S., ROSMAN, B. L., BAKER, L. *Psychosomatic Families*. Cambridge: Harvard University Press, 1978.

MCDANIEL, H.; HEPWORTH, J.; DOHERTY, W. J. *Medical family therapy*: A biopsychosocial approach to families with health problems. New York: Basic Books, 1992.

ROLLAND, J. S. *Towards a psychosocial typology of chronic and life threatening illness*. Family Systems Medecine, 1, 16-25, 1984.

ROLLAND, J. S. *Family illness paradigms*: evolution and significance. Family Systems Medicine, 5, 467486, 1987, 1987.

SELVINI-PALAZZOLI, M.; BOSCOLO, L.; CECCHIN, G. F; PRATA, G. *Hypothesizing-CircularityNeutrality*: Threee guidelines for the conductor of the session. Family Process, 19, 3-12, 1980.

SMILKSTEIN, G. The family APGAR: A proposal for a family function test and its use by physicians. *Journal of Family Pratice*, 6 (6)1231-1245, 1978.

WHITE, M. *Selected papers*. Adelaide: Dulwich Publications, 1989.

WOOD, B.; WATKINS, J.; BOYLE, J.; NOGUEIRA, J.; ZIMAND, E.; CAROLL, L. *The "Psychosomatic Family" Model*: An empirical and theoretical analysis. Family Process, 28, 399-417, 1989.

WOOD, B. Beyond the Psychosomatic Family: a biobehavioural family model of pediatric illness. *Family Process*, 32, 261-278, 1993.

World Health Organization. *The health of youth*. Background Document A42. Technical Discussions, Genève, WHO, 1989.

CAPÍTULO 12

O idoso e a família

Rosa Maria Gouvêa Abras

Nina Rosa Artuzo Sanches

A questão do envelhecimento tem se tornado crucial na atualidade, na medida em que as pesquisas demográficas apontam para um acréscimo significativo da população idosa, como resultado do aumento da expectativa do tempo de vida média do ser humano neste início de século.

Se para a primeira infância a sociedade vem se preparando ao longo dos últimos anos por meio de dispositivos como creches, berçários, etc, o mesmo não acontece no que se refere ao acolhimento das pessoas idosas, que se tornam um problema tanto para as políticas governamentais (Saúde Pública e Previdência) quanto para as próprias famílias. Estas, principalmente, sofreram mudanças radicais: predominando as famílias com poucos elementos, os adultos voltados para o mercado de trabalho, para a competição, para a sobrevivência, não tendo, muitas vezes, tempo e recursos financeiros para dar assistência aos seus velhos.

O próprio conceito de envelhecimento é bastante complexo e não se atém meramente à questão de idade cronológica. Independentemente desta, é considerado velho aquele que não pode, por alguma razão, produzir dinheiro e consumir os bens de consumo que lhe são ofertados. Dependendo de determinadas situações, por exemplo, um homem de quarenta anos pode ser considerado *velho* se sua atividade não for mais requerida pelo mercado profissional ou se ele não conseguiu reciclar suas habilidades de forma a se inserir novamente na sociedade dita produtiva. Vemos que o homem pode ser considerado objeto não reciclável e, portanto, descartável.

A aposentadoria, um ideal sonhado anos atrás como tempo de colher os frutos de uma vida laboriosa, tempo para desfrutar de um lazer muitas vezes adiado devido à necessidade de se adquirir um patrimônio e educar os filhos, a aposentadoria como privilégio de conviver com a família e amigos, tudo isto se tornou um verdadeiro pesadelo. Não só o aposentado teme ver seus recursos dissipados pelo tempo como sente o preconceito daqueles que o vê como inútil e ultrapassado. Mesmo quando a velhice se processa de forma *natural* e as pessoas se mantêm saudáveis e atuantes, a sociedade contemporânea faz questão que percebam que o espelho da perfeição e do desejável se encontra no campo da juventude; corpos jovens e competitivos são apontados como ideal a ser alcançado, e a sabedoria advinda da idade não mais é contada como ganho ou algo que merece respeito.

O envelhecimento é um processo que não se refere só às condições físicas e orgânicas de um sujeito, mas tem relação com o discurso social em que esse sujeito está inserido: a ideologia que permeia e se infiltra na relação desse sujeito com o seu próprio Eu, seus ideais e seus objetos.

Envelhecer não é apenas um processo natural cujo determinante é o tempo cronológico; trata-se de uma desconstrução e construção do edifício identitário de um sujeito psíquico, ser particular, individual, igual e diferente de si mesmo em certos momentos, igual e diferente dos seus semelhantes em muitos e variados momentos.

Segundo Délia Goldfarb[1], "É difícil definir quando começa a velhice e o que é ser velho". Segundo a autora, o envelhecimento é um fenômeno que está estritamente ligado aos conceitos de tempo, temporalidade, consciência de finitude, tempo subjetivo e às ideias que a sociedade veicula, isto é, o discurso social sobre este processo.

A se ver desnecessário, esvaziado em sua função e questionado em seus papéis sociais, o envelhecimento abre uma porta para sentimentos e emoções angustiantes, colocando o sujeito em conflito e comprometendo sua identidade pessoal[2].

Em 1996, publicamos na Revista Reverso[3] um artigo intitulado *Ainda há tempo?*. Neste trabalho, apontamos a procura de tratamento psicanalítico por parte de pacientes acima de cinquenta anos. Tratava-se, na maioria dos casos, de pacientes encaminhados por médicos e familiares com o diagnóstico de *depressão*.

Contrariamente ao que Freud pensava, isto é, que esses pacientes não se beneficiariam com a análise porque a idade trazia consigo certa inércia psíquica e, do ponto de vista prático, não seria interessante levantar conflitos e angústias após uma determinada idade, procuramos demonstrar que, na época atual, o próprio conceito de envelhecimento mudou. Os progressos da ciência têm permitido um maior tempo de vida, assim como uma melhora significativa no seu padrão de qualidade. Em determinadas situações, uma pessoa de mais de cinquenta anos que se apresenta saudável e investida, pode bancar uma mudança advinda do processo analítico e sustentá-la com mais firmeza do que um jovem que se encontra sob estreita dependência emocional e financeira da sua família. As dificuldades e os limites colocados por Freud quanto ao tratamento psicanalítico de pessoas idosas, tais como a adesividade libidinal (dificuldade do sujeito em retirar seus investimentos libidinais de certos objetos), inércia psíquica (lentidão dos processos psíquicos associativos), dificuldade de simbolização, não são exclusividade da terceira idade, mas se encontram principalmente na base de certas neuroses, como aquelas do tipo obsessivo-melancólicas.

O velho não está necessariamente mais próximo da morte do que qualquer ser humano, não cabe ao analista ser o senhor do tempo e do seu fim. O que encontramos como dificuldade e impasses da análise têm mais a ver com o aspecto mortífero da pulsão de morte na sua vertente da repetição do mesmo, o silêncio das representações, do que com a idade do paciente. Os ganhos primários e secundários da neurose são fatores de difícil manejo em qualquer estrutura

---

[1] GOLDFARB, D. C. **Tempo, história, memória, demência**. Rede dos Estados Gerais da Psicanálise. Disponível em: <www.estadosgerais.org>. Acesso em: 2001.

[2] SOUSA, Sylvia S.G. Soares. **O processo de envelhecimento e as mudanças no edifício identitário.** Rede dos Estados Gerais da Psicanálise. Disponível em: <www.estadosgerais.org>. Acesso em: 2001.

[3] ABRAS, Rosa Maria Gouvêa; SANCHEZ, Nina Rosa Artuzo. **Ainda há tempo? Reverso**. Belo Horizonte, 42 p. 85-91, nov. Publicação do CPMG, 1996.

psíquica independentemente da idade dos pacientes. Envelhecimento não é sinônimo de pulsão de morte. A pulsão de morte, tal como é concebida pela psicanálise, não se refere ao matar ou morrer, mas ao repetir[4].

Não existe para o pensamento freudiano a representação da morte no inconsciente. Na formulação freudiana, a figura da morte se configura na totalidade das estruturas mentais em torno da angústia de castração[5]. Não se pode confundir a morte como ela se apresenta ao ego nas suas várias modalidades de derrocadas narcísicas e a noção de pulsão de morte na sua relação com o gozo (prazer no desprazer; o exemplo clássico é o masoquismo) e a repetição, modo de funcionamento do Inconsciente, (característica fundamentalmente conservadora da pulsão). O sujeito repete significantes e modos primitivos de relações de objetos.

A morte para qualquer sujeito, independentemente de sua idade, revela-se na vivência de desamparo, quando ele deixa de se ver como alguém capaz de ser amado, isto é, da posição de Ideal do Eu, ele não mais se vê como Eu-Ideal[6]. O Ideal do Ego e o Ego-Ideal são identificações relativas às fases do narcisismo. Trata-se de identificações com o próprio Eu e com os ideais e ideologias familiares. Estas identificações se encontram abaladas no processo de envelhecimento na medida em que o sujeito se vê incapaz de corresponder a estas imagens de perfeição narcísicas.

Se para o Inconsciente não há representação da morte, o homem é, entretanto, o único animal que sabe de sua finitude. Isto é o que lhe permite, a partir do presente, repensar seu passado e se projetar no futuro. Durante o processo analítico, será no movimento do *a posteriori* que o sujeito será capaz de se transformar a partir da própria repetição; será capaz de retificar seu passado e fazer novas escolhas para o seu futuro. Se não houvesse o movimento da repetição e uma reelaboração *a posteriori*, a própria noção de identidade estaria comprometida.

O ser humano não é apenas um animal que *nasce, cresce, reproduz e morre*. Ele se indaga e indaga o outro sobre a razão da sua existência, é um animal que faz história, que transforma fatos de memória em fatos de sentido. É a partir destas considerações que não vemos o porquê de limitar o acesso ou mesmo contraindicar o tratamento psicanalítico para as pessoas idosas, desde que estas tenham uma demanda de análise.

Por outro lado, é razoável pensar que o tempo pode trazer certo recrudescimento de determinados traços de caráter, tais como aqueles apontados por Freud em 1908[7]. Ordem, obstinação e parcimônia podem se transformar em sintomas compulsivos tais como teimosia, avareza e escrupulosidade.

Entretanto, a maior dificuldade que encontramos na clínica da terceira idade refere-se ao narcisismo, isto é, à crise que se instala com a percepção do próprio declínio, o peso dos ideais insatisfeitos e as negações das perdas. É necessário que se faça o luto pelas funções corporais perdidas, pela imagem corporal danificada ou destruída. Muitos dos sintomas atribuídos ao envelhecimento, na realidade, são manifestações de defesas narcísicas, expressões de afetos como

---

4 CABAS, Antonio Godino. La muerte: una pulsion. In: **Cadernos de Psicanálise da Sociedade de Psicologia Clínica do Rio de Janeiro**. Rio de Janeiro, ano três, n. 4, maio/1994.

5 BIRMAN, Joel. A figura da morte no pensamento freudiano. In: **Cadernos de Psicanálise da Sociedade de Psicologia Clínica do Rio de Janeiro**. Rio de Janeiro, ano 3, n. 4, maio/1994.

6 MILLER, Jacques-Alain. **Percurso de Lacan**: uma introdução. Rio de Janeiro: Jorge Zahar, 1987.

7 FREUD, S. Caráter e erotismo anal (1908). In: **E S B**. v. IX. Rio de Janeiro: Imago, 1977.

medo, agressividade ou sentimentos de perda, assim como manifestações de desejos sexuais que despertam sentimentos de ridículo, principalmente porque o idoso percebe que as pessoas ao seu redor esperam que ele aposente o seu desejo.

No homem, a renúncia à genitalidade frequentemente se dá pelas mudanças produzidas no desempenho sexual e não pela ausência de desejo. A demora na ereção, a ereção não completa causam ansiedade que acaba por fazer com que o velho se sinta impotente. Algumas vezes, há uma hipererogenização, já com características regressivo-perversas, por um enfraquecimento das defesas psíquicas.

Expressões do tipo *Velho assanhado, Ela devia pegar no terço* denotam o preconceito contra a sexualidade do idoso que, por sua vez, recolhe seus investimentos libidinais temendo tanto a crítica externa quanto a interna.

Até o presente momento, estamos falando do processo natural de envelhecimento. E o que acontece quando a velhice vem acompanhada de um elenco de doenças crônicas e incapacitantes? O que este processo causa na identidade do sujeito e nas relações familiares? Que relação esse sujeito estabelece com sua própria imagem e com seus semelhantes, tendo a figura da morte presentificada no cotidiano sob as mais variadas formas de dores físicas e psíquicas?

Uma das queixas mais frequentes entre os pacientes idosos é a insônia. Uma senhora de 79 anos, sem filhos e que vive sozinha com o marido, queixa-se ao analista que não dorme à noite porque teme passar mal e o marido não perceber ou teme que o marido morra sem que ela também perceba. Suas noites são preenchidas por fantasias depressivas de isolamento e morte.

A falta de atividade física entre os idosos, por exemplo, parece relacionada a determinados sintomas, tais como osteoporose, hipertensão, rigidez articular, entre outros. Muitas vezes, a pessoa diminui sua atividade física por insegurança, tem medo de cair na rua devido à diminuição da visão e do senso de equilíbrio, teme ser assaltada ou atropelada. Aparece na pessoa mais velha uma desadaptação, um sentimento de humilhação por não se adaptar mais às novas tecnologias contemporâneas. O idoso tem mais dificuldade para usar telefone celular, retirar dinheiro no caixa eletrônico, usar a internet, geralmente passando este tipo de atividade para um dos filhos ou acompanhante.

A diminuição da audição, por exemplo, cria situações embaraçosas, dificultando a participação em situações sociais, fazendo com que se sinta ridicularizado ao mostrar que não entendeu o que estava sendo dito. É comum traços paranoides se verem reforçados nessas situações.

De todas as doenças relacionadas ao processo de envelhecimento, parece que a demência ou a perda de memória patológica é a que causa maior desconforto, tanto para os pacientes como para os familiares e profissionais. É também a maior fonte de preocupações e fantasias mesmo por parte de pessoas ainda jovens e saudáveis. O espectro da perda da memória, da perda de referência têmporo-espacial, a perda do controle dos objetos, da rotina, do controle das funções vitais, do juízo, etc., é o fim de vida mais temido, pois se trata da morte antes da própria morte.

Segundo Délia Goldfarb, atualmente, 150 milhões de pessoas idosas sofrem algum tipo de doença demencial com diferentes graus de dependência, sendo 15% dos casos de origem psicológica. Nesses casos, a hipótese da autora é pensar a demência senil como resultado do traumático sobre o processo identificatório, isto é, pensar a demência como uma via regressiva do desenvolvimento humano que afasta o ego por meio da interrupção da comunicação com os outros, e o isola no esquecimento mais mortífero, pois constitui a morte da própria identidade. Segundo a autora, a demência é um transtorno da identidade que tem efeito sobre a memória e a função historizadora. Trata-se de um processo que tem a seguinte evolução:

1. Perdem-se as representações de palavras e, depois, as representações de coisas. Faltam palavras para nomear coisas que a pessoa sabe o que são e para que servem.
2. Começa com uma espécie de desconstrução psíquica que avança afetando a memória, os vínculos e finalmente todo o campo do simbólico.
3. Há desinvestimento do mundo exterior, sob a forma de indiferença generalizada.
4. Súbitas demonstrações de interesse em situações e objetos cuja escolha, de fato, não é aleatória. Pode-se observar uma tentativa de reatualização do passado no presente, diferente da reminiscência que é uma forma elaborativa, mas uma atualização idêntica ao que já foi, como se o tempo não tivesse passado, como um tempo de repetição, sempre o mesmo tempo em suspensão. Seria esta fase uma última e desesperada tentativa da pulsão de vida de conservar uma identidade, pergunta a autora?

Como o nosso objetivo é analisar as relações familiares frente ao processo de envelhecimento, vamos nos valer de alguns casos clínicos para tentarmos esclarecer como esse processo, acompanhado por uma série de doenças somáticas, interfere na estrutura familiar, tendo o idoso como centro.

A paciente X tem 77 anos, 55 anos de casada, três filhos também casados e sempre foi dona de casa. Há mais ou menos dois anos e meio, ela teve um diagnóstico de insuficiência cardíaca congestiva grave. Antes do diagnóstico, atribuía seu cansaço à velhice sem, contudo, abrir mão de todas as atividades as quais estava acostumada. Mesmo após o diagnóstico, insiste em continuar sua vida como se nada tivesse acontecido. Ela sabe e fala que não é mais possível trabalhar como antes, mas, mesmo assim, está constantemente procurando algo para fazer e é impossível para a família contê-la. Sempre foi bem adaptada à condição de dona de casa, esposa e mãe. Sempre se ocupou da casa sozinha, com muito pouca ajuda de profissionais. Continua a costurar, bordar, cozinhar. Não se queixa de nada, não gosta de dar trabalho aos outros, ajuda vizinhos e amigos. Só pede ajuda ao surgir uma situação absolutamente nova para ela.

Quando os filhos saíram de casa, ocupou-se dos netos, ajudando na criação destes, cuidou, apanhou na escola, levou a aulas suplementares, a médicos, passava férias com eles.

Ainda agora procura estar próxima dos filhos, netos e bisnetos. Telefona, quer saber de tudo que está acontecendo na vida deles, chegando a ser intrusiva com suas perguntas, conselhos e opiniões. Completa suas informações com fantasias, o que irrita muito a família. Aceita ser criticada, mas não muda seu comportamento. São falas dela: "Quero saber de tudo"; "Que me importa, estou velha mesmo, então posso bisbilhotar"; "Quero saber se posso ajudar".

O paciente Y tem 80 anos, 56 anos de casado, aposentado apenas há oito anos. Tem três filhos casados. Começou a trabalhar aos 14 anos, vida profissional estável. Dos trinta anos até a aposentadoria, ele trabalhou em uma única empresa. Antes disto, foi piloto comercial e instrutor de vôo. Pouco tempo após a aposentadoria, ele sofreu três isquemias cerebrais em um espaço de poucos meses. Depois disto, vem sofrendo isquemias transitórias, com perda de orientação espaço-temporal e lapsos de memória, o que lhe causa muita angústia. Sabe que tem algo errado... São falas dele: "De vez em quando, seguro minha cabeça para que as coisas cheguem ao lugar. Parece que tudo está fora de lugar. Minha cabeça não ajuda.". Trabalhou com máquinas e motores e hoje tem dificuldade em trocar uma lâmpada; não sabe mais usar ferramentas. Irrita-se com as restrições, recusa ajuda, insiste em fazer as coisas sozinho, inclusive sair para andar e fazer pequenas compras, embora não tenha mais uma noção muito clara de valores. Aos 75 anos, não conseguiu renovar a carteira de motorista por causa de catarata. Fez a cirurgia e renovou a carteira, mas não tem mais carro. Para ele, é uma questão de honra: "Um homem tem de ter carteira de motorista".

Consulta médicos e dentistas regularmente, segue as orientações e toma os remédios. Tem problemas graves de coluna, discopatia congênita degenerativa na coluna cervical e hérnia de disco na coluna lombar. Atualmente recusa tratamento para estes problemas mesmo sentindo muitas dores.

Bem antes de adoecer, fez doação de alguns imóveis para os filhos. Hoje se ressente disto sentindo-se lesado. Tem mania de chaves, tranca tudo, experimenta chaves, manda fazer cópias, está sempre as voltas com chaves. É muito afetivo com os familiares, mas não mais se dá conta dos problemas que estão acontecendo com estes.

A paciente Z, com 70 anos perdeu uma vista por causa de glaucoma. Sendo uma pessoa muito comunicativa e disponível para a família e os amigos, nunca se importando com a bagunça que os filhos e os netos faziam na casa, apresentou, logo após o diagnóstico, uma reação totalmente diferente da usual: mostrou-se tensa, preocupada, andando pela casa o tempo todo, colocando as coisas em ordem e repetindo a seguinte frase "Ninguém enxerga nada aqui, só eu sei onde estão as coisas". Após um tempo inicial de adaptação, a paciente recuperou seu antigo comportamento procurando, inclusive, realizar tarefas mais adaptadas à sua nova condição. Isto só foi possível de acontecer porque a paciente teve apoio total dos filhos e do marido que compreenderam sua situação de fragilidade. Como dissemos, graças ao bom relacionamento que ela sempre estabeleceu com a família, amigos e vizinhos, pôde contar neste momento de crise com a ajuda das pessoas. Muito importante, talvez fundamental, para ela foi o suporte emocional que encontrou em seu médico oftalmologista.

O velho, segundo Simone de Beauvoir, é uma realidade incômoda, com sua presença espelha uma ferida narcísica. Está sempre lembrando o que os jovens rejeitam: feiúra, sujeira, doença, ruína física, *déficits* de memória. Isso suscita na família sentimentos ambivalentes, amor-ódio, paciência-impaciência, um movimento de jogo de empurra e preocupação aparente, pessoas querendo se livrar do fardo, o que é percebido pelo idoso e se torna fonte de sofrimento.

Na cultura atual, movida pelos estereótipos, velho é peso-morto, velho é estorvo, é traste, amola, prevalece o egoísmo, a falta de solidariedade e compaixão. Se tudo é novo, o velho tem que ser deixado para trás. Mas existem situações em que generosidade, juízo de realidade, senso de continuidade e principalmente gratidão fazem com que as famílias se mobilizem no sentido de proporcionar aos velhos doentes, tanto somáticos quanto psíquicos, um fim de vida pelo menos digno e confortável, evitando que fiquem cada dia em um lugar.

Diferentes reações são observadas entre os membros da família frente ao idoso e seus problemas. Para os familiares, esta morte anunciada é fonte constante de ansiedade. É uma espada apontada para a cabeça, que pode cair a qualquer momento. Qualquer mudança na rotina pode ser sinal de que o momento chegou. A relação se estabelece com a doença e não mais com o doente. Fica difícil pensar que o velho tem outros sentimentos ou necessidades que não os decorrentes da doença. Os *programas* são consultas médicas, sessões de fisioterapia, tratamentos; as conversas giram em torno dos remédios, prescrições, etc.

Frequentemente, um dos filhos é *eleito* como *dono do doente* e isso não se faz sem conflito; é o preferido, aquele que é ouvido, que toma as decisões, que cuida. É o filho mais próximo afetivamente e o que aceita melhor as mudanças decorrentes da idade e da doença dos pais. É aquele que, identificado com os pais, aceita a inversão de papéis. Reações de irritação, impaciência e cobrança são frequentes naqueles que não aceitam a perda da capacidade, a impotência. Cobram dos idosos atitudes que eles não são mais capazes de ter. Relacionam-se com eles sempre esperando encontrá-los em um outro lugar, isto é, o lugar dos pais idealizados da infância. São frequentes expressões do tipo "Eles não querem"; "Eles são teimosos"; em vez de "Eles já não conseguem".

Outro tipo de reação é a infantilização do idoso, quando se acha graça de situações graves em que fica exposta a sua incapacidade. Os gracejos, as piadas são reações defensivas narcísicas (sádicas) de quem não quer se enxergar no espelho que reflete o seu próprio futuro. Sentimentos de ambivalência, agressividade e culpa podem levar a uma reação mais grave e doentia que se manifesta pelo afastamento. É um "Nada quero saber sobre isto".

Um fator que vem complicar ainda mais a interação familiar é quando a pessoa idosa usa suas dificuldades e doenças colocando-se como vítima e, desta posição, tenta manter um controle sobre os familiares. Esta atitude realimenta as fantasias agressivas e, consequentemente, o sentimento de culpa (vitimologia). Esta situação é agravada quando a família não tem como fazer frente às próprias necessidades financeiras devido ao aumento de despesas ou perda de emprego e acaba dependente dos recursos do idoso.

Como podemos perceber, a terceira idade transforma e, frequentemente, transtorna as relações familiares, uma vez que há uma inversão de papéis: os filhos têm que cuidar e não mais contar com o apoio e ajuda dos pais. Soma-se a isto a questão financeira, pois a *geração do meio* tem de conviver com os filhos que ficam independentes cada vez mais tarde e com os seus velhos que, devido ao avanço da ciência, têm uma sobrevida cada vez maior e que perderam o poder aquisitivo com a aposentadoria oficial, voltando a uma situação de dependência.

Camila é solteira, tem 40 anos, é assessora da presidência de uma *holding* faz dezoito anos. Antes, ela realizou uma série de atividades em países estrangeiros. Em seu cargo atual, não tem horário fixo, só pode tirar férias quando o presidente permanece na cidade, pois sua presença é imprescindível na ausência deste. Ela realiza constantes viagens a trabalho tanto no Brasil como em outros países. Representa a empresa em eventos sociais, recebe executivos estrangeiros, Ministros de Estado, cuida de toda a parte social da empresa, como festas, almoços, etc. Ao mesmo tempo, encontra-se envolvida com a vida pessoal do presidente (pessoa já bastante idosa, prepotente e autoritária) e com a da sua família. Recebe um ótimo salário, seu trabalho é reconhecido, mas também é muito exigida. Sobra muito pouco tempo para a sua vida social.

Camila mora com a mãe (87 anos) e uma tia (84 anos). Ela estava na Europa quando soube que seu pai havia tido um infarto. Veio para tomar conta dele que faleceu pouco tempo depois. Ela não voltou para a Europa. Segundo Camila, "o coração falou mais alto". Passou a cuidar da mãe. Pouco tempo depois, um tio faleceu e a tia, irmã da mãe, veio morar com elas. Suas preocupações se duplicaram ainda mais, pois a mãe e a tia não têm um bom relacionamento. A mãe é uma pessoa, graças ao seu temperamento e ao conforto material que sempre lhe foi proporcionado pelo marido, calma, educada, porém extremamente mimada. Gosta muito de ler, ver televisão, manter-se atualizada e é bastante ligada à religião. A tia não teve filhos, viu seu patrimônio ser dissipado pelo marido, é extremamente mal-humorada, prepotente e arrogante com os empregados. Não gosta de Belo Horizonte e só se sente feliz quando está no Rio de Janeiro, pois revive sua antiga vida de dama da sociedade. Sente-se infeliz em Belo Horizonte, isolando-se o tempo todo em seu quarto. Como enxerga pouco, parece ter desenvolvido o sentido da audição. Escuta críticas onde não existem, é muito contundente na forma de se comunicar e, como não tem fé alguma, evita dialogar com a irmã que gosta muito de rezar e falar de religião.

Camila, além de cuidar da fazenda da família, tem de organizar a casa, os hábitos das velhas senhoras, acompanhá-las aos médicos, seguir o horário dos remédios, fazer compras, etc. Mesmo contando com a ajuda de duas empregadas e um motorista, torna-se bastante complicado para ela quando quer tirar férias ou é obrigada a viajar pela empresa. Tem vários irmãos e sobrinhos, mas poucos oferecem uma ajuda efetiva. Quando precisa viajar, tem de programar a permanência da mãe e da tia na fazenda ou embarcá-las para São Paulo ou Rio de Janeiro onde moram alguns irmãos.

Após uma crise isquêmica, a mãe tem se recusado a viajar; tem medo de ter uma crise hipertensiva ou outro acidente circulatório. Apresenta um comportamento bastante contraditório: ao mesmo tempo em que se queixa de doenças e acha que vai morrer, é bastante vaidosa, não aceita usar bengala, compra vários produtos de beleza e faz questão de pintar os cabelos com frequência. De fato, sua aparência é de uma pessoa muito mais nova. Fala que sua filha é *seu anjo da guarda*, que as amigas têm inveja da filha que ela tem, mas acha que Camila é excessivamente preocupada e prefere esconder o que sente para não a preocupar. Não aceita uma dama-de--companhia porque não quer ser controlada. Os irmãos não facilitam a vida de Camila. Rejeitam a ideia de uma dama-de-companhia ou enfermeira porque acham que a mãe se sentiria ofendida, pois é ainda uma pessoa muito lúcida. Após o aparecimento de artrite nas mãos e a isquemia, Camila passou a dormir no quarto da mãe. Não consegue dormir direito e precisa fazer uso de medicamentos. Poderia contar com a ajuda da tia, mas esta é uma pessoa muito fechada, isolada em seu quarto, amarga e que manifesta inveja da irmã por esta ter tido seis filhos, 16 netos e 14 bisnetos. Fala que mora na casa para ajudar Camila e fazer companhia para a irmã. Na realidade, não tem condições de se sustentar sozinha.

Como observamos, mesmo nas famílias em que não há dificuldades financeiras e não faltam recursos para atender às necessidades básicas dos idosos (cuidados médicos, atenção, companhia), a situação não é tão fácil para a família e, muito menos, para aquele que *carrega* em seus ombros todas as obrigações e responsabilidades. Algo da sua vida particular sempre estará prejudicado. Os irmãos que moram fora fazem *visitinhas rápidas*, chegam a Belo Horizonte, dão palpites e logo voltam para suas cidades. Telefonam muito, mas quando Camila tem de resolver situações delicadas de saúde das duas senhoras, ninguém aparece. Na medida em que não aceitam uma enfermeira, alegando que a mãe ainda está lúcida, negam os problemas de saúde que esta vem apresentando e aprisionam Camila no seu papel de *dona do doente*.

Tendo em vista todas as dificuldades já mencionadas em relação ao cuidado com os idosos, algumas iniciativas vêm surgindo ao longo do tempo. A Casa & Clínica – Traslado Social, em Belo Horizonte, por exemplo, é uma experiência que tem mostrado resultados positivos. Ela foi criada a partir da experiência vivida pela família dos fundadores, quando o pai ficou impossibilitado de andar e havia necessidade de levá-lo a diversos tratamentos. Eles moravam em um prédio sem elevador, o que tornava o transporte muito complicado e, embora não fosse o caso de usar ambulância, acabaram por fazer essa opção, pois não havia possibilidades de levá-lo em um carro comum. Havia também a questão da disponibilidade de tempo, pois os compromissos de trabalho, os compromissos com as próprias famílias, os cuidados com a mãe também idosa, impediam que as tarefas fossem divididas entre os familiares, sobrecarregando a irmã solteira aposentada. Neste caso, a criação da empresa veio unir mais os irmãos e propiciar um melhor atendimento dos idosos da própria família além dos clientes.

Atualmente, a maior parte da clientela é composta de idosos (95%) cujas famílias não conseguem acompanhá-los para consultas e tratamentos (fisioterapia, dentista, hemodiálise, etc.) por falta de tempo ou pela dificuldade do transporte em si. Muitos deles têm problema de locomoção, moram em locais cheios de escadas, dificultando ainda mais o traslado, seja em cadeira de rodas, seja andando.

Embora a proposta do serviço se estenda a situações sociais tais como visitas, igrejas, passeios, compras, isso nunca é solicitado. O que Anete Simões, da Casa & Clínica, relata é que a preocupação das famílias com os idosos se resume a cuidados e tratamentos médicos. Não há preocupação com o lazer dos idosos, principalmente os doentes. Muitos deles moram sós com acompanhantes e dependem dos familiares para qualquer atividade. Eles relatam que "como já dão trabalho com os compromissos obrigatórios, não se sentem à vontade para fazer nenhum pedido extra".

Chama atenção a carência desses velhos, pois se apegam muito aos profissionais que fazem o serviço e, frequentemente, o atendimento não se limita ao traslado, mas acaba se estendendo ao acompanhamento durante as consultas e convites para visitas sociais, o que é uma forma de tornar a relação profissional em uma relação afetivo-familiar. Os idosos costumam presentear os acompanhantes para demonstrar carinho e gratidão pela forma como são tratados. Como são protegidos de tudo que acontece, acabam por ficar isolados, tanto da vida familiar quanto da vida social. Até o contato físico é limitado. O apego aos profissionais que cuidam deles talvez tenha aí sua justificativa.

Segundo Anete Simões, uma das questões levantadas pelas famílias é a relação custo-benefício. É comum fazerem o comentário de que pagar um táxi é mais barato do que o serviço de traslado. Quando são os próprios velhos que arcam com as despesas, a independência de ir e vir é maior. Eles preferem contratar o serviço a usar um táxi, não sentem culpa, não se sentem um peso para a família. Na fala de uma das pacientes, isso fica muito claro: "Agora posso marcar meus horários sem depender de ninguém e sem dever favores".

Quando os honorários são bancados pela família, não é o conforto dos velhos, e sim, o conforto dos familiares que conta, o desincumbir-se de uma tarefa pesada e onerosa, o que acaba por ser decisivo na contratação do serviço.

Home Care é um serviço que oferece cuidados hospitalares em casa. Quando a hospitalização é longa, a opção é manter os idosos em casa pelo risco de infecção hospitalar e pela maior comodidade dos familiares acompanhantes. A Home Care fornece cama hospitalar, oxigênio, monitoração cardíaca, médico, fisioterapeuta, terapeuta ocupacional e enfermagem especializada. Ainda é um serviço caro e pouco aceito, não havendo cobertura por parte dos seguros-saúde.

Como já dissemos anteriormente, mesmo que a sociedade tenha inventado alguns dispositivos para facilitar a convivência e o cuidado com os idosos, isto não é uma tarefa fácil e sempre acarreta alguns transtornos familiares, pessoais e financeiros. É preciso que a família se coloque no lugar daquele que necessita de cuidados, pois as incapacidades, as limitações e as deficiências estarão certamente presentes no futuro de cada um de nós.

Um dia, independente se o idoso é querido ou não pela família, o fim é próximo e é inevitável. Outro processo se inicia. A convivência da família com os médicos e atendentes e com o próprio paciente em um hospital é bastante conflitiva. As mensagens são dúbias: "Doutor, faça tudo que for possível"; "Não queremos que ele sofra". Sabemos que os médicos e, principalmente aqueles que trabalham em UTI, são treinados para fazer o máximo para que o paciente sobreviva. A maioria das famílias prefere que o paciente venha a falecer dentro do hospital. A morte na sociedade contemporânea deve ser negada e o luto deve se processar de forma cada vez mais rápida. Não há mais tempo para chorar os mortos. Para os que ficam, há o trabalho, os afazeres, as obrigações. Ouvimos sempre as mesmas frases que denotam conforto, mas, sobretudo, alívio: "Agora ele vai ficar em paz... sofreu muito"; "O que se há de fazer, a vida continua...".

Referências

ABRAS, Rosa Maria Gouvêa; SANCHEZ, Nina Rosa Artuzo. *Ainda há tempo? Reverso.* Belo Horizonte, 42 p. 85-91, nov. Publicação do CPMG, 1996.

BIRMAN, Joel. A figura da morte no pensamento freudiano. In: *Cadernos de Psicanálise da Sociedade de Psicologia Clínica do Rio de Janeiro.* Rio de Janeiro, ano 3, n. 4, maio/1994.

CABAS, Antonio Godino. La muerte: una pulsion. In: *Cadernos de Psicanálise da Sociedade de Psicologia Clínica do Rio de Janeiro.* Rio de Janeiro, ano três, n. 4, maio/1994.

FREUD, S. Caráter e erotismo anal (1908). In: *E S B.* v. IX. Rio de Janeiro: Imago, 1977.

GOLDFARB, D. C. *Tempo, história, memória, demência.* Rede dos Estados Gerais da Psicanálise. Disponível em: <www.estadosgerais.org>. Acesso em: 2001.

MILLER, Jacques-Alain. *Percurso de Lacan*: uma introdução. Rio de Janeiro: Jorge Zahar, 1987.

SOUSA, Sylvia S. G. Soares. *O processo de envelhecimento e as mudanças no edifício identitário.* Rede dos Estados Gerais da Psicanálise. Disponível em: <www.estadosgerais.org>. Acesso em: 2001.

TERCEIRA PARTE

Doenças agudas e crônicas

CAPÍTULO 13

A doença aguda e a família

José Galvão Alves

Em 1979, no então Anfiteatro da 12ª Enfermaria – Serviço de Neurocirurgia do Professor Paulo Niemeyer Filho – Hospital Geral da Santa Casa da Misericórdia do Rio de Janeiro, organizávamos um curso de Psicologia Médica patrocinado pela Sociedade Brasileira de Medicina Psicossomática, e durante a conferência magna de abertura, o mestre Professor Edgard Magalhães Gomes discorria sobre *as emoções do velho* –

> *Existem dois tipos de velho, o velho relíquia e o velho* trambolho. O primeiro, ao mínimo desvio da normalidade, uma tosse, um espirro, um cansaço ou uma febre, é rapidamente conduzido a um ou mais médicos por seus familiares; já o outro, abandonado no quarto dos fundos ou de "empregada", com as emoções conturbadas, é esquecido e seus familiares, sem lhe verbalizar, transmitem-no o desejo de sua morte.

É fácil compreender que frente a uma situação emergencial, o *velho relíquia*, com o apoio de seus familiares, terá muito mais chance de superá-la, e já o velho trambolho poderá aproveitá-la para despedir-se da vida e do sofrimento.

Definições

Família – segundo o dicionário Houaiss da Língua Portuguesa:

1. Grupo de pessoas vivendo sobre o mesmo teto (pai, mãe e filhos). **2.** Grupo de pessoas que têm uma ancestralidade comum ou que provem de um mesmo tronco. **3.** Grupo de pessoas unidas por mesmas convicções ou interesses.

Urgência – Ocorrência imprevista de agravo à saúde com ou sem risco potencial de vida, cujo portador necessita de assistência médica imediata.

Emergência – Condições de agravo à saúde que impliquem em risco iminente de vida ou sofrimento intenso, exigindo, portanto, tratamento médico imediato.

Sonho – 1. Sequência de ideias soltas e incoerentes às quais o espírito se entrega; devaneio fantasia. 2. Desejos vivos, intensos, veementes e constantes; aspiração e anseio.

A introdução da palavra sonho dentre as definições deste capítulo talvez decorra dos desejos do autor de que nós humanos observássemos a necessidade profunda da família. Nós nascemos, somos formados e morremos com o estigma da família.

Não se vive sem família, quer na vida, quer nos sonhos.

Situações clínicas

Ao aceitar o convite para redigir este capítulo, percebi minhas limitações, mas baseado em meus sonhos, resolvi exprimir não meus conhecimentos, mas sim minhas vivências e observações. Aqui me coloco como expectador e coadjuvante nas situações por mim vividas.

O setor de emergência

Durante mais de uma década, trabalhei em regime de plantão no Hospital Estadual Carlos Chagas, em Marechal Hermes, onde adquiri a maior parte da minha experiência nesta importante área da Medicina. Durante as últimas décadas, convivo com outra realidade. Assisto a meus pacientes da clínica privada no setor de emergência dos mais conceituados hospitais do Rio de Janeiro.

Uma mesma cidade, uma mesma sociedade, um mesmo médico, porém dois mundos completamente distintos.

O setor de emergência de um hospital geral é um local de grande ansiedade, onde se misturam pacientes muito graves (politraumatizado, hemorragia digestiva) e outros que, em situações ainda indefinidas, geram grande expectativa na equipe médica e, em especial, em seus familiares. Exemplificando: um homem de 45 anos com precordialgia ao adentrar no pronto-socorro será avaliado quanto à possibilidade de doença coronariana aguda, mas necessita de exames complementares para que possamos confirmar a hipótese, avaliar a gravidade e definir seu destino.

A expectativa deste momento é grande, especialmente pelos familiares. Na situação do hospital público, pela carência de recursos materiais e humanos, o tempo, a espera e o sofrimento são mais prolongados e este gera mais angústias, ansiedades e atritos entre pacientes, familiares e equipe médica.

Definido o diagnóstico, deparam-se médicos e familiares com um segundo dilema: onde e como interná-lo, caso necessário.

Em regra, não há vagas em Centro de Terapia Intensiva nos hospitais públicos, e o preço de uma *sonhada* internação particular é inviável e aviltante.

Novamente, o atendimento se faz em dois mundos – alguns privilegiados, outros ao destino da sorte. Médicos e familiares preocupam-se juntos ou atritam-se novamente.

Esta situação comum, diária e repetitiva coloca claramente que médicos, pacientes e familiares terão sempre em suas relações a interferência do ambiente hospitalar e de suas condições.

A família quando alicerçada, equilibrada, afetiva e presente transmite apoio, busca soluções viáveis, colabora com a equipe médica e compreende as situações dentro das possibilidades reais.

Já a família desestruturada, ausente, inafetiva, nos momentos de urgência / emergência demonstra seu desequilíbrio emocional e age com cobranças incoerentes, exigências não possíveis e tumultuam o ambiente e o atendimento.

Diríamos que existem dois mundos, mas também duas famílias: uma terapêutica e outra destrutiva. A primeira se une ao atendimento, solidariza-se com as situações do médico, busca meios e soluções para as dificuldades. A segunda se atrita com a equipe, cobra sem colaborar, exige sem doar e transfere agressivamente suas culpas. O médico deve ter conhecimento psicológico suficiente para coordenar estas situações e entendê-las com clareza. Ao agredir o médico, a família, muitas vezes, está expressando sua desarmonia, tendo o médico apenas como bode expiatório.

O setor de emergência deveria ser coordenado por profissionais experientes, habituados com situações críticas e com a morte precoce. A equipe de emergência deve trabalhar em uníssono, sob um único comando, pois os familiares, por vezes, usam a multiplicidade de informações para contradizer os médicos. É, pois, fundamental a experiência técnica, mas é essencial a vivência humanística, a preocupação com as reações advindas do inesperado.

O doente de emergência

Nós poderíamos subdividir os pacientes que são normalmente trazidos ao pronto-socorro em dois grupos.

O **primeiro grupo** refere-se àqueles previamente mórbidos e que por alguma razão pioram ou descompensam sua doença. Exemplos comuns são os hipertensos, diabéticos e asmáticos. O motivo de seu agravamento frequentemente deve-se ao descuido na dieta ou na administração dos medicamentos, e estas situações, por vezes, traduzem problemas psicológicos e/ou familiares.

Um jovem diabético em uso de insulina pode esquecê-la como forma de expressar seu descontentamento com a doença e com a família. Culpá-lo é, no mínimo, demonstrar a incapacidade de conviver com o jovem que apresenta uma doença crônica. Os pais costumam levá-lo ao PS com um discurso bastante comum de que o filho se alimenta irregularmente, desvia-se da dieta e, muitas vezes, não aplica a injeção de insulina. É preciso ser uma família estruturada para entender o quão difícil é ser um adolescente *diferente* de seus pares e ter limitações dietéticas ou mesmo injeções diárias.

Nestes grupos de pacientes, o cuidado, o apoio e a atenção de familiares serão decisivos para a maneira com que o jovem aceitará sua doença e, consequentemente, conduzirá sua terapêutica.

Ao receber um paciente descompensado de sua doença crônica, o médico frequentemente coloca-se ou é colocado na posição de juiz – aquele capaz de julgar. Os pais rapidamente contam sua versão na tentativa de diminuir suas culpas e infelizmente, não infrequentemente, o médico crê nas explicações e como juiz condena o adolescente e o repreende com aconselhamentos impessoais e sem a mínima sustentação psico-afetiva. O médico deve ter o cuidado de ouvir, ouvir, ouvir e pensar, pensar, pensar.

Ao manifestar-se, deve, a princípio, ser imparcial, alicerçando-se nos conhecimentos médicos e psicológicos. Ao unir-se aos familiares poderá estar perdendo a confiança do jovem adoecido e a sua ação, em vez de terapêutica, será iatrogênica, assim como de sua família.

Caso perceba grande conflito familiar deve-se reunir com todos, e com a autoridade médica, demonstrar os riscos que a animosidade entre todos pode gerar: "A doença não é culpa, porém traz responsabilidades que se não divididas podem gerar culpas".

Os momentos de doenças agudas são momentos ímpares que, se bem orientados, podem ser extremamente terapêuticos e harmonizadores. Ao médico cabe delinear este caminho, estimulando um momento de reflexão familiar.

O **segundo grupo** de pacientes, ainda mais complexo, recai sobre aqueles que até momentos atrás se encontravam saudáveis e sem a mínima ideia de adoecer.

Exemplo mais marcante, e de extrema complexidade, são as doenças oriundas de violência. O politraumatizado de um acidente automobilístico frequentemente é um jovem saudável, imaturo e, por vezes, sem os limites necessários para a condução de um veículo. Encontra-se embriagado no meio da madrugada e em alta velocidade.

São conduzidos num primeiro momento a um Hospital de Emergência da rede pública e seus familiares são notificados via telefônica. Esta talvez seja a mais dramática situação que possam conviver médicos e familiares no Setor de Emergência. A notícia inesperada, o estado de saúde grave e, por vezes, a morte prematura, conduz-nos à perplexidade e a reações das mais inesperadas. Já convivi com familiares que com altivez viveram a perda de um filho, e com sofrimento extremo uniram-se aos seus médicos em busca de um milagre. Não existem palavras, explicações, exemplos, nada que possa consolar estes familiares, mas a certeza de que buscaram tudo é a única maneira de não carregarem a culpa por esta tragédia.

Nestes momentos, o médico deve superar-se, jamais usar estatísticas ou comparações. Cada situação deve ser vivida de acordo com aquela família e devemos ajudá-la enlutar-se e chorar este momento.

Esta é a situação extrema que acaba por unir os familiares em torno do sofrimento, que se coloca maior do que qualquer desavença ou diferença.

Ainda dentro deste tema, nos casos menos graves, principalmente no caso de pais separados, a divergência na condução da situação. Um grupo deseja manter o paciente no hospital, outro transferi-lo para um setor privado aos cuidados deste ou daquele profissional.

Aqui, nós médicos podemos estar em duas situações:

A primeira como médico plantonista no Hospital Público, e nesta seremos interrogados sobre a necessidade de transferência, sobre as boas condições do nosso hospital e se conhecemos outras equipes e onde.

São situações muito delicadas que, por vezes, envolvem vaidade, interesses e divergências científicas. Temos que ter o cuidado necessário para que decisões tão significativas não sejam determinadas a nós. Não podemos optar pela clínica privada, esta é uma decisão única e exclusiva dos familiares. Também devemos deixar claro, mas não de forma alarmante, os limites da nossa equipe e do nosso hospital, mas sempre demonstrando interesse em conduzir cada caso da melhor maneira possível.

A família *terapêutica* unir-se-á à equipe buscando harmonicamente o melhor. Isto gera uma relação de confiança, em que a decisão será transparente, visando o melhor para o doente e suportável para os familiares. *O adoecer é sempre conjunto-paciente-familiares – logo, o tratamento também deve ser.*

Uma situação emergencial, mesmo que aparentemente resolvida, será um marco permanente para aqueles familiares e, se bem conduzido, pode ser altamente positivo nas relações futuras.

Infelizmente, não existe nos cuidados de atendimento de emergência um especialista na área do comportamento (psiquiatras – psicólogos), o que poderia ser de inesgotável valor.

Saindo das situações de traumas e/ou de violência, deparamo-nos com inúmeras outras condições inesperadas que podem desencadear um processo muito grave nas relações familiares.

Não é incomum os acidentes vasculares – encefálicos e/ou cardíacos – ocorrerem após uma discussão familiar. Imagine um filho que após discordar enfaticamente de seus pais e ausentar-se subitamente de seu lar, tem a notícia de que seu pai foi levado a um hospital com suspeita de infarto do miocárdio. Seus familiares emocionados tentarão responsabilizá-lo pelo ocorrido, porém nós, ao contrário, faremos com que vejam que esta é uma complicação de uma doença crônica, que se fez ao longo dos anos, e não há responsável comum. Reforçará ainda este argumento o dizer que certamente outras discussões houve e o mesmo não ocorreu. E, finalmente, se mostrará a este filho que o caminho mais correto é solidarizar-se com seu pai e dar-lhe força para superar este momento.

O médico, mesmo que expectador, deve buscar intensamente a harmonia familiar, condição extremamente terapêutica.

Outra situação que nos deparamos, principalmente na clínica privada, é com a solicitação por parte dos familiares para opinarmos quanto ao quadro evolutivo de um paciente grave. Deve-se ter cautela excessiva nestas situações, pois, por vezes, esta solicitação partiu de uma única pessoa e não dos familiares; outra vez demonstra competição intrafamiliar e, ainda pior, por vez busca demonstrar erro de conduta na equipe que está acompanhando o paciente. Tenho procurado adotar como comportamento de rotina explicar aos familiares que caso a equipe médica responsável sinta-se à vontade, eu estou à disposição para discutirmos juntos a situação do paciente.

Tão difícil quanto aceitar o parecer é o cuidado com os colegas já envolvidos, pois podem sentir-se melindrados e, por vezes, perseguidos.

Peço sempre uma reunião exclusiva com os médicos e outra com os familiares para perceber a inter-relação existente.

Não é incomum familiares insatisfeitos com inúmeros fatos utilizarem a solicitação de parecer para desestabilizar a relação hospital-médicos-familiares, e você torna-se o bode expiatório desta situação.

Em resumo, poderia dizer que é extremamente prudente não se entusiasmar com as solicitações de consultoria, e desejável seria que elas partissem da equipe médica e não dos familiares.

A Medicina, como bem definida na 1ª edição do Compêndio de Medicina Interna do Harrison, deve unir Ciência e Arte. Ciência para conduzirmos o diagnóstico e a terapêutica adequados, e arte para possibilitar que isto aconteça dentro da harmonia, do crescimento, do entendimento e do respeito humano.

Finalizando, poderíamos dizer que existem dois tipos de família – a terapêutica e a iatrogênica. A primeira solidariza-se com a equipe médica e com o paciente, harmoniza e estimula o bom atendimento. Já a segunda, infelizmente mais comum, tumultua, agrava e dificulta a assistência ao familiar e deve ser cuidadosamente avaliada e conduzida.

Referências

ALVES, J G. *Emergências em Gastroenterologia*. Rio de Janeiro: Rubio, 2002. p. 407.

BRAUNWALD, Fauci; KASPER, Hauser; LONGO, Jameson. *Harrison's. Principles of Internal Medicine*. 15 ed. Estados Unidos: McGraw-Hill, 2002. p. 2622.

GOLDMAN, BENNETT. *Cecil. Textbook of Medicine*. 21st. ed. Philadelphia: W.B. Saunders, 2000: 2299.

CAPÍTULO 14

A família do paciente em UTI

Silvia Maria Cury Ismael

Rafael Trevizoli Neves

A internação em UTI e seus desdobramentos

A abordagem da família do paciente hospitalizado vem sendo objeto de inúmeras pesquisas há mais de 30 anos. Ao falar da família do paciente em Unidade de Terapia Intensiva (UTI), a questão acaba por ficar um pouco mais complexa, em decorrência da dramaticidade do enredamento promovido pela doença grave.

As Unidades de Terapia Intensiva surgiram na década de 1950 no mundo e, especificamente no território nacional, a partir da década de 1970, e caracterizam-se por prestar atendimento a pacientes graves e críticos que necessitam de suporte contínuo, especializado e ininterrupto para o reestabelecimento de sistemas orgânicos e estabilização de sinais vitais (Gomes & Carvalho, 2018).

Conforme retomado por Simonetti (2011), a UTI é o *local das intensidades*, o que marcará as reações emocionais de pacientes e familiares durante a hospitalização nessa unidade. A experiência de internação em uma UTI mobiliza sentimentos extremos, como quadros ansiosos, comportamentos agressivos e apatia, reações emocionais decorrentes do sentimento de desamparo, solidão e medo da morte. Para além das questões relacionadas à ameaça à vida, despertadas pelo adoecimento, elementos do cotidiano dessa unidade estão na raiz das manifestações emocionais apresentadas pelos pacientes e seus familiares (Neves, 2016).

As condições que levam o paciente a requerer um suporte intensivo determinam diretamente seu enfrentamento e ajustamento à unidade, às reações dos familiares e à complexidade dos cuidados a serem fornecidos pela equipe multiprofissional (Silva & Andreoli, 2005). De modo didático, podem-se descrever tais situações como condições de ameaça à vida de natureza *clínica* ou *cirúrgica*. As situações clínicas podem ser decorrentes de um quadro *agudo* (por exemplo, uma pneumonia) ou *crônico* (por exemplo, uma insuficiência cardíaca descompensada), enquanto os quadros cirúrgicos podem ser decorrentes de conjunturas emergenciais (uma cirurgia de apendicite, por exemplo) ou eletivas (uma cirurgia programada de artroplastia de joelho).

Desse modo, para que tanto o psicólogo quanto a equipe multiprofissional possam compreender melhor o impacto da internação na UTI da dinâmica familiar de um paciente em terapia intensiva, deve-se levar em consideração o que Rolland (1995) descreve como a tipologia psicossocial da doença, isto é: o tipo de doença que acometeu o paciente, sua gravidade ou não, qual o papel e o lugar que o doente tem no contexto familiar, se a ocorrência da doença foi aguda ou se já era crônica, como a família lida com a questão de doença e como lidou com ela no passado, se ela se culpa pelo que aconteceu ao seu paciente, se é uma família superprotetora ou não, se o familiar doente é adulto ou criança. No hospital, é comum ouvir frases do tipo: "Ele nunca ficou doente ou entrou em hospital, esta é a primeira vez".;"Ela é o esteio de nossa família, não sei o que fazer agora, pois ela sempre resolvia tudo".;"Gerar um filho com defeito ou doente me faz sentir muito mal. Devo ter feito algo de errado para isto acontecer, deve ter sido um castigo. Na verdade eu o rejeitei.".

Dessa forma, reconstruir os fios evolutivos *individuais* (em que momento da vida do indivíduo a doença o acomete e suas repercussões nos papéis sociais), *familiares* (qual o momento do ciclo de vida familiar que a doença acontece e como reverbera nos diferentes membros familiares exigindo mudanças e/ou adaptações) e da *doença* (em que fase essa doença se encontra) é um importante passo para pensar nas intervenções a serem adotadas para o suporte aos familiares de pacientes em UTI (Rolland, 1995).

Adamo (2002, p. 61) diz que "há todo um sistema inconsciente de operações, exercido pelas famílias, na impossibilidade de enfrentar a dor mental, no sentido de se evadirem do sofrimento". Ou seja, a forma pela qual a família vivencia a gravidade da doença depende do tipo de doença que acometeu o paciente e de como a família dá sentido a este acometimento. A forma de elaborar a ocorrência de um trauma tem uma relação direta com a forma com que se acolhe o trauma, como ele é compreendido, *digerido* do ponto de vista emocional e do quanto a família consegue ser continente a ele. Para isto, faz-se necessário que o aparelho psíquico familiar seja capaz de conter, analisar e trabalhar com as angústias dos membros do grupo familiar, permitindo, então, um fortalecimento deste aparato psíquico. Quanto mais a família apresentar dificuldades ao longo de sua história para lidar com frustração, limitação, privação, sofrimento, morte e luto, mais defesas dentro do grupo familiar serão instaladas para poder manter o sofrimento psíquico afastado.

Da crise à acomodação – a adaptação dos famíliares dos pacientes em UTIs

A doença grave pode ser vista como um evento catastrófico, alterando o equilíbrio e a dinâmica familiar, desencadeando novas desavenças ou exacerbando conflitos anteriores, principalmente em decorrência da necessidade de mudanças e adaptações. Conforme retomado por Silva e Andreoli (2005), as famílias passam por fases de adaptação com necessidades diferenciadas a partir da elaboração da situação de crise.

No início, os membros da família podem ficar paralisados pelos sentimentos de medo, choque e descrença (Hodovanic, 1984; Halm, 1990). Da mesma forma que o paciente sente uma brusca ruptura com seu meio e sua rotina, a família também tem esta sensação de ruptura do seu dia a dia, acompanhada por um sentimento de desagregação familiar, percepção de descontinuidade do ciclo de vida familiar, o que pode suscitar confusão, estresse e incerteza. Essa é a chamada *fase de flutuação*.

A crise que vem com a doença grave é, por si só, limitante, no sentido que o desequilíbrio familiar trazido por ela não pode permanecer sem definição. Uma atitude, mesmo que provisória, deverá ser tomada pela unidade familiar para que a mesma tenha condições de lidar com o período de crise até que uma solução, ainda que temporária, seja vislumbrada. É comum a família sentir-se relegada a um segundo plano, ver-se tolhida pela rotina hospitalar, pelo tratamento impessoal da equipe clínica, que ainda tem uma tendência a uniformizar os pacientes por diagnósticos ou sintomas. Estes aspectos geram para a família uma sensação de despersonalização e de perda de controle sobre aquilo que é feito com o seu paciente, o que pode exacerbar a negação ou até mesmo gerar sentimentos de abandono e confusão cognitiva (Halm, 1990).

Além disso, a crise sempre vem acompanhada e permeada o tempo todo por ansiedade. Algumas situações consideradas estressoras podem provocar um aumento da ansiedade da família e trazer junto sentimentos de incerteza: a doença que aparece repentinamente; o prognóstico incerto ou desfavorável; a falta de informação adequada sobre o diagnóstico ou a seriedade da doença; o medo de o paciente ficar por longo período de tempo em sofrimento, medo da morte; a falta de privacidade e individualidade; o ambiente da própria unidade intensiva, que é estranho à família (Hodovanic, 1984; Bunn e Clark, 1979; Halm, 1990). Estes últimos autores relatam ainda que, quando se promove dentro do hospital uma intervenção no sentido de diminuir a ansiedade familiar, os resultados são muito positivos. Isto pode ser feito por acompanhamento individual ou mesmo em grupo, cujas famílias podem ser ouvidas em suas necessidades e o psicólogo pode, então, achar junto com ela formas de ação, assim como promover um contato mais acessível entre família e equipe multiprofissional.

Nesse momento, que pode ser descrito como a fase de *busca por informações*, é importante que além da continência às reações emocionais os familiares sintam que conseguem compreender o que está acontecendo com seu ente querido na UTI, tanto do ponto de vista clínico quando dos cuidados assistenciais que são prestados a ele (Silva & Andreoli, 2005). Vale pontuar a questão e a conceituação, muito discutida na literatura, sobre a necessidade da família em relação ao que está ocorrendo com seu paciente. O objetivo do cuidado focalizado na família é promover o acesso às necessidades da mesma, assim como planejar intervenções que irão afetar as demandas do paciente/família positivamente (Robb, 1998). Recomenda-se, assim, eleger, no caso de uma família muito numerosa, a pessoa mais indicada do ponto vista emocional para visitar o paciente e ser o interlocutor com o restante da família.

Um estudo realizado por Molter, em 1979, tentou listar 45 afirmações de necessidades de famílias de pacientes. Algumas necessidades importantes foram listadas, como: "sentir que há esperança"; "sentir que os cuidadores do hospital se preocupam com o paciente"; "que as dúvidas sejam respondidas honestamente"; "saber de aspectos que dizem respeito ao progresso do paciente" (Molter, 1979). Foram também incluídas algumas necessidades básicas relativas ao ambiente físico, mas em menor grau de importância. A necessidade premente de informações de uma forma geral também foi pontuada como importante.

Outro aspecto muito observado é em relação à maneira como a informação é retida pela família. Nota-se que quando o médico ou outra pessoa da equipe dá qualquer informação para a família do paciente, ela parece compreender e assimilar o conteúdo da mesma. Quando lhe é solicitada que explique a informação dada, ela é incapaz de fazê-lo no seu significado correto. A família parece ter uma escuta seletiva, ou seja, a família seleciona daquilo que escuta o que é menos difícil de assimilar do ponto de vista emocional. Ainda se observa uma necessidade de repetir várias vezes alguns conteúdos, como se houvesse uma falha no sistema de retenção de informações pela memória. Outra explicação para isto é que, quando um indivíduo está sob estresse constante, tanto sua atenção como sua concentração, e consequentemente sua memória, podem ser prejudicadas. Deve-se levar em conta também se há *deficit* cognitivo do membro familiar no que diz respeito à compreensão de informações.

Uma das maiores fontes de ansiedade para a família, além do próprio abalo do estado de saúde, é a vulnerabilidade a que o paciente se expõe na UTI, a falta de informação ou informação excessiva e contraditória, o difícil contato com o médico e o acesso restrito à unidade. Em relação à informação, esta deve ser realizada de forma clara, objetiva e em linguagem que a família tenha condição de compreender, e saber argumentar caso necessário, para que ela se sinta mais segura. Adicionalmente, esta informação deve ser coesa e ter um consenso entre todos os membros da equipe.

Em uma adaptação do questionário de Molter (1979), observou-se que a necessidade de ver o paciente repetidas vezes ou vê-lo quando sentir vontade pode ser uma forma que a família tem de reconstruir o vínculo quebrado com seu familiar. Isso pode ser analisado como meio de suprir a angústia da falta de controle que existe quando o paciente está longe de seu campo de visão (Molter, 1979). Visualizar o paciente pode ser entendido ainda como a forma que a família tem de lidar com a situação pela qual está passando (*copying mechanism*).

O momento seguinte é o período de *acompanhamento da evolução*, em que os familiares observam os cuidados recebidos e seus efeitos no processo de recuperação do paciente. É importante ressaltar que quando o paciente é encaminhado a uma unidade como a UTI, há uma quebra do vínculo, o que pode gerar um maior descontrole emocional e abalo da unidade familiar. A UTI ainda é vista como um *local para morrer*, segundo algumas pessoas. Na verdade, o ambiente da UTI é impessoal; para o paciente, é um local parado, onde ele fica sob os cuidados de outros sem ter como intervir diretamente nesta situação. A família se sente mais impotente ainda, além de assustada com toda a movimentação existente em torno do seu familiar. É difícil para a família estar junto com o paciente, pois não só o ambiente da UTI, como todo o aparato tecnológico que a envolve, promove um aumento da angústia e ansiedade. Sabe-se que em alguns momentos é mais seguro e melhor para o paciente que ele esteja na terapia intensiva sob os cuidados específicos, mas a leitura que a família faz é: "Ele piorou, ele ficou grave".

Nessa fase, a demora na recuperação de alguns casos pode aumentar o grau de ansiedade e frustração e levar a perturbações da relação com a equipe de saúde. É sempre conveniente, do ponto de vista psicológico, instruir a família sobre o que ela vai encontrar do outro lado da porta da terapia intensiva, ou seja, prepará-la para ver e poder estar com seu familiar. Deve-se, inclusive, se surgir a necessidade, entrar junto com ela e ficar o tempo necessário até que ela se sinta segura, colaborando com a apropriação e compreensão dos elementos que compõem a unidade, bem como identificando e trabalhando fantasias ou crenças desaptativas a cerca do diagnóstico, prognóstico, tratamento e cuidados.

Por fim, os familiares caminham para o momento de *busca e mobilização de recursos*, de acordo com as necessidades identificadas, tanto para o paciente quanto para si prórios (Silva & Andreoli, 2005). A palavra *necessidade* pode ser definida de várias formas. Se formos analisar esta palavra dentro do contexto da psicologia, será trazida a questão de por que as pessoas se comportam de determinada forma. A teoria de motivação de Maslow mostra que se deve considerar tanto a necessidade física quanto a psicológica, sendo que ambas são fortes determinantes para a motivação dos seres humanos (Robb, 1998).

Ele propõe que há uma hierarquia de necessidades, em que as físicas estão na base, as de segurança estão em um nível intermediário e a autoestima está em um plano mais elevado. Maslow também acredita que para as necessidades maiores serem satisfeitas, as menores devem ser satisfeitas primeiro (Gleitman, 1992). Dessa forma, esta teoria nos sugere que, para que as necessidades psicológicas sejam satisfeitas, primeiro devem-se suprir as orgânicas. Na prática, não é isto que se observa no dia a dia do hospital. Durante a fase crítica do paciente na UTI, os familiares podem passar horas do dia, por vários dias, sentados na sala de espera da unidade, aguardando qualquer tipo de informação que diminua sua angústia. Geralmente, apresentam distúrbios de sono, aumentam o uso do cigarro, da ingestão de calmantes, perdem o interesse por situações normais do dia a dia, como ver televisão, e ficam mais introspectivos, com tendência ao isolamento. Podem ficar sem se alimentar ou tomar líquido por longo período de tempo. Somente quando eles têm certeza de qualquer melhora ou têm alguma notícia mais palpável é que se permitem um autocuidado.

O profissional da área da psicologia está apto a ajudar na redefinição de papéis dentro da dinâmica familiar no hospital, que é necessária para, momentaneamente, reorganizar a unidade familiar naquela nova situação. O agravamento do quadro clínico do paciente pode gerar maior desestruturação da dinâmica da família. Isso pode propiciar o aparecimento de mensagens contraditórias entre conteúdos verbais e não verbais por parte da família com relação ao seu paciente e vice-versa. Isto leva ao chamado *pacto do silêncio*, em que a família tenta evitar de qualquer forma que o paciente (ou qualquer membro mais frágil da família) tome contato com a gravidade de caso.

Da mesma forma como a família pode superproteger o seu familiar doente, ela pode *abandoná-lo*, o que geralmente leva a uma não compreensão das necessidades emocionais deste paciente. Certa vez, chamou a atenção um caso acompanhado pela psicologia, de um paciente já em fase de insuficiência cardíaca grave. Esse paciente ficava o tempo todo sozinho no hospital e isso provocava um mal-estar para ele e para a equipe multiprofissional. O paciente dizia que todos os nove filhos eram muito ocupados e, por isso, não podiam visitá-lo nem nos finais de semana, e que a esposa estava com ele somente à noite, pois tinha que trabalhar. Tentou-se contato com os membros da família e só uma das filhas veio ao encontro marcado com a psicóloga. Nesse encontro, foi dito pela filha que o paciente, seu pai, tinha sido uma pessoa muito má, repressora e difícil de lidar, resultando, então, nesse comportamento dos filhos. Essa filha vinha periodicamente visitá- lo na hora do almoço, pois manifestava que quando ele morresse não queria sentir culpa ou remorso ("Eu estou fazendo isto mais por mim do que por ele"). Sendo assim, observa-se como muitos aspectos da dinâmica familiar que vinham acontecendo anteriormente à hospitalização acompanham o paciente para dentro do hospital, e nem sempre há muito o que fazer, a não ser o esforço para que tanto paciente como a família possam se adequar à situação com menor sofrimento emocional.

As repercussões emocionais na família da internação em UTI e seu manejo

É preciso compreender que, da mesma forma como o paciente pode lançar mão de mecanismos de defesa para evitar a dor psíquica, como negação, idealização e racionalização, a família também pode lançar mão dos mesmos recursos. Outros mecanismos de defesa além da negação, como coloca Kübler-Ross, também são utilizados pela família, como raiva (após a negação), negociação, depressão e, por fim, a aceitação (Cassorla, 2017; Kübler-Ross, 1998).

A *negação* é uma defesa mental que implica recusar ter contato com um fato que pode trazer desestruturação e sofrimento emocional. A defesa, na maioria das vezes, se faz necessária para que a família possa se adaptar ao fato novo, no caso a doença. Nesse período, em que se ganha um pouco de tempo, o indivíduo pode lançar mão de outras defesas para que tome maior contato com a situação.

A segunda fase é a *raiva*, que ocorre quando não é mais possível negar ou quando o choque da doença foi tão forte que ele não tem nem condições de negar. A família fica revoltada, o ódio aflora e, por vezes, ela fica agressiva, sendo que a agressividade pode se voltar para a equipe multiprofissional como se a mesma não estivesse suprindo o adequado cuidado ao paciente. No caso em que envolva a morte do paciente, o médico, antes idealizado, passa a ser o *carrasco* que será, então, atacado e desprezado. Neste ponto, não é raro ocorrer uma cisão familiar, em que alguns membros da família se colocam uns contra os outros, cobrando-se por não saberem conduzir o caso adequadamente. Neste ponto, é importante a intervenção do psicólogo e da equipe no sentido de amenizar a situação e proporcionar à família uma melhor elaboração do luto.

Recordo-me do caso de um paciente jovem à espera de transplante. O doador chegou a um momento em que o quadro daquele paciente já era muito grave, por isso o transplante não deu o resultado esperado. Os irmãos do paciente, que até então vinham acompanhando o caso mais de longe, vieram ao hospital acusando não só a equipe, como também a esposa de não terem cuidado adequadamente do paciente. A intervenção psicológica neste ponto foi importante para não trazer para a esposa uma culpa que ela não tinha e um sofrimento adicional pela situação. Ainda aqui se observa que a raiva pode em certo momento voltar-se para o próprio paciente. É comum ouvir: "Ele não podia ter feito isto comigo."; "Ele não pode morrer justo agora".

A *negociação* é a terceira etapa. Nesta fase, a família pode lançar mão de promessas, acordos, visualizando mudanças de valores ou até de se achar culpada da situação, necessitando para isto que seu familiar sobreviva para que eles possam se redimir. Certa vez, no atendimento a um paciente cirúrgico, este relatou ter um problema de relacionamento muito grave com seu filho. Esse paciente, por complicações pós-operatórias, entrou em coma e depois de alguns dias veio a falecer. No período anterior à sua morte já havia uma tendência da família em culpar o filho pelo pai ter ficado doente, o que se agravou com a piora do quadro. O filho entrava na UTI e chorava compulsivamente. Foi orientado a *conversar* com o pai, como uma forma terapêutica de aliviar um pouco sua culpa. Nessas conversas, ele sempre implorava pelas suas melhoras, na promessa de se desculpar e tentar retomar sua vida de outra forma.

A *depressão* vem em seguida à fase da negociação. É nesta fase que a família pode elaborar melhor lutos de situações não realizadas e de experiências agradáveis que podem não voltar mais. Trabalha-se com o luto antecipatório: no lugar daquele que vai embora, ficará um vazio, vazio este que não será preenchido por mais ninguém, mas que deve ser redimensionado para que a família possa continuar a existir. É uma fase de tristeza, de solidão e de introspecção. A presença do psicólogo aqui se traduz como um suporte, um apoio, procurando mostrar compreensão e continência à situação.

A última fase é a da *aceitação*, em que a família se tranquiliza e simplesmente aceita os fatos sem um sofrimento emocional maior. Na maioria das vezes, não se consegue que a família chegue a esse ponto no período de internação, a não ser que o paciente fique muito tempo internado. É mais comum ouvir a família relatar que está mais conformada do que aceitando a situação de seu paciente.

Há uma crença que diz que na unidade familiar, quando qualquer problema de saúde ou separação ocorre com qualquer membro da família, de alguma forma esta será afetada como um todo (Jacono, 1990; Hodovanic, 1984). Isso não deixa de ser uma realidade. A família geralmente é vista como uma extensão do paciente e a relação estabelecida entre família e paciente é vista como simbiótica, principalmente quando o paciente tem um estado muito debilitado ou é criança. Alguns membros da família ou um membro específico podem fazer o papel do lado saudável que falta ao paciente, em uma tentativa de poder suprir a deficiência existente.

Discorrendo um pouco mais a respeito da criança, vale ressaltar que o contato dela com a família é muito mais frequente e geralmente quem a acompanha é a mãe. A relação mãe-filho expressa bem o que pode ser chamado de *célula narcísica*: para a mãe só existe o filho e vice-versa. Quando ocorre a separação mãe/criança, esta pode ter reações como medo exacerbado, aumento do comportamento do choro, distúrbios alimentares, distúrbios de sono e até mesmo raiva manifesta em relação à mãe (a criança não olha e/ou não fala com a mãe). Cabe ao psicólogo estar sempre próximo à mãe, no sentido de fazer com que ela possa elaborar, do ponto de vista psicológico, estas situações e consequentemente ajudar a criança. No caso de criança com doença crônica, de forma geral, a mãe/família pode ter no tempo um aliado para tentar compreender e aceitar o processo da doença. O psicólogo deve ainda desmistificar realidades diferentes entre cada caso da UTI, ou seja, se existe piora de uma criança, as outras mães podem se sentir ameaçadas, generalizando a situação. Isto também ocorre quando existe óbito, o que promove um aumento de angústia e medo de morte para todas as famílias que acompanham suas crianças na UTI.

Existem duas formas práticas para que o trabalho do psicólogo seja mais eficaz em relação à família: o acompanhamento constante desses familiares e o atendimento de sala de espera. Este é talvez um dos locais mais angustiantes para a família, pois eles permanecem ali o dia todo, à espera de uma notícia ou mesmo da visita na UTI. São longas horas passadas conversando umas famílias com as outras, o que possibilita uma troca que tanto pode ser positiva quanto negativa. Há um envolvimento emocional mútuo, em que as pequenas vitórias são comemoradas e as derrotas são lamentadas. Alguns familiares se angustiam muito em presenciar situações difíceis de outros, e o psicólogo ocupa um lugar de mediador no acompanhamento dos mesmos, tentando diminuir sua angústia e a sensação de falta de controle pela ruptura do vínculo família/paciente. Na sala de espera, observa-se ainda irritabilidade constante entre os membros familiares, inquietação, estado alerta constante e comportamento persecutório, em que ao menor movimento no ambiente eles acham que se refere ao seu familiar.

Outra situação que pode servir como um veículo terapêutico é realizar reuniões de grupo de sala de espera com a equipe multiprofissional. Neste caso, sugere-se que sejam realizadas reuniões separadas para as famílias de crianças e as de adultos. O grupo deve ter um começo, um meio e um fim, cuja família será incentivada a expressar seus medos, fantasias e ansiedades. O psicólogo, juntamente com outros membros da equipe, terá a função de fazer com que todas as famílias se manifestem, e então, fazer a intervenção adequada, do ponto de vista emocional, sobre o que está sendo trazido no grupo, para que ele tenha uma função terapêutica.

Halm (1990) coloca uma série de benefícios trazidos pelo grupo terapêutico: pela visão de outros casos mais graves (ou não), os familiares conseguem perceber que não estão sozinhos em sua dor, há um compartilhar de sentimentos, há melhora da ansiedade; com as trocas realizadas no grupo, podem aprender formas novas de adaptação.

Como já foi dito no início, não devemos esquecer que quando o paciente adentra o hospital com os problemas já existentes, pessoais ou familiares, eles acompanham a unidade familiar no período de internação. Situações passadas ou crises mal resolvidas podem achar lugar no momento da internação para aflorarem. Alguns membros da família parecem se aproveitar da situação para trazer conflitos até então amortecidos como se aquele fosse um momento de resolvê-los, aproveitando a fragilidade da unidade familiar. Discute-se ainda que a família e as suas necessidades são consideradas satélites, gerando ansiedade, desamparo, medo e estresse emocional generalizado.

Geralmente, a equipe médica que cuida do paciente na terapia intensiva concentra seu cuidado muito mais no paciente, dedicando à família pouco tempo. A relação família/equipe pode por vezes ser complicada. A equipe também vivencia angústias em relação ao paciente. Ela pode sofrer com seus fracassos quando falha em fazer o paciente melhorar ou sair vivo da terapia intensiva. Isto significa entrar em contato com seus limites, frustrações e impotências diante de situações graves e de crise. É a própria quebra de onipotência do *ter que curar*. Por meio da frustração do médico, pode ocorrer a frustração do paciente, quando este percebe que não pode corresponder à tentativa de ajuda do médico, o que gera mal-estar a ambos.

Outra questão sempre muito suscitada é a de até quando investir no paciente ou propor outras formas de tratamento, como os cuidados paliativos, e como isto deve ser discutido com a família. Uma sugestão é poder saber como o paciente se situa dentro do quadro do seu familiar e, então, propor aquilo que pode ser o melhor, de forma clara, compreensível, e quantas vezes forem necessárias, até que uma decisão possa ser tomada sem culpas. Já se presenciou várias vezes as famílias perguntarem aos médicos, frente a um prognóstico fechado: "Doutor, se fosse sua mãe, o que o senhor faria?", em uma tentativa quase que desesperada de ajuda para um final difícil. Uma coisa fica clara para todos, equipe/família: o paciente tem direito de morrer com dignidade perto de seus entes queridos. Os grupos de família também ajudam a equipe a compreender melhor a dinâmica familiar, facilitar a transmissão de informações, verificar quais famílias necessitam de maior atenção, resultando em uma interação equipe/família mais positiva e eficaz.

A situação de cuidados paliativos ou mesmo de um prognóstico fechado/reservado pode desencadear conjunto de reações vivenciadas durante a iminência da perda e anterior ao rompimento de um vínculo significativo, conhecido como *luto antecipatório*. O luto caracteriza-se por um processo normal e esperado de elaboração psíquica diante da perda de um vínculo significativo. É um processo que tem atravessamentos que perpassam as dimensões física, emocional, social, cultural e espiritual. O modo como é vivenciado tem relação com o contexto no qual a perda decorre, cultura e período sócio-histórico e sua elaboração necessária para o atravessamento deste processo requer a ressignificação dos sentidos atribuídos à perda bem como a transformação da relação com o objeto perdido. (Mazorra, 2009).

A vivência do luto contempla variadas reações, dentre as quais se destacam as físicas, comportamentais e emocionais. Durante seu processo, mesmo no caso de luto antecipatório, são esperadas reações agudas de tristeza, desespero, saudades, raiva, hostilidade, entorpecimento, irritabilidade, agitação psicomotora, choro, retraimento social, culpa, vazio, tensão muscular, alterações no padrão de sono e alimentação, ruminações, ansiedade, angustia, desamparo, ideação suicida, queixas somáticas muitas vezes semelhantes aos sintomas apresentados por quem faleceu, negação, despersonalização e desrealização, alterações das funções cognitivas, solidão, falta de prazer e maior suscetibilidade às doenças físicas. (MAZORRA, 2009).

O luto antecipatório poderá operar como fator de proteção ao atuar como facilitador para o desenvolvimento do luto, ao favorecer a possibilidade de iniciar a simbolização da ausência e a construção de diferentes significados diante da nova realidade que se anuncia (MAZORRA, 2009; MONTEIRO 2017).

Atualidades no campo da terapia intensiva e seus desdobramentos nas famílias

Nos últimos 30 anos, as configurações familiares alteraram-se significativamente em decorrência das mudanças sócio-históricas. A entrada e o desenvolvimento das mulheres no mercado de trabalho, as mudanças nas taxas de natalidade (redução do número de filhos) e a flexibilização das configurações relacionais (reconhecimento de uniões estáveis homo e heteroafetivas, co-residência sem a necessidade de matrimônio, a redução do estigma do divórcio) são elementos que desencadearam transformações importantes na composição das famílias. Algumas dessas modalidades são as famílias monoparentais, famílias homoafetivas, famílias binucleares (guarda compartilhada), famílias reconstituídas ("os seus, os meus e os nossos") (FÉRES-CARNEIRO, 2003).

Ao longo do capítulo, tratamos da família como uma entidade homogênea, mas seria mais prudente pensar em *famílias* diante dessa diversidade de configuração, que também exigirá atenção às demandas e necessicidades específicas. (VIEIRA & WAISCHINNG, 2018). Um exemplo prático é a situação de um paciente que, após um acidente vascular cerebral, vê-se no meio do conflito da atual mulher e da filha do primeiro casamento, que se acusavam mutuamente de não querer envolver-se nos cuidados.

Não poderia deixar de incluir aqui neste capítulo, uma situação recente que nos trouxe inúmeros aprendizados, relacionada à pandemia da Covid-19. Uma das grandes consequências em relação à pandemia foi o fato da família ter sido totalmente proibida de estar com seu paciente na Unidade de Internação e na UTI. Se antes mesmo com as visitas limitadas e por pouco tempo a situação era difícil e angustiante, agora sem a visita, sem a família poder presenciar a piora ou recuperação de seu ente querido, traduziu-se em um aprendizado para a família e equipe. Houve a necessidade de adaptar o formato de visitas tradicionais para as visitas tele guiadas (CRISPIM et al., 2020; SCHMIDT et al., 2020).

Essa grande mudança de paradigma com utilização e ajuda da tecnologia trouxe diferentes implicações para a relação paciente/família/equipe. A necessidade de ter o equipamento adequado para a situação, o cuidado para que paciente/famúilia não fossem expostos em relação ao sigilo do contato, o cuidado para que as visitas não fossem gravadas expondo o profissional e o cuidado em questão. Novas regras tiveram que ser desenhadas e, o mais difícil, tinham que ser controladas, o que nem sempre é possível. Por outro lado, a aproximação (à distância) do paciente isolado com sua família foi fundamental para manter a motivação e a noção de que a vida continuava do lado de fora.

A hospitalização pode significar uma situação de crise para a família, o que causa uma ruptura daquilo que é considerado *normal* na dinâmica familiar. Há uma afirmação importante que deve ser colocada neste momento: tanto a família quanto o paciente que entra no hospital para qualquer tipo de tratamento não serão os mesmos no momento de sua alta. Eles tomam contato com seu limite, com sua fragilidade, com sua impotência, mas também com sua força e capacidade. Existem momentos de regressão psicológica, que se bem trabalhados, podem resultar em um maior crescimento para o binômio paciente/família. O psicólogo, neste caso, deve estar atento para observar quais as mudanças na dinâmica familiar e intervir adequadamente, promovendo um bom contato entre família e equipe multiprofissional, além de promover a reorganização psicológica para resgatar o equilíbrio perdido com a internação.

Referências

BUNN, T.; CLARKE, A. M. Crisis intervention: An experimental study of the effects of a brief period of counseling on the anxiety of relatives of seriously injured or ill hospital patients. *British Journal of Medical Psychology*, 52, 191-5, 1979.

CASSORLA, R. M. S. A morte e o morrer. In: BOTEGA, N. J. (Org.). *Prática psiquiátrica no hospital geral: interconsulta e emergência*. p. 352-364, 2017.

CRISPIM, D.; SILVA, M. J. P.; CEDOTTI, W, CÂMARA, M.; GOMES, S.A. *Visitas virtuais durante a pandemia de COVID-19*. Disponível em: <https://ammg.org.br/wp-content/uploads/Visitas-virtuais-COVID-19.pdf>. Acesso em: 29 mar. 2022.

FÉRES-CARNEIRO, T (Org.). *Família e casal*: arranjos e demandas contemporâneas. Rio de Janeiro: Ed. PUC-Rio; São Paulo: Ed. Loyola, 2003.

GOMES, A. G. A.; CARVALHO, M. F. de O. A perspectiva do paciente sobre a experiência de internação em UTI: revisão integrativa da literatura. *Rev. SBPH*, 21(2), 167-185, 2018.

GLEITMAN, H. *Basic psychology*. 3 ed. London: W. W. Norton & Company, 1992.

HALM, M. Effects of support group on anxiety of family members during critical illness. *Heart & lung*, vol.19, p. 62-71, 1990.

HODOVANIC, B. H.; REARDON, D.; REESE, W.; HEDGES, B. Family crisis intervention program in the medical intensive care. *Heart & lung*, vol. 13, n. 3, 1984.

JACONO, J. ; HICKS, G.; ANTONIONI, C.; O'BRIEN, K.; RASI, M. Comparison of perceived needs of family members of critically ill patients in intensive care and neonatal intensive care units. *Heart & lung*, vol. 19, p. 72-8, 1990.

KÜBLER-ROSS, E. *Sobre a morte e o morrer*. 7 reedição. São Paulo: Martins Fontes, 1998.

LAMANO-ADAMO, V. L. C. A família sob impacto, In: BOTEGA, N. J. (Org.). *Prática psiquiátrica no hospital geral: interconsulta e emergência*. p. 60-7, 2002.

MAZORRA, L. *A construção de significados atribuídos à morte de um ente querido e o processo de luto*. 2009. 265 f. Tese (Doutorado em Psicologia) Pontifícia Universidade Católica de São Paulo, São Paulo, 2009.

MOLTER, C. M. Needs of relatives of critically ill patients: a descriptive study. *Heart & lung*, vol. 8, n. 2: 332-9, 1979.

MONTEIRO, M, C. *A morte e o morrer em UTI*: família e equipe médica em cena. Curitiba: Appris Editora, 2017.

NEVES, R. T. O suporte emocional ao paciente em ventilação mecânica. In: VASCONCELOS, R.; ROMANO, M. P. L., GUIMARÃES, H. P. *Ventilação mecânica para enfermeiros*. São Paulo: Atheneu, 2016.

ROBB. Y. Family nursing in intensive care part two: the needs of a family with a member in intensive care. *Intensive and critical care nursing,* vol. 14, p. 203-7, 1998.

ROLLAND, J. S. Doença crônica e o ciclo de vida familiar. In: CARTER, B.; MCGOLDRICK, M. (Orgs.). *As mudanças no ciclo de vida familiar.* 2. ed. Porto Alegre: Artes Médicas, 1995. p. 373-92.

SIMONETTI, A. *Manual de psicologia hospitalar.* São Paulo: Casa do Psicólogo, 2011.

SILVA, A. L.; ANDREOLI, P. B. O trabalho do psicólogo em UTI e UCO. In: S. M. ISMAEL (Ed.). *A prática psicológica e sua interface com as doenças*. São Paulo: Casa do Psicólogo, 2005.

SCHMIDT, B.; CREPALDI, M. A.; BOLZE, N. S. L; DEMENECH, L. M. Impactos na saúde mental e intervenções psicológica diante da pandemia do novo coronavírus (COVID-19). *Estudos de Psicologia* [online] 2020 maio 37: e200063. Disponível em: <https://doi.org/10.1590/1982-0275202037e200063>. Acesso em: 29 mar. 2022.

VIEIRA, A. G; WAISCHINNG, C. D. A atuação do psicólogo hospitalar em unidades de terapia intensiva: a atenção prestada ao paciente, familiares e equipe, uma revisão da literatura. *Rev. SBPH*, 21(1), 132 – 152, 2018.

CAPÍTULO 15

Família e somatização: entendendo suas interações

Sandra Fortes

Cristiana Moniz de Aragão Baptista

Introdução

O fenômeno da somatização refere-se a um amplo espectro de condições clínicas nas quais os pacientes apresentam queixas físicas, sem que se consiga detectar a presença de uma patologia com alterações anatomopatológicas definidas. Embora não se possa comprovar a presença de doença física, observa-se frequentemente nesses pacientes a presença de perturbação emocional, transtorno psíquico ou problemas psicossociais. Além disso, muitos destes pacientes preocupam-se com os menores sinais de alterações corporais e acreditam sempre estar adoecidos, buscando frequentemente ajuda médica (Kirmayer, 1991).

Em suas diversas formas, a somatização é bastante comum em todas as áreas da Medicina. Causa sofrimento pessoal, prejuízo das relações familiares e comprometimento do funcionamento social e profissional do indivíduo, que solicita repetidamente licenças médicas. Os indivíduos somatizadores representam um dos problemas mais contundentes da clínica de saúde mental em hospital geral e na atenção primária[1], correspondendo a parcela significativa dos usuários do Sistema de Saúde, e a uma fonte importante de consumo de serviços (Portegiis et al., 1996; Smith et al., 1995), acarretando um alto custo para a comunidade e consumindo uma parcela significativa do tempo dos clínicos em consultas recorrentes e exames exaustivos que, além de dispendiosos, podem desencadear iatrogenia, expondo esses pacientes às consequências nocivas e disfuncionais de intervenções desnecessárias (Kirmayer, 1991; Kellner, 1990). Tudo isso justifica o estudo desse fenômeno, tanto com vistas à prevenção e ao tratamento, como para esclarecimento e capacitação dos profissionais que se deparam cotidianamente com esses quadros, (Aiex Proença et al., 1997; Scicchitiano, 1996; Fortes, 2002).

Porém, este não é um processo homogêneo, e é necessário conhecer seus subtipos e determinantes para que intervenções adequadas possam ser construídas para lhes dar apoio. Neste

[1] Cuidados básicos em saúde.

capítulo, iremos discutir qual o papel da família na determinação e manutenção da somatização, e ela como pode ser abordada como recurso terapêutico.

O conceito atual de somatização

O termo somatização esteve inicialmente vinculado à psicanálise e às teorias psicodinâmicas, onde se refere, de forma excessivamente abrangente, à interferência da mente no corpo (Marty, 1994; McDougall 1983; Mello Filho, 1992, 2002). Posteriormente, foi incorporado pela sociologia e antropologia médica para descrever padrões de comportamento de doente (Mechanic, 1986; Pilowsly, 1996), e pela psiquiatria na redefinição das classificações nosológicas dos transtornos mentais surgidas após 1980 (inclusive nas atuais DSM-IV e CID-X), como um distúrbio mental específico, o transtorno de somatização, dentro dos transtornos somatoformes.

Lipowski (1988) descreveu a somatização como um dos problemas ainda não solucionados pela Medicina, encontrando-se na fronteira entre a mente e o corpo. A somatização é definida por esse autor como: "a tendência a experimentar e comunicar perturbação e sintomas somáticos, onde não se verificam lesões orgânicas compatíveis, considerando-os uma doença física, o que leva à busca de atendimento médico." (p. 161).

A somatização abrange uma grande variedade de queixas físicas e de diferentes características psicológicas, constituindo um grupo bastante heterogêneo de pacientes. No entanto, apesar da diversidade, os somatizadores compartilham uma característica essencial: um padrão de resposta predominantemente somático, no lugar de cognitivo, ao estresse e à excitação emocional relacionado a este. Os sintomas que apresentam se referem a qualquer parte do corpo, sistema ou órgão, mimetizando diversos tipos de doenças físicas. Esses sintomas podem ser transitórios ou persistentes (Lipowski, 1988).

Segundo Zirena (1992), 30% dos pacientes vistos na atenção primária apresentam sofrimento emocional, dado compatível com o estudo realizado pela OMS que apontou uma prevalência média, em 15 diferentes centros mundiais, de 20% (38% no Brasil e 50% em Santiago do Chile), de transtornos psíquicos em pacientes atendidos nestes serviços (Gureje, 1997). No Brasil, os estudos demonstram uma prevalência em torno de 55% (Busnello, 1995; Mari, 1987; Iacoponni, 1989). Em todos esses estudos destaca-se que o padrão de apresentação dessas alterações é predominantemente através de queixas somáticas, caracterizando a presença de somatização (Goldberg, 1988; Gureje, 1997).

Diversos estudos têm sugerido uma etiologia multifatorial e extremamente complexa para a somatização, embora nenhuma teoria isoladamente explique, adequadamente, os diversos fenômenos associados a esse quadro (Kellner, 1990). Os fatores etiológicos incluem os genéticos, de desenvolvimento-aprendizagem e os socioculturais. Na maioria das vezes, no entanto, é a combinação desses fatores, com diferentes graus de influência de cada um que determina o quadro (op. cit.).

Zirena (1992) propõe três categorias de fatores que influenciam a somatização: predisponentes, como os socioculturais e de desenvolvimento da aprendizagem e da personalidade; precipitantes, como eventos de vida e situações de estresse; de manutenção, como a interação com a família, os sistemas de saúde e social. Embora os fatores envolvidos no surgimento da somatização sejam multideterminados, podemos atribuir à família um papel relevante, pois ela se revela como o ponto de convergência desses fatores, espaço de transmissão de padrões culturais socialmente aceitáveis e unidade de observação, por excelência, das influências sociais e culturais sobre esse fenômeno.

Para Kirmayer (1991;1998), o conceito de somatização vem sendo reconstruído e utilizado em um sentido mais amplo, envolvendo aspectos pessoais, familiares e sociais, podendo ser considerado um processo cultural, que pode incluir ou não a presença de patologia mental. As concepções acerca da saúde e da doença têm características próprias de acordo com o contexto cultural dos diferentes grupos sociais. A maneira como as pessoas experimentam, interpretam e apresentam sofrimento físico ou psíquico se altera com o tempo e varia de uma cultura para outra, perpassando a relação que se estabelece entre indivíduo e sistemas de saúde (Helman, 1994).

Kirmayer considera ainda que a somatização, como fenômeno, atravessa as categorias nosológicas, pois indica padrões de comunicação de sofrimento que transcendem à manifestação de alterações psicopatológicas específicas, incorporando também formas de expressão de conflitos psicológicos, idiomas sociais de insatisfação, posicionamentos do papel de doente, formas de protesto e manipulação familiar, entre outros. Pacientes somatizadores são aqueles que, em presença de sofrimento emocional, buscam atendimento para os sintomas somáticos a ele associados, e não diretamente a seus problemas psicológicos. Entendida como tendência ou processo, a somatização é uma forma bastante comum e universal de experimentar e expressar tensões psicológicas e sociais por meio de sintomas físicos. Pode ou não estar associada a transtornos psiquiátricos, como ansiedade, depressão e transtornos somatoformes. Por outro lado, quando considerada no sentido de um transtorno psiquiátrico específico, ou transtorno de somatização, refere-se à presença de múltiplos sintomas somáticos de longa duração, sem que haja explicação médica para estes, bem como a presença de um comportamento de busca frequente por atendimento médico, caracterizando um *consumo* excessivo de serviços, também chamado de *doctor shopping*. (Brasil e Furlanetto, 1997).

Na tentativa de melhor compreender os diversos subtipos de somatizadores existentes, Goldberg (1988) define três grandes grupos de somatizadores: os iniciais, mais frequentes, que apresentam sintomas somáticos, mas que, com facilidade, os relacionam a fatores psicológicos; os opcionais, que reconhecem causas psicológicas apenas quando confrontados diretamente; e os verdadeiros, que rejeitam persistentemente qualquer explicação psicológica. Estes últimos constituem o menor grupo e a sintomatologia está, muitas vezes, associada a patologias mentais relacionadas especificamente aos transtornos somatoformes.

Outra maneira de distinguir esses pacientes, segundo Kirmayer (1991), será separá-los em três categorias: somatizadores de apresentação, que *apresentam* seu sofrimento/patologia mental por meio de queixas físicas; somatizadores funcionais, categoria na qual estão incluídos os *somatizadores verdadeiros*, ou crônicos, que resistem à abordagem de conteúdo emocional; e os hipocondríacos, com uma convicção, muitas vezes delirante, de estarem gravemente doentes, considerando-se portadores de uma patologia letal específica (CID-X, DSM-IV).

Importa distinguir bem estes tipos de pacientes, pois o primeiro grupo é composto eminentemente de pacientes agudos, que *selecionam* os sintomas somáticos de suas patologias mentais como *cartão de visita* a ser apresentado ao médico, mas que facilmente os associam aos seus problemas psicossociais e aceitam, de bom grado, qualquer auxílio recebido neste sentido. São os pacientes mais frequentemente encontrados em nosso país e em outras populações latino-americanas (Gureje, 1997; Bridges et al., 1985; Goldberg, 1989), em que as características da população atendida, composta principalmente de pacientes com quadros depressivos e ansiosos, portadores de múltiplas queixas somáticas, enquadram-se na definição de *somatizadores de apresentação*, segundo Kirmayer (1991), com grande predominância de mulheres.

Já o segundo grupo compõe-se de pacientes crônicos, com longa história de doenças, que resistem à abordagem de seu sofrimento emocional e que requerem intervenções mais especializadas. Entre eles, incluem-se atualmente as ditas *síndromes funcionais*, tais como alergia alimentar, dor torácica atípica, hipoglicemia, cólon irritável, fadiga crônica, fibromialgia, entre outras, que apresentam padrões típicos de somatização a elas associados. Apresentam comprometimento profissional e social grave e, embora menos comuns, superlotam unidades de nível secundário e terciário, em várias especialidades (Barsky e Borus, 1999; Sharpe e Carson, 2001; Wessely et al., 1999). É importante conhecer as variáveis que determinam estas diferenças para podermos estruturar propostas terapêuticas adequadas.

Como podemos ver, o processo de somatização é distinto nos dois grupos e o tratamento difere dependendo de serem os pacientes somatizadores verdadeiros, crônicos, com dificuldade de reconhecer e abordar seus sofrimentos emocionais ou quadros agudos, recentes, com relato de alto grau de estresse na vida pessoal, em especial em mulheres sem espaços sociais de apoio para resolução de seus problemas.

Como um terceiro tipo, frequentemente questionado quanto à correção de sua inserção como um transtorno somatoforme, temos os vários tipos de hipocondria. Devem ser considerados separadamente dos outros tipos de somatizadores em função do tipo de alteração psicopatológica existente, onde predomina uma convicção prevalente ou até mesmo delirante, da existência de uma patologia letal, reforçada pela interpretação de alterações corporais normais como indicadoras de sua presença.

Em todos os grupos, outros transtornos psiquiátricos estão frequentemente presentes. Dentre os somatizadores agudos, encontramos normalmente transtornos depressivos e ansiosos que são apresentados ao clínico sob a forma de seus sintomas somáticos não específicos (fadiga, náuseas, dor, palpitações, sudorese). O risco de um transtorno psiquiátrico nesses pacientes da atenção primária cresce linearmente de acordo com o número de queixas somáticas (Potergiis et al., 1996). Nos transtornos somatoformes, em pacientes somatizadores crônicos, também é grande as comorbidades com depressão, transtornos ansiosos e transtornos de personalidade (Kaplan e Sadock, 1998). A alta prevalência de somatização nas populações de origem latina tem sido apontada por diversos autores (Escobar, 1987; Gureje, 1997; Kirmayer, 1998; Garcia-Campayo, 1998), mas muitos têm sido os questionamentos sobre que tipo de somatização é essa. Na verdade, estes pacientes não são somatizadores *verdadeiros*. Na maior parte das vezes, quando questionados sobre a influência de aspectos emocionais no surgimento de seus sintomas, imediatamente reconhecem a relação de suas queixas com problemas de sua esfera psicossocial, ao contrário do que ocorre com os somatizadores crônicos, verdadeiros, fortemente aderidos a suas queixas somáticas e relutantes em reconhecer seus problemas emocionais. Como se pode explicar esta associação de aspectos culturais com a somatização? Podemos supor que a família desempenha algum papel nesta interação?

Somatização aguda: o papel da cultura

Antes de tudo, é importante lembrar que a presença de sintomas físicos não explicados é uma rotina na vida de qualquer pessoa. Calcula-se que, em média, uma vez a cada sete dias, as pessoas apresentam uma sensação corporal diferente que pode, ou não, justificar uma ida ao médico. Esta alteração será explicada por padrões de atribuição (Kirmayer, 1994; Garcia-Campayo, 1997), que irão lhe atribuir uma causalidade, caracterizando sua origem e, a partir desta atribuição, determinar uma forma de lidar com esta sensação diferente e, frequentemente, desagradável. Três são os padrões mais comumente encontrados: normalização (onde justificativas dentro de uma rotina normal de vida explicam a nova sensação somática), somatização e psicologização da queixa, ambas definindo a sensação como anormal, porém referindo-a a diferentes origens. Esta percepção e justificativa distintas das queixas somáticas inespecíficas, como têm sido definidas estas sensações, é construída como modelo explicativo desde muito cedo na vida dos indivíduos, moldada pela família e embasada em explicações de base cultural. Esse fenômeno explica por que uma queixa física sem base anatomopatológica que a associe a uma determinada doença só pode ser considerada uma somatização quando seu portador opta por apresentá-la a um médico, demonstrando que, para ele, antes de tudo, ela é entendida em termos de um indicador da possibilidade de doença física.

Ao falarmos de somatizadores agudos, há mais uma questão que não deve ser desprezada nesta área. Lidamos, sobretudo, com indivíduos que se veem como normais, muito embora se considerem doentes fisicamente. Sua queixa é física ou de que sofrem *dos nervos*. Sua referência não é a da doença mental, mas o corpo ou o desequilíbrio físico-moral, como aponta Duarte (1986) em seu estudo sobre o "nervoso": "... a constituição da configuração do *nervoso* e de suas características permite perceber melhor o contraste entre o discurso físico-moral das classes trabalhadoras e o das classes médias – aqui supostamente assimilado ao modelo psicológico." (p. 103). Duarte (1992) destaca que o termo perturbações físico-morais, por ele cunhado, busca expressar uma série de fenômenos cuja classificação ora se situa no corpo, ora na mente, ora na ordem transcendental, ora nas relações interpessoais.

Na verdade, para essa população, o corpo faz parte de uma rede de representações e não é considerado de forma isolada, distinta, com um campo específico, diferentemente do que ocorre em outras classes sociais, mais apegadas a concepções cartesianas oriundas do pensamento científico. Se o que importa é o corpo (para viver e sobreviver), é nele que estará a expressão do sofrimento. São pessoas que possuem uma forma de se comunicar e uma concepção do mundo e de pessoas que, muitas vezes, especialmente no Brasil, distingue-se grandemente daquela do profissional de saúde. Podemos levantar a hipótese de ocorrer uma diferença no campo representativo, nestes diferentes grupos sociais, que reforça a expressão somática do sofrimento. Esta distinção é importante, pois se contrapõe à ideia da existência de um déficit, de uma incapacidade, como tem sido tradicionalmente considerado pelas escolas psicossomáticas psicanalíticas (McDougall, 1983; Sifneos, 1973) nesses pacientes. Esta noção de déficit simbólico, levando a uma dificuldade de verbalização central na concepção psicossomática clássica, deve ser utilizada com cuidado porque está presente apenas numa parcela pequena de somatizadores, geralmente aqueles crônicos. Na grande maioria daqueles que buscam atenção médica apresentando queixas somáticas difusas, não se verificam dificuldades de expressão de seu sofrimento psíquico nem de relacioná-lo às queixas existentes.

Em seu trabalho com pacientes com dor, Catchlove (1987) ressalta que esses pacientes não apresentavam dificuldades para identificar sentimentos quando solicitados a fazê-lo expressamente (grifo nosso). Simon (1999) detectou o mesmo fenômeno em pacientes portadores de depressão maior atendidos em unidades gerais de saúde. Devemos nos perguntar se essa suposta incapacidade de expressar sentimentos de forma psicológica não estará mais corretamente associada a uma estranheza, de origem cultural, de fazê-lo e a uma resistência dos profissionais de saúde em geral em oferecer espaços de escuta de problemas deste tipo. Costa (1989) aponta alguns aspectos interessantes sobre as formas de representação desta população: "... o pensamento popular... agia como bricoleur[2] de Lévi-Strauss, ao reordenar fragmentos dos saberes, apropriados nas situações práticas de vida... circula entre as representações disponíveis, interessado unicamente em construir um sentido que permita ao sujeito naturalizar a estranheza do mal que o acomete... visto de um outro ângulo, o pensamento popular mostra-se totalizador e o pensamento científico, fragmentário". (op. cit. p. 20).

A construção da subjetividade específica de cada cultura define os padrões de comunicação interpessoal e, consequentemente, a expressão mais ou menos subjetiva dos afetos. Normalmente, todo sofrimento emocional se acompanha de alguma forma de alteração somática e, ao longo da história, estas manifestações físicas têm sido valorizadas na comunicação deste sofrimento, sem que isto signifique patologia física. A manifestação de sofrimento emocional por meio de queixas psicológicas é característica de determinadas culturas, construções ideológicas, representações de sujeito e teorias médicas relativamente recentes na evolução da humanidade (Kirmayer, 1998; Duarte, 1986, 1992; Costa, 1989; Goldberg, 1988). Assim, podemos considerar que a escolha de uma linguagem *somatizante* ou *psicologizante* como forma prioritária de comunicação de sofrimento psíquico depende de inúmeros fatores, independentes da presença de patologia mental.

Kleinman (1986) levanta questões relevantes acerca da somatização significando escolha de queixas físicas como forma de expressão de sofrimento emocional. Demonstra que em muitas sociedades não ocidentais a somatização é "a expressão predominante para enfrentar as dificuldades da vida" (op. cit. p. 51). Aponta como a cultura determina a forma de expressão dos chineses na medida em que, valorizando a harmonia das relações sociais, marcava negativamente a expressão de sentimentos individuais e autocêntricos. Cria-se, assim, um padrão cognitivo que favorece o uso de idiomas externos de sofrimento, em vez de internalizações e manifestações subjetivas, com diminuição da expressão de afetos considerados socialmente inadequados ou embaraçosos.

Voltando às nossas populações de origem latina, como podemos explicar esta tendência a apresentar sofrimento emocional sob a forma de queixas somáticas? (Escobar, 1987). Buscaram-se explicações para este fato nas condições socioeconômicas das populações estudadas, hipótese que não foi corroborada pela observação do estudo internacional (PPGHC) que não confirmou esse achado para populações africanas (Gureje, 1997). Estudos realizados por Garcia-Campayo (1997) revelaram, ademais, que em países latinos com alto nível de desenvolvimento socioeconômico, como a Espanha, a somatização é também a forma mais comum de apresentação de transtornos mentais na atenção primária.

A expressão mais ou menos subjetiva dos sentimentos e a preferência por relatar as manifestações somáticas do sofrimento emocional estão relacionadas a uma *tendência a somatizar*, que não deve nem pode ser considerada uma patologia em si. Várias culturas apresentam esta preferência por um vocabulário somático, em vez de uma expressão subjetiva. Kleinman (1986) cita como exemplo um estudo feito em Hong Kong, em que para a maioria da classe trabalhadora,

---

[2] Do francês: aquele que faz bricolagem, isto é, trabalhos manuais diversos, geralmente em casa (jardinagem, instalações ou pequenos reparos, etc.), utilizando os utensílios e as ferramentas de que dispõe (NR).

que utiliza formas mais concretas de comunicar sofrimento mental, uma conceituação de âmbito psíquico seria considerada muito abstrata.

Podemos apontar, então, que do ponto de vista do fenômeno, a somatização parece referir-se a padrões de comunicação de determinados grupos/sociedades e não a um fenômeno patológico, universalmente homogêneo, do ponto de vista psíquico. É importante lembrar que estamos aqui nos referindo aos somatizadores agudos que facilmente falam de seu sofrimento mental associado às queixas físicas.

Qual, então, seria a razão da maior frequência da presença de somatização em determinadas populações? Se considerarmos que este fenômeno teria determinações sociais, representando uma forma de comunicação, alguns aspectos relacionados à cultura que interferem na maneira como o sofrimento é comunicado devem ser considerados. Podemos destacar dois destes como especialmente importantes: as concepções sociais, que definem um padrão social de estruturação da subjetividade e as construções de linguagem, que definem os padrões de comunicação de uma cultura.

Em ambos os casos, a família representa o espaço social em que estes padrões se organizam e são transmitidos como padrões entre gerações. É necessário entender como a família participa deste processo, uma vez que o ambiente familiar é o espaço onde as formas socialmente esperadas de expressão do sofrimento (tanto em termos de verbalização quanto das concepções sociais associadas a esta expressão) são transmitidas e moldadas. A família é o micro espaço onde a cultura ensina, reforça e determina a maneira correta de se pedir ajuda. Assim, o primeiro ponto importante refere-se à verbalização das emoções, à maneira como se constitui a subjetividade de uma determinada população e a utilização social da somatização.

As concepções culturais que determinam a estruturação da subjetividade

Uma das formas como os distintos padrões de comunicação são construídos, no que concerne à utilização de queixas somáticas ou psicológicas como aquela preferencial para comunicação de sofrimento, está na forma como uma determinada cultura define e posiciona a concepção da unidade pessoal em seu sistema de valores.

Pode haver uma valorização do indivíduo, característica das culturas modernas, que apresentam um discurso mais subjetivo e psicológico; ou do coletivo, típico das culturas tradicionais, valor este predominante entre os grupos sociais cujo discurso se centra no corpo e no concreto, no externo e no detalhe. Esta diferença está presente em nosso país de uma forma muito peculiar. Estudos realizados no Brasil por Duarte (1986) e DaMata (1978) demonstraram que é diferente o conceito de indivíduo (aqui referindo-se à unidade pessoal) entre as distintas classes sociais no país, levando à coexistência de duas concepções de indivíduo.

Dumont (1972, 1985) iniciou os estudos que apontam que a concepção do indivíduo (e consequentemente a determinação do padrão de subjetividade) é distinta segundo as características da sociedade onde se insere. Tendo realizado seus estudos a partir de uma comparação entre a sociedade indiana e a sociedade moderna ocidental, Dumont (1985) demonstra a existência de duas ideologias sociais. Teríamos, ainda hoje, sociedades tradicionais, geralmente orientais, com domínio de uma estrutura dita holista, com uma ordem baseada na transcendência, em papéis sociais fortemente estabelecidos, com vínculos hierárquicos, onde o *eu* não é importante, mas sim definido a partir de sua relação com o outro, sendo referido a uma totalidade, que oferece o sentido ao indivíduo, que é melhor definido pelo termo *pessoa*. Em contraposição, nas sociedades modernas, ocidentais, a estrutura é individualista, materialista, laica, o indivíduo é o centro e o determinante do mundo.

Posteriormente, Duarte (1986) irá discutir como esta diferença se apresenta no universo das classes trabalhadoras brasileiras, país que apresenta ambas as estruturas citadas: "... a cultura das classes trabalhadoras urbanas é fundamentalmente hierárquica e holística, em oposição e talvez, em boa parte, por oposição à ideologia individualista que norteia a versão letrada e ideal da cultura moderna... O primeiro ponto é o da afirmação da preeminência explícita e direta do grupo, da coletividade, da comunidade sobre aquilo que chamamos e valoramos como individualidade" (Duarte, 1986, p. 135).

Shweder e Bourne, em seu trabalho sobre o conceito de pessoa, também utilizando a referência de Dumont e trabalhando com a comparação entre grupos sociais na Índia e nos Estados Unidos, estudaram as variações culturais deste conceito. Procuravam explicações para um modo de pensamento social, encontrado na Índia, que pode ser referido como:

> ... concreto, indiferenciado, específico para o contexto, ou conectado com a ocasião, um modo social de pensamento que culmina com a visão de que situações específicas determina o caráter moral de uma ação particular, que a pessoa individual per se não é nem objeto de importância nem inerentemente digna de respeito... (p. 156).

Ao analisarmos estes conceitos e sua aplicação no funcionamento dos diversos grupos sociais, verificamos que a visão da somatização como processo patológico per se, característico da visão clássica da psicanálise, é fortemente impregnada de uma concepção individualista, reforçando a introspecção, a autonomia, o individualismo, a subjetividade interna como valor de referência. Inerente a esta proposta, há uma conceituação de mente psicológica, como padrão de referência, em que outras concepções pessoais podem ser assumidas como patológicas. Taylor (1990) questiona o conceito de *psychological mind*, que representaria um dos lados da moeda, ou seja, ser somatizador seria apenas o oposto a ser *psicológico*, o que pode representar problemas dentro de um determinado espaço sociocultural, mas não chega a ser patológico. Em outros *settings* pode ser culturalmente determinado e até vantajoso.

Uma subjetividade estruturada a partir de parâmetros não individualistas manifesta-se de forma diferente, utilizando uma linguagem corporal, aceitando determinações sociais mais rígidas e hierarquizadas, que restringem a manifestação direta e verbal de insatisfações e críticas, e que reforçam a importância das queixas físicas como indicativas de que o limite da pessoa foi atingido, como um sinal de incapacidade de tolerância do sofrimento. Não há separação cartesiana da mente e do corpo, não há sofrimento psíquico que não tenha sintoma físico que o acompanhe.

Dentro desta realidade de compreensão do papel social de cada indivíduo e das formas socialmente aceitas de comunicar sofrimento, gostaríamos de destacar o papel desempenhado pelo próprio sistema de saúde e da grande hierarquização existente entre médicos e pacientes em nosso país como determinantes significativos da somatização aguda tão frequente entre nós. Se não há espaço para falar de seus problemas, o sintoma físico representa uma entrada no sistema de cuidados, uma garantia de atenção e apoio, como já apontaram diversos autores (Brasil, 1995; Fortes, 2002).

Características da linguagem

Outro possível determinante social da escolha do sintoma somático como manifestação preferencial de expressão de sofrimento pode estar na própria estrutura da linguagem utilizada. Alguns estudos antropológicos sobre a maneira como se verbaliza emoções têm sido realizados. O estudo de Leff (1973), um dos mais controvertidos, faz uma hierarquização qualitativa dos discursos conforme sua maior ou menor *psicologização*. Leff afirma que os indivíduos de países desenvolvidos demonstram maior diferenciação entre estados emocionais do que os de países em desenvolvimento, e apresentam uma maior capacidade de especificar a vida sentimental. A psicologização seria um fenômeno moderno, mais recente, pós-vitoriano, e se acompanharia de uma maior disponibilidade linguística de termos para a descrição de sentimentos, caracterizando uma evolução social.

Outra área importante da pesquisa se refere aos padrões de linguagem e suas expressões disponíveis para a transmissão das emoções. Termos linguísticos (palavras ou expressões) que se referem às emoções por meio de seus componentes físicos ("tremer de medo"; "meu coração não aguenta tanta emoção"; "se rasgar de raiva", etc.) são universais; existem em todas as línguas e fazem uma ponte entre o somático e o psíquico. Parecem se referir a alterações físicas que rotineiramente acompanham determinados sentimentos e emoções, e são escolhidos como uma das formas de representá-los. Em algumas línguas, há menor disponibilidade de termos subjetivos para as emoções, o que foi considerado por Leff como uma constatação do primitivismo ou da inferioridade das mesmas. Mas não podemos, na verdade, afirmar que não haveria uma simbolização do subjetivo, mas sim sua *corporificação*. Tais línguas são altamente eficazes na transmissão do sofrimento, ultrapassando a visão cartesiana e científica ocidental que separa mente e corpo (Kleinman, 1986).

Os estudos de Berstein (1988) sobre linguística, embora centrados na questão da educação, revelam a existência de dois padrões de comunicação, segundo distintas classes sociais: as classes trabalhadoras utilizam um código que pode ser definido como restrito, enquanto as classes médias, letradas, de identidade mais intelectual, utilizam-se de um padrão elaborado. Ressalvando a infeliz utilização dos termos e sua hierarquização implícita, as diferenças são muito interessantes para o nosso estudo, como ilustramos a seguir:

Elaborado	**Restrito**
Larga rede de alternativas sintáticas.	Rede mais estreita de sintaxes representativas para escolha.
Maior flexibilidade.	Maior rigidez
Facilidade para explicitação verbal do conteúdo subjetivo.	Restrição à expressão verbal das intenções.
Predominância do "eu".	Predominância do "nós".
Favorecimento da elaboração verbal da experiência individual.	Favorecimento da criação de solidariedade social.
Comunicação prioritária pelo canal verbal.	Comunicação prioritária por canal extraverbal.
A experiência do outro é vista como diferente da própria.	A experiência do outro é vista a partir de um mesmo *status* grupal.
Pessoalmente orientado.	Orientado para o *status* grupal.

Trata-se de perceber que estamos lidando com formas diferentes de comunicação do sofrimento emocional, onde não se pode considerar qualquer uma como superior ou inferior, para que evitemos o desvio de tentar universalizar um modelo específico de representação como sendo o ideal.

Depara-se aqui com uma encruzilhada de saberes que procuram dar conta da forma como os padrões de comunicação interpessoal, a forma de representação do sofrimento físico e psíquico presentes na linguagem e a estruturação da subjetividade interferem na maneira como as pessoas se utilizam de queixas físicas para apresentar seu sofrimento psíquico e, consequentemente, buscam serviços de saúde para sua solução (somatização).

A somatização aguda pode progredir para uma somatização crônica, e este processo é influenciado por diversos fatores, tais como a interação com o sistema de saúde, situações constantes de estresse/ trauma, formas de elaboração destes estressores, mas também da forma como se aprendeu a lidar com a doença e com o papel social que se espera daqueles que adoecem, que podem ser definidos como o comportamento de doente, fator fundamental na determinação das somatizações crônicas, como veremos a seguir.

Somatização crônica: o contexto familiar

Entender os determinantes das somatizações crônicas ainda é uma pergunta sem respostas definitivas (Álamo, Garcia-Campayo; Salvanés, 2001; Kirmayer, 1991). Enquanto as somatizações agudas são geralmente formas de apresentação de transtornos mentais comuns como ansiedade e depressão, determinadas em grande parte por códigos sociais e familiares, em que a verbalização do sofrimento emocional rapidamente aparece, nas somatizações crônicas se verifica a existência de alterações ao longo de toda a vida da pessoa. Esses pacientes apresentam, muitas vezes, desde muito jovens, uma adesão a uma identidade de doente, dificuldade de lidar com conflitos, frequentemente negando qualquer sofrimento psíquico. Sentem-se fracos e impotentes diante da não resolução de seus sintomas. No meio médico, há uma enorme dificuldade de atender às exigências desses pacientes, que solicitam mais exames e uma *cura* para seu mal-estar. No ambiente familiar, seus sintomas refletem uma disfunção do sistema.

A cultura e o sistema social imprimem variações e impõem adaptações constantes à família. Cada família desenvolve sua forma particular de existência, que pode ser observada pelos padrões de interação que estruturam sua forma de organização e funcionamento. Para Ceverny (1994), o funcionamento familiar pode ser melhor compreendido ao ser observado por meio da perspectiva sistêmica que deixa de tentar entender os porquês para se preocupar em responder o como. Em outras palavras, formulando e observando o contexto e as condições em que os fenômenos se manifestam, entendemos como os modelos de interação familiar, transmitidos pelas gerações anteriores, fomentam os mecanismos que alavancam ou travam o potencial de crescimento e a capacidade de mudança.

Uma família saudável é sempre dinâmica e está em constante processo de evolução. Um funcionamento adequado depende de uma clara separação entre as gerações e da possibilidade de cada membro experimentar sentir-se parte de um todo seguro e acolhedor. Os padrões transacionais devem ser suficientemente flexíveis para permitir a introdução de padrões alternativos, atendendo às exigências externas ou internas de mudança. Muitas vezes, estas surgem em consequência de acontecimentos inerentes ao ciclo vital: nascimento, crescimento, separação, doença e morte de um de seus membros; outras vezes, como efeito de pressões sociais ou profissionais, que exigem a redefinição de papéis. De qualquer forma, a capacidade da família para negociar as questões que envolvem adaptação a novas circunstâncias permitirá uma reação e reorganização do sistema. Mas quando um sistema familiar é pressionado e seus padrões de funcionamento se tornam enrijecidos, ele elege um de seus membros como detentor do *problema* – ou o *paciente identificado* – desviando, assim, o foco do conflito, preservando a rigidez da estrutura por meio do retorno ao seu equilíbrio original. Se o sistema se tornou disfuncional e sua finalidade principal é se manter distante das tensões que ameaçam sua homeostase, ele resistirá às mudanças, mesmo as desejáveis, como a melhoria do estado de saúde de um de seus membros. Este pode acabar assumindo o papel de fraco, incapaz e doente. Sem perceber essa dinâmica, um médico ou terapeuta pode, sem se dar conta, reforçar esse padrão ao enfatizar os sintomas e a necessidade de cuidados do *paciente identificado*.

As mudanças na organização da família e as estratégias utilizadas no manejo de crises podem ser verificadas nos eventos e momentos de transição do ciclo de vida da família (Carter e McGoldrick, 1995). As gerações anteriores oferecem modelos de padrões interacionais para as gerações subsequentes e esses padrões multigeracionais são a pista para a compreensão dos mecanismos que travam o desenvolvimento do sistema. O estilo de enfrentamento e as formas de adaptação são respostas aos estressores do passado, que se repetem no presente por meio de padrões de interação, transmitidos ao longo das gerações na forma de mitos, expectativas, regras, comunicação, hierarquias e sistemas de crença (Ceverny, 1994). Observações clínicas têm indicado que muitos indivíduos com alto índice de sintomas somáticos cresceram em famílias disfuncionais (Minuchin, 1982). Em certas famílias, um comportamento somatizador é apoiado e utilizado como forma preferencial de comunicação de sofrimento (McDaniel, Hepworth e Doherty, 1994). As funções corporais são privilegiadas e as interações se organizam em torno de padrões como emaranhamento, rigidez, superproteção e ausência de resolução de conflitos.

Estas características favorecem o surgimento e a manutenção da somatização, impedindo a mudança de regras e a reorganização do sistema, necessárias à evolução da família no tempo, e seus membros têm dificuldade de obter autonomia e individuação (Minuchin, 1978). Para McDaniel et al. (1994), as famílias com somatizadores crônicos

> compartilham padrões de interação que tentam evitar ou anestesiar a dor emocional. Um número significativo de adultos somatizadores são casados com outros adultos somatizadores. Esses casais compartilham uma linguagem de desconforto corporal. Outros adultos somatizadores casam-se com parceiros que cuidam deles. Esses podem não se sentir enfermos, mas também dão privilégio à comunicação sobre eventos físicos e negam a maior parte da experiência emocional. (p. 126).

Pesquisas têm demonstrado que a vulnerabilidade às situações emocionalmente estressantes, com tendência a somatizar, é desenvolvida a partir da experiência na família (Scicchitiano et al., 1996; Craig et al., 1993). A alexitimia, a dificuldade em verbalizar sentimentos (Sifneos, 1973), uma característica tradicionalmente associada à somatização crônica, foi considerada por Waring (1977) como um traço existente em determinadas famílias que se caracterizam por laços fortes e muito coesos, e uma restrição à expressão de afetos intensos; um padrão de interação familiar que a terapia sistêmica definiu como emaranhamento. Também estaria presente um modelo social de aprendizado familiar em famílias alexitímicas, onde desenvolvem padrões de comunicação centrados em manifestações somáticas. (Wolf, 1977).

O papel preponderante da família na etiologia da somatização levou Terre e Ghiselli (1997) a examinar certos aspectos específicos do funcionamento familiar inerentes ao ambiente de origem de crianças, adolescentes e jovens adultos somatizadores. Esses aspectos seriam responsáveis pelo aumento de risco de queixas somáticas entre os jovens em distintas etapas do desenvolvimento. Utilizaram instrumentos para avaliar fatores considerados de risco no meio familiar e os relacionaram ao número de queixas somáticas. Os resultados da pesquisa indicam que vários atributos da vida familiar aumentam a probabilidade da apresentação de queixas somáticas.

A vulnerabilidade a processos familiares específicos pode mudar com a idade, de maneira que algumas dimensões do funcionamento familiar podem se destacar mais que outras, dependendo da época. A ausência de uma estrutura adequada de apoio compromete o desenvolvimento saudável, principalmente no início da adolescência. A organização familiar auxilia os jovens a enfrentar os diversos estressores ligados às transformações que ocorrem nesta fase da vida. A falta de cuidados, de condutas previsíveis e de uma estrutura familiar adequada dificultariam a adaptação psicológica, acarretando dano para a autoestima, dificuldades na autorregulação e problemas de comportamento.

Em consonância com outras pesquisas, Terre e Ghiselli observaram, ainda, que as meninas são mais inclinadas a apresentar queixas somáticas, focalizando a atenção no corpo e avaliando a saúde por meio de suas necessidades emocionais. Embora as mulheres somatizem mais que os homens, os autores levantam a hipótese de que talvez esta tendência decorra do fato de que os homens *reprimem* suas queixas ou utilizam outros mecanismos não necessariamente relacionados ao gênero. Apesar de alguns pontos de questionamento, a pesquisa apontou certas características, já bem documentadas por outros estudiosos do tema, relacionadas ao papel crítico do estresse familiar sobre a saúde nas diferentes etapas de desenvolvimento. Uma revisão das pesquisas sobre as influências psicossociais durante os primeiros anos de vida na formação da personalidade de indivíduos com transtornos somatoformes (Stuart e Noyes, 1999) indica a existência de dois principais modelos explicativos sobre a etiologia da somatização. No primeiro, entende-se que a criança, exposta a modelos de comportamento de doente durante a infância (a doença crônica de um dos pais, por exemplo), assume mais tarde um comportamento similar diante de situações geradoras de estresse. Outros estudos indicam que os sintomas apresentados por crianças somatizadoras são similares aos apresentados por outro membro da família, enquanto as pesquisas com somatizadores adultos têm revelado que estes dão às sensações corporais a mesma atenção demonstrada por seus pais na infância (Lipowski, 1988). Garcia-Campayo (1999) aponta também que os filhos de somatizadores tendem a assumir funções e responsabilidades superiores àquelas que seriam adequadas à sua idade, o que representa um grande ônus pessoal. Em uma parte significativa dos casos (até 80% das vezes), os filhos de somatizadores desenvolvem também esta enfermidade.

O segundo modelo explica o comportamento somatizador como uma distorção na manifestação de perturbação em resposta ao estresse ambiental. O comportamento de doente suscita uma resposta de cuidados por parte dos outros, desviando a atenção de outras áreas de conflito. Em ambos os casos, verifica-se uma mobilização familiar em torno daquele que se queixa, que obtém, assim, atenção e cuidado, reforçando a identidade e o comportamento anormal de doente, associado a ganhos secundários e à manipulação do ambiente. O comportamento anormal de doente (Pilowski, 1969) é uma das características marcantes dos somatizadores crônicos. São muitas vezes mais doentes até do que outros pacientes portadores de patologias mais graves, confirmando, conforme detectado pela antropologia médica, que ser doente *(illness)* é diferente de ter uma doença (*disease*) (Helmann, 1994).

A hipótese levantada por Stuart e Noyes é de que as experiências adversas têm grande impacto no desenvolvimento de um estilo de apego que os futuros somatizadores desenvolvem: um padrão de apego inseguro que mais tarde se reflete em traços de personalidade e em comportamento interpessoal com busca constante por cuidados. Esses aspectos desajustados da personalidade e o comportamento inflexível de apelo por atenção geram comportamentos de rejeição nos outros, reforçando a crença nesses indivíduos de que serão abandonados. Isto os levaria outra vez à apresentação de queixas somáticas. Inicia-se, assim, um círculo vicioso que perpetua o comportamento somatizador. Experiências traumáticas e de abuso físico ou sexual também predisporiam a um padrão somático de resposta, contribuindo diretamente para um comportamento somatizador ou têm influência indireta no desenvolvimento da personalidade. Vários estudos apontam esta associação entre somatizações crônicas, incluindo hipocondria e síndromes funcionais.

Histórias de eventos traumáticos durante a infância – contato sexual, violência física e briga dos pais – estão intimamente associadas a um comportamento hipocondríaco na vida adulta, segundo Barsky et al. (1994). Certas experiências infantis podem ser consideradas um fator predisponente ao surgimento da hipocondria. O estudo de Barsky et al. (1994) destaca algumas experiências em particular que colaboram para a emergência deste quadro e que vêm sendo apontadas por diversos pesquisadores: doenças graves dos pais ou membros próximos da família, atitude dos pais em relação aos sintomas somáticos e ao adoecimento, superproteção e respostas seletivas dos pais às queixas somáticas e às doenças ou, ao contrário, atitudes de rejeição ou punitivas e abuso físico ou sexual estariam entre os eventos mais relevantes na infância de adultos com comportamento anormal de doente, transtorno de somatização e dor crônica. Além disso, traços de hipocondria ou dor crônica em adultos foram associados a um histórico de doenças graves e crônicas na infância.

As entrevistas com pacientes hipocondríacos revelaram que essas pessoas experimentaram durante a infância conflito aberto entre os pais, experiências sexuais traumáticas e vitimização em situação de violência. Relataram, além disso, ter adoecido com frequência e perdido muitos dias de escola, embora não reportassem maior incidência de incapacitação permanente ou hospitalização que os sujeitos do grupo controle, fato este que sugere que sofriam principalmente de doenças menos graves e autolimitadas. Os relatos se referiam às experiências antes dos 17 anos de idade. De acordo com Barsky et al. (1994), a recordação de fatos antigos pode sofrer distorções, principalmente em se tratando de eventos emocionalmente carregados, e as lembranças estariam sujeitas a mecanismos tais como negação, repressão e exagero, e seriam afetadas pela relutância dos sujeitos em admitir estes fatos para os outros. Esta hipótese vem ao encontro da visão de Pennebaker e Susman[3], citados por Barsky, que detectaram em pacientes hipocondríacos uma tendência a não confiar suas experiências aos outros.

Os achados de Barsky estão em conformidade com os resultados de outras pesquisas sobre sintomas somáticos funcionais, dor crônica idiopática, transtorno de somatização e

---

[3] PENNEBAKER, J. W.; SUSMAN, JR. Disclosure of traumas and psychosomatic processes. *Social Science and Medicine* 26:327-332, 1988.

comportamento anormal de doente. Como exemplo, Barsky comenta o trabalho de Morrison[4], que encontrou uma maior incidência de contato sexual involuntário durante a infância de pacientes com transtorno de somatização, bem como o estudo de Pribor e Dinwiddie[5] com adultos sobreviventes de incesto, dentre os quais havia uma alta prevalência de transtorno de somatização. A pesquisa de Walker[6] e colaboradores, também citada, comparou mulheres com doenças ginecológicas com aquelas que sofriam de dor pélvica crônica. Dentre estas últimas, encontraram uma alta incidência de história de abuso sexual na infância. Katon (1984), outro autor que se dedica ao estudo das somatizações e síndromes funcionais, também aponta a associação existente entre somatizações crônicas, sob a forma de busca de atendimento médico para queixas físicas difusas, e história pessoal de violência, trauma, abuso sexual e desastres naturais.

Outras pesquisas revelam essa mesma associação. Em pesquisa realizada na Clínica de Dor do Hospital Universitário Pedro Ernesto/UERJ, Florenzano et al. (2001) detectou uma alta prevalência de história de violência física (90% com relato de violência física severa) e sexual (46%) entre mulheres portadoras de dor crônica. Também Sack e Henningsen (2002) encontraram uma prevalência significativamente mais alta de sintomas somatoformes em pacientes com relato de trauma sexual, com uma predominância de sintomas pseudoneurológicos.

A associação da somatização com situações de impotência e submissão, principalmente nos casos mais graves, foi apontada por Waitzkin e Magaña (1997) em pacientes com história de perseguição política e vitimização em tortura. Seu trabalho reforça a ideia de Pennebaker (1993) de que, quando experiências traumáticas são relatadas aos outros, seu impacto emocional diminui sensivelmente. Em suas pesquisas, Waitzkin e Magaña tentam compreender como os problemas no universo social estão interligados aos fenômenos psicobiológicos tais como a experiência de sintomas somáticos na ausência de lesão orgânica. Os autores sustentam a ideia de que essas interligações ocorrem, em parte, por meio da construção de narrativas que expressam menor ou maior grau de coerência. O trabalho que desenvolveram sobre as associações entre cultura, trauma e somatização os levou à criação de um modelo de intervenção para pacientes somatizadores. Por meio das narrativas de eventos traumáticos, geradores de grande estresse e sintomas somáticos, esses sujeitos se fortalecem ao transformarem suas histórias de traumas passados em narrativas mais coerentes no presente.

O *South London Somatization Study*, de Craig et al. (1993), um dos mais meticulosos sobre a temática, relacionou a somatização aguda com negligência, indiferença e abuso. Examinaram a influência de experiências precoces na infância em um estudo longitudinal sobre o curso da somatização aguda na atenção primária, com o objetivo de apreender os fatores que influenciam seu início e resultado. Quando comparados a outros grupos de pacientes – apenas transtorno emocional ou sintomas físicos –, os sintomas dos somatizadores não melhoravam com o passar do tempo e alguns pacientes desenvolveram transtornos somatoformes crônicos.

---

[4] MORRISON, J. Childhood sexual histories of women with somatization disorder. *American Journal of Psychiatry* 146:239-241, 1989.

[5] PRIBOR, E. F.; DINWIDDIE, S. H. Psychiatric correlates of incest in childhood. American Journal of Psychiatry 149:52-56, 1992.

[6] WALKER, E.; KATON, W.; HARROP-GRIFFITH, J.; HOLM, L.; RUSSO, J.; HICKOK, L. R. Relationship of chronic pelvic pain to psychiatric diagnoses and childhood sexual abuse. *American Journal of Psychiatry* 145:75-86, 1988.

No seguimento da pesquisa, os autores verificaram que a intensidade dos sintomas dos somatizadores parecia mimetizar as alterações na excitação emocional. Um quarto dos entrevistados com transtornos emocionais relataram falta de cuidados parentais, não havendo diferença significativa entre somatizadores e não somatizadores, confirmando uma das hipóteses da pesquisa sobre a semelhança entre as experiências de pessoas deprimidas e pacientes somatizadores. Os somatizadores apresentavam ainda um histórico de doenças físicas na infância, além de doenças crônicas em seus pais. A falta de cuidados parentais, conceituada como negligência, em consequência de abandono, morte ou separação, seguida de adoecimento nos primeiros anos de vida, aumenta significativamente o risco de somatização. Os autores ressaltam que nenhum fator isoladamente pode explicar a presença da somatização. Porém, a relação temporal entre esses dois fatores sugere que o adoecimento funciona para a criança como fonte de atenção e cuidados dos pais, evitando a experiência dolorosa de negligência. Efetua-se, assim, o aprendizado de um padrão de resposta somática, em vez de emocional, para atrair cuidados ou desarmar comportamentos hostis por parte dos membros da família. O trabalho de Craig e colaboradores explora a trajetória entre as experiências infantis e o comportamento somatizador adulto, lançando uma nova luz sobre a ainda obscura relação entre mente e corpo, vivência familiar e produção de sintomas.

As pesquisas mais recentes, como as mencionadas anteriormente, têm procurado entender os mecanismos subjacentes à tendência de certos indivíduos de comunicar sofrimento emocional por meio de sintomas físicos, considerando a influência recíproca entre fatores biológicos, psicológicos e sociais. A ideia de que o estresse e as preocupações, que geram respostas de ansiedade ou tristeza, podem sobrecarregar o corpo e se tornar a fonte de mal-estar e dores diversas, é bem aceita tanto pelo leigo como pelos profissionais de saúde. Qualquer pessoa pode experimentar, vez por outra, o impacto emocional de uma situação de estresse e expressá-lo por meio de queixas físicas como uma dor de cabeça ou de estômago. Essas queixas são usualmente transitórias e não chegam a afetar o funcionamento geral do indivíduo.

Embora os mecanismos de produção e amplificação de sintomas não possam ser diretamente observados em pacientes somatizadores, eles se revelam a partir da investigação da história do paciente, de seu comportamento na doença e das circunstâncias sociais em que se encontra. É nesse sentido que propomos, a seguir, uma investigação da dinâmica familiar como parte fundamental da avaliação e do tratamento de pacientes somatizadores, uma vez que reconhecemos a família como unidade de observação por excelência das influências sociais e culturais sobre esse fenômeno.

Abordagem do paciente somatizador

Importa lembrar, como bem aponta Nelson Caldas (comunicação pessoal) que, independentemente do tipo de somatização apresentada, *Os somatizadores verdadeiramente* – independentemente de suas queixas – experimentam sofrimento de alguma ordem e, portanto, devem ser objetos de avaliação nos serviços de saúde.

Mesmo quando respondem desfavoravelmente às intervenções propostas ou apresentem resultados negativos nas investigações diagnósticas, isso não lhes retira o estatuto de doentes e, portanto, não devem deixar de ser alvo de atenção pela saúde pública ou considerados como fora de possibilidades terapêuticas".

O princípio mais importante para o manejo eficaz dos pacientes somatizadores envolve poder compreender o sofrimento deles e a forma de se comunicarem, e desenvolver uma atitude de acolhimento, apoio e dedicação. É importante transcender as limitações do modelo biomédico tradicional e lembrar que o sofrimento desses pacientes é real. O sofrimento é sempre uma experiência individual e não está apenas associado à extensão do dano físico. O não reconhecimento do sofrimento que está sendo expresso desta forma apenas reforça sentimentos de rejeição e abandono (como os vividos nas situações infantis), principalmente quando são dispensados com frases como: "Você não tem nada. É tudo psicológico!". É de esperar que se tornem agressivos e rebeldes.

A dificuldade em ser adequadamente tratado costuma ser uma constante na vida destes pacientes. Qual deveria ser o tratamento correto para seu sofrimento? Segundo Garcia-Campayo (2000):

> Ainda que não existam normas de consenso sobre qual é o nível sanitário mais adequado para tratar estes pacientes, parece claro que os somatizadores agudos e subagudos (pacientes com menos de seis meses de evolução) poderiam ser tratados na atenção primária e apenas aqueles pacientes crônicos, com mais de seis meses de doença, deveriam ser encaminhados à saúde mental. (p. 105).

Esta abordagem na atenção primária exigiria:

1. Uma forma bastante eficaz de oferecer apoio, reforçar o vínculo, evitando também busca excessiva de consultas médicas em diversas especialidades e marcar consultas breves regulares para evitar que desenvolvam novos sintomas.
2. Ter uma agenda para cada visita; escutar o paciente falar de seus novos sintomas, aos quais, muitas vezes, eles aderem de forma muito intensa. Dê uma explicação aceitável para os sintomas, mas não se prenda a eles. Opte por fazer um bom exame físico, e comece a desviar a conversa para temas sobre a vida psicossocial do paciente.
3. Em se tratando de somatizadores agudos, onde os sintomas geralmente representam uma forma de apresentação do sofrimento psíquico, esses pacientes estão sempre prontos a responder a questões sobre sua vida e não se sentem ameaçados. As respostas trazem informações importantes sobre as ligações entre as circunstâncias de vida e os sintomas, estabelecendo uma ponte vital de importância para ajudar os pacientes a elaborar e a resolver seus problemas onde eles realmente se encontram.
4. Como abordar estes problemas? Uma técnica simples e eficaz consiste em fazer, em rápida sucessão, algumas perguntas simples tais como:

   "O que está acontecendo na sua vida atualmente?"

   "Como se sente a respeito?"

   "O que mais o perturba sobre essa situação?"

   "Como está lidando com isso?"

   "É realmente uma situação dura/difícil. Qualquer pessoa se sentiria assim. Sua reação faz sentido".
5. Este espaço oferecido pelo profissional de atenção primária para que o paciente fale de seus problemas permite uma modificação no conteúdo da consulta, normalmente referido por diversos autores como uma *transformação da agenda* (Goldberg, 1988). Na verdade, inicia-se assim uma decodificação do sintoma, que permite que se aborde o verdadeiro problema que está atrapalhando aquele paciente. Esta mudança de foco

do problema, do sintoma físico para o sofrimento emocional é fundamental a fim de que se obtenham resultados satisfatórios com esses pacientes.

6. Também é bastante eficiente a organização de espaços de apoio alternativos nas unidades básicas de saúde, geralmente por profissionais não médicos (distintos profissionais de enfermagem, agentes de saúde), em especial de caráter grupal. Trabalhos de grupo, onde esses pacientes recebam recomendações para mudanças no estilo de vida, com exercícios, relaxamento, onde novas formas de lidar com o adoecimento possam ser trabalhadas, reforçando a importância do lazer e incluindo tratamentos benignos e vantajosos: saco de água quente ou frio, loções, acupuntura, massagem, etc., junto com o apoio humano tão presente nas técnicas grupais.
7. As técnicas grupais têm se revelado o tratamento de escolha como abordagem psicoterápica especializada para esses pacientes, mesmo dentro do atendimento especializado em saúde mental. Como bem resume Nelson Caldas (comunicação pessoal): "O paciente pouco a pouco vai se dando conta de que o momento da consulta pode ser também utilizado para falar de si próprio. Percebe que não é tão mais necessário trazer uma queixa somática para ser aceito no sistema de saúde". Outro aspecto importante para considerarmos aqui diz respeito a qual modalidade de tratamento psicoterápico seria mais indicada para os pacientes somatizadores.

Em nosso meio, embora não tenhamos estudos controlados a esse respeito, sabemos pela clínica que, em geral, o ambiente grupal favorece a adesão ao tratamento de somatizadores. Duarte (1986) e Costa (1989) apontam para o ambiente grupal como facilitador da comunicação entre seus membros, pela diminuição do impacto das diferenças culturais e pela redução do espaço hierárquico das relações médico-paciente.

No caso dos somatizadores, por exemplo, o alvo das intervenções não seria propriamente o sintoma somático, nem sua tradução verbal em palavras. A ênfase estaria na estimulação, pelo terapeuta, da capacidade do indivíduo para um progressivo reconhecimento, discriminação e expressão dos afetos, capaz de promover uma nova homeostase afetiva. Ressaltamos aqui que a homeostase afetiva não significa apenas favorecimento da expressão verbal simplesmente, mas dentro de uma dinâmica global interferir na desregulação afetiva, permitindo ao indivíduo uma maior autocontenção da expressão afetiva. Nesse sentido, entendemos que a terapia não seria necessariamente um processo psicológico a ser alcançado por meio de elaborações mentais, mas uma forma de intervenção mediante uma linguagem que incluísse o corpo, em seu sentido concreto. A tonalidade, a intensidade e a forma seriam tão importantes quanto o conteúdo das intervenções.

A família como recurso

A eficácia do tratamento de pacientes somatizadores depende da capacidade de compreender a influência da família na experiência do adoecer. É essencial que o profissional junte e organize informações básicas sobre a estrutura e o funcionamento familiar para ter uma visão ampla do contexto em que ocorre o comportamento de seu paciente. O aprendizado na família, como já mencionamos, predispõe um comportamento somatizador.

Segundo Lipowski (1988), a criança aprende a focalizar as sensações físicas, a interpretá-las como ameaçadoras, a expressá-las verbalmente e a utilizá-las para comunicar sofrimento e perturbação. Para Kirmayer (1991), as atitudes dos pais em relação à saúde, bem como os sintomas que eles próprios apresentam, orientam o foco de atenção da criança para os processos somáticos, aumentando sua percepção dos mesmos. Segundo Mechanic[7], citado por Kirmayer (1991), a atenção que uma criança dá a seus sintomas está diretamente vinculada ao interesse que sua mãe dedica à sua doença. A importância dada aos sintomas pode, então, levar a criança a adotar o papel de doente na família.

Os padrões de interação familiar orientam os comportamentos em relação à saúde e, consequentemente, as formas de comunicação de sofrimento. A criança é apoiada ou desencorajada a expressar sua dor emocional por meio de sintomas somáticos ou psicológicos. É fundamental para o profissional que trabalha com pacientes somatizadores envolver a família no tratamento, a fim de que esses padrões de interação possam ser desarmados. As famílias que estimulam comportamentos regredidos de dependência e busca de cuidados propiciam ao membro somatizador a obtenção de ganhos secundários com a doença. Algumas famílias, no entanto, podem rejeitar este tipo de comportamento e classificar o somatizador como pessoa fraca e sem motivação, que não se esforça para melhorar. Como assinalam McDaniel, Hepworth e Doherty (1994):

> Algumas culturas familiares não possuem qualquer linguagem para a experiência emocional: todos os membros da família podem ser alexitímicos e permitir apenas a linguagem sobre a experiência física; as crianças recebem atenção para a dor física, mas nenhuma atenção para a dor emocional (p. 126).

Os autores observaram que famílias com pacientes somatizadores crônicos compartilham certos padrões de interação que isolam ou anestesiam a dor emocional. Por isso, quando adultos, esses somatizadores se casam com outros somatizadores que também utilizam a linguagem somática para comunicar sofrimento. A inclusão da rede familiar no tratamento ajuda a interromper esses padrões de comunicação baseados apenas em sintomas físicos, permitindo a expressão de experiências emocionais. A família é um recurso valioso, principalmente nas etapas iniciais do tratamento, quando os pacientes são mais resistentes (McDaniel, Hepworth e Doherty, 1994).

Os pacientes somatizadores crônicos têm grande dificuldade de aderir ao tratamento, pois não aceitam o componente emocional de seu problema. A participação e a colaboração da família são cruciais, portanto, para apoiá-los nos momentos de incerteza e quando desejam desistir do tratamento, bem como incentivá-los na busca de seu bem-estar e saúde. Além disso, a presença da família permitirá a observação da interação entre o paciente e seus familiares e sobre o entendimento melhor da função que os sintomas desempenham na manutenção dos vínculos afetivos entre os membros e a posição do paciente na dinâmica familiar. A partir da observação, poderá se estimar o tempo de que a família necessita para ajustar-se a um modo diferente de funcionamento, no qual os sintomas do paciente e seu papel como *doente* da família não terão mais finalidade. É preciso, para tal, que a família possa tolerar a investigação e a elaboração de seus conflitos, desde que isso ocorra em um clima de segurança e apoio por parte da equipe médico-terapêutica, e que aprenda a utilizar recursos próprios para lidar com as questões geradoras de conflitos sem precisar recorrer aos antigos mecanismos de defesa.

---

7 MECHANIC, David. The influence of mothers on their children's health attitudes and behavior. **Pediatrics** 33:444-453, 1964.

Se o profissional de saúde aborda as queixas a partir de um enquadre biomédico, terminará por se sentir incompetente e impotente perante as muitas exigências de seus pacientes. Quando lhes garante que *não têm nada* percebe que, ao contrário do que se esperava, eles reagem mal à boa notícia sobre a saúde, queixando-se mais e pedindo mais exames. Em geral, o profissional irrita-se, distancia-se e, para evitar esses sentimentos, *passa o bastão adiante*, encaminhando-os a outros profissionais para novos exames. Por reforçar o processo de somatização, esse círculo vicioso pode ser interrompido se o profissional "assumir uma abordagem biopsicossocial ao atendimento do paciente desde o início" (McDaniel, Hepworth e Doherty, 1994, p. 129) e adotar a família como uma aliada no tratamento, estabelecendo com ela uma relação de cooperação.

Segundo McDaniel (1995), um enfoque integrado de tratamento, no qual os diversos profissionais envolvidos de forma regular e contínua mantenham abertos os canais de comunicação entre si e usem uma mesma linguagem com o paciente, é a melhor opção para um desenvolvimento produtivo. Ferramentas poderosas são as consultas conjuntas médico/profissional de saúde mental e a assistência contínua oferecida ao grupo familiar. Estes procedimentos validam tanto os aspectos físicos quanto os psicológicos como sendo igualmente importantes e relacionados, deixando de lado a tradicional polarização mente-corpo. O tratamento deve envolver uma colaboração negociada e a criação conjunta de propostas terapêuticas, que são mutuamente aceitáveis para o paciente, a família e os profissionais envolvidos.

A linguagem do profissional psicoterapeuta é muito diferente da linguagem do somatizador, e sua insistência em apontar as dificuldades emocionais do paciente acaba intensificando o sofrimento. Além de fortalecer os mecanismos de defesa associados ao processo de somatização, não produz nenhuma informação relevante. Esta situação gera tensão na relação profissional-paciente e acaba os colocando em posições diametralmente opostas. A linguagem que o paciente usa para definir o seu problema é o instrumento principal para criar as mudanças desejadas. A insistência no uso de uma linguagem psicológica faz com que os pacientes se sintam rejeitados e invalidados. Cada família ou situação deve ser tratada como única. Utilizar a linguagem do paciente é fazer o sintoma emergir em lugar de tentar mudar o sofrimento de um enquadre médico para um enquadre psicológico.

De acordo com McDaniel (1995), o objetivo principal do tratamento não deve ser a cura, mas a aceitação das incertezas sobre as causas do sofrimento, viabilizando um *copying* mais adequado e ajudando-as a fazerem uma mudança de estilo de vida. Sobretudo, promover o sentido de eficácia da família e do paciente no manejo dos sintomas e de outros aspectos de suas vidas. Embora a cura possa ocorrer, o que se espera é, antes de tudo, uma melhora na qualidade de vida dos pacientes, com maior controle das atividades cotidianas. O trabalho deve favorecer o suporte emocional às famílias e criar um espaço para a resolução de problemas. A estratégia de intervenção, focal e diretiva, visa principalmente à transformação dos padrões de comunicação e à alternância das funções e dos papéis dos membros da família entre si.

Sugere se também a utilização do genograma – ou mapa da família , um instrumento terapêutico valioso para a obtenção de dados sobre a origem da família e seus movimentos no tempo. Por meio do genograma podem-se estudar as relações transgeracionais, o sofrimento recorrente em diferentes pessoas da árvore familiar, revelando como os sintomas físicos têm sido usados como equivalentes emocionais. Além de esclarecer os padrões repetitivos relacionados ao adoecer e a utilização e o uso abusivo de serviços médicos, o genograma revela os eventos marcantes na história da família (situações de estresse, perdas, mudanças) e esclarece como a doença modificou papéis e alterou o equilíbrio de poder dentro do sistema familiar.

A confecção do genograma, que muitas vezes se estende por diversas sessões, tem ainda outra função: aproxima a família e facilita o diálogo entre seus membros, que podem compartilhar e discutir seus pontos de vista sobre o problema atual, eventos marcantes, os relacionamentos, os pontos de tensão, identificando conflitos e dando seus diagnósticos sobre o problema atual (suas experiências com os sintomas, a doença e o sistema médico). Em geral, as descrições que cada membro da família faz sobre o problema têm significados diferentes. O conjunto de suas descrições permite que a família tenha uma imagem mais completa do problema e, a partir dela, possa criar uma história alternativa, atribuindo novos significados aos acontecimentos e enfatizando os recursos e as características positivas da família.

O tratamento se inicia com uma entrevista que aborda de forma abrangente os aspectos biomédicos e psicossociais. De acordo com McDaniel (1995), desde o início deve-se priorizar o estabelecimento de metas limitadas, que reduzam ao mínimo o número de exames e procedimentos médicos, e uma aproximação com a experiência, o ponto de vista e a linguagem do paciente. Num primeiro momento, considera-se prematuro aprofundar questões emocionais sob o risco de se perder o paciente, que tende a se esquivar do processo. É aconselhável a indicação de tratamentos alternativos e benignos, mais próximos do entendimento somático que o paciente tem de seus sintomas, como técnicas de relaxamento, exercícios físicos, dietas, etc. Aos poucos, pode-se introduzir uma linguagem mais psicológica, utilizando palavras que fazem uma ponte entre o somático e o psíquico, tais como *estresse, dor, sequela.*

A constatação da etapa do ciclo de vida e a identificação dos eventos (nascimentos, separação, doença ou morte), que podem estar impondo pressões à família e exigindo mudanças, são pistas que o profissional segue para verificar a flexibilidade ou a rigidez do sistema e a possibilidade que têm os membros da família de alternarem papéis e funções. Famílias saudáveis têm padrões transacionais mais flexíveis, que permitem a introdução de padrões alternativos. Em famílias com padrões rígidos, a mudança é sentida como ameaça à integridade do sistema: sob pressão interna ou externa esses padrões podem enrijecer-se ainda mais para tentar manter o nível habitual de funcionamento. O foco do conflito é evitado e desviado para um de seus membros que, então, assumirá o papel de detentor do *problema* (incapaz, louco ou doente), mantendo a estabilidade do sistema. Sem perceber esta dinâmica e a função homeostática que seu paciente desempenha no sistema familiar o profissional pode, sem se dar conta, reforçar essa tendência, enfatizando os sintomas físicos e reforçando o comportamento de doente de seu paciente em sua busca contínua por uma "cura" para seu mal-estar.

A introdução de um profissional de saúde mental no atendimento ao paciente somatizador e sua família nem sempre é tarefa simples. Principalmente no caso de somatizadores graves, o momento adequado deve ser avaliado com cuidado. Um médico habituado ao trabalho com equipe multidisciplinar não terá dificuldade de sugerir, desde os primeiros encontros com o paciente, a presença de outro profissional como uma forma de apoio enquanto tentam decifrar seu *enigma* médico. A presença e o apoio contínuo do médico em sessões conjuntas com o profissional de saúde mental são decisivos para o sucesso do tratamento. Nesses encontros, o médico tem a possibilidade de apoiar a família e propor que, junto à equipe, auxiliem o paciente a conviver com seus sintomas e, ao mesmo tempo, a encontrar a alegria de viver (McDaniel, Hepworth e Doherty, 1994).

O envolvimento da família auxilia o paciente a tolerar a incerteza sobre seus sintomas, que nem sempre desaparecem com o tratamento. Em relação à equipe, propicia o entendimento do sistema de crenças da família em relação à saúde e esclarece como os membros da família entendem os sintomas do paciente. A equipe pode solicitar à família que indique situações e comportamentos que produzem melhoras e aquelas que fazem piorar os sintomas. Pode ainda indagar sobre como a doença mudou os papéis e o equilíbrio de poder, identificando as áreas de competência e os recursos da família que podem ser utilizados para auxiliar o tratamento. Ao término, como sugere McDaniel (1995), todos – paciente, família e equipe – devem estar aptos a construir uma *prescrição para a doença*: uma lista de comportamentos dos familiares e do próprio paciente que, certamente, farão retornar ou exacerbar os sintomas. Quando não é possível trazer toda a família e o atendimento é realizado apenas com o paciente e a equipe, convidar um ou mais membros da família para participarem de sessões pode ser uma boa estratégia para acelerar o tempo de tratamento. A presença de cônjuges, filhos ou outros parentes amplia o campo de visão do profissional. O paciente também se beneficia desses encontros quando escuta, às vezes pela primeira vez, a perspectiva de outros membros sobre seus sintomas e comportamentos.

Um caso clínico

A título de exemplo, citamos a seguir o tratamento de uma paciente encaminhada pelo serviço de ginecologia à Clínica de Dor do Hospital Universitário Pedro Ernesto (HUPE-UERJ), onde é atendido um grande número de pacientes com quadros de dor desproporcionais à lesão existente ou que não acompanham lesões claramente identificáveis. Neste setor, são muito frequentes os pacientes com diagnóstico de somatização conjugado a um comportamento de doctor *shopping* (consumo excessivo de serviços médicos) e adesão ao papel de doente.

O pedido de parecer do Setor de Ginecologia solicitava esclarecimento sobre um quadro de dor, existente há mais de cinco anos, que parecia "estar memorizado pela paciente, sendo o tratamento cirúrgico não mais indicado."

L. M., 36 anos, do sexo feminino, tem quatro filhos e é casada em segundas núpcias com J. A queixa principal era de dor pélvica, desde 1994, que piorava com a relação sexual. A dor surgiu a partir de uma cirurgia (histerectomia) e L. M. relatava sentir "uma dor que nunca passa em torno da cicatriz". Ela foi submetida três vezes a intervenções exploratórias, realizadas por equipes médicas diferentes, mas nada foi encontrado que a justificasse. Procurou o serviço de ginecologia do HUPE com a intenção de ter seus sintomas mais uma vez *explorados* na mesa de cirurgia. A paciente foi atendida em consulta conjunta pela equipe da Clínica de Dor e Psicologia Médica.

Nas primeiras sessões, L. M. explicitou sua reserva em relação à abordagem psicológica de seus sintomas. Aceitou comparecer aos atendimentos somente porque esta fora a condição imposta pelo serviço de ginecologia para uma avaliação mais completa de seu caso. O detalhamento de suas queixas e a descrição pormenorizada das consultas, diagnósticos e intervenções médicas por que passara ocuparam a maior parte das sessões que ocorriam semanalmente. Após algumas semanas, a paciente começou a falar sobre suas dificuldades de relacionamento com os filhos, preocupações financeiras desde o desemprego do marido e brigas do marido com sua mãe, com quem moravam havia três anos. Embora falasse de seus problemas, em momento algum os associou às queixas somáticas. Disse estar ciente de que seus problemas emocionais eram reais, mas que também o eram seus sintomas físicos. Discorria sobre os aspectos emocionais de sua vida porque "é dessas coisas que se fala a um psicólogo...".

Certa vez, ela contou que seu marido não cuidava bem da saúde, tinha horror aos médicos e acreditava que os pedidos de exames só serviam para revelar outras doenças ainda desconhecidas. Sofria de fortes dores nas costas, após um acidente de trabalho, mas se negava a seguir qualquer tipo de tratamento. Convidamos o marido para participar de algumas sessões. Em nosso primeiro encontro, mostrou-se bastante preocupado com a esposa que, segundo dizia, estava se tornando como sua mãe, com mania de doença, sempre se preocupando com sintomas e com a saúde. A sogra explicou estar sempre arranjando uma doença nova e vive às voltas com remédios: "Toma dez comprimidos de Melhoral por dia, sem água nem nada. A língua já ficou até amarela...". Ficou evidente a repetição de uma preocupação hipocondríaca aprendida no ambiente familiar e traduzida atualmente em comportamento somatizador.

Durante as sessões de casal (um total de três encontros), ficou claro o quanto haviam investido em manter comportamentos que tentavam *equilibrar* o comportamento do outro. Competiam para provar quem tinha razão. O marido dizia: "Quem vai ao médico e procura, sempre acha alguma coisa"; L. M. discordava: "Se eu não prestar atenção aos sinais do meu corpo, um dia pode ser tarde demais...". A intenção de ambos era, certamente, proteger e cuidar. Falamos sobre esta forma indireta de comunicar proteção e cuidados, e como, provavelmente, isto também acontecia em outras áreas do relacionamento. Havia maneiras mais *econômicas* de comunicar; a que tinham escolhido exigia um gasto enorme de energia que poderia ser usada de forma mais produtiva. Assim, sugerimos que conversassem sobre meios mais eficazes de expressar preocupação e sentimentos um ao outro.

No encontro seguinte, apenas com a paciente, L. M. relatou que, conforme sugerido, o casal saiu para passear (a agenda deles não incluía horas de lazer havia muito tempo) e conversar sobre o assunto proposto. As sessões seguintes foram suspensas pelo período de férias e sugeriu-se que o casal elaborasse um plano, viável em médio prazo, para voltarem a viver separados dos pais de L. M., que incluísse estratégias para limitar, naquele meio tempo, as intromissões da mãe na vida do casal.

Após algumas semanas, a paciente retorna mais tranquila às sessões. Disse que haviam decidido priorizar a saída da casa dos pais dela. O marido tinha um novo emprego e começaria a trabalhar em breve. Nas sessões seguintes, ela falou sobre o relacionamento difícil com os pais, refletiu sobre alguns acontecimentos dolorosos de sua vida e, sem ter sido estimulada, conseguiu associar esses fatos aos seus sentimentos e estes aos seus sintomas físicos atuais. Quando perguntamos sobre a dor pélvica, sobre a qual não mais falara, respondeu: "A dor continua aqui, sim, no mesmo lugar. Mas como eu não posso me livrar dela, penso nas coisas que eu posso fazer... e me esqueço dela...".

O caso de L. M. não é singular; temos assistido a um grande número de pacientes somatizadores no cotidiano do trabalho de ligação[8] em diversos setores dos hospitais gerais. Na rede pública de saúde nem sempre é possível realizar tratamentos de longo prazo por falta de espaço

---

[8] "Ligação implica um contato, de forma contínua, com serviços do hospital geral, como uma enfermaria ou unidades especializadas..." (BOTEGA, 2002, p. 22).

físico ou em função do número limitado de profissionais para atender à enorme demanda. Nesse contexto, a colaboração da família no tratamento deve ser vista não somente como mais um recurso, mas como uma prioridade.

Os profissionais podem compartilhar com a família a responsabilidade pelo tratamento. A colaboração de um parente, quando toda a família não pode estar presente, já é suficiente para ampliar o campo de intervenção e abrir canais de comunicação entre os profissionais e o paciente e deste com a rede familiar. Afinal, é a família que tece suas tramas, seus conflitos; a ela cabe destrançar seus próprios fios.

Conclusão

A somatização e seus determinantes ainda são uma das fronteiras do conhecimento médico neste novo milênio. Fenômeno complexo, multideterminado, englobando diversos tipos de processos, destaca-se em sua história a importância que aspectos culturais e familiares desempenham em seu desenvolvimento. Desde a escolha da forma da linguagem a ser utilizada na comunicação do sofrimento pessoal até a estruturação de uma identidade patológica de doente que inviabiliza uma vida autônoma e produtiva, passando pela existência de traumas e violências de múltiplos tipos, a família é um dos palcos onde se desenvolve a somatização. Deve, então, ser um dos atores chamados a elucidá-la.

Referências

AIEX PROENÇA, M.; FORTES, S.; CALDAS, N.; LEAL, C. O paciente somatizante no hospital geral. In: Saúde mental no hospital geral. *Cadernos do IPUB*, n. 6, 1997.

ÁLAMO, C.; GARCÍA-CAMPAYO, J.; SALVANÉS, R. *Actualizacion en transtornos somatomorfos*. Madri: Editorial Médica Panamericana, 2001.

BARSKY, A. J.; WOOL, C.; BARNETT, M. C.; CLEARY, P. D. Histories of childhood trauma in adult hypochondriacal patients. *American Journal of Psychiatry*, 151(3), 397-401, 1994.

BARSKY, A.; BORUS, J. F. *Functional somatic syndromes*. Ann. Intern. Med. 130: p. 910-921, 1999.

BERSTEIN, B. *Class, codes and control*. London, Henley and Boston, Routtledge and Kegan Paul, 1971.

BOTEGA, N. (Org.) *Prática psiquiátrica no hospital geral*: interconsulta e emergência. Porto Alegre: Artes Médicas, 2002.

BRASIL, M. A. *Pacientes com queixas difusas*. Um estudo nosológico sobre pacientes apresentando queixas difusas e vagas. Tese de doutoramento. IP/UFRJ/1995.

BRASIL, M. A.; FURLANETTO L. M. A atual nosologia psiquiátrica e a sua adequação ao hospital geral. *Cadernos do IPUB*, n. 6, 1997. Rio de Janeiro: Instituto de Psiquiatria da UFRJ.

BRIDGES, K. W.; GOLDBERG, D.; EVANS, B.; SHARPE, T. Determinants of somatization in primary care. *Psychological Medicine*, 21: 473-83, 1991.

BUSNELLO, E. D.; LIMA, B.; GOMES, R. *Aspectos interculturais de classificação e diagnóstico – tópicos psiquiátricos e psicossociais na Vila São José do Murialdo*. J. Bras. Psiq., vol. 32, n. 4, p. 97-102, 1995.

CARROLL, L. *The "Psychosomatic family" model*: an empirical and theoretical analysis. Fam. Proc., vol. 28, december, 1989, p. 399-417.

CARTER, B.; McGOLDRICK, M. e col. *As mudanças no ciclo de vida familiar*: uma estrutura para a terapia familiar. Porto Alegre: Artes Médicas, 1995.

CATCHLOVE, R. *Alexithymia:* socio-cultural implications in patients with chronic pain. Transcultural Psychiatric Research Review, 24, 1987.

CERVENY, C. M. O. *A família como modelo*: desconstruindo a patologia. Campinas: Editorial Psy II, 1994.

CID 10. *Organização Mundial de Saúde. Classificação de Transtornos Mentais e do Comportamento da CID10.* Descrições clínicas e diagnósticas. Porto Alegre: Artes Médicas, 1993.

COSTA, J. F. *Psicanálise e contexto cultural*: imaginário psicanalítico, grupos e psicoterapia. Rio de Janeiro: Editora Campus, 1989.

CRAIG, T., BOARDMAN, A.; MILLS, K.; DALY-JONES, O.; DRAKE, H. The South London somatisation study: I – longitudinal course and the influence of early life experience. *British Journal of Psychiatry*, 163, p. 579-588, 1993.

CRAIG, T.; BOARDMAN, A.; MILLS, K.; DALY-JONES, O.; DRAKE, H. The South London somatisation study: II influence of stressful life events and secondary gain. *British Journal of Psychiatry*, 164, p. 248-258, 1994.

DA MATTA, R. Você sabe com quem está falando? Um ensaio sobre a distinção entre indivíduo e pessoa. In: *Carnavais, Malandros e Heróis*. Rio de Janeiro: Zahar, 1978.

DUARTE, L. F. D. *Da vida nervosa nas classes trabalhadoras urbanas*. Jorge Zahar, Ed. /CNPQ, 1986.

DUARTE, L. F. D. As perturbações físico-morais e o trabalho: questões de sentido. In: *Duzentos Anos de Psiquiatria*. Rio de Janeiro: Ed. Jane Russo e João Ferreira Filho. Relume-Dumara, 1992.

DUMONT, L. *Homo hierarquicus*. Londres: Paladin, 1972.

DUMONT, L. *O individualismo*: uma perspectiva antropológica da ideologia moderna. Rio de Janeiro: Rocco, 1985.

DSM. AMERICAN PSYCHIATRIC ASSOCIATION. *Diagnostic and statistical manual of mental disorders*. Fourth edition. Washington DC, A. P. A., 1994.

ESCOBAR, J. I. *Cross-cultural aspects of the somatization trait*. Hosp. Community Psychiatry, 38: 174-80, 1987.

ESCOBAR, J. I.; BURMAN, A.; KARNO, M.; et al. Somatization in the community. *Arch. Gen. Psychiatry*, 44: 713-18, 1987.

FLORENZANO, A. P. *A dor como pedido de socorro: investigação de história de violência em mulheres com queixa de dor*. Dissertação de mestrado em Saúde da Mulher, Instituto Fernández Figueira, Fiocruz, 2001

FORTES, S. Grupos com pacientes com dor crônica. In: MELLO FILHO, J. *Grupo e Corpo*. Porto Alegre: ArtMed, 2000.

FORTES, S.; BOTEGA, N.; BRASIL, M. A. Transtornos somatoformes e factícios. In: BOTEGA, N. (Org.). *Prática Psiquiátrica no Hospital Geral:* Interconsulta e Emergência. Porto Alegre: Artes Médicas, 2002.

GARCIA-CAMPAYO, J.; CAMPOS, R.; PEREZ-ECHEVERRIA M. J.; LOBO, A. Somatization in primary care in spain II: differences between somatizers and psychologisers in primary care. *British Journal of Psychiatry*, 168: p. 348-353, 1996.

GARCIA-CAMPAYO, J.; LARRUBIA, J.; LOBO, A.; PEREZ – ECHEVERRIA, M. J.; CAMPOS, R. Attribution in somatizers: stability and relationship to outcomes at 1-year follow--up – *Acta psychiatr Scand*; 95:433-438, 1997.

GARCIA-CAMPAYO, J.; LOBO, A.; PEREZ-ECHEVERRIA, M. J.; CAMPOS, R. Three forms of somatisation presenting in primary care settings in spain. *Journal of Nervous and Mental Disorders*, 186, p. 554-560, 1998.

GARCIA-CAMPAYO, J.; SANZ-CARRILLO, J. A review of the differences between somatizing and psychologizing in primary care. In: *J. Psychiatry in Medicine*, vol. 29(3), p. 337-345, 1999.

GARCIA-CAMPAYO, J. *Usted no tiene nada: somatizacion. Espanha: Océano, 1999.*

GARCIA-CAMPAYO, J.; SANZ-CARRILLO, C. Effectiveness of group psychoanalytic therapy in somatizing patients. *Actas Esp. Psiquiatr.*; 28(2):105-14; Mar-Apr., 2000.

GOLDBERG, D. P.; BRIDGES, K. Somatic presentation of psychiatric illness in primary care setting. *J. Psychosom. Res.* 32:137-144, 1988.

GOLDBERG, D. The management of medical out-patients with non-organic disorders; the reattribution model In: CREED, F.; MAYON, R.; HOPKINS, A. (Ed.). *Medical symptoms not explained by organic disease.* London, Royal College of Psychiatrists, 1992.

GOLDBERG, D. The Management of medical out-patients with non-organic disorders: the attribution model. In: CREED, F.; MAYON, R.; HOPPKINS, A. (Ed.). Medical symptons not explained by organic disease. – *Royal College of Psychiatry.* London, 1992.

GOODYER, I.; MITCHELL, C. Somatic emotional disorders in childhood and adolescence. *Journal of Psychosomatic Research*, vol. 33, n. 6, p. 681-688, 1989.

GUREJE, O.; SIMON, G. E.; ÜSTÜN, T. B.; GOLDBERG, D. P. Somatization in cross-cultural perspective: a World Health Organization: a Study in primary care. *Am. J. Psych.*; 154:989-95; 1997.

HARRIS, T.; BROWN, G.; BIFULCO, A. Loss of parent in childhood and adult psychiatric disorder: the role of lack of adequate parental care. *Psychological Medicine*, 1986, 16, 641-659 (C).

HELMAN, C. *Cultura, saúde e doença.* Porto Alegre: Artes Médicas, 1994.

HOTOPF, M.; WILSON-JONES, C.; MAYOU, R.; WADSWORTH, M.; WESSELY, S. Childhood predictors of adult medically unexplained hospitalizations, *British Journal of Psychiatry* (2000) 176, p. 273-280.

IACOPONI, E. The detection of emotional disorders by primary care physicians – a study in São Paulo, Brazil. *Ph.D. thesis*, University of London, 1989.

KAPLAN, S.; SADOCK, B. *Synopsis of psychiatry.* Eighth Edition, Williams Lippincott, Wilkins, Maryland, 1998.

KATON, W.; RIES, R. K.; KLEINMAN, A. A. A prospective dsm-iii study of 100 consecutive somatization patients. *Comp. Psychiatry* 25: p. 305-314, 1984.

KELLNER, R. Somatization: theories and research. *Journal of nervous and mental disease*, 178(3): 150-160, 1990.

KIRMAYER, L.; YOUNG, A.; ROBBINS, J. Symptom attribution in cultural perspective. *Can. J. Psychiatry*, vol. 39, p. 584-595, Dec., 1994.

KIRMAYER, L. J.; ROBBINS, J. M. Patients who somatize in primary care: a longitudinal study of cognitive and social characteristics. *Psychological Medicine*, 26, 937-951, 1996.

KIRMAYER, L. J.; YOUNG, A. Culture and somatization: clinical, epidemiological and ethnographic perspectives. *Psychosomatic Medicine* 60: 420-430, 1998.

KIRMAYER, L. J.; ROBBINS, J. M. Currents concepts of somatization: research and clinical perspective. *American Psychiatric Press*, Washington, DC, 1991.

KLEIMANN, A. *Social origins of distress and disease*: depression, neurasthenia and pain in modern China. New Haven, and London: Yale University Press, 1986.

KNUDSON-MARTIN, C. Gender, family competence and psychological symptoms. *Journal of Marital and Family Therapy*, vol. 26, n. 3:317-328, julho, 2000.

KOCH, C.; MINUCHIN, S.; DONOVAN, W. A case of somatic expression of family and environmental stress. *Clinical Pediatrics*, October 1974, vol. 13, n. 10, p. 815-818.

LEFF, J. P. Culture and the differentiation of emotional states. *British Journal of Psychiatry*, 123: p. 299-306, 1973.

LIPOWSKY, Z. J. Somatization: the concept and its clinical application. *American Journal of Psychiatry*, 145: 1358-68, 1988.

LOBO, A.; GARCIA-CAMPAYO, J. J.; LARRUBIA, J.; LOBO, A.; PEREZ–ECHEVERRIA, M. J.; CAMPOS, R. Somatisation in primary care in Spain I; estimates of Prevalence and clinical characteristics. *British Journal of Psychiatry*, 168: p. 344-348, 1996.

MARI, J. J.; WILLIAMS, P. A comparison of the validity of two psychiatric screening questionnaires (GHQ12 and SRQ-20) in Brazil using relative operating characteristic (ROC) analysis. *Psychological Medicine*, 15: 651-659,1985.

MARI, J. J. Minor psychiatric morbidity in three primary care clinics in the city of São Paulo. Issues on the mental health of the urban poor. *Soc. Psychiatry Psychiatr.* Epidemiol. vol. 22, p. 129-138, 1987.

MARTY, P.; DE M´UZAN, M. O Pensamento operatório. *Revista Brasileira de Psicanálise*, 28 (1), p. 165176, 1994.

McDANIEL, S. H.; HEPWORTH, J.; DOHERTY, W. J. *Medical family therapy with somatizing patients*: the co-creation of therapeutic stories family process 34: 349-361, 1995.

McDANIEL, S. H.; HEPWORTH, J.; DOHERTY, W. J. Os pacientes somatizadores e suas famílias. In: *Terapia familiar médica*: um enfoque biopsicossocial às famílias com problemas de saúde. Porto Alegre: Artes Médicas, 1994.

McDOUGALL, J. *Em defesa de uma certa anormalidade*. Porto Alegre: Artes Médicas, 1983.

MECHANIC, D. Development of psychological distress among young adults. Arch. *Gen. Psychiatry*, vol. 36, Oct, p. 1233-1239, 1979.

MECHANIC, D. The experience and reporting of common physical complaints. *Journal of Health and Social Behavior*, vol. 21 (June): 146-155, 1986.

MELLO FILHO, J. (Ed.). *Psicossomática hoje*. Porto Alegre: Artes Médicas, 1992.

MELLO FILHO, J. (Ed.). *Concepção psicossomática*: visão atual. São Paulo: Casa do Psicólogo, 2002.

MINUCHIN, S.; BAKER, L.; ROSMAN, B. L.; LIEBMAN, R.; MILMAN, L.; TODD, T. A Conceptual model of psychosomatic illness in children: family organization and family therapy. *Archives of General Psychiatry*, vol. 32, Aug. 1975, p.1031-1038.

MINUCHIN, S. *Famílias, funcionamento e tratamento.* Porto Alegre, Artes Médicas, 1982.

MINUCHIN, S.; ROSMAN, B. L.; BAKER, L. *Psychosomatic Families.* Massachussets: Harvard University Press, 1978.

PENNEBAKER, J. W. Putting stress into words: health, linguistics, and therapeutic implications. *Behavioral Research and Therapeutics*, 31, 539-549, 1993.

PILOWSKY, I. From conversion hysteria to somatisation to abnormal illness behaviour. *Journal of Psychosomatic Research*, vol. 40, n. 4, p. 345-350, 1996.

PORTEGIIS, P. J.; VAN DER HORST, F. G.; PROOT, I. M.; KRAAN, H. F.; GUNTHER, N. C.; KNOTTNERUS, J. A. Somatisation in frequent attenders of general practice. Soc. *Psychiatry Psychiatr. Epidemiol*, 31(1) p. 29-37, 1996.

SACK, M.; HENNINGSEN, P. *Evidence for a specific pattern of somatoform symptoms in traumatized subjects. Poster presented at the Congress on Somatoform Disorders,* Marburg, feb. 2002.

SANSONE, R.; WIEDERMAN, M.; SANSONE, L. Perceptions of parents' health status and relationship to somatic preoccupation. *Journal of Psychosomatic Research*, 49 (2000) 431-434.

SCICCHITIANO, J.; LOVELL, P.; PEARCE, R.; MARLEY, J.; PILOWSKI, I. Illness behavior and somatization in general practice. In: *Journal of Psychosomatic Research*, 41(3), p. 247-54, 1996.

SERVAN-SCHREIBER, D. The somatizing patient. *Primary Care Jun.*, 26(2): 225-42, 1999.

SHARPE, M.; CARSON, A. Unexplained somatic symptoms, functional syndromes and somatization: do we need a paradigm shift? *Annals Internal Medicine*, vol. 134, (9) p. 926-930, 2001.

SHWEDER, R.; BOURNE, E. Does the concept of person vary cross-cultural? *Mimeo.*

SIFNEOS, P. E. The prevalence of alexithymic characteristics in psychosomatics patients. *Psychother Psychosom*, 22: 255-262, 1973.

SIGVARDSSON, S.; VON KNORRING, A. L.; BOHMAN, M.; CLONINGER, R. An adoption study of somatoform disorders I: the relantionship of somatization to psychiatric disability. *Arch. Gen. Psychiatry*, vol. 41, Sept. 1984.

SIMON, G. E.; VONKORFF, M. Somatization and psychiatric disorder in the NIMH epidemiological catchment area study. *American Journal of Psychiatry*, 148, Nov., 1991.

SIMON, G.; VONKORFF, M.; PICCINELLI, M.; FULLERTON, C.; ORMEL, J. An international study of the relation between somatic symptoms and depression. *The New England Journal of Medicine*, 341(18) p. 1329-1335, 1999.

SMITH, G. R.; MONSON, R. A.; RAY, D. C. Psychiatric consultation in somatization disorder: A randomized controlled study. *New England Journal of Medicine*, 314(22): 1407-13, 1986.

SMITH, G.R.; ROST, K.; KASHNER, T. M. A trial of the effect of a standardized psychiatric consultation on health outcomes and costs in somatizing patients. *Archives of General Psychiatry*, 52(3): 238-43, 1995.

STUART, S.; NOYES, R. *Attachment and interpersonal communication in somatization psychosomatics,* 40(1) p. 34-43, January-February, 1999.

TAYLOR, G. et al. A preliminary investigation of alexithymia in men with psychoative substance dependence. *Am. J. Psychiatry*, 147: p. 1228-1230, 1990.

TAYLOR, G. et al. Validation of the alexithymia construction: a measurement approach. *Can. J. Psychiatry*, 35: p. 290-297, 1990.

TERRE, L.; GHISELLI, W. A developmental perspective on family risk factors in somatization. *Journal of Psychosomatic Research*, vol. 42, n. 2, p. 197 -208, 1997.

VILANO, L. A. *Problemas psicológicos e morbidade psiquiátrica em serviços de saúde não psiquiátricos*: o ambulatório de clínica geral. Tese apresentada na Universidade Federal de São Paulo, EPM, para obtenção do título de doutor em Medicina, São Paulo, 1998.

VILLANO, L. A. et al. Results from the Rio de Janeiro center. In: ÜSTÜN, T. B. and SARTORIUS, N. (editors). *Mental illness in general health care*: an international study. W. Sussex, England, John Wiley & Sons, 1995.

WAITZKIN, H.; MANGAÑA, H. The black box in somatization: unexplained physical symptoms, culture and narratives of trauma. *Soc. Sci. Med.* vol. 45(6), p. 811-825, 1997.

WARING, E. The role of family in symptoms selection and perpetuation. *Psychoter. Psychosom*, 42; p. 8397, 1977.

WATSON, W. H.; McDANIEL, S. H. *Relational Therapy in Medical Settings*: Working with Somatizing Patients and Their Families. JCLP/In: Session: psychotherapy in practice, vol. 56(8), 1065-1082, 2000.

WESSELY, S.; NIMNUAM, C.; SHARPE, M. *Functional somatic syndromes*: one or many. Lancet 354: 93639, 1999.

WOLF, H. H. The contribution of the interview situation to the restriction of phantasy life and emotional experience in psychosomatic patients. *Psychoter. psychosomatic* 28, p. 58-68, 1977.

WOOD, B.; WATKINS, J. B.; BOYLE, J.; NOGUEIRA, J.; ZIMAND, E.; CARROLL, L. The "psychosomatic family" model: an empirical and theoretical analysis. *Fam. Proc.*, vol. 28, december, p. 399-417, 1989.

ZIRENA, J. F. A. Somatización: el concepto y su aplicación clínica. *Revista de la Sanidad de la Policia Nacional del Peru*, vol. 53(2), p. 111-119, 1992.

CAPÍTULO 16

Família magra, família purgativa

Carlos Alberto Sampaio Martins de Barros
Maria Amélia Jaeger

Introdução

Os transtornos alimentares – anorexia nervosa (AN) e bulimia nervosa (BN) – são considerados expressão de uma história sem palavras, tendo o corpo como cenário e o meio familiar como tablado da encenação. "O corpo fala e fala especialmente aqueles sentimentos que ainda não puderam ser expressos com o simbolismo das palavras" (Barros, 2003, p. 93). Muitas vezes, os conflitos psicológicos e as disfunções familiares são manifestados na magreza autoimposta, na purgação, nos ataques de comer, nas atividades físicas exageradas e no uso de medicamentos, na maioria autoprescritos.

Encontramos pouca fala, muitas ações, teatralizações e o uso do corpo como uma caixa de ressonância da trama conflitiva familiar.

Os transtornos alimentares (TAs) são considerados por muitos autores como expressão das dificuldades na comunicação familiar. De acordo com Roberto (1994, p. 167), a "condição *sine qua non* das famílias que apresentam transtornos alimentares é uma dificuldade crônica para tolerar, promover e integrar as diferenças individuais dentro da família nuclear como um todo".

Este capítulo, fundamentado em aportes teóricos, objetiva pinçar algumas vinhetas clínicas dos atendimentos psicoterápicos com as pessoas acometidas de transtornos alimentares, segundo as descrições clínicas da APA na DSM-IV–TR (2000).

Embasamento teórico-prático

Os TAs demonstram uma via de expressão com um superinvestimento nos cuidados com o corpo, no culto à magreza, à silhueta esguia, na preocupação com a aparência física e no uso acentuado de sua imagem refletida nos espelhos – atitudes que constituem a *corpolatria*.

A extrema valorização do controle do peso e as preocupações com dietas são considerados valores da cultura contemporânea ocidental, e nos parecem fortemente implicados no desenvolvimento dos transtornos alimentares.

Mitchell e Eckert (1987) consideram os transtornos alimentares um tipo único de psicopatologia, em que a cultura, como uma variável ambiental, parece ser o maior fator etiológico em seu desenvolvimento.

O superinvestimento nos cuidados com o corpo, o culto à magreza, à silhueta esguia, a extrema valorização do controle do peso, a preocupação com dietas decorrem, de acordo com Echeburúa (1997), da grande importância que se dá, na época atual, aos atributos físicos e à pressão para a perfeição e o controle.

Bouça (1997) assinala que o corpo tem sido utilizado na cultura atual como uma imagem poderosa que todos os dias, e por todos os meios, nos é apresentada para falar de sucesso, competição e elevação social. A mensagem que se impõe, é de que o corpo ideal e perfeito deverá ser muito magro, controlado e disciplinado, sem resquício de gordura, com poucas formas e músculos firmes. Acabar com a celulite tornou-se a palavra de ordem. "Faça dieta, exercício, controle a fome e será mais bela entre as mais belas." (Bouça, 1997, p. 40)

> Ai... é que eu sempre me achei gorda. Eu cheguei até 67 kg e eu sempre me achei gorda, sabe. A minha barriga sempre me atrapalhou e eu nunca conseguia emagrecer. Fazia dieta da lua, dieta disso, dieta daquilo. Dieta da água, de uma semana e nunca adiantou. Não adiantou nada. Aí eu comecei a dividir os alimentos em pedacinhos mínimos, tudo amassado e daí depois em dezembro eu comecei a vomitar. Me sentia cheia e vomitava e aí emagreci, fiquei com 52 kg [...].

Jaeger (2003, p. 81) complementa a ideia de Bouça dizendo que: "Desta forma, mulheres passam, para outras mulheres, estes mandatos, escravizando-nos a todos e colocando-nos em padrões rígidos, como se devêssemos sair de uma mesma fôrma de bolo".

A terapeuta familiar Laura Giat Roberto, da *Eastern Virginia Medical School*, entende que, "culturalmente, os transtornos alimentares representam uma comunicação secreta quanto ao descontentamento das mulheres com suas opções sociais para a auto expressão e trabalho significativo." (Roberto, 1994, p. 169).

Entretanto, cabe assinalar que a despeito das pressões culturais existentes, da excessiva preocupação com o peso, com a gordura e com a aparência externa, somente algumas mulheres – e, em taxas significativamente menores, os homens – adoecem. Ou seja, por meio de observações clínicas e de estudos cada vez mais sistemáticos sobre os TAs, percebe-se o que parece ser uma *predisposição* para o desenvolvimento do transtorno, e que aponta para características psicológicas e familiares específicas que configurariam um risco maior de que algumas mulheres (e homens) desenvolvam estes transtornos.

Segundo a DSM-IV-TR (2000), as características essenciais da anorexia nervosa são: a recusa a manter um peso na faixa normal mínima, um temor intenso de engordar e uma perturbação significativa na percepção da forma ou do tamanho do corpo. Podemos dizer que encontraremos uma *magreza de sentimentos* com hipervalorização do corpo expressando sintomas e manifestações mais ruidosas, como o emagrecimento e o deixar de sangrar (amenorreia).

Uma jovem acometida de TAs expressa assim essa distorção:

> É que é assim, ó, por exemplo, todo mundo pode dizer que eu estou magra. Só que lá na frente do espelho é outra coisa que eu vejo, sabe. Não adianta dizer que tu não estás gorda, que tu não estás assim, que tu ainda, ainda mais pra quem tem esse problema assim, sabe.

Mais uma jovem fala de outra maneira sobre a mesma característica:

> Me olhando de frente, eu estou gorda. Agora, se eu estou na rua, se eu me enxergo numa vitrine, tem que cuidar... mas assim me acho magra, só mais na rua, assim... [quando se vê nas vitrines] Minha imagem de perfil: estou muito magra ainda assim. Me acho magra, agora se estou em casa, me acho gorda [...]. Quero provar o quê? Não sei. Então continuo com medo aterrorizador de comer, de engordar. É uma palavrinha diabólica!.

Destacamos que a ocorrência da amenorreia preferentemente na AN é um sintoma oculto. Reconhecemos o significado desse sintoma como expressão de uma infertilidade autoimposta. A amenorreia, junto com os demais sintomas, sentencia a evitação para si da temida feminilidade, isso é, nada de sangue menstrual, nada de sexo, nada de filhos, pequena estou e pequena quero ficar. Nos atendimentos a essas adolescentes, a amenorreia não é verbalizada de forma espontânea, apenas como uma resposta ao perquirido no processo de avaliação diagnóstica.

A bulimia nervosa é caracterizada por episódios de aplestia alimentar e métodos compensatórios inadequados para evitar ganho de peso. Além disso, a autoavaliação dos indivíduos é excessivamente influenciada pela forma e pelo peso do corpo. Diríamos que a BN é a patologia dos excessos, dos orifícios. O horror do *crime bulímico* – o descontrole – exigiria o vômito anulador e expiatório.

> Eu nunca tive coragem de vomitar, mas daí eu, eu busquei recurso... um laxante, comecei a tomar. Eu sabia que aquilo podia me causar um câncer no esôfago, ou coisa assim. Mas não, eu não me importava. Eu tomava, não sabia nem para o quê! Pra mim, se eu tomasse 5 ou 30 comprimidos, para mim não fazia diferença. Se soubessem o que eu já aprontei....
>
> Uma vez eu estava na casa da minha irmã e, a irmã da amiga dela teve anorexia e bulimia. E ela falou que a irmã dela tomava laxante e comia e tomava laxante. E daí eu fiquei com aquilo na cabeça e um tempo depois eu resolvi experimentar. Eu resolvi fazer. E daí eu fiz. A primeira vez foi na páscoa do ano passado e daí eu gostei, sabe. Eu como e não engordo.

Sá (1995, p. 49) enfatizando as "más maneiras de sermos bons pais", diz que "as grandes desordens alimentares das crianças são, na sua esmagadora maioria, resultantes da ausência de regras sensatas e maleáveis", e da grande angústia que os pais vivem por meio dos alimentos na relação com as mesmas.

As dificuldades de funcionamento familiar têm sido percebidas desde os primeiros relatos da AN e apontadas como de importância etiológica. Num estudo realizado por Rodrigo, González, Rodrigo e Güervos (1990), na unidade de psiquiatria do hospital Nuestra Señora de Sonsoles (em Ávila, na Espanha), com 27 pacientes acometidos de AN, as disfunções familiares foram muito frequentes. Harper-Giuffre (1996, p. 369) também encontrou uma "... maior disfunção nos padrões interfamiliares de interação".

Entretanto torna-se relevante assinalar para que possamos compreender a AN e a BN, que não podemos considerar, exclusivamente, causas neuroendócrinas, supostas conflitivas familiares nem, tão somente, transtornos de personalidade ou hipotéticas relações objetais vividas numa fase inicial da vida. Deve-se sempre considerar uma patogênese complexa, com manifestações clínicas, resultantes de múltiplos fatores predisponentes e desencadeantes (Cordás, 1996; Herscovici, 1997).

Os conhecimentos atuais a respeito desses transtornos descrevem, então, uma predisposição orgânica, uma característica psicológica particular e influências familiares como fatores que provocariam maior suscetibilidade ao transtorno. Com relação às últimas, Minuchin (1990) assevera que as famílias dessas pessoas acometidas de AN e BN enquadram-se dentro do perfil das famílias psicossomáticas, que se caracterizam por padrões de interação específicos, como superproteção, aglutinamento, rigidez e conflitos (familiares ou de casal) não resolvidos, e onde a paciente está frequentemente triangulada com os pais. Esta última característica refere-se à "[...] participação do paciente designado nos conflitos familiares. Uma maneira pela qual isto se expressa é a triangulação, situação na qual qualquer coisa que a filha diga ou faça significará tomar partido de um dos pais" (Herscovici, 1997, p. 28).

Interessante a maneira descrita por Norsa e Seganti (1999) denominada de patologia parental silenciosa, onde em número muito expressivo de casos, a paciente, em franca *mistura* com os pais, encobre, pela doença, o conflito do casal. A *lata de lixo* deste drama familiar onde são depositados todos os aspectos ruins da família e, principalmente, de um casal silenciosamente doente, é uma *personagem jovem* que luta contra um sintoma insano, que pode levar à morte, e que se oferece, pela doença, para encobrir, mas, paradoxalmente, também delatar uma patologia marital: "É conflitante, ao mesmo tempo não gosto de estar por um fio, me sinto muito fraca, tenho a noção da realidade, mas não consigo mudá-la, que horror!"

No cenário familiar, onde são ensaiados e vividos os dramas dos transtornos alimentares, encontramos, em geral previamente à doença, jovens muito exigentes, boas filhas, com desempenho escolar acima da média, que nunca *deram trabalho* a seus pais, e que, num determinado momento, vias de regras no início da adolescência, começam a desenvolver uma excessiva preocupação com o corpo, adotando hábitos cada vez mais rígidos para o controle do peso corporal, estranhos e exagerados, que terminam por desenvolver o transtorno. Depois de descoberta pela família, face aos sintomas ruidosos decorrentes da inanição de sua jovem, a AN desorganiza e determina todo um superenvolvimento familiar, fazendo com que sentimentos de muito sofrimento apareçam. A BN, na maioria dos casos, demora mais a aparecer, pois é mais facilmente escondida pela paciente, que pode vomitar ou adotar outras medidas de controle de peso por anos a fio como o uso de laxativos, diuréticos e atividade física exagerada, mas como não há o aparecimento *visível* da doença, pois geralmente essas jovens têm peso normal e culturalmente a prática da atividade física é valorizada, a família próxima e extensa não percebe o transtorno. Portanto, a maioria dos casos de BN chega ao tratamento cinco anos após o seu início (Herzog e cols., 1991) e com comportamentos muito sedimentados e estereotipados. Segundo Herzog e cols. (1991), a demora em procurar e aceitar ajuda especializada se dá pelos sentimentos de culpa, vergonha e pelo não reconhecimento como um problema de saúde.

> Sei o que tenho, mas ainda é difícil entender, assumir e verbalizar. O nome da doença, anorexia nervosa, ainda assusta, suas consequências mais ainda. Mas mesmo tendo procurado ajuda, não estou conseguindo. Me sinto vulnerável, exposta, neurótica e incapaz. Principalmente incapaz.

Diversas correntes de pensamento coincidem ao descrever uma perturbação interacional típica nessas famílias com membros acometidos de transtornos alimentares. Bruch (1973) fala de pais superprotetores, muito ambiciosos, preocupados com êxito e aparência externa. Palazzoli

(1988) destaca as alianças encobertas, a alternância de culpabilização, a falha na resolução dos conflitos e as distorções na comunicação.

Minuchin, Rosman e Baker (1978) destacam a tendência dessas famílias para apoiar a expressão somática destes conflitos e a enquadra nas características das famílias psicossomáticas, em função do tipo de organização e funcionamento que surge das convergências e recorrências observadas nos padrões de interação familiar. Defende como tratamento, para as mesmas, um *modelo terapêutico estrutural*.

Em geral, a literatura descreve (Palazzoli e Viaro, 1988; Minuchin, Rosman e Baker, 1978; Herscovici, 1997) serem famílias que funcionam aglutinadamente, com uma forma muito particular de proximidade entre seus membros, que se tornam interdependentes. Também se percebem características de superproteção, de rigidez e resistência à mudança, tornando-se essas famílias sistemas fechados que se negam a modificar seus padrões interacionais de acordo com a etapa evolutiva. Nota-se ainda que, combinadas estas características, fica a família com baixa tolerância ao estresse, surgindo daí inúmeros conflitos não resolvidos (Herscovici, 1997).

Humphrey (1992), na busca de entender a eclosão ou a manutenção dos transtornos alimentares no contexto familiar, observou padrões na interação como: seriam famílias controladoras, superprotetoras, com grande dificuldade para lidar com a separação e a independência de seus membros. Os familiares atribuiriam demasiado valor à lealdade destes, preservando as aparências a despeito do sofrimento.

Minuchin (1990) entende o sintoma anoréxico como a solução encontrada pela jovem acometida de AN para a disfunção familiar. Segundo este autor (1985), nessas famílias é observado que a expressão e a comunicação de sentimentos são desestimuladas e há uma nítida sensação de evitar conflitos. Poderíamos dizer que é uma família magra de sentimentos.

Cordás (1998) destaca que pacientes e pais relatam que suas famílias são conflituosas, desorganizadas, pouco coesas, e que há falta de cuidados e de encorajamento por parte dos pais. Em sua observação direta da população clínica, descreve que as pacientes adotam uma postura de submissão rancorosa diante dos pais, descritos como hostis e negligentes.

Em 1963, Palazzoli, ao descrever a AN, caracteriza a mesma como uma doença sistêmica, prescrevendo, para tal, intervenções estratégicas e paradoxais. Em 1985, a mesma autora descreve, ainda, a importância dos fatores socioculturais na gênese destes transtornos.

> Uma adolescente na escola esclarece sua comunicação com o mundo externo ... algumas colegas chegam na (sic) escola, e, às vezes, assim, na hora do recreio, está todo mundo sentado na sala de aula, assim, e daí olham pra ti e dizem assim: "— Ah! Como tu emagrecestes desse jeito?" Eu digo: — "Não, eu moro em Porto Alegre e estudo em Novo Hamburgo, o meu dia tem 48 horas, porque é isso que eu digo". É esse o motivo que eu dou para ter emagrecido tanto. Não vou chegar a dizer: — "Oi, prazer, G. Eu tenho anorexia". Como eu acho que tu não chegarias e dirias: — "Prazer... eu sou leprosa". É, mas as pessoas ficam insistindo assim, — "Ah! Não! Mas tu não tiveste anorexia uma época? Tu não estiveste com bulimia uma época?" Sei lá assim, mas eu tenho vontade de dizer: — "Tive!" É um problema meu, fica todo mundo olhando com uma cara que eu não sei se é nojo ou pena... Eu não sei se eles têm mais nojo ou mais pena, assim....

Quanto à psicodinâmica familiar, Jaeger (2003) observou que os mecanismos de controle estão sempre presentes nesse transtorno e que os mesmos contaminam todo o núcleo familiar e a família extensa, atingindo a todos. Primeiramente, há o controle da paciente sobre o seu próprio corpo, dedicando-se a controlar as calorias, a ingestão de alimentos e, até mesmo, de líquidos, ou controlando seu peso por meio das purgas[1], do uso de laxantes ou diuréticos, ou ainda, da realização de exercícios de forma compulsiva. Num determinado momento, este jogo *vira*. De alguém que controla seus comportamentos, passa a ser alguém controlado pelos mesmos.

> Eu estou tentando levar assim... tenho medo de comer... eu estou tentando levar a comida não como a única coisa que tenha na minha cabeça... mas continua sendo complicado!

O pensamento passa a ter características obsessivas e toda a vida dessas pacientes gira compulsivamente em torno da conduta alimentar. Essas atitudes contaminam todos os membros da família, fazendo com que os familiares sejam absolutamente envolvidos pelos comportamentos, quase insanos, de sua filha[2]. Passam, então, também, a ser controlados pela doença, e se tornam inoperantes e ineficientes.

> [...] no início era assim. Eu nem sei se, a minha mãe, ela acredita nisso, mas era. Eu comecei vomitando até um dia [...] Porque eu era muito gulosa. Daí eu ia lá e vomitava [...] Até de brincadeira. Depois eu fiz regime e tava super bem. Fazia regime e tava emagrecendo cada vez mais... me pesava toda semana... E daí começou a ficar uma obsessão, obsessão, sabe, só por regime [...].

Da mesma forma que a paciente, seus familiares são monitorados pela doença, o que os impossibilita de proteger seu membro adoecido. A despeito de serem famílias superprotetoras, que, conforme a literatura, não permitem a separação e a individuação de seu filho, paradoxalmente, não conseguem visualizar o transtorno.

A declaração quase dramática de uma mãe, em trabalho de grupo com familiares e pacientes com AN e BN, exemplifica a sua dificuldade de perceber o transtorno que estava tomando conta de sua filha, dando-se conta de sua responsabilidade na negação do que estava acontecendo com a jovem:

> [...] porque nós a tiramos quase lá de baixo. E eu estava em casa com ela. Eu não via a magreza dela. Eu só vi uma noite e ela estava pelada na cama [...] Era eu que estava doente, era eu que não enxergava. E daquele dia em diante a Juliana parece que acordou. Ela acordou e a mãe também, porque eu estava cega em casa. Pois eu estava sempre com ela e não vi que ela tinha isso.

De acordo com esta ideia, Herscovici e Bay (1997), que trabalham no Hospital Italiano de Buenos Aires, dentro do modelo de abordagem familiar sistêmica, salientam que a pessoa acometida do transtorno alimentar não é a única a sofrer as consequências. "Quando a família assiste impotente à autodestruição que um ente querido se inflige, a anorexia nervosa se torna o eixo de preocupação de seus membros." (p. 69).

Ainda nessa abordagem sistêmica, que aponta para as disfunções familiares nessas doenças tão desorganizadoras e atordoantes, Horesh e cols. (1996), da seção de psiquiatria da infância e

---

[1] Purgas, de purgativos; vomitórios, induzir vômitos, desde colocar o dedo na garganta até o uso de *medicamentos*.

[2] Porque a grande maioria de pacientes com AN ou BN é do sexo feminino.

adolescência da Escola de Medicina Sackler, Israel, observaram relações familiares significativamente conflitantes em pacientes adolescentes com alterações da alimentação, principalmente a pressão inadequada dos pais. A pressão familiar inapropriada foi específica somente nos indivíduos com distúrbios alimentares comparados com outros pacientes psiquiátricos. Além disso, os escores do conhecido instrumento psicométrico, *Eating Attitudes Test* (EAT-26), para avaliar as preocupações anormais com a alimentação e o peso corporal correlacionaram-se significativamente com eventos psicossociais que aparecem relacionados com emoções negativas nas famílias, como hostilidade dirigida à criança, incompatibilidade com irmãos, superproteção dos pais e mudanças negativas nas relações familiares. Os TAs, de acordo com os autores, podem ser relacionados a um conflito entre a prematura exposição ao mundo dos adultos e o medo do vínculo com esse mundo.

Existem vários estudos de investigação a respeito das características de laço familiar e do processo de separação/individuação, associados aos TAs em mulheres com adolescência tardia. Num deles, Rhodes e Kroger (1992) aplicaram instrumentos objetivos de avaliação (*Eating Disorder Inventory, Parental Bonding Inventory,* e o *Separation-Individuation Test of Adolescence*) em 20 mulheres com adolescência tardia e distúrbios alimentares e em 20 estudantes universitárias sem sintomas de adolescência tardia. Puderam observar que as mulheres com adolescência tardia e distúrbios alimentares apresentaram níveis significativamente mais altos de superproteção materna durante a infância e tinham níveis significativamente mais altos de ansiedade de separação e escores mais baixos de separação saudável do que as estudantes sem distúrbios alimentares.

Em outro estudo, Nilsson, Gillbert e Rästam (1998) investigaram 51 casos de anoréxicas adolescentes e identificaram maior índice de depressão e significativo aumento de mortes em parentes de primeiro grau nas famílias destas pacientes. Todavia, Elliot e Baker (2000), em estudo a respeito de estressores maternos correlacionados à severidade dos transtornos alimentares (AN e BN), com 60 pacientes e suas mães, não encontraram estatísticas significativas para a correlação entre certos estressores maternos – depressão materna, violência doméstica, alcoolismo paterno, doença ou morte de parente próximo, abuso de substância, doença mental ou física do esposo – e a severidade da doença de suas filhas.

Gowers e North (1999) fizeram uma articulação entre as dificuldades de funcionamento familiar e a AN, por meio de escalas autoaplicáveis. Nesse estudo, obtiveram dados interessantes, tais como:

1. Os clínicos foram mais críticos a respeito do funcionamento familiar do que os pais, mas não menos críticos que os adolescentes.
2. As dificuldades no funcionamento familiar não pareceram correlacionar-se diretamente com a severidade da anorexia nervosa.
3. As dificuldades familiares não reduzem o prognóstico de melhora clínica, em curto prazo.
4. Os clínicos e pacientes descreveram dificuldades significativas nas famílias, parecendo haver mais capacidade de *insight* nestes pacientes a respeito destas dificuldades, do que em seus pais.
5. Embora se esperasse uma associação entre a severidade da doença e as disfunções familiares, isto não aconteceu, havendo a tendência de que os adolescentes sejam menos críticos com suas famílias quanto mais severa é sua condição.

Evans e Wertheim (1997), em estudo com 360 mulheres adultas jovens, na intenção de investigar a correlação entre TAs e padrões de intimidade e satisfação em seus relacionamentos afetivos, concluíram que as mulheres com maiores transtornos alimentares foram as que descreveram maior dificuldade de intimidade. Da mesma forma, descreveram menor índice de satisfação e conforto em suas relações românticas, bem como fizeram as descrições menos positivas de seus amigos e de suas mães.

Larson (1991) estabelecendo a relação entre padrões de comunicação familiar e TAs em garotas adolescentes, encontrou evidências consistentes de que o uso frequente de comunicações contraditórias, complexas e negativas na família pode ser um importante fator para o desenvolvimento de traços de personalidade que conduzem ao uso inapropriado da alimentação.

Um paciente em grupoterapia anuncia:

> mas sabe o que eu acho que está faltando em vocês? É diálogo com os filhos de vocês, diálogo. Vocês têm que criar vergonha na cara e conversar com as filhas. Não adianta só querer exigir, exigir, querendo somente coisas em troca. Elas também estão esperando coisas de vocês.

North, Gowers e Byram (1995) realizaram um estudo com 35 adolescentes anoréxicas e suas mães, com os respectivos grupos de controle comunitários e psiquiátricos. Uma entrevista diagnóstica e um questionário, o *Family Assessment Device*, foram administrados a indivíduos-controle e suas mães. As famílias de anoréxicas receberam somente o *McMaster Structured Interview of Family Functioning*. Essa pesquisa concluiu que, pelo autorrelato, o funcionamento familiar nas famílias de anoréxicas é normal, mas a aplicação de níveis objetivos de contraste revelou acentuada disfunção nas famílias de anoréxicas, maior ainda no subgrupo purgativo.

Smolak e Levine (1994), em um estudo investigatório em colégio feminino sobre o processo de separação-individuação, encontraram nas alunas com tendências para o desenvolvimento de AN e BN um maior conflito de dependência caracterizando-se por culpa excessiva, falta de confiança e ressentimento.

Para as intervenções com os TAs, enfatizamos a recomendação de Urribari (1999, p. 48): "É preciso sempre começar falando a linguagem que elas falam e não a que desejaríamos vê-las adotar".

É consenso, por vários autores, clínicos e pesquisadores, que tanto na AN quanto na BN, lidamos com transtornos de etiologia multifatorial, e que, portanto, exigem o envolvimento de uma equipe interdisciplinar em seu tratamento, envolvendo, muitas vezes, uma múltipla abordagem, onde possam ser vistos os aspectos biológicos, psicológicos, sociais e ambientais com enfoques individuais, grupais e familiares. Em função destas questões, vêm sendo estudadas estratégias de tratamento que possam melhor abordar os transtornos com a utilização de técnicas de orientação sistêmica, psicodinâmica, psicoeducativa, psicoterapia interpessoal, cognitivo-comportamental, ajuda mútua e orientação familiar.

Robin, Siegel e Moye (1999) têm estudo-comparativo sobre terapia familiar cognitivo-comportamental e terapia individual ego-orientada, com pacientes com AN, observando que a primeira produziu um ganho de peso maior e taxas mais altas de retomada de menstruação. Constataram que ambos os tratamentos resultaram em grande melhora nos hábitos alimentares, na depressão e nos conflitos familiares relacionados à alimentação, mas que mudanças pouco significativas foram observadas no funcionamento egoico dessas pacientes.

Dare e Eisler (2000) têm também em Londres um estudo piloto com pacientes adolescentes acometidas de AN e BN, realizando uma intervenção de grupo multifamiliar em programa de hospital dia. Neste, desenvolvem um programa de atendimento de 24 semanas, entre seu início e as sessões de *follow-up*. Este programa é estruturado, utiliza técnicas psicoeducacionais e nele são atendidos: as pacientes, os pais, os parentes mais próximos e pessoas da rede de apoio da paciente. Em todas as sessões, estão presentes dois membros da equipe do programa e ocasionalmente um membro da equipe do programa de adultos com transtornos alimentares ou outro consultor. Há observadores e vídeo operadores. Em seus resultados preliminares, o programa mostrou-se benéfico para esses pacientes, provocando uma boa resposta nestes e em suas famílias. A maior ênfase do tratamento tem sido dada para que as famílias sejam apoiadas e possam descobrir suas próprias habilidades em ajudar seu filho na resolução do problema. Esta abordagem tem se mostrado capaz de ajudar aos pacientes na melhora de alguns sintomas, tais como: incremento de peso, retorno de menstruação, estabilização da conduta alimentar, redução da voracidade alimentar, dos vômitos e do abuso de laxantes. A tensão e disputa familiar têm sido consideravelmente reduzidas e uma atmosfera cooperativa e apoiadora tem sido criada para as pacientes. As pacientes têm podido comparar sua experiência com as de outras famílias, bem como têm sido capazes de dar-se conta de suas diferenças individuais. Uma adolescente preocupada com seus próprios temores a respeito de seu peso e medida pode oferecer conforto para outra paciente acometida de AN e BN. Para os profissionais envolvidos, o grupo de tratamento multifamiliar mostrou ser uma oportunidade única de experiência e de aprendizagem.

Eisler e cols. (2000) fazem referência a um estudo comparativo entre dois tipos de intervenção familiar ambulatorial com pacientes adolescentes com AN: um grupo atendido em terapia familiar conjunta (CTF), com familiares e pacientes participando da sessão, e outro atendido em terapia familiar separada (SFT), onde pacientes e familiares são atendidos separadamente. A idade média das pacientes era de 16 anos. Usaram um método estratificado controlando os níveis de crítica materna ao comportamento da paciente, medido por meio da escala *Expressed Emotion Index*. Verificaram que, em ambos os tipos de tratamento, houve considerável ganho nutricional e melhora do estado físico das pacientes. Entretanto, perceberam que, para aquelas pacientes sujeitas a elevado nível de crítica materna, a SFT mostrou-se superior. Quando as medidas individuais foram exploradas, puderam, entretanto, avaliar expressivas diferenças entre os dois tipos de tratamento: as mudanças sintomatológicas estavam mais marcadas na SFT, enquanto havia consideravelmente maior mudança psicológica no grupo com CFT, com os comentários críticos entre pais e pacientes significativamente reduzidos, e um maior incremento da responsabilidade dos pais na participação ativa no tratamento das filhas. Neste estudo, dizem terem podido observar que, quando toda a família é vista conjuntamente, a sessão familiar propicia a oportunidade da discussão do transtorno alimentar, não só no contexto de como a família se organiza em relação ao transtorno, mas também no contexto de vida da família extensa, trazendo para dentro do espaço terapêutico a história, as crenças e os tabus familiares. Referem, ainda, que a presença dos irmãos oferece a oportunidade de discutir as questões sobre o desenvolvimento da filha adolescente. Como efeito indireto, relatam que o terapeuta tem a oportunidade de ver o adolescente como um membro da família, dando espaço para que sua voz seja ouvida durante as discussões familiares. Destacam que esta é uma importante particularidade do processo terapêutico, principalmente levando em conta um adolescente que tinha desistido de expressar-se emocionalmente por vias normais, fazendo-o tão-somente por meio do comportamento alimentar, e sentindo-se cada vez mais empobrecido afetivamente.

Geist, Heinmaa, Stephens, Davis e Katzman (2000) realizaram estudo comparativo com terapia familiar e terapia de grupo psicoeducativa, em adolescentes hospitalizadas com AN, durante quatro meses. Nesse estudo, constataram que houve restauração do peso em ambos os grupos pesquisados no final dos quatro meses de tratamento. A terapia de grupo psicoeducativa mostrou-se com custo menor para essas pacientes com anorexia severa. Chama a atenção, todavia que, a amostra, 25 mulheres, é pequena para concluir definitivamente que não há diferença entre estes tipos de tratamento.

Peterson e Mitchell (1999) fazem uma revisão sobre as pesquisas com os tratamentos psicoterápicos e farmacológicos para os TAs. Referem que essas pesquisas têm focado primeiramente a terapia cognitivo-comportamental e mais recentemente a psicoterapia interpessoal. Relatam que numerosos estudos têm sido feitos com a primeira modalidade, mostrando-a efetiva para a redução dos sintomas da BN, bem como dos ataques de comer. Referem que os achados preliminares indicam que tanto uma modalidade quanto a outra produzem resultado similar no *follow-up* da BN. As medicações antidepressivas também têm se mostrado eficazes no tratamento deste transtorno, mas têm sido menos úteis na remissão sintomatológica do que a terapia cognitivo--comportamental. Falam estes autores de ainda modestas evidências sobre a produção de melhora dos sintomas bulímicos, com a combinação de medicação antidepressiva e psicoterapia. Relatam, por último, que limitadas pesquisas têm conduzido a que a combinação de fluoxetina e psicoterapia, para pacientes com AN, tenha evidenciado resultados favoráveis na prevenção de recaídas e restauração do peso corporal destas pacientes.

Segundo Harper-Giuffre (1996, p. 368),

> de modo geral, os pacientes com bulimia nervosa são capazes de utilizar grupos eficazmente. Já os que padecem de anorexia nervosa podem exigir terapia individual até que uma certa estabilização tenha sido alcançada em seu comportamento alimentar, após o que a terapia de grupo lhes pode ser útil.

Barros (1998), atendendo pessoas acometidas de BN em grupoterapia desde 1994, destaca que uma expressão fenomenológica nessas pessoas é a presença do vômito, provocado após o episódio de voracidade alimentar para aliviar o desconforto físico e reduzir o medo de ganhar peso, além de significar uma forma de comunicação arcaica, denominada *palavra vomitória*. A orientação dessa intervenção psicoterápica grupal é psicodinâmica, acrescida de manejos operativos educativos, privilegiando restituir ao paciente a capacidade de expressar seus conflitos verbalmente, de forma a desvendar o transtorno alimentar oculto, passando, nesse percurso, inicialmente pela fase de expressão da *palavra vomitória*, até chegar ao uso da palavr*a falada e não de vaso sanitário*. Essa trajetória terapêutica procura decifrar o que significa o transtorno alimentar, deixando de utilizar o alimento como uma baderna e de enganar a si, e aos demais, como *boi de piranha*. Quando envolvida com a compulsão ao comer e com os mecanismos purgativos compensatórios inadequados, a pessoa não se permite visualizar, sentir e modificar a tragédia conflitiva da sua vida emocional, com repercussões na dinâmica familiar.

Harper-Giuffre (1996, p. 371) assegura que, nos transtornos alimentares, "O comportamento alimentar tornou-se uma preocupação que lhes absorve as vidas". Jaeger (2003) observou no atendimento desses pacientes que a distorção da imagem está impregnada em seu pensamento. Que o *comando* vem do que acreditam estar acontecendo com seu corpo, e não do que é real. A doença está na percepção deformada, na fantasia, na imaginação. O tratamento de grupo faz com que pacientes que sofrem os mesmos dramas possam falar de seus sentimentos, e isto parece facilitar para que haja o processo de aceitação da doença como tal. Essa *impregnação* tem expressões muito claras nas falas dos pacientes abaixo:

> Por exemplo, eu, eu sabia, eu sabia desde o início... foi no ano retrasado, mas eu sabia desde o começo do ano passado que eu tinha esse problema. Já tinha lido sobre isso, essas coisas também... Só que, como é que diz, a gente sabe, a maioria das pessoas sabe o que é que tem, só que é como se fosse uma droga. Eu sei que eu tenho alguma coisa, eu sei que isso vai me fazer mal, que se dane, como se diz, que se dane....
>
> (...) Eu vivo num círculo. É emagrecer, engordar, emagrecer, engordar, emagrecer, engordar. Quando eu emagreço, eu quero aumentar de peso. Daí quando eu começo a ficar um pouquinho mais normal, eu já começo a me achar gorda e começo a vomitar [...] às vezes eu tenho que jantar e fico pensando: tenho que jantar mesmo?... Daí quando eu estou magra eu janto [...] quando eu estou assim como eu estou agora... eu fico uma hora pensando se eu jantava ou se eu não jantava [...] como hoje eu cheguei em casa e fiquei pensando: tomara que não tenha uma comida que eu goste [...] Quando eu estou comendo pra não vomitar [...] eu fico comendo e demoro um baita tempo pra comer, só pensando, só pensando, só pensando [...] Acho assim, ó: quando eu vou almoçar, que tem uma comida que todo mundo vai comer, menos eu, se eu for comer um pouco... que aquela comida, eu preferia não comer, ou comer tudo e vomitar!.

Hendren, Atkins, Sumner e Barber (1987), sobre o tratamento em grupo de pacientes acometidas com AN e BN, alertam que uma questão sutil com referência à composição de grupo é a de colocar ou não pacientes anoréxicos e bulímicos juntos no mesmo grupo. O sentimento clínico geral é o de que combinar as duas síndromes não é contraindicado, dado o número de aspectos clínicos que se sobrepõem parcialmente. O que parece ser importante é certificar-se de que o grupo tenha, pelo menos, dois pacientes com cada um dos diagnósticos, a fim de impedir a criação de um grupo isolado.

Em estudo com grupos multifamiliares, com pacientes adolescentes acometidos de AN e BN, e membros da família nuclear e extensa, Jaeger (2003) assevera que este pôde ser visto como um recurso que incrementa a capacidade de comunicação entre os pais e a paciente, bem como contribui para que a família se aproprie do manejo verbal e de atitudes de sua filha. Sustenta que, no tratamento deste tipo de paciente, o grupo multifamiliar deve ser visto como mais um recurso de intervenção, e não o único. Esta autora relata que um trabalho deste tipo vem sendo realizado em hospital universitário público, na cidade de Porto Alegre, onde as pacientes com transtornos alimentares, anorexia nervosa e bulimia nervosa são atendidas em combinação de terapia individual, de grupo, terapia unifamiliar e multifamiliar, têm acompanhamento médico, psiquiátrico e nutricional, bem como são vistas por educador físico. Essa equipe trabalha em conjunto e utiliza técnicas de abordagem cognitivo-comportamental, psicoeducativa, psicodinâmica e sistêmica, buscando a intradisciplinaridade.

Conclusão

Os transtornos alimentares, anorexia nervosa e bulimia nervosa, vêm inquietando cada vez mais especialistas em vários lugares do mundo, na tentativa de uma melhor resposta terapêutica nesses transtornos de etiologia multifatorial e complexa.

Nossa civilização moderna tem dado demasiada importância aos aspectos relativos à forma física, à beleza, ao culto do corpo, e isso se torna visível dados os abundantes e argentários investimentos da indústria da moda, dos cosméticos, dos centros de estética, das academias de ginástica e da cirurgia plástica inadvertida.

Um grupo de pessoas evolui para os transtornos alimentares: são pessoas cada vez mais jovens, e o que eram doenças encontradas nas classes diferenciadas, hoje estão presentes em todos os níveis socioeconômicos. Quanto ao gênero, já ocorre uma diminuição na diferença: persiste uma acentuada significância nas mulheres e um modesto aumento nos homens. Dessa forma, urge estudar intensamente esses transtornos.

Afora a paciente envolvida, devemos buscar recursos para auxiliar sua família que, além de ter características singulares, como as mencionadas neste capítulo, pode, exatamente pelas mesmas, tornar-se um mecanismo de manutenção do transtorno alimentar.

Sabemos que somente a remissão ou a melhora sintomatológica não significa a *cura*. São transtornos que podem tornar-se crônicos ou apresentar recaídas periódicas. Mas o baixo peso ou as purgas são sintomas que requerem atenção e ajuda, e que podem levar a óbito. O ideal seria, é claro, que após a melhora sintomatológica esses pacientes e seus familiares pudessem ser atendidos terapeuticamente, até suas questões conflitivas e disfuncionais serem/estarem minimizadas, elaboradas e reorganizadas ou então serem capazes de utilizar recursos adaptativos mais saudáveis. Entretanto, são pacientes e familiares que, geralmente, após a remissão do sintoma ruidoso, interrompem a terapia – um desafio....

Reafirmamos que a intervenção terapêutica das pessoas acometidas de transtornos alimentares deve ser interdisciplinar. Os estudos apresentados oferecem um bom argumento sobre essa necessidade. Muitos deles apontam, cada vez mais, para a inclusão do sistema familiar no processo terapêutico, principalmente se levarmos em conta que esses transtornos têm vitimado pessoas cada vez mais jovens, e que, portanto, encontram-se em pleno desenvolvimento adolescente – desenvolvimento interrompido pela condição valetudinária –, e que necessita ser reativado. As estratégias terapêuticas devem e podem ser múltiplas, como observado, e, em vez de excludentes, mostram ser complementares.

São transtornos mentais e de comportamento de expressão desagregadora, ruidosa, atordoante, incapacitante e de circularidade. Sequestram o adolescente do convívio social, desorganizam o sistema familiar ou então assinalam que a família não está bem. Muitas vezes, o diagnóstico demora a ser feito, até mesmo em função do parco conhecimento e aceitação da ocorrência dos transtornos alimentares. É grande o número de pacientes que, quando diagnosticados, necessitam imediata internação em função da gravidade.

Para trabalhar com um transtorno alimentar que tem um poder de solapar a homeostase das pessoas dessa família ou para deslindar o enigma do sistema familiar disfuncionado – já que "morrer de fome" com comida à mesa, ou vomitar após um ato de comilança, é improvável e insano para a maioria dos seres humanos – é recomendável um sistema terapêutico que seja continente, afetivo, empático, participante de forma ativa, coesa e sintônica.

Além de todas as exigências intelectivas, profissionais e amorosas, o ser humano deve ter um corpo digno de capa de revista, e se não o alcança – o que acontece na maioria dos casos – deve sujeitar-se a dietas rigorosas, exercícios físicos extenuantes e abdicar de, ou jogar fora muitos prazeres, caracterizando o que denominamos de uma família magra de sentimentos ou uma família purgativa. Permanece a asseveração: demovamos a liça e rompamos os estorvilhos disciplinares e que os estudos com as bem-vindas trocas continuem...

Referências

BARROS, C. A. S. M. de. Grupos com pacientes bulímicas. In: MELLO FILHO, J. (Org.). *Grupo e corpo*: psicoterapia de grupo com pacientes somáticos. Porto Alegre: Artes Médicas, p. 295-306, 2000.

BARROS, C. A. S. M. O medo de engordar. In: BARROS, C. A. S. M. (Org.). 2 ed. *Psiquiatria para leigo*. Porto Alegre: Conceito. p. 91-97, 2003.

BOUÇA, D. *Madrugada de lágrimas*: depressão na adolescência. 2 ed. Lisboa: Edinter, 1997.

BRUCH, H. *Eating disorders*: obesity, anorexia nervosa and the person within. New York: Basic Books, 1973.

CORDÁS, T. A. *Bulimia nervosa*: diagnóstico e propostas de tratamento. São Paulo: Lemos, 1998.

CORDÁS, T. A. Transtornos do comportamento alimentar. In: TABORDA, J. G. V.; LIMA, P. P. e BUSNELLO, E. *Rotinas em psiquiatria*. Porto Alegre: Artes Médicas, p. 208-218,1996.

DARE, C.; ISLER, I. A multy-family group day treatment programme for adolescent eating disorder. *European eating disorders review*, 8: 4-18, London, 2000.

DSM-IV-T, R. *Diagnostic and statistical manual of mental disorders*. Fourth edition, text revision. Washington, DC, APA, 2000.

ECHEBURÚA, E. *Avances en el tratamiento psicológico de los transtornos de ansiedad*. Madrid: Pirámide, 1996.

EISLER, I.; DARE, C.; HODES, M.; RUSSEL, G.; DODGE, E.; Le GRANGE, D. Family therapy for adolescent anorexia nervosa: the results of a controlled comparison of two family interventions. *J. Child Psychol. Psychiatry*, 41(6): 727-736, Cambridge University Press, Great Britain, 2000.

ELLIOT, A.; BAKER, C. W. Maternal stressors and eating-disordered adolescent girls. In: *Family therapy. San Diego*: Libra Publishers Inc., 27(3):165-178, 2000.

EVANS, L. e WERTHEIM, E. H. Intimacy patterns and relationship satisfaction of women with eating problems and the mediating effects os depression, trait anxiety and social anxiety. In: *Journal of Psychosomatic Research*, 44(3/4), march/april, Elsevier Inc., 1998.

GEIST, R.; HEINMAA, M.; STEPHENS, D.; DAVIS, R.; KATZMAN, D. K. Comparison of family therapy and family group psychoeducation in adolescents with anorexia nervosa. In: *Canadian J. Psychiatry*, 45(2): 173-178, 2000.

GOWERS, S. e NORTH, C. Difficulties in family functioning and adolescent anorexia nervosa. *British Journal of Psychiatry*, 174: 63-66, London, 1999.

HARPER-GIUFFRE, H.; MACKENZIE, R. K. Psicoterapia de grupo com transtornos de alimentação. In: KAPLAN, H. I. e SADOCK, B. J. (Org). *Compêndio de Psicoterapia de Grupo*. 3 ed. Porto Alegre: Artes Médicas, p. 368-381, 1996.

HENDREN, R. L.; ATKINS, D. M.; SUMMER, C. R.; BARBER, J. K. Model for the group treatment of eating disorders. *International journal of group psychotherapy*, 37:589, 1987.

HERCOVICI, C. R.; BAY, L. *Anorexia nervosa e bulimia*: ameaças à autonomia. Porto Alegre: Artes Médicas, 1997 (Original publicada em 1995).

HERCOVICI, C. R. *A escravidão das dietas*. Porto Alegre: Artes Médicas, 1997.

HERZOG, D. B.; HARTMANN, A.; ANDHOLZ, A.; STAMMER, A. Prognostic factors in outpatient psychotherapy of bulimia. *Psychiatry Psychosom*, 56: 48-55, 1991.

HORESH, N.; APTER, A.; ISHAI, J.; DANZIGER, Y.; MICULINCER, M.; STEIN, D.; LEPKIFKER, E.; MINOUNI, M. Abnormal psychosocial situations and eating disorders in adolescence. *Journal American Academy Child Adolescence Psychiatric*, 35: 921-927, 1996.

HUMPHREY, L. L. *Family relationships, in psychopathological and treatment of anorexia nervosa and bulimia nervosa*. Washington, DC, American Psychopathological Association, 1992.

JAEGER, M. A. *O grupo multifamiliar como recurso no tratamento dos transtornos alimentares*. Dissertação de Mestrado não publicada. Programa de Pós-Graduação em Psicologia Clínica, Pontifícia Universidade Católica do Rio Grande do Sul, Porto Alegre, 2003.

LARSON, B. J. Relationship of family communication patterns to eating disorder inventory scores in adolescent girls. *Journal of the American Dietetic Association*, 91: 1065-1067, 1991.

MINUCHIN, S. *Famílias*: funcionamento e tratamento. 2 ed. Porto Alegre: Artes Médicas, 1990 (Original publicado em 1974).

MINUCHIN, S; ROSMAN, B. L.; BAKER, L. *Psychomatic families. Anorexia nervosa in context.* Cambridge, Harvard University Press, 1978.

MINUCHIN, S. *Imágenes de violencia y curación*. Buenos Aires: Paidós, 1985.

MITCHELL, J. E.; ECKERT, E. D. Scope and significance of eating disorders. *Journal of consulting and clinical psychology,* 55(5): p. 628-634, 1987.

NILSSON, E. W.; GILLBERG, C.; RÄSTAM, M. *Familial factors in anorexia nervosa*: a community-based study. Comprehensive Psychiatry, 39(6): 392-399, Copyright by Saunders Company, Sweden, 1998.

NORSA, D.; SEGANTI, A. A anorexia e sua organização relacional. In: URRIBARI, R. *Anorexia e bulimia*. São Paulo: Escuta, p. 61-83, 1999.

NORTH, C.; GOWERS, S.; BYRAM, V. Family functioning in adolescent anorexia nervosa. *British Journal of Psychiatry*, 167: 673-678, 1995.

PALAZZOLI, M. S.; VIARO, M. Le processus anorexique dans la famille. In: *Cahiers critiques de thérapie familiale et de pratiques de réseau. Privat* (9): 117-144, 1988.

PALAZZOLI, M. S. *Anoressia-bulimia*: un'epidemia sociale. Terapia familiare (53): 47-51, 1997.

PALAZZOLI, M. S. *L'anoressia mentale*. Milão: Feltrinelli, 1963.

PALAZZOLI, M. S. *Anorexia nervosa*: a syndrome of the affluente society. Transcultural psychiatric research review, 22: 199-205, 1985.

PETERSON, C. B.; MITCHELL J. E. Psychosocial and pharmacological treatment of eating disorders: A rewiew os research findings. *Journal of Clinical Psychology*, 55(6): 685-697, John Wiley & Sons Inc. USA, 1999.

ROBERTO, L. G. Transtornos alimentares como segredos de família. In: IMBER-BLACK (Ed.). *Os segredos na família e na terapia familiar.* Porto Alegre: Artes Médicas, p. 166-182, 1994.

ROBIN, A L; SIEGEL, P.; MOYE, A.; GILROY, M.; DENNIS, A. B; SIKAND, A. A controlled comparison of family versus individual therapy for adolescents with anorexia nervosa. *Journal American Academy Child Adolescent*, 38: 1482-1489, 1999.

RHODES, B.; KROGER, J. *Parental bonding and separation-individuation difficulties among late adolescent eating disordered women*. Child psychiatric and human development, 22: 249-263, 1992.

RODRIGO, M. I. H.; GONZÁLEZ, R. J. D.; RODRIGO, M. A. H.; GÜERVOS, M. S. *Estudio de factores psicosociales y evolutivos en la anorexia nerviosa*. Actas luso-españolas de neurología psiquiatría y ciencias afines, 18(5): 277-285, 1990.

SÁ, E. *Más maneiras de sermos bons pais*. Lisboa: Fim de Século, 1995.

SMOLAK, L.; LEVINE, M. P. Separation-individuation difficulties and the distinction between bulimia nervosa and anorexia nervosa in college women. *International Journal of Eating Disorders*, 14(1): 33-41, 1994.

URRIBARI, R. *Anorexia e bulimia*. São Paulo: Escuta, 1999.

CAPÍTULO 17

Obesidade e família

Miriam Burd

"O bebê que se alimenta bem é um bebê feliz...
E gosta da experiência de ser alimentado".
(Sigmund Freud)

"A corpulência, quando em um grau extraordinário, pode ser reconhecida como uma doença, uma vez que, em alguma medida obstrui o livre exercício das funções animais; e tem uma tendência a encurtar a vida, abrindo caminho para perigosas enfermidades".
(Malcolm Flemyng, ~1700-1764).

Introdução

A obesidade é hoje uma doença epidêmica que vem se propagando em diversos países. No mundo contemporâneo, percebe-se um crescimento explosivo da obesidade que é vista atualmente como uma doença multifatorial e que influencia negativamente a saúde dos indivíduos. A classificação adaptada pela Organização Mundial da Saúde (OMS) baseia-se em padrões internacionais desenvolvidos para pessoas adultas descendentes de europeus. O IMC é o Índice de Massa Corporal (o cálculo da divisão do peso em kg pela altura em metros elevada ao quadrado: kg/m^2), o cálculo mais usado para avaliação da adiposidade corporal. O ideal é que o IMC seja usado em conjunto com outros métodos de determinação de gordura corporal (Diretrizes da ABESO, Associação Brasileira para o Estudo da Obesidade e da Síndrome Metabólica, 2016).

Algumas pesquisas têm revelado que essa distribuição de gordura corporal tem valor preditivo para algumas doenças. O depósito de gordura intra-abdominal tem sido relacionado com o maior risco de coronariopatia. É mais comum em homens e frequentemente associado com os componentes da síndrome plurimetabólica: diabetes mellitus tipo 2, hipertensão arterial, acidente vascular cerebral e coronariopatia. Outra classificação pode considerar as obesidades de instalação no final da infância e puberdade (frequente nas meninas) e de início na vida adulta (ligados ao ciclo vital, casamento, gestação, terceira idade, aposentadoria, etc.), fato importante a ser considerado na anamnese como fator de prognóstico para o tratamento.

O ambiente moderno é um potente estímulo para a obesidade. A diminuição dos níveis de atividade física e o aumento da ingestão calórica são fatores determinantes ambientais mais fortes. Há um aumento significativo da prevalência da obesidade em diversas populações do mundo, incluindo o Brasil.

Nas últimas décadas, a população está aumentando o consumo de alimentos com alta densidade calórica, alta palatabilidade, baixo poder sacietógeno e de fácil absorção e digestão. Estas características favorecem o aumento da ingestão alimentar e, portanto, contribuem para o desequilíbrio energético. Mudanças sociocomportamentais da população também estão implicadas no aumento da ingestão alimentar e, portanto, no aparecimento da obesidade. A diminuição do número de refeições realizadas em casa, o aumento compensatório da alimentação em redes de *fast food* e o aumento do tamanho das porções *normais* levam ao aumento do conteúdo calórico de cada refeição.

Clinicamente, é possível identificar alguns fatores indicadores de influências genéticas na obesidade, como o início precoce e marcante da obesidade na infância ou adolescência. O risco de desenvolvimento de obesidade é maior na presença de história familiar de obesidade mórbida, com IMC ≥ 40 kg/m^2, ou com níveis mais moderados de obesidade (Diretrizes, 2016).

Existem ainda efeitos genéticos que ocorrem intraútero e que podem persistir por gerações. Algumas influências sobre a obesidade podem ocorrer no útero ou até mesmo duas gerações passadas quando os ovócitos são formados na avó. Estes podem ocorrer por meio da epigenética (por exemplo, a metilação do DNA). Assim, o aumento na obesidade que vemos hoje pode muito bem ser devido, em parte, às mudanças ambientais que afetaram as gerações anteriores. A obesidade, que começou a aumentar, pelo menos, um século atrás, pode perpetuar o seu próprio avanço por meio de uma retroalimentação positiva fatalmente conduzida (Diretrizes, 2016).

A obesidade está associada à maior morbidade secundária, devido ao aumento da resistência à insulina, a diabetes, à hipertensão e às dislipidemias, condições que representam cerca de 8% do total de gastos em saúde pública no Brasil. Existem ainda custos indiretos relacionados ao afastamento do trabalho, absenteísmo e aposentadorias mais precoces dos indivíduos com obesidade. Pacientes com IMC igual ou superior a 45 kg/m^2 apresentam uma diminuição da expectativa de vida e um aumento da mortalidade por causa cardiovascular, que pode chegar a 190%.

A classificação das obesidades (no plural, para Coutinho, 1998) quanto à gravidade do excesso ponderal baseia-se nas faixas do IMC. A Organização Mundial de Saúde (OMS, 1998) recomenda: entre 18,50 a 24,99 kg/m^2, a faixa é normal; entre 25,00 a 29,99 kg/m^2 já indica sobrepeso; entre 30,00 a 34,99 kg/m^2, a obesidade é de grau I; entre, 35,00 e 39,99 kg/m^2, a obesidade seria de grau II e o IMC maior que 40,00kg/m^2, a obesidade mórbida. Para ele, os estudos epidemiológicos sugerem que cerca de 50% dos obesos que procuram um tratamento para emagrecer apresenta compulsão alimentar de maior ou menor gravidade.

Mesmo na ausência da compulsão alimentar, o obeso pode apresentar a hiperfagia como principal componente fisiopatológico do quadro. Stunkard (1959) descreveu o comer compulsivo como um padrão alimentar distinto em alguns obesos. Esse tipo de paciente tem mais tendência à depressão e frequentemente apresenta histórias de outros transtornos psíquicos. No transtorno do comer compulsivo (TCC), a distribuição por sexos mostra uma proporção de três mulheres para cada homem. A gravidade também parece estar relacionada com o grau de obesidade, do início do quadro mais precoce (de início mais cedo), com a prática de dietas restritivas e com a preocupação com o peso. Diversos relatos científicos sustentam a ideia de que o comer compulsivo e a prática de dietas estejam intimamente relacionados. Parece conveniente, para Coutinho e Póvoa, que se receba orientação dietética mais flexível e liberal na tentativa de evitar o desencadeamento do comer compulsivo durante um tratamento para emagrecer.

A atividade física foi considerada de importância fundamental no tratamento do obeso, por promover abstinência do comer compulsivo e aumentar o gasto energético. As atividades cotidianas declinaram com o aumento dos chamados *confortos da vida moderna* (alimentação semipronta e pronto-rápida, vidros elétricos dos carros, controles remotos, aparelhos elétricos, escadas rolantes, etc.) e foi considerado como fatores primordiais para o crescimento da obesidade no mundo contemporâneo. Estimular essas atividades é muito importante para o tratamento do indivíduo obeso.

A obesidade é hoje considerada uma doença crônica, de múltiplas etiologias, consequência de tratamentos: medicamentos, aumento de atividade física, terapias (comportamental ou outras, individual ou em grupo), reeducação alimentar e a cirurgia de redução do estômago. Por isso, pressupõe a necessidade de um trabalho multidisciplinar para o desenvolvimento de métodos adequados de prevenção e de tratamento para essa grande epidemia metabólica do final do milênio e início do atual.

Efeito do estresse no apetite

Não se classifica a obesidade como um transtorno psiquiátrico. A obesidade foi, por muito tempo, compreendida como uma manifestação somática de um conflito psicológico subjacente. Essa visão é, ainda hoje, lamentavelmente compartilhada tanto pela população leiga e mesmo por boa parte dos profissionais de saúde. Estudos sobre preconceito com relação à obesidade na infância demonstraram que essas crianças são avaliadas como preguiçosas, sujas, burras, feias, trapaceiras e mentirosas. Há um aumento dos sentimentos de inferioridade e do isolamento social entre adultos e crianças obesas.

Sintomas de estresse, tais como ansiedade, depressão, nervosismo e o hábito de se alimentar quando problemas emocionais estão presentes são comuns em pacientes com sobrepeso ou obesidade, sugerindo relação entre estresse, compulsão por comida palatável, transtorno de compulsão alimentar e obesidade. O estresse pode ser uma consequência da obesidade devido a fatores sociais, à discriminação e, alternativamente, a causa da obesidade (Diretrizes, 2016).

Manejo do estresse

O estresse psicológico pode contribuir para o aumento da ingestão de alimentos, para a alimentação emocional, a compulsão alimentar, a falta de exercício, e o controle do apetite ruim, todos estes, fatores associados a ganho de peso e obesidade.

O estresse pode levar à obesidade via sistema de recompensa e retroalimentação. Existe uma associação entre sentir estresse e a sensação de melhora depois de desfrutar de alimentos ricos em calorias palatáveis, açúcar e gordura. Esta associação aprendida pode se transformar em hábitos que se manifestam depois com menos consciência. Por meio desta associação aprendida, as pessoas podem começar a usar o alimento para aliviar perturbações menores, cansaço e estresse crônico de baixo grau.

O comer emocional

Um ano de estudo controlado e randomizado demonstrou que obesos classificados como tendo transtorno de compulsão alimentar periódica responderam de modo favorável ao tratamento dietético associado ao exercício físico e ao tratamento comportamental ou ao tratamento comportamental associado a medicamento antidepressivo, da mesma forma que pacientes obesos sem compulsão alimentar. Pelo fato de a compulsão alimentar estar associada a sintomas depressivos, oscilação de peso e aumento no abandono do tratamento, diversas abordagens de tratamento psicológico têm sido utilizadas nessa população (Diretrizes, 2016).

Os estudos que avaliaram a intermediação da relação entre aumento de exercício físico e diminuição de comer emocional para que tratamentos comportamentais possam ser aprimorados, a fim de adequar o suporte do exercício, alavancando indução de melhorias psicológicas específicas que podem reduzir o comer emocional e melhorar os resultados de controle ponderal (Diretrizes, 2016).

Entre indivíduos que se consideram *viciados* por comida, foram identificadas seis características:

1) comer por razões mais psicológicas do que razões fisiológicas, dirigidas pela recompensa, e não pela fome;
2) preocupação funcional ou psicológica com a comida;
3) percepção de falta de autocontrole em torno do alimento;
4) desejos frequentes por comida;
5) aumento de peso ou dieta pouco saudável;
6) problema com um tipo específico de alimento.

Um estudo controlado randomizado referiu que a combinação entre o manejo do estresse com mudanças na dieta e atividade física produziu mudanças na massa corporal, que persistiram acima de dois anos, em um pequeno grupo de mulheres pós-menopáusicas com doença coronariana (Diretrizes, 2016).

Obesidade mórbida: questões especiais

- O obeso mórbido é aquele cujo IMC é maior que 40kg/m^2 ou maior que 35kg/m^2 com a presença de comorbidade associada com: hipertensão arterial, dislipidemia, diabetes mellitus, apneia do sono, coronariopatia e artropatias, varizes dos membros inferiores e colescistopatias, desajustes psicossociais, dificuldades diagnósticas, maiores riscos cirúrgicos, infertilidade e dermotopatia (Garrido e Gama, 1994). Sendo assim, a cirurgia passa a ser o único tratamento eficaz, em longo prazo, no tratamento da obesidade mórbida.

- As cirurgias aceitas pelo CFM (Conselho Federal de Medicina), consideradas não experimentais (além do balão intragástrico, como procedimento endoscópico), foram divididas em não derivativas (banda gástrica laparoscópica ajustável e gastrectomia vertical) e derivativas (derivação gástrica com reconstituição do trânsito intestinal em Y de Roux – ou bypass gástrico – e derivações biliopancreáticas à Scopinaro e à duodenal switch). A derivação jejunoileal exclusiva (término-lateral ou látero-lateral ou parcial) está proscrita em vista da alta incidência de complicações metabólicas e nutricionais em longo prazo.
- Cirurgia Bariátrica em Diabéticos com IMC Obesidade Grau I: segundo as Diretrizes da ABESO, é importante lembrar que não há evidências suficientes para recomendar a cirurgia bariátrica a pacientes com IMC menor do que 35 kg/m^2, muito embora recentemente uma declaração conjunta das sociedades (*Joint Statement*), um consenso de presidentes e representantes na sua maioria de sociedades cirúrgicas e de diabetes tenha votado pela aceitação de que em pacientes com diabetes tipo 2 e obesidade classe 1 a cirurgia bariátrica pode ser considerada. A cirurgia bariátrica deve ser reconhecida como tratamento possível e eficaz para o diabetes tipo 2 em pacientes com IMC maior ou igual a 35 kg/m^2, havendo evidências robustas, e isso está de acordo com o conceito de que a melhor maneira de prevenir e tratar o diabetes tipo 2 é por meio da perda de peso (embora possam existir outros mecanismos de melhora da homeostase da glicose além da perda de peso, mas claramente os desfechos de remissão e recorrência dependem da variável peso).
- Os resultados esperados com a cirurgia bariátrica incluem a perda de peso e a melhora das comorbidades relacionadas à obesidade e à qualidade de vida. A cirurgia cumpre o seu papel: possibilita que o controle da ingestão alimentar mude de sede; da vontade do próprio indivíduo para o volume do estômago. Em decorrência da restrição do volume alimentar ingerido e do impedimento da absorção dos alimentos, o indivíduo emagrece sem muitos esforços mentais e sem o sentimento de privação. O vazio se preenche com pouca quantidade de comida e as restrições das dietas hipocalóricas são abandonadas.
- A seleção de pacientes para a cirurgia requer um mínimo de cinco anos de evolução da obesidade e sem êxito com o tratamento convencional realizado por profissionais qualificados. Está normalmente contraindicada em pacientes com pneumopatias graves, insuficiência renal, lesão acentuada do miocárdio, cirrose hepática, distúrbios psiquiátricos, debilidade mental, dependência de álcool ou drogas. Acrescenta como precauções para a indicação: além da compreensão, por parte do paciente e dos familiares, dos riscos e das mudanças de hábitos inerentes a uma cirurgia sobre o tubo digestivo e da necessidade de acompanhamento pós-operatório com a equipe multidisciplinar em longo prazo.
- Monteiro da Silva (2000) discute a importância e a necessidade de avaliação psicológica antes de realizar a cirurgia para redução da câmara gástrica. A autora cita (no seu artigo) a prática no Hospital das Clínicas da FMUSP com mais de 1180 pacientes e diz que a cirurgia implica grandes mudanças no comportamento alimentar dos pacientes, tanto físicas como psíquicas. Citando Garrido (1999), observou que: "Nos primeiros meses após a operação há um período de ansiedade e irritabilidade, e, às vezes, depressão pela supressão do prazer de comer antes da obtenção dos benefícios do tratamento, que só se evidenciam após 6 ou 8 meses do pós-operatório".

- Como ocorrem mudanças de comportamento tanto qualitativas quanto quantitativas, a avaliação psicodiagnóstica pode auxiliar na seleção dos pacientes para a cirurgia. Por meio de entrevistas e testes psicológicos chega-se a uma visão psicodinâmica do indivíduo (estrutura de personalidade, mecanismos de defesa e prognóstico da capacidade de se adaptar às novas condições alimentares) em sua possibilidade de suportar mudanças.
- Após o diagnóstico deve haver um acompanhamento pré, per e pós-cirúrgico. Para Monteiro da Silva, no pré-operatório, a psicoterapia tem o objetivo de trabalhar aspectos ligados à obesidade e aos conflitos internos, assim como preparar o paciente para a cirurgia. Esta pode ser adiada se o paciente apresentar dificuldades afetivas e emocionais, angústias e sentimentos ambivalentes em relação à cirurgia e à própria obesidade, e dificuldades de conscientização de que a operação será apenas uma ajuda e não a solução para todos os seus conflitos (a cirurgia pode ser, de forma fantasiosa, considerada pelo paciente como a cura total e a solução mágica para seus problemas existenciais).
- O acompanhamento per-cirúrgico é realizado com o paciente internado, o que leva em geral cinco dias. No acompanhamento pós-cirúrgico, do primeiro ao terceiro mês, o tratamento, conjuntamente com o nutricionista, enfoca os problemas com a alimentação e suas adaptações. Após este período, em geral, o paciente está disposto a investir em si e a psicoterapia realmente acontece atuando sobre as ansiedades e os medos frente às grandes mudanças, de que agora está deixando para trás a couraça adiposa, que lhe servia como defesa, e se mostrando vulnerável ao afloramento da angústia. Neste momento, os pacientes se preocupam com que os outros vão pensar ou fazer com eles: Não vão mais amá-los?; Irão vê-los como *egoístas* e *agressivos* por pensarem mais em si mesmos?
- Tanto no psicodiagnóstico quanto no acompanhamento psicoterápico, devem ser considerados os fatores ligados à dinâmica familiar. Muitos vêm acompanhados dos cônjuges, pais, filhos, e outros familiares aos hospitais e consultórios dos cirurgiões. Como o paciente, os familiares também estão ansiosos e demonstram preocupação com o estado geral do paciente e o ato cirúrgico. Nos hospitais públicos há, reuniões para os candidatos à cirurgia da obesidade mórbida (e seus acompanhantes). Nelas há o aspecto informativo, com depoimentos dos já operados aos que pretendem se operar, e o aspecto suportivo (grupos de apoio ou suporte) onde a equipe multidisciplinar, que consta do cirurgião, do médico clínico ou especialista do psiquiatra, do psicólogo, do nutricionista, do enfermeiro e do assistente social, acolhe as demandas dos pacientes, esclarecendo dúvidas e amenizando suas angústias e má-expectativa. Esses grupos acontecem uma vez por mês, em dia e horário fixos, onde todos os que estão no processo se encontram para se ouvirem uns aos outros. Nesses hospitais, a lista de espera para a cirurgia é longa e esses grupos ajudam a se manterem envolvidos no processo os indivíduos que realmente desejam se submeter ao tratamento cirúrgico.
- Após a cirurgia, e de acordo com a perda de peso, são necessárias outras cirurgias, dessa vez plásticas, onde o excesso de pele precisa ser retirado. Nota-se que em algumas famílias, onde existem vários indivíduos obesos mórbidos, seguem-se ao primeiro membro familiar, outros que também procuram pelo mesmo tratamento. São famílias em que vários indivíduos se sucedem à procura da mesma cirurgia e

parecem funcionar, na cura, também em conjunto. Se um faz, os outros também acabam fazendo o mesmo. Assim vemos vários irmãos ou mães e filhos procurar pelo mesmo tipo de tratamento cirúrgico para a obesidade. Pode-se pensar nos padrões de inclusão, da relação, de conluios ou de lealdade que serão vistos mais adiante. Nestes casos, mais do que nunca, a terapia familiar deve ser tentada como forma de ajudar todos os membros da família.

A Terapia Cognitivo-Comportamental no paciente obeso

O tratamento comportamental aplicado em conjunto com técnicas cognitivas, a assim denominada terapia cognitivo-comportamental, é uma das técnicas terapêuticas auxiliares para o controle de peso. Baseia-se na análise e na modificação de transtornos de comportamentos associados ao estilo de vida do paciente. O objetivo é programar estratégias que auxiliam no controle de peso, reforçando a motivação com relação ao tratamento, dessa forma evitando a recaída e o consequente ganho posterior de peso.

Um dos objetivos do uso das técnicas comportamentais é a possibilidade de o paciente identificar os estímulos que antecedem o comportamento compulsivo, bem como as situações que facilitam a não aderência ao tratamento e, consequentemente, a falta de sucesso. As estratégias cognitivo-comportamentais são utilizadas visando à modificação de hábitos prejudiciais. Vejamos algumas delas:

Automonitoramento

O automonitoramento é realizado pelo próprio paciente, por meio de registros da ingestão alimentar, dos episódios de compulsão e dos eventos desencadeantes. Esses diários são úteis no sentido de auxiliar na elaboração do planejamento e nos ajustes terapêuticos. Combinado com técnicas cognitivas, o automonitoramento pode documentar pensamentos equivocados em relação à alimentação, sobre o peso e o aspecto corporal.

Controle de estímulos

Pode-se utilizar o controle de estímulos para modificar situações que antecedem os transtornos de comportamento, como o excesso de ingestão e a inatividade física. São exemplos dessa estratégia, programar as compras no supermercado mantendo alimentos indesejados fora da lista de compras, estimular a atividade física evitando o uso frequente de recursos tecnológicos (guardar o controle remoto ou deixar de usar o carro para deslocamentos em pequenas distâncias), evitar atividades associadas à ingestão excessiva de calorias (como ir ao cinema e comer guloseimas durante o filme), evitar ser o responsável pela alimentação de outros, ir à casa de familiares é motivo para refeições muito fartas e calóricas, etc.

Resolução de problemas

Terapeuta e paciente devem identificar problemas relacionados ao excesso de peso, buscar possíveis soluções e estratégias, aplicando, testando e rediscutindo-as a fim de selecionar as que definitivamente são eficazes em modificar o comportamento individual, auxiliando o paciente a perder e manter peso.

Reestruturação cognitiva

Consiste em modificar o sistema de crenças, de alteração dos pensamentos dos pacientes, propondo uma reestruturação cognitiva. São exemplos de distorções cognitivas comuns em pacientes com excesso de peso: a abstração seletiva que consiste em prestar atenção e dar mais valor às informações que confirmem suas suposições (por exemplo, é comum o pensamento de que *Ter comido este doce indica que não sou capaz de exercer controle sobre meu comportamento alimentar, que não tenho poder perante a comida*), o pensamento *tudo ou nada*, absolutista e extremo, que divide alimentos em categorias únicas de comidas permitidas e comidas proibidas (de forma que ingerir uma comida pensada proibida gera interpretação de fracasso tornando qualquer tentativa de controle subsequente mais difícil: *Já saí da dieta mesmo, agora vou comer tudo que vier pela frente*), o pensamento supersticioso, que consiste em acreditar que há relação de causa e efeito entre eventos não fortuitos (por exemplo, *Ir ao shopping significa sair da dieta*). Nesse contexto, o conceito divergente cientificamente de adição pela comida é inserido.

Aspectos psicológicos da obesidade

De acordo com Mello Filho (1983), o comer não é só fonte de prazer, mas também se configura como um dos últimos redutos da sensação de liberdade (p. 177).

Marchesini (1999) nos diz que o comer é capaz de exercer, para muitos, uma função tranquilizadora e aceita socialmente. Podemos citar, por exemplo, a distribuição da alimentação a bordo de aeronaves, a qual é intensificada quando há alguma intercorrência que prolongue ou perturbe o voo.

A importância do comer, no desenvolvimento psicológico do indivíduo, está em ser um dos primeiros modos de relacionamento com o objeto de desejo do bebê – inicialmente representado pelo seio materno. Está intimamente ligado com os primórdios da relação do indivíduo com o meio, quanto a modos de recepção, aquisição e introjeção, adquirido no que a psicanálise conceituou como estágio oral, que compreende os dois primeiros anos de vida (REIS, 1984).

Aguiar (2000) ressalta que é coerente pensar na boca como veículo de construção das noções de EU e NÃO-EU, uma vez que fazem parte do trajeto alimentar, ingerir, digerir e eliminar, bem como as noções de vazio e cheio.

A mãe é o primeiro alimento, é a linguagem do corpo que estabelece as primeiras relações (Marchesini, 1999).

Obesidade e família

> Ninguém emagrece efetivamente sem reorganizar a vida e preparar-se para este evento. Emagrecer e ficar magro são condições que exigem competência para lidar com a força imposta pela nova imagem corporal adquirida através do tratamento. (Martins, 1994).

O obeso pode chegar à terapia por várias questões: o peso complica uma doença crônica tal como o diabetes mellitus; uma criança ou adolescente está com prejuízo psicossocial, em que a obesidade é o motivo primário para a consulta ou encaminhamento; em outras situações, a obesidade não é parte da razão original, mas emerge como problema durante o curso do tratamento.[1]

As dietas têm sido o principal meio usado pelos indivíduos para perderem o peso excessivo. As taxas de recaídas de pacientes em dietas são altas, e estudiosos como Stunkard e Penick (1979) concluem que os mecanismos biológicos tornam provável que as pessoas que realizaram várias dietas, eventualmente readquiriram mais peso do que perderam. Chegam ao tratamento psicoterápico após inúmeros fracassos nas investidas anteriores.

Hilde Bruch foi a pioneira nos estudos sobre os aspectos psicológicos da obesidade como também as relações entre os obesos e suas famílias (Bruch e Touraine, 1940). McDaniel et al. (1994) mostraram o interesse da Psicologia Comportamental em pesquisas voltadas para o apoio do cônjuge e dos pais dos pacientes em relação à perda de peso, conduzindo a estudos que sugeriam que o *approach* familiar podia ser útil (Brownell, Kelman e Stunkard, 1983; Epstein et al., 1990) e na década de 1980, vários terapeutas familiares se debruçaram sobre o trabalho com a obesidade (Ganley, 1986; Harkaway, 1983, 1986; Hecker, Martin e Martin, 1986; Stuart e Jacobson, 1987).

McDaniel et al. (1984) não presumem que a obesidade em crianças e adultos, invariavelmente sirva a funções no relacionamento e padrões de inclusão do sistema familiar. Em alguns casos, dizem os autores, a carga genética ou a alimentação pessoal e hábitos de exercícios tornam a obesidade altamente provável e o peso do indivíduo se incorpora aos padrões de interação familiar sem problemas. Quando esses indivíduos tentam perder peso, "a família é apoiadora, não se sente ameaçada e fica fora das lutas por controle sobre a comida, o comer e o peso" (p. 109). Há outros casos em que a família se organiza em torno da obesidade de um modo disfuncional – geralmente o membro obeso exibe sérios problemas psicológicos como a incapacidade para efetuar transições da vida tais como: sair de casa, casar, viajar sozinho, etc.; obsessão ou conflito contínuo com alimentos ou peso.

As funções de inclusão nas famílias e obesidade

Lealdade à família

A obesidade pode se repetir em várias gerações e servir a um senso de autodefinição. Nessas famílias, perder peso pode ser percebido como uma afronta a outros membros familiares. A lealdade é preservada, se na tentativa de perder peso, o indivíduo não consegue e acaba fracassando.

Conluios na família

O filho pode inconscientemente escolher um peso para corresponder a um dos pais, quando um tem excesso de peso e outro é magro, mas há similaridades deste com a forma do

[1] A autora tem na sua maior experiência, o trabalho com pacientes diabéticos tipo 2 obesos.

corpo e problemas de peso. É importante prestar atenção se o membro parental magro critica o filho obeso pelos mesmos comportamentos nos quais o membro parental obeso engaja-se.

Adiamento do ingresso no mundo adulto

As crianças obesas são estigmatizadas, na escola, na sua vida de relação, e frequentemente se mantêm muito unidas à família para obter dela apoio emocional. Em algumas famílias, isto é até encorajado e se adia o ingresso da criança no mundo adulto, e a obesidade pode proteger os limites ou fronteiras da família.

Manutenção do casamento

Alguns casais admitem a existência de um valor protetor na obesidade e se um dos parceiros perder peso, começam a se preocupar acerca de encontros extraconjugais e com a estabilidade de seu casamento. Tais cônjuges se caracterizam porque entre eles a vida sexual não é muito ativa. Para De La Balze, Reinoso e Tallaferro (1971, p. 97-98), é mais frequente que isto ocorra com o marido em oposição infantil à esposa obesa que simboliza a mãe. Inconscientemente ligado a esse símbolo *esposa-obesa-mãe*, o marido não se opõe à dieta da esposa, mas convida-a frequentemente para restaurantes e a obsequia com guloseimas, etc. Em outro caso, o marido exige de sua esposa que tenha um peso acima do normal. Dentre as suas motivações inconscientes temos: evitar que a mulher se assemelhe à imagem materna, por temer cair numa situação incestuosa; não satisfazer as tendências homossexuais latentes, por identificar profundamente as formas adiposas e arredondadas, com o feminino e as formas delgadas e angulosas com o masculino.

Pais/Famílias que identificam obesidade com saúde e magreza com doença

Apoiando-se no simbolismo saúde-gordura, alguns pais se opõem ao emagrecimento de seus filhos obesos e prejudicam o tratamento deles. Algumas vezes, a família é obesa e discrimina o não obeso, sendo necessária a psicoterapia familiar para que todos se beneficiem do emagrecimento terapêutico, aceitando, assim, a nova imagem corporal familiar.

Oposição dos filhos obesos ao membro parental magro

Certos filhos se opõem à mãe magra, por ter elaborado inconscientemente uma imagem materna que está baseada em suas características de obesidade. Perder tais características significaria alijar-se da imagem da mãe e cair na orfandade. Outras vezes, o que existe é a rivalidade de filhas com mães jovens e atraentes, que são vistas como suas competidoras. A rivalidade também pode existir entre irmãos e interferir no tratamento da obesidade.

Obesidade e padrões de controle

A obesidade pode ser vista culturalmente como um problema de autocontrole porque supostamente as pessoas obesas são vistas como incapazes de controlar seu apetite ou relutam em fazer isso. Os membros da família podem tentar executar a tarefa de controlar o membro obeso, em, cujo caso, o controle do peso funciona como controle do relacionamento. Doherty e Harkaway (1990), citadas por McDaniel, et al. (1984), observaram clinicamente as seguintes sequências de *interação de controle*:

- A pessoa obesa concorda em *ser boa*, ou seja, capaz de *perder peso* e o parceiro passa a controlar a pessoa obesa. Com o passar do tempo, essa ajuda parece coercitiva e o obeso se rebela fazendo com que o controlador precise aumentar seu controle. Outras vezes, o obeso desiste da dieta e o parceiro, desgostoso, também o faz. A luta para os dois é perdida, para o obeso porque não emagreceu, para o parceiro porque se retira vencido. Isso pode também acontecer com o obeso e os profissionais de saúde.
- O obeso se rebela e passa a comer mais, em vez de comer menos e ganha peso, sendo que deveria perder. Isso costuma acontecer com pais e filhos obesos, cônjuges em que um é obeso, etc. É uma pseudo-rebelião, cujo obeso tenta manter a autonomia em relação a um membro parental intrusivo e a ligação de dependência se acentua.
- O obeso detém o *poder* na família. Acontece muito com criança obesa em que os pais estão divididos para resistirem efetivamente e a luta é travada em relação aos alimentos, com a vitória dos ataques de *birra* da criança, em geral sobre um dos pais, para obter ganhos secundários à obesidade. Neste caso, o *peso* não tem função de inclusão na família como ligado à lealdade, conexão ou aliança, e estes casos são mais facilmente tratados.

Obesidade e padrões sexuais

A sexualidade está intimamente relacionada ao peso corporal e à imagem corporal. Deste modo, o peso pode ser usado para o manejo da proximidade e do distanciamento sexual. Stuart e Jacobson (1987) descobriram em estudo de pesquisa de peso e casamento com casais norte-americanos, que as esposas descontentes com seus casamentos usavam inconscientemente o seu maior peso para distanciamento emocional e sexual dos maridos:

- A obesidade deforma o indivíduo e é usada como estudo contra a genitalidade, nos diz La Balze. Evitam-se as tentações eróticas que estão por detrás de conflitos inconscientes e que são vividas como proibidas.
- A obesidade pode também representar uma fantasia de gravidez, um mecanismo de defesa contra a sexualidade. A gravidez é consumada no plano inconsciente pela capa adiposa, e é impedida no plano consciente com a não realização do ato sexual.
- A obesidade é usada como substituto da insatisfação sexual: a frigidez na mulher e a impotência erétil e orgástica no homem são também causas para ingestão excessiva de alimentos. O ato de comer se converte simbolicamente numa satisfação substituta do que se poderia alcançar genitalmente.
- A obesidade pode compensar um sentimento de abandono, quando o indivíduo perde o objeto amoroso, como nas separações de casais, viuvez, infidelidade de um dos cônjuges, etc.

- A obesidade é identificada como potência e saúde, por exemplo, com os adolescentes. Estes utilizam o mecanismo de racionalização para não fazer dieta por julgarem que irão se debilitar sexualmente se o fizerem. Isso pode também ser encontrado no adulto, em algumas regiões rurais e em profissões nas quais não se espera alguém magro (por exemplo, mulheres camponesas que trabalham na lavoura precisam ser robustas para serem contratadas para o serviço, cabelereiros não podem ser magros para não serem considerados portadores do vírus HIV).
- A obesidade pode ser usada para ocultar tendências homossexuais latentes.

Outros significados psíquicos para a obesidade nas famílias

Como *mecanismo de defesa*:

1. Este tipo de sujeito identifica inconscientemente o seu grande volume com a condição de ser adulto, atitude comum em adolescentes e pessoas submetidas ao jogo do ambiente familiar muito rígido.
2. A obesidade permite ao sujeito se resguardar da agressão externa e impedi-la, ocultando sua debilidade interna e mostrando uma presença imponente.
3. Como *válvula de escape* à tensão constante do ambiente familiar ou externo. Sem dúvida, pode ser uma situação real que consegue se unir a conflitos internos.
4. Como forma de suportar responsabilidades e exigências dos estudos, trabalho ou da família. Por exemplo, adolescentes muito exigidos nos estudos pela família (ou por eles mesmos) e que aumentam de peso na época dos exames.
5. Como camuflagem para ocultar uma agressividade enrustida sob a aparência de brandura, pacificidade e bondade que a adiposidade lhe fornece. Ao agudizar os conflitos latentes, desencadeiam-se transtornos mentais vinculados às séries complementares[2] etiológicas específicas de cada paciente. O abandono do tratamento pode ser usado como *válvula de segurança.* Recomenda-se que o tratamento siga um enfoque integral psicossomático: exame clínico e laboratorial, o psicodiagnóstico para prever uma psicoterapia individual e/ou familiar e a ajuda nutricional e de atividade física.
6. Como *autocastigo*, a obesidade pode estar a serviço do sentimento de culpa.
7. Como *identificação*, por exemplo, a filha com a mãe obesa. Inconscientemente, o indivíduo quer ocupar o lugar ou ser igual ao outro.
8. Como situação inconsciente de agressividade frente a algum membro familiar: a negativa em perder peso é um intento de frustrar os desejos desse familiar. Esse desejo de frustração implica uma vingança e um autocastigo, negando-se a emagrecer. Isso pode acontecer entre filhos e pais, cônjuges e entre o paciente e o médico / equipe profissional que o atende, que é encarado como cúmplice e executor direto do que a família quer fazer com ele(a).

---

[2] Expressão utilizada por Freud para explicar a etiologia da neurose e ultrapassar a alternativa que obrigaria a escolher entre fatores exógenos ou endógenos, cada um deles pode ser tanto mais fraco quanto o outro é mais forte (Laplanche/ Pontalis, 1986).

À medida que os indivíduos emagrecem e perdem essa capa de proteção que a obesidade significa, esses mecanismos de defesa precisam ser abandonados pelo indivíduo. O sujeito perde uma posição psicossomática elaborada, a couraça que o defendia é derrubada e este se sente desprotegido, desarmado: desencadeia-se a angústia e os tratamentos podem terminar em fracasso.

Não existe um padrão comportamental que caracterize as famílias dos pacientes obesos. Contudo, algumas situações podem ser observadas nas *falas* de pacientes e familiares dos Grupos de Sala de Espera do Hospital Universitário Pedro Ernesto da Universidade do Estado do Rio de Janeiro que funcionaram entre agosto de 2000 e fevereiro de 2002, com a equipe multidisciplinar (psicólogos e nutricionistas) no ambulatório de nutrição. Enquanto esperavam a consulta do nutricionista, Maia (2002)[3] coletou as seguintes observações, exemplos do que algumas famílias comunicam aos seus membros:

- Para algumas famílias a criança sadia deve ser *forte*, como nos mostra a fala de um paciente obeso:

  "Lá em casa, todo mundo é forte. Meu pai obrigava a gente a comer tudo. Ele dizia: Não quero que digam por aí que meus filhos passam fome". (J. O., 43 anos, IMC 52 = kg/m^2).

  Por esta fala, pode-se concluir que emagrecer significa desobediência ao pai e expor a carência familiar. *Ser forte* significa também pertencer a este grupo familiar e emagrecer seria deixar de fazer parte desta família.

- Outro ponto importante é a falta de apoio familiar quando um dos membros resolve iniciar o emagrecimento, como podemos observar na seguinte fala:

  "Quando comecei a fazer dieta meu marido comprou uma caixa de bombom para mim. Fiquei com tanta raiva que joguei no lixo. Ele foi lá e comprou outra..." (L. F., 54 anos, IMC = 33 Kg/m^2).

- Percebe-se o esforço dos familiares em manter a dinâmica familiar sem alteração de papéis. Cada tentativa de emagrecimento significa a quebra desta dinâmica que, para a manutenção da família deve ser combatida:

  "Eu sofro preconceito dentro da minha própria casa. A minha filha adolescente não quer sair ao meu lado porque eu sou gorda!" (K. S., 35 anos, IMC = 32 Kg/m2)

  "Meu marido me chamava de gorduchinha e eu achava carinhoso, mas agora estamos separados. Ele me trocou por outra mais magra!" (M. C.T., 47 anos, IMC = 44 kg/m^2).

Essas duas últimas falas mostram como, ao contrário de despertarem a motivação dos pacientes para perder peso e manter a reeducação alimentar, estes comportamentos demonstram ser motivos de exclusão familiar e social.

Técnicas para o trabalho com a obesidade nas famílias

No trabalho com a obesidade nas famílias deve-se dar ênfase:

---

[3] Agradecemos a Dra. Márcia Rebelo Maia pelo material coletado nos grupos de sala de espera do ambulatório de nutrição do HUPE-UERJ.

- A trabalhar com múltiplos membros da família, se possível.
- Ao agenciamento ativo do paciente, sua decisão é o foco.
- Ao esclarecimento, à revelação e ao manejo das questões de inclusão e controle.
- Ajudando as famílias a serem apoiadoras nos esforços de perda de peso, de forma silenciosa e discreta.
- Com o aceite do fracasso do tratamento para emagrecer, sabendo lidar com as frustrações e recomeço.
- Na diferenciação entre o peso que cria problemas médicos e os objetivos de peso culturalmente definidos.
- Enfatizando a necessidade do trabalho com equipe multidisciplinar e múltiplas abordagens.

Os terapeutas que trabalham com pacientes obesos devem avaliar as suas questões pessoais e atuais de peso, como *preocupação* sobre tornarem-se obesos no futuro ou sobre o peso de membros de sua família porque isso pode levar a terem excessivo entusiasmo ou pessimismo sobre ajudar esses pacientes. O tratamento de obesidade é crônico, pode ser sujeito a reincidências e fracasso (este pode não ser a prioridade do paciente). O foco do trabalho não deve ser sobre o peso (perdido ou não), estabelecer um objetivo mais realista de não ganhar peso, e sim uma exploração de quaisquer questões pessoais e familiares que possam impedir que a pessoa obesa comece e siga seu tratamento.

As pessoas obesas e suas famílias tendem a ter crenças mágicas sobre o que os espera de bom se perderem o peso. As questões de inclusão devem ser trabalhadas: A quem o paciente será desleal se perder peso? Que relacionamento será perturbado? Com quem o paciente deixará de fazer suas rejeições? Como ele manejará suas novas possibilidades sexuais? O apoio das famílias deve ser silencioso e não servir de empecilho. Devem apoiar de um modo distanciado e não envolvido no processo.

Para pessoas com excesso de peso crônico, que lutam com questões psicológicas e familiares importantes sobre o comer e o peso, os Programas de Ajuda Anônima, como os Comedores Compulsivos, podem ser úteis. A coesão do grupo ajuda a reduzir o isolamento social, objetiva mais o crescimento pessoal do que somente a perda de peso. Os grupos de suporte de familiares, em instituições públicas e privadas como: Grupos de Sala de Espera, Grupos Homogêneos, Grupos Psicoterápicos, mostram real ajuda aos pacientes (e seus familiares) que encontram identificação com os pares, espelhamento de problemas e soluções comuns, etc.

> A partir de uma perspectiva de terapia familiar, uma intimidade terapêutica efetiva pode ser definida como aquela na qual qualquer membro do sistema (o paciente ou um membro da família) ou qualquer relacionamento no sistema (um relacionamento conjugal, um relacionamento entre pais-filho ou um relacionamento envolvendo o profissional de saúde) muda em uma direção saudável" (McDaniel et al., 1984).

Notas

1. **Sarcopenia do idoso** – "é a redução dos níveis circulantes de hormônio do crescimento, aliada à diminuição da atividade física, favorecendo a perda de massa

muscular, com uma consequente redução de gasto metabólico de repouso, predispondo à obesidade" (Coutinho, W., 1998).

2. **Algumas teorias tentam explicar os mecanismos biológicos para o aumento da obesidade**: a teoria do genótipo poupador (*thrirty genotype*), onde certas populações poderiam apresentar uma maior prevalência de genes que condicionariam um menor gasto energético e para a sociedade moderna, esses mesmos genes passaram a conferir um risco maior para o acúmulo excessivo de tecido adiposo. Outros autores explicam por um aumento de ingestão de lipídios na dieta diária, mesmo sem um aumento da ingesta calórica total. (Coutinho, W, 1998).
3. **Inclusão** – "refere-se às interações relacionadas à vinculação e organização e significado compartilhado na família" (McDaniel et al., 1984, p. 96).

> Não existe ex-obeso. Existe obesidade controlada. Para ter sucesso no tratamento, precisamos ampliar a conscientização sobre o tema e capacitar mais profissionais de saúde para que possam ajudar os pacientes (e suas famílias) nesta jornada... A obesidade é uma doença crônica e recorrente, isto é, ela não tem *cura* e sim *controle*; ou não se resolve após uma perda de peso, e tende a recorrer caso não haja esforços contínuos para manter a perda de peso (por mecanismos fisiológicos). Dr. Bruno Halpern.

Referências

AGUIAR, J. M. *Uma visão sobre o falso self no Paciente Diabético.* Monografia de conclusão de Curso de Especialização em Psicologia Médica. Faculdade de Ciências Médicas. UERJ, 2000.

BENCHIMOL, A. K. Cirurgia Bariátrica – Um método eficaz no tratamento da obesidade mórbida. *Jornal do IEDE RJ*, n. 28, julho/ agosto/ setembro, 2001.

BRASIL, Ministério da Saúde. *Portaria n. 710, 10 de junho de 1999.* Diário Oficial [da República Federativa do Brasil], Brasília, 1999.

CASTRO, I. R. D. E. *Vigilância Nutricional e Alimentar*: interfaces e limitações com a rede de saúde. Rio de Janeiro, Fiocruz, 1995.

COITINHO, O. C; LEÃO, M. M., RECINE, E; SCHIERI, R. *Condições nutricionais da população brasileira*: adultos e idosos. Brasília, 1991. (Pesquisa Nacional sobre saúde e nutrição, MS/INAN).

COUTINHO, W. Obesidade: Conceitos e Classificação, Cap. 20. In: NUNES, M. A. et al. *Transtornos Alimentares e Obesidade.* Porto Alegre, Artmed, 1998.

COUTINHO, W.; PÓVOA, L. C. Comer Compulsivo e Obesidade. Cap.21. In: NUNES, M. A. et al. *Transtornos alimentares e obesidade.* Porto Alegre, Artmed, 1998.

DE LA BALZE, F. A; REINOSO, D. G; TALLAFERRO, A. *Dificuldades psicológicas que perturbam as curas de emagrecimento.* In: Liberman, D. et al. Psicologia del Obeso. Buenos Aires. Ed. Afonso, 1971.

DIDIO, R. Princípios Básicos para o Tratamento Terapêutico da Obesidade. Consenso da Associação Brasileira para Estudo da Obesidade. *Arquivos Brasileiros de Endocrinologia e Metabolismo.* São Paulo, 1995. 39 (3/4): 202-204.

DIRETRIZES BRASILEIRAS DE OBESIDADE/ ABESO – *Associação Brasileira para o Estudo da Obesidade e da Síndrome Metabólica.* – 4. ed. São Paulo, SP, 2016.

GARRIDO JR.A. B; GAMA; Jr. Tratamento Cirúrgico da Obesidade Mórbida. In: PINOTTI, H. W. (Ed.). *Tratado da Clínica Cirúrgica do Aparelho Digestivo.* Vol.1, São Paulo, Atheneu.

LAPLANCHE, J. PONTALIS, J. B. *Vocabulário da Psicanálise.* S. P: Martins Fontes Ed, 1986.

MARTINS, J. D. *Obesidade*: aspectos clínicos. Clínica Pediátrica, São Paulo, v. 19, n. 5, p. 24-26.

McDANIEL, S. et al. *Terapia Familiar Médica. Um Enfoque Biopsicossocial às Famílias com Problemas de Saúde.* Porto Alegre: Artes Médicas, 1994.

MARCHESINI, S. *Aspectos Psicológicos da Obesidade Mórbida.* ABMP NEWS, S. P, Ano 04 # 03, agosto/set, 1999.

MELLO FILHO, J. Aspectos Psicológicos do Diabetes Mellitus (parte 1). In: HC-UERJ. *Curso sobre Diabetes Mellitus*, 2(2): 170-180 abr/jun.

MONTEIRO DA SILVA, M. Portadores de obesidade mórbida candidatos à cirurgia: diagnóstico psicológico, sua necessidade e importância. *Revista de Vetor Editora*, Ano 1 – n. 2, RJ, Abr., 2000.

REIS, A.O.A. Teorias da Personalidade em Sigmund Freud. In: RAPPAPORT, C. R. (Org). *Temas Básicos em Psicologia.*Vol.7, S.P.EPU.

SICHIERI, R. *Epidemiologia da Obesidade. Rio de Janeiro: EDUERJ: 1998 (Coleção Saúde e Sociedade).*

SILVA, M. M. Obesidade Mórbida. Portadores de obesidade mórbida. Candidatos à cirurgia: diagnóstico psicológico, sua necessidade e importância. *Revista Vetor Editora*, ano 1, n. 2, RJ, 2000.

CAPÍTULO 18

Diabetes mellitus e família

Miriam Burd

"Se você quer uma vida longa, tenha uma doença crônica e cuide bem dela".
Diabetes Mellitus, Elliot P. Joslim, Endocrinologista Americano.

Introdução

O diabetes mellitus (DM) é um importante e crescente problema de saúde para todos os países, independentemente do seu grau de desenvolvimento. Em 2017, a Federação Internacional de Diabetes (International Diabetes Federation, IDF) estimou que 8,8% (intervalo de confiança [IC] de 95%: 7,2 a 11,3) da população mundial com 20 a 79 anos de idade (424,9 milhões de pessoas) vivia com diabetes. Se as tendências atuais persistirem, o número de pessoas com diabetes foi projetado para ser superior a 628,6 milhões, em 2045. Cerca de 79% dos casos vivem em países em desenvolvimento, nos quais deverá ocorrer o maior aumento dos casos de diabetes nas próximas décadas.

O diabetes mellitus (DM) é uma doença crônica que acomete pessoas de várias idades, não escolhe sexo e nem classe social. É caracterizado por uma deficiência absoluta ou relativa de insulina que irá influenciar negativamente no metabolismo dos glicídios, proteínas, lipídios, água, vitaminas e minerais e, durante a sua evolução, na dependência de controle metabólico obtido, podem advir complicações agudas e crônicas.

O DM consiste em um distúrbio metabólico caracterizado por hiperglicemia persistente, decorrente de deficiência na produção de insulina ou na sua ação, ou em ambos os mecanismos. Atinge proporções epidêmicas, com estimativa de 425 milhões de pessoas com DM mundialmente. A hiperglicemia persistente está associada a complicações crônicas micro e macrovasculares, ao aumento de morbidade, à redução da qualidade de vida e à elevação da taxa de mortalidade. A classificação do DM baseia-se em sua etiologia. Os fatores causais dos principais tipos de DM – genéticos, biológicos e ambientais – ainda não são completamente conhecidos (Diretrizes da Sociedade Brasileira de Diabetes biênio 2019-2020).

O diabetes mellitus tipo 1 (DM1) é uma doença autoimune, poligênica, decorrente de destruição das células β pancreáticas, ocasionando deficiência completa. O diabetes mellitus tipo 2 (DM2) corresponde a 90 a 95% de todos os casos de DM. Possui etiologia complexa e multifatorial, envolvendo componentes genético e ambiental. Geralmente, o DM2 acomete indivíduos a partir da quarta década de vida, embora se descreva, em alguns países, aumento na sua incidência em crianças e jovens. Trata-se de doença poligênica, com forte herança familiar, ainda não completamente esclarecida, cuja ocorrência tem contribuição significativa de fatores ambientais. Dentre eles, hábitos dietéticos e inatividade física, que contribuem para a obesidade, destacam-se como os principais fatores de risco (Diretrizes da Sociedade Brasileira de Diabetes, biênio 2019-2020).

A gestação consiste em condição diabetogênica, uma vez que a placenta produz hormônios hiperglicemiantes e enzimas placentárias que degradam a insulina. Indicação para rastreamento de DM2 em indivíduos assintomáticos. O diabetes mellitus gestacional (DMG) traz riscos tanto para a mãe quanto para o feto e o neonato, sendo geralmente diagnosticado no segundo ou terceiro trimestres da gestação. Pode ser transitório ou persistir após o parto, caracterizando-se como importante fator de risco independente para desenvolvimento futuro de DM2. A prevalência varia de 1 a 14% a depender da população estudada e do critério diagnóstico adotado (American Diabetes Association, ADA, 2019).

Há outros tipos de DM como: monogênicos (MODY, *maturity-onset diabetes of the young*); diabetes neonatal; secundário a endocrinopatia; secundário a doenças do pâncreas exócrino; secundário a infecções; secundário a medicamentos. O DM é um importante problema de saúde pública, uma vez que é frequente, está associado a complicações que comprometem a produtividade, a qualidade de vida e a sobrevida dos indivíduos, além de envolver altos custos no seu tratamento.

Nos últimos anos, entretanto, tem sido observada uma crescente incidência de diabetes tipo 2 em adolescentes, geralmente associada à importante história familiar, ao excesso de peso e aos sinais de resistência insulínica. A incidência do diabetes tipo 1 mostra acentuada variação geográfica, apresentando taxas por 100 mil indivíduos com menos de 15 anos de idade, as quais variam 7,6 no Brasil. A incidência de diabetes tipo 1 está aumentando nas últimas décadas, particularmente entre crianças com menos de 5 anos de idade. Em 2017, o número mundial de pessoas com DM1, na faixa etária de 0 a 19 anos, foi aproximado em 1.104.500, com estimativa de surgimento de 132 mil casos novos por ano.

O aumento da prevalência do diabetes está associado a diversos fatores, como rápida urbanização, transição epidemiológica, transição nutricional, maior frequência de estilo de vida sedentário, maior frequência de excesso de peso, crescimento e envelhecimento populacional, e também, à maior sobrevida dos indivíduos com diabetes. A Organização Mundial da Saúde (OMS) estima que glicemia elevada é o terceiro fator, em importância, da causa de mortalidade prematura, superada apenas por pressão arterial aumentada e uso de tabaco. Infelizmente, muitos governos, sistemas de saúde pública e profissionais de saúde ainda não se conscientizaram da atual relevância do diabetes e de suas complicações.

As consequências do DM em longo prazo incluem danos, disfunção e falência de vários órgãos, especialmente rins, olhos, coração e vasos sanguíneos. É necessária uma atenção diária ao tratamento, que consta de um plano nutricional adequado, exercícios físicos e medicação oral e/ou injetável. O tratamento bem conduzido é importante porque retardará ou prevenirá o desenvolvimento de complicações agudas e crônicas.

Se a abertura do diabetes se dá na maturidade ou na velhice, e/ou coincide com a aposentadoria, a doença pode ser vivida como esperada e aceita ou não se considerar a possibilidade de mudanças, vendo a perspectiva de morte como inevitável. O diabetes pode ser confundido como o próprio envelhecimento, bem como as complicações da doença (Burd, M., 2004, p.31). A incidência do DM na terceira idade é elevada. As limitações que lhe são impostas são dolorosas e sua resistência a mudanças é elevada. Eles têm menos tolerância e flexibilidade. Os hábitos de vida já estão enraizados e os comportamentos são difíceis de serem mudados. Os idosos diabéticos precisam de maior assitência e saúde, visita mais frequente aos médicos e ambulatórios e apresentam uma maior dificuldade para o desempenho de exercícios físicos, necessitando com maior frequência de cuidados de outra pessoa para a sobrevivência (Burd, 2004, 2010, p. 594).

Concorda-se que o DM está associado à demência em geral. Com relação ao DM1 de início na infância, com melhores terapias e aumento da longevidade, há maior número de adultos que estão envelhecendo bem, além de uma necessidade urgente de se estimar com precisão as contribuições da idade e da doença para a evolução de alterações cerebrais observadas em faixas etárias mais avançadas nesse tipo de pacientes diabéticos. O DM2 na meia-idade e a longa duração da doença são riscos importantes e podem ser fatores que aumentam o efeito da demência no idoso diabético. A maioria dos estudos a partir de 2010, associando o DM2 à demência, revela que a doença está relacionada com o aumento de seu risco. A doença aparece também associada ao comprometimento cognitivo leve e ao comprometimento cognitivo sem demência (Burd, 2018, p. 152).

Fatores psicológicos e ambientais, bem como mudanças no estilo de vida, que comprometem a saúde e a produtividade, influenciam diretamente esta tendência e poderão resultar num surto epidêmico dessa enfermidade nas próximas décadas. Os avanços dos recursos diagnósticos e terapêuticos, conseguidos a partir da evolução tecnológica na área médica, permitiram o aumento da expectativa de vida desses indivíduos. Pari Passu, as doenças crônicas, como o diabetes mellitus, tornaram-se mais controláveis, permitindo uma considerável melhoria na qualidade de vida de seus portadores. O tratamento exige controle e isto dependerá principalmente da forma como seus portadores lidam com a condição de doentes, em função de seu aprendizado e experiências anteriores dentro da cultura a qual pertencem. Nesse sentido, a experiência individual do adoecimento resulta não apenas da expressão de aspectos biológicos, como também da percepção subjetiva e das influências culturais envolvidas no processo de adoecer (Klienman, 1980).

Fatores psicossociais, além dos genéticos, contribuem significativamente, mas em proporções diferentes, para o aparecimento dos Diabetes. Estudos retrospectivos sugerem uma relação entre os eventos estressantes, a abertura e o curso dos Diabetes (Kemmer et al, 1986). Vários estudos relataram os efeitos de intervenções comportamentais ou psicossociais no controle da glicose em pacientes diabéticos: Surwit e Feinglos, (1983), que também especularam que o estresse poderia ser da maior importância nas flutuações da glicemia em pacientes DM não insulino-dependentes do que nos dependentes; Heltz e Templeton (1990) descreveram muitos relatos empíricos que sugeriam que a psicoterapia individual e familiar poderia melhorar o controle glicêmico em alguns pacientes (citados em Stoudemire et al.).

Para McDaniel et al. (1994, p. 91), citando o Surgeon General's Report on Health Promotion and Disease Prevention, "... estamos nos transformando em inimigos de nossa própria saúde. Das dez principais causas de morte nos EUA, pelo menos sete poderiam ser reduzidas, se as pessoas em risco melhorassem apenas com relação a cinco hábitos: dieta, tabagismo, sedentarismo, uso de álcool e uso de medicamentos anti-hipertensivos" (U.S. Department Of Health, Education and Welfare, 1979, p. 14).

Alguns desses hábitos aprendemos na vida em família e depois praticamos durante o resto de nossas vidas. Os hábitos saudáveis são determinados por uma série de fatores como: percepção de sintomas, fatores emocionais, sociais, culturais e cognitivos. Para que o paciente se trate deve perceber a ameaça à sua saúde e deve acreditar no tratamento proposto. Qualquer tratamento que vise à modificação de comportamento deve considerar antes de tudo a prontidão do indivíduo para essa mudança.

A Associação Americana de Educadores em Diabetes (American Association of Diabetes Educators, AADE) criou diretrizes para colocar em prática a educação em diabetes, definindo os vários níveis de educadores, as responsabilidades de cada um e a interação da equipe multidisciplinar no tratamento da doença. O processo terapêutico é mais bem estabelecido com a introdução de equipe composta por médicos, nutricionistas, enfermeiros, educadores físicos, psicólogos, assistentes sociais, farmacêuticos, dentistas, entre outros, com a participação da pessoa com diabetes em todas as decisões, atuando de maneira ativa no seu tratamento. Vale a pena ressaltar que a individualização no tratamento do diabetes é extremamente importante.

Mudanças no estilo de vida são difíceis de serem implementadas, mas muitos hábitos podem ser modificados com a estimulação constante ao longo do acompanhamento interdisciplinar. A educação em diabetes é um dos mais importantes investimentos em longo prazo, já que os custos da saúde dos indivíduos com diabetes e os gastos sociais decorrentes das complicações da doença são altos. O saber escutar e uma análise em conjunto (profissional e paciente) sobre as falas e percepções são determinantes para aprofundar o diálogo em torno das necessidades e demandas em um processo de interação que visa à melhora do autocuidado e ao consequente sucesso no controle do diabetes. O envolvimento familiar é fundamental, promovendo a adaptação dos pais/parentes ao diagnóstico e aos cuidados diários com o diabetes. A autonomia do adolescente é muito importante no bom controle da doença.

Oferecer apoio emocional e boa assistência, juntamente com a atividade de estimular a cooperação e a corresponsabilidade do paciente de sua família é fundamental. Conscientes do problema terão melhores condições de se responsabilizar, cooperando com o tratamento. Considerando a diversidade dos problemas enfrentados por esses pacientes, o tratamento envolve a atuação de uma equipe multidisciplinar: médico, nutricionista, enfermeiro, psicólogo e assistente social, entre outros.

A partir da implantação do Sistema Único de Saúde (SUS), as associações de doentes crônicos encontraram suporte e bases de representação institucional para as suas reivindicações. A participação dos pacientes e suas famílias nas Associações de Pacientes Diabéticos (e Familiares) é outra forma de ajuda. Assim, foi sendo incorporado ao objetivo original das associações (promover ações de autoajuda entre os seus participantes), o papel de defesa da cidadania dos portadores de doenças crônicas. O trabalho das associações é uma força importante junto com os médicos e outros profissionais de saúde no sentido de reverter o padrão tradicional de assistência baseado unicamente no princípio de beneficência. É neste sentido que podemos afirmar que pode ajudar o respeito à autonomia do paciente a crescer e a se afirmar na relação entre médico e paciente (Burd, 2015, p. 100-101). Essas associações, diz-nos Leão Zagury (1993), aglutinam o sentimento coletivo, promovem a integração do diabético e diminuem sua solidão (saber que tem problemas iguais aos de outras pessoas ajuda a superar esse sentimento). Têm papel social importante, servindo de base para o pressionamento das autoridades no sentido de uma legislação em favor dos diabéticos, aprovando ou criando leis que impeçam atitudes discriminatórias, bem como esclarecer à população em geral sobre a doença e sobre outras questões de relevância, que funcionam como suporte social que amplia em muito a função da família.

Aspectos psicossociais do diabetes mellitus

O diabetes acomete pessoas de todas as idades e em todos os estágios do ciclo de vida individual e familiar. O impacto do diagnóstico será diferente da fase crônica que se segue e nos períodos do aparecimento de complicações da doença (cegueira, por exemplo) ou internações para cirurgia (amputação, cirurgia cardíaca, etc.) ou devido à complicação aguda da glicemia no sangue (comas por hipo ou hiperglicemias).

Segundo Debray (1995),

> a carga representada pela doença diabética será diferentemente suportada, de acordo com o lugar por ela ocupado na economia geral da pessoa. Quanto melhor for o seu funcionamento mental, mais a doença se evidenciará circunscrita e assumida e inversamente, se o funcionamento mental estiver alterado, menos a doença poderá ser tratada, mais se tornará invasora e impossível de ser assumida, originando desequilíbrio do diabetes e complicações precoces, por exemplo (p. 27).

Para Mello Filho (1983), o diabetes tende a provocar nos pacientes: insegurança e perda da autoestima, passividade e dependência, desajuste sexual, masoquismo e autoagressões, rebeldia, ansiedade e depressão.

O diabetes mellitus e o falso *self* (Winnicott)

Janaína Marques Aguiar (2000), na sua observação de pacientes diabéticos e na relação destes com o tratamento da doença, notou que alguns apresentavam um comportamento pseudo-adaptativo com as características semelhantes ao que Winnicott denominou de falso self. Este se constitui como uma das mais bem-sucedidas organizações defensivas, responsável por proteger o verdadeiro self. A autora denomina-o "falso-self-ama-seca" (p. 11). [1]

Para Mello Filho (1995), o que determina a patologia do falso self é

> o grau em que se encontra e, na possibilidade de que bloqueie o funcionamento do verdadeiro self... Embora tenha base nos primeiros meses de vida, o falso self pode ser reafirmado, restabelecido ou confirmado em vários momentos da infância e durante toda a vida do indivíduo em situação que assim o exijam... em que se necessite de um comportamento adaptativo (voltado para a imitação, dissimulação, manipulação, etc.) para sobreviver ao meio e como na eclosão de uma doença, por exemplo... o paciente

---

[1] Esse termo foi cunhado por Alice Miller e é na formação do *falso-self* desses pacientes, aquele que cuida excessivamente do *self*.

> pode senti-la como uma agressão direta ao seu verdadeiro self, como uma ameaça a sua existência... são aquelas pessoas que estão sempre reagindo a alguma coisa externa, a viver em função de ao invés de poderem ser fundamente elas mesmas.

Para Aguiar, um falso self mais próximo da normalidade permitirá ao paciente se submeter às exigências do tratamento quanto à dieta, exames periódicos, etc., sem que isso venha impedir um viver verdadeiro. Será possível uma readaptação de toda sua autoimagem sem que isto se constitua como uma perda para o verdadeiro self. Se, por outro lado, houver um alto grau de falso self, o surgimento do diabetes pode significar uma grande tragédia.

O momento em que surge a doença, a história pessoal de cada um, o significado que esta doença assume no seu contexto familiar (e como isto é vivido pelo grupo) e as fantasias que o paciente constrói sobre o seu diabetes, deverão ser levados em conta na atuação do falso self para que não se reforce ainda mais os mecanismos de defesa do paciente.

O diabetes mellitus e a fase do ciclo vital do indivíduo

Se o DM, tipo 1, ocorrer nas fases iniciais do desenvolvimento de uma criança, a doença atravessa a construção da identidade do indivíduo e os pais podem tender à superproteção impedindo o bom desenvolvimento físico e psíquico de seu filho. A criança pode assumir uma postura de dependência passiva diante de um comportamento superprotetora, o que pode levá-la à construção de uma imagem fragilizada de si, incapaz de corresponder às expectativas alheias em qualquer âmbito (Burd e Graça, 2000). Para Aguiar (2000), é um terreno fértil para a instalação de um falso self, dada à posição submissa em que a criança se encontra diante da doença e da família (p. 17).

Por ser uma doença hereditária, os pais podem se sentir culpados ou culparem-se uns aos outros. Esse sentimento pode ser demonstrado também pela rejeição ao filho doente, descuidando-se dos cuidados necessários à manutenção do bom controle. Mello Filho (1983) cita exemplos de pais omissos e distantes entre aqueles que, não possuindo estrutura capaz de suportar as tensões da doença crônica, fogem de suas responsabilidades por meio de vários pretextos da vida em família. Há no sofrimento dos pais o sentimento de raiva, de terem sido injustiçados com um filho doente ou roubados em seu sonho de um filho perfeito. Há o sentimento de culpa por ter gerado um filho diabético e por ter que puni-lo num controle rígido da alimentação, doses diárias de insulina e frequentes exames.

A redistribuição de papéis familiares pode tornar o papel da mãe mais forte e valorizada por cuidar do pequeno diabético, dos irmãos sadios serem mais amados por possuírem saúde ou, ao contrário, serem esquecidos pela maciça atenção dada à criança diabética. A ansiedade produzida por tais sentimentos ambivalentes dos pais é percebida pela criança doente. Esta pode manipular, e consegue, através de fugas do tratamento, alguma compensação.

Se a abertura do caso ocorrer na adolescência, o movimento de independência desse jovem pode ser obstaculizado ou dificultado. Burlar a dieta, não querer fazer os exames, são algumas das transgressões ao tratamento e características de uma atuação, permanente ou transitória de falso self. Os pais se sentem culpados e a sua permissividade poderá aliviar a culpa. A doença vem de encontro à busca do jovem na definição de sua identidade. É a fase de contestação dos valores vigentes e normas familiares, da busca de independência em relação aos pais, do reaflorar da sexualidade, da vinculação a grupos e do gosto pelo risco baseado no sentimento de imortalidade. Assim, a adolescência é um momento crítico para o controle do diabetes.

Mesmo que a doença tenha surgido na infância e que, no passado, tenha havido um bom controle do DM, agora na adolescência, há a chance do adolescente se rebelar contra a situação e da recusa em participar do seu tratamento, mantendo uma postura passiva e dependente dos pais, transgredindo o tratamento às escondidas. Debray (1995) considera que os jovens, por meio destas condutas, exprimem suas reações de oposição e se abstém de por em questão a própria existência da doença que os afeta.

A adolescência é também um momento decisivo para ocorrer comportamentos de falso self. De acordo com as identificações que faça, com o grupo que escolha, o jovem poderá reafirmar ou não um verdadeiro self, por exemplo, na escolha profissional, ou na busca falsa que se esconde por detrás da sua condição de portador de uma doença (Aguiar citando Mello Filho).

Se surpreender um adulto jovem, o lado profissional e de constituição de sua própria família pode ser sentido como problemático, podendo ser adiado ou não realizado. O projeto de ter filhos pode ser evitado por receio de a prole ter a mesma doença. Essa decisão de ter ou não filhos pode, então, tumultuar o curso gravídico de gestantes diabéticas (ou com diabetes gestacional). O casamento de pacientes adultos pode ser prejudicado por atitudes infantis e regressivas do cônjuge diabético e a recusa em ter relações sexuais. As dificuldades financeiras por má adaptação profissional, sentida como oriundas do diabetes, podem levar às dificuldades de se tornarem adultos.

Se o DM, tipo 2, ocorrer antes da faixa etária considerada esperada (a partir dos 40 anos de idade) pode dificultar para o indivíduo aceitar mudanças de hábitos de vida (dieta, exercícios físicos, abandono do tabagismo, álcool e outras drogas), aprender a lidar com o estresse diário, que dificultarão a adesão ao tratamento prescrito. A obesidade, algumas vezes, pode funcionar como uma defesa de falso self. A dificuldade de perder peso é o medo de perder o falso self, o medo de perder a capa adiposa defensiva sem a qual não saberá lidar com o mundo (Mello Filho, 1995).

Se a abertura da doença ocorrer quando o membro familiar estiver no auge da sua vida laborativa, pode fazer com que papéis familiares precisem ser redistribuídos ou mesmo ocupados e, se ocorrerem durante a terceira idade e/ou coincidindo com a aposentadoria, a doença pode ser vivida como esperada e aceita, ou não se considerar a possibilidade de mudanças e a perspectiva da morte como inevitável. O diabetes pode ser confundido com o próprio envelhecimento bem como as complicações da doença.

Para Lerário (2002), a prevalência e incidência na terceira idade são elevadas. Nas faixas mais elevadas atingem 10% da população adulta, acima de 60 anos de idade, uma de cada seis pessoas da população tem diabetes, e nos maiores que 80 anos o diabetes está presente em um de cada quatro pessoas. Os idosos com diabetes necessitam maior assistência de saúde, visita mais frequente a médicos e ambulatórios e, segundo diferentes estudos clínicos, apresenta uma maior dificuldade para o desempenho de exercícios físicos e necessitam com maior frequência de cuidados de outra pessoa para a sobrevivência.

Santos e Mello Filho (1995) ressaltam que a equipe de saúde deve estar atenta à fantasia dos pacientes mais velhos quanto a ficarem impotentes sexualmente, bem como de apresentarem outros quadros mórbidos (AVC, demências, depressão), seja pela idade, seja pelo diabetes.

Aguiar nos diz que, de forma geral, é difícil o tratamento dos pacientes com alto grau de falso self (principalmente os adultos e idosos), pela dificuldade de acesso ao verdadeiro self e pelos benefícios que o comportamento falso self possibilita (p. 21).

Por vezes, o membro familiar diabético de evolução tempestuosa pode aprender, de várias formas, a provocar episódios de hiper ou de hipoglicemia, para chamar sobre si a atenção, passa a controlar o ambiente familiar ou fugir de situações de responsabilidade.

O diabetes favorece o comportamento de burlar o tratamento, principalmente à dieta, nos períodos assintomáticos da doença. Nesses períodos, esta não se mostra, mas continua tendo que ser controlada o tempo todo. Dessa forma, é necessário que a estruturação interna do indivíduo diabético facilite a adaptação à nova realidade. A figura do médico (e equipe) que cuida desse paciente precisa ser mediador da relação paciente/doença, entendendo o que está acontecendo.

O paciente diabético e sua família

Devemos entender a doença diabética no seu modo psico-sócio-somático, os processos de adaptação ou não adaptação, como todos os estresses, limitações e possibilidades mórbidas que podem lhe trazer. Ao lado do bom controle metabólico, que é necessário se atingir para evitar as possíveis complicações, há a possibilidade de complicações psicológicas decorrentes da doença, os seus efeitos duradouros sobre o desenvolvimento emocional e social que se seguem (Burd, M, 2007, p. 125).

Foi a partir de um estudo sobre diabetes de controle lábil (asma e anorexia nervosa) que Salvador Minuchin (e colaboradores) observou crianças que eram internadas em ceto-acidose e que após breve tempo no hospital voltavam ao convívio familiar e logo apresentavam novas descompensações. Apesar de muitas críticas terem sido feitas a esse estudo, foi a partir dele que se percebeu a estrutura dessas famílias, chamadas psicossomáticas, e que contribuem para a dificuldade de lidar em seu seio com membros com doença crônica como o diabetes.

Suas características são: famílias emaranhadas (ou simbióticas), em que o limite entre as individualidades fica prejudicado; triangulação, onde a criança ou o adolescente doente participa dos conflitos dos pais e é obrigada a se aliar a um contra o outro; e dificuldade familiar de resolver os conflitos do cotidiano, passando a doença crônica e seu agravamento ou descontrole frequente chamar mais a atenção do que os problemas psíquicos que ameaçam o precário equilíbrio familiar. Outras vezes, o familiar diabético é visto como bode expiatório da família, colocando sobre ele a culpa por todos os problemas familiares.

Em todos os casos, a família é a chave principal para a aceitação da doença: o diabético, em qualquer idade, tende a aceitar melhor sua condição, sente-se o mesmo por parte da família, se ela participa do tratamento e encara a questão de forma tranquila. A situação ideal é aquela em que a família mostra interesse em aprender o que é o diabetes, e como ajudar no tratamento.

Apesar de muitas doenças crônicas serem raras, juntas, elas afetam cerca de 15 a 18% da população infantil. Deste total, aproximadamente 5% seriam de doenças crônicas persistentes ou recorrentes (Garralda, 1994). Peccinini et al. (2003) promoveram uma pesquisa com mães de filhos com e sem doenças crônicas, e tiraram algumas conclusões a respeito, por exemplo, os cuidados diários exigidos pelo tratamento da doença, bem como a fragilidade física e emocional da criança podem afetar as práticas educativas maternas. No artigo citado, os autores apontam, no que concerne à relação da mãe e do pai com sua criança portadora de doença crônica, é comum que esses pais apresentem dificuldades em lidar com o seu filho. Tais complicações podem ser expressas através de comportamento de extrema preocupação (Bradford, 1997), de irresponsividade às reais necessidades da criança (LEITCH, 1999), de superproteção (Bradford, 1997; Sabbeth, 1984), de estilos interativos, ansioso e defensivo, ou ainda, de negligência, quando os pais procuram evitar o envolvimento com a criança por medo de que ela possa vir a morrer precocemente (Sabbeth, 1984).

Nesse sentido, a presença de doenças ou deficiências pode aumentar o risco de maus-tratos à criança (abuso ou negligência) no interior da família devido, em parte ao estresse provocado pelo alto nível de exigência das crianças com precárias condições de saúde, e também, às experiências de separação precoce decorrentes de hospitalizações extensivas (White, Benedict, Wulff & Kelley, 1987). Os pais com filhos doentes crônicos estão expostos a interações e situações muito estressantes, exigindo deles que lancem mão de práticas educativas[2] para regular o comportamento da criança, muitas vezes alterado, em função de demandas médicas e de cuidados com a saúde. A enfermidade crônica na infância pode afetar profundamente a percepção dos pais acerca do desenvolvimento de seus filhos, bem como a forma com que a disciplina é introduzida e conduzida na vida da criança.

A maioria dos problemas de relacionamento ou de comportamento do diabético, denunciado no atendimento da equipe de saúde (público ou privado), já existia antes do aparecimento do diabetes na família. Quando o pai não quer participar do tratamento do diabetes, a dinâmica familiar já vinha acontecendo dessa forma e só se tornou evidente com o surgimento desse fato novo. Algumas vezes a ausência do pai no tratamento do filho diabético é explicada pela mãe. Ela o caracteriza como pai ausente e ao mesmo tempo agressivo, outras vezes é descrito como omisso, isentando-se dos cuidados com o filho diabético. Nestes casos, ao final de algum tempo a mãe sente-se cansada por ser a única responsável pelos cuidados do filho. O ideal seria que muitos membros na família (e do entorno social) possam ajudar nesses cuidados, dividindo responsabilidades e apreensões.

Na adolescência, os pais podem reclamar da agressividade do filho diabético. Essa condição normalmente era também uma condição preexistente que passou a ser percebida após o diagnóstico da enfermidade. Saito e Colli (1995) chamam a atenção para a Síndrome da Adolescência Normal, onde a busca da identidade e independência dos pais é o topo de uma lista. Dessa também fazem parte os comportamentos de risco que podem se orientar, no diabético adolescente, para a própria doença. Os jovens se sentem invulneráveis e se atraem na experimentação do novo, desafiando o desconhecido. Eles são capazes de modificar a dieta (ingestão excessiva ou insuficiente, jejum prolongado, ingestão de álcool e/ou drogas) para testar se a necessidade diária de insulina é mesmo real, ao mesmo tempo em que deixam de controlar a glicemia por meio dos testes sugeridos pelo médico. Isso pode resultar em ceto-acidose ou controle insuficiente e inadequado do diabetes com repercussões tardias.

---

2 As práticas educativas parentais são definidas na literatura como estratégias utilizadas pelos pais para orientar o comportamento dos filhos no sentido de fazer com que eles adquiram certos comportamentos, e também, para suprimir ou reduzir outros considerados socialmente inadequados ou desfavoráveis (GRUSEC & LITTON, 1988; MUSSEN, CONGER, KAGAN & HUSTON, 1990; NEWCOMBE, 1999). Para Hoffman (1975,1994), há duas grandes categorias: as estratégias indutivas e as de força coercitiva. As práticas indutivas se caracterizam por atingir o objetivo disciplinar indicando para a criança as consequências do seu comportamento e as coercitivas, pela aplicação direta de força, incluindo punição física, privação de privilégios e afeto ou uso de ameaças.

Essas experiências, se repetidas frequentemente, podem levar a internações hospitalares e ser consideradas tentativas inconscientes de suicídio. Algumas vezes, o atendimento médico pode chegar muito tarde e essas tentativas podem chegar a termo. Felizmente, essa situação extrema não é frequente. Para Mello Filho (1983), estas atitudes representam o desejo de punir os pais. Em termos de falso self, podem significar a última defesa contra o domínio do falso self. Neste contexto, o suicídio seria, então, uma tentativa de evitar o aniquilamento do self verdadeiro recorrendo à destruição do self total (Winnicott, 1990, citado por Aguiar).

Segundo Gavazzi (1993), no seu estudo sobre os níveis de tolerância das famílias em relação à individualidade e intimidade de seus filhos, o autor forneceu alguns indícios de que, quanto maior o controle da família em relação ao adolescente, menor a capacidade deste em desenvolver sua individualidade e, consequentemente, menor será sua capacidade de enfrentar sozinho os eventos da vida, ou seja, usar estratégias de enfrentamento.

Em qualquer situação, o diálogo franco ajuda, sempre se deve valorizar a participação do adolescente. Todos os sentimentos e os problemas devem ser discutidos abertamente e o estresse excessivo dos pais deve ser motivo de preocupação e esclarecimento por parte da equipe profissional. O maior objetivo é o adolescente assumir progressivamente, até chegar ao controle completo do diabetes, ou seja, a total responsabilidade por sua saúde.

Alguns adolescentes (e suas famílias) podem ser ajudados pelo profissional psi. A maioria pode ser convidada a participar de grupos de apoio para adolescentes diabéticos, com equipe multiprofissional, em que aceitam e recebem mais facilmente críticas e observações de pessoas de sua mesma idade. Quando a dificuldade está mais na família, esta também é convidada a participar de grupos de familiares para ajudar seus filhos, no processo de independência, no de transferência de responsabilidades, com ritmo próprio, que dependerá de cada adolescente.

A ambivalência dos familiares, comum nesta fase, deve ser evitada. Frases como "Você não é mais uma criança" acabam por confundir o jovem quando se segue outra como "Você ainda não pode", tornando pouco claro os limites para sua atuação. A grande parte das queixas dos pais é em relação à crise da fase da adolescência, e não ao diabetes. Este é um período difícil para o tratamento e controle da doença, e não pode ser dissociado da crise do ciclo vital, quando o jovem não quer expor nem falar das mudanças que estão ocorrendo em seu corpo em função da entrada na idade adulta. Por outro lado, a doença pode provocar uma redistribuição de papéis na família: a mãe se sente valorizada, os irmãos serem mais amados porque são saudáveis ou, ao contrário, serem esquecidos pela grande atenção dada ao irmão doente (Burd, M, 2007, p. 132).

O suporte familiar pode ser considerado ótimo, quando houver na família altos níveis de carinho e permissão para seus membros, nos dizem Baptista, Baptista e Dias (2001). Tem o objetivo de atenuar os efeitos estressantes do cotidiano e funcionaria como um colchão amortecedor.

Muitas vezes, os ganhos inerentes à doença, os chamados ganhos primários e secundários à doença, podem ser vividos, de início, como mais atenção e carinho, e depois podem ser de culpa, como sendo o castigo por algum feito do passado. A ideia de castigo, para o membro doente e para o resto da família, pode ser desfeita pela informação a respeito da doença.

Quando o membro da família já apresenta graves complicações da doença, como a cegueira, a amputação de membros, a necessidade de diálise renal, transplante e doença cardíaca, é importante ajudar a família e o paciente a se adaptar às incapacitações: nem sempre são decorrentes de abuso ou abandono ao tratamento, podem estar associadas ao tempo longo de doença, ao diagnóstico tardio em que é realizado, quando o paciente já chega ao médico com as complicações do diabetes.

Lidar com um membro familiar diabético, em qualquer idade, pode ser difícil para a família. A sobrecarga familiar pode ser definida como sendo o estresse emocional e econômico a que as famílias se submetem no lidar com um membro doente. Os encargos podem ser dispendiosos, diários, repetitivos e de alguma forma complicados de serem executados. A isso, na língua inglesa, temos a palavra burden que é frequentemente usada para descrever os aspectos negativos associados aos cuidados de indivíduos doentes e equivale aos termos fardo, impacto, sobrecarga e interferência. Pode ser, de um lado, uma sobrecarga objetiva, como dificuldades concretas, e subjetiva, de outro, que se refere aos sentimentos pessoais sobre o ato de cuidar do paciente (Platt, 1985, apud Burd, 2015, p. 98).

Deve-se se dar mais ênfase ao trabalho de grupo com equipe multiprofissional. Podemos citar alguns: Grupos de Sala de Espera nos ambulatórios e consultórios; Grupos Homogêneos, quanto à idade e tipo de diabetes; Grupo de familiares, Colônias de férias; Associações de pacientes diabéticos, etc.

Grupos com familiares de diabéticos

Segundo Burd e Graça (2000),

> nos grupos de familiares, graças às experiências de outros familiares, estes tomam consciência das condutas de risco a que o membro foi exposto ou pode expor-se e, até este momento não davam importância... As pessoas aliviam-se ao descobrir que os outros compartilham seus problemas e que transitam por caminhos semelhantes... O encontro de familiares permite uma rica troca, as famílias podem ajudar-se mutuamente (p. 228).

Quase sempre os familiares atribuem causas para o início da doença. Essas explicações se organizam em teorias etiológicas. Levcovitz (1999) tenta justificar as explicações adotadas pelos familiares como "forma de continuar oferecendo um significado singular e intransferível àquela pessoa, numa tentativa de não dissociar a doença do contexto social". Os familiares, nas consultas e nos grupos terapêuticos, fornecem essas explicações como um ato de recriar a história do indivíduo. Essa memória familiar, continua a autora, tem em si um efeito tranquilizador (terapêutico).

Dentre as teorias familiares para o início do diabetes temos, por exemplo: um período de desarmonia familiar, um desentendimento grave na família que causou um distanciamento que não pode ser absorvido, uma experiência de solidão, por conta de viuvez, ou de aposentadoria e outras rupturas no ciclo vital, no qual o indivíduo esteve sozinho por um longo período. Outras vezes foram perdas significativas ou mudanças profundas, como o emprego ou a falência da própria empresa de que se era sócio, a morte de um dos avós de quem era tão próximo, entre outras.

Além dos problemas e intercorrências do diabetes, as esperanças de cura são uma constante nos grupos. Às vezes, são apresentadas pelo recurso da família às práticas mágicas e/ou religiosas, chás, ervas milagrosas e referendadas pelo meio social em que vivem. Outras vezes porque o membro familiar, com glicemia controlada, não apresenta sintomas e os medicamentos são suspensos para se certificar de que eles são desnecessários. Isso acontece com pais de crianças diabéticas. As crianças pioram, podem até ser internadas e os pais confessam, com vergonha, o que fizeram.

Os problemas ligados às restrições alimentares são aspectos muito citados nos grupos de familiares. Cramer e colaboradores (1979), no seu trabalho sobre crianças diabéticas e suas famílias, abordam o vivido da doença e contribuem para organizar a experiência da escuta dos pais nos grupos. Demonstram que a alimentação se torna perigosa e, como esta representa para a mãe o seu amor pela criança, a mãe também se torna perigosa. A doença seria para a mãe sinal que amou mal, alimentou mal o filho. Para os adultos diabéticos, a dieta especial também é difícil de ser cumprida. Mesmo aqueles que antes do diabetes não gostavam de comer doce, agora sentem falta, porque neste momento eles são proibidos.

Outra dificuldade encontrada é o risco do aparecimento do coma. Para os pais, representa o grau máximo de ansiedade. Para os adultos, também é muito temido. Apesar de serem informados que é importante andarem na rua com alguma identificação sobre a condição de diabético, temem não serem atendidos com rapidez ou eficiência, ou serem confundidos como alcoólatras ou drogados. Em relação ao coma hiperglicêmico, há o sentimento de agravamento da doença, com a necessidade de internação. Quanto ao coma hipoglicêmico, pelo caráter mais súbito, é mais ligado às fantasias de morte. Surge uma dinâmica de vigilância mais severa sobre o membro familiar diabético.

Ainda, segundo as autoras Burd e Graça, "esses fatores revelam atitudes clássicas encontradas em todas as doenças crônicas e suas famílias: hiperproteção ansiosa, rejeição, denegação onipotente, aceitação tolerante e realista da doença" (p. 229).

A compreensão empática da equipe multiprofissional que atende a família facilitará a adesão ao tratamento diabético e de sua integração na sociedade em que vive, quando o controle da doença não for mais sentido como uma provação, mas sim como um instrumento que ele pode usar para melhorar sua qualidade de vida.

O diabetes, pela sua natureza crônica, a gravidade de suas complicações e os meios necessários e custosos para controlá-las, tornam esta doença muito onerosa para os indivíduos acometidos, suas famílias e para o sistema de saúde. Além do problema econômico, há os custos intangíveis, como a dor, a ansiedade, a inconveniência e a perda da qualidade de vida (Burd, 2010, p. 599).

Terminamos este capítulo com a definição de diabetes mellitus para Júlio de Mello Filho (Comunicação Pessoal, 2008):

"O diabetes mellitus é uma doença psicossomática porque se inicia frequentemente numa fase de estresse emocional e sofre a influência de fatores ou de distúrbios na sua evolução".

Notas

- O diabetes mellitus (DM) consiste em um distúrbio metabólico caracterizado por hiperglicemia persistente, decorrente de deficiência na produção de insulina ou na sua ação, ou em ambos os mecanismos. Atinge proporções epidêmicas, com estimativa de 425 milhões de pessoas com DM mundialmente (Diretrizes SBD, 2019-20, p. 20).
- A insulina é um hormônio secretado pelas ilhotas pancreáticas de Langherans e favorece a utilização de açúcar. No paciente diabético, não é produzida ou não funciona bem. Alguns diabéticos precisam de insulina em forma de injeção ou bomba de infusão ou de comprimidos orais, os hipoglicemiantes.

- A hipoglicemia é um fator limitante no manejo do controle glicêmico e é a complicação aguda mais frequente em indivíduos com DM1, podendo, entretanto, ser observada também naqueles com DM2 tratados com insulina e, menos comumente, em tratados com hipoglicemiantes orais (p. 112).
- A hiperglicemia persistente está associada a complicações crônicas micro e macrovasculares, aumento de morbidade, redução da qualidade de vida e elevação da taxa de mortalidade (p. 20).
- A cetoacidose diabética (CAD) é uma complicação grave que pode ocorrer durante a evolução do diabetes mellitus tipos 1 e 2 (DM1 e DM2).1 Está presente em cerca de 25% dos casos no momento do diagnóstico do DM1 (p. 453).
- A monitorização contínua da glicose evoluiu para sistemas que apresentam as medidas em tempo real ao paciente. O uso de tecnologia para melhor gerenciamento da glicemia (em inglês, real time: rt-CGM), possibilitando melhor gerenciamento do controle da doença (p. 08).
- Foram desenvolvidos sistemas de monitoramento contínuo de glicose (SMCG) para melhor avaliação dos padrões e da variabilidade glicêmica, do tempo em que o paciente permanece no alvo glicêmico e ainda para alertar quanto a hipoglicemias preditas ou já presentes, evitando a piora de desfechos. De forma geral, o SMCG é um tipo de *holter* de glicose que mede e registra os níveis desta no tecido celular subcutâneo. A medida é feita no fluido intersticial por meio de um sensor inserido sob a pele, no tecido subcutâneo. As informações medidas pelo sensor são transmitidas a um transmissor (p. 87).
- O SICI – ou bomba de infusão de insulina – é um dispositivo mecânico com comando eletrônico que injeta insulina de forma contínua, de um reservatório para um cateter, inserido no tecido subcutâneo, geralmente na parede abdominal, no glúteo, no braço ou na coxa. Parece ser o padrão-ouro no tratamento intensivo do DM1, mas necessita de acompanhamento por equipe treinada e capacitada (p. 206).
- As primeiras diretrizes oficiais para o uso de tecnologias avançadas no tratamento de pacientes com diabetes foram apresentadas em 28 de maio na reunião anual de 2021 da *American Association of Clinical Endocrinology* (AACE), realizada *on-line*, e publicadas simultaneamente no periódico *Endocrine Practice*.
- A pandemia de Covid-19 tem impulsionado o uso de tecnologias para o atendimento remoto de pacientes com doenças crônicas. Os resultados em relação ao controle das doenças têm sido bons, mas os benefícios desse recurso parecem ir além. É o que mostra um estudo recém-publicado na *Acta Diabetologica*, no qual pesquisadores da Universidade Federal do Rio Grande do Sul (UFRGS) e da Pontifícia Universidade Católica do Rio Grande do Sul (PUCRS) mostram que a telemedicina foi capaz de mitigar o impacto psicológico negativo da pandemia de Covid-19 em pacientes com diabetes *mellitus* tipo 2.
- *Self*, em inglês, significa auto, de si mesmo. Donald Winnicott (1990) se refere ao self como o núcleo da personalidade, definindo-o como uma unidade integrada psicologicamente e com uma existência psicossomática.
- -Falso self, Winnicott denominou de falso o self que não é da ordem do espontâneo, mas antes, fundamentado na submissão à mãe ou aos seus substitutos. O falso self passa a ser uma defesa cujo êxito pode constituir uma ameaça à base do self.

- *Verdadeiro self* é o que há de mais espontâneo e verdadeiro e, portanto, expressão da realidade interna do indivíduo.

Referências utilizada para as notas

DIRETRIZES DA SOCIEDADE BRASILEIRA DE DIABTES – biênio 2019-2020.

SETIAN, N et al. Diabetes Mellitus na Criança e no Adolescente. Encarando o desafio. SP, Sarvier, 1995.

SANTOS, T. *Consulta por telefone reduziu o impacto da pandemia na saúde mental de pacientes com DM2* – Medscape Notícias Médicas © 2021 WebMD – 18 de junho de 2021.

SERFATY, F M. Diretrizes para uso de tecnologias avançadas no tratamento de pacientes com diabetes – Medscape Notícias Médicas © 2021 WebMD – 22 de junho de 2021.

WINNICOTT, D. O Ambiente e os Processos de Maturação: Estudos sobre a teoria do desenvolvimento emocional. Porto Alegre, Artes Médicas, 1990.

Referências

AGUIAR, J M de. Uma Visão sobre o falso self no paciente Diabético. Monografia de final do curso de especialização em Psicologia Médica, Faculdade de Ciências Médicas da UERJ, 2000.

ASCHNER, P. Tendências em Diabetes na América Latina. In: Anais de Congresso – Internacional Diabete Federation – México, 2000.

BAPTISTA, M N; Baptista, A, S. D.; Dias, R. R. Estrutura e Suporte Familiar como fatores de risco na depressão de adolescentes. Artigo: Revista Psicologia, Ciência e Profissão, 2001, 21(2), 52-61.

BURD, M. A família e a doença crônica na Infância – o Diabetes Mellitus tipo1 – Atendimento Psicológico Grupal aos Familiares de Crianças Diabéticas. Monografia submetida como parte dos requisitos necessários à obtenção do grau de especialista em Psicologia Médica. Faculdade de Ciências Médicas da Universidade do Estado do Rio de Janeiro, 1996.

BURD, M. A Criança e o diabetes – Uma visão psicossomática. RJ: Gráfica Trena, 2007.

BURD, M. Diabetes mellitus – uma visão psicossomática. Capítulo 47. In: MELLO FILHO, J e Burd, M (Org.). Psicossomática hoje. 2 ed. PA: Artmed, 2010.

BURD, M. Novas configurações familiares: desafios e soluções para a terapia da família com pacientes somáticos. RJ: Ed. WAK, 2015.

BURD, M.; GRAÇA, L. A. Grupos com Diabéticos. Cap.13. In: MELLO FILHO, J e colaboradores. Grupo e Corpo: Psicoterapia de Grupo com Pacientes Somáticos. Porto Alegre: Artes Médicas, 2000.

BURD, M.; RODACKI, M; VELASQUES, B B. Déficits cognitivos e demências associados ao Diabete Melito. Capítulo 11. In: VELASQUES e Ribeiro (Org). Neurociências e Longevidade. Sobre o envelhecimento saudável e patológico. RJ: Ed. Rubio, 2018.

CRAMER, B; FEITHL, F. Le Diabète Juvenile, Maladie Diffile a Vivre, et a Penser: Ètude Psychiatrique Multifocale d' Enfants Diabétiques. Psychiatri de L'Enfant, n. XXII 1979.

DEBRAY, R. O Equilíbrio Psicossomático: e um Estudo sobre Diabéticos. São Paulo, Casa do Psicólogo, 1995.

DIRETRIZES DA SOCIEDADE BRASILEIRA DE DIABETES – Anos 2019-2020;

GAVAZZI, S. M. The Relation Family Differentiation Levels in Families with Adolescence and the Severity of Presenting Problems, Family Relations, 42(4): 463-468.

KLEINMAN, A. Patients and Healers in the Context of Culture: and exploration of the borderland between anthropology, medicine and psychology. Berkeley: University of California Press, 1980.

LERÁRIO, A. C. O Diabetes na Terceira Idade. Revista De Bem Com a Vida. Especial de 14 de novembro, Ano 3, Edição n. 12- Out/nov de 2002.

LEVCOVITZ, E.C. A morte do eu – a doença de Alzheimer na família. Cadernos do IPUB, Instituto de Psiquiatria, UFRJ, 1999.

MAIA, M R. Grupos de Sala de Espera com Pacientes Diabéticos. Monografia de final de Curso de Especialização em Psicologia Médica, Faculdade de Ciências Médicas, UERJ, 1999.

McDANIEL, S H. et al. Terapia Familiar Médica: um enfoque biopsicossocial às famílias com problemas de saúde. Porto Alegre: Artes Médicas, 1994.

MELLO FILHO, J. Artigo. Aspectos psicológicos do diabetes mellitus. In: Revista Medicina. Rio de Janeiro: Hospital de Clínicas da UERJ – Parte 1, abril / junho, vol. 2, n 2, 1983.

MELLO FILHO, J. Ibid. Parte 2, aula 6, julho / setembro, vol. 2, n. 3, 1983.

MELLO FILHO, J. O Ser e Viver: Uma visão da Obra de Winnicott. Porto Alegre: Artes Médicas, 1995.

MINUCHIN, S. Famílias, funcionamento e tratamento. Porto Alegre, Artes Médicas, 1982.

SAITO, M I, COLLI, A. S. O Adolescente Diabético. In. SETIAN et al. Diabetes Mellitus na Criança e no Adolescente, encarando o desafio. São Paulo, Sarvier, 1995.

SANTOS, A C M, MELLO FILHO, J. O impacto do diagnóstico e do tratamento. In: OLIVEIRA, R. (Org.). Diabetes Dia a Dia. Rio de Janeiro: Revinter, 1994, pp. 217- 222.

STOUDEMIRE, A et al. Fatores psicológicos afetando condições médicas. Porto Alegre: Artes Médicas, 2000. pp. 173-184.

WINNICOTT, D. O Ambiente e os processos de maturação: Estudos sobre a teoria do Desenvolvimento Emocional. Porto Alegre: Artes Médicas, 1990.

ZAGURY, L. Aspectos Psicológicos e Sociais do Diabetes Mellitus. In: Orientações básicas para o diabético. Ministério da Saúde, 2 ed., Brasília, 1993.

CAPÍTULO 19

Hipertensão arterial e família

Miriam Burd

Felipe de Medeiros Tavares

"O hipertenso é como o vulcão em ebulição antes da erupção, a qual nunca acontece."
(HAYNAL, A. e PASINI, W., 1983)

"O indivíduo fala com o corpo e com ele se defende.
Com o corpo, ele obtém atenção e cuidados.
Com o corpo, ele exprime seus desejos e fantasias.
Com o corpo, ele enfrenta as situações estressantes.
Com o corpo, também ele se recrimina, ele se culpa".
(EUGÊNIO PAES CAMPOS, 2000)

Introdução

Segundo as Diretrizes da Hipertensão Arterial de 2020, a hipertensão arterial (HA) é uma doença crônica não transmissível (DCNT) definida por níveis pressóricos, em que os benefícios do tratamento (não medicamentoso e/ ou medicamentoso) superam os riscos. Trata-se de uma condição multifatorial, que depende de fatores genéticos/ epigenéticos, ambientais e sociais, caracterizada por elevação persistente da pressão arterial (PA), ou seja, PA sistólica (PAS) maior ou igual a 140 mmHg e/ou PA diastólica (PAD) maior ou igual a 90 mmHg, medida com a técnica correta, em pelo menos duas ocasiões diferentes, na ausência de medicação anti-hipertensiva.

Por se tratar de condição frequentemente assintomática, a HA costuma evoluir com alterações estruturais e/ou funcionais em órgãos-alvo, como coração, cérebro, rins e vasos. Ela é o principal fator de risco modificável com associação independente, linear e contínua para doenças cardiovasculares (DCV), doença renal crônica (DRC) e morte prematura. Associa-se a fatores de risco metabólicos para as doenças dos sistemas cardiocirculatório e renal, como dislipidemia, obesidade abdominal, intolerância à glicose e diabetes mellitos (DM).

Os dados de prevalência no Brasil tendem a variar de acordo com a metodologia e a casuística utilizadas. Segundo a Pesquisa Nacional de Saúde de 2013, 21,4% (IC 95% 20,822,0) dos adultos brasileiros autorrelataram HA, enquanto, considerando as medidas de PA aferidas e uso de medicação anti-hipertensiva, o percentual de adultos com PA maior ou igual que 140 por 90 mmHg chegou a 32,3% (IC 95% 31,733,0). Detectou-se que a prevalência de HA foi maior entre homens, além de, como esperado, aumentar com a idade por todos os critérios, chegando a 71,7% para os indivíduos acima de 70 anos.

Estudo realizado nas capitais brasileiras demonstrou que 24,7% da população brasileira apresentou diagnóstico de hipertensão em 2018 (Brasil, 2019a). No Brasil, no ano de 2016, essa patologia foi responsável por cerca de 49640 óbitos, evoluindo para o quadro de 388 mortes por dia no ano de 2018 (Brasil, 2019b).

A HA tem alta prevalência e é um dos principais fatores de risco para as DCV e renais, apresentando determinantes genéticos, ambientais e sociais combinados. Mostra-se de fácil diagnóstico e seu tratamento é eficaz utilizando-se um arsenal terapêutico diversificado, bastante eficiente e com poucos efeitos adversos. Mesmo assim, seu controle em todo o mundo é de pouco valor, porque se trata de doença frequentemente assintomática, o que dificulta a adesão aos cuidados.

Considera-se a HA primária uma doença multifatorial, mas com forte componente genético. Estudos em famílias e em gêmeos demonstram uma herdabilidade de 30 a 50%. A maioria desse risco genético é transmitido de forma poligênica, ou seja, através da contribuição de centenas de variações de DNA que, em conjunto, aumentam o risco de desenvolvimento do fenótipo hipertensivo, após interação com fatores ambientais (Diretrizes, 2020).

A pressão arterial consiste na força que o sangue exerce contra as paredes dos vasos sanguíneos do corpo durante o ciclo cardíaco (que engloba a sístole e a diástole). A cada sístole ventricular, uma determinada quantidade de sangue é ejetada para a circulação, passando pela artéria aorta o sangue destinado à *grande circulação* (circulação sistêmica). A pressão arterial é calculada multiplicando-se a quantidade de sangue ejetada a cada sístole ventricular (débito cardíaco) pela resistência vascular periférica (isto é, a resistência que o sangue encontra nas pequenas artérias, arteríolas e capilares).

Existe uma pressão que é exercida na parede das artérias durante a sístole. As paredes das artérias possuem elasticidade o suficiente para manter a pressão durante a diástole. Isso garante que o sangue chegue aos tecidos continuamente. Variações fisiológicas na pressão arterial são necessárias para que o organismo reaja a situações adaptativas, mantendo-se adequado fluxo aos tecidos. Tais variações são determinadas por uma série de situações, tais como exercício físico, estresse, alimentação, sono e etc.

A pressão arterial está sob o controle de vários fatores, como enzimas, peptídeos, íons e neurotransmissores. A pressão arterial varia conforme a idade e etnia.

A hipertensão arterial e suas complicações

O diagnóstico é amiúde realizado por meio de exame com esfignomanômetro e estetoscópio (método indireto). Preconiza-se que a aferição deva ser realizada em toda e qualquer consulta clínica, inclusive por profissionais outros que não o médico, não se olvidando que devem ser adotados os procedimentos adequados que constam nos manuais, que orientam que a medida da PA seja feita após 5 a 10 min desde o ingresso do paciente ao consultório, vez que é comum o efeito do *jaleco branco*, em que a ansiedade do paciente diante da consulta eleva sua PA[1]. Recomenda-se, ademais, que seja realizada mais de uma aferição numa mesma consulta (com um intervalo de 1-2 min entre elas), a fim de dirimir dúvidas quanto ao real valor da PA.

A hipertensão arterial é classificada considerando-se dois aspectos: a etiologia e as repercussões da mesma. Não obstante, no diagnóstico, deve-se atentar para a existência de comorbidades, lesão de diversos órgãos e fatores de risco.

Quanto à origem, a HA é classificada em primária e secundária. É primária quando não se encontram outras patologias que possam explicar a sua elevação. Esta é também chamada de essencial e constitui a maioria dos casos, cerca de 85%.

A hipertensão é secundária quando uma doença preexistente justifica a elevação dos níveis pressóricos, podendo ser em virtude de uma patologia renal, endócrina (hipo e hipertireoidismo, por exemplo), feocromocitoma (neoplasia produtora de catecolaminas) e outras. Ademais, a HAS pode ser induzida por uso de determinadas substâncias, como hormônios, psicofármacos, antiiflamatórios e imunossupressores.

A HA é geralmente uma doença assintomática. A maioria parte dos pacientes descobre ser hipertensa por acaso e isto é tão frequente que um sem número de pacientes só sabe que sua pressão está elevada após a ocorrência de uma complicação (por exemplo, acidente vascular encefálico). É denominada *doença silenciosa, o inimigo silencioso, o assassino silencioso*, etc.

A Hipertensão Arterial constitui uma ameaça à vida. O paciente hipertenso tem vida mais curta que o normotenso se não for adequadamente tratado. As suas consequências é que levam à diminuição da expectativa de vida. Torna-se mister realizar a profilaxia de complicações, frente a essas situações. A hipertensão constitui o principal fator de risco de arteriosclerose pela alta probabilidade de o hipertenso desenvolver doença cardiovascular e pela sua alta prevalência na população em geral.

Tem-se bastante compreensão quanto à contribuição de vários fatores que podem, como um conjunto, tornar mais provável o desenvolvimento da hipertensão. Dentre estes fatores estão a hereditariedade, a obesidade, a sensibilidade ao sódio, o regime alimentar inadequado e o estresse que, em conjunto ou separadamente, podem afetar a ação do sistema nervoso, aumentar a resistência periférica, o volume cardíaco e o equilíbrio entre o sódio e o potássio nas células. O álcool e o fumo interagem com o *stress*. A falta de exercícios físicos (sedentarismo) também é fator de risco para a hipertensão.

Seriam, então, esses fatores ambientais os principais responsáveis por manter a PA elevada e diversos deles têm se destacado na etiologia da hipertensão: a ingestão de sal de cozinha (recomenda-se uma dose de 6g por dia, enquanto um brasileiro adulto ingere em média 10-12g de sal diariamente), a dieta rica em frituras e gorduras, a libação alcoólica (deve limitar-se a 30g álcool / dia) e o estresse. Existem diversas pesquisas acerca do uso do sal, como as realizadas entre índios ianomâmis (Carvalho, 1984) onde o sal não é usado na alimentação, não se registrando elevação da PA com a idade.

---

[1] Na prática clínica contemporânea, amiúde o paciente que sofre com a *hipertensão do jaleco branco* é vítima de falso diagnóstico.

A influência do estresse na HA

Sobre a influência do estresse na HA há os estudos de Selye (1965) que o apontam como doença de adaptação, onde o estresse exige uma resposta adaptativa e a elevação da pressão arterial faria parte dessa resposta. Campos (1992) constatou haver correlação entre os agentes estressantes de natureza psicossocial e a HA, sendo a correlação variável de indivíduo para indivíduo, o que o levou supor que haja por parte de cada indivíduo, o seu sistema de avaliação que filtra e valora as situações vistas e enfrentadas. A história de vida, a estrutura e os conflitos intrapsíquicos do indivíduo devem ser considerados se constituem uma fonte de ameaças ou de tranquilização para ele, face ao mundo externo.

A descoberta de que o estresse social eleva a pressão arterial, tem implicações muito sérias para o tratamento do hipertenso, de como ajudá-lo a lidar com suas emoções e com o estresse por elas provocado. Para Lipp (1984), pensamentos, crenças, valores, atitudes e sentimentos podem ser frequentemente, e são, poderosas fontes internas de estresse. A hipótese da autora é a de que se um indivíduo hipertenso aprende a lidar com o estresse diário, sua reatividade cardiovascular ficará reduzida e, consequentemente, correrá um risco menor de sofrer danos ao sistema cardiovascular, por meio de um melhor controle da pressão arterial.

Lipp (1984) se refere a um experimento com pessoas hipertensas não medicadas, que foram submetidas a situações estressantes enquanto sua pressão arterial e sua frequência cardíaca eram monitoradas no laboratório. Essa experiência mostrou que quando o hipertenso se confronta com uma situação em que ele tenha que expressar afeto, admiração, agradecimento ou quando recebe elogio, sua pressão arterial sobe consideravelmente, enquanto a frequência cardíaca permanece praticamente inalterada. No caso de cenas negativas, Everly (1989), citado por Lipp, sugere que a reatividade foi um pouco maior do que nas cenas positivas, mas não tanto. Aparentemente, diz a autora, expressar uma emoção positiva é tão estressante para o hipertenso como exigir um direito, ouvir uma indelicadeza ou ter que ser incisivo com alguém.

Stanislaw Kasl, da Universidade de Yale e Sidney Cobb, de Michigan (citado por Lewis, 1999), acompanharam algumas dezenas de homens cujos empregos estavam ameaçados. Cada um desses homens foi mantido sob observação ao longo de diversos estágios: quando esperava ser despedido, após ter perdido o emprego, enquanto estava desempregado, durante o período de experiência no novo emprego e, finalmente, ao adquirir uma situação estável em sua nova ocupação.

Estes autores verificaram que a PA desses homens se mantinha elevada quando estavam numa situação instável, só retornando à normalidade, quando em segurança no novo emprego. A simples expectativa agia sobre a pressão sanguínea com a mesma intensidade que o desemprego concreto.

Abordagens terapêuticas da hipertensão

Como a hipertensão arterial é assintomática em pelo menos 50% dos pacientes e seu curso é longo, o tratamento inclui o uso de medicamentos anti-hipertensivos, de várias classes, com diferentes posologias, mudanças de hábitos de vida (incluindo redução do consumo de sal e bebidas alcoólicas; abandono do tabagismo; dieta; exercícios físicos e de relaxamento, dentre outras ações) e adesão rigorosa ao tratamento, o que nem sempre é conseguido. Schaub e colaboradores (citados por Campos, 2000) afirmam que a adesão ao tratamento cai cerca de 50% no primeiro ano e 85% após cinco anos de tratamento. Os autores sugerem, entre outras medidas para aumentar a adesão, o trabalho em grupo de pacientes e visitas familiares:

> É em casa que se podem reforçar as mudanças de hábitos de vida e onde aparecem os conflitos familiares, que muitas vezes, funcionam como foco de sustentação dos níveis tensionais altos... o espaço no qual aparecem as razões que obstaculizam o tratamento, como falta de dinheiro para comprar os medicamentos, divergências familiares com relação ao preparo de alimentos ou crenças errôneas com respeito à redução de ingestão de sal,... e outras questões familiares como desajustes, alcoolismo, perdas e as ligadas à sexualidade. (Campos, 2000, p. 259, 260).

As Diretrizes Brasileiras de Hipertensão (2020) preconizam a abordagem multiprofissional visando maior adesão e eficiência do tratamento. Consideram inúmeras vantagens com a adoção dessa atitude, tais como aumento no número de pacientes com PA controlada e adoção de hábitos de vida saudáveis, além de maior adesão ao tratamento. Além disso, estabelece as ações comuns à equipe profissional bem como aquelas inerentes a cada profissional. Desse modo, o controle da PA estende-se à esfera residencial do paciente, e não meramente ambulatorial.

Campos (1992) cita o Programa Nacional de Detenção e Controle da Hipertensão Arterial, nos EUA, a partir de 1972. Na época, os índices de morbidade e mortalidade que a doença apresentava eram elevados (na proporção de 15 a 20% da população adulta). Após dez anos de programa, os resultados se mostraram promissores: o índice de acidentes vasculares encefálicos (AVE) aproximou-se dos índices da população geral e o grau de aderência e de controle efetivo da PA modificou-se.

O mesmo autor desenvolveu um programa de atenção ao hipertenso em Teresópolis, cidade serrana do Rio de Janeiro, entre 1987 e 1989, que mostrou controle efetivo da PA em 63,2% dos pacientes atendidos em grupos de suporte com equipe multidisciplinar. Relata ainda a fala de uma paciente no grupo: "Eu fiz uma reunião como a gente faz aqui", quando se refere ao que propôs aos familiares que se reunissem para conversar sobre os problemas pelos quais estavam passando. Antes dessa reunião, o clima familiar era de discórdia, com discussões frequentes entre os mesmos. Ela relata no grupo que agora o ambiente doméstico mudou para melhor e ela estava trazendo a experiência para compartilhar com os outros pacientes. Nesse tipo de grupo "... a experiência trazida por parte de cada um funciona como estímulo, quando se constata que outros têm ou tiveram as mesmas dificuldades e, de algum modo, conseguiram superá-las" (Campos, 2000. p. 263). Podemos ver, neste exemplo, que ainda que a família não venha concretamente ao grupo, à instituição, ela chega pelas falas dos hipertensos e a melhora dos mesmos se reflete na família.

Perfil do hipertenso

Shapiro (1988), citado por Stoudemire et al. (2000), descreveu duas categorias de fatores psicológicos que afetam a hipertensão: a reatividade pressórica e a personalidade ou fator comportamental. A reatividade pressórica é o processo pela qual a pessoa reage a alguns eventos com flutuações (fisiológicas) na pressão arterial; todos têm certa reatividade cardíaca, mas alguns cientistas acreditam que, na pessoa com tendência à hipertensão, a excessiva reatividade, que provoca altas e baixas sucessivas na pressão arterial, pode criar uma hipertensão crônica.

O autor estudou indivíduos com história familiar de hipertensão. Esses indivíduos tiveram maior reatividade do que aqueles sem história familiar. Em pacientes que já tinham desenvolvido HA, a reatividade pode exacerbar e até acelerar o processo da doença.

Quanto à personalidade ou a estilos adaptativos, os resultados de pesquisas mais consistentemente positivos envolveram as pessoas raivosas. *Light*, citado por Campos (1992), observou uma relação positiva entre a hipertensão e a expressão inibida ou excessiva de raiva. James (1987) observou que os indivíduos que reagem energicamente a certas condições ambientais que não conduzem ao sucesso, podem estar predispostos à HA. Além das reações raivosas, os autores incluem entre os estressores que produzem reatividade pressórica ou HA, os conflitos interpessoais, a ansiedade e os estímulos ambientais.

Na pesquisa e observação de Lipp (1995), a autora caracteriza o hipertenso, no geral, como

> alguém inassertivo, hostil no íntimo, embora aparentemente calmo e amigável, uma pessoa com pouco, ou nenhum, contato com seus próprios sentimentos e sensações físicas, com dificuldades de contato interpessoal e com um grande senso de justiça, bem como um grande desejo de ter sempre controle de seu ambiente e de seus sentimentos. Para a autora, uma palavra de cautela torna-se importante, ... Nem todo hipertenso encaixa-se no perfil descrito.

Lewis e Howard (1999) dizem que o paciente hipertenso típico é, geralmente, passivo e submisso. Parece uma pessoa extremamente controlada. É superconscioso e expressivamente responsável, sempre assumindo encargos que não lhe compete. Apesar de se ressentir diante de tal situação, reprime tais sentimentos hostis. A HA aparece na ocasião em que o indivíduo sente forte necessidade de dar vazão à sua hostilidade, e de manifestar as suas reivindicações, sem que as circunstâncias o permitam. Este é o padrão de comportamento do hipertenso. Nos trabalhos pioneiros de Alexander, ainda na década de 1940, o autor constatou a agressividade inibida e inconsciente e a conduta amena e cordata.

O tratamento comportamental e psicológico do paciente com HA inclui a psicoterapia, o relaxamento e o *biofeedback*. Shapiro (1988) e Chesney et al. (1987) sugeriram que se deveria utilizar sugestionamento e mudança comportamental na lista desses tratamentos, como mudança na dieta, perda de peso, abstinência do fumo e exercícios físicos.

Dos estudos revisados, Stoudemire et al (2000) apontam a relação entre os procedimentos de tratamento comportamental e psicológico. Foram considerados efetivos na redução da PA e proporcionaram benefício ativo quando combinados com a medicação (a dose do fármaco pôde até ser diminuída). A relação entre os fatores psicológicos e a manutenção da HA é indiretamente apoiada por evidências demonstrando os efeitos comportamentais na PA.

Lipp e Rocha (1996) propõem que se leve o paciente hipertenso a conhecer, identificar e reconhecer suas fontes internas e externas de estresse e se forneça a ele estratégias para minimizar algumas fontes e eliminar outras. Aí a Psicologia e a Medicina tradicional (alopática, organicista) se unem para beneficiar os pacientes. Os profissionais devem compreender os aspectos psicológicos envolvidos para ajudarem os seus pacientes a controlar o estresse e os modos prazerosos de lidar com os seus sentimentos e com a vida em geral. Os autores sugerem exercícios respiratórios, técnicas de relaxamento e de autoconhecimento para reconhecer essas fontes. Citam algumas fontes internas como: a falta de assertividade, ansiedade excessiva, a dificuldade de expressar afeto, o padrão Tipo A de comportamento, a sensibilidade à flor da pele, etc. Dentre as fontes externas se encontram a família, os grupos de trabalho e de amigos, são algumas. Muitas vezes quando a família é reconhecida pelo paciente como fonte de estresse, as técnicas comportamentais nem sempre dão conta para solucionar todos os problemas. As técnicas e abordagens para o tratamento da família precisam ser bem indicadas para o problema de cada paciente.

Hipertensão e sexualidade

Estudos mostram que de 5 e 30% dos homens que tomam vários tipos de medicamentos para o controle da pressão arterial (inclusive diuréticos e betabloqueadores, por exemplo) queixam-se de impotência. Parece, portanto, que certas drogas utilizadas para o controle da pressão ocasionam disfunções sexuais em alguns homens. Antes, porém, de se atribuir toda a culpa ao medicamento é preciso considerar que:

- Alguns estudos mostram que, em muitos casos, a impotência sexual já existia antes de começar o tratamento medicamentoso.
- Muitas vezes, a expectativa de que se vai ter um problema sexual acaba fazendo com que ele ocorra.
- Vários estudos têm demonstrado que homens hipertensos, que não estejam sendo medicados, apresentam uma incidência de queixa de impotência menor do que homens normotensos equivalentes em outros aspectos.

Quanto à mulher hipertensa, inexistem estudos quanto a essa problemática.

Além de o ato sexual ser expressão de afeto, ele também constitui um exercício físico e, como qualquer atividade física, pode elevar a pressão arterial no mesmo nível observado em um indivíduo ao praticar ginástica aeróbica e anaeróbica.

O hipertenso que segue o tratamento recomendado não deve se privar de ter relações sexuais em virtude de medos infundados. Em caso de dúvidas, conversar com o médico é indispensável. A atuação sexual pode exigir adaptações. Uma comunicação aberta e franca com o(a) parceiro(a) pode levar a novas descobertas da atividade sexual até mais prazerosas do que as anteriores.

O hipertenso e sua família

A hipertensão, bem como as cardiopatias, tem entre seus fatores de risco os fatores ambientais, destacando-se estresses sociais que representam um enorme sofrimento em função de problemas financeiros, condições de trabalho e moradia, dificuldades de transporte, violências urbanas e domésticas, conflitos familiares, etc. Cada indivíduo e sua família recebem esses fatos estressantes, cuja reação é individualizada. Devem descobrir seus próprios mecanismos para desvencilhar-se, na medida do possível, destas situações prejudiciais ao equilíbrio físico e mental. Os conflitos familiares estão presentes nesta condição de estresse. Valorizar a convivência em família e entre amigos, participar de atividades comunitárias e/ou religiosas, privilegiar momentos de lazer podem minimizar ou até eliminar o efeito do estresse de nossa vida cotidiana.

Incluir a família nos programas de atenção à doença cardiovascular, levando em conta alguns aspectos como a ideia de prevenção ampliada e incorporada como proposta para o existir de toda família, foi a solução apontada por Ribeiro Lima (1999) no Programa Multidisciplinar de Prevenção Secundária da Doença Coronariana do Hospital de Cardiologia de Laranjeiras do Rio de Janeiro para ajudar o paciente hipertenso. A autora nos diz que as dificuldades de adesão a estes programas poderiam ser minimizadas com a participação efetiva da família. A compreensão da família sobre as circunstâncias da doença e o estímulo afetivo foi fundamental para o resultado positivo observado nos pacientes, em que a *fala* da família sobre a experiência que estão vivenciando se fez ouvir nos grupos multidisciplinares.

Hafner et al. (1983) citam várias pesquisas que sugerem que a relação conjugal, quando em conflito, pode ser um indicador importante na manutenção da pressão alta em pacientes hipertensos. E que a terapia e aconselhamentos de casal ajudam muito o cônjuge hipertenso a baixar a sua PA e ser mais assertivo com o outro cônjuge. O clima conjugal melhora e há subsequente queda da PA (Ewart et al.). Nesses estudos foram realizadas pesquisas com homens e/ou mulheres hipertensas. Foram usados instrumentos como questionários de autoaplicação sobre a insatisfação conjugal, aferição da PA antes e depois do aconselhamento e grupos controle com normotensos.

Os autores chegaram à conclusão de que as sessões de terapia de casal permitiram melhorar a comunicação entre os parceiros que identificaram os principais conflitos conjugais, e se mostraram como uma forma de tratamento coadjuvante à medicação anti-hipertensiva.

Para Lewis e Howard R., (1999), as pessoas hipertensas geralmente são as que tiveram um relacionamento precário com os pais. Essa dificuldade pode se estender a outros tipos de relacionamento, como na relação de casal. Em situações de estresse podem ter a sensação de que estão prestes a explodir e descarregar tudo sobre o cônjuge, fazendo dele o seu bode expiatório.

Seguem-se dois casos clínicos que podem ilustrar alguns dos problemas citados. O primeiro foi atendido pela primeira autora deste capítulo, que é psicóloga, de forma individual, no Hospital Universitário Pedro Ernesto (UERJ), na época que esta fazia seu Curso de Especialização em Psicologia Médica (1994). A hipertensão não é a única queixa da paciente. A compreensão do material clínico nos aponta para a necessidade de o terapeuta ajudar o paciente e, consequentemente, sua família, mesmo que esta não venha concretamente ao tratamento proposto.

Com *escuta* psicanalítica, o primeiro atendimento foi realizado em ambiente institucional. Isso produz sobre o paciente dois tipos distintos de vínculos transferenciais: um, que se estabelece com a instituição, e o outro, com o terapeuta.

Segundo Pinheiro (2002), o vínculo institucional é inicialmente bastante forte, uma vez que é para a instituição que os pacientes se dirigem buscando ajuda para seus sofrimentos, e se mantém presente ao longo de todo o processo terapêutico. Em alguns momentos, este é dificultado pelas longas filas, demoras nos atendimentos, mudança e/ou rodízio de profissionais (no caso do atendimento realizado pelo SUS e pelo hospital universitário). No outro momento, é a instituição que dá suporte e amparo ao trabalho como um todo, por seu caráter de solidez, oferecendo ajuda permanente, por meio dos exames clínicos e todo um aparato técnico e humano e se apresentando como ponto de referência para os pacientes.

Quanto ao vínculo transferencial com o terapeuta, para Campos (2000), "O profissional de saúde constitui-se, por si mesmo, em um agente de suporte, desde que o modo de relacionamento estabelecido seja suportivo... os resultados aparecem na adesão ao tratamento, na elevação da autoestima, no melhor controle e na evolução da doença".

O segundo caso foi atendido pelo segundo autor do presente capítulo, em visitas no domicílio da paciente. O atendimento de casos de hipertensão em domicílio é apontado por Campos, 2000 (citando SCHAUB) como uma das estratégias eficientes para a ajuda a esses pacientes.

Primeiro caso clínico – hipertensão e pensamentos proibidos

"Na agonia de tantos pesadelos",
Uma dor bruta puxa-me os cabelos.
Desperto.
É tão vazia a minha vida
No pensamento desconexo e falho,
Trago as cartas confusas de um baralho
E um pedaço de cera derretida!"
(Poema Negro de Augusto dos Anjos)

Primeira entrevista

A Senhora D., de 67 anos, de cor parda, comparece ao Ambulatório de Psicologia Médica do Hospital Universitário Pedro Ernesto da UERJ para entrevista. Constato que está deprimida, tem dificuldades para subir as escadas, preciso ajudá-la. As pernas são arqueadas, os joelhos estão comprometidos e lhes dificultam o caminhar. Sua aparência é de uma pessoa muito humilde e bem mais envelhecida do que a sua idade que figura no seu prontuário e que folheei antes de atendê-la. Por ela sei que se trata durante muitos anos no hospital, de esquistossomose, tem hipertensão arterial e já fez tratamento psiquiátrico para depressão, mostrando-se refratária ao uso de medicamentos para esse fim (diz ter *alergia ao remédio*). Na entrevista, a paciente se mostrou o tempo todo muito chorosa. Conta-me que há dois meses pensa que teve um *início de derrame* porque teve muita dor de cabeça, vomitou e evacuou com sangue. Essas *dores* são uma constante na sua vida e tem medo de que numa dessas *crises* ela mate o marido que a abandonou. É durante esses momentos que a raiva contida pode aflorar de forma violenta e como *pensamentos proibidos, matá-lo*. Fala da sensação de abandono, que as pessoas que a cercavam a estão *abandonando*, saindo de casa: o ex-marido que a trocou por outra, das filhas que estão casando, do filho que morreu e deixou um profundo vazio, as filhas adotivas que criou e estão indo viver as suas vidas. Fala o tempo todo chorando, muito abatida.

Quando melhora, explico-lhe que minha tarefa ali era ajudá-la, da melhor forma possível, e também responder ao pedido de parecer do médico cardiologista. Marco-lhe um retorno, após 15 dias[2].

[2] O trabalho do Ambulatório de Psicologia Médica se preocupa em atender a um pedido de parecer (o profissional que o solicita entende que há alguma questão emocional que está dificultando o seu

Ao vê-la tão malvestida e feia, posso pensar que isso pode ser fruto da minha contratransferência[3]. As pessoas deprimidas descuidam-se da sua aparência. Parecem feias, más, doentes. Era assim que eu a via nesse nosso primeiro encontro. Senti apenas uma grande necessidade de ajudá-la, ouvindo-a, sem criticá-la, apenas ouvindo a sua história cheia de amargura e raiva contida. Nesse momento, (início do curso de especialização) ainda não ia ao encontro da referência médica da paciente, bastava-me o seu prontuário médico. Dele não tenho muitas informações sobre a HA. Ficou-me a impressão que ouvir e não criticar sua raiva do marido lhe era importante. As referências que a paciente me trazia de sua família invadiam a nossa sessão, eu precisava acolhê-la.

Segunda entrevista

Encontro-a na sala de espera do ambulatório totalmente diferente da primeira vez que esteve comigo. Está com os cabelos pintados, na cor vermelha, veste uma roupa florida em azul de acordo com o dia ensolarado que estava fazendo lá fora. Sorri quando me reconhece e a convido para subirmos à sala que costumo atender. Sobe as escadas com mais disposição, sem necessitar de meu auxílio. Fala-me, enquanto sobe, que o fisioterapeuta do hospital, que a atende, incentiva-a a operar os joelhos, o que ela pensa fazer em breve. Sorri o tempo todo da nossa segunda entrevista e descubro feições de uma pessoa bonita, que a pele do rosto é lisa e sua fisionomia está serena.

Digo-lhe que a acho muito bem e pergunto-lhe como passou este período desde que nos vimos pela primeira vez. Ela me responde que muito bem, que o ex-marido foi a casa dela, ficou alguns dias lá e que durante este período conseguiu ficar calma, falar-lhe tranqüilamente e não teve nenhum episódio de dor de cabeça.

Diante de sua grande melhora, comunico-lhe que tinha conseguido para ela uma consulta no NAI (Núcleo de Atenção ao Idoso do hospital) e com um médico psiquiatra do Ambulatório de Psiquiatria. Estendo-lhe os papéis com as marcações por mim realizadas e ela os guarda como quem guarda objetos muito valiosos. Conversamos mais um pouco e marco-lhe um terceiro retorno, visto que ainda deveria esperar vinte dias para ser atendida por esses setores do hospital.

Sem ter parâmetros para saber se sua PA tinha baixado, mesmo assim noto sua melhora física e psicológica. Sua ira dissipara-se de seu semblante deixando transparecer sua fisionomia calma e bonita. Sente-se acolhida por mim e pela instituição, os papéis que guarda na bolsa são valiosos para ela, não a abandonamos. Mais uma vez traz a família para a sessão e esta é tratada, mesmo à distância, quase que *telepaticamente*.

---

atendimento ao paciente ou na adesão deste ao tratamento proposto). Algumas vezes, este se desdobra numa psicoterapia breve para o paciente (e sua família) e /ou encaminhamento interno ou externo ao hospital. Procura-se, sempre que possível, chegar à referência médica do paciente. Se este for atendido por vários médicos de especialidades diferentes, escolhe-se um que possa coordenar e servir de ponte com o paciente.

[3] Contratransferência – termo psicanalítico usado para designar o conjunto das reações conscientes e inconscientes do analista à pessoa do analisando e mais particularmente à transferência deste (LAPLANCHE e PONTALIS, 1986, p. 146).

Terceira entrevista

A Sra. D., chega ao Ambulatório alguns minutos antes da nossa entrevista, continua alegre e bem-disposta. Serenamente, conta-me novamente, e agora de forma calma e tranquila, o que antes me falou sob choro convulso, grande agressividade e emoção. Conta-me como foi munida de uma faca, para a casa do ex-marido e sua atual companheira, disposta a matá-los. Como hoje ela acha que esse ato *impensado* não a levaria a nada, seria um erro que só a prejudicaria, levando-a à prisão e à morte deles. Fala-me sobre os netos, dos vizinhos, da última filha adotiva que vai se casar, da vida que continua apesar da traição do ex-marido e da morte do único filho homem que teve com ele.

Constato serenidade e beleza no seu rosto e no seu relato. Já não precisa falar disso sob forte emoção, já não precisa das suas violentas dores de cabeça para pensar sobre isso. Com palavras pode contar para mim, muito mais para ela mesma, como ainda gosta dele (marido), mesmo de longe, e da vida, seu bem mais precioso.

Sua dor psicológica foi ouvida, juntamente com seu coração. A instituição neste caso funciona como *acolhimento social*, ampliando a função da família que abandona, exclui. Isso acontece muito com idosos que chegam ao hospital, mais para contar de suas mazelas do que para receber uma receita com um medicamento que, às vezes, lhe é impossível comprar. A paciente não se sente mais sozinha, abandonada. O atendimento tampona o vazio do seu abandono.

Segundo caso clínico – hipertensão e comorbidades

Este segundo caso foi obtido por meio de uma visita domiciliar realizada numa cidade do interior do Estado do Rio de Janeiro.

A paciente C., raça branca, obesa, possui 49 anos de idade e descobriu ser portadora de Hipertensão Arterial há cerca de 10 anos. Sua aparência impressiona: muitas rugas no rosto, pele espessa e seca, cabelos branco-amarelados, face depressiva, uma aparência de 60 anos ou mais. Além da HAS, a paciente afirma ser portadora de Hipotireoidismo (mixedema), em tratamento. Esta doença, inclusive, concede ao seu portador uma face bastante característica, conhecida como faces mixedematosa (na qual a pele é seca, espessada, com as pálpebras infiltradas e enrugadas). A expressão é apática, sugerindo desânimo.

Diversos foram os fatores que contribuíram para o estabelecimento de quadro hipertensivo nessa paciente. De acordo com o seu relato, quando descobriu ser hipertensa, a paciente se encontrava em estado de angústia e apreensão devido a vários conflitos familiares. O esposo, então etilista crônico, encontrava-se novamente internado num Hospital Psiquiátrico de uma cidade vizinha em virtude das complicações oriundas do alcoolismo. Não obstante, seu único filho havia se desentendido seriamente com ela àquela ocasião. Apresentando fortes dores de cabeça, necessitou internação, recusando, entretanto tal procedimento.

Sua história revelaria fatos ainda mais intrigantes desde a infância. O pai era etilista, e costumava reprimi-la, como pessoa e como mulher, tanto assim que a paciente foi se casar justamente com o único marido, que mais tarde descobriria ser etilista também. Via o pai agredindo frequentemente a mãe e, nada podendo fazer diante daquela situação, angustiava-se e chorava muito. Sendo a mais velha de uma família de sete irmãos, desde a infância ficou responsável pela criação dos mesmos, principalmente após o adoecimento da mãe.

Disse ter se casado com um homem que não sabia ser etilista, o qual lhe causou inúmeros problemas. Do relacionamento com ele nasceu seu único filho. Tanto a gestação quanto o parto foram difíceis, tendo esse filho nascido na prematuridade. Ao desgaste físico e psicológico da paciente decorrente dessa conturbada gravidez se soma um novo transtorno: o filho nasce com malformação óssea, de difícil tratamento.

Percebíamos que, durante a entrevista, transparecia na paciente uma ansiedade, melancolia e angústia muito grandes. A impressão era a de que ela não falava sobre suas vivências com alguém havia muito tempo. Nesse momento, o esposo aparece e passa a fazer parte da conversa. Aos 53 anos, aparenta menos idade que ela, apesar do abdome globoso, quase ascítico. Participou pouco, afirmando que a esposa tentara o suicídio algumas vezes e que ele havia abandonado a bebida após ter ingressado numa comunidade evangélica.

Argumentando tentar se livrar da ansiedade, a paciente alega fumar dois maços de cigarro diariamente. Diz ser muito tensa, a ponto de sofrer insônia. Extremamente sensível, ao que parece, qualquer motivo constitui substrato para deixá-la irritada. Há também significativa falta de compreensão por parte dos familiares, conforme pudemos perceber, e essa paciente estava bastante necessitada de apoio.

No transcorrer de sua história, percebe-se que C. foi acometida por diversas somatizações. Refere ter sido vítima de uma *pedrada na cabeça* na infância. Atribui a isso o motivo pelo qual vivenciou alguns desses conflitos. O seu temor em relação aos exames cardiológicos é predominante. Ademais, teme em se submeter a procedimentos invasivos ou cirúrgicos cardíacos, outrora prescritos pelo seu médico para que ela, segundo sua fala, *viva mais tempo*. Os argumentos não são suficientes para que ela se disponha sequer ao tratamento farmacológico, o qual não vem seguindo já há alguns dias. Parou com os medicamentos cardiotônicos e anti-hipertensivos, ingere sal e café sem nenhum controle.

Percebemos nela uma depressão que não estava sendo tratada adequadamente, impedindo, assim, que estivesse disposta a adotar qualquer procedimento disponível para aliviar o seu sofrimento cardiovascular. Contribuía com o quadro um luto, já em fase tardia, que se instalou desde a morte do sobrinho, há cerca de um ano. Essa, inclusive, foi a justificativa[4] apresentada pela paciente para a interrupção de um tratamento para doença hemorroidária surgida há alguns anos.

Durante todo o encontro, a única vez em que demonstrou esperança (ainda que numa atmosfera nostálgica) foi quando se referiu ao tempo em que trabalhou como copeira num hospital da região. Lá, afirma, recebia os cumprimentos de todos os profissionais e pacientes. Concluímos que nesse ambiente, sentia-se valorizada, útil e reconhecida por todos pelo brilhantismo do seu trabalho. Teve de abandonar o serviço após o falecimento de seu pai, o que lhe trouxe muita angústia. Conclui a conversa afirmando não ter *razão para viver* e não ver saída da situação em que se encontrava, fato esse bastante comum em pacientes depressivos e hipotireodeos[5].

---

[4] A paciente afirma que essa doença surgiu depois que se submeteu a uma histerectomia total há cerca de 11 anos. Realizava tratamento ambulatorial com certa regularidade até o falecimento do sobrinho. (Interrogamos aqui se a *morte* de alguém próximo a impossibilitava de *viver*).

[5] Convém observar que o hipotireoidismo (mixedema) geralmente está associado a sintomas psiquiátricos, mormente a depressão, atingindo mais as mulheres. A melhora do humor ocorre após o restabelecimento.

Conclusão do caso

Esse caso revela como fatores ambientais somados à genética favorecem o desencadeamento de transtornos cardiovasculares, no caso, a hipertensão arterial sistêmica. A paciente vivia desde a infância situações conflitivas (o que, de fato, criou um núcleo de tensão intrapsíquico significativo), inibindo sua agressividade em virtude da repressão por ela vivida na relação com o pai. Por estar constantemente ansiosa e apreensiva (além de ter vivenciado diversas situações traumáticas que, para ela, adquiriram uma relevância afetiva muito grande), a hipertensão surgiu.

Percebemos que as causas psicossomáticas, bem como as hereditárias, ganham importância destacada nesse caso. As condições de vida da paciente são comuns àquelas das pessoas pobres: vive numa casa de fundos, bastante humilde, em nível bem abaixo da rua, próxima a uma vala de esgoto a céu aberto, frequentada por cães e gatos. Finalmente, a sua carência de afeto e compreensão por parte dos familiares revela a dificuldade em aderir aos tratamentos propostos para a HAS e demais comorbidades. A terapia familiar aqui teria papel fundamental, fazendo com que essa família a apoiasse e estimulasse.

O trabalho multidisciplinar, outrossim, contribuiria para a adesão ao tratamento. Contudo, a paciente é de uma cidade do interior do Estado do Rio de Janeiro, carente de assistência médico-hospitalar adequada, cujos serviços de apoio psicossocial ainda são incipientes ou sequer estão disponíveis para casos como esse. A ampliação de programas como o "Saúde da Família", a criação de Centros de Assistência Psicossocial (CAPS), os Núcleos de Atendimento à Mulher e ao Idoso dentre outros são a esperança para pessoas carentes como a Sra. C. que dependem da assistência – e não do assistencialismo – governamental para sobreviverem.[6]

Referências

BARROSO, WKS; Rodrigues CIS; Bortolotto L A; Mota-Gomes M A; Brandão A A; Feitosa ADM, et al. Diretrizes Brasileiras de Hipertensão Arterial – 2020. *Arq Bras Cardiol.* 2021; 116(3):516-658.

BRASIL. Ministério da Saúde. *Hipertensão é diagnosticada em 24,7% da população, segundo a pesquisa Vigitel.* Brasília: Ministério da Saúde; 2019a. Disponível em: 53 . Acesso em: 20 Nov. 2019a.

BRASIL. Ministério da Saúde. Secretaria da Saúde. *Estilo de vida saudável. Número de hipertensos cresce no mundo.* Brasília: Ministério da Saúde; 2019b. Disponível em: Acesso em: 22 Nov. 2019b.

CAMPOS, E. P. *Aspectos Psicossomáticos em Cardiologia.* In. Psicossomática Hoje. Mello Filho J. e colaboradores, Porto Alegre, Artes Médicas, 1992.

CAMPOS, E. P. Grupos com Hipertensos. Cap. 16. In. MELLO FILHO, J e colaboradores. *Grupo e Corpo*: Psicoterapia de Grupo com Pacientes Somáticos. Porto Alegre, Artes Médicas, 2000.

[6] Esse fato corrobora o que diz o III Consenso Brasileiro de Hipertensão Arterial, no qual a abordagem multiprofissional do hipertenso é determinante. Entenda-se equipe multiprofissional como o trabalho conjunto de dois ou mais profissionais da saúde (médicos, enfermeiros, psicólogos, nutricionistas, fisioterapeutas, assistentes sociais e outros) que lidem com pacientes hipertensos, vez que a atuação de um único profissional – mormente o médico – geralmente acarreta fracasso no tratamento.

CEDERHOLM, J. E. WIBELL, L. *Influences of familial and environmental factors on hypertension*, J Med Sei, n 96, p. 239-249,1991.

KAPLAN, H.I. *Manual de Psiquiatria Clínica*. Porto Alegre, Artmed, 1998.

HAFNER, R. J. et al. Marital interaction and adjustment in patients with essencial hypertension. *Chin. Exp. Hypertens*, n. 5, n. 1, p. 19-31, 1983.

LAPLANCHE, J; PPNTALIS, J. -B. *Vocabulário de Psicanálise*. São Paulo, Ed. Martins Fontes, 1986.

LEWIS, M. E. HOWARD, R.; *Fenômenos psicossomáticos*: até que ponto as emoções podem afetar a saúde. Rio de Janeiro, Ed. José Olympio, 1999.

LIPP, MN; ROCHA, J. C. *Stress, Hipertensão Arterial e Qualidade de Vida*. São Paulo, Ed. Papirus, 2a Ed, 1996.

LIPP, M. N. Stress e Hipertensão Arterial Essencial. In: Oliveira, M. F. P; Ismael, S. M. C. *Rumos da Psicologia Hospitalar em Cardiologia*. São Paulo, Ed. Papirus, 2 a. ed, 1995 (usada para as notas acima).

PINHEIRO, N. N. B. P.; *Enlaces Transferenciais*: Reflexões sobre a Clínica Psicanalítica no Ambulatório Hospitalar. Artigo publicado na Revista Psicologia Ciência e Profissão, 2002, 22(2), 42-49.

PORTO, C. C. *Semiologia médica*. Rio de Janeiro, Guanabara Koogan, 1997.

RIBEIRO LIMA, A. B. A Participação Familiar num Programa de Prevenção Secundária, Avaliação e Controle dos Fatores de Risco da Doença Coronariana. In: *Cadernos do IPUB*. Instituto de Psiquiatria da UFRJ, 1999, p.159-165.

Sexto relatório internacional do Joint National Committee sobre Prevenção, Detecção, Avaliação e Tratamento da Hipertensão Arterial. *National Institutes of Health*, Nov. 1997.

SOUDEMIRE, A (Org). *Fatores psicológicos afetando condições médicas*. Porto Alegre, Artmed, 2000, p. 60-65.

WILLIANS, G. H. Doença Vascular Hipertensiva. In: HARRISON. *Medicina Interna*. 14 ed. Rio de Janeiro: Mc Graw Hill, 1998. Cap 246, p. 1472-1486.

CAPÍTULO 20

Cardiopatias e família

Miriam Burd

Júlio de Mello Filho

"A família vem ao hospital com seu papel no processo do adoecer".
(Belkiss W. Romano, psicóloga).

"Mesmo com o avanço científico, quer no diagnóstico, quer no tratamento das doenças cardíacas, a tecnologia não substitui – nem conseguirá substituir – a presença participativa do médico, uma vez que, ao procurá-lo, o paciente não apresenta apenas um órgão doente, mas, principalmente, traz consigo problemas emocionais e sociais decorrentes do doloroso processo do adoecer".
(Wilson de Oliveira Jr, cardiologista).

A Organização Mundial de Saúde aponta que as doenças cardiovasculares (DCV) são consideradas a principal causa de morte no mundo (WHO, 2015). Uma pesquisa realizada pela *American Heart Association* indicou que as DCV poderão ser responsáveis por cerca de 23,6 milhões até 2030 (AHA, 2015). As DCV estão entre as mais prevalentes no mundo, com elevado índice de morbidade e mortalidade. Essas patologias são atendidas em diversos contextos, inclusive em situação de urgência e emergência médicas, em eventos agudos (Antonechen, A C, 2019).

No Brasil, o cenário não parece ser muito diferente. De acordo com a Pesquisa Nacional de Saúde (PNS), realizada pelo IBGE e pelo Ministério da Saúde, em 2013, aproximadamente seis milhões de pessoas relataram ter parecer médico de alguma patologia do coração. Entre as localidades com maior estimativa está a região Sul (PNS, 2014).

A insuficiência coronariana é uma das doenças cardíacas mais comuns. A doença é complexa, com índices elevados de morbidade e mortalidade, pode aparecer de maneira súbita ou evoluir lentamente. A morte pode ocorrer de maneira inesperada (arritmias fatais), seja como manifestação inicial da doença ou ao longo da evolução natural.

A doença pode ocorrer por meio de cada uma de suas manifestações clínicas: morte súbita, angina de peito e infarto agudo do miocárdio (IAM). No caso da angina, as dores se manifestam de modo irregular podendo estar relacionadas ao esforço, ao frio e a estados emocionais de medo ou de frustração. O IAM é a ocorrência mais dramática, do ponto de vista clínico, manifestando-se com uma dor intensa que pode ser mitigada ou levar o indivíduo à morte. Essas formas podem se combinar, isto é, o paciente anginoso apresentar um quadro de infarto, o paciente infartado apresentar uma arritmia fatal e morte súbita. Para Campos (1992), as estatísticas apontam para uma maior incidência da doença nas populações de mais baixo nível socioeconômico. Em declínio em alguns países, o autor acredita na efetiva possibilidade de reverter seu rumo.

O coração e o seu simbolismo

O coração tem um especial simbolismo com significativa representação social e pessoal em nossa cultura. Todos nós atribuímos algum significado ou função subjetiva ao coração, pois o sentimos acelerar-se diante de várias situações emocionais.

A simbologia foi criada pelo homem pela necessidade de se expressar por meio de objetos ou formas, da sua religião ou da sua arte visual. Muito antes da descoberta da função de bomba impulsionadora do sangue, o coração foi tido como centro da vida, da coragem e da razão. Seu símbolo é o mais universal. De onde, e, quando, surgiu essa representação, sempre despertou a curiosidade dos historiadores, vez que pouco tem a ver com o coração anatômico. Para alguns, sua origem deve-se à semelhança com a folha da hera, que na Antiguidade representava o símbolo da imortalidade e do poder.

A palavra coração deriva do grego e do latim *cor*. Ambas têm origem na palavra *kurd* do sânscrito, que significa saltar. A mais antiga representação do coração, de que se tem conhecimento data de 1200 a.C. Trata-se de um vaso da cultura Olmeca do México, provavelmente usado nos sacrifícios humanos desse povo. O recipiente tem a forma grosseira do coração com os três vasos originando-se em sua base (Prates, 2005).

A relação entre a Psicologia e o coração humano era percebida desde a Antiguidade, quando Aristóteles (384-322 a.C.) afirmava que o órgão era fonte das emoções e sensações, portanto, seria o último a morrer. A primeira pesquisa científica que associa fatores emocionais a problemas cardíacos foi publicada apenas em 1910 e descrevia a propensão de pacientes mais ambiciosos e ansiosos a desenvolverem doença cardíaca isquêmica (Almeida & Ribeiro, 2008).

A importância do estresse

Dentre os fatores psicossociais associados às DCV, o estresse tem ganhado destaque. Apesar de sua difícil definição e medição, o estresse está relacionado a diversos elementos, desde questões externas ao indivíduo (aborrecimentos no trabalho, eventos adversos de vida e problemas financeiros) a transtornos depressivos, além de sintomas como exaustão, ansiedade, sofrimento psíquico e dificuldade para dormir.

Um grupo de pesquisadores ligados ao INTERHEART estudou exclusivamente a relação entre vários estressores psicossociais com o risco para IAM. Foram examinados nove fatores de risco relacionados ao primeiro Infarto Agudo do Miocárdio (IAM), assim como para outras doenças cardíacas, a saber: tabagismo, hipertensão, lipídios, diabetes, obesidade, dieta, atividade física, consumo de álcool e fatores psicossociais. Os dados foram obtidos a partir de 12.461 pessoas com o diagnóstico de IAM e 14.637 indivíduos sem o mesmo, selecionados em 52 países diferentes (Knebel e Marin, 2018).

Foram realizadas entrevistas com os participantes que avaliaram aspectos voltados para o estresse no trabalho e em casa, estresse financeiro, ocorrência de eventos adversos na vida (separação conjugal, divórcio, perda do emprego, aposentadoria, falha nos negócios, perda cultural, violência, conflito intrafamiliar, doença própria/familiar, morte ou outro tipo de situação importante), questionário para lócus generalizado de controle (capacidade percebida de controlar circunstâncias da vida) e depressão, considerando os doze meses anteriores ao adoecimento. Os resultados indicaram que os estressores psicossociais aumentaram o risco de infarto em todas as regiões geográficas estudadas, nas diferentes faixas etárias e em ambos os sexos.

Em nível mundial, embora menos impactante que o tabaco, o estresse apresentou risco comparável à hipertensão e à obesidade abdominal, o que comprova a importância dos fatores psicossociais e da necessidade de serem reconhecidos. Independentemente do diagnóstico, entre os sentimentos percebidos quando se passa por uma situação de adoecimento, principalmente quando há risco de morte, estão medo, frustração, impotência, ansiedade, depressão, angústia e desamparo, além de sensações de culpa e vergonha, que também poderão se manifestar, caso exista relação entre a doença e os hábitos de vida ou um evento do passado. Entretanto, a maneira como o paciente irá enfrentar sua doença e uma eventual internação hospitalar está relacionada ao significado pessoal e subjetivo atribuído à enfermidade (Knebel e Marin, 2019).

O ambiente hospitalar também pode ser favorecedor de estresse para o paciente. Meister et al. (2016) estudaram como o ambiente hospitalar agitado pode favorecer o desenvolvimento de estresse em indivíduos que acabaram de sofrer IAM. Os autores investigaram 102 pacientes hospitalizados há 48 horas em um hospital na Suíça, sendo 80,4% homens (n = 82) e a média de idade foi de 59,4±10,3 anos. A percepção de agitação no ambiente hospitalar foi mensurada por relato do paciente e para mensuração do estresse utilizou-se a Escala de Transtorno de Estresse Agudo (*Acute Stress Disorder Scale* – ASDS). Dos participantes, 12% acharam o ambiente hospitalar agitado e 4% consideraram o ambiente muito agitado.

Aspectos psicossociais do coronariano

Apenas na década de 1950 houve ascensão dos estudos voltados para a relevância dos fatores emocionais no adoecimento, quando os trabalhos de Freud, Jung e Lacan apresentavam a interação entre corpo, mente e meio ambiente, propondo o modelo biopsicossocial em detrimento do modelo biomédico (Almeida & Ribeiro, 2008). Desde então, foram realizados diversos estudos nessa área procurando identificar características psicológicas presentes entre indivíduos com patologias, incluindo as cardiopatias.

Para Oliveira, Sharovsky e Ismael (1995), a doença coronariana e a crise psicossocial estão sempre associadas de um modo ou de outro. Muitas vezes, os conflitos internos do indivíduo vão deteriorar a sua resistência, criando condições que o levam à doença coronariana. Nesses pacientes, os fatores internos e externos, geradores de estresse emocional, são fortes determinantes da sua doença.

Para a Escola Psicossomática de Paris, de Pierre Marty e colaboradores (1980), o coronariano possuiria uma estrutura psicossomática, por meio do qual a carga de emoções é transferida para a área somática. Uma das características seria a dificuldade de sonhar ou fantasiar e projetar nos outros o que eles são, dificultando assim suas relações pessoais.

Segundo a teoria reichiana (W. Reich), Regina da Corte (2000) nos diz:

> O portador de doença coronariana (DC) apresenta uma expressão corporal de altivez e arrogância, como se estivesse acima dos demais... há um orgulho excessivo e um ar de superioridade traduzidos pela forte rigidez nas costas e no peito armado e rígido e forte tensão diafragmática... seu coração endurece em detrimento de sua imagem... A necessidade de serem perfeitos aos olhos dos outros os afasta do seu self verdadeiro (WINNICOTT) e inibe sua sensibilidade.

O coronariano e as personalidades tipo A, B e D

Um dos achados clássicos no campo da Psicologia na cardiologia foi publicado por Meyer Friedman, em 1958, ao descrever os cardiopatas com um padrão específico de comportamento, denominado como *tipo A* (*Type A Behavior Pattern* – TABP). Os traços principais do TABP seriam hostilidade, competitividade, impaciência e senso de urgência. Segundo o autor, tais características estariam mais presentes em indivíduos que apresentam doenças cardíacas do que na população em geral.

Essa hipótese foi amplamente discutida pela comunidade científica até a década de 1980, quando pesquisadores da área passaram a apontar divergências entre os métodos avaliativos utilizados nas pesquisas. Questionaram a relevância do contexto cultural e sua interferência no perfil de personalidade, identificando que o TABP não se enquadrava em sociedades não ocidentais. Apesar dos estudos com TABP terem diminuído com o passar dos anos, há autores que investem nessa linha de investigação e encontram resultados significativos. Um dos estudos encontrados compara prevalência de personalidade tipo A, a exposição a eventos estressores em cinco anos anteriores ao evento cardíaco, ansiedade como estado e traço, além de *locus* de controle saudável.

Segundo Eliot (1987), 50% dos coronarianos não apresentam os clássicos fatores de risco. Inúmeras pesquisas têm correlacionado o estresse à doença coronariana. Os estudos sobre os fatores psicossociais presentes na gênese e evolução da doença coronariana apontam a chamada personalidade tipo A descrita por Friedman e Rosenman (1959). Embora existam algumas divergências, o núcleo do tipo A parece claro: são indivíduos acelerados que procuram fazer mais e mais em menos tempo, ambiciosos, competitivos, impacientes, necessitando aparentar ser fortes, vivendo em função das exigências internas de realização provindas das primeiras experiências de vida. É importante dizer que a personalidade tipo A foi encontrada por praticamente todos os pesquisadores que estudaram a personalidade do coronariano e esta hoje persiste, enquanto as demais personalidades específicas, estudadas por Alexander, caíram em desuso.

Estes pacientes do tipo A, quando crianças, seus pais não os viram como indivíduos dotados de sentimentos. Os desejos dos pais foram neles projetados. Tiveram que corresponder às expectativas paternas e negar suas próprias expectativas e sentimentos. Desenvolveram o empenho para serem *bonzinhos* e fazerem tudo pelos outros, para manter a autoimagem. Há uma negação do sentimento real e o seu comportamento está voltado para a realização de suas metas idealizadas. Por trás existem sentimentos de inferioridade e insegurança, por isso o medo do fracasso, a necessidade de levar o mundo nas costas e exibir eficiência. Podemos ver nesta descrição das pessoas *boazinhas*, que fazem tudo pelos outros, um bom exemplo das personalidades falso *selves*, descritas por Winnicott, em que o essencial é agradar, não importa o quanto se ceda em coisas básicas e essenciais.

Campos (1992, 2010) discute se a personalidade tipo A é uma forma estrutural (ou constitucional), ou antes, se é um modo de ser aprendido, ditado por circunstâncias e hábitos sociais. Em nossos dias, a velocidade das mudanças se faz presente em todos os âmbitos da nossa vida. Para o autor citado, a personalidade tipo A seria resultante de um somatório de coisas que se complementam: ambiente competitivo, responsabilidade, premência de tempo, instabilidade social e migração, entre outros fatores (agentes) psicossociais mais frequentemente relacionados ao DC.

Jenkins e colaboradores (1982) encontraram uma tendência maior da doença coronária nos pacientes do tipo A, mas não se pode excluir a personalidade tipo B da doença. Estes últimos demonstrariam comportamento oposto ao tipo A, realizando seus objetivos com mais tranquilidade, atingindo as suas metas com menos estresse.

As doenças cardiovasculares e sua etiologia também podem estar ligadas a fatores psicológicos, como a personalidade tipo D. Indivíduos com esse tipo de personalidade apresentam vivência crônica de afetividade negativa associada à inibição social. Outro fator importante no adoecimento é a maneira como os sujeitos percebem sua saúde, pois esta resultará na implementação de estratégias para lidar com sua condição. Batselé et al. (2017) define a personalidade de tipo D como um construto que se refere à combinação de dois traços: a AN e a IS, sendo compreendidos na subscala AN três traços predominantes de personalidade: disforia, ansiedade e irritabilidade; de igual forma, na subscala de IS: desconforto social, retração e falta de equilíbrio social.

Kupper e Denollet (2018) afirmam que a AN é caracterizada pela tendência a vivência de emoções negativas como raiva, tristeza, medo e irritabilidade, ao longo do tempo e das situações, junto com a IS, que se refere à tendência ao não compartilhamento dessas emoções nas interações sociais em função do medo de rejeição ou desaprovação. (Nascimento, N P, et al., 2019).

Outro fator de influência no prognóstico das DCVs, e que também serve para entendimento dos impactos causados na vida dos indivíduos, são as crenças que este possui em relação à própria doença (Altenhofen, Lima e Castro, 2016). Entende-se que os pacientes, quando confrontados com o diagnóstico de doenças, mostram padrões de crenças sobre a sua condição as quais, geralmente, atuarão como determinantes dos comportamentos utilizados para lidar com o adoecimento (Petrie e Weinman, 2006).

Segundo Nascimento, N P (2019) as crenças dos pacientes quanto à baixa compreensão de sua condição de saúde e desconhecimento dos fatores causais, a literatura pesquisada denota que esses fatores possuem influência negativa nas estratégias que os indivíduos utilizarão para lidar com as suas condições de saúde. Além disso, podem-se perceber dificuldades na adesão aos tratamentos propostos e autorregulação dos sujeitos em relação à exposição a fatores de risco, quando estes não são percebidos como danosos ou com influência no adoecimento.

O conhecimento dessas características, que possam interferir no curso da doença, em relação aos pacientes cardíacos deve servir como base para proposição de estratégias de intervenção voltadas à educação em saúde. O enfoque em ações de educação voltadas à saúde tem como objetivos criar uma consciência crítica e autonomia nos sujeitos. Para isto, a escuta ativa e o diálogo aberto são fundamentais, já que essa prática busca não apenas que os sujeitos compreendam seus problemas de saúde, mas requer-lhes encontrar soluções para lidar com estes de forma efetiva e perdurável (Taddeo et al., 2012).

Nesse sentido, o empoderamento dos sujeitos em relação à sua condição de saúde tem como finalidade construir com o sujeito estratégias mais adaptativas à sua condição, além de melhorar o engajamento nos tratamentos propostos. Nesse sentido, as estratégias psicoeducativas precisam levar em conta não só as informações concretas em relação às doenças, mas também as crenças que as pessoas possuem a respeito delas, sendo estas estratégias muito mais eficazes quando elaboradas dentro do contexto cultural e social do público que se quer alcançar.

O coronariano e o fator suporte social

As pesquisas demonstram a multifatoriedade da doença, sendo grande a lista de possíveis fatores etiológicos (ou de risco). Alguns deles são: predisposição genética, tabagismo, hipertensão arterial, colesterol sérico aumentado, vida sedentária, obesidade e diabetes mellitus. Campos (1992) cita a pesquisa de Fowler (1986), em que a hipercolesterolemia, o tabagismo e a hipertensão arterial são os três principais fatores de risco para doença coronariana, e a de Marins e Paiva Campos, em que esses três fatores, se associados, elevam em oito vezes o seu risco.

Stewart Wolf (apud Mello Filho, 2002; Campos, 1992), chegou à conclusão após oito anos de pesquisas com relação à influência da coesão grupal e social como protetor do infarto agudo do miocárdio, numa pequena comunidade ítalo-americana da Pensilvânia, Roseto. Essas pessoas tinham emigrado da cidade de Roseto Val Forte, no sul da Itália, para os EUA, em 1882. O pesquisador não encontrou diferenças significativas em relação à dieta, ao fumo e a outros fatores de risco para a doença coronariana e, mesmo assim, esta se apresentava apenas com metade do número de casos de infarto do miocárdio em comparação às comunidades vizinhas.

O que o autor encontrou em Roseto (1971) foi uma estrutura comunitária que ele chamou de patriarcal pouco rígida, isto é, onde os mais velhos eram ouvidos e respeitados e as decisões eram tomadas coletivamente, havendo uma permanente preocupação em oferecer apoio e suporte a todos os seus membros. A família era o centro da vida dessa comunidade. As crianças e os adolescentes ligavam-se mais aos parentes do que a grupos de esporte ou outros tipos de grupo. Havia poucos homens solteiros acima de 25 anos e os problemas eram resolvidos por reuniões familiares, sendo que cada pessoa assumia a responsabilidade de fazer algum sacrifício pelos outros.

Marmot e Syme (apud Helman, 1994) analisaram a DC em homens descendentes de japoneses residentes na Califórnia, no Havaí e no Japão. Os autores constataram que existia uma variação na ocorrência da doença nos três grupos estudados, com índice mais baixo no Japão, intermediário no Havaí e mais alto na Califórnia. A incidência da doença cardíaca mostrava-se relacionada ao grau de adesão à cultura japonesa tradicional em que eles foram criados. Quanto maior a adesão a esses valores mais baixa era a incidência da DC.

No caso dos japoneses, a ênfase cultural reside na coesão grupal, nas conquistas coletivas e na estabilidade social. A exemplo de outras sociedades tradicionais, os autores sugerem que uma sociedade estável, cujos membros contam com o apoio dos seus companheiros em grupos coesos, pode atuar como proteção contra as formas de estresse social que predispõem à DC.

Os coronarianos vivem sua doença com um sentimento básico, a ameaça de perder. Perder a vida, os familiares, o poder social ou econômico. Isso gera no indivíduo ansiedade, medo, culpa ou raiva, conforme sua própria história de vida. Esses sentimentos ocorrem não só com o paciente, mas com seus familiares. Propiciar ao indivíduo no ambiente da casa, do trabalho, da escola e dos serviços de saúde, os suportes sociais que o façam se sentir amado e valorizado, cuidado e protegido, é um dos pontos principais do tratamento do coronariano.

Há necessidade de que a família conheça o que acontece com o paciente e saiba mais detalhes sobre sua doença para compreender os mecanismos que o mesmo vem utilizando para lidar com ela. A importância deste fator-suporte, coesividade ou solidariedade grupal seria o agente de saúde mental para prevenir as doenças coronarianas por meio de baixos índices de estresse. Este também é um dos mecanismos responsáveis pela atual força e expansão de todas as formas de terapia grupal.

O coronariano e sua família

> Como o cardiopata tende a ser o superprotetor, único provedor doméstico e centralizador do poder e das decisões, o seu adoecimento costuma trazer muita insegurança para a família e muita preocupação para o próprio paciente, que se vê impedido de retomar suas responsabilidades de imediato, além das restrições e mudanças nos hábitos de vida. (Regina da Corte, 1997, p. 8).

A família é um fator de proteção, por isso, deve-se estender a atuação para esta rede de apoio do paciente, bem como incluir a equipe médica, se o paciente estiver internado. A família do paciente cardiopata normalmente vive todo o processo de adoecimento com as mesmas angústias que o paciente.

Tal situação, frequentemente, causa depressão e irritação e predispõe a atitudes de superproteção pelos familiares. Por esta razão, a preparação da família também é fundamental, pois ela é o suporte do paciente ao sair do hospital (após o IAM ou a revascularização, por exemplo). A ida do paciente para casa o deixa inseguro, e a família precisa estar orientada para os limites, as novas rotinas e os cuidados relativos à fase de adaptação e reabilitação.

A internação em uma Unidade Coronariana (UC) é sempre considerada como um momento difícil, pois adoecer do coração, na maioria das vezes, desencadeia sofrimento emocional vinculado ao medo. Nesse momento, a família é de vital importância para o paciente. Afinal, é a família que dá suporte nos vários momentos de sua vida e, com a hospitalização na UC, priva-se o convívio ou contato prolongado entre estes, devido, principalmente, às rotinas impostas pela instituição.

Se forem detectados conflitos familiares, estes podem prejudicar a reabilitação. O conflito também pode ser um dos fatores associados ao adoecimento. Nesses casos, a indicação para uma psicoterapia deve ser feita, e o paciente e sua família, encaminhados.

Acolhendo a família

Se preconizarmos um cuidado acolhedor, torna-se primordial a atenção com o familiar/acompanhante que disponibiliza seu tempo para acompanhar o tratamento de seu ente. Acreditamos ser fundamental envolver/incluir a família no processo de acolhimento, pois esta se encontra num momento de incertezas quanto ao estado de saúde de seu familiar. É neste contexto que a família percebe o acolhimento como sendo algo essencial e de extrema importância, criando assim um vínculo de confiança e acreditando que está entregando o seu familiar em boas mãos.

No momento de crise, ao enfrentar a situação dolorosa de internação de um familiar, é que a família necessita de um membro da equipe que possa lhe auxiliar. Ao dar informações ou ao simples fato de estar aberta para ouvir os familiares, o profissional de saúde pode diminuir a angústia sentida por eles.

A hospitalização de um dos membros de uma família é um evento que gera estresse, como o equilíbrio do sistema é interrompido pelas necessidades internas e as solicitações externas à hospitalização são percebidas como ameaçadora. Se o equilíbrio do sistema não é restaurado, há uma crise. As estratégias adaptativas usadas e seu sucesso em restaurar o equilíbrio do sistema podem ser medidos pelas respostas individuais, tanto motoras quanto afetivas (Leske, Cohen, Craft, Halm, apud Romano, 1999).

Doença, hospitalização, procedimentos diagnósticos, terapêuticos e/ou cirúrgicos ameaçam o sistema familiar, seus papéis, seus canais de comunicação. Logo, *paciente incapacitado* (mesmo que temporariamente) é igual a *família incapacitada*, ainda que disponha de potencial interno para reorganizar-se rapidamente (Romano, 1999).

Uma doença é experimentada coletiva e não individualmente. Assim, alguns estudos apontam que, no período de dois meses após o infarto do miocárdio e de cirurgia cardíaca, as esposas dos pacientes apresentavam persistência de sintomas depressivos com frequência maior se comparada com a população onde não havia ocorrido o evento. Os profissionais de saúde devem estar atentos ao fato de que membros da família correm o risco de doenças físicas, diminuição de atenção, irritabilidade e comprometimento de sua capacidade de decisão. Desta forma, pode estar comprometida a habilidade de entender rotinas em políticas e procedimentos do hospital que parecem lógicos e racionais para a equipe (Romano, 1999).

Aspectos emocionais da família

Para Oliveira, Sharowsky e Ismael (1995) citando Kübler-Ross (1974), a reação emocional diante de uma crise apresenta quatro estágios:

1. **Choque inicial e negação** – onde há dificuldade de aceitar o diagnóstico e a incerteza do prognóstico.
2. **Raiva e ressentimento** – a família, por depender emocionalmente e, às vezes, financeiramente, do paciente, passa a evidenciar o controle excessivo do mesmo. Tem medo da perda, caso afaste-se do membro doente.
3. **Depressão** – quando em contato com a realidade, necessita de maiores informações para enfrentar a situação.
4. **Aceitação** – a família reflete sobre o estilo de vida e reorganiza as prioridades.

A assistência à família deve ocorrer em três momentos: durante a hospitalização (pode ser individual ou grupal); no momento da alta hospitalar e na pós-alta hospitalar.

Há dois fatores influenciadores da organização familiar: a estrutura de personalidade do indivíduo e sua capacidade de se adaptar (Ackerman, 1986) e o nível do conhecimento da família e do paciente. Esclarecer dúvidas e sistematizar informações pela equipe multidisciplinar é de suma importância.

A gestante cardiopata

O ciclo gravídico puerperal é um período de transição existencial importante, que acarreta na mulher modificações de relevo, não só nos aspectos físicos como no nível emocional. A gravidez, na presença de doenças como diabetes, hipertensão ou cardiopatia, configura-se como de alto risco.

Há alguns anos, a mulher cardíaca não podia engravidar. O avanço no tratamento das diversas cardiopatias possibilitou a essas mulheres engravidar e até mesmo se submeterem à cirurgia cardíaca durante a gestação. Em pesquisas realizadas com essas gestantes, notou-se que as ansiedades aumentavam consideravelmente pela presença ameaçadora da própria cardiopatia (Rosa e Andrade, 1992).

Ávila e Grinberg (1992) acompanharam mil gestantes portadoras de afecções cardiovasculares no Programa de Assistência do INCOR (SP), desde 1983, e observaram o declínio da mortalidade materna diretamente relacionada à cardiopatia, não sendo mais a primeira causa mortis não obstétrica.

Para Mendes (1996), na sua experiência na enfermaria de obstetrícia do Hospital Universitário Pedro Ernesto (HUPE-UERJ), 90% das gestantes cardiopatas internadas têm história de doença reumática, submetidas ou não a procedimentos cirúrgicos em seu aparelho valvar. Os outros 10% dos casos encontram-se distribuídos entre cardiopatias congênitas, miocardiopatias e outras afecções.

Nas gestantes cardíacas foram encontrados os seguintes aspectos psicológicos: preocupação com as alterações corporais; medo de que o filho nasça com doenças cardíacas, preocupações com as funções orgânicas (principalmente o coração), medo de o coração não aguentar o trabalho de parto e, consequentemente, de morrer (Rosa e Andrade, 1992). Essas gestantes apresentam angústia de separação devido às constantes internações, são muito dependentes, encaram a gravidez como algo terrível e têm dificuldade de se adaptar ao estado gestacional (*ibid*).

A gestação em mulheres portadoras de doenças cardíacas sempre esteve associada a altos níveis de morbidade e mortalidade tanto materna quanto perinatal. As sobrecargas impostas pelas modificações hemodinâmicas fisiológicas da gravidez aumentam o risco de descompensação clínica mesmo em pacientes previamente estáveis. Ao longo do século XX, a melhoria da assistência clínica e obstétrica permitiu que a maioria dos casos evoluísse com desfechos favoráveis (Testa, C B, et al., 2018).

As repercussões da gravidez sobre a cardiopatia materna dependem da etiologia da doença, da presença de intervenções cirúrgicas e lesões ou função residual, do tipo de terapêutica empregada, da ocorrência de complicações ou eventos prévios e da condição funcional, sendo que as apresentações clínicas são muito variáveis (Zugaib, 2012).

Em registro multicêntrico que incluiu 1321 pacientes cardiopatas entre 2007 e 2011, Ruys (2014) encontrou como principal complicação a insuficiência cardíaca (13,1% dos casos), sendo que a mortalidade materna foi significantemente maior nas pacientes com classe funcional NYHA (*New York Heart Association*) III ou IV, assim como o óbito fetal e a incidência de prematuridade.

Para Maldonado (1976, 1981), as vicissitudes de uma gestação de alto risco também têm profunda influência na maneira de ver o filho, não só no decorrer da gravidez como muito depois do nascimento. Esta cita Curi, autor que criou o conceito *concepto acusado* para designar a atitude da gestante de responsabilizar o filho pela gravidez problemática. Considerando esses aspectos, pode-se reconhecer a importância da assistência psicológica e do pré-natal para essas pacientes.

Os familiares também precisam ser assistidos, conjuntamente à grávida, durante toda a gravidez e na iminência do parto, com os problemas sendo trabalhados conjuntamente. Pode--se usar a técnica de psicoterapia breve enfocando o período gestacional (em sessões semanais), psicoterapias de apoio ou orientação e a proposta de trabalho educativo em grupo de gestantes cardiopatas (e seus familiares).

São utilizadas técnicas de dinâmica de grupo, recursos audiovisuais, modelagem em massa, apresentação de boneca de papelão ou de pano com os órgãos reprodutores e o desenvolvimento da gravidez. Ao final de cada encontro, faz-se uma avaliação dos participantes e coordenadores, com o objetivo de verificar falhas e implementar novas técnicas. A equipe é multidisciplinar e se compõe de: médico cardiologista, obstetra, tocoginecologista, psicólogo, enfermeira e assistente social.

O paciente valvopata

No que diz respeito às valvulopatias (ou valvopatias), Mônica Andreis (1995) cita os seguintes autores:

- Guimarães (1993) cita que em sua maioria as valvulopatias são de etiologia reumática (trata-se de patologia com elevada prevalência em nosso meio).
- Segundo Grinberg (1993), as cirurgias valvares correspondem a 30% do movimento da cirurgia cardíaca.
- Para Snitcowsky (1993),

> ... a profilaxia primária da febre reumática baseia-se no diagnóstico precoce dos portadores de infecções estreptocócicas de orofaringe e seu tratamento com antibióticos bactericidas... se todos os casos de amidalite estreptocócica pudessem ser tratados convenientemente, seria, praticamente, a erradicação da doença.

Andreis (1995) destaca a importância de observar a repercussão desses aspectos na dinâmica familiar do valvopata, pela maneira como são compreendidas a doença e sua instalação. Observa--se, por vezes, a culpabilização dos pais ou de determinada equipe de assistência, uma vez que se atribui o desencadeamento da doença a um inadequado ou insuficiente tratamento de um problema de saúde anterior do paciente. Se isso ocorre com a criança ou com o adolescente traz importantes implicações para toda a sua vida e a de sua família.

A proposta de uma cirurgia cardíaca pode intensificar sobremaneira a ansiedade do paciente e de sua família. É frequente a mobilização de angústias profundas, em destaque a angústia de morte. A troca valvar é indicada e esta pode ser uma bioprótese (de origem porcina ou bovina) ou uma prótese mecânica. A primeira tem durabilidade de dez anos em 85% dos pacientes adultos. A segunda tem maior durabilidade, mas sua utilização implica a indicação de anticoagulante oral permanente ao paciente no pós-operatório, além de produzir um ruído característico e audível em situações de maior silêncio. Há necessidade de adesão ao tratamento pelos anticoagulantes e dificuldades de adaptação ao ruído.

O cardiopata crônico: as miocardiopatias

As doenças cardíacas, como a coronariopatia e a hipertensão arterial, levam, ao longo do tempo, a função miocárdica à falência. Além destas enfermidades, uma variedade de fatores pode danificar, anatômica e funcionalmente, o músculo cardíaco, de maneira abrupta ou cumulativa. Destacam-se a doença de Chagas e a miocardiopatia dilatada alcoólica.

Na doença de Chagas, a transmissão se dá pelo Trypanossoma cruzi[1] (o *barbeiro*). Embora haja considerável literatura médica sobre os aspectos epidemiológicos, a patogênese, as manifestações clínicas e os recursos terapêuticos, praticamente não foi dada nenhuma atenção aos aspectos psicossociais implícitos nestas questões.

Apesar da grande redução na incidência dos casos de doença de Chagas aguda (DCA), nos últimos 15 anos, evidencia-se a ocorrência sistemática destes casos relacionados à transmissão oral pela ingestão de alimentos contaminados, principalmente na região amazônica, bem como à transmissão vetorial extradomiciliar, com a exposição acidental ao ciclo silvestre do agente etiológico (Ministério da Saúde, abr. 2021).

A forma cardíaca é a responsável pela elevada morbimortalidade da doença de Chagas, e as manifestações clínicas da cardiopatia chagásica crônica (CCC) agrupam-se em três síndromes: arrítmica, insuficiência cardíaca e tromboembólica (Ministério da Saúde, 2021).

Na forma indeterminada da doença, seus portadores apresentam basicamente reações sorológicas positivas sem manifestações clínicas. Apesar da condição clínica benigna, os indivíduos, embora aptos para o trabalho, não são absorvidos pelo mercado, gerando problemas de ordem social.

Os sintomas de ordem física (fraqueza, fadiga fácil, tontura, etc.), sem substrato orgânico que os justifiquem, poderiam ser encarados como de ordem psicogênica ou depender da própria afecção. Esses indivíduos apresentam-se como doentes, pelo fato de possuírem o *sangue envenenado pelo barbeiro* e de viverem obsessivamente ligados à ideia de um dia desenvolverem a forma

[1] O Trypanossoma cruzi, um protozoário, é o agente da infecção e o barbeiro, um inseto, é o transmissor da doença. Ele habita as casas de pau-a-pique, nas frestas das paredes, caracterizando-a como uma doença da pobreza. No Brasil, o SUS está fundamentado em valores centrais e princípios fundamentais dentro da sociedade, como universalidade, equidade, integralidade, participação e controle social, que devem ser o alicerce para políticas e programas de interesse público. O país representa uma das principais áreas endêmicas da doença de Chagas no mundo, em contextos diversos de grande complexidade para prevenção e controle. Pela elevada carga de morbimortalidade associada à doença de Chagas e sua relativa *invisibilidade* na sociedade, cabe ao governo garantir sua priorização para a saúde pública e mobilizar recursos e capacidades necessários junto a outros atores governamentais ou não governamentais para seu enfrentamento, reforçando o papel singular que a atenção básica tem para o sistema nacional de saúde.

cardíaca da doença. Os sintomas, para Pereira (1995), já traduziriam uma tentativa de resolução de um sofrimento mental, ante o risco do desenvolvimento de uma doença incurável.

A importância da depressão associada à cardiopatia chagásica está ligada, além do sofrimento psíquico que o paciente apresenta, à carga que essa associação pode trazer ao coração, contribuindo sobremaneira para agravar o quadro cardiológico. É possível enumerar, dentre outros, os seguintes fatores negativos da depressão sobre o cardiopata:

1) O humor depressivo pode influenciar como a pessoa vivência a doença cardíaca e sua interação com os outros, inclusive com o próprio médico;
2) Aumenta a morbimortalidade cardiovascular.
3) A adesão ao tratamento é significativamente prejudicada.
4) Permanência prolongada no hospital.
5) Aumento de custo com o tratamento.
6) Número elevado de suicídio e de tentativa de suicídio associado à doença física.
7) A relação médico-paciente é prejudicada pelo humor depressivo e pode induzir o médico a erros no diagnóstico e no tratamento (Oliveira Jr., W, 1997).

A vivência familiar da doença de Chagas constitui fator de importância para a compreensão psicológica desses pacientes. É possível que um ou mais elementos do núcleo familiar apresente sorologia positiva para Chagas ou a forma cardíaca da doença em estágios variados. Pereira (1995) observou que os processos de *identificação* entre os familiares podem atingir graus variados, comprometendo ou não a sobrevida do doente e a manutenção do tratamento. O padrao de um doente parece *contaminar* o padrão do outro, como se todos devessem percorrer o mesmo caminho evolutivo da doença.

A *negação* também pode ser encontrada. A doença fica depositada no outro membro da família, garantindo aparente estabilidade emocional à organização interna do núcleo familiar. Há aqueles que apresentam uma percepção deformada do tratamento médico (prescrição medicamentosa, restrições hídricas, sódicas e de atividade física, etc.), influenciados pela experiência de insucesso e morte de um dos familiares acometidos.

O abuso de álcool é também observado nos pacientes com doença de Chagas, que nesse caso recebe a denominação de miocardiopatia dilatada alcoólica, de reversibilidade potencial (nas fases iniciais) se for observada a abstinência do álcool.

Ao citar Joyce McDougall (1983,1991):

> As adições (alcoólica, entre outras) revelariam uma carência na elaboração psíquica e uma falha na simbolização, as quais são compensadas por um agir compulsivo... seriam indivíduos que teriam uma predisposição para adoecer organicamente em vez de produzir sintomas neuróticos ou psicóticos.

Pereira (1995) considera que a dependência alcoólica seria o primeiro sintoma de apresentação de uma psicopatologia, e a dificuldade de lidar com a miocardiopatia, o segundo, de uma mesma fonte de desequilíbrio.

Encontra-se no histórico desses pacientes uma dificuldade para cuidar do próprio corpo, com relatos de lesões corporais em virtude de exposição a riscos e de sobrecarga de trabalho a que se submetiam antes da doença. No seu lidar com esses pacientes, Pereira diz: ..."costumam ser pacientes *silenciosos* nas consultas médicas, sem queixas de ordem pessoal, não fazem qualquer nexo entre o seu sofrimento físico e o mental e não se motivam ao tratamento psicológico".

Uma última consideração a ser feita por Pereira é sobre os benefícios secundários obtidos com a DC para o doente crônico. Para Marty (1993), a melhora física do paciente também dependeria de uma melhora do seu estado psicoafetivo. Sem isso, a indicação para esses pacientes, de certas modalidades mais radicais de tratamento médico, como o transplante de coração, precisa ser vista com precaução. A despeito dos benefícios óbvios, o tratamento poderia constituir-se numa ameaça à frágil estabilidade emocional do paciente, que conseguida à custa da própria doença orgânica, poderia disparar crises adaptativas e pôr em risco o êxito da cirurgia (Valladares e Glausivz, 1980, citados por Pereira).

A psicoterapia de apoio é de fundamental importância no tratamento do cardiopata chagásico deprimido, mas nem sempre é possível, uma vez que muitos hospitais públicos não possuem serviço de Psicologia com disponibilidade para esse atendimento. Daí a necessidade da criação de núcleos de atenção ao paciente chagásico, em que uma equipe multidisciplinar atuando junto aos médicos possa oferecer esse importante apoio. A experiência com uma equipe multidisciplinar no Ambulatório de Doença de Chagas do HUOC comprova o valor desta iniciativa no atendimento integral ao paciente chagásico (Oliveira Jr., W, 1997).

O paciente com infarto agudo do miocárdio (IAM) e sua família

Dentre os acometimentos cardiovasculares, o Infarto Agudo do Miocárdio (IAM), é uma isquemia resultante da falta de aporte sanguíneo para as artérias coronárias e que pode acarretar na necrose do músculo cardíaco. Origina-se por uma complicação da doença aterosclerótica crônica. Suas consequências perpetuam-se no decorrer da vida, fazendo com que as pessoas necessitem de cuidados permanentes (Garcia, R P et al., 2013).

Na fase aguda do IAM, o paciente pode apresentar algumas alterações emocionais, sendo as mais frequentes: a negação da doença, a ansiedade, a depressão, a agitação e o delírio. É uma fase aguda de doença que implica na internação imediata em unidade de terapia intensiva (UTI), na separação de casa, do trabalho, do convívio familiar e dos amigos. Os procedimentos terapêuticos muitas vezes fazem com que o paciente se sinta agredido física e emocionalmente e podem gerar um alto nível de ansiedade. Essa ansiedade pode ocorrer pela forma, súbita, como a doença surpreendeu o paciente, às vezes em momento da maior realização profissional e pessoal.

A incidência da doença em indivíduos abaixo de 40 anos tem preocupado bastante nos dias de hoje. São pessoas em fase de estruturação de sua vida pessoal, profissional, familiar e financeira. A coronariopatia aparece como impedimento à continuidade e pode acarretar problemas pessoais, dificultando o tratamento.

O indivíduo jovem pode interpretar a dor e os sintomas característicos como sendo de outra etiologia (gástrica, por exemplo). Tem dificuldades de assumir mudanças de estilo de vida e teme ser estigmatizado pela doença.

Por vezes, há a *negação maciça da doença*, com exposição a riscos desnecessários, tentando provar à família e à equipe a inexistência ou pouca magnitude do infarto. Comportamentos autodestrutivos também são observados como parte do mecanismo de defesa, quando logo após o IAM o indivíduo volta ao ritmo alucinante de trabalho, sem boa aderência ao tratamento médico e à dieta alimentar, sendo necessária a intervenção do psiquiatra e o uso de medicação própria e a ajuda psicoterapêutica do psicólogo; ou a piora do quadro, com reincidência da doença e óbito.

A depressão do paciente coronariano pode ocorrer nos primeiros dias de internação, geralmente pela perda da autoestima. Cassem et al. (1973) a define como *infarto do ego*, onde são comuns os medos e as fantasias. Ao tratá-la, do ponto de vista somático e/ou psicológico, poderemos evitar atitudes hostis, comiseração e não cooperação com tratamento indicado.

Nas cardiopatias mais graves é mais comum aparecer agitação e delírio, o que Theodore A. Stern (1987) diagnosticou como *psicose da UTI*. Tudo nesta unidade é instável. Os pacientes podem apresentar: desorientação, prejuízo da memória de curto prazo, distúrbios de atenção e concentração, alucinações, fala e pensamentos desorganizados, etc. A literatura descreve esse conjunto como *síndrome da UTI* (Romano, 1999). É um estado confusional reversível, secundário à internação na unidade, e mais frequente em pacientes cirúrgicos.

Para Campos (1986), algumas medidas práticas podem ser tomadas pela equipe da UTI para minimizar essas ocorrências para o paciente:

> Apagar as luzes à noite, colocar relógios à vista do paciente, respeitar seu sono, liberar os horários de visita, reduzir o tempo de permanência na unidade, explicar os procedimentos que estiverem sendo adotados e encorajá-lo a participar deles na medida do possível, mantê-lo vestido, tratá-lo pelo nome, conversar sempre com ele, evitar deixá-lo muito tempo só, evitar barulho ou conversas desnecessárias ou preocupantes na sua frente, sedá-lo se necessário.

Após a alta da UTI, alguns pacientes sentem-se inseguros, outros se alegram com a saída. Ao serem informados de que sair da UTI representa um progresso na sua recuperação, essas ansiedades podem diminuir. Frequentemente, os sintomas desaparecem ou diminuem após 48 horas da alta. Se persistirem, as causas devem ser procuradas entre os motivos pelos quais o paciente foi internado (por exemplo, situações excepcionalmente traumáticas e ameaçadoras) e dos traços de personalidade prévios à internação.

Todas essas etapas que acontecem devem também ser informadas aos familiares dos pacientes. A informação dos estados afetivos e comportamentos, quando são explicados com antecedência, pode gerar nas famílias um sentimento de estarem sendo também acompanhadas e facilitar o contato delas com a doença aguda do membro familiar. Quando o infarto deixa marcas psicológicas profundas, o acompanhamento deverá se estender por algum prazo na recuperação e reintegração do paciente/família à sociedade.

Dessa forma, o adoecimento do coração pode desencadear no paciente e na sua família sofrimento emocional pelo medo da morte, da invalidez e do desconhecido. Torna-se necessário que o sistema familiar se organize, por meio de negociações internas, as quais têm a finalidade de redefinição e troca de papéis para garantir os cuidados, sua manutenção e funcionalidade estrutural. Essas mudanças podem ser influenciadas pelo tipo de doença, a maneira como se manifesta e o significado que o doente e a família atribuem à condição crônica. Nesse sentido, o cuidado familiar se concretiza nas ações e interações presentes na família e se direciona a cada um dos seus membros, individualmente, ou ao grupo todo. É definido a partir das significações de cada família, objetivando crescimento, desenvolvimento, saúde e bem-estar.

No período imediato após o IAM, percebe-se uma forte união do núcleo familiar, onde se apresentaram o medo da morte, bem como sentimentos de angústia e aflição frente às adversidades impostas pela doença. Nesse momento, a família visa retomar logo o convívio com o enfermo, utilizando-se de táticas de manejo e enfrentamento da doença, tanto no domicílio, quanto no hospital. Destaca-se que os vínculos são fortalecidos diante do adoecimento, a fim de prestar o auxílio necessário para a situação ser normalizada. Por outro lado, a vivência atual das famílias cujo um dos membros teve IAM demonstrou que, a partir do episódio da doença, algumas relações se tornaram conflituosas, devido à presença constante do doente no domicílio. Também as atividades da vida cotidiana foram prejudicadas, dificultando as interações e a manutenção das relações sociais (Garcia, R P et al., 2013).

O paciente cirúrgico

Receber a notícia da necessidade de se submeter a um procedimento cirúrgico pode ser bastante desorientador, pois o paciente ficará focalizado nas implicações e possíveis consequências de ordem negativa deste acontecimento vindouro em sua vida. A descoberta da patologia, o surgimento do diagnóstico e o deparo com o procedimento cirúrgico como forma de tratamento denotam a debilidade da saúde do indivíduo.

No momento pré-cirúrgico, a ansiedade é o sentimento de destaque vivido pelos pacientes por não saberem o que lhes aguarda, e é, por isso, que se ressalta a importância de antecipar as particularidades do ato cirúrgico: informá-lo quanto ao que lhe acontecerá neste processo para que ele compreenda ao que será submetido (Juan, K, 2007).

A cirurgia cardíaca é um procedimento invasivo não fisiológico. Embora se saiba que fisiologicamente o comando é do cérebro, é o coração que representa o sentimento humano. Para quem opera do coração, é sempre *tudo ou nada*. Simbolicamente, a cirurgia vai mexer com o *centro da vida*. Para uns, é visto como ficar vulnerável, para outros, um ato de coragem ter estampada no peito uma grande cicatriz. Tudo depende também da idade do paciente (adulto, criança) e da cardiopatia, atingindo tanto o paciente quanto sua família.

Para o paciente, a cirurgia aparece sempre como uma urgência, à qual ele responde reunindo todos os seus esforços para combater o sentimento de *ataque iminente*. A cirurgia pode representar uma ameaça à vida e, mesmo quando a sobrevida não está em pauta, pode acarretar, no mínimo, alteração de funções normais. Em grande número de casos, é tida como procedimento agressivo, desperta medos infundados, temores quanto à perda da integridade física ou emocional, angústia de morte ou angústias muito primitivas, como a de aniquilamento, com a desestruturação do ego.

No que diz respeito à cirurgia, compete diferenciar a eletiva da cirurgia de urgência, se o paciente é assintomático ou em urgência cirúrgica, se adulto, adolescente ou criança. Oliveira e Da Luz (1992) nos dizem que o paciente e sua família têm preocupações de curto, médio e longo prazo. São elas: medo da morte, de operar o coração, da anestesia e do período em que ficarão na UTI; da dor pós-operatória, da capacidade para desempenhar o seu trabalho, a possibilidade de praticar esportes, das restrições alimentares e da proibição do tabagismo; do uso crônico de medicamentos, se vão poder voltar a ter vida sexual e poder ter filhos, e de reoperações necessárias.

Em um plano psicoterápico ideal, seria indicado que todo o paciente que irá passar por uma cirurgia do coração receba atendimento antes e depois da cirurgia. O atendimento psicológico no pré-cirúrgico o prepararia quanto aos rituais que compreendem o procedimento cirúrgico, informando-o e trabalhando as principais preocupações e fantasias relacionadas a este momento, podendo, também, incluir uma avaliação dos aspectos cognitivos e emocionais que devem ser considerados no pós-cirúrgico. A relevância do atendimento psicológico pós-cirúrgico pode ser pensada a partir da importância do acolhimento das angústias destes pacientes e do auxílio por parte da Psicologia na elaboração dos conflitos gerados por esta situação de crise (Hennig Grisa e Monteiro, 2015).

A cardiopatia congênita: a criança na cirurgia cardíaca e sua família

A cardiopatia congênita (CC) é qualquer anormalidade na estrutura ou função do coração que surge nas primeiras oito semanas de gestação quando forma o coração do bebê e ocorre por uma alteração no desenvolvimento embrionário da estrutura cardíaca. A descoberta de tal anomalia, avaliando-se pelo aspecto psicológico, principalmente para a gestante, tem nesse diagnóstico precoce e indispensável, consequências de ruptura na expectativa pessoal, nos projetos futuros, sonhos e idealizações desse filho. Assim, não será nada fácil transmitir, pela equipe de saúde, essas notícias à família, que deve ser acompanhada de aconselhamento familiar no contexto de cuidado do infante cardiopata.

De acordo com muitos trabalhos publicados, há grande pressão familiar sobre as crianças com cardiopatia congênita pelos riscos característicos da patologia e elas podem ser alvo da *superproteção familiar*, visto que o processo pode ser considerado potencialmente traumático. Esse comportamento de finalidade protetiva pode se tornar danoso e impede a construção de sua autonomia, autoconfiança, autoconhecimento e segurança da criança em processo de crescimento físico e mental.

A criança nasce com uma malformação e a *frustração* dos pais pode ser intensa. Nesta fase, os pais podem se agredir mutuamente, o que representa a tentativa, consciente ou não de diminuir o sentimento de culpa de cada um. A busca de um culpado parece aliviar a dificuldade de entender o que aconteceu. Por vezes, essas agressões se cruzam, atingindo um e outro membro da dupla parental (agressões cruzadas). Nesse processo, de tonalidade sadomasoquista, cada um agride e é agredido ao mesmo tempo. Na maioria das vezes, a culpa é desprovida de fundamento, por conta das raras ocasiões em que a genética tenha trabalhado contra eles. Ela realmente não existe para nenhum dos pais, é uma questão de absoluto acaso da natureza.

A *rejeição* é outro fato que pode ocorrer devido às atitudes dos pais de frustração pessoal de suas expectativas em relação ao filho, por injunções do ambiente familiar ou por pressões sociais. O mais frequente é a rejeição do pai. A mãe tende a aceitar melhor a criança doente, como se a estreita dependência materna durante a gravidez e a fase pós-natal se prolongasse naturalmente pela ocorrência do defeito cardíaco.

Essas crianças podem também sofrer retardo no desenvolvimento físico; elas sentam e andam tardiamente. Isso pode ser secundário ao prejuízo da função cardíaca, mas pode ser parcialmente causado pelo excesso de cuidados por parte dos pais, que proíbem a criança de executar exercícios necessários ao seu desenvolvimento natural.

As inúmeras internações hospitalares impedem que frequentem normalmente a escola, por isso podem decorrer *déficits* de aprendizagem. Outras vezes, a cardiopatia está associada à síndrome de Down. É necessário dimensionar realisticamente o problema da criança, compreender as inquietudes dos pais e orientá-los para que ajam com equilíbrio: sem descaso, mas também sem superproteção.

Após o diagnóstico, surge a notícia de que é necessária uma cirurgia. Após o impacto do diagnóstico, a família teme complicações que possam ocorrer na cirurgia, principalmente, a morte do bebê. É necessário conviver, ao mesmo tempo, com a esperança de cura e a possibilidade de vir a perder o filho. Com o desejo de ter um filho normal, a família manifesta sua vontade de tratar a criança a qualquer custo, tomando decisões para o melhor tratamento.

Na hospitalização, e durante a cirurgia, a criança com mais idade fica geralmente separada dos pais, o que a faz se sentir insegura e ansiosa. Colaboram o ambiente desconhecido a que terá de se adaptar, a presença de pessoas estranhas e os procedimentos terapêuticos necessários que, muitas vezes, são agressivos e invasivos. Por desinformação, muitos pais escondem do filho que ele precisa ser operado. Sem entender, a criança pode imaginar que está sendo castigada por algo errado que supõe ter feito.

O trabalho com a família é de grande importância nesse momento, na tentativa de diminuir a ansiedade dos pais e da criança. Material lúdico pode ser utilizado para amenizar a fase hospitalar. Há unidades hospitalares que trabalham com *bonecos cirúrgicos* criados para exemplificar concretamente o que vai acontecer durante a cirurgia. A criança e seus pais podem manuseá-los à vontade, no pré-operatório, *brincando de cirurgião*, mudando a válvula do boneco, colocando e tirando-lhe o soro, abrindo-lhe o peito pelo zíper, e finalmente encontrando um coração vermelho e forte pronto para bater mais vigoroso.

Essas iniciativas ainda são isoladas e o material lúdico é confeccionado domesticamente por alguns profissionais que lidam com as cirurgias de crianças. Com esse material, também, podem ser fornecidas as informações médicas, com clareza, e ao alcance dos pais e da criança. Isso ajuda a diminuir a ansiedade de todos. Com uma linguagem simples, os pais são preparados para entender o quanto é importante a conduta deles para que o filho aceite e colabore mais facilmente com o tratamento proposto.

O pós-operatório na UTI e depois no quarto (ou enfermaria) deve ser observado. A entrada dos pais deve ser facilitada sempre que necessário; em algumas unidades, a acomodação coletiva já é uma prática (ou o é em aposentos contíguos). Os brinquedos e objetos pessoais da criança podem estar junto dela, numa conduta que traz sempre bons resultados. Esses objetos são o que Donald Winnicott chamou de *objetos transicionais* e que trazem segurança e amenizam a distância de casa, dos irmãos, dos familiares e dos coleguinhas.

O ideal é que se tenha tempo entre a internação e a cirurgia da criança para um trabalho de preparação de todas as fases da cirurgia. No primeiro momento, são fornecidas todas as informações necessárias sobre o procedimento cirúrgico aos pais. Estes ajudarão a equipe a preparar a criança para a cirurgia. Para a criança, os pais é que fornecem proteção e segurança e é neles primeiramente que ela vai acreditar. Na medida em que eles transmitirem confiança e tranquilidade, ela não terá motivos para se sentir enganada ou abandonada no pré e pós-operatório. Esse trabalho de preparação cirúrgica deve ser realizado por equipe multidisciplinar, cujo profissional psi é parte integrante.

Assim como a criança precisa se sentir segura com relação aos pais, o mesmo ocorre com os pais em relação à equipe profissional que atende ao seu filho. Quanto menor a criança (com seu psiquismo ainda em formação), seus recursos adaptativos e os mecanismos de defesa ainda são muito precários para lidar com separações e situações geradoras de angústias. Se os pais podem compreender seus sentimentos, terão melhor capacidade para satisfazer as necessidades emocionais de seus filhos.

Cuidando da família, ela pode cuidar de sua criança doente. É importante facilitar a comunicação da equipe com os familiares favorecendo o aparecimento de uma atmosfera de confiança e um trabalho mais acolhedor (*continente*) para as ansiedades despertadas. Para isso, se viabilizar, recorre-se cada vez mais às atividades de grupo. Quando também o pai pode se fazer presente, esses atendimentos têm revelado resultados mais positivos. Este tem um importante papel de prover segurança e estabilidade à mãe, tranquilizando-a para que a mesma possa dar suporte ao filho hospitalizado (*função de suporte do pai*, segundo Winnicott).

Goldenberg e Aberastury (1972) destacaram em seus trabalhos, na década de 1960, que o sucesso de um procedimento cirúrgico dependia não só de características intrínsecas de uma criança, mas também da dinâmica familiar envolvida. Békei (1984) diz que devemos esperar que a criança elabore e aceite sua nova identidade e seu novo esquema corporal; para isso seus pais devem estar prontos para reviver com seus filhos momentos de regressão e desintegração psicossomática. Deve ocorrer uma mobilização familiar em torno da criança, com a finalidade de ajudá-la a pensar o que se passa com ela.

A família é parte vital da interação das crianças cardiopatas. Considerar o grupo familiar, seu ambiente e a interação entre os seus membros, nos dizem Rathsam e Francé (1995), é levar à eficácia qualquer tratamento em pediatria. Em unidades públicas e onde a psicologia médica já é uma realidade, são utilizados diferentes trabalhos em grupo. Destacamos os grupos de recreação e os grupos de pais. Nos primeiros, desenvolve-se um trabalho lúdico, por meio do desenho, com a inserção da música e do brincar de uma forma geral, que tem como objetivos abrir canais de comunicação com o paciente (criança) e a família, contribuindo para a socialização. Ocorrem nas enfermarias cirúrgicas ou no setor de recreação (ou brinquedoteca) de alguns hospitais. Há uma melhoria na imagem da hospitalização em si, modifica-se a percepção do hospital como um ambiente hostil e diminui a ansiedade da internação.

Nos grupos de pais, por meio do *encontro* de familiares, que permite uma rica troca, as famílias podem ajudar-se mutuamente. As informações médicas cabem ao especialista-médico, que informa e esclarece dúvidas, a fim de diminuir as ansiedades dos familiares. Estando menos ansiosos, estes poderão ser mais cooperativos. A catarse aqui é um objetivo presente. O falar da doença é uma meta terapêutica, porque inclui as fantasias dos pais. O que às vezes nunca disseram a ninguém, eles ouvem dos outros pais, que falam o que não teriam coragem de dizer. Os pais estão em estágios diferentes: pré, per e pós-cirúrgico.

Os grupos são multidisciplinares: médico, psicólogo, enfermeiro do andar da UTI, fisioterapeuta, nutricionista, brinquedista, entre outros. O resultado é a sensível melhora no relacionamento dos pais com as crianças e com a equipe. Promove também a aceitação maior da cardiopatia do filho e do tratamento, sem culpas.

O paciente adulto na cirurgia cardíaca e sua família

A evolução dos equipamentos cirúrgicos e técnicos, nos últimos anos, contribuiu para a redução da taxa de mortalidade perioperatória. O êxito cirúrgico está vinculado à correção da patologia, às condições psiconeurológicas após o ato cirúrgico, à qualidade de vida na fase após a alta cirúrgica, avaliada por meio da capacidade produtiva e pela reintegração familiar e social (Ferry, 1990, apud Romano e Mutarelli).

Quando o psicólogo (ou profissional *psi*) tem a chance de começar o seu trabalho no pré-operatório, maior atenção pode ser dedicada ao paciente e à sua família, discutindo os seus medos e procurando desmistificar suas fantasias.

A vivência da cirurgia representa um *desgaste* emocional muito grande, pela ameaça à sua vida futura e à reabilitação. A vivência do processo de recuperação após a cirurgia soma-se à dor, à queda de suas defesas (desenvolvidas para suportar a ansiedade pré-cirúrgica) e pode acarretar no quadros psicorreativos pós-operatório. É no momento da UTI e no retorno ao quarto ou enfermaria que o trabalho do profissional *psi* é mais importante para reatar o vínculo familiar que foi quebrado quando o paciente deu entrada na unidade.

Os pacientes devem gradativamente retornar às suas atividades. Caso haja limitação física mesmo após a cirurgia, deve-se orientar a família para que o membro familiar não seja tratado como um inválido. Crises de choro e momentos de tristeza são comuns no pré e no pós-operatório e podem continuar por alguns meses, e a melhor maneira de se lidar com elas é informar que elas podem ocorrer, admitir e deixar que se manifestem naturalmente.

A alta hospitalar, com o deslocamento do ambiente hospitalar para o doméstico, traz, por vezes, uma sensação de insegurança que deve ser minimizada pela transmissão da certeza de que haverá continuidade na assistência médica. Faz-se necessário um momento de discussão, calma e programada, em que as alternativas mereçam orientação adequada. As mudanças necessárias de hábitos de vida, como parar de fumar, fazer exercícios e dietas adequadas nem sempre são cumpridas. À medida que se recuperam, os pacientes esquecem o que haviam prometido.

O familiar que acompanha o paciente durante o período de internação torna-se um elo entre a equipe médica e sua família. Deles são cobrados detalhes do tratamento, muitas vezes sem critérios. Além do desgaste, já mencionado, desse acompanhante, é preciso estar atento a toda a terapêutica para informar ao restante da família. Percebe-se que tais informações acabam sendo distorcidas, até por falta de entendimento da linguagem médica, criando-se confusão entre os membros da família.

A equipe acaba sendo o *bode expiatório* nessa confusão toda, e a família questiona por falta de explicações prévias. Às vezes, é o hospital (a instituição) que é colocado como *bode expiatório*. Para uma melhor comunicação entre essas instâncias, pode-se criar um programa para todos os familiares próximos, onde nestas reuniões são colocadas as perguntas e dúvidas com relação ao diagnóstico e prognóstico, e são feitos esclarecimentos pelo médico assistente e demais membros da equipe, quando se dá orientação com relação ao seguimento da terapêutica, bem como a possibilidade de cuidar do paciente em casa, recebendo da equipe o apoio necessário. Os conflitos melhoram e a relação família-equipe torna-se mais fácil. Chega-se a um maior conhecimento da família e cria-se vínculo com a mesma.

Para Oliveira, Sharovsky e Ismael (1995), a assistência à família se dá em três momentos: na hospitalização, na alta e na pós-alta. Na hospitalização, avalia-se: como a família está atuando, como se organiza nas diferentes tarefas, quem visita o doente, quem assumiu a rotina da família, como cada membro da família lida com dificuldades e necessidades individuais diante da crise. Esse atendimento pode ser individual ou grupal. As autoras enfatizam a eficácia do grupo, pois este proporciona a troca de experiências semelhantes, ou não, entre as famílias. Na alta hospitalar e no período que se segue, surgem as questões da família: o que fazer com ele(a) ou o que ele(a) pode ou não fazer? As reações de incerteza quanto aos cuidados necessários em casa se somam ao sentimento de alívio, para uns, e de angústia, para outros. A repercussão emocional para o paciente é com relação à sua verdadeira capacidade de reassumir papéis que desempenhava antes de adoecer. Dúvidas sobre voltar a ser produtivo e quanto à recuperação física invadem esse momento.

Na pós-alta hospitalar, a forma como a família se relacionará será uma antecipação de como ocorrerão suas relações interpessoais. É necessário esclarecer as dúvidas sobre a recuperação do paciente, a importância de reconhecer a sua autonomia e sua adesão ao tratamento médico com uma postura ativa. Esses esclarecimentos devem ser transmitidos durante o período de internação pela equipe multidisciplinar. Isso permite que ocorra um período de incorporação das informações, que seja possível o esclarecimento de dúvidas como forma psicoprofilática de mostrar à família como utilizar seus recursos emocionais de forma mais amadurecida. Este último momento serve como ponto de referência para manter o vínculo familiar que foi quebrado quando o paciente deu entrada na unidade.

A emotividade exagerada (ou a depressão) continua, muitas vezes, no pós-operatório, durante meses. A família precisa estar preparada para o aumento de sensibilidade. O melhor é lidar com ela e admiti-la, deixando-a manifestar-se naturalmente. A cirurgia deve representar uma fase de reflexão para todos. Faz o paciente pensar na sua vida pregressa e na que virá na pós-cirurgia. É comum a disposição do paciente em aceitar dietas, exercícios, tomar medicamentos, deixar de fumar, etc. Nem sempre essa disposição, depois que o tempo passa, continua. A família também precisa lidar com essa situação, incentivando as condutas de adesão ao tratamento.

Podemos citar, por exemplo, o trabalho do Núcleo de Prevenção e Reabilitação Cardíaca do Hospital Universitário Pedro Ernesto da Universidade do Estado do Rio de Janeiro. As psicólogas Regina da Corte (1996-1999) e Lílian Simone da Silva (1999-2000) fizeram parte da equipe multidisciplinar do programa, trabalhando nos grupos mensais, que se iniciaram como de suporte e caminharam para operativos (Pichon-Rivière), em que a tarefa era a relação do paciente com o processo de reabilitação. Utilizou-se como metodologia a abordagem da psicoterapia corporal (teoria reichiana), com exercícios de relaxamento, contato com a postura física e a relação desta com seu comportamento, exercícios de observação e mobilização da respiração, que na maioria das vezes é superficial em virtude da tensão torácica. Após esses trabalhos, essas vivências eram compartilhadas e seus conteúdos trabalhados nos grupos. Intercalavam-se jogos de dinâmica de grupo, com a finalidade de facilitar o processo de interação grupal. As famílias desses pacientes eram atendidas em situações de crise, para a orientação dos procedimentos com o paciente e em grupos de suporte.

A visão reichiana sobre o processo de encouraçamento corporal, a partir da repressão dos impulsos, permitiu três níveis de atuação do paciente: a reflexão sobre os aspectos estressantes do comportamento que o desequilibravam física e emocionalmente, a consciência da tensão que mantinha no seu corpo a partir da psicodinâmica da sua personalidade; e a interação dos participantes no sentido de promover maior vinculação entre eles e do grupo funcionar como suporte social (Corte, 1997, 2000).

Outros grupos de atendimento aos familiares no HUPE-UERJ foram realizados com familiares dos pacientes internados na unidade coronariana. Paula Villas Bôas (2000), durante todo o ano de 1998, realizou 30 sessões semanais, atendendo em torno de 150 familiares. Os grupos tinham um cunho terapêutico com ênfase no aumento de informação, suporte, tranquilização, catarse, seleção de famílias mais necessitadas para atendimento individual e reflexão sobre a situação em comum. Para a autora: "Trabalhar com famílias exige o desenvolvimento de ética, de negociação, de uma maior interação entre equipe-paciente-família. Tanto quanto o paciente, a família tem interesses e preferências e é preciso prestar atenção a isso." (V. Boas, 2000).

A sexualidade do cardiopata

Segundo Stein e Hohmann (2006), as doenças cardiovasculares interferem na atividade sexual dos pacientes e na vasta maioria das vezes atua como um fator complicador. Isso tem sido observado basicamente por duas razões principais:

1) pelo diagnóstico cardíaco e todas as implicações psicológicas que tal *marca* acarreta, como ansiedade, medo da morte, restrição na atividade física;
2) a necessidade do uso de diversos fármacos capazes de produzir efeitos adversos que prejudicam a *performance* sexual (especialmente pelo desencadeamento de disfunção erétil e/ou perda da libido).

Dentro dessa ótica, dúvidas sobre a segurança da atividade sexual são comuns tanto entre pacientes quanto entre os médicos que os cuidam, e, frequentemente, são negligenciadas nas consultas de rotina ou por ocasião da alta hospitalar após algum evento ou procedimento cardíaco. A atividade sexual é vista pela maioria dos médicos e pacientes como *tabu* e, assim sendo, acaba estigmatizada e deixada de lado nos diferentes momentos de interação entre profissionais e seus clientes. O paciente não pergunta e o médico não responde, sendo selado um pacto velado de silêncio (Stein e Hohmann, 2006).

As cardiopatias podem determinar um efeito negativo sobre a atividade sexual do paciente. Foram realizados mais estudos sobre a sexualidade do homem do que da mulher, embora Oliveira Jr. (1999) admita que os efeitos sejam semelhantes nos dois sexos. Outra questão apontada pelo autor é a dificuldade do médico em orientar o seu paciente quanto ao retorno de suas relações sexuais após os eventos agudos e durante o tratamento das patologias crônicas. Há mitos, dúvidas e medos do cardiopata e do(a) parceiro(a) que precisam ser respondidos pelo cardiologista. Essa orientação deve ser marcada pelo respeito à singularidade do paciente e depende do conhecimento sobre o seu padrão sexual anterior à cardiopatia. Em alguns casos, é importante informar ao paciente que a atividade sexual não só é possível, como também isenta de risco adicional, além de benéfica para o restabelecimento da autoestima.

Sempre que possível, deve-se incluir o outro membro da relação e informar sempre, para que este também possa compreender e colaborar, evitando a atitude de *proteção*, caracterizada por recusa ou abstinência sexual. As atitudes e o comportamento do casal com respeito à retomada da atividade sexual têm muita influência no processo global de reabilitação do paciente. São comuns casos passageiros de disfunção sexual erétil após a cirurgia cardíaca ou o IAM, bem como fases de ejaculação precoce, todos eles representando a insegurança quanto ao funcionamento sexual e as dúvidas em relação à recuperação de sua normalidade cardíaca. Estes sintomas se curam sozinhos ou com a ação do cardiologista – ou outros membros da equipe – num processo de psicoterapia de apoio.

Nos casos em que a disfunção sexual do paciente extrapola a competência do cardiologista, ele deve ser encaminhado ao profissional especializado na área. Em alguns casos, os aspectos psicológicos parecem ser mais importantes do que os fisiológicos no declínio da atividade sexual, se comparados a outros fatores limitantes, como angina do peito, uso de medicamentos anti-hipertensivos, tipo de cirurgias realizadas, outras doenças associadas, como alcoolismo, etc.

Os pacientes devem receber orientações sobre atividade sexual da mesma forma que recebem informações sobre retorno ao trabalho e sobre como devem se engajar em programas de exercício. O cônjuge deve ser informado sobre a situação do(a) companheiro(a) na máxima extensão desse aconselhamento possível. Algumas recomendações devem ser dadas sobre como diminuir o esforço despendido nas relações sexuais.

Uma conversa franca, com linguagem ao alcance do paciente e seu cônjuge, é fundamental. "Olhando não só o órgão doente, mas também a pessoa do paciente, pode ajudar sobremaneira a reconstruir e aprimorar a qualidade de vida do cardiopata." (Oliveira Jr.)

Cabe ao médico abordar abertamente esses problemas para encorajar seu paciente a retornar uma vida sexual normal. Haynal e Pasini (1983), em relação à vida sexual do cardiopata nos dizem: "O paciente cardíaco (e seu médico) tem todas as razões de ser otimista, contanto que não se imponha a abstinência de um grande enfermo ou os esforços de um atleta".

A família do paciente internado

Levine (1999) ressalta que, na prática médica em geral, há dificuldades no trato com a família do paciente. Segundo a visão médica, a responsabilidade deste é com o seu paciente em primeiro lugar, excluindo de um modo geral a família do processo terapêutico. O autor entrevistou 42 equipes médicas em Nova York que, na sua grande maioria, consideraram a família como a situação mais delicada no trato com pacientes terminais. Os conflitos ocorrem principalmente em unidades intensivas quando o paciente está muito grave e a família em crise.

Para Belkiss Romano (1999), as estratégias individuais adaptativas usadas quando um membro familiar adoece e é internado são: dormir menos, com uma qualidade pior de sono, permanecer acordado ou ter dificuldade de dormir; redução ou aumento na ingestão de alimentos, mudanças no padrão alimentar (para pior); aumento de uso de cigarros, álcool e medicações autoprescritas ou *indicadas* nos balcões de farmácia (como analgésicos, aspirinas, calmantes); ficar menos tempo vendo TV e mais tempo conversando sobre o paciente, visitando-o, rezando, esperando por notícias, etc.; e sentimentos de abandono, menos-valia, culpa, raiva, etc. são experimentados.

Segundo Atkinson (1980), Bozett (1983) e Halm (1990), apud Romano (1999), as fontes mais frequentes de ansiedade na família são: súbita e inesperada instalação da doença, incerteza sobre o prognóstico, medos de que o paciente sinta dor, tenha sequelas à doença ou morra, separação física do paciente e/ou distância entre hospital e casa, etc. O afastamento do paciente da sua casa e de seus familiares leva a: mudanças nos papéis familiares, quebra de rotinas, sentimentos de isolamento e perda de controle e outros problemas como: cuidados com as crianças que estão em casa, outras doenças na família, perda de proventos, despesas extraordinárias de manutenção para chegar ao hospital e/ou custeios do tratamento.

O bom trato com o familiar do paciente internado envolve a negociação entre as partes, nos diz Paula Villas Bôas (2000), a respeito dos planos de tratamento, de forma a não comprometer os interesses do paciente, mas reconhecendo as capacidades e limitações desta família.

Algumas famílias são rotuladas como famílias *difíceis* ou *com problemas*. São geralmente aquelas em que os familiares não se comportam de maneira esperada pela equipe, discordam entre si e/ou quanto aos procedimentos realizados com o membro familiar doente. Segundo Levine (1999), essa é uma das fontes de tensão mais significativas entre a família e a equipe médica, principalmente quando os comportamentos rotulados como *difíceis* surgem após experiências negativas e prévias em outras unidades hospitalares. A família teme a negligência ou a iatrogenia no hospital e pode atrapalhar as rotinas da instituição e interferir na autoridade em relação ao paciente.

Ao mesmo tempo, as famílias podem identificar problemas e procurar a direção do hospital para reclamar ou mesmo trocar o membro-problema da unidade, podem ter problemas com o seguro-saúde e/ou com os profissionais da equipe de saúde.

Os familiares podem agir assim, ora como advogados, ora como cuidadores, ajudando na interação ou auxiliando nas decisões clínicas da equipe. Cada um desses papéis pode apresentar conflitos em potencial e cabe aqui o repensar de algumas políticas institucionais, por exemplo, o aumento do horário de visitas, um acompanhamento mais próximo do familiar do paciente, a permissão seletiva de visitas para menores de 18 anos nas unidades coronarianas, etc.

Para Levine, os familiares desejam informações compreensíveis, reconhecimento do momento de crise, da ansiedade e do sofrimento, e ajuda no controle da doença e responsabilidade para com o familiar doente. Isso pode ser alcançado por meio da parceria com as famílias e um constante diálogo. A comunicação entre equipe-paciente-família pode ser falha e grande parte das dificuldades encontradas no dia a dia da prática médica pode derivar das dificuldades de compreensão de ambas as partes, isto é, família e instituição.

Para Villas Bôas, além das habilidades de comunicação, há também a necessidade, nos grupos, de o terapeuta minimizar os conflitos, reduzindo, assim a magnitude dos conflitos intrafamiliares e dos conflitos entre as famílias e a equipe, todos os envolvidos ganham, principalmente o paciente.

A realização de *grupos de enfermaria e grupos de atendimento aos familiares de pacientes internados* foi pensada para isso. Os primeiros visam atender às demandas dos pacientes em relação à internação, à adaptação com a enfermaria e à condição de estar internado e doente (TAUNAY, 1995). Os segundos são grupos de suporte, em que o papel ativo do coordenador visa minimizar o conflito e salientar o apoio interpessoal: elogiam-se os aspectos positivos do comportamento e a posteriori assinala-se o comportamento disfuncional, se necessário.

Luchina (1959) trabalhou com grupos de pacientes infartados e seu trabalho foi um marco para os trabalhos posteriores nas instituições. Ao citar Luchina, Mello Filho (2000, p. 111) escreve que o aspecto mais original do seu enfoque "é a ampliação do campo referencial para além do médico e do paciente". Ampliar esse olhar para o trabalho com a família é ampliar a nossa prática em saúde[2].

[2] No Brasil, Júlio de Mello Filho foi o primeiro autor a referir um trabalho de grupo com pacientes somáticos internados em enfermarias de clínica médica no Hospital São Francisco de Assis (UFRJ), em 1976.

Halm (1990), citado por Romano (1990), resume os benefícios dos grupos de apoio do ponto de vista da família: percebem que não estão sós, compartilham sentimentos com pessoas na mesma situação, aprendem que os problemas dos outros são frequentemente piores que os seus ou já ultrapassaram bem esta etapa, reduzem a ansiedade, aprendem novos métodos de adaptação e conseguem uma melhor compreensão da doença e dos cuidados dispensados ao doente.

Esses grupos, geralmente, são conduzidos por um profissional *psi*, seguem os mesmos passos da condução de qualquer pequeno grupo, seja ele operatório, psicodramático ou psicoterápico. Há uma fase de orientação e preparação, quando o coordenador apresenta os objetivos, especifica o contrato (quando, como vai ocorrer), garante a confidencialidade e estimula a participação irrestrita de todos. Logo após, todos se apresentam (quem são e a quem estão vinculados).

Para estimular a discussão, o coordenador pode (ou não) propor um tema ou pedir a apresentação de um. Ao final, deve haver uma conclusão (ou um resumo) do que foi discutido e compreendido por cada um. Se houver necessidade, o coordenador se colocará à disposição individualmente, num outro horário, para um outro encontro.

Pode haver, ainda, a participação de outros profissionais (o que é sempre desejável). A presença do médico cardiologista, do nutricionista, da enfermagem, etc., é sempre bem-vinda. Essa participação conjunta traz benefícios para a equipe: possibilita conhecer mais famílias de uma só vez; facilita a identificação dos que necessitarão de atenção individual maior; sistematiza a transmissão de informações; avalia o grau de satisfação do cliente (paciente, família) em todos os sentidos; a partir dessas informações colhidas, revê suas próprias rotinas (Romano, 1990).

Conclusão

A doença cardíaca pode ser incapacitante, gerando crises no curso do ciclo vital. O adoecimento de um membro da família, muitas vezes, faz com que haja uma troca de papéis: um pai de família adoece e fica impossibilitado de trabalhar, e a mãe precisa assumir o papel de provedora (principalmente em famílias de baixa renda), o que frequentemente traz um sofrimento ao pai que, culturalmente, é visto como o provedor da família.

Quando é a mulher quem adoece, além da diminuição salarial, no caso da mulher profissional, a família se desestrutura com a desordem doméstica ocasionada pela impossibilidade da mãe para realizar as tarefas, e pela inabilidade dos outros para fazê-las. Outras vezes, são os filhos adolescentes que precisam tomar conta de si (e dos irmãos) e tomar para si os cuidados com os pais doentes. Na velhice, se o pai ou a mãe é cardíaco(a), ele(a) se torna dependente dos filhos, que com a intenção de *protegê-lo(a)* impedem que ele lide com suas possibilidades de pensar e agir, excluindo-o(a) do processo de sua doença e de seu tratamento.

A compreensão da família sobre as circunstâncias da doença e o estímulo afetivo é fundamental para a adesão do paciente ao tratamento, ao mesmo tempo em que as mudanças de hábitos familiares (dieta, exercícios, etc.) ajudam a todos e diminuem as chances de outros membros da família virem a adoecer. Cada família deve ser entendida em sua experiência única. A ajuda da equipe profissional visa desenvolver e otimizar os recursos da família para que mantenha sua organização e inserção social, tentando evitar discriminações, isolamento e sofrimento psíquico.

Para as Diretrizes da Sociedade Brasileira de Cardiologia (2019), a importância do atendimento psicológico consiste em auxiliar o paciente a conhecer sua patologia para possibilitar maior empoderamento sobre sua recuperação, trabalhar as mudanças de pensamento e comportamento e elevar a autoestima, o autocontrole, a confiança e a motivação para uma melhor aderência ao tratamento.

Segundo a *American Psychological Association* (APA), cabe aos profissionais *psi* identificar e modificar comportamentos visando à promoção de saúde e bem-estar, além de realizar intervenções individuais e familiares eficazes tanto para depressão e ansiedade quanto para problemas de ajustamento frente à doença crônica. Dessa forma, ofertar atendimento psicológico na atenção primária tende a reduzir os gastos médicos em geral e aumentar os índices de adesão ao tratamento (APA, 2014). Para os pacientes, a importância do acompanhamento psicológico reside na oportunidade de elaborar os conteúdos relacionados à patologia, à hospitalização e às intervenções médicas.

Um caso cardiológico

Atendi Mário[3] quando ainda era clínico e voltado para a cardiologia, e depois me tornei seu psicoterapeuta. Ele era um homem de 52 anos de idade, quando foi submetido a uma cirurgia de ponte safena, numa indicação discutível de um *by-pass* cirúrgico, no qual o paciente, com sua personalidade tipo A, participou ativamente, tendo *forçado a barra*[4] para se operar, pois estava certo de que, se não o fizesse, logo morreria.

O paciente é médico e tem acentuados traços hipocondríacos em sua personalidade. Ainda jovem, viu morrer de infarto dois parentes próximos muito queridos: seu avô materno e padrinho, mais próximo afetivamente que seu pai, e um tio afim que foi seu médico na infância e lhe inspirou toda a dedicação pela Medicina. Também morreu de infarto outro tio, também afim, por quem tinha igual admiração. Nesse ramo da família, eram três irmãos de destaque, e todos morreram de doença coronariana.

Mário também acompanhou a morte de um primo cardíaco com quem morou e que se transformou num dos apogeus da cultura do nosso país. A todas essas mortes ele acompanhava pesaroso, sem nada poder fazer, apenas chorar e se lastimar. Essas múltiplas perdas de parentes próximos e mais a personalidade hipocondríaca, que se desenvolvia aos poucos – uma coisa dependente da outra –, prepararam o terreno para redobrar a convicção de que Mário também morreria de infarto e jovem, como alguns dos seus parentes.

Na época, a doença coronariana não tinha nenhum tratamento eficaz, clínico ou cirúrgico, não havia reabilitação nem reversão eficiente e o tratamento cirúrgico não era ainda submetido a técnicas avançadas de *by-pass* e implantes de boa feitura técnica.

Como um agravante, médicos perpetravam iatrogenias[5]. Um deles, famoso amigo, lhe disse: "Sua doença tem três formas clínicas: morte súbita, a mais frequente; angina e infarto". De outro, quem a revelou que a mãe e uma tia materna tinham angor (angina de peito) há muito tempo, ouviu: "É, mas você é homem... A doença coronariana é muito mais benigna em mulheres".

---

[3] Atendido por Júlio de Mello Filho.

[4] Expressão sua para designar a pressão que exerceu na equipe médica.

[5] Entende-se por iatrogenia qualquer conduta do profissional de saúde nefasta ao paciente.

Eram meses, mesmo anos, para elaborar aqueles traumas e as mortes sucessivas. Nesse ínterim, um dos *cavaleiros do apocalipse* entrou em cena: o angor pectoris, que assusta até pelo nome. Apresentou-se sorrateiramente e logo tomou um assento em sua vida. Eram crises imprevisíveis, que depois tomaram um padrão, adquirindo estabilidade. Nesse ínterim, tinha 42 anos, quando nosso paciente entrou em terapia analítica, na qual permaneceu por muitos anos.

Aos 42 anos de idade, Mário infartou, um infarto diafragmático *muy amigo*, no dizer do seu cardiologista, numa estratégia oposta a dos colegas que lhe fizeram iatrogenia, assustando-o. Aliás, esse cardiologista foi escolhido a dedo por ser uma pessoa tranquila, sem ansiedade, incapaz de cometer induções iatrogênicas. Está com ele até hoje.

Do seu infarto, Mário guardou duas lições: sua doença coronariana é mesmo para valer, mas nem todo acidente é fatal; a dor de angina é uma só, mas pode esconder um novo infarto; esta conclusão muito assustadora.

A certeza de Mário, de que morreria de infarto, prosseguia. Tinha vários fatores de risco: hereditariedade, enorme trigliceridemia, colesterol *borderline*. Neste ínterim, falece seu pai, também de infarto, e Mário decide ficar o quanto pode com ele, numa tentativa de criar uma situação mais íntima entre os dois. E conseguiu, sentindo os dois muito próximos, ainda que fosse à hora da morte do pai.

Pouco tempo após, morre um irmão mais moço, o de menor sucesso da família, o que lhe deixou muito deprimido por um longo período. Alguns anos depois, Mário se submeteu a uma cirurgia de revascularização. Tinha entrado num plano de exercícios aeróbicos e suas angiografias vinham demonstrando um padrão de boa revascularização. Mas o paciente insistia em ser operado. Para tanto, coletou depoimentos médicos favoráveis à cirurgia, em outros centros, já que os médicos do Rio de Janeiro eram em sua maioria conservadores.

Em 1985, aos seus 52 anos, foi finalmente operado, com a colocação de duas pontes. Porém, já no pós-operatório imediato teve problemas de comunicação, que lhe trouxeram enorme ansiedade. Tinha sido orientado para se comunicar escrevendo, pois estaria traqueostomizado. Mas esse recurso falhou por tremores nas mãos. Porém, o paciente se sentiu literalmente *salvo* pela ação de uma enfermeira japonesa que lhe deu uma atenção integral que incluiu mesmo contatos corporais, envolvendo-o num clima de *holding*, como é descrito por Winnicott, em termos de uma dedicação extrema da mãe ao filho, com total compreensão e empatia, incluindo contatos corporais, se necessários. Foi este o milagre da japonesinha, que se dedicou inteiramente ao seu paciente, diferentemente do resto da equipe médica, em que cada um cumpria apenas seu papel.

Durante suas horas de infarto (e de dor), Mário viveu alguns episódios interessantes que vale a pena relatar. No momento em que sua dor se iniciou, e ele estava só em seu consultório, à espera de um paciente muito difícil que atendia. Este era desbocado, provocador, hipocondríaco e histérico. Como Mário, uma pessoa que lhe provocava enorme rejeição e consequente culpa. Atendia-o por piedade e mantinha à flor da pele todos aqueles sentimentos quando a dor, intensa, iniciou-se. Foi sozinho para o hospital e logo entendeu tudo que estava se passando consigo.

Lá aconteceu outro episódio falando a favor da força dos sentimentos de Mário e de sua capacidade de comunicação. Veio ao hospital uma médica amiga (não íntima), sabedora de seu estado. Visitando-o, começou a afagá-lo e a dor amainou, para cessar de todo; Mário assistia a tudo aquilo estupefato, não acreditando de todo na força daquela ligação.

Outro episódio curioso durante esta internação foi o enorme prazer despertado por um banho que tomou. A protagonista foi uma enfermeira loura, muito bonita, que se dedicou de corpo e alma àquela tarefa, resgatando o prazer corporal de Mário, ausente desde o infarto. Essa experiência – como a da japonesinha – também ficou no seu mundo interno no lugar do *holding*, em nada sugerindo uma vivência sensual, erótica, carnal.

O paciente sempre fora muito ligado à sua mãe – que o preferia ostensivamente, justificando este tipo de vivências. Além da mãe, era o querido, o *enfant gâté*[6], de avós e tias, o que também explica estas situações transferenciais para objetos femininos durante o curso de sua doença. A significação da angina da mãe e de uma tia materna muito querida fica aqui como uma enorme interrogação vis-à-vis a grande capacidade de identificação do paciente. Tudo isto reforçado pelos fatores histéricos e hipocondríacos e pela sua grande capacidade de regressão, a qual se opunha aos aspectos sadios do seu ego.

O nível de ansiedade de Mário ainda permaneceu muito alto nesta segunda internação. A cirurgia foi realizada em outra cidade em vez do Rio de Janeiro, e Mário exigiu a presença, ao mesmo tempo, de sua esposa, de mim, de um clínico da equipe e de um representante da equipe cirúrgica. Como estava fora de sua cidade natal, sentia uma enorme falta de sua família e amigos (dos seus *self*-objetos)[7].

Esta situação de frequentes sensações de isolamento dos seus *self*-objetos tinha uma nítida correlação com a personalidade de sua mãe, que era uma pessoa tão carente que fazia amizade com as pessoas que conhecia em suas viagens de ônibus, pessoas de um nível muito inferior ao seu. Ela amava muito o filho, em quem depositou a imagem idealizada do seu pai. Já o amor de Mário pela mãe era cheio de temores de entrega, e de ambivalências. Mário, apesar de sua problemática edipiana e pré-edipiana, conseguira se casar e ter dois filhos, *educados sem hipocondria*, como nos dizia.

Com o passar do tempo e a análise, tornou-se menos ansioso e menos hipocondríaco; já não tomava tantas medicações por conta própria, *para aliviar meus males*. Hoje consegue acreditar na eficiência das medicações cardiológicas de base: os antianginosos, os betabloqueadores, os antilipêmicos.

Depois de sua cirurgia, Mário apresentou um episódio hipomaníaco que deixou sua esposa muito assustada. Estavam em um hotel do interior e Mário, sem qualquer orientação do seu médico assistente, voltou a fazer *cooper*, para pânico da esposa. Com a firme intervenção do cardiologista, a situação se resolveu. Até, então, Mário só tinha apresentado episódios depressivos; foi a primeira vez que o elemento maníaco do quadro bipolar se apresentou.

Com o passar do tempo, a análise, o acompanhamento cardiológico, as medicações, Mário está, finalmente, nos últimos tempos, evoluindo bem. Cessaram as extrassístoles, diminuiu consideravelmente a angina. Tem feito cateterismos anuais que não têm constatado um padrão de evolução da sua enfermidade. Ao contrário, tem sido demonstrada uma boa circulação colateral, explicada pela reabilitação, à qual vem se dedicando. O paciente evolui bem e faz jus a sua melhora com sua dedicação, exercícios, escolha de profissionais adequados, tendo contornado as fontes de iatrogenia.

Como podemos ver, o mundo muda e a saúde é um todo dinâmico. Assim, é também o todo familiar, que tanto assustou Mário com suas mortes, várias por doença coronariana, mal que

---

6 Em francês: criança mimada; criança *estragada* pelos mimos. (NR)

7 *Self*-objetos, no dizer de Kohut, que criou esta designação, são objetos que dão ao *self* uma vivência de sustentação: família, objetos de amor, terapeutas.

enfim também o vitimou. Mas isto não quer dizer inexoravelmente morte, como seu raciocínio onipotente decretara por muitos anos.

É óbvio que essa onipotência funcionou a *larga manu* com a série de mortes sucessivas de parentes a que ele assistiu. Porém, são assim mesmo as angústias hipocondríacas, tomam a parte pelo todo e decretam o mal como resolvido, isto é, sempre o mal pior; no caso de Mário, a morte.[8]

Assim, entre a doença e a morte, há uma série de etapas intermediárias e num destes patamares está nosso paciente, não sabemos por quanto tempo. É o possível de se fazer por ele, em termos de acompanhamento médico, no presente momento.

Este caso clínico exemplifica também como o mito familiar cumpre seu papel. Aqui a doença cardíaca e a morte em sua decorrência personificam o mito. Para Eiguer (1987), o mito familiar se define como um relato, uma história implicando um conjunto de crenças compartilhadas por todos os membros de uma família, e que podem estar sendo transmitidas há gerações.

No caso clínico, a doença somática é usada para alimentar o mito familiar. A história contada serve para confirmar as crenças, visa resolver contradições, ajuda a manter o equilíbrio familiar e toca em noções essenciais da família, as certezas de pertença e do amor de uns pelos outros. "Adoecer do coração e morrer em consequência", este mito é contado pelo paciente, como uma história que caracteriza a família dele. Todos os homens têm a doença e (antes dele) morriam dela. As mulheres dessa família a têm, mas a doença é vista como mais benigna, não mata.

É por meio da terapia analítica que esse mito familiar é derrubado: pode-se adoecer, tratar-se, submeter-se à cirurgia e viver apesar disso tudo. Esse trabalho também tem seu cunho preventivo para essa família. Mário rompe o mito, ultrapassa-o; de agora em diante essa história vai ser contada de outra maneira. Seus descendentes podem até não adoecer mais do coração. Outras histórias podem ser colocadas no seu lugar. Quem sabe essa família pode contar sobre como são bons médicos, como têm aptidão para a música (ou para outra arte) ou como são longevos, etc. Agora é outro o destino de Mário, é outro o destino dessa família.

Terminamos o capítulo com frases de familiares que definiram o acolhimento (Manschein, et al., 2008):

> Os familiares definiram acolhimento como: acolher a família em relação à doença do paciente, fornecendo informações para confortar ambos (Familiar de Cristal); *é aquele momento em que você se sente em casa ou cercado por pessoas boas e atenciosas* (Familiar de Brilhante); ser bem tratado, ser bem cuidado (Familiar de Rubi); ser bem atendido. Alguém que responda aos questionamentos ou que dê informações (Familiar de Quartzo).

Referências

ABERASTURY, A. *El psicoanálisis de niños y sus aplicaciones*. Buenos Aires: Paidós, 1972.

ACKERMAN, N W. *Diagnóstico e tratamento das relações familiares*. PA: Artes Médicas, 1986.

ALMEIDA, C. P. & RIBEIRO, A. L. A. *Psicologia em Cardiologia*: novas tendências. Campinas (SP): Alínea, 2008.

---

[8] O paciente assiste as doenças e mortes de sua família como uma *neurose do destino* e essa história é contada como um mito familiar.

ANDREIS, M. Assistência psicológica ao paciente valvopata. Cap. 16. In: *Rumos da psicologia hospitalar em cardiologia*. São Paulo: Papirus, 1995.

ANTONECHE, A C. *Características Psicológicas de Cardiopatas Crônicos e em Primeiro Evento Cardíaco em Contexto de Emergência*. Monografia de Mestrado em Psicologia, apresentada na Faculdade de Filosofia, Ciências e Letras da USP de Ribeirão Preto, SP, 2019.

ÁVILA, W. S.; GRINBERG. M. *Gestação em portadoras de afecções cardiovasculares – Experiência com 1000 casos*. Arq. Bras. de Cardiol. São Paulo, vol. 60, n. 1, p. 5-11,1992.

APA. American Psychological Association, 2014.

BÉKER, M. *Transtornos psicossomáticos em la niñez y adolescência*. Buenos Aires: Nueva Vision, 1984.

CAMPOS, E. P. *Infarto, coronariopatia e cirurgia cardíaca; o preparo psicológico e a recuperação do paciente*. Revista Psicossomática, jul./set. 1986, p. 122.

CAMPOS, E. P. Aspectos psicossomáticos em cardiologia. Cap. 22. In: MELLO FILHO, J. *Psicossomática hoje*. Porto Alegre: Artes Médicas, 1992.

CAMPOS, E. P. *Aspectos psicossomáticos em cardiologia*: mecanismos de somatização e meios de reagir ao estresse. PA: Artmed, 2010.

CASSEM, N. H.; HACKETT, T. P. *Psychological rehabilitation of myocardial infarction patients in the acute phase*. Heart and Lung, n. 2, 1973, p. 382-388.

CORTE, R. L. **Importân***cia do aspecto psicológico na reabilitação do paciente cardiopata*. Monografia de conclusão de curso de especialização em Psicologia Médica. Faculdade de Ciências Médicas/UERJ, 1997.

CORTE, R. L. Grupos com Cardiopatas em Reabilitação. Cap. 17. In: MELLO FILHO, J. (Org). *Grupo e corpo*: psicoterapia com pacientes somáticos. Porto Alegre: Ed. Artes Médicas, 2000.

DIRETRIZES DA SOCIEDADE DE CARDIOLOGIA, 2019.

EIGUER, A. *La parenté fantasmatique*. Paris: Dunod, 1987.

FRIDMAN, M. (1977). Type A behavior pattern: some of its pathophysiological components. *Bulletin of the New York Academy of Medicine, 53*(7), 593-604.

GARCIA, R P. et al. *Vivências da família após infarto agudo do miocárdio*. Rev. Gaúcha Enferm., 34 (3), Set 2013. Disponível em:<https://doi.org/10.1590/S1983-14472013000300022>. Acesso em: 2 abr. 2022.

HAYNAL, A.; PASINI, W. *Manual de medicina psicossomática*. São Paulo: Ed. Masson, 1983.

HALPERN, E. E. *Grupo consulta*: reflexão sobre um modelo alternativo de atendimento médico--psicólogo a pacientes com hipertensão arterial. Monografia de conclusão de curso de especialização em Psicologia Médica. Faculdade de Ciências Médicas/UERJ, 1996.

HELMAN, C. *Cultura, saúde e sociedade*. Porto Alegre: Ed Artes Médicas, 1994.

JUAN, K. O impacto da cirurgia e os aspectos psicológicos do paciente: Uma revisão. *Psicologia Hospitalar, 5*(1),48-59, 2007.

KNEBEL, I L; MARIN, A H. Fatores psicossociais associados à doença cardíaca e manejo clínico psicológico: percepção de psicólogos e paciente. *Rev. SBPH*, **vol.** 21, **n.1, Rio de Janeiro jan./jun. 2018.** Universidade do Vale do Rio dos Sinos.

KÜBLER-ROSS, E. *Questions and answers on death and dying*. Macmillan Publishing CO, 1974.

LEVINE C.; ZUCKERMAN, C. *The trouble with families: toward an ethic of accommodation*. Ann. Intern. Med., 130: 148-52, 1999.

MALDONADO, M. T.; NAHOUM, J. C; DICKSTEIM, J. *Nós estamos grávidos*. Rio de Janeiro: Ed. Vozes, 1979.

MALDONADO, M. T.; CANELLA, P. *A relação médico-paciente em ginecologia e obstetrícia*. Rio de Janeiro, Atheneu, 1981.

MANSCHEIN, M M; AUSEN, M A B; MARTINS, J J; ALBUQUERQUEM G L. *Acolhimento ao paciente e família na unidade coronariana*, 2008. Disponível em: <https://doi.org/10.1590/S0104-07072008000100009>. Acesso em: 2 abr. 2022.

MARTY, P. *L'ordre psychosomatique, les mouvements individuels de vie et de mort*. Paris: Payot, 1980.

MELLO FILHO, J. *Grupo e corpo*: psicoterapia de grupo com pacientes somáticos. Porto Alegre: Artes Médicas, 2000.

MELLO FILHO, J. *Concepção psicossomática: visão atual*. São Paulo: Casa do Psicólogo, 2002 (edição ampliada e revisada).

MENDES, C. H. F. *Uma contribuição da dinâmica grupal ao estudo e assistência psicossocial de mulheres cardiopatas no ciclo gravídico*. Monografia de Conclusão de Curso de Especialização em Psicologia Médica. Faculdade de Ciências Médicas/UERJ, 1966.

Ministério da Saúde. *Boletim Epidemiológico. Doença de Chagas*, abril de 2021.

MUNIZ Jr.; TAUNAY M. S. Grupo de enfermaria no hospital Geral. In: *Grupo e Corpo* – Porto Alegre: Ed. Artes Médicas, 2000.

NASCIMENTO, N P. et al. Avaliação de personalidade tipo D e percepção de doença em pacientes cardiopatas. *Rev. Psicol. Saúde*, vol. 11, n. 2. Campo Grande maio/agos., 2019.

OLIVEIRA Jr, W. O cardiopata chagásico em situações especiais. In: DIAS, JCP., and COURA, JR., (Org.). *Clínica e terapêutica da doença de Chagas*: uma abordagem prática para o clínico geral [online]. Rio de Janeiro: Editora FIOCRUZ, 1997. 486 p. ISBN 85-85676- 31-0. Available from SciELO Books.

OLIVEIRA Jr, W. A sexualidade do cardiopata: mitos e verdades. **Revista da** *Associação Brasileira de Medicina Psicossomática*, 3 (3). 67-72.1999.

OLIVEIRA, M. F. P.; DA LUZ, P. L. O impacto da cirurgia cardíaca. Cap. 23. In: *Psicossomática hoje*. MELLO FILHO, J. et al. Porto Alegre. Artes Médicas, 1992.

OLIVEIRA, M. F. P.; SHAROVSKY, L. L.; ISMAEL, S. M. C. Aspectos emocionais no paciente coronariano. Cap. 15. In: *Rumos da psicologia hospitalar em cardiologia*. São Paulo: Papirus Editora, 2 ed., 1995.

PNS (Pesquisa Nacional de Saúde). IBGE, 2015.

PRATES, P R. *Símbolo do Coração*. Hist. cienc. Saúde – Manguinhos, 12 (3), Dez 2005. Disponível em: <https://doi.org/10.1590/S0104-59702005000300020>. Acesso em: 2 abr. 2022.

PEREIRA, A. A. M. *Cardiopata crônico*: alguns aspectos psicológicos relacionados às miocardiopatias. R. B. M. (Ginecologia e Obstetrícia) n. 3, maio/junho, 1992, vol. III, p. 129-133.

PETRIE, K. J.; WEINMAN, J. Why illness perceptions matter. Clinical Medicine, *Journal of the Royal College of Physicians of London*. Clinical Medicine, *6*(6),536-539. doi: 10.7861/clinmedicine.6-6-536, 2006.

RATHSAM, A. R. M; FRANCÉ, R. Atuação do psicólogo em cardiopediatria. Cap. 13. In: OLIVEIRA, M. F. P e ISMAEL, S. M. C. *Rumos da psicologia hospitalar em cardiologia.* 2 ed. São Paulo: Papirus Editora, 1995.

ROMANO, B. W. *Princípios para a prática da psicologia clínica em hospitais.* São Paulo: Casa do Psicólogo, 1999.

ROMANO, B. W.; MUTARELLI, E. G. *Alterações neurológicas, cognitivas e psicológicas da cirurgia cardíaca.* In: Rumos da psicologia hospitalar em cardiologia. OLIVEIRA e ISMAEL (org). São Paulo: Ed. Papirus, 1995.

ROSA, D. P.; ANDRADE, J. Aspectos psicológicos da gestante portadora de cardiopatias. Cap. 18. In: OLIVEIRA, M. F. P. e ISMAEL, S. M. C. *Rumos da psicologia hospitalar em cardiologia.* 2 ed. São Paulo: Ed. Papirus, 1995.

RUYS, TPE, et al. *Heart failure in pregnant women with cardiac disease*: data from the ROPAC. Heart. 2014;100(3):231-8. doi: 10.1136/heartjnl-2013-304888.

SILVA, L. S. *O entendimento do co***rpo**: anti-inflamatório continuidades ou rupturas em um trabalho de reabilitação cardíaca. Monografia de conclusão de especialização em Psicologia Médica. Faculdade de Ciências Médicas da UERJ, 1999.

STEIN, R e HOHMANN, C B. *Atividade sexual e coração.* Atualização, Arq. Bras. Cardiol. 86 (1), Jan 2006. Disponível em: <https://doi.org/10.1590/S0066-782X2006000100010>. Acesso em: 2 abr. 2022.

STERN, T. A. et al. Psychiatric management of acute myocardial infarction in the coronary care unit. *American Journal of Cardiology*, n. 18, dezembro 1987, vol. 60.

TADDEO, P. da S et al. Acesso, prática educativa e empoderamento de pacientes com doenças crônicas. *Ciência & Saúde Coletiva, 17*(11),2923-2930.doi: 10.1590/S1413-81232012001100009.

TAUNAY, M. S. *Grupos de enfermaria*: um enfoque institucional. Monografia de conclusão do curso de especialização em Psicologia Médica Faculdade de Ciências Médicas/UERJ, 1995.

TESTA, C B.; BORGES, V T; BORTOLOTTO, M R F. *Cardiopatia e gravidez.* Rev Med (São Paulo). 2018 mar.-abr.;97(2):177-86. doi: http://dx.doi.org/10.11606/issn.1679-9836.v97i2p177-186.

VARGAS, H. S. Contribuição aos estudos dos aspectos psicológicos que influenciam no pré--operatório da cirurgia. *A. C. Cardiologia.* São Paulo, ago/set/out, 1983.

VILLAS BÔAS, P. *Grupo de atendimento aos familiares*: uma experiência em unidade coronariana. Monografia de conclusão do curso de especialização em Psicologia Médica. FCM/UERJ, 2000.

VILCHINSKY, N.; GINZBURG, K.; FAIT, K.; FOA, E. B. (2017). Cardiac-disease-induced PTSD (CDI-PTSD): A systematic review. *Clinical Psychology Review, 55,* 92-106.

ZUGAIB, M. *Obstetrícia.* 2 ed. São Paulo: Manole, 2012.

CAPÍTULO 21

Doença renal crônica: do doente e da dimensão familiar

Tânia Rudnicki

Introdução

As mudanças de vida da população em geral, decorrentes das transformações sociais experimentadas, acarretam alterações nas mais diversas áreas do viver humano. Os grandes avanços tecnológicos das últimas décadas, principalmente na área hospitalar e da Medicina, em particular, determinaram mudanças radicais no modo de vida de diferentes populações. Um dos efeitos do aumento da longevidade é a mudança no perfil epidemiológico da população, com as doenças e agravos não transmissíveis se tornando as principais causas de mortalidade e incapacidade (Augusto, Lima-Costa, Macinko, & Peixoto, 2019).

O contexto brasileiro vem mostrando aumento da expectativa de vida nas últimas décadas, sendo importante avaliar se a esperança de vida é marcada por anos vividos com multimorbidade. A esperança de vida do brasileiro aumentou 31,1 anos desde o ano de 1940, enquanto a expectativa de vida subiu em relação a 2019, passando de 76,3 anos, em 2018, para 76,6 anos, segundo dados divulgados pelo Instituto Brasileiro de Geografia e Estatística. Conforme a Pesquisa Nacional de Saúde (PNS), 2019, pelo Instituto Brasileiro de Geografia e Estatística (IBGE), no Brasil, 52% das pessoas de 18 anos ou mais informaram que receberam diagnóstico de pelo menos uma doença crônica em 2019. As doenças crônicas pertencem a um dos maiores problemas de saúde pública do Brasil e do mundo, com impactos que permeiam a ocorrência de mortes prematuras, a perda de qualidade de vida, o aparecimento de incapacidades e elevados custos econômicos para a sociedade e para os sistemas de saúde (IBGE, 2020; Pereira, 2019).

Esse novo perfil da população vem causando grande impacto nos diversos segmentos da sociedade, podendo ser explicado pela diminuição do número de nascimentos associado ao da mortalidade, causada por algumas doenças da infância e, por outro lado, pelo aumento do volume de doenças crônicas, não estando relacionado apenas ao aumento da expectativa de vida, pois as doenças também atingem faixa etária jovem (Pereira, 2019).

Nas últimas décadas, as doenças crônicas não transmissíveis (DCNT) passaram a liderar as causas de óbito no mundo, ultrapassando as taxas de mortalidade por doenças infecciosas e parasitárias na década de 1980 (Lima, 2016).

O aumento da expectativa de vida é visto como um indicador que reflete a melhoria do estado de saúde da população, pois indica o crescimento do número médio de anos que se espera viver. Contudo, a expectativa de vida não reflete uma melhoria da qualidade dos anos vividos, já que não considera as mudanças nos níveis de morbidade, incapacidade, ou outros indicadores de condições de saúde (Santos & Sardinha, 2018; Pereira, 2019).

Os aspectos limitantes das doenças crônico-degenerativas reforçam a importância do trabalho preventivo por meios da adoção de hábitos saudáveis, tendo em vista que seu tratamento, além de representar desgaste e sofrimento para o doente, compromete a situação econômica familiar ou pelos custos do tratamento ou pela redução do número de contribuintes na renda. As doenças cardiovasculares, o câncer, a diabete e as doenças respiratórias crônicas, e suas consequências, são as principais doenças crônicas não transmissíveis (DCNT), responsáveis por cerca de 70% de todas as mortes no mundo. Essas doenças resultam em mortes prematuras, perda de qualidade de vida, além de resultar em impactos econômicos negativos para as famílias, para os indivíduos e para a sociedade. Em geral, as DCNT afetam com maior frequência populações de baixa renda, por estarem mais expostas aos fatores de risco e terem menor acesso aos serviços de saúde (Malta et al., 2020).

Trabalhar, então, com promoção e prevenção da saúde, por meio da Psicologia da Saúde, implica em uma prática clínica que observa e respeita, antes de tudo, as necessidades da pessoa enferma e de sua família, que funcionam como um sistema vivo e único. Assim sendo, tudo o que acontece a um de seus membros repercute sobre os outros. Seus efeitos não se restringem somente à pessoa afetada, mas também aos demais.

Escolher trabalhar com pessoas que sofrem de uma doença crônica e com sua família tem o significado de lidar com fatores complexos e contraditórios, com origem numa doença e em tratamentos crônicos, das suas relações e inter-relações, das alterações pelas quais passam tanto o enfermo como sua família, das modificações necessárias frente ao novo estilo de vida que deverá ser adquirido frente à situação que se apresenta.

O aparecimento de uma enfermidade em qualquer família é sempre catastrófico pelo poder devastador que possui, pois ela é a responsável pelo controle e cuidados que os seus doentes necessitam para manter sua saúde compensada. No contexto de ameaça ao equilíbrio do sistema familiar, o processo de adoecimento de um membro da família desencadeia impactos diretos no funcionamento do núcleo familiar e, consequentemente, no ciclo de vida desse grupo. Os ciclos de vida familiar são estágios de evolução da família pelos quais seus membros passam em busca de crescimento. Cada etapa tem suas especificidades e tarefas e os momentos de transição de um estágio para o outro podem gerar um desequilíbrio no funcionamento do sistema familiar (Marcon et al., 2005; Santi, 2012; Lima, 2016).

Assim, a doença crônica impacta todos os aspectos da dinâmica familiar, habitualmente, alterando os padrões familiares e os papéis desempenhados por cada membro (Lima, 2016). Diferentes doenças crônicas apresentam particularidades que lhes são próprias, como a duração e o risco de complicações, exigindo, na sua maioria, rigoroso controle e cuidados permanentes, tendo em vista possíveis sequelas, provocadoras de incapacitação funcional, evidenciando o papel da família e mais especificamente, do cuidador, no que concerne às suas responsabilidades quanto ao cuidado doméstico.

A doença crônica provoca mudanças, principalmente, na rotina e no planejamento de atividades, aumentando as responsabilidades e exigindo habilidades de variadas naturezas, seja ela médica, social e emocional, de forma particular, nos casos de doenças incapacitantes, em que o doente deixa de exercer suas atividades cotidianas. As crises recorrentes e a sobrecarga física, emocional e financeira levam à convivência com incertezas e ao enfrentamento de dilemas éticos, individuais, sociais e profissionais, além de onerosos e contínuos gastos, gerando outras condições crônicas que passam a afetar toda a família. Ao pensar sobre o panorama da saúde mundial, podem-se ressaltar as doenças crônicas como um desafio significativo para a política de saúde global do século XXI (Assis Mello & Angelo, 2018).

Doença renal crônica (DRC)

A insuficiência renal (IR) é uma patologia crônica que impõe severas limitações à vida diária do doente, reforçada por um forte impacto psicossocial. Até poucas décadas atrás, era uma doença que, em médio prazo, levava à morte, porém, com o aparecimento das terapias substitutivas e do transplante renal, essa situação se modificou. O sistema renal é um importante regulador do ambiente interno do corpo, essencial para a manutenção da vida. A doença renal crônica é um termo abrangente empregado para descrever a lesão renal ou a diminuição na taxa de filtração glomerular (Canziani & Kirsztajn, 2017; Rudnicki, 2020).

Viver com a doença renal não é algo que você deve enfrentar sozinho. As dinâmicas da família geralmente mudam quando um de seus membros tem uma doença crônica. As pessoas mais próximas do paciente são normalmente afetadas emocionalmente, mas não precisa ser uma experiência negativa. Com o tempo, a vida familiar adquire um novo ritmo, diferente, mas não menos válido. Muitas pessoas formam parte de um sistema de apoio: desde familiares e amigos até profissionais de saúde e instituições especializadas em trabalhar com pessoas que têm doença renal (Lima, 2016).

Atualmente, existem mais de meio milhão de pessoas no mundo que vivem devido a alguma forma de tratamento, muitas delas em idade economicamente produtiva. Atualmente, a hemodiálise é o método de terapia renal substitutiva – TRS mais utilizado e objetiva a manutenção da vida. Apesar disso, essa terapia e a própria DRC provocam repercussões negativas na vida do indivíduo, que englobam mudanças nos hábitos e na rotina, incluindo o uso contínuo de medicamentos, restrições hídricas, afastamento do trabalho, limitações físicas, nutricionais, do convívio social e familiar, e a dependência de acompanhamento clínico ambulatorial constante. Além disso, também se verifica declínio sexual, conflitos existenciais e angústia espiritual que, por sua vez, agrava os sintomas físicos e emocionais. Todas essas repercussões levam ao comprometimento da qualidade de vida (Rudnicki, 2020).

Muitas podem ser as causas da insuficiência renal crônica (IRC), como as doenças que afetam diretamente os rins, as hereditárias, sistêmicas e congênitas. No estágio inicial, o tratamento necessário poderá ser uma dieta especial, não necessariamente com uso de medicamentos, não existindo cura para IRC. Quando os rins estão próximos do estágio final, com função renal menor que 10%, o tratamento dialítico e/ou um transplante são necessários. Esse período é chamado de estágio final da doença renal (Canziani & Kirsztajn, 2017).

O tratamento para insuficiência renal crônica (IRC) é a diálise; uma forma de limpar o sangue removendo do organismo os fluídos e a água em excesso, existindo três tipos de diálise, quais sejam: a hemodiálise (HD), diálise peritoneal intermitente (DPI), a diálise peritoneal ambulatorial contínua (CAPD). O tratamento seja ele qual for, poderá ser modificado frequentemente, de acordo com os resultados obtidos nos exames de controle, podendo ser necessário o início do tratamento dialítico e/ou a realização de um transplante renal.

Alguns dos sintomas da IRC, como astenia, dispneia, dor osteomuscular e outros podem manifestar-se em graus variados de limitação física e laboral. Assim sendo, além de ser um problema de saúde, a doença se torna uma dificuldade de ordem socioeconômica, pois muitos desses pacientes não conseguem dar continuidade ao seu trabalho antes da doença, perdendo em força física e produtividade devido às dificuldades e sintomas oriundos da doença e do tratamento, perdendo, então, suas condições sociais e econômicas anteriores a doença (Canziani & Kirsztajn, 2017).

Doença renal crônica: do doente e da dimensão familiar

O paciente renal irá se deparar com muito mais mudanças que uma pessoa sem a doença. Não apenas mudanças iniciais no estilo de vida, com as quais já se depara na fase de diagnóstico, mas muitas outras como alteração de dieta alimentar, medicamentos, formas de tratamento, modificações físicas, modificações de esquema e imagem corporal, entre outras. Todas essas mudanças indicam que o paciente necessitará entrar em contato com novas informações, tomar decisões, aprender sobre essa nova experiência. Terá também que ajustar sua rotina, tendo, muitas vezes, que diminuir suas atividades e o modo de realizá-las; terá que aprender a pedir ajuda e, inicialmente, lidar com o desconhecido. A doença pode causar ansiedade, depressão, sentimento de frustração ou raiva, problemas de ordem sexual, entre outros.

A escolha do melhor tratamento dependerá do que é ofertado pelos recursos da comunidade onde vive o paciente e do que é mais apropriado para o seu caso. Cada tratamento tem vantagens e desvantagens, sendo que a equipe de saúde poderá providenciar informações e ajuda para ser tomada a decisão sobre a melhor opção para o paciente e sua família (Rudnicki, 2014).

A hemodiálise é um tipo de tratamento utilizado como uma medida para compensar a ameaça de vida por perda renal, sendo a forma mais comum de diálise renal. O sangue circula por uma máquina que funciona como um rim artificial, purificando o sangue como rins saudáveis o fariam. A circulação é extracorpórea, necessita de um acesso de entrada e de retorno que se obtém por meio da realização da fístula arteriovenosa, obtida por meio de um procedimento cirúrgico. Quando em condições de funcionamento, serão puncionadas com agulhas específicas, sendo o tratamento, usualmente, realizado três vezes por semana, durante um período de tempo de três a cinco horas por sessão, conforme avaliação médica-clínica, sendo realizada em hospital ou em clínica com unidade de diálise (Canziani & Kirsztajn, 2017; Rudnicki, 2014).

Papel da família na doença crônica

Estudos sobre o funcionamento da família desenvolveram-se, principalmente, nas três últimas décadas. Pesquisadores e terapeutas que trabalham com famílias elaboraram alguns modelos teóricos, mediante os quais eles têm estudado e tratado de famílias.

A família é um sistema intercomunicante, onde o comportamento de um de seus membros só poderá ser entendido a partir do contexto de todo o sistema grupal e do meio onde está inserido. Assim, o equilíbrio da família depende do seu próprio equilíbrio. Ocorrendo alteração com um dos membros, ocorrerá alteração com os outros. O surgimento de uma doença em algum membro de um núcleo familiar tende a transformá-la numa realidade permeada por dor e sofrimento.

A família tem objetivos comuns, regras e acordos que permeiam seus inter-relacionamentos. Um evento, como o surgimento de uma doença e um tratamento, também crônico, provocará alterações e necessidades adaptativas. Essas dependerão, com certeza, do início do evento traumático, dos recursos que a família dispõe para lidar com essa crise e da importância e do valor que lhe é atribuído. Uma doença é experimentada de modo coletivo, não individualmente (Barreto & Marcon, 2012).

Por esta razão, encontram-se verbalizações como a de um paciente de sexo masculino, 54 anos de idade, há 18 meses em tratamento hemodialítico: "Sabe, às vezes eu penso que mais valeria morrer, minha família está vivendo mal por minha culpa". Nessa circunstância encontram-se condicionamentos de tipo social, ambiental e econômico, que escapam às possibilidades de ação do psicólogo, que regularmente leva à possibilidade de desenvolvimento de alguma atividade a uma atitude construtiva e de autêntico apoio ao paciente e à sua família.

O relacionamento entre a família e o paciente é próximo e interdependente. Como em toda doença crônica, o mundo do doente, seja no hospital ou em um centro de diálise ou em casa, é sempre restrito.

O exemplo de Maria, uma paciente bastante jovem; noiva, que se mudou para a capital tendo em vista a busca de um melhor salário. Ao sentir-se doente, a mãe vem para fazer-lhe companhia, deixando o marido e os outros filhos no interior.

No atendimento fala sobre sua relação com a família:

> O pai e a mãe sempre brigaram muito. Ele sempre aprontou muito com ela, ... assim, outras mulheres, ... essas coisas, ... assim. Às vezes dou até razão para ele, ela nem tem mais relação sexual com ele, isso é motivo mesmo para ele ir buscar fora. Comigo, ele implica às vezes, mas acaba fazendo o que eu quero. Com a mãe é que às vezes não consigo me entender.

Sabe, há pouco tempo ela me bateu e eu fiquei mal com ela. Logo em seguida, eu adorei, quando ela me disse: "Maria, nunca mais nós vamos brigar, porque agora temos que ficar juntas, temos que nos ajudar e estar muito unidas. Ela se arrependeu".

As necessidades da família variam desde o princípio da doença, continuando de forma diversificada até mesmo após a morte da pessoa querida. É por esse motivo que os membros da família devem dosar suas energias e não se esgotar a ponto de entrar em colapso quando forem mais necessárias (Rudnicki, 2014).

A mesma paciente referida acima conta sobre o relacionamento com os irmãos: "Quanto aos meus irmãos, me dou bem com todos. Quando eu tenho que baixar no hospital, eles vêm me ver todos os dias, sempre um deles vem aqui, e um deles sempre fica para dormir comigo aqui no Hospital, isso dá muita força pra gente".

Na cultura ocidental, o núcleo familiar é responsável pela educação, formação e identificação de qualquer alteração que se processe em seu meio. A ruptura da expectativa familiar se constitui em fator de angústia e sofrimento, pois ela está direcionada à questão da normalidade, sendo essa reconhecida como a capacidade das pessoas de estarem incluídas nas trocas sociais, aderidas ao sistema produtivo. Tal situação é válida tanto para as doenças orgânicas como para as mentais (Ariès, 1981).

O indivíduo doente, a família e o meio estão em constante relação, influenciando-se e buscando se adaptar. O aparecimento de uma enfermidade em qualquer família é sempre catastrófico pelo poder devastador que possui, ela é a responsável pelo controle e cuidados que os seus doentes necessitam para manter sua saúde em um nível compensado (Barreto & Marcon, 2012). Suportar com dignidade a própria tristeza é possível, porém, é algo bastante complicado.

Um dos sentimentos que acompanha qualquer família, levando-a a sofrimentos intensos, é a culpa. Quando uma doença crônica, potencialmente terminal, é diagnosticada, é comum os familiares se perguntarem o que poderiam ter feito, quase sempre se culpando, talvez devido a ressentimentos para com o enfermo.

No acompanhamento ao paciente hospitalizado, encontramos uma paciente de sexo feminino, casada, cuja enfermidade a pegou de surpresa (sic).

> Minha família está muito preocupada, nunca se imaginou, não passou pela cabeça de nenhum de nós! Todas essas coisas de hospital, muito menos que os rins estivessem parados. Eles vêm aqui me ver, mas eles também trabalham, não podem estar aqui sempre. Sabe, sou muito nervosa, vivo chorando, se recebo visita, choro e se não recebo, choro igual. Mas eu não era assim, fiquei doente e vim para o Hospital e aí é que fiquei assim!

Autores como Caplan (1966) e Gomes (2012) chamaram atenção para a importância do atendimento em crise. Com frequência, os episódios de desequilíbrio emocional ocorrem logo após o aparecimento de um problema grave, sem perspectiva de resolução, pelo menos momentaneamente. No caso de uma doença crônica, o indivíduo passa a lutar, na tentativa de resgatar o equilíbrio anterior. Já se pode comprovar que a falta de apoio familiar é um *handicap* impressionante para o enfermo. Isso é especialmente dramático nos casos em que o doente deve abandonar o núcleo familiar, por estar hospitalizado ou mesmo numa clínica de diálise, longe de sua casa.

A mesma paciente referida acima diz que está "com muito medo de não poder trabalhar mais, ficar inválida, ter que depender dos outros. O meu marido já disse que não vou mais fazer tudo o que fazia antes".

Os problemas se agravam na medida em que, além de suportar a doença, os enfermos devem se adaptar a um novo meio, estranho para todos, que os coloca em situações ameaçadoras, como encontrar novo trabalho, moradia, fazer novas amizades. Nesse caso, a família deve estar muito unida e integrada, para poderem se apoiar mutuamente.

Como em toda doença crônica, o mundo do paciente, seja em casa, no hospital, ou num centro de diálise, é sempre restrito.

Muitas vezes, o doente fala de seu sentimento em relação à família: "Era melhor morrer, minha família está vivendo mal por minha causa", verbalização de outro paciente, sexo masculino, 40 anos de idade, casado, com três filhos, recebendo também auxílio previdenciário pela doença. Demonstra ser pessoa desconfiada, autoritária, causando sentimentos de irritação em quem o ouve. A esposa relata que quando ficou grávida do último filho, o esposo já estava doente, passando a gravidez de forma tumultuada devido às hospitalizações constantes. Temia que ele morresse e não conhecesse o filho. Também se preocupava com o emprego que o companheiro poderia perder pelas faltas enquanto a família estava aumentando (sic).

Com o surgimento da doença, refere que o marido ficou "muito nervoso, gritava por qualquer coisa". Diz que o entendia, mas "tinha pena das crianças". Conforme ela, o marido "continua assim até hoje, ele exige demais dos filhos".

A partir de um estudo realizado entre familiares de doentes crônicos, em um Hospital Escola na cidade de Porto Alegre, RS, buscando levantar dados, a partir de observação sistemática e entrevista clínica, sobre o funcionamento familiar depois do diagnóstico de uma doença crônica, as autoras encontraram em todos os parentes próximos, um elevado estresse relacionado à questão da culpa pela doença, sensação de impotência, receio de não conseguir enfrentar a doença e o próprio familiar doente (Lilja & Rahal, 1987).

Outro estudo (Friedlander & Viederman, 1982), abordando aspectos emocionais dos filhos de pacientes em hemodiálise, aponta algumas variantes relacionadas a essas crianças, sendo constatado que o fator idade é variável significativa, já que as crianças entre 13 e 14 anos, mostraram nível de agressividade mais elevado em relação ao familiar enfermo(a). Os menores (8-10 anos) pareciam mais ajustados à doença de um dos pais. A maioria dos filhos de pacientes em diálise mostrou maior senso de responsabilidade, uma pseudo maturidade, sendo que muitos deles desejam tornarem-se médicos.

O relacionamento entre a família e o paciente é próximo e interdependente. Há uma concordância entre a quantidade de vida, a sobrevivência e o ajustamento emocional do doente. Família e paciente, em tratamento de hemodiálise, vivem múltiplos problemas, vinte quatro horas por dia, sete dias na semana. Na maioria das vezes, o doente não tem espaço para outras atividades, sendo que o estresse na família está sempre presente.

Tem momentos na vida em que a pessoa doente pode se sentir pouco habilitada para lidar com a vida em geral, poderá sentir-se muito triste e, se a tristeza caminha para um nível de desespero, prolongando-se, caracterizará, certamente, um quadro de depressão. Uma das causas poderá ser a dificuldade de atender às imposições e restrições do tratamento, tais como perda do estilo de vida, da sua independência, mudanças de esquema e imagem corporal, problemas sexuais, consciência de sua mortalidade, dependência da máquina, restrições na vida profissional e social, relação familiar alterada, atraso no desenvolvimento puberal, se criança ou adolescente (Cieza, Estremadoyro & Tenório, 2013).

É comum o paciente renal apresentar raiva ou ira em alguns momentos, podendo passar a se expressar de forma autodestrutiva, como se rebelando quanto à dieta, medicamentos, por meio de agressões a amigos, familiares e equipe, numa tentativa de afastar as pessoas que podem ajudá-lo. Quando nos deparamos com este nível de raiva, com a autodestruição, a vida do paciente estará em risco, e ele pode se sentir mais isolado. Paradoxalmente, essa pode ser a única maneira sentida por ele para atuar, buscando reconquistar um senso de poder real e de controle sobre sua vida.

Essa situação lembra o paciente José, 40 anos de idade, separado, uma filha de 17 anos, que diz:

> Fico pensando que ainda não assimilei esta hemodiálise. Lembro que um ano atrás tudo era diferente. Trabalhava, ganhava bem, fazia minhas festas. Agora, estou aqui, dependente desta máquina e o pior, isso *é para toda vida, eu não tenho nem* ideia se um dia vão me avaliar para me colocar numa lista de transplante. Tenho muita sorte de não estar

> com outras doenças, Diabetes, Aids. Vi pessoas assim, já em estado terminal, aquilo sim é horrível. Elas sofrem muito! Certa vez, lá no outro Hospital, me deram diagnóstico de HIV. Foi um horror, me colocaram na máquina especial, sofri muito e minha família também. Foi uma tragédia, até separação houve lá em casa, modificou tudo, eu fiquei como um condenado. Entrei na justiça por danos morais, porque não era verdade, um novo exame me libertou da tragédia. Isso tudo mexe com a cabeça do cara, muda tudo, a vida, o trabalho, a convivência. E a gente tem dificuldade para aceitar, se não fosse a família, onde eu estaria agora?!

Não há dúvidas quanto ao processo de apoio dos familiares, sendo uma experiência positiva para todos.

Uma grande parte deles quer dar suporte para quem é muito importante para eles: o paciente. Por outro lado, não é fácil, pois a doença e o tratamento trazem consequências emocionais que podem ser difíceis de administrar. Muitos têm medo do futuro. Alguns se sentem frustrados e impotentes frente às necessidades do familiar enfermo. Às vezes sentem raiva e ressentimento sobre algo, sentindo-se culpados por estes sentimentos, como se estes significassem que não amam a pessoa que estão cuidando.

Esse mesmo paciente citado acima conta que:

> Já estive quase morto, as pessoas não achavam que eu teria volta, até a minha filha falou esses dias: "*É* pai, eu não queria te assustar, mas tu andaste muito feio, o teu quadro não foi nada bom!" Mas depois eu fui me animando, me recuperei e até bastante. Agora consigo me alimentar, gosto de ouvir música e até dançar com a minha filha, quando ela está em casa. Ela é bastante animada e eu me sinto melhor quando ela está em casa, nós conversamos muito, a gente faz planos para o futuro.

A família é reconhecida como a maior prestadora de cuidados a seus membros no caso de uma doença: identifica sinais e queixas de mal-estar ou dor, busca recursos, auxilia no tratamento, ocupa um papel importante na busca de uma melhor qualidade de vida.

Cabe aos profissionais de saúde apoiar, fortalecer e orientar a família quando esta se encontrar mais fragilizada (Ribeiro, 1999; Lenardt, 2001). Porém, a capacidade da família para cuidar de seus membros pode estar comprometida, diminuída ou ausente em determinadas situações ou fases de sua trajetória.

Conviver com doença grave de um dos membros pode afetar o cuidado com os demais. O exemplo deste aspecto está presente em uma paciente em tratamento de hemodiálise há sete anos, 67 anos de idade, casada, com filhos já casados, convivendo com o esposo, também acometido de doença crônica (Mal de Parkinson). Ela refere sobre o marido:

> Não aguento mais ele, está sempre olhando tudo pelo lado negativo!
>
> Agora anda dizendo que vai se matar, que não aguenta mais viver. Eu não posso nem escutar, porque não é esse o caminho. E tem outra, eu não posso ficar sem ele, ele é o corpo e eu sou a cabeça. Tenho uma sensação ruim, de tristeza, é essa a vida que vai se levando. Às vezes me sinto um pouco culpada por ele estar assim. Ele aprontava muita história comigo, assim, de casos que teve com outras mulheres, pois nesta *época eu já andava doente e nem ligava para ele. Já estava doente e não podia fazer nada, queria mais era* cuidar da minha saúde. Então, às vezes penso nisso e me sinto culpada. Às vezes eu digo para ele que temos que viver bem com aquilo que sobrou. Me sinto esvaziada aqui na hemo,

depois me sinto inchada pelo soro. Sinto alívio das dores, nem sempre preciso tomar remédio, mas nada alivia minha alma.

Nota dos organizadores: Vemos aqui o paciente falar de uma relação transacional com a filha e que esta funciona com objeto de jogo, de prazer, a serviço dos núcleos sadios do paciente, aliviando-o da culpa pela vivência de doença (Winnicott).

As mudanças na estrutura familiar contribuem para alterações no comportamento e nos processos psíquicos internos dos membros do sistema. O universo mórbido desses doentes, muitas vezes, dá origem a um conflito decorrente de sentimentos opostos de dependência-independência. O indivíduo responde ao estresse em outras partes do sistema, onde se adapta, podendo contribuir significativamente para estressar outros membros do mesmo sistema. O subsistema conjugal pode favorecer o processo de aprendizagem e crescimento. Marido e mulher podem se apoiar mutuamente, porém, podem ocorrer estímulos a aspectos negativos. Na tentativa de apoiar e salvar o companheiro, os esposos impõem novos padrões a serem alcançados, muitas vezes, desqualificando-se mutuamente.

Uma das principais funções da família é a de apoiar os seus membros. Quando um deles sofre estresse, os outros sentem necessidade de se acomodar às suas novas condições. Esta acomodação pode ficar contida dentro de um subsistema ou penetrar em toda a família.

A unidade psicológica da família é continuamente moldada por condições externas e por sua própria organização interna. Sabe-se que a trama das relações familiares pode ser afetada de várias formas, tanto por um ambiente social amigável, de apoio, como por um hostil e ameaçador. A família deve se ajustar a uma grande variedade de vicissitudes que afetam as relações de cada um dos membros com os outros. Sob condições favoráveis, as emoções positivas, a lealdade e a harmonia familiar é mantida. Ao contrário, sob condições antagônicas, crises conflitantes, o antagonismo e o ódio mútuo ameaçam a integridade familiar.

No curso dos acontecimentos comuns da vida familiar, é esperado que todos experimentem algum grau de desapontamento. Consequentemente, há mistura de raiva e medo, em que o excesso de desilusão, dor e rancor pode trazer prejuízo a um desenvolvimento mais saudável. Situação, essa, comum com a vivência de uma doença crônica.

Assim, concluímos com alguns aspectos psicológicos referentes aos pacientes em programa de hemodiálise periódica. É importante determinar a relação entre o funcionamento mental do paciente, sua adaptação ao programa, adaptação essa que não deve ser entendida como acoplamento mecânico à máquina, mas sim, uma adaptação em termos gerais à máquina, ao hospital ou centro de diálise, à família, ao trabalho, à sociedade em definitivo, nas suas novas condições de existência.

Quanto à área familiar, surge dificuldade quando a doença é crônica, produzindo um estado tensional permanente no meio familiar, rompendo facilmente o equilíbrio emocional do grupo. As repetidas situações de crise, tensão, os desalentos, a incerteza sobre o futuro são compartilhadas por cada um de seus membros e sofridas por toda a família. Os problemas conjugais se intensificam, chegando alguns até à ruptura quase que total das relações.

A vida junto a um doente crônico, habitualmente queixoso, suplicando carinho e cuidados especiais e, que ao mesmo tempo é incapaz de satisfazer adequadamente as necessidades da sua família, coloca em xeque a estrutura e a estabilidade dessa instituição. Assim sendo, como profissionais da área da saúde, devemos estar atentos, buscando manter o funcionamento emocional do paciente com a melhor qualidade possível.

Referências

ARIÈS, P. *História social da criança e da família*. Rio de Janeiro: Guanabara Koogan, 1981. p. 141. ISBN ÍS-243H3Ü3W

ASSIS MELLO, M. V. F.; ANGELO, M. Impacto da doença renal crônica: experiências de pacientes e familiares do extremo Norte do Brasil. *Investigación y Educación en Enfermería, 36*(1), e2, 2018. https://doi.org/10.17533/udea.iee.v36n1e02

AUGUSTO, D. K.; LIMA-COSTA, M. F.; MACINKO, J.; PEIXOTO, S. V. Fatores associados à avaliação da qualidade da atenção primária à saúde por idosos residentes na Região Metropolitana de Belo Horizonte, Minas Gerais, 2010. *Epidemiologia e Serviços de Saúde, 28(1), e2018128*, 2019. Epub 08 de abril de 2019. https://dx.doi.org/10.5123/s1679-49742019000100017

BARRETO, M. S; MARCON, S. S. Doença renal crônica: vivências e expectativas do cuidador. *Revista de Enfermagem da UERJ, 20(3): 374-379, 2012. ID: lil-661974*

CANZIANI, M. E. F.; KIRSZTAJN, G. M. *Doença Renal Crônica*: Manual Prático. 2 ed. São Paulo: Livraria Baliero, 2017. ISBN: 8569540035. 308p.

CAPLAN, G. *Princípios de Psiquiatria Preventiva*. Buenos Aires: Ed Paidós. 1966. p. 298.

CIEZA, J.; ESTREMADOYRO, L.; TENORIO, A. Influencia de la hemodiálisis sobre la capacidad laboral de pacientes en hemodiálisis crónica intermitente. *Revista Médica Herediana, 6*(1), 2013. https://doi.org/10.20453/rmh.v6i1.469

FRIEDLANDER, R. J. Jr.; VIEDERMAN, M. Children of dialysis patients. *The American Journal of Psychiatry, 139*(1),100-103, 1982. DOI: 10.1176/ajp.139.1.100.

GOMES, F. M. D. Plantão psicológico: atendimentos em situações de crise. *Vínculo, 9*(2), 18-26, 2012. http://pepsic.bvsalud.org/scielo.php?script=sci_arttext&pid=S1806-24902012000200004&lng=pt&tlng=pt

IBGE (2020). *Instituto Brasileiro de Geografia e Estatística. Pesquisa Nacional de Saúde – PNS. https://www.ibge.gov.br/es*tatisticas/sociais/saude/9160-pesquisa-nacional-de-saude.html?=&t=o

LENARDT, M. H. (2001). *A hospitalização desnudando o microcosmo de uma unidade hospitalar.* Tese de Doutorado em Filosofia de Enfermagem. Curso de Pós-Graduação em Enfermagem, Universidade Federal de Santa Catarina, Florianópolis, 2001. 158f. http://www.ppgenf.ufpr.br/Disserta%C3%A7%C3%A3oAnaPaulaModesto.pdf

LILJA, C. C. O.; RAHAL, C. B. Sendo a esposa de um paciente renal crônico: estudo exploratório. *Psico*, Porto Alegre, 13(1): 174-189, 1987.

LIMA, A. B. *Estresse, depressão e suporte familiar em pacientes em diálise peritoneal e hemodiálise* [Dissertação]. Bauru: Faculdade de Ciências, Universidade Estadual Paulista Júlio de Mesquita Filho, 2016. p. 73. https://repositorio.unesp.br/bitstream/handle/11449/138927/lima_ab_me_bauru.pdf?sequence=6&isAllowed=y

MALTA, D. C. et al. Doenças Crônicas Não Transmissíveis e fatores de risco e proteção em adultos com ou sem plano de saúde. *Ciência & Saúde Coletiva, 25*(8), 2020. 2973-2983. DOI: 10.1590/1413-81232020258.32762018

MARCON, S. S.; RADOVANOVIC, C. A. T.; WAIDMAN, M. A. P.; OLIVEIRA, M. L. F.; SALES, C. A. Vivência e reflexões de um grupo de estudos junto às famílias que enfrentam a situação crônica de saúde. *Texto & Contexto Enfermagem*, 14(Spec), 2005. 116-124. http://www.scielo.br/readcube/epdf.php?doi=10.1590/S0104- 07072005000500015&pid=S0104-07072005000500015&pdf_path=tce/v14nspe/a14v14nspe.pdf&lang=pt

PEREIRA, I. F. S. *Expectativa de vida livre de fatores de risco relacionados ao estilo de vida na população brasileira.* Tese (Doutorado em Saúde Coletiva) – Universidade Federal do Rio Grande do Norte, Centro de Ciências da Saúde, Programa de Pós-Graduação em Saúde Coletiva, Natal, 2019. 138f. https://repositorio.ufrn.br/bitstream/123456789/28205/1/Expectativavidalivre_Pereira_2019.pdf.

RIBEIRO, N. R. R. *Famílias vivenciando o risco de vida de um filho.* Tese de Doutorado em Filosofia de Enfermagem. Curso de Pós-Graduação em Enfermagem, Universidade Federal de Santa Catarina, Florianópolis, 1999. 224f.

RUDNICKI, T. Doença renal crônica: vivência do paciente em tratamento de hemodiálise. *Contextos Clínicos,* 7(1), 105-116, 2014. DOI: https://doi.org/10.4013/ctc.2014.71.10

RUDNICKI, T. Atendimento ao Doente Renal Crônico em Tratamento de Hemodiálise: Aportes da Psicologia da Saúde. 2 ed. (pp. 304-330). In: RUDNICKI, T.; SANCHEZ, M. M. (Orgs.). *Psicologia da saúde*: a prática de terapia cognitivo-comportamental em hospital geral. 2. ed. rev. Novo Hamburgo: Sinopsys, 2020. p. 384. ISBN 978-85-9501-150-2

SANTI, P. M. H. (2012). Factores de riesgo para la salud familiar: acontecimientos significativos. *Revista Humanidades Medicas, 12*(2), 184-191, 2012. http://www.humanidadesmedicas.sld.cu/index.php/hm/article/view/89/123

SANTOS, R. S. S.; Sardinha, A. H. L. Qualidade de vida de pacientes com doença renal crônica. *Enfermagem em Foco, 2* (9), 61-66, 2018. ISSN: 2357-707X

CAPÍTULO 22

Família, práticas institucionais e transplantes de órgãos

Gustavo Correa Matta

Caso 1[1]

Marcos tem 10 anos e quer ser jogador de futebol. Seu pai é o seu herói. É tido por ele como um homem forte, corajoso e protetor. Um dia, após chegar da escola, Marcos sente enjoos, dores nas articulações, aumento de peso, pés inchados e mal-estar generalizado. Seus pais o levam ao médico, e, após alguns exames, identifica-se uma síndrome urêmica e suspeita de insuficiência renal crônica. Os pais de Marcos são pessoas simples, moram num bairro pobre do Rio de Janeiro e a única doença renal que conheciam era *pedra nos rins*. Ao saberem da necessidade de realizar mais exames e submeter seu filho a uma dieta rigorosa, os pais de Marcos, que conheciam um chá chamado *quebra-pedra*, iniciam um tratamento à base da antiga medicina popular. O estado de Marcos se agrava e o médico informa a necessidade de submeter o menino à hemodiálise. Os pais, ao saberem que Marcos deveria fazer um tratamento de quatro horas durante três vezes na semana, ligado a uma máquina que circula seu sangue, fazendo-o perder de 2 a 4 kg em apenas quatro horas, deixando-o exausto e com muito medo, perguntam ao médico se não há outro tratamento.

O médico informa que o outro tratamento possível é o transplante renal, e que, para ser realizado, é necessário um doador. O doador pode ser de dois tipos: doador cadáver, que consiste na doação do rim por um doador em morte cerebral; para isso Marcos deve se inscrever numa fila de espera e aguardar de seis a oito anos por um transplante. E o outro, doador vivo, em que um membro da família doa um dos seus rins para o receptor, desde que seja biologicamente compatível e que o doador seja saudável. Nesse momento, a mãe de Marcos, tentando eliminar o mais rápido possível o sofrimento do filho, candidata-se como doadora, mas o exame de tipagem sanguínea não é compatível com seu filho. O pai de Marcos pergunta sobre os riscos da

[1] Todos os casos apresentados neste trabalho são reais, fruto da experiência do autor na assistência à captação e ao transplante de órgãos no Estado do Rio de Janeiro. Os nomes e alguns detalhes foram alterados para a proteção dos pacientes, profissionais e instituições envolvidas.

doação e decide se candidatar. O tipo sanguíneo é o mesmo que Marcos e os exames restantes são iniciados. Toda a família se volta para os cuidados com Marcos durante a hemodiálise; o pai silenciosamente passa as noites em claro, sua mente está inteiramente voltada para a cirurgia, a anestesia, a mutilação de um órgão do seu corpo, o futuro do filho, sua imagem de pai, protetor da família, medo, angústia e fantasias de morte. Após algumas semanas, a equipe do transplante percebe que o pai de Marcos tem faltado aos exames, chega atrasado às consultas, permanecendo calado e muito tenso. Num atendimento com o psicólogo, o pai de Marcos consegue falar sobre seus pensamentos e chora, angustiado por seus conflitos e por se considerar covarde. Ele concorda em parar o processo de avaliação pré-transplante para pensar um pouco mais sobre sua decisão.

Alguns dias depois, ele retorna ao serviço de transplante ainda mais tenso e deprimido, pois não sabia como contar ao filho, à sua mulher e à sua família sobre sua decisão de desistir da doação. A equipe médica, na intenção de minimizar o sofrimento moral do pai de Marcos, sugere dizer à família que um exame apresentou uma contraindicação absoluta para a realização da cirurgia, descartando-o como um possível doador. Mesmo após essa decisão, o pai de Marcos continuou deprimido, e seis meses após esse episódio, veio a falecer por uma parada cardiorrespiratória.

Quando pensamos em doação de órgãos, imediatamente nos vêm à mente valores como solidariedade, altruísmo, preocupação com o próximo e crenças a respeito da evolução da tecnologia médica e as maravilhas que ela pode proporcionar. Sem querer fazer o leitor desacreditar em qualquer um desses aspectos, gostaria de refletir, a partir desse caso real, sobre a dinâmica psicológica, social e institucional que se estabelece na relação transplante de órgãos, família e instituições de saúde.

Neste sentido, discutiremos por um lado o transplante com doador vivo, também conhecido como transplante intervivos ou transplante com doador relacionado, e por outro, o transplante com doador cadáver. Cada tipo de transplante envolve a dinâmica familiar de forma inusitada, ressaltando a teia subjetiva que constrói essas histórias que relacionam tecnologia médica, moral familiar e doação de órgãos.

Doação, transplante e organização da assistência

Desde 1967, com a realização do primeiro transplante cardíaco, a possibilidade tecnológica de transplantes de órgãos, tecidos e partes do corpo humano para fins terapêuticos tornou-se cada vez mais acessível à maioria da população, sendo, atualmente, financiada integralmente pelo Sistema Único de Saúde, que além de possibilitar a cirurgia do transplante, fornece toda a medicação, acompanhamento ambulatorial e atendimento a qualquer intercorrência após a realização do transplante.

O assunto, ao mesmo tempo em que tomou uma conotação humanística baseada nos ideais de solidariedade e altruísmo, levantou sérios problemas éticos, sociais e psicológicos.

Nas décadas de 60 e 70, os transplantes ainda eram considerados tecnicamente experimentais e a sobrevida do enxerto era reduzida. No final da década de 70, com a evolução dos medicamentos imunossupressores, os transplantes começaram a apresentar resultados surpreendentes, diminuindo radicalmente os episódios de rejeição e aumentando quantitativa e qualitativamente a sobrevida do paciente. Os melhores resultados eram observados nos transplantes renais, pois, além do rim ser um órgão mais resistente, o estado clínico do paciente era melhor que os outros tipos de transplante, devido à hemodiálise[2].

A compatibilidade histológica e imunogenética é fator fundamental para o sucesso do transplante, ou seja, quanto mais parecidos geneticamente forem o doador e o receptor, menor será a chance de rejeição do órgão transplantado e menor também será a necessidade de medicamentos imunossupressores. Esse dado, aliado à escassez na oferta de órgãos de cadáver em nosso país, tornou o transplante renal intervivo o transplante de órgão sólido mais praticado no Brasil.

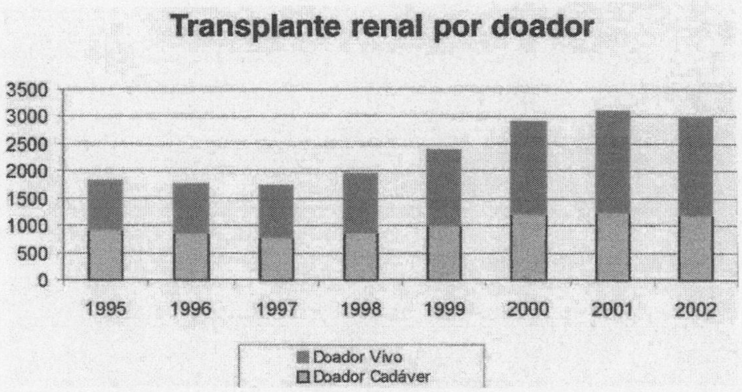

O gráfico mostra que, apesar da entrada em vigor da nova legislação de transplante em 1998 (Lei 9.434/97), o número de transplantes renais com doadores vivos praticamente duplicou, enquanto o de doadores cadáveres cresceu apenas 28%. Este fato nos leva a imaginar que cada vez mais famílias optam por abreviar a longa espera para o transplante renal cadavérico com a doação em vida. Esta inferência não pode ser dissociada da ausência de uma política de incentivo à doação de órgãos após a morte, reduzindo o papel do Estado unicamente à organização e ao financiamento das atividades de transplante. Com isso, as equipes transplantadoras, ao apresentarem a perspectiva de espera para a obtenção de um órgão por um doador em morte encefálica, induzem, mesmo que involuntariamente, as famílias a se confrontarem com a possibilidade da doação em vida.

Alguns eventos durante a seleção de doadores vivos chamaram a atenção das equipes de transplante para a importância do consentimento informado dos doadores, receptores e suas famílias, realizando também entrevistas de avaliação para seleção de doadores, atentando para o risco das diversas formas de comércio de órgãos[3]. Para responder a essas demandas, constatou-se a importância da inserção de profissionais como o psicólogo e o assistente social na percepção e condução de aspectos do processo de doação e transplante que escapavam da descrição técnica da medicina e dos cuidados de enfermagem, apresentando uma dimensão subjetiva que necessitava ser acompanhada e adequada às condições de desenvolvimento desses procedimentos.

---

[2] No caso de outras enfermidades crônicas, como insuficiência cardíaca ou hepática, ainda não se dispõe de um sistema artificial que substitua a função desses órgãos, tornando dramática a espera por um órgão na fila de transplante. Na maioria dos casos, os pacientes não resistem mais do que um ou dois anos na espera pela doação. Além da piora do estado clínico e psicológico, a espera pelo transplante representa um desgaste considerável na estrutura familiar.

[3] Ver: Löwy (1987); Matta (1998); Berlinguer e Garrafa (1996).

Transplante renal por doador

O acúmulo dessa experiência deu origem à necessidade de organização da prática dos profissionais que atuam nessa área, a fim de trocar experiências e empreender projetos de alcance teórico e científico enfocando os aspectos psicossociais envolvidos na prática dos transplantes e da hemodiálise[4].

Atualmente, a maioria das unidades de transplante conta com psicólogos e assistentes sociais que participam diretamente, ou sob demanda, das atividades de avaliação, seleção e acompanhamento de doadores de órgãos para transplantes intervivos.

Outra polêmica envolvendo o transplante foi a utilização de órgãos e tecidos após a morte, principalmente a possibilidade de doação de órgãos sólidos sob o diagnóstico de morte encefálica. Como realizar a retirada desses órgãos? A quem pertence o corpo após a morte? À família ou ao Estado? Quem deve decidir pela doação? A família ou o doador ainda em vida? Todas essas questões tomaram conotações diversas de acordo com a cultura, o sistema de saúde e a mobilização da sociedade em cada país.

Portanto, a organização social, legal e cultural em torno dos transplantes ainda é um processo em construção, e não pode ser reduzido a discussões técnicas entre especialistas, sem levar em conta o conjunto da sociedade e sua especificidade sociocultural.

Ordem médica e norma familiar na doação de órgãos

Tomando como referência o trabalho do psicanalista Jurandir Freire Costa[5], *Ordem médica e norma familiar*, não podemos deixar de descrever a estreita relação entre o discurso e a prática dos médicos e a sua influência na construção e adoção de normas e comportamentos no interior da família contemporânea. Desde as práticas no cuidado materno-infantil até a prescrição de hábitos saudáveis de vida, a Medicina, e posteriormente a Psicanálise e a Psicologia, tem sido um importante dispositivo disciplinar, que por meio de práticas discursivas institui na cultura familiar normas e valores que produzem modos de subjetivação compatíveis com uma descrição biomédica da vida, que alguns autores têm denominado biopoder[6].

É indiscutível o impacto de uma doença como a insuficiência renal crônica na vida do indivíduo e na de sua família, mas é também inegável o impacto que uma indicação ou um diagnóstico médico tem sobre a organização, as normas e os valores da dinâmica familiar.

A possibilidade *médico-tecnológica* de salvar a vida de uma pessoa amada por meio da doação de um órgão gera ansiedades que podem ser descritas num gradiente iniciado na manifestação de *nobres sentimentos* como a solidariedade e a compaixão, até fantasias e sentimentos de culpabilização como a covardia, o medo da mutilação do corpo e da morte, como apresentados no caso apresentado.

---

[4] Notadamente, o movimento iniciado pelo psiquiatra americano denominado *psiconefrologia*, discutido em trabalhos anteriores (MATTA, 1998 e 2000).

[5] Costa (1979).

[6] Foucault (1979).

A dinâmica familiar que se iniciou com o drama vivido por um de seus membros se estende para toda a família na busca de um doador.

Para alguns autores, como Borges, a motivação para doar e receber não inaugura uma nova ordem familiar, mas reforça uma estrutura de trocas já existente na dinâmica desse grupo social.

> ..., embora a gratidão do receptor, consequente ao transplante, desencadeie mudança de atitudes e maior atenção e dedicação para com o doador, o processo de trocas que se segue não foi inaugurado com o transplante, mas apenas reforçado ou reiluminado. (Borges, 1998:175)

Por um lado, muitas vezes, a ideia de unidade familiar, de identidade familiar, se mostra fortemente marcada por um sistema de trocas fundado no valor família. Por outro, nas unidades familiares urbanas contemporâneas, essa identidade já não é tão evidente e se mostra bastante dispersa e conflituosa, principalmente quando ocorre a emergência de uma demanda tão complexa e completamente desconhecida para a maioria das famílias quanto um transplante de órgãos.

Da mesma forma que a necessidade de doação de sangue foi descrita como um comportamento solidário, altruístico e exemplo de dignidade humana, a doação de órgãos também tomou conotações similares, criando, muitas vezes, constrangimentos e sentimentos velados de doadores e receptores. Nesse sentido, aquele que se recusa a doar, no caso do doador vivo, pode mobilizar sentimentos como a covardia, o egoísmo, e entrar em conflito com as regras e valores que foram cultivados no interior da família e na equipe de saúde.

Não se trata aqui de discutir se somos contra ou a favor da doação de órgãos, mas de poder refletir de maneira mais cuidadosa os diversos aspectos que envolvem a doação ou a recusa familiar para o transplante.

Uma vez que a Medicina oferece essa possibilidade ao receptor e à sua família doadora, essa demanda é produzida e o grupo social é emparedado com uma questão de vida ou morte, representada pelo ato de doar ou não doar, de ser solidário ou egoísta, altruísta ou covarde[7].

A responsabilidade da equipe de saúde não é menor do que a da família nesse processo. Não se trata de uma indicação meramente técnica, como se isso fosse possível em qualquer ato médico, mas é um ato normativo, desencadeador de conflitos, decisões que põem em jogo não só a dinâmica familiar, mas também os jogos de linguagem de uma cultura. Não é à toa que utilizamos o verbo doar que, segundo o dicionário Aurélio significa: "Transmitir gratuitamente (bens, etc.) a outrem; fazer doação." Isso significa que escolhemos moralmente para a doação de órgãos não esperar nada em troca. A lei 9.434/97 prevê sanções penais, administrativas e financeiras aos indivíduos e à equipe transplantadora que estiverem envolvidos em qualquer forma de favorecimento e comércio de órgãos ou partes do corpo humano. Essa proibição forja outro tipo de troca, que se expressa de forma latente, não evidente, que podemos chamar de simbólica, afetiva, social e até mesmo narcísica e material.

---

[7] Esta ambivalência torna-se ainda mais evidente nos transplantes hepáticos intervivos, pois, muitas vezes, a gravidade do caso, em conjunto com a falta de um sistema artificial que substitua a função hepática, e a longa espera para o transplante na fila de doador cadavérico, produz imenso sofrimento para a família.

Família, subjetividade e doação de órgãos

Em outro trabalho (Matta e Borba, 1993), discutimos os aspectos ético-psicológicos da relação doador-receptor, enfatizando a necessidade de acompanhamento e avaliação psicológica da dupla doador-receptor em todo o processo do transplante renal. Ao criticar o reducionismo biológico da Medicina, apontávamos para os aspectos subjetivos da relação doador-receptor e para as regras e valores morais que permeavam as motivações para doar e receber.

Gostaríamos agora de enfatizar os modos de produção de subjetividade no interior das famílias envolvidas no processo de doação e transplante. Com essa tarefa em mente, dividiremos dois conjuntos distintos da atividade de doação de órgãos e sua relação com a dinâmica familiar. O primeiro conjunto diz respeito à dinâmica familiar numa situação de doação em vida; e o segundo, à situação da doação de órgãos e tecidos de doadores em morte encefálica, quando as famílias, ao mesmo tempo em que estão perdendo uma pessoa amada, devem decidir ou não pela doação dos órgãos: o doador cadáver.

Doador em vida

Quando o sujeito é portador de uma doença incapacitante, como a insuficiência renal crônica, insuficiência hepática ou cardíaca, o comprometimento de uma função orgânica repercute no funcionamento de diversos sistemas vitais, impondo restrições e diversos mal-estares. Com exceção da insuficiência renal, que conta com os métodos dialíticos, nenhuma outra doença tem um sistema artificial para substituição de sua função orgânica. Como se já não bastassem as limitações impostas pela doença, tais como restrições nutricionais, privação de líquidos, reorganização da rotina de vida, entre outros, o lugar social desses sujeitos é inteiramente reescrito. O lugar de doente, formatado pela Medicina por meio das limitações impostas pelo tratamento e pelo comportamento submisso instituído pelas práticas assistenciais contemporâneas aos sujeitos que dela necessitam; pelo Estado, por meio do sistema de auxílio-doença ou mesmo aposentadoria por invalidez para o trabalho e nenhuma preocupação com estratégias de reabilitação psicossocial; pela família que, aliada ao discurso biomédico, impõe modos de subjetivação que valorizam a passividade, a doença, a dependência, a infantilização e a compaixão[8]; reescrevem, com raras exceções, a subjetividade desses indivíduos que perderam parte de suas identidades, de sua potência e de seu lugar social. A eles cabe apenas a expectativa da doação de um órgão ou a morte.[9]

O transplante surge então como uma possibilidade, uma promessa de vida, de resgate da liberdade individual e familiar em relação à doença, proporcionada pela tecnologia médica.

O receptor e sua família iniciam um processo tenso, doloroso e conflituoso que é a escolha de um doador. Geralmente, após os esclarecimentos da equipe quanto aos aspectos técnicos do

---

[8] Para uma rica discussão sobre a diferença entre compaixão e solidariedade, ver Arendt (1987).

[9] É importante observar que outras descrições podem ser possíveis, principalmente quando empreendemos outras estratégias assistenciais, visando a reabilitação social, a reestruturação da imagem corporal e a luta pela cidadania e a autonomia desses sujeitos. Ver: Matta (2000) e Waissman (1985).

transplante, é realizada uma *reunião de família* onde, frequentemente sem a presença do receptor, são convocados todos os parentes consanguíneos para a apresentação do problema e a candidatura de todos aqueles que concordariam em doar.

Caso 2

Maria, 34 anos, filha de uma família de sete irmãos, necessitava de um transplante renal. Após anos de afastamento devido a um desentendimento com seu pai, procura novamente sua família na busca de um doador para livrá-la de quatro anos de tratamento dialítico. Seu pai a acolhe imediatamente e ordena que todos os irmãos façam o exame de tipagem sanguínea. Os resultados apresentaram que somente seu irmão mais novo, João, de 22 anos, era compatível. Seu irmão prosseguiu os exames e durante uma consulta com o psicólogo exclamou: "Que azar o meu!!! De sete irmãos, logo eu vou ter que doar!"

Sem perceber a opressão paterna sobre a sua família e sobre o seu desejo, João prosseguia a etapa de exames pré-transplante como quem deveria cumprir uma tarefa, uma ordem familiar, que em momento algum poderia ser questionada.

A dinâmica familiar não é claramente democrática e nem sempre aquele que surge como doador está realizando a doação livre de alguma forma de opressão. Seja essa opressão externa, claramente imposta pelo núcleo familiar, seja pela internalização dos ideais sociais e familiares presentes na singularidade de cada indivíduo.

Caso 3

Solange, 30 anos, vai doar parte do fígado[10] para seu irmão que sofre de cirrose hepática. Todos os irmãos fizeram os exames, mas apenas ela não apresentou qualquer contraindicação para a realização da cirurgia. Sua irmã mais velha, Flávia, profissional da área de saúde, foi a responsável por conduzir a *reunião de família* e não pôde ser a doadora devido à doença hipertensiva. Flávia sentia-se culpada por ter sido a porta-voz da notícia que desencadeou a doação do fígado de sua irmã. Flávia dizia que, se algo acontecesse com Solange, jamais se perdoaria.

É interessante perceber que a decisão de doar faz a família assumir não apenas a escolha de um doador, mas também a responsabilidade pelo insucesso e pelos riscos que o doador pode correr. Mais uma vez, o discurso e a prática médicos produzem demandas nas famílias que serão inteiramente transferidas, cabendo à equipe unicamente a responsabilidade técnica pelo transplante, não podendo assegurar por completo o sucesso do procedimento.

---

[10] O transplante hepático com doador vivo é um procedimento complexo e delicado, em que cerca de 70% do fígado do doador é implantado no receptor. O pós-operatório do doador é muito sofrido e doloroso, por ser uma cirurgia grande e pelo doador apresentar, por um período de tempo, sintomas de insuficiência hepática até que o fígado se regenere por completo. Vale lembrar que esse tipo de transplante geralmente é indicado para aqueles pacientes que não suportariam a espera na fila de transplante de cadáver ou no caso de transplante pediátrico.

Na maioria das vezes, é comum a opinião de que está nas mãos dos doadores a decisão de fazer ou não o transplante. Há casos em que os receptores se recusam a fazer o transplante por algumas razões:

1. Não aceitam o sacrifício de nenhum membro da família sob o risco de algo acontecer com o doador durante ou mesmo depois da cirurgia.
2. Sentem medo da cirurgia do transplante e, no caso dos pacientes que sofrem de insuficiência renal crônica, estão bem adaptados à diálise.
3. Não gostariam de receber a doação de um determinado membro da família. Nesses casos, a recusa de receber um órgão toma aspectos subjetivos inusitados, como no caso apresentado a seguir.

Caso 4

Sônia, 20 anos, portadora de nefropatia diabética, revela ao psicólogo que não gostaria de receber o rim de sua mãe, pois uma vez aceito o sacrifício materno, Sônia acreditava que sua mãe se acharia no direito de controlar sua vida, seu destino e sua sexualidade.

Geralmente, o receptor, concebido como doente, passivo, carente de saúde e de oportunidade, não tem participação ativa nesse processo, cabendo aceitar os desígnios do destino e agradecer humildemente a oferta rara de um doador de órgão.

A relação doador-receptor-família-equipe de saúde tem especificidades psicológicas, sociais e culturais que um olhar desatento não é capaz de identificar, reduzindo seus desdobramentos éticos e institucionais a normas legais e a protocolos de acompanhamento pré e pós-transplante internacionalmente reconhecidos.

O espaço proporcionado pela escuta psicológica nesses procedimentos abriu a possibilidade de expressão dos sentimentos, conflitos e fantasias até, então, ausentes da anamnese e entrevistas de avaliação clínica para o transplante.

O acompanhamento das famílias deve se dar de forma interdisciplinar, enfocando não apenas a relação doador-receptor, mas principalmente o grupo familiar, sua dinâmica, a tradução das escolhas de cada um, as ambivalências e os atravessamentos institucionais para que haja transparência e confiança durante todo o processo. O recalque de sentimentos e conflitos pode ser desastroso para a dinâmica familiar, produzindo efeitos iatrogênicos resultantes do mecanicismo e da normatividade da assistência em saúde.

Doação de órgãos, família e morte encefálica

A única condição clínica para doação de órgãos após a morte é o quadro neurológico conhecido como morte encefálica. Este quadro consiste num coma aperceptivo apresentando ausência de atividade em todas as áreas do encéfalo. A resolução 1.480/97 do Conselho Federal de Medicina dispõe sobre os critérios para o diagnóstico de morte encefálica constituindo um dos protocolos mais rígidos do mundo. A maioria dos diagnósticos de morte encefálica é originada de causas externas, tais como violência urbana, acidentes automobilísticos, atropelamentos e quedas; ou por acidente vascular encefálico.

É importante dizer que na morte encefálica o coração ainda bate devido ao uso do respirador e de drogas vasoativas para a manutenção hemodinâmica do doador. No prazo máximo de 48 horas a instabilidade hemodinâmica se agravará e o coração, mesmo com o auxílio de drogas, irá parar de bater. Este estado difere do coma, pois não existe qualquer atividade encefálica e a retirada de qualquer sistema artificial ou droga invariavelmente levará à parada cardíaca.

Essas observações revelam o cenário com o qual as equipes de captação de órgãos se defrontam para abordar uma família de um doador em morte encefálica com o objetivo de obter o consentimento para a retirada dos órgãos e tecidos: doadores internados em grandes emergências de hospitais públicos; escassez de recursos diagnósticos e de profissionais especializados, como neurologistas; pacientes jovens, vítimas de morte violenta; famílias desesperadas; falta de espaço para uma abordagem que assegure a privacidade e a expressão do sofrimento.

É nesse momento que a equipe de captação de órgãos avalia o potencial doador, certifica-se do quadro de morte encefálica, realiza os exames para avaliar a viabilidade de órgãos e tecidos para transplante e, geralmente por último, aborda a família do doador. O primeiro – e talvez mais fundamental – obstáculo que a equipe encontra é o entendimento, por parte da família, da morte encefálica.

Caso 5

Manoela, 19 anos, traumatismo cranioencefálico provocado por acidente automobilístico, após exame eletroencefalográfico, tem comprovada sua morte encefálica. A equipe avalia que a potencial doadora permanece com a função dos órgãos em perfeito estado, sendo possível doar coração, pulmão, fígado, rins e pâncreas, beneficiando pelo menos seis receptores. Ao se aproximar da família, a equipe percebe que seus parentes não entenderam que sua amada Manoela está morta. Ansiosos, perguntam à equipe se houve alguma melhora. Ao dizer, com muita cautela, que infelizmente sua filha está morta, a mãe exclama: "Morta? Ela está respirando, o coração batendo, cheia de aparelhos por todos os lados... O coração dela tá batendo!! Ela está viva!!"

A concepção de morte presente em nossa cultura é a parada cardiorrespiratória. É muito difícil a compreensão de que a morte do encéfalo determina a falência de todos os sistemas vitais e que naquele corpo não existe mais vida. Este fato, aliado à mobilização de mecanismos de defesa como a negação e a racionalização, torna o momento da abordagem da família o mais difícil e delicado de todo o processo de captação e transplante. Qualquer precipitação ou pressão sobre a decisão da família pode colocar em risco todo o trabalho de esclarecimento e acolhimento proporcionados pela equipe; por outro lado a demora na decisão da família pode comprometer a viabilidade dos órgãos para transplante devido à instabilidade hemodinâmica.

Muitas vezes, o núcleo familiar se amplia. Seus membros procuram o apoio de pessoas próximas à família para auxiliar na decisão. A família sente-se insegura quanto ao desejo do doador ainda em vida; sente-se amedrontada frente à possibilidade de mutilação do corpo devido à extração dos órgãos; e, principalmente, sente-se insegura quanto a acreditar ou não no diagnóstico médico de morte encefálica.

Caso 6

Mariana, seis anos, vítima de um aneurisma cerebral, está em morte encefálica há 24 horas. Sua família nega a doação, por desejar manter o corpo da criança inteiro após a morte. O pai de Mariana pergunta à médica da unidade de terapia intensiva: "Bom, doutora, agora que eu não vou doar, o que a senhora vai fazer? Vai desligar os aparelhos?" A médica prontamente responde: "Não! Claro que não! Vamos deixar que ela se vá por si só".

O caso ilustra claramente que a ambivalência quanto a crenças e valores relativos à morte encefálica não é exclusiva do público leigo. Uma vez comprovada a morte encefálica de acordo com o protocolo do Conselho Federal de Medicina, caso a família não doe os órgãos, a equipe está autorizada legalmente a desligar os aparelhos, com o objetivo de possibilitar que esses recursos sejam utilizados em outro paciente que tenha chance de sobrevida. Esta postura da equipe confunde as famílias e a sociedade, alimentando ainda mais as controvérsias em torno da morte encefálica e dos transplantes.

Outro fator importante para a decisão das famílias é o acesso e a assistência dos serviços de saúde.

Caso 7

Carlos, 18 anos, vítima de projétil de arma de fogo durante um tiroteio entre a polícia e o tráfico de drogas numa favela do Rio de Janeiro, está internado há cinco dias na emergência de um grande hospital público municipal. Sua família não consegue informações sobre o estado de saúde de Carlos. A visita está proibida e a equipe, assoberbada de trabalho, não consegue dar atenção à família. É diagnosticada morte encefálica e a equipe manda chamar a família. A equipe de captação consegue uma sala para realização da abordagem e finalmente consegue reunir a família. Quando abordada quanto à doação dos órgãos de Carlos para transplante, sua mãe esbraveja: "Ora!! Quando meu filho estava vivo, não me deram a menor atenção. Eu ficava lá embaixo, mendigando alguma notícia sobre ele, e agora que vocês querem os órgãos dele, tem uma porção de gente de branco pra conversar comigo!!"

A crise do modelo assistencial em saúde voltado para a doença, para o corpo e a tecnologia, típico da biomedicina, provoca um distanciamento que em nada faz lembrar que em situações críticas como unidades de emergência, terapia intensiva e outros setores, não recebemos apenas doenças e corpos, mas também famílias desesperadas, angustiadas, carentes, necessitando de atenção, apoio e informação. A recusa da família não é apenas um fenômeno psicológico, mas, em vezes, um protesto político, uma denúncia das péssimas condições de assistência à população no Brasil.

Muitas famílias doam, na esperança de verem seu parente vivo simbolicamente em outras pessoas, que sua morte, apesar de prematura, não foi em vão. Mas esta identificação pode ser resultado de um processo de luto mal elaborado.

Caso 8

Fernanda, 17 anos, saiu de casa para dar um passeio de carro com seu namorado. A alguns metros de casa, o carro é atingido por um ônibus e os dois são gravemente feridos e levados ao hospital. O namorado de Fernanda morre ainda na ambulância e Fernanda faz uma parada cardiorrespiratória, é reanimada e colocada no respirador. No hospital, é comprovada a morte encefálica. Sua família, inconsolável, consente a doação dos órgãos. Algumas semanas depois, seu pai, muito abatido, procura o psicólogo na central de captação. Ele conta que desde a morte de Fernanda não mexeu no quarto dela, deixando tudo do mesmo modo que Fernanda deixou quando saiu de casa no dia de sua morte. Chora intensamente e quer conhecer os receptores que estão com os órgãos de sua filha. "É como se ela estivesse viva em outro corpo. Preciso conhecê-los. Minha vida depende disso!".

Apesar de a legislação de transplante não se pronunciar quanto à manutenção do anonimato entre família de doador e de receptor, é um consenso nas equipes de transplante evitar a aproximação entre as duas famílias. As equipes alegam querer evitar constrangimentos ou até mesmo, em casos extremos, a troca de favores materiais ou financeiros pela doação. Outro fator que reforça essa conduta é a ocorrência do luto patológico, como neste caso, em que a recusa à perda do objeto amado produziu uma síndrome depressiva com estratégias de identificação e projeção. A família incorpora o luto, passando a viver o cotidiano dos receptores.

Outros aspectos presentes na dinâmica familiar de doadores cadáveres podem ser observados nas narrativas das abordagens das equipes de captação, e que o espaço dedicado a esse trabalho não permitiria apresentar de forma mais detalhada. A intenção foi apenas refletir a respeito da complexidade e do surgimento de novos desafios para a compreensão dessa rede que produz comportamentos, subjetividade, normas e valores derivados da tecnologia médica e de sua relação com a organização familiar.

Conclusão

Estas são situações inimagináveis há 40 anos: quadros clínicos surgidos depois de determinadas inovações tecnológicas como as unidades de terapia intensiva, a hemodiálise e o respirador; a necessidade de organização, financiamento e políticas para sustentar de forma ética e institucional as atividades de transplante e a imposição de novos problemas como a escassez de órgãos e o uso de doadores vivos.

A cultura da doação de órgãos está diretamente ligada à educação, ao acesso à informação, tanto por parte da sociedade quanto entre os profissionais de saúde. O momento da abordagem da família deveria ser um espaço para a ratificação das escolhas ou das discussões em torno da doação de órgãos realizadas ainda em vida.

O acesso à informação, a divulgação dos critérios de morte encefálica e da distribuição dos órgãos, a discussão no interior das instituições de saúde e de educação são componentes fundamentais para uma discussão moral a respeito da doação de órgãos. Essa discussão deve ser feita à luz do acesso à informação e do conhecimento científico, e não por meio de boatos fantasiosos sobre tráfico de órgãos. A discussão franca, transparente e democrática é o único caminho para o exercício da cidadania e da solidariedade, e o desejável controle social desse tipo de tecnologia.

A família é um grupo social que deve ter as suas crenças e seus valores e suas regras respeitados, ofertando a possibilidade de transplante como um convite, em que a equipe interdisciplinar deve acolher com informação, transparência e dignidade à decisão que cada grupo familiar tomar.

Nós, profissionais de saúde, devemos ter a clareza de que a indicação de procedimentos, a nomeação de diagnósticos e os cuidados com o corpo produzem efeitos sobre a dinâmica subjetiva e familiar, envolvendo o repertório de crenças e valores disponíveis no tecido social, do qual a família é uma caixa de ressonância.

Referências

ABTO. *Registro brasileiro de transplantes*. Ano III, n. 3, Edição Anual: janeiro/dezembro, 2002.

BERLINGUER, G.; GARRAFA, V. *O mercado humano*. Brasília: Editora UNB, 1996.

BIRMAN, J. A physis da saúde coletiva. In: Physis. *Revista de Saúde Coletiva*. Rio de Janeiro, IMS/ UERJ/ Relume-Dumará, I (1): 7-11, 1991.

BIRMAN, J. *Enfermidade e loucura*. Rio de Janeiro: Campus, 1980.

BRASIL. Lei 9.434 de 4 de fevereiro de 1997. *Diário Oficial da República Federativa do Brasil*. Brasília. DF. 5 de fevereiro de 1997.

BRASIL. Portaria N. 2.042 de 11 de outubro de 1996. In: RIO DE JANEIRO. *Prefeitura. Legislação do Deficiente Renal*. Rio de Janeiro: Secretaria Municipal de Desenvolvimento Social/ COMDDPPD/ ADRETERJ, 1997.

CALLON, M.; LATOUR, B. (Orgs.). *La science telle qu'elle se fait*. Paris: Ed. La Découverte, 1991.

CAMARGO Jr.; K. R. *As ciências da AIDS e a AIDS das ciências*: discurso médico e a construção da AIDS. Rio de Janeiro: ABIA/IMS/UERJ/Relume-Dumará, 1994.

CAMARGO Jr.; K. R. *Paradigmas, ciência e saber médico*. Rio de Janeiro: Série Estudos em Saúde Coletiva, n 6, IMS/UERJ, 1992.CAMARGO, J. R.; K. R.; MATTA, G. C. et al. Psicologia médica: um trajeto institucional. In: *Séries Estudos em Saúde Coletiva*, RJ, IMS/UERJ, n. 192, agosto de 1999.

COSTA, J. F. *A face e o verso*. São Paulo: Ed. Escuta, 1995.

COSTA, J. F. *Ordem médica e norma familiar*. Rio de Janeiro: Graal, 1979.

FOUCAULT, M. *Microfísica do poder*. Rio de Janeiro: Graal, 1979.

FOUCAULT, M. *O nascimento da clínica*. Rio de Janeiro: Ed. Forense Universitária, 1990.

FOX, C. R. *Essays in medical sociology*: journeys into the field. New Brunswick: Transaction Books, 1988.

GARCIA, V. D. *Por uma política de transplantes no Brasil*. São Paulo: Office Editora, 2000.

LATOUR, B. *Jamais fomos modernos*. Rio de Janeiro: Ed. 34, 1994.

LAZARUS, J. M. et al. Hemodialysis. In: BRENNER, B.M. (Ed.). *The kidney*. Philadelphia: Saunders, 1991.

LEVY, N. Preface. In: LEVY, N. (Ed.). *Psychonephrology* 1. New York and London: Plenum Medical Book Co., 1978.

LEVY, N. Psychological studies at the Downstate Medical Center of patients on hemodialysis. In: *Medical Clinics of North America*. New York, 61: 759-769, 1977.

LEVY, N. Psychonephrology – Introduction. In: *Dialysis & Transplantation*, 13 (2): 92,February 1984.

LÖWY, L. Choix scientifiques et choix éthiques dans le traitement de la maladie rénale terminale. In: *Information sur les sciences sociales.* SAGE, Londres, Newbury Park, Beverly Hills et New Delhi, 26 (3): 577-605, 1987.

LUZ, M.T. Saúde e instituições médicas no Brasil. In: GUIMARÃES, R.(Org.). *Saúde e Medicina no Brasil.* Rio de Janeiro: Graal, 1978.

LUZ, M.T. *Natural, racional, social e racionalidade científica moderna.* Rio de Janeiro: Campus, 1988.

MATTA, G. C. e BORBA, M. C. Aspectos psicológicos numa situação de transplante renal: a relação- doador receptor. In: *Jornal Brasileiro de Medicina,* 64 (4): 53-64, abril 1993.

MATTA, G. C. *A psicologia médica e as instituições de saúde no Brasil.* Série Estudos em Saúde Coletiva. Rio de Janeiro: IMS/UERJ, n. 138, 1996.

MATTA, G. C. Da doença renal ao renal crônico. In: Physis. *Revista de Saúde Coletiva.* Rio de Janeiro: IMS/ UERJ, 10(1): 65-100, 2000.

MATTA, G. C. *Hospitais, subjetividade e glomérulos inoperantes*: da doença renal ao renal crônico. Dissertação de mestrado. Rio de Janeiro: Instituto de Medicina Social/UERJ, 1998.

McBRIDE, P. The Development of hemodialysis and peritoneal dialysis. In: NISSENSON, A. R. et al. *Clinical dialysis.* Connecticut-Norwalk: Appleton & Lange, 1995.

PAULA, O. *Presente*: uma vida em diálise. Petrópolis: Vozes, 1997.

THOMÉ, F. S. et al. Insuficiência renal crônica. In: BARROS, E.G. et al. *Nefrologia.* Porto Alegre: Artes Médicas, 1990.

WAISSMAN, R. A protest movement in a private clinic: an analysis of a patients' strike. In: *Social Science and Medicine.* Great Britain, 20 (2): 129-132, 1985.

CAPÍTULO 23

Dinâmica psicossocial de famílias de pacientes com câncer

Therezinha L. M. Penna

"A dor da perda compartilhada é menos cruel e nefasta do que a proximidade da perda vivida silenciosamente e em solidão de palavras".

(THEREZINHA PENNA)

Alguns tipos de câncer evoluem silenciosamente até se tornarem sintomáticos e diagnosticáveis, podendo levar ao óbito rapidamente. Nestes casos, a família reagirá de uma forma que é característica a situações de perda causadas por outros tipos de eventos, como infarto agudo do miocárdio, derrame cerebral maciço, acidentes, etc. Ou seja, as reações emocionais se constituem em sintomas de crise e de luto e não serão objetos deste capítulo.

O mais comum é o câncer ser conceituado, cada vez mais, como uma doença crônica que traz problemas e demandas específicas, contínuas e mutáveis para o paciente e seus familiares.

É sabido que patologias emocionais ocorrem com maior frequência em pacientes com câncer e em seus familiares do que na população geral; este fato vem suscitando um grande número de estudos sobre as consequências desta doença sobre os pacientes e suas famílias, e também sobre as equipes multiprofissionais envolvidas no cuidado ao doente.

Estas consequências não se devem apenas à especificidade da doença, mas também porque a palavra *câncer* adquiriu uma conotação de doença terrível, sem cura, e que termina em morte sofrida, apesar de que as patologias cancerígenas sejam quase sempre crônicas, nem sempre levem à morte, e quando o êxito é letal a morte não necessariamente é sofrida.

Assim como não existe uma família padrão, não existe um padrão de câncer, uma só doença câncer e sim *cânceres*; além dos tipos diferentes de tumores e de envolvimentos orgânicos, existem também consequências diferentes da doença que dependerão da localização, do estágio da doença, do tratamento (quimioterapias, amputações, ostomias, perdas de função), etc. Isso faz com que seja complexo falar de uma forma genérica sobre famílias no contexto de câncer.

Uma forma de administrar essa complexidade é entender como as famílias, com suas organizações típicas e diferenciadas, precisam enfrentar e lidar com os problemas deflagrados pelas situações específicas correlacionadas à introdução inesperada de uma doença grave na família.

É preciso também levar em conta outros fatores como a percepção que cada membro da família tem da doença, suas fantasias a respeito do câncer e suas dificuldades em conviver com isto.

O membro da família que apresenta a doença também determinará questões distintas: uma criança doente suscitará na família reações diferentes das provocadas por um adolescente, um adulto ou um idoso; o papel que o doente preenche dentro da família levará a reações diferentes.

Um câncer ao ser diagnosticado com um bom prognóstico poderá, para uns, ter o significado de um perigo controlável, enquanto para outros, o de uma ameaça perene de recidiva.

E por último, além da sobrecarga da doença em si, existem fontes variadas de dificuldades na realidade externa da família, como questões financeiras, culturais, necessidades de deslocamento para centros de tratamento, moradias sem condições para abrigar pessoas com as demandas causadas pela doença, etc.

Obviamente, tudo isso irá determinar as metas do atendimento aos familiares, que serão diferentes das enfocadas para famílias livres de doença.

As famílias, por seu lado, têm enorme influência sobre o curso da doença no paciente e são cruciais para que ele possa utilizar seus recursos de adaptação da forma mais eficaz dentro de suas possibilidades e limitações individuais. Por exemplo: algumas famílias induzem o paciente a não se submeter a determinadas cirurgias, como em casos de câncer de útero em que um marido acha que a mulher *deixará de ser mulher* se fizer uma histerectomia; outras famílias não colaboram para que o paciente mantenha datas de consulta ou de quimioterapia ou brigam com a equipe hospitalar, levando pacientes a pedir alta precoce; outras acentuam estados depressivos do doente, o que poderá afetar a velocidade de evolução da doença. Portanto, ao ajudarmos a família, estamos atuando para melhorar o prognóstico e a qualidade de vida do paciente.

Os psico-oncologistas e os terapeutas que trabalham nesta área propõem certos enfoques para agrupar essas famílias, objetivando metodologias de pesquisa e de estudo que revertem para a elaboração de métodos eficazes de prestar ajuda àquelas famílias que apresentam morbidade psicológica. Uma das metodologias usadas é agrupar as famílias segundo as seguintes variáveis:

Problemas decorrentes da fase da doença

(Cassileth e Hamilton, 1979; Northouse 1984; Rait e Lederberg, 1990)

Fase de diagnóstico; fases de evolução ou de remissão; de recaída; fase de sobrevida longa fase de evolução para a morte e período terminal.

Na fase inicial, o impacto do diagnóstico provoca muita ansiedade e medo, sendo que os familiares podem apresentar sofrimento emocional mais intenso do que o do próprio paciente. Alguns familiares induzem o paciente a buscar outras opiniões médicas, o que pode retardar o início do tratamento. É comum que ocorram divergências sobre uma série de assuntos, desde a escolha do médico, a conduta a ser adotada, que informação será *vasada*, etc., ocorrendo, às vezes, esfacelamentos e inimizades dentro do seio familiar que poderão perdurar para além da morte ou da cura do familiar. Nesta fase, é importante que haja disponibilidade por parte do médico para dar as mesmas informações várias vezes a familiares diversos.

Nas fases de tratamento, os familiares referem queixas de estresse que surgem por estarem presenciando o sofrimento emocional e físico do paciente e por também estarem envolvidos com as demandas e consequências do tratamento (como internações hospitalares, idas a clínicas de quimioterapia ou de radioterapia, que são frequentadas por outros pacientes com câncer). O familiar é assim introduzido em outro *mundo* – o da doença e dos doentes.

Na fase crônica da doença, os problemas da família dizem respeito a equilibrar as necessidades das pessoas sãs da família com as do membro doente, a se adaptar a mudanças de papéis e de estilo de vida. Conforme o comprometimento e as limitações físicas do paciente, as funções que ele exerce dentro da família terão que ser absorvidas por outras pessoas, levando a um aumento de sobrecarga de tarefas. As rotinas da casa e de lazer também sofrem alterações muitas vezes não desejáveis, porém necessárias.

Quando o câncer progride, a ameaça de morte é percebida pela família, que na tentativa de lidar com este fato, poderá usar padrões de resposta evitativa, distorções inflexíveis ou amplificadoras. Na fase terminal, as questões pertinentes aos cuidados físicos do paciente aumentam e ganham destaque; também nesta fase surge a necessidade de se defrontar e preparar para a morte do parente, o que exige muito da emoção dos familiares (Cassileth et al. 1985) e coloca em primeiro plano o tema da finitude da vida de todos nós.

As pessoas precisarão enfrentar as emoções antecipatórias de luto, a sensação da injustiça existencial do câncer ("por que eu? por que com ele?"), a dificuldade em aceitar o destino do ente amado e as frustrações inevitáveis com médicos e com a Medicina. Poderão se mostrar zangadas e exigentes com a equipe médica e de enfermagem, como uma forma defensiva de lidar com sentimentos de perda e de impotência. Poderão também negar o que está acontecendo e buscar tratamentos alternativos ineficazes, na esperança de curas milagrosas.

Paciente de 59 anos de idade, militar, apresentava um câncer de pulmão avançado, metastático. Associado a uma grande dificuldade respiratória, apresentava ainda lesões dermatológicas consequentes da radioterapia, o que o impedia de se deitar e o forçava a ter que dormir sentado. Tinha consciência de sua doença e da gravidade de seu estado e sua queixa principal era: "Gostaria de poder me deitar para descansar, um pouco que fosse, e dormir". Sua esposa e a filha achavam que o paciente não estava "lutando contra a doença" e o incentivavam a reagir e a não se entregar. O oncologista do caso solicitou atendimento para o paciente e para a família. Durante o atendimento à família, ficou claro que esperavam do paciente uma atitude *militar* e que tinham dificuldades em aceitar que *a batalha estava perdida* e que, neste momento, precisavam acatar os desejos do paciente de *descansar e dormir*. Após dez dias de mudanças na atitude da família, o paciente, livre da pressão das expectativas da esposa e da filha, pôde finalmente *descansar em paz*.

Problemas ligados ao estágio de desenvolvimento em que a família se encontra baseado no conceito de fase do ciclo de vida das famílias (Eisenberg, 1984)

Os estressores psicossociais serão diferentes conforme o estágio de desenvolvimento em que a família se encontra na ocasião da ocorrência do câncer. Assim, famílias *jovens* com filhos pequenos terão geralmente tipos de problemas diferentes daqueles de famílias *maduras* constituídas de adultos e/ou idosos. Quando a pessoa que está doente for o pai ou a mãe, os filhos de famílias *jovens* poderão apresentar distúrbios de comportamento previsíveis, diferentemente do que acontece com os filhos de famílias *maduras*. Irmãos de uma criança com câncer muitas vezes poderão se sentir negligenciados e preteridos, abrindo mais uma área de estresse para pais desgastados (Bluebond-Langer, 1991), o que não ocorre com irmãos de um adulto com câncer.

Se o paciente for um adulto e os filhos já estiverem morando em seus próprios lares, os estressores serão de outra natureza como: dar assistência (levar ao médico, levar para as sessões de quimioterapia ou radioterapia, tomar para si compromissos cotidianos, como pagamentos e compras em supermercados), desgaste físico, cansaço, falta de tempo para lazer, questões econômicas, etc. Quando a pessoa com câncer é um avô ou uma avó, a família tolera melhor a ocorrência da doença porque é mais sincrônico com as expectativas do ciclo de vida na família; já a morte de uma criança é uma ocorrência mais trágica.

Problemas causados pelas demandas impostas pela doença

As demandas são de diversas naturezas, de físicas (lidar com colostomias) às da vida cotidiana. Os familiares terão que suprir na família o papel preenchido anteriormente pelo membro doente, dar conta de tarefas adicionais, lidar com novas necessidades emocionais geradas pela crise da doença, mantendo ao mesmo tempo as responsabilidades e os deveres anteriores a ela. Em alguns casos, a pessoa tem que abrir mão de um emprego ou de um curso para cuidar do paciente. Um mecanismo que pode explicar o achado de raiva e culpa entre filhos adultos é a mudança de papel que ocorre quando um dos pais fica seriamente doente e eles passam a assumir tarefas de assistência material, de provisão de cuidados e de apoio emocional, ao mesmo tempo em que lidam com suas próprias necessidades psicológicas e cotidianas. Embora muitos o façam de boa vontade, podem sentir uma sobrecarga ao ter que cuidar de sua própria família e mais um pai ou uma mãe doente.

Tudo isto afeta negativamente o paciente (que se sente um peso morto, um estorvo) e cria barreiras de comunicação; aí a doença passa a ser um peso intolerável e uma fonte de frustração e culpa para todos; também é comum que familiares sofram de culpas quando deixam a casa para um momento de diversão ou lazer, principalmente se o doente for uma criança. Mesmo aqueles familiares com poder aquisitivo para contratar o auxílio de uma enfermeira ou de um acompanhante continuam a ter tarefas que só eles podem executar; além disto, têm de tolerar ter a dinâmica da casa alterada pela presença de uma pessoa estranha à família.

Problemas específicos causados pelo tipo e pela localização do tumor

Conforme as consequências e as limitações causadas pelas cirurgias ou pelo próprio tumor, teremos problemas diferenciados que demandam um tipo de assistência específica. Por exemplo: pacientes que sofrem laringectomia e ficam sem fala requerem adaptações na forma de comunicação, o que pode gerar impaciência nos familiares. Eles passam a evitar se comunicar com o paciente ou o isolam em reuniões familiares, gerando enormes sentimentos de culpa. No caso de pacientes mastectomizadas, existem pesquisas mostrando que as filhas de pacientes com câncer de mama se sentem mais vulneráveis a ter a doença e apresentam maior incidência de sintomas psicossomáticos e a sexualidade diminuída (Wellish, 1992); os maridos apresentam sintomas de ansiedade e depressão, além de dificuldades sexuais que perduram até um ano após a mastectomia da esposa (Maguire, 1981).

Esposas de homens com amputação de pênis ou impotência sexual decorrente da retirada de um câncer de próstata, obviamente lidam com dificuldades sexuais, que quando mal elaboradas geram brigas, desconfianças e afastamento entre os esposos.

Pacientes com tumores de cabeça (face) e pescoço podem apresentar deformidades e mutilações pré e pós-cirúrgicas que levam a que alguns familiares se sintam impactados pela estética do paciente, evitando olhar para o mesmo, afastando-se dele ou tendo dificuldades em beijá-lo; isto provoca ao mesmo tempo vergonha e culpa, o que dificulta ainda mais o relacionamento intrafamiliar.

Em pacientes com tumores cerebrais, a perda do *self* precede a deterioração física, levando a problemas parecidos aos que acontecem com pacientes com doença de Alzheimer, porém, mais agudos; assistir ao processo demencial decorrente exige um alto nível de compaixão e compreensão por parte dos familiares.

Pacientes com colostomia podem ter dificuldades de manusear a bolsa coletora de fezes, requerendo a ajuda de um familiar, que às vezes enfrenta dificuldades de repulsão intransponíveis.

Além das dinâmicas das famílias como um todo, obviamente cada membro irá reagir de uma forma pessoal à situação dependendo de sua idade, seu perfil de personalidade, do tipo de relação que mantém com o paciente, de sua capacidade de ajustar-se a situações novas e do significado inconsciente que a doença suscita nele. O grau de envolvimento emocional de cada indivíduo com o membro doente e com outros componentes da família afetará o grau de estresse intrafamiliar.

Outra forma de compreender o que se passa com as famílias de pacientes com câncer é estudar os parâmetros que diferenciam as que melhor se ajustam e lidam com a doença daquelas que apresentam maior incidência de reações de desadaptação. Esses parâmetros dizem respeito à coesão, à adaptação, à comunicação, a papéis familiares, à capacidade de expressar emoções e à capacidade de gerenciamento de conflitos (Satir, 1980; Minuchin, 1982; Epstein e Olson, 1983). Dentre esses critérios, os que melhor preveem se as famílias terão maior ou menor incidência de problemas são: coesão familiar, capacidade de resolução de conflitos e comunicação.

Coesão

As famílias coesas são aquelas nas quais os membros referem ter envolvimento e engajamento entre si, são capazes de compartilhar sentimentos de dor, propiciam apoio mútuo, toleram melhor emoções negativas, demonstram seus sentimentos e confiam na união familiar. Essas famílias geralmente funcionam de forma competente no mundo social, têm boa capacidade de adaptação e seus membros apresentam baixa morbidade psicológica.

Nas situações de crise, a família que compartilha suas forças e suas fraquezas se estrutura melhor do que a família que as divide. As famílias coesas são as que melhor dão apoio ao familiar enfermo e que raramente necessitam de apoio psicológico especializado. Um fator associado à alta coesão parece ser a capacidade de adaptação.

Capacidade de resolução de conflitos

Nas famílias com boa capacidade para resolver conflitos, embora possam ser encontrados altos índices de ansiedade, sintomas depressivos, dor emocional, sentimentos de raiva e até conflitos moderados, as pessoas são capazes de resolvê-los pelo fato de conseguirem se comunicar de forma aberta e compartilhar de intimidade, o que dá ensejo a que diferenças de opinião e sentimentos negativos sejam tolerados. Essas famílias também apresentam bons índices de coesão e de adaptação. Já nas famílias com baixa capacidade de resolução de conflitos encontramos altos níveis de hostilidade, em que as pessoas discordam e competem, lançam culpas uns sobre os outros, apontam falhas, induzem desavenças e se recusam até mesmo a falar entre si; é comum expressarem ressentimentos pelo fato de se sentirem negligenciados ou preteridos e manifestarem ciúmes.

Esses familiares reclamam muito, projetam nas equipes médicas, e principalmente sobre a enfermagem, seus sentimentos de descontentamento e desconfiança, atribuindo-lhes maus-tratos ao paciente ou falta de interesse; raramente demonstram sentimentos de gratidão pela forma como seu parente recebe cuidados, sempre encontrando falhas no atendimento.

Neste tipo de organização familiar, existe pouca coesão entre as pessoas, dificuldade de falar sobre os sentimentos, alto nível de morbidade psicológica e disfunção social – constituem obviamente um grupo disfuncional de família.

Previsivelmente se defrontarão com problemas já na fase inicial da doença, quando os conflitos são geralmente provocados pela discordância quanto à escolha de médicos, sobre o tipo de informação que será dada ao familiar a respeito do diagnóstico, o que será dito a filhos menores ou a pais idosos, e sobre questões financeiras. É comum que cada membro da família fale com os médicos separadamente, levando a falhas na comunicação e a brigas intrafamiliares.

Mais à frente, os conflitos dizem respeito à distribuição de tarefas (a logística dos cuidados ao paciente): "É a vez de quem ir junto com o paciente para a quimioterapia? Quem está despendendo mais tempo com os cuidados ao paciente?", etc.

Quando os conflitos não são discutidos e compreendidos, podem permanecer ressentimentos e raivas insuperáveis, que perdurarão além da cura ou da morte do paciente.

Comunicação

A comunicação eficaz reduz conflitos e promove a coesão e o apoio mútuos. Para que haja uma comunicação verdadeira, é necessário haver franqueza e coragem para abordar temas difíceis. Isto, na questão que estamos abordando, é de suma importância.

Ainda hoje, no Brasil, existem muitos familiares que não querem que o doente saiba que está com câncer. Solicitam ao médico que omita o diagnóstico com a alegação de que o paciente *não aguentaria saber* (o que contém a mensagem subliminar de que poderia tentar o suicídio). A razão pela qual os familiares escondem a informação é no sentido de poupar um sofrimento ou uma preocupação ao paciente ou por achar que este ficará muito mal do ponto de vista emocional ou que a verdade lhe criaria um estado de estresse tal que levaria a um agravamento da doença.

Mas também, ou principalmente, o que induz esse comportamento é a dificuldade do familiar em conseguir lidar com seus próprios medos e emoções, projetando-os no paciente. Todos já presenciaram casos em que familiares, assim que o médico termina a visita ao paciente, saem com ele para o corredor, onde ficam conversando em voz baixa, voltando para junto do paciente com um sorriso forçado no rosto e falsas palavras animadoras; aumentam, assim, o medo do paciente, a sensação de que estão lhe escondendo coisas e que, obviamente, o que está sendo escondido é ruim.

O paciente fica *matutando* em silêncio o que poderia ser e imaginando até mesmo coisas piores do que a verdade; não pergunta nada, porque intui que só lhe darão uma verdade parcial ou mesmo uma inverdade. Se mesmo assim o paciente ousar falar sobre seus receios, o familiar desvia o assunto dizendo: "Que bobagem, deixa disto, vamos falar de outra coisa".

Uma consequência comum dessas atitudes é o progressivo isolamento do paciente, que *aprende* que as pessoas não querem tocar no assunto e assim ficam, familiares e paciente, isolados com seus medos, inseguranças e planos pessoais. Muitos médicos, por razões que não abordaremos, acatam o pedido da família informando ao paciente que este tem um *nódulo*, um *tumorzinho,* etc., omitindo a probabilidade ou a certeza de um tumor maligno, embora o paciente suspeite de seu diagnóstico e fique desconfiado da sinceridade do médico. O processo decisório e a busca de informações ficam então por conta do médico e dos familiares, afetando a comunicação.

Alguns familiares cedem de boa vontade as decisões sobre condutas médicas e tratamento para terceiros, preferindo uma postura passiva, sem querer tomar conhecimento do que se passa. Mas o outro lado desta postura é que também não falam sobre seus medos e preocupações, isolando-se num círculo de "faz de conta" e ratificando a sensação de "estar do outro lado da linha", como muitos doentes referem.

Existem outros tipos de pacientes que gostariam que lhes fossem falado a verdade, mas que são impedidos de saber pelos familiares, que chegam a ameaçar o médico, responsabilizando-o caso *algo ocorra* com o doente; escondem resultados de exames e inventam subterfúgios. Ao se tratar de pacientes com menos acesso a informações, mais ingênuos e menos sofisticados culturalmente, isto é possível de ser mantido, mas o resultado é desastroso.

Vejamos: a pessoa que se defronta com uma doença grave que interfere em vários setores de sua vida, que lhe traz desconforto, dor e limitações físicas, econômicas, sociais e profissionais, terá forçosamente uma sobrecarga emocional que afetará sua capacidade de se ajustar a esse novo *estar no mundo*. Esta experiência já faz com que ele se sinta *diferente* das demais pessoas. Se, além de sua problemática pessoal de saúde, faltar-lhe um espaço de compartilhamento de sentimentos e de franqueza, esta sensação de diferença poderá evoluir para uma sensação de cisão e isolamento.

Outro exemplo de falha na comunicação é quando o paciente, geralmente um homem, ativo financeiramente e figura de sustentação da família, quer omitir seu diagnóstico para não onerar emocionalmente os familiares. Esconde seus sentimentos, tentando *ser forte*, para que a família, frágil no seu entender, não desabe. A intenção de protegê-los, de não lhes causar sofrimento, acaba criando uma barreira entre ele e seu mundo afetivo.

Todas estas instâncias têm efeitos muito negativos, pois geram um muro de silêncio que se alastra, constituindo barreiras entre as pessoas, em momentos em que o desejável é a proximidade compartilhada.

Este *complô do silêncio*, como era chamado na década de 50, continua até hoje em muitas famílias e é comum nas fases de recidiva ou agravamento do câncer, principalmente no período de cuidados paliativos e no período terminal (embora nesta fase o doente saiba o que tem, é mantido na ignorância do estágio de evolução da doença).

Falar sobre a morte não é fácil para ninguém, mas poder falar desmistifica alguns aspectos e restitui ao paciente um pouco da sensação de controle, à medida que participa de decisões para o futuro da família.

A dor da perda compartilhada é menos cruel e nefasta do que a proximidade da perda vivida silenciosamente e em solidão de palavras.

É em certa medida cruel que, quando o paciente está na fase terminal e deseja resolver questões pessoais e tomar decisões relativas a seus desejos finais, a família não lhe permita essas discussões mentindo ao dizer que *vai melhorar, vai ficar bom*; com o objetivo de proteger o paciente, acabam por lhe criar um ostracismo emocional doloroso. Impressiona muito ouvir de pacientes nesta situação a sensação de isolamento que narram.

Por outro lado, temos que compreender que são situações de enorme carga emocional para os familiares, e é neste momento que uma ajuda psicoterápica se torna inestimável, fazendo ver ao(s) familiar(es) que é terrível, num momento de muito medo, de incertezas ou de decisões, sentir que se está impedido de dividir essas emoções com quem mais amamos.

O conluio do silêncio não acontece apenas em referência ao estado de saúde do paciente, mas também em fases crônicas onde a família, embora desgastada com o extra de atribuições novas ou com preocupações financeiras e incertezas sobre a evolução da doença, alija o paciente dessas preocupações para poupá-lo, mas na verdade fazem com que ele se sinta *um inútil, um peso morto*. Algumas famílias chegam a comprometer a comunicação intrafamiliar, não permitindo que o paciente saiba de situações corriqueiras, como problemas de escolaridade dos filhos ou problemas com familiares mais distantes (avós, tios), criando desta maneira uma falsa *bolha* de ausência de problemas.

O paciente, sentindo a mudança, por seu lado passa também a *poupar* seus familiares de suas preocupações, aumentando seu isolamento e propiciando sentimentos depressivos. No momento, portanto, em que mais necessita de um *holding* de comunicação afetiva, obtém um *falso holding* de afetos censurados. A sensação de isolamento, de ser uma ilha no seio da família, de ser um estorvo, experimentada pelo doente, piora quando há a ocorrência de brigas entre os familiares, principalmente se estas forem causadas por problemas ligados ao seu estado de saúde.

Outra forma de conluio do silêncio é o intrafamiliar, em que a verdade sobre o estado de saúde do paciente é omitida de apenas alguns membros da família, como parentes idosos e crianças. A premissa para que as crianças sejam mantidas fora das informações é a crença de que lhes seria danoso saber que o papai ou a mamãe está gravemente doente ou morrendo; mas as crianças sentem que algo está diferente, que o clima é tenso e podem se atribuir culpas indevidas com consequências graves; por pior que seja a realidade, as crianças lidam melhor com a franqueza e a objetividade, sem coisas escondidas.

É comum também que existam falhas de comunicação entre o paciente e seu médico. Em serviços públicos, infelizmente isto não é a exceção e sim a regra. Do lado do paciente, esta falha pode ser atribuída a inibições causadas devido à ambivalência na busca de informação, ansiedade que dificulta ou impede a assimilação da informação dada pelo médico, dificuldade em articular perguntas e falta de assertividade nas tentativas de fazer perguntas. Do lado do médico, além dos fatores já conhecidos como falta de tempo, sobrecarga de trabalho e outros, existe o fato de que alguns médicos compactuam da noção de que é melhor que o paciente não saiba de tudo, de que se quisesse saber perguntaria, de que só informam estritamente aquilo que é perguntado ou que outro profissional (geralmente uma assistente social) poderá ficar a cargo da informação.

Uma senhora com um câncer de pulmão e metástases para a coluna, esposa de médico e mãe de três filhos médicos, foi informada, apesar de estar fazendo quimioterapia, de que seu tumor era benigno. Uma das filhas, com o passar do tempo, queria usar de franqueza com a mãe e encontrou enorme resistência por parte dos irmãos e do pai; sentia que a mãe, como era de sua personalidade, escondia seu mal-estar físico e seus medos o máximo possível para *não afligir* mais sua família, sabendo, no entanto, seu verdadeiro diagnóstico. Para que ela não desconfiasse que estava com câncer, o marido evitava mudar seus horários de trabalho ou se tornar mais carinhoso ou dar ouvidos às suas queixas de dor. Com isso, criou-se dentro da família uma sensação de mal-estar intenso, de fingimentos e de sensações de isolamento afetivo. Os irmãos brigavam entre si, e a filha que queria falar sobre o câncer com a mãe acabou ficando com raiva do pai, devido à frieza dele e à falta de compaixão e amor para com a mãe. Com o óbito da mãe, os irmãos se distanciaram entre si e uma das filhas rompeu a relação com o pai.

Alguns pesquisadores atribuem um peso maior a um fator do que a outro, dependendo do estágio em que a doença se encontra. Assim, na fase inicial da doença, considera-se a comunicação a mais importante; na fase de tratamento, é a capacidade de resolução de conflito; e na fase paliativa ou terminal, seria a coesão. Obviamente, existe uma interligação constante entre esses conceitos, que embora sejam diferentes entre si, estão intimamente imbricados.

Como ajudar a família

As reuniões com uma família ou com grupos de familiares específicos são muito úteis para clarificar as percepções, distorcidas ou não, sobre a doença e seu curso, e para maximizar a capacidade de cada grupo familiar de lidar de forma adaptativa com o doente. Esses grupos dão a oportunidade para que a família tenha a experiência de compartilhar medos, dúvidas e mal-entendidos e para que desenvolva a capacidade de discutir estratégias de comunicação, conflito de papéis e inibições emocionais para melhor lidar com suas dificuldades.

Existem várias propostas de ajuda psicoterápica para a família. O primeiro diferencial é se este atendimento se realiza dentro de serviço hospitalar, dentro de um hospital-dia, na casa da família ou num consultório particular. Em segundo lugar, é diferente se a solicitação parte do protocolo da clínica, do oncologista, do familiar ou se é um protocolo de pesquisa.

A constituição do grupo também é variável: uma só família, várias famílias lidando com o mesmo tipo de câncer ou famílias convivendo com tipos diferentes de câncer; mães e pais de crianças e de adolescentes com câncer; grupos para a fase de luto; grupos abertos ou fechados, grupos mesclados ou que aderem às modalidades descritas anteriormente. Enfim, as possibilidades são muito abrangentes.

As maiores dificuldades para qualquer tipo de grupo dizem respeito à organização deste e à adesão dos participantes. É imprescindível reconhecer que, para que os familiares compareçam, os horários têm de ser compatíveis com a disponibilidade dos mesmos. Raramente um familiar estará disposto ou poderá vir ao hospital ou à clínica unicamente para participar de grupos. Por esta razão, quando viável com os compromissos dos profissionais que coordenarão o grupo, estes devem ser organizados em torno do horário de visitas do paciente (preferencialmente ao final do horário ou antes da visita).

Outra tática para manter a adesão é aceitar a participação de um único membro da família em grupos compostos de vários membros de uma mesma família.

Algumas famílias estão tão entranhadas em seu padrão de funcionamento que se mostram resistentes a mudanças e é muito difícil conseguir que compareçam às sessões. Existem famílias que se negam a confrontar a doença e suas implicações, mantendo-se atados a uma falsa esperança de que nada vai mudar e que as coisas voltarão a ser como antes. Esconder o sofrimento emocional leva à retração dentro da família, impede a intimidade e a possibilidade de se darem apoio uns aos outros: estas são as famílias que evitam a verdade. Há também famílias que distorcem os sentimentos, idealizando a pessoa doente, deslocando a raiva sobre terceiros (geralmente a equipe médico-hospitalar) e insistindo para que todas as medidas extremas sejam tomadas para manter o paciente com vida. As famílias inflexíveis têm pouca capacidade de lidar com mudanças e sua rigidez produz tensões e conflitos. As famílias amplificadoras aumentam o sofrimento, disseminando tensões e conflitos e reacendendo lutos anteriores mal elaborados. Se a família for muito hostil, é melhor trabalhar individualmente apenas com um único membro, que poderá reverberar posteriormente para os demais.

Do lado do terapeuta, é importante saber controlar o nível de desconforto emocional dentro do grupo, para que este não atinja proporções de tensão que levem a atitudes contra fóbicas em relação ao comparecimento ao grupo.

Promover troca de experiências e não apenas uma plateia onde uma pessoa mais falante ocupe a maior parte do tempo do grupo deve ser um cuidado constante do coordenador, assim como não permitir que um familiar se posicione como modelo ideal, levando as outras pessoas a se sentirem inferiorizadas. Também deve estar atento para que o grupo não seja uma oportunidade errônea de fazer queixas do hospital ou das pessoas envolvidas nos cuidados ao paciente.

Outro cuidado é não se apresentar com um *manual do comportamento correto* ou *como eu lidaria com o problema*, e sim, tentar visualizar o mundo por meio da perspectiva das pessoas.

Quem geralmente coordena o grupo é um psicólogo, e é aconselhável que seja um psicólogo que participe do grupo, pela ênfase que é dada durante sua formação profissional a questões de avaliação de padrões complexos de interação familiar. Atualmente, as assistentes sociais também vêm recebendo um preparo, durante sua formação, que pode habilitá-las a dirigir um grupo e, em casos específicos, também as enfermeiras. O médico não tem esta formação, pois nas faculdades esse assunto raramente é valorizado no currículo médico. No entanto, sua presença é importante para esclarecer as esperadas dúvidas ligadas a questões clínico/cirúrgicas. No entanto, esses grupos constituem fontes preciosas de informações que são úteis para o tratamento médico do paciente.

Em alguns centros, as reuniões são para discutir problemas e dúvidas que são trazidos pelos familiares, e não há a preocupação em separar famílias disfuncionais das que estão lidando bem com as consequências da doença sobre a família (grupos abertos).

Em alguns centros oncológicos, ao detectar-se uma família disfuncional esta é encaminhada para uma terapia grupal ou de família única. Quando é possível detectar um familiar especificamente vulnerável, este é encaminhado para uma terapia de apoio. Independentemente da forma como for feito o atendimento, existem certas metas que deverão ser atingidas em prol não apenas da família, mas também do doente: aumentar a coesão, melhorar a comunicação e promover a resolução de conflitos.

A forma como os grupos são trabalhados (técnicas de escolas diversas) dependerá da teoria de família utilizada pelo terapeuta, o que não é tema deste capítulo. Aqui, a nossa intenção foi a de expor, em linhas gerais, os tipos de funcionamento e as dificuldades enfrentadas por famílias afetadas pelo estressor câncer.

Referências

BLUEBOND, L. *The private worlds of dying children*. Princeton University Press, 1978.

CASSILETH, B. R. (Ed.). *The cancer patient*: social and medical aspects of care. Philadelphia: Lea Ann Febiger, 1988.

EISENBERG, M. G.; L. C. SUTKIN, L. C.; JANSEN, M. Chronic illness and disability through the life span: effects on self and family. Vol. 4. In: T. E. BACKER (Ed.). *Springer Series*. New York, 1984.

FALCETO, O. G. Terapia de família. In: CORDIOLI, A. V. A. *Psicoterapias*. Porto Alegre: Ed. Artes Médicas Sul, 1998.

HOLLAND, J. *Handbook of psycho-oncology*. New York: University Press, 1990.

KISSANE, D. W. *Family grief therapy*. Psycho-oncology. Vol. 7, n. 1 p. 1:3, 1998. KISSANE, D. W.; BLOCH, S.; BRUNO, W. I.; McKENZIE, D.; POSTERINO, M. *Psychological morbidity in the families of patients with cancer*. Psycho-oncology. Vol. 3, n. 1, p. 1:11, 1994.

KISSANE, D. W.; S. BLOCH et al. *Perception of family functioning and cancer*. Psycho-oncology, Vol. 3, n. 4, 1994.

MAGUIRE, P. et al. *Psychiatric problems in the first year after mastectomy*. Br. Med. J. 1:963-65, 1978.

MINUCHIN, S. *Famílias*: funcionamento e tratamento. Porto Alegre: Artes Médicas, 1982.

NORTHOUSE, L. *The impact of cancer on the family*: an overview. Int. J. Psychiatry Med. n. 4, p. 215-42, 1984.

RAIT, D.; LEDERBERG, M. S. The family of the cancer patient. In: *Handbook of psycho-oncology*. Ed. HOLLAND, J. New York: University Press, 1990.

SPIEGEL, D. The family of the cancer patient. In: *Handbook of psychosomatics*. Vol. 20 n. 11, p. 780-787, 1979.

STRAIN, J. *Psychological interventions in medical practice. The intrafamilial environment of the chronically ill patient*. New York: Appleton-century-croft, 1978.

WELLISCH, D.; JAMISON, K. R.; PASNAU, R. D. Psychosocial aspects of mastectomy: the man's perspective. *Am. J. Psychiatry* 135 p. 543-46, 1978.

WELLISCH, D. *Families and cancer, editorial*. Psycho-oncology. Vol. 7, n. 1 p. 1-3, 1998.

CAPÍTULO 24

Abordagem familiar e psicoterapia da família

Miriam Burd

"Minha tese é que, na terapia, tentamos imitar o processo natural que caracteriza o comportamento de qualquer mãe em relação à sua criança... a terapia é um permanente jogo de transformações".
(Donald Winnicott, 1993, p. 28 e 45)

Parte I: abordagem familiar

"As famílias mudaram. Da família nuclear consanguínea constituída de mãe, pai e filhos, surgiram no último século, novas configurações familiares.
Antes não pensadas, as inúmeras possibilidades reúnem hoje pessoas consanguíneas ou não que se ligam pelo afeto."
(Burd, M, 2015).

Segundo Carter e McGoldrick (1995), a família varia segundo a cultura. Os autores afirmam que as famílias latinas tendem a aumentar o núcleo familiar e as de classe social desfavorecida costumam englobar, além do núcleo familiar completo, também seus vizinhos e amigos, como rede de suporte familiar.

O conceito de família também varia com a experiência que se tem com sua própria família e a dinâmica das relações familiares. Uma família, de forma geral, compreende todo o sistema emocional de pelo menos três ou quatro gerações.

Os autores citados também afirmam que o estresse familiar é geralmente maior nos pontos de transição de um estágio para o outro no processo de desenvolvimento familiar, e os sintomas tendem a aparecer quando há interrupção ou deslocamento no ciclo de vida familiar. A doença, a internação e a possibilidade de morte representam crises nesse grupo.

Para Ackerman (1986), não existem famílias idealmente saudáveis. Ou são predominantemente saudáveis ou predominantemente doentes. Para o autor, é possível distinguir em alguns componentes do funcionamento familiar os que são principalmente saudáveis ou não. Para fins clínicos e práticos, ao longo de um único *continuum*, o autor conceitualiza os graus de sucesso e fracasso com os quais a família lida e se adapta a seus problemas:

1. A família enfrenta, define e alcança uma solução realística de seus problemas.
2. A família não é capaz de alcançar uma solução realística, mas pode conter o problema e controlar os efeitos potencialmente nocivos, enquanto dá um tempo para si mesma, a fim de encontrar uma solução.
3. A família é incapaz de encontrar uma solução efetiva ou de conter os efeitos destrutivos do conflito e responde à tensão do fracasso com um padrão *acting out* de comportamento impulsivo, inadequado, autodestrutivo e prejudicial. A família procura um *bode expiatório*, dentro ou fora da família. Nessa condição, a família não pode mais manter suas defesas.
4. A família falha nos três níveis anteriores, mostra crescentes sinais de desintegração emocional e, em algumas circunstâncias, pode culminar na desorganização dos vínculos familiares.

O processo de comunicação na família

Enfrentar a situação com maior ou menor dificuldade também depende de como a família está estruturada em termos de comunicação. Distinguir os problemas envolvendo todos os familiares é a melhor maneira e o paciente não deve ser excluído do processo.

Infelizmente, a tendência de algumas famílias e de alguns profissionais é a tentativa de esconder a real situação do doente e de outras pessoas que julgue não terem condições de suportar a informação, principalmente se esta é de doença grave e/ou que leve à terminalidade. De um lado ficam os que dominam a informação; do outro, os que não podem saber da real situação. A intenção é de proteção, mas pode criar um sentimento de isolamento. A doença (e às vezes o próprio doente) fica como um segredo, criando barreiras entre os membros da família. À medida que não falem dos problemas e não mostrem outras perspectivas, mantêm-se e reforçam as crenças negativas. Familiares e pacientes (e às vezes os próprios profissionais) falam por códigos, uma fala truncada, que fala da doença como se fosse outra coisa, um tipo de comunicação que não deixa circular o que se sente. A dor emocional não pode ser expressa por quem tem a doença ou por ter alguém que ama com a doença.

Emoções genuínas são mais fáceis de aceitar do que as barreiras que se criam com essa comunicação codificada. Se cada um mantiver segredo em relação ao outro, essa barreira artificial cresce e dificultará ainda mais a ultrapassagem dos reais obstáculos. Dificulta-se, ao paciente, a oportunidade de fazer perguntas, tirar suas dúvidas e assim poder ajudar de uma forma ativa no seu tratamento; aos familiares, poderem juntos compartilhar suas emoções para enfrentar aos poucos a realidade da doença e poder encontrar recursos em si mesmos, na possibilidade de pedir ajuda dos parentes e dos amigos.

Famílias que são abertas ao diálogo desde o início do processo de doença parecem, a seu tempo, enfrentar melhor a situação. Todos se beneficiam com a abertura da comunicação franca e dão um passo para mobilizar os recursos da família. Os segredos geralmente causam mais problemas que os próprios motivos deles, diz-nos Levcovitz (1995), e as pessoas envolvidas experimentam um alívio muito grande quando não precisam mais guardá-los. Familiares e pacientes se aproximam e podem se ajudar mutuamente porque a comunicação franca aprofunda a compreensão do sofrimento de ambas as partes.

Os mecanismos de defesa e reações da família frente à doença

A partir do diagnóstico da doença, os mecanismos de defesa da família são ativados na tentativa desesperada de se proteger desse momento crítico. A atmosfera familiar pode se impregnar de sentimentos de medo, insegurança, raiva e até mesmo vergonha. A doença, esse corpo estranho, precisa ser circunscrita, e se for grave e com significado de finitude, ou difícil de vencer, para a família torna-se também complexa e dolorosa. Esta pode ficar paralisada, incapaz de usar seus recursos, e fica girando em torno do membro familiar doente, acomoda-se a ele e este a ela, num pacto de cronificação. Ele passa a ser o único motivo de sofrimento da família, o dono do seu tempo, que precisa ser cuidado e protegido por ela. A família também passa a ser a dona do doente, a crise congela o tempo (a família fica parada no tempo ou tentando viver numa dimensão atemporal) e desvia a atenção da família do momento de mudanças que precisam ser realizadas.

Para Carvalho (1999), citando Kübler-Ross (1998), os familiares também expressam as mesmas reações e sentimentos pelos quais passam os indivíduos acometidos por doenças graves e em situações de terminalidade, como negação, raiva, revolta, barganha, depressão e aceitação da doença de seu familiar.

O primeiro estágio é a *negação*: não acreditam que haja a doença na família, esperam ouvir que houve erro no diagnóstico e podem procurar instâncias alternativas para se certificarem. Na cultura brasileira, com o forte sincretismo religioso, são buscadas causas e respostas mais favoráveis. O auxílio de práticas mágicas e remédios alternativos pode ser buscado no intuito de encontrar alguém que lhe diga que não é verdade ou que a situação não é tão grave.

A *raiva* e a *culpa* também são sentimentos expressos pela família: raiva de quem revelou o diagnóstico, de quem o escondeu ou não o revelou com clareza, um misto de raiva e culpa de quem estão cuidando, um sentimento de autopunição por não ter percebido o problema antes, por estar acontecendo com alguém da família, etc. Esses sentimentos podem ser deslocados para outra pessoa, quando outro familiar precisa assumir o papel do membro enfermo, pela decepção que causou não sendo capaz de atender às expectativas depositadas nele pela família, pelas limitações causadas pela doença, que obriga a família a uma assistência constante e exagerada. Ajudar a família e o paciente a perceber e compartilhar os sentimentos e dirigir a raiva para o seu devido lugar os fará parar de se lançarem um contra o outro e se sentirem mais seguros para enfrentar a crise juntos. São os sentimentos do segundo estágio e podem vir acompanhados de outro sentimento, a *revolta* do paciente.

A contrapartida *revolta* do paciente existe por ele ter sido o *escolhido* e estar com as limitações frente aos membros saudáveis. Ele pode cobrar uma assistência constante e exagerada da família. As necessidades dos familiares de dar continuidade ao processo normal de vida podem se constituir para ele como negligência e/ou abandono.

O terceiro estágio por que passam as famílias é a *barganha*. A raiva e a revolta, comportamentos abertos e diretos, transformam-se em outros mais condescendentes e brandos, numa tentativa desesperada de adiamento da evolução da doença, de sua cronificação e/ou terminalidade. O paciente e/ou os familiares apresentam um *bom comportamento* para receber o prêmio por uma promessa feita. Por parte dos familiares, estes podem responder à barganha do paciente com atos de proteção, que também são mecanismos de defesa bastante acionados, numa intensa necessidade de proteção recíproca. Por parte do enfermo, este pode negar conhecer a sua doença para evitar mais sofrimento aos familiares. A família pode se utilizar do mecanismo *vamos fazer de conta*. Essa proteção ao paciente pode se tornar bastante negativa, anulando sua capacidade de decidir e projetar sua vida e participar dos projetos da família. Se o paciente for criança ou adolescente, pode ter seu desenvolvimento físico e/ou emocional perturbado.

O quarto estágio pode ser a *aceitação* da doença, precedida ou não da *depressão*. A aceitação não significa, necessariamente, resignação. É uma reação à situação clínica, conforme esta muda, com a determinação de se ajustarem de maneira mais adequada possível. Paciente e familiares compreendem-se mutuamente, combatendo os sentimentos de isolamento e melhorando o estado de ânimo de todos.

Se antes ocorrer a *depressão*, esta pode ser necessária e benéfica para levar à aceitação da doença, do seu prognóstico ou de uma possível doença que leve à terminalidade do membro enfermo. Às vezes, a depressão surge como mecanismo de reação ao enfrentamento da família frente à doença. Para Winnicott (1993), "a depressão é evidência de crescimento e saúde no desenvolvimento emocional do indivíduo". Outras vezes, pode culminar na desorganização dos vínculos familiares.

Por que tratar a família, se apenas um membro dela está doente?

Para Falceto (1998), a resposta é simples: "O que acontece com um membro da família afeta todos os demais... e reciprocamente, o que ocorre à família influencia necessariamente todos os seus membros".

Existe uma ampla gama de possibilidades psicoterápicas para se trabalhar com a família onde há pacientes orgânicos. Variam com as condições e circunstâncias específicas de cada situação. Essas possibilidades podem ser utilizadas tanto num consultório privado quanto numa clínica ou num hospital, com o paciente internado ou no ambulatório ou no seu domicílio.

O profissional deve estar preparado para coordenar, treinar e integrar grupos de familiares e técnicos. A equipe vira uma família, e é importantíssimo o bom relacionamento de todos. A família também terá que lidar com os múltiplos profissionais exigidos de acordo com a natureza do caso, o que a obriga a controlar a evolução do atendimento e a eficiência das intervenções.

O processo terapêutico só se instaura, necessariamente, a partir da conexão que o profissional faz com o paciente e a família, compreendendo a amplitude do problema, considerando as implicações físicas, emocionais, econômicas e sociais impostas pela doença e pelo tratamento. Quando várias pessoas da família participam do processo terapêutico, fica mais fácil a percepção de outros problemas e mesmo de bloqueios que possam existir no desenvolvimento da família. A rotação da situação de *bode expiatório* da crise familiar, atentando para outros problemas que existam e abordando, principalmente, os aspectos saudáveis da família, possibilita o entendimento e a solução desses bloqueios, redefinindo as respostas frente à doença, dando oportunidade a cada membro familiar de se retroalimentar da contribuição do outro.

As famílias nos ensinam que é preciso respeitar as diversas formas que elas têm de enfrentar a situação, e que não há um modelo prévio que significa a melhor forma de proceder. É necessário, antes, saber como a família está lidando com a situação e, depois, mostrar outras possibilidades. Não existe uma única forma de enfrentar ou de se preparar para o processo. Devemos dar oportunidade para encontrar essas novas formas e para que nesse espaço de encontro a família possa fazer conexão com a sua experiência.

Na segunda parte desse capítulo, citaremos algumas abordagens psicoterapêuticas que podem ser realizadas com essas famílias. Algumas já estão ou foram utilizadas pelos autores ou supervisionadas por eles, outras foram encontradas nas pesquisas bibliográficas realizadas e surgem como alternativas no nosso trabalho diário. Essas abordagens trabalham, principalmente, com os próprios recursos da família em lidar e se adaptar ao processo de doença, utilizando e chamando a atenção para como se dá o processo de comunicação na família, do entendimento dos mecanismos de defesa e reações da família frente à doença e das relações com os múltiplos profissionais com que a família terá que lidar com a doença e seu tratamento.

Parte II: psicoterapia da família

"A experiência comprova que basta um primeiro contato de aproximação com o grupo familiar, com o objetivo de prestar esclarecimento e delinear uma linha de orientação segura e firme, para que a ansiedade da família comece a diminuir a patamares compatíveis com a relativa gravidade da situação".
(Zimerman, G., 2000).

Terapia familiar (TF)

"Tem a intenção de promover uma melhora na qualidade de vida, objetivando que as pessoas que dela participem possam buscar e encontrar novas formas de convivências e inter-relacionamento". (McDaniel, 1994).

A partir dos anos 70, e trabalhando com esquizofrênicos, a terapia de família se desenvolveu, passando a considerar todos os membros da família na qual existia a esquizofrenia como vítimas e que a família como um todo (incluindo o paciente) precisava de mudança. Para Gregory Bateson (1993), a expressão chave passou a ser parte de. Era necessário ver cada indivíduo como parte de um sistema que, como o todo, estava funcionando mal.

Para Adolfo Loketek, "a terapia familiar é indicada no momento justo em que os membros familiares querem saber de si em relação ao outro, semelhante e/ou estranho".

Edna Ponciano (1999) faz referência a três abordagens na terapia familiar: a estrutural, cujo principal autor é Salvador Minuchin; o método relacional de Maurício Andolfi; e a postura construtivista, que enfatiza a construção de alternativos, isto é, novos sentidos, novas histórias que podem surgir na terapia, reunindo Minuchin e Andolfi. Para Ponciano, a proposta de mudança visa uma avaliação contínua das relações e reavaliação do equilíbrio entre a unidade familiar e o crescimento individual, que pode ser observado na interação entre os membros da família.

Terapia familiar médica (TFM)

É um processo complexo, construído sobre a fundação das técnicas e estratégias tradicionais da terapia familiar, e exige que os terapeutas desenvolvam habilidades de colaboração, consultoria, avaliação e intervenção em amplos sistemas, bem como nas famílias. Para McDaniel (1994), "... as técnicas fundamentais integram interesses sobre a saúde e a doença em uma moldura sistêmica para a psicoterapia, e aumentam o agenciamento das famílias que enfrentam uma doença física".

Há muitas técnicas de TFM disponíveis para o agenciamento nas famílias com um membro que apresenta uma doença física. Dependendo do estágio da doença à época do encaminhamento, afeta o modo como as técnicas são implementadas (ROLLAND, 1984).

A fase de crise aguda (diagnóstico) ou a fase terminal exige estruturação ativa até que o nível de ansiedade na família baixe e as pessoas possam falar e escutar umas às outras. Os encaminhamentos feitos na fase crônica frequentemente não trabalham com os modos disfuncionais de lidar com a doença e podem exigir técnicas que facilitem ao paciente e à família encontrarem novas formas de expressão. Em todos os casos, o apoio do terapeuta médico familiar é para estabelecer um relacionamento apropriado entre médico (equipe) e família.

Os terapeutas precisam ser flexíveis e criativos e a terapia variará de acordo com a doença e as questões familiares de cada caso. Envolverá sessões com os indivíduos, com o casal, com a família e com a família mais a equipe multiprofissional que atende o paciente. Ajuda a família a lidar com as demandas da doença e, às vezes, expande-se para os outros aspectos da vida.

O envolvimento contínuo do terapeuta com o médico (clínico, especialista, etc.) e com outros provedores leva a um trabalho conjunto. A comunicação intensa é essencial para uma colaboração eficaz. Por cartas, telefonemas, discussões pessoais, *e-mails*, etc., essa comunicação objetiva um relato quanto à avaliação, ao tratamento e a recomendações para o médico, e vice-versa.

Podemos citar os autores: S. H. McDaniel, J. Hepworth, W. J. Doherty, John Rolland, etc., que se destacam na terapia familiar médica.

Grupo de recepção para terapia de família

"É um espaço terapêutico que viabiliza a pertinência, transformando as narrativas, onde a família torna-se a autora do seu tratamento".
(FALCÃO, C. P., 1999).

O grupo funciona como um *espaço transicional* (Winnicott) entre a indicação recebida e o início da terapia familiar. Os familiares têm uma acolhida imediata no setor da terapia familiar. São recebidos por uma equipe de reflexão. O processo, em média, varia de três a quatro encontros, onde vai se construindo uma demanda singular para cada família. É o tempo necessário para o engajamento no processo de terapia ou para a busca de outros recursos mais adequados ao momento e contexto de cada família.

A equipe de trabalho funciona com um terapeuta de campo e um de reflexão, e há inversão de papéis. Participam do grupo famílias recém-chegadas e outras que já estão há mais tempo (2º, 3º ou 4º encontros). A primeira participação é vivida como uma novidade, a começar pela forma de trabalho da equipe terapêutica e pelo fato de os familiares, em sua maioria, desconhecerem o que é terapia familiar e como ajudarão no tratamento do membro familiar doente.

Funciona como filtro, e a desistência ou opção por outros recursos é feita antes de a terapia familiar, propriamente dita, iniciar-se. Funciona como espaço de conversa e utiliza perguntas reflexivas que permitem uma construção de demanda específica para cada família.

Terapia de casal

"Tornar-se um casal é uma das mais complexas transições do ciclo de vida.
A mudança ou a quebra de vínculos antigos e a formação de
novos laços pelo casamento
são pontos de transição sujeitos a tensões potenciais".
(Bell, N. W., 1962).

A fase da formação do casal, em que cada membro deste novo núcleo precisa solucionar a separação da sua família de origem e forjar a identidade de sua nova família é, na realidade, onde se origina a maioria dos problemas dos casais. No curso do ciclo de vida da família, esta fase se sobressai pela sua importância na crise do casamento atual.

Para Felzenszwalb, M. (1999), o casamento requer a negociação conjunta, pelo casal, de vários assuntos pessoais previamente definidos por eles ou por seus pais (famílias de origem). Incluem as decisões cotidianas de como e quando comer, dormir, falar, ter relações sexuais, brigar e aliviar a tensão.

Quando o casal é desarmônico, funciona em equilíbrio neurótico e precário, produzindo as suas patologias. Mello Filho (1988), citando os trabalhos de Cobb e colaboradores, chamou a atenção para as uniões entre mulheres com artrite reumatoide e homens com úlcera péptica, que são muito frequentes. Esses casais se estruturam em função da doença: as necessidades de mando e controle das mulheres artríticas encaixam-se com os aspectos de dependência e submissão dos maridos ulcerosos.

Outras vezes é a ruptura do equilíbrio, uma morte, por exemplo, que propicia o surgimento da doença. Os trabalhos de Parkes (citados também por Mello Filho, 1988) sobre a ocorrência de enfermidades após a viuvez puderam demonstrar isso. Podemos citar também a pesquisa de Hafner et al. (1983), que demonstrou que, quando a relação conjugal está em conflito, pode ser indicador importante de manutenção da elevação de pressão arterial em homens hipertensos. Durante a pesquisa, esses casais se submeteram à terapia de casal e esta propiciou um melhor controle da pressão arterial (PA).

A terapia de casal, em que um dos cônjuges apresenta uma doença somátic, surge como importante alternativa para o tratamento e melhora desses pacientes. Muitas vezes, é a própria doença que os traz para terapia e, mesmo depois de a doença ser tratada, continuam em tratamento para aprofundar os outros problemas relacionais que aí podem emergir e serem percebidos.

Da observação do médico clínico, ou especialista, no atendimento a casais em que existe uma doença somática, cabe pensar o encaminhamento à terapia de casal, como alternativa interessante e eficiente para a melhora e para o controle do quadro clínico.

Terapia mãe-bebê

"A introdução de um terceiro na díade bebê/mãe que se enfrenta através da sintomatologia do bebê, rompe a engrenagem marcada pela compulsão à repetição, e isto plausivelmente através das modificações que sobrevêm na economia psicossomática da mãe, o que o bebê percebe imediatamente".

(Rosine Debray, 1998).

O objetivo das psicoterapias conjuntas é poder produzir tomadas de consciência novas em mulheres que não teriam recorrido a essa abordagem senão com a ajuda de seu bebê, que também se beneficia por ter acesso a um desenvolvimento psíquico ulterior mais satisfatório. Na sua obra, Rosine Debray (1998) chama a atenção para as questões psicossomáticas do bebê de sono, alimentação e para as doenças do corpo (eczema, infecções repetitivas, distúrbios respiratórios, as cólicas idiopáticas do primeiro trimestre, até danos somáticos mais graves). Vejamos algumas:

A – Consultação psicossomática – trata-se de uma investigação psicossomática de longa duração, que permite uma observação apurada do bebê ou da criança pequena nas relações que estabelece com sua mãe, seu pai, se este está presente, e o próprio consultante (por exemplo, o pediatra). Trata-se também de uma observação no que concerne à mãe e ao pai. A tomada de consciência, cujo valor terapêutico vai ser logo confirmado, pela melhora, ou então pela sedação, da sintomatologia de que sofria o bebê.

B – Psicoterapias psicanalíticas de pais-mães-bebês – (estes atingidos por distúrbios psicossomáticos precoces). Essas terapias visam modificações mais duráveis na economia psicossomática da díade ou da tríade. O engajamento terapêutico se estabelece numa situação inicial de crise aguda do bebê. Essa sintomatologia se abranda e uma segunda sintomatologia pode ocorrer para justificar a continuação do tratamento. Nesse primeiro momento, as consultas são espaçadas no tempo. A psicoterapia conjunta se desenvolve por mais tempo, com o mesmo terapeuta. Esse é o segundo tempo, cujo ritmo habitual é de uma sessão por semana, o que para mães com crianças pequenas torna-se um apoio que oferece vantagens.

Esses tratamentos podem repercutir sobre o restante da família. A mãe do bebê pode, às vezes, experimentar a reativação de suas próprias angústias infantis e o questionamento das práticas educativas das quais ela foi objeto por parte de seus pais. Isso também pode acontecer com o pai do bebê. A tomada de consciência desses pais pode acontecer e somar ao trabalho terapêutico realizado com o filho. Por certos aspectos, os tratamentos conjuntos pai-mãe-bebê ou mãe-bebê realizam, então, uma verdadeira terapia familiar em profundidade.

Grupo estruturado de vivência para pais

Está voltado para o atendimento aos pais de crianças encaminhadas para a terapia, os quais, por sua vez, necessitam de um atendimento paralelo ao de seus filhos.

Os pais podem, muitas vezes, estar desmotivados porque não percebem habitualmente a existência de um vínculo entre a forma de ser de um indivíduo e a dinâmica das relações por ele vividas ou porque não foram buscar, senão, uma solução para o problema de seus filhos. Esses grupos são importantes para pais divorciados, com guarda compartilhada, ou em famílias recompostas. Os grupos de pais variam entre cinco e oito clientes, em grupos fechados, com uma equipe composta de um psicólogo coordenador e um psicólogo assistente – ego auxiliar.

Para Moreira da Silva (1984), é utilizada uma cena dramática (psicodrama), em três sessões, com duração de 90 minutos cada uma, com intervalo de uma semana. A dimensão *como se fosse* implica uma diferenciação e, ao mesmo tempo, superposição do real e do imaginário.

A sequência é dividida em três fases: aquecimento, dramatização e o compartilhar e/ou comentários (Moreno, 1978). Todos os objetivos e as situações necessárias são discutidos previamente com os pais. Após essas três sessões, pode-se seguir uma terapia propriamente dita, que perde a conotação de indicação unilateral e toma o caráter de opção efetiva, feita pelos pais.

Consulta-conjunta: um microgrupo

> *"Nessas consultas, sempre existe um elemento que não é só clínico, mas essencialmente psicológico. É um momento de terapêutica psicológica em pacientes orgânicos".*
> (Miriam Burd e Liliana Graça, 2000).

O termo foi criado por Júlio de Mello Filho, durante seu trabalho no Hospital Clementino Fraga (UFRJ), para designar um procedimento a dois, no qual um paciente é examinado por um componente da psicologia médica e um clínico ou especialista. A família do paciente pode ser convidada a participar.

A consulta-conjunta tem regras próprias, decorre frequentemente de ser um momento de ensino e mantém uma dupla em atuação clínica, por certo tempo, em vez de abranger outras atuações paralelas. Há uma relação aberta e dinâmica entre os dois (professor e aluno), podendo ser falado coisas na frente do paciente e de sua família, desde que não sejam iatrogênicas para eles. O procedimento pode se desdobrar em uma Inter consulta, se forem necessárias outras consultas, ou um trabalho concomitante com a equipe e/ou a família do paciente.

Como experiência exitosa, Miriam Burd cita o período de 1995 a 2001, quando trabalhou no Ambulatório de Diabetes e Metabologia do Hospital Pedro Ernesto da UERJ. As consultas-conjuntas ocorriam com frequência e a presença do profissional *psi*, durante a consulta do paciente diabético e sua família, fazia dupla com o médico, o nutricionista, o enfermeiro, o assistente social, entre outros.

A partir do trabalho com crianças diabéticas, em conjunto com a pediatra, esta prática se estendeu para todos os atendimentos no ambulatório. O profissional *psi* convidava as crianças a desenhar, e a sua família a falar sobre o paciente, a doença, o tratamento e as repercussões no ambiente familiar, enquanto o pediatra examinava a criança e conversava com a sua família.

Para Burd e Graça (2000), o psicólogo presente à consulta observa a criança em três níveis: na sua doença, no seu desenvolvimento emocional (na relação com a família) e na relação com o médico. Notou-se que a postura ativa do paciente (e sua família) no seu tratamento aumentava à medida que esta prática se tornava uma constante no ambulatório. Possíveis transgressões ao tratamento podiam ser faladas, assim como a tristeza, a depressão, a raiva ou a revolta podiam ser externadas na consulta-conjunta, sendo melhor acolhidas pelo profissional de saúde e entendidas no seu contexto.

Como estratégia, a consulta-conjunta não é um procedimento que inclua sempre a família do paciente, mas quando presente, ela certamente se beneficiará.

Grupos de sala de espera

> *"O grupo de sala de espera é um espaço fundamental para que os pacientes e suas famílias otimizem o tempo da espera pela consulta, transformando-o em um espaço de reflexão sobre o processo saúde-doença".*
>
> (Burd e Graça, 2000).

Para Mello Filho, esses grupos funcionam como um tipo de *espaço potencial*, conceito de D. Winnicott. Para o autor (1949), o espaço potencial é a área onde se dão as trocas entre o indivíduo e o meio, e onde ocorre toda experiência satisfatória mediante a qual o indivíduo pode alcançar sensações intensas e a consciência de estar vivo" (citado por Burd e Graça, 2000)

Esses grupos são abertos (os pacientes e seus familiares que esperam pela consulta são convidados a participar), portanto, homogêneos quanto à patologia e heterogêneos quanto ao sexo e à idade. Têm frequência semanal e sua duração é de 60 minutos, em média. Dois profissionais (sendo um *psi*), em coterapia, se apresentam e explicam que a forma de trabalho é o pensar junto sobre a doença, seu tratamento e suas implicações no cotidiano de suas vidas e de suas famílias.

Na experiência da autora, 69 grupos de sala de espera foram realizados entre março de 1997 e março de 1998, onde 693 pessoas (entre pacientes e acompanhantes) foram atendidos no Ambulatório do Diabetes e Metabologia (HUPE-UERJ). Esse trabalho foi relatado por Miriam Burd e Márcia Rebello Maia (2001) em artigo à revista especializada. As autoras chegaram à conclusão de que o trabalho nesses grupos potencializa a ação dos pacientes, melhorando a relação médico-paciente. O vínculo se torna mais forte, o paciente (e sua família) torna-se mais ativo no seu tratamento e o médico (ou equipe), mais próximo. Surge a *responsabilidade compartilhada*, como nos ensina Winnicott em seu livro *O brincar e a realidade* (1975). Júlio de Mello Filho, citando o trabalho do referido autor (1989), une o jogo e a criatividade da riqueza do processo grupal na terapia de pacientes somáticos crônicos (e seus familiares), lesados no seu *self* corporal.

Grupos de familiares com pacientes crônicos

> *"Um grupo é um envelope que faz indivíduos ficarem juntos".*
>
> (Didieu Anzieu, 1993, p. 17).

Os familiares, nos grupos, por meio de conversa com outros iguais, encontram uma maneira eficaz de ajudar o membro enfermo nas medidas de cuidado. Graças às experiências dos outros familiares, tomam consciência das condutas de risco a que o doente foi exposto ou pode se expor, aliviam-se ao descobrir que outros compartilham seu problema e que transitam por caminhos semelhantes.

Para Burd, M. e Graça, L. A. C. (2000), "por meio do encontro de familiares que permite uma rica troca, as famílias podem ajudar-se mutuamente". As informações médicas nos grupos cabem ao especialista (médico, nutricionista, etc.) que informa, esclarece dúvidas, realidades e esperanças de cura, a fim de diminuir as ansiedades da família. O falar da doença somática é sempre uma meta terapêutica, pois inclui *fantasias* sobre ela que, às vezes, o familiar nunca disse a ninguém. Essas fantasias são assinaladas pelo profissional *psi* que, em coterapia, funciona ao lado do profissional médico.

À medida que o tempo de permanência nos grupos torna-se maior, os objetivos podem tornar-se mais complexos, no sentido de dar significado à doença, como conviver com ela, conhecendo-a e sabendo por que se sofre dela. A terapia de suporte e informação pode caminhar para o maior conhecimento e reflexão.

Normalmente, esses grupos funcionam quinzenalmente ou mensalmente com os familiares (e às vezes também com amigos, vizinhos, etc.) dos pacientes em tratamento no ambulatório. A experiência da autora foi relatada no Capítulo 13 do livro *Grupo e Corpo* (2000), com familiares de crianças diabéticas, onde foram trabalhados os problemas ligados ao diagnóstico e prognóstico, às restrições alimentares, aos medicamentos injetáveis (insulina exógena), ao risco do aparecimento de coma e às esperanças de cura, constantes nesses grupos.

Burd e Graça (2000) assinalam que esses assuntos revelam atitudes clássicas encontradas em todas as doenças crônicas, como hiperproteção ansiosa, rejeição, negação onipotente e aceitação tolerante e realista da doença. É importante, dizem-nos as autoras, que os familiares possam encontrar, na equipe médica que acompanha o membro familiar doente, uma possibilidade de acolhimento e escuta dessas questões. É dessa compreensão e de sua atitude empática que depende o futuro do doente crônico, sua vida normal, apesar das restrições da doença crônica e da sua integração na sociedade em que vive.

Esse modelo de grupo pode ser utilizado para um número muito grande de doenças crônicas, em que familiares precisam ajudar seu membro familiar enfermo, na sua aderência ao tratamento, necessidade básica para uma melhor qualidade de vida.

Inter consulta

> *"Palavra criada por Isaac Luchina e que designa uma forma de atendimento global a um pedido de parecer ou esclarecimento de um paciente atendido em determinada instituição, visando compreender a integração deste com o meio circundante (enfermaria, profissionais, família, trabalho, etc.)".*
>
> (Peccini Pereira, A., 2000).

A Inter consulta representa uma das formas de institucionalização da concepção psicossomática em Medicina (Martins, L. A. N, 1992). O objetivo é modificar a estrutura assistencial centrada na doença para uma forma de trabalho centrada no paciente (e sua família), valorizar o papel da relação médico-paciente e aprofundar o estudo da situação do doente e suas crises, e dos profissionais nas instituições médicas.

Leder (1988), citado por Martins, pontua que o consultor é ao mesmo tempo um consultor-especialista, que orienta o médico consultante, e é também médico (ou psicólogo) para o paciente, ocupando uma posição intermediária entre diferentes grupos dentro do *staff* médico.

O Inter consultor procura responder a uma questão geral que é o diagnóstico da situação, que inclui um diagnóstico das reações vivenciais-psicopatológicas do paciente, da família do paciente, do médico, da equipe médica, de outros pacientes, do próprio Inter consultor, e um acompanhamento diário que supõe alterações das hipóteses diagnósticas formuladas inicialmente.

Este trabalho pode ser exercido pelo profissional *psi* (psiquiatras, psicólogos, psicanalistas) com o paciente (e sua família) e o *staff* da enfermaria ou do ambulatório. Distribui-se em quatro tipos de inserção institucional: é membro da equipe médica, é Inter consultor propriamente dito, é supervisor de uma tarefa, é consultor contratado por uma instituição para reavaliar um trabalho de diagnóstico e análise institucional (consultoria temporária).

Reuniões de acompanhamento com a família

É importante para a família dar-se conta do que está acontecendo, elaborar a redistribuição de papéis e verificar a necessidade da entrada de outras pessoas (por exemplo, cuidadores para pacientes idosos ou acamados), no caso. O importante é seguir o ritmo da família, e sua frequência é determinada pelo relacionamento familiar, pela situação econômica de cada família, pelas reações e defesas psicológicas ao adoecer (por exemplo, ansiedade, culpa, etc.) e pelas mudanças no quadro do paciente.

Essas reuniões são positivas, pois reduzem o grau de ansiedade dos familiares, trazem dados importantes para o acompanhamento, permitem analisar a situação e chegar a conclusões quanto às diretrizes para o enfermo, para a família, para os cuidadores (equipe). Podem ser mensais, quinzenais, ou ter outra periodicidade.

Todas as vezes que o membro familiar doente tiver condições (físicas e/ou mentais), deve fazer parte das reuniões ou o seu conteúdo ser trazido até ele pelo terapeuta que acompanha a família.

Terapia da família no domicílio

Obedece às combinações dos dias e horários programados, com a manutenção dos limites e dos papéis de cada um, não se confundindo com meras visitas sociais. Para Guite Zimerman (2000), por meio da atividade interpretativa (para diferenciar de interpretações), dá-se o confronto entre o que se diz e o que se faz, entre como se percebe os fatos comuns e como é a realidade objetiva.

Utilizam-se os assinalamentos das contradições, incoerências, lapsos, etc., e o uso de perguntas simples, que sejam instigativas e que estimulem as famílias a fazer reflexões. Para a mesma autora, trabalha-se com os aspectos conscientes, enfocando especialmente como as famílias estão utilizando as suas capacidades latentes ou bloqueadas e se procuram desenvolver os seus aspectos e recursos cognitivo-comportamentais: conhecer (cognitivo) os aspectos complicados e adoentados de modo a melhor administrá-los nas suas atitudes e conduta (comportamental).

Para a autora citada, a família deve conhecer a distinção entre uma perda definitiva de alguma capacidade (por exemplo, na doença de Alzheimer) e as perdas que não são definitivas e que apresentam possibilidades de serem resgatadas parcial ou totalmente (por exemplo, a hemiplegia decorrente de um AVC).

Por subestimar as potencialidades do membro enfermo, alguns familiares centralizam sobre si todos os seus encargos (por exemplo, ministrar as injeções de insulina num adolescente diabético). Em consequência, ficam sobrecarregados, gerando um estado de ressentimento crônico e um círculo vicioso do membro enfermo e do familiar cada vez mais cansado.

A eleição de uma pessoa-ponte entre os familiares facilita o trabalho de intermediar do terapeuta com a família e o membro doente. Esta pessoa deve ser escolhida, preferencialmente, por este último, quando possível. O rodízio dessa função de *ponte* deve ser incentivado: quanto mais pessoas souberem tratar do paciente, melhor. Aos familiares mais distantes, serão atribuídas funções também mais distantes e fáceis: ajuda a trabalhar a culpa por não conseguirem ajudar e os mantêm colaborativos.

Psicoterapia de acompanhamento da família

Essa abordagem se faz necessária quando não se tem possibilidades físicas, geográficas, econômicas ou de disposição para comparecer às sessões psicoterápicas de forma regular. Essa situação pode também ocorrer com o próprio terapeuta (em um acordo com o paciente e/ou sua família), quando este não vê mais a necessidade de encontros frequentes, mas não cabe uma *alta*, ou término de terapia. Nesses casos, podem ser agendados encontros segundo um critério de periodicidade: uma vez por mês, de dois em dois meses, três em três meses, etc. Conserva-se, mesmo assim, um vínculo singularmente importante, o que contribui para diminuir o risco de um sentimento de desamparo ou de abandono por parte do paciente e de sua família. Além da flexibilidade no ritmo das sessões, também é necessário que o profissional tenha disponibilidade para manter contatos telefônicos, ou outros, no intervalo desses períodos.

O setor de recreação e lazer no hospital (Brinquedoteca)

> *"Estimulemos a capacidade de brincar da criança. Se uma criança estiver brincando, haverá lugar para um sintoma ou dois... Se nessas brincadeiras for empregada uma fértil imaginação e se, também o prazer que houver nelas depender de uma exata percepção da realidade externa, então a mãe poderá sentir-se bastante feliz, mesmo que a criança em questão urine na cama, gagueje, demostrando explosão de mau humor, ou repentinamente sofra de ataques biliosos ou de depressão".*
>
> (Donald Winnicott, apud Massetti, 1999)

"Os profissionais de saúde, [nos diz Masetti, M. (1999)], são muito bem preparados para lidar com doenças, alguns com doentes, raríssimos com pessoas e a saúde". Esses profissionais colocam sua percepção na doença; com sorte, em doentes. Há um setor no hospital que não cuida da doença, mas que utiliza a arte para promover a saúde. Este setor é o de recreação e lazer no hospital. Outros nomes podem designá-lo: a brinquedoteca, a sala da recreação, o parquinho, o *playground*, etc. Em todos, o recurso das artes (plásticas, de música, de teatro, do brincar e contar histórias, etc.) volta o seu olhar para o que *funciona* no paciente orgânico e sua família, no cotidiano hospitalar, nas doenças e apesar delas. Neste setor, acredita-se que o brincar é a melhor forma de encontro entre essas pessoas, em que os sorrisos agora fazem parte de um novo cenário, pintado de ilusão, onde o jogo pode unir profissionais e cientistas, pacientes e familiares, apostando no que de *vida*, num hospital, ainda exista.

Miriam Burd teve o privilégio de coordenar, no ano de 2000, a implantação do Setor de Recreação e Lazer do Hospital Universitário Pedro Ernesto da UERJ. Evidente que já existia, durante muitos anos, uma equipe de recreadores trabalhando neste hospital. Eles faziam o seu trabalho em diversas enfermarias e na sala de recreação do hospital, promoviam festas como da páscoa, do dia das mães, do dia da criança, comemorando o natal, etc. Mas era preciso transformar esse trabalho diário atrelado a um setor com objetivos, organogramas e cronogramas, técnicas, controle e avaliação.

Devido ao número de funcionárias ser muito reduzido para cobrir um hospital tão grande, lançou-se mão de um projeto de voluntários para ajudá-las no trabalho. Oficinas de artesanato foram oferecidas às mães, pais e irmãos das crianças doentes, houve o incentivo para que os funcionários mostrassem e ensinassem seus talentos à comunidade do hospital. As festas, antes restritas, transformaram-se nas *Viagens de Recreio* que percorriam o hospital, na maior parte de suas dependências: uma média de cinquenta pessoas, entre elas, funcionários, familiares dos pacientes e voluntários, vestiam-se de palhaços, pintores, fadas e personagens infantis, visitavam com duas pequenas *peças* ensaiadas, mágicas, músicas e balões coloridos os pacientes (e seus familiares) nos ambulatórios e enfermarias do HUPE. Tendo como base, o personagem Patch Adams retratado no cinema, *coloriu-se de saúde* o outrora cenário de dor e sofrimento de um hospital geral.

A partir da Lei nº 11.104, de 21 de março de 2005, dispõe sobre a obrigatoriedade de instalação de brinquedotecas nas unidades de saúde que ofereçam atendimento pediátrico em regime de internação. A especificidade da Brinquedoteca como local de diálogo multiprofissional e de encontro de expectativas e demandas advindas de todos que interagem e se ocupam das crianças: a equipe médica e de enfermagem, os demais funcionários da instituição, os familiares e as próprias crianças. Há necessidade de um profissional que seja responsável pela gestão, organização e manutenção da Brinquedoteca extremamente especializada que é a *Brinquedoteca Hospitalar*, a fim de assegurar a continuidade e coerência de seu projeto ao longo do tempo.

Muito se pode fazer nessa área, num hospital. Outra experiência que deu certo foi a dos Doutores da Alegria, grupo de palhaços, tipo *clown*, que frequentam alguns hospitais pediátricos do Rio de Janeiro e São Paulo. A psicóloga Morgana Masetti, no seu livro *Soluções de palhaço*, relata-nos que em entrevistas abertas sobre o efeito dos Doutores, médicos e enfermeiras relatam que, "para os pais, o sorriso funciona como um indicador importante na recuperação física dos filhos. Ajuda a diminuir a ansiedade, torna a percepção da hospitalização mais positiva e os faz mais confiantes na equipe". Observa também que os pais passam a ser mais ativos no tratamento de seus filhos.

> O riso, descrito por Rabelais na Idade Média, fala de uma função de libertação do homem das necessidades humanas... destrói a seriedade unilateral... libera a consciência, o pensamento e a imaginação humana, que assim ficam disponíveis para novas possibilidades. No cômico, a morte não aparece como uma oposição à vida, mas como uma fase necessária para a renovação". (Masetti, M., 1999, p. 23).

Oficinas de preparação dietética com pacientes e familiares

A autora do capítulo reuniu uma equipe multidisciplinar composta de médicos, psicólogos, nutricionistas, recreadoras, enfermeira e assistente social e promoveu cinco oficinas de preparação de refeições dietéticas durante o ano de 2000. Três setores da Universidade do Estado do Rio de Janeiro (UERJ) se uniram para organizar essas oficinas, divididas por faixas etárias. Crianças, adolescentes e adultos diabéticos (e seus familiares) prepararam e degustaram, com a ajuda da equipe, receitas adaptadas que iam do cardápio básico ao sanduíche, da festa infantil à ceia de natal. A escolha dos cardápios se baseou em dados levantados por ocasião das consultas-conjuntas e grupos de sala de espera do Ambulatório de Diabetes e Metabologia do HUPE – UERJ, pela sua equipe multidisciplinar e em reuniões prévias com a equipe do Instituto de Nutrição (UERJ). Após a realização de cada oficina, as equipes se reuniam para avaliação.

As noções básicas de uma alimentação sadia foram ensinadas de forma prática e recreativa, o que tornou fácil o aprendizado dos pacientes e seus familiares. Esse trabalho, com as devidas adaptações, pode ser utilizado com doentes crônicos que necessitem de dieta alimentar apropriada, como diabéticos, hipertensos, cardiopatas, renais crônicos, obesos, etc. O presente trabalho foi levado a congressos, sob a forma de apresentação em pôsteres, no ano de 2001.

Grupos de apoio

A palavra *apoio* não deve ser confundida com alguma forma de consolo, conselhos, elogios e estímulos. É aquilo que os psicanalistas chamam de *continência*, ou seja, uma capacidade para conter dentro de si uma carga de necessidades, angústias, medos, dúvidas existenciais, agressão, depressão, etc., que a família deposita sobre o membro familiar doente e que pode ser suportada sem revide ou fuga. É um processo ativo que o terapeuta busca estabelecer com as capacidades positivas que a família conserva, para apoiá-las e estimulá-las a serem reutilizadas.

Esses grupos de familiares ajudam a promover novos significados às queixas e aos sentimentos difíceis, o que pode significar mudanças importantes na forma de a família conviver com o membro doente, com os outros e entre si.

A convivência com outras pessoas promove um espírito de socialização, a identificação entre pares e espelhamento pelo intercâmbio das experiências antigas e atuais, de sentirem-se mutuamente amparados e de alguma forma, um podendo auxiliar os outros.

Grupos de enfermaria: grupos de familiares de pacientes internados (enfermarias, CTIs, UTIs, etc.)

> *"A antecipação da perda devido a uma doença física pode ser tão perturbadora e dolorosa para as famílias quanto a morte efetiva de um de seus membros".*
> (Walsh, F.; McGoldrick, M., 1998).

As famílias passam por um doloroso processo de antecipação de perdas futuras, de ameaça com o surgimento da doença. Os autores citados apontam uma gama de respostas emocionais que podem aparecer frente à internação hospitalar de um membro, tais como: ansiedade de separação, solidão, tristeza, desapontamento, raiva, ressentimento, culpa, exaustão e desespero. Pode haver uma ambivalência em relação ao paciente que está doente e internado, especialmente se não é esta a primeira internação.

Os grupos multifamiliares, ou seja, diversas famílias coexistem com suas variadas gerações, onde partilham da mesma problemática: ter um familiar doente, em crise e internado numa unidade de um hospital. Isso os torna grupos homogêneos (o membro familiar está internado).

São grupos abertos, pois se aceitam familiares e amigos dos pacientes. Não há preparação pré-grupo, portanto, os familiares não sabem como o grupo funciona ou o que esperar dele.

> O *setting* pode ou não ser específico, pois o grupo pode ocorrer na sala de espera, onde passam pessoas o tempo todo e o grupo sofre efeitos variados que interferem no processo, e em ambiente próprio, fechado, com cadeiras dispostas em semicírculo, com garantias de que não haverá interrupção e o sigilo pode ser garantido (Villas Bôas, 2000).

O importante é que os grupos aconteçam rotineiramente, sempre no mesmo espaço, dia e horário fixos e passem a fazer parte do trabalho da unidade.

A coordenação do grupo pode ser fixa, funcionar em coterapia ou não, ou ser realizada em rodízio pelos profissionais que integram a equipe. O papel ativo do coordenador é minimizar os conflitos e salientar o apoio interpessoal que vai desde o suporte até os aspectos terapêuticos.

Para Villas Bôas, na sua experiência com familiares de pacientes internados na unidade coronariana (HUPE-UERJ), os objetivos dos grupos multifamiliares são:

- Engajar o familiar no processo terapêutico para que este possa se sentir prestigiado e cuidado pela equipe de saúde.
- Permitir a livre expressão das ansiedades e angústias em ambiente acolhedor, por meio de rico intercâmbio, solidariedade e ajuda mútua.
- Localizar problemas e diminuir a ansiedade em relação à doença e à hospitalização.
- Diminuir a sensação de isolamento e dar suporte à angústia, podendo falar de perdas temporárias ou definitivas.
- Fornecer informações e decodificar o discurso médico, filtrando a demanda dos familiares para que esta também chegue clara à equipe.
- Tornar suportável para o familiar o que o médico tem a lhe dizer.
- Preparar a família para o trato com o paciente internado nas suas diferentes fases (da crise até a alta hospitalar).
- Dar espaço para as questões práticas e dificuldades financeiras com o tratamento.
- Incitar um novo modelo de atendimento integral do paciente, onde a família abandona a atitude passiva perante a internação e a doença, passando a existir como força grupal.

Grupos de familiares de crianças internadas na emergência pediátrica

Os grupos de enfermaria têm objetivos específicos. Podem ser realizados com os acompanhantes de pacientes hospitalizados, com os próprios pacientes, com a equipe de saúde, etc. Visam reunir essas pessoas de modo a favorecer e incrementar os vínculos entre as mesmas, facilitar a expressão de sentimentos e a troca de experiências comuns, fornecer informações sobre diversos pontos como: a doença, as rotinas administrativas e hospitalares, exames e procedimentos, e dar continência para as questões colocadas.

O coordenador do grupo tem como funções trazer os acompanhantes para a reunião, pontuar ou dinamizar os debates, clarificar pontos importantes, mostrar as dificuldades verbalizadas ou não, estimular as comunicações e trocas interpessoais, oferecer um espaço receptivo para as questões expostas (Muniz e Taunay, 2000).

Bacellar, A (2001), a partir de sua monografia, traz-nos a sua experiência na emergência pediátrica do HUPE–UERJ. A autora (como toda a equipe) visava uma maior integração da equipe de saúde e consequentemente melhor atenção à família e ao paciente. Foi resolvido que uma abordagem grupal seria iniciada com a equipe de saúde e com os familiares das crianças internadas na unidade.

Os grupos eram realizados quinzenalmente durante 45 minutos e depois a equipe de saúde permanecia mais 30 minutos para discussão dos problemas levantados e do plano de atendimento posterior. Não havia tema definido e prévio ao grupo, mas várias questões eram abordadas, entre elas: um melhor entendimento da doença das crianças, os procedimentos que eram realizados, a qualidade dos serviços, as normas administrativas da unidade e o papel das pessoas que no momento estão acompanhando as crianças.

Nos grupos não existiam papéis rígidos de coordenação, e os acompanhantes se mostravam solícitos e interessados em participar. Houve participação ativa, o que facilitou a comunicação, manteve-se um clima de apoio, minimizaram-se os aspectos negativos ou hostis. A experiência do grupo se desdobrou nas modificações que se puderam notar na unidade. Os acompanhantes passaram a conversar entre si, surgiram atividades conjuntas (por exemplo, almoçar juntos ou momentos para rezar), informalidade por meio de atos de solidariedade com os mais necessitados e estreitamento das relações entre os familiares e entre a equipe de saúde. O grupo de acompanhantes passava a funcionar como um grupo de pessoas que se reconheciam, que se falavam e se ouviam, partilhando medos e esperanças.

Como as normas institucionais e administrativas de um CTI são fundamentais para um tratamento intensivo, algumas mais rígidas, como quantidade de familiares no horário de visita, utilização de roupas apropriadas para a situação de internação, os brinquedos individuais com rigorosa assepsia e o ato principal de qualquer CTI – lavar as mãos –, foram trabalhadas nos grupos. A autora interroga, sem se deter no assunto, se a aplicação de normas aos familiares dificultaria a proximidade entre a família e a criança, influenciando no prognóstico das mesmas.

A hospitalização, muitas vezes, provoca desconforto, insegurança, angústias e/ou reforça bloqueios e resistências, tanto da criança quanto do adulto que a acompanha. Considerando a internação da criança em circunstâncias graves e urgentes, e que a família poderá reunir melhores condições de agrupamento, Bacellar destaca que a partir dos encontros com os familiares houve:

- Modificações nos questionamentos dos acompanhantes no decorrer dos grupos.
- Aproximação dos acompanhantes à equipe no momento dos procedimentos por meio de perguntas, comentários.
- Maior clareza entre mãe/filho nas conversas do dia a dia da internação, até *autorizando* aceitar técnicas invasivas, expor sentimentos (chorar, gritar, etc.).
- Mais esclarecimentos para a equipe sobre os dados da família, como a vida pregressa relativa ao adoecimento da criança, levando a sentimentos identificatórios, aplicação de limites de modo positivo e acolhedor.
- Os grupos potencializaram a integração dos familiares e influíram na estimulação da capacidade de iniciativa individual.

Atendimento da família em unidade de cuidados paliativos

"As famílias sempre imaginam que o enfermo não suportaria a verdade. Não se dá conta de que ele já sabe e a suporta só [...]"
(Marie de Hennezel)

À medida que se têm disponíveis procedimentos para atender o paciente na sua terminalidade (por exemplo, na oncologia, na fase terminal da AIDS), a equipe multidisciplinar constata que as famílias têm dificuldade de lidar com suas consequências evolutivas (e complicações) e muitas dúvidas passam a frequentar o imaginário dessas pessoas. Na UNICAMP foi criado o atendimento à família no Centro de Atenção Integral à Saúde da Mulher – CAISM.

Koseki (2000) nos fala de sua experiência com familiares de mulheres com câncer em fase terminal. São realizadas reuniões com a equipe de cuidados paliativos e é o *staff* médico quem as coordena. O primeiro passo é esclarecer as dúvidas sobre o diagnóstico, e a ênfase é dada à gravidade da doença e a seu prognóstico, a fim de que a família compreenda e colabore com o tratamento.

A equipe de saúde é multidisciplinar (médica, psicóloga, enfermeira e assistente social) e cada elemento tem uma função dentro das reuniões. As reuniões são essencialmente informativas, tirando as dúvidas em relação à doença e suas complicações, aos tratamentos anteriores e atuais e aos que ainda são disponíveis, e suportivas, ajudando os familiares a lidar com as dificuldades decorrentes do processo evolutivo da doença, a morte e o luto.

A autora citada nos diz que há necessidade de se manter a família informada sobre mudanças de condutas pelo diálogo aberto, assegurando que o enfermo está sem dor e respeitando o ritual de cada família, criando um ambiente de solidariedade e intimidade, como que dando *permissão* ao paciente para morrer.

Às vezes, nos diz ela, o paciente quer retornar à sua casa e ao seu ambiente. Quando a família consegue entender que o membro enfermo pode estar tão confortável em casa quanto no hospital, com o suporte da equipe de assistência domiciliar, aceita levá-lo, permitindo-lhe satisfazer sua última vontade. Essa aceitação não está relacionada com a condição socioeconômica ou educacional dos familiares, mas com a compreensão e disponibilidade da participação integral deles. Constata-se que há dificuldades maiores nas famílias menos numerosas.

Psicoterapia do luto: cuidando da família enlutada

Para a prevenção do luto patológico na família devem-se identificar os fatores de risco. Para Bromberg (1998), a experiência mostra que perdas múltiplas ou repentinas, quebras de relações dependentes ou ambivalentes de fato ativam mecanismos que dificultam o processo de elaboração.

A autora citada nos diz que os objetivos da terapia com famílias enlutadas envolvem sempre o reconhecimento da perda e a adaptação à nova realidade. As técnicas, mesmo que difiram entre si, são notadamente ativas, provocando a revivência de emoções que vinham sendo evitadas, o que caracteriza uma forma de luto patológico. A terapia é breve e focada na crise da perda, externalização das emoções e reorganização quanto ao futuro.

Na série de entrevistas de acompanhamento, Bromberg chama a atenção para dez itens de avaliação da família:

1. O nível de funcionamento, em comparação com o nível de pré-enlutamento.
2. Movimentos na direção de problemas extraordinários.
3. Aceitação da perda que se divide em três subitens: *ausência de distorção*, como a dificuldade em acreditar na morte ou como denegrir ou idealizar indevidamente o falecido; *a possibilidade de dissipação do luto*, por meio de trocas; e chegar a uma explicação racional sobre a morte, sem envolver distorções da realidade ou se afastar das crenças normalmente presentes na cultura.
4. Socialização ou volta à vida social de antes da perda.
5. Saúde boa sem problemas gerais como os relacionados a peso, sono, tensão, etc.
6. Atitude positiva quanto ao futuro, incluindo planos realistas.
7. Ansiedade ou depressão em níveis normais.
8. Culpa ou raiva também em níveis normais.
9. Avaliação de si com nível normal de autoestima.
10. Resistência para superar novas e futuras perdas.

O uso do genograma pode ser realizado, pois se houve uma perda na família, inevitavelmente o sistema familiar será alterado e os membros poderão precisar de ajuda para reconstruir sua história e seus relacionamentos em uma perspectiva funcional.

Mas não sempre as abordagens de acompanhamento e terapia familiar são possíveis. Podemos indicar alguns outros meios para melhorar a vida da família que necessita de ajuda. Muitos já fazem parte da vida da família, mas em outras nunca foram cogitados. A partir de algumas mudanças, a melhoria da qualidade de vida da família com um membro enfermo, ressalta aos olhos. Vejamos alguns:

A prescrição animal

Já é comum para alguns profissionais de saúde prescreverem animais domésticos para pacientes solitários e famílias com membros com doenças crônicas e com tendência à depressão. A razão seria a descoberta de pesquisas dos psicólogos que aponta os animais como motivadores para enfrentarem o tratamento. Somente o fato de ter um bichinho para cuidar e alimentar já estimula os pacientes a cuidarem de si mesmos (Burd, M., 2015).

Há muitos benefícios psicológicos como a existência dos fortes laços emocionais entre humanos e animais domésticos e isso ter levado a inúmeros esforços para o uso de animais como terapia para uma grande diversidade de sofrimentos humanos. A *Terapia Assistida por Animais* em instituições de permanência de idosos, ajuda sobremaneira a melhorar a depressão imposta pelo isolamento; a *Terapia Assistida por Animais de Trabalho* faz uma grande diferença com pacientes com deficiência visual; a Equoterapia para pacientes com dificuldades mentais, de equilíbrio e locomoção, e os cães que treinados são usados para antecipar uma convulsão nos pacientes epiléticos, ou uma crise de hipoglicemia nos pacientes diabéticos.

Quando a prescrição é o convívio com a natureza e a vida ao ar livre

O contato com a natureza deve ser buscado para integrar pacientes com deficiências físicas, visuais ou com *déficits* mentais. Essas atividades propiciam prazer e convívio para quem delas se utilizam. Exemplos: as atividades de jardinagem e horta doméstica, estimular a saída à rua para passeios diários e banhos de sol, promover atividades sociais numa praça, no quintal de casa, arejando a casa, colocando flores nos cômodos, etc.

Essas atividades favorecem a autoestima, aumentam a disposição e a capacidade de resolver problemas. A tranquilidade do verde e do ambiente natural diminui o estresse, alivia a tensão e traz relaxamento, diminuindo a pressão arterial, dores de cabeça e eclosão ou piora de doenças.

Por que brincar é importante?

A redução da mobilidade das crianças tem sido associada a maiores taxas de obesidade, autoconfiança reduzida e resiliência emocional enfraquecida. Brincar ativamente ajuda a criança a se manter saudável, combate a obesidade e o sedentarismo, reduz o risco de doenças com o *diabetes mellitus* tipo 2, entre outras (Burd, M, 2015).

Jogos ao ar livre são uma das melhores maneiras dos jovens permanecerem fisicamente ativos e porque é divertido, esquecendo, às vezes, que estão se exercitando.

Jogos digitais são excelentes formas de estimulação cognitiva para todas as idades e também beneficiam os idosos, além de serem formas de estabelecerem contato constante com filhos e netos, mantendo-se ativos e confiantes.

A espiritualidade e a religião

Para Paula, Nascimento e Rocha (2009) apud Burd, M (2015), o conhecimento científico não é a única fonte de explicações sobre as razões e justificativas do que está acontecendo com o paciente e a família. Por isso, familiares procuram outras fontes para se apoiarem, como a espiritualidade. Enquanto o conhecimento científico provoca incertezas, particularmente quando os prognósticos são ameaçadores, a espiritualidade encoraja a família e produz sentimentos de esperança ou de aceitação da condição imposta pela doença.

Após a experiência da doença e do uso da religião como enfrentamento de doenças graves, as famílias relatam mudanças de significado em suas vidas valorizando alguns fatores e alterando a visão em relação aos outros. Elas procuram viver o momento, um dia de cada vez, aproveitando os momentos agradáveis que cada dia é oferecido, principalmente no convívio com o membro doente, constantemente ameaçado em sua existência (Peres, 2009, apud Burd, M, 2015, p. 246).

A religiosidade pode aumentar o apoio social porque provê acesso às redes sociais e estabelece formas de assistência, como cuidado espiritual nas fases de angústia aguda. Atualmente, são demonstradas associações entre maior religiosidade (espiritualidade) e doenças, melhor qualidade de vida, maior *coping* (modo de lidar com a doença), menor mortalidade, menor tempo de internação e até melhor função imunológica, Sendo assim, torna-se importante no Brasil, em que 92,6% têm uma religião e aproximadamente 90% costumam frequentar a igreja, que os profissionais de saúde verifiquem a relação da espiritualidade e religiosidade nos pacientes e nas suas famílias (Burd, M, 2015, p. 254).

Usando o Genograma da Esperança

Charepe, Z B, et al. (2001) se utilizaram de dois instrumentos para a pesquisa em hospitais e centros de saúde em Portugal. Para eles, a esperança é definida como "a confiança nos outros, o entusiasmo pela vida, a expressão de razões para viver, a paz interior, o otimismo, o traçar de objetivos e a mobilização de energia" (Classificação Interacional para a Prática de Enfermagem, versão 1.0). Eles se utilizaram do Genograma da Esperança e do Ecomapa[1] para avaliação e intervenção na família. Eles partem da premissa que a vivência de uma doença na família pode colocar em risco a coesão e a adaptação do sistema familiar (Burd, M, 2015).

Por meio dos séculos, a família está sempre sendo reinventada, mas como característica primordial ela deve poder conter e lidar no seu seio, como num *continuum*, com a saúde, a doença e a morte de seus membros.

Referências

ACKERMAN, N. *Diagnóstico e tratamento das relações familiares*. Porto Alegre: Artes Médicas, 1986.

ANZIEU, D. *O grupo e o inconsciente*: o imaginário grupal. São Paulo: Casa do Psicólogo, 1993.

BACELLAR, A. C. *A criança adoecida e a família*: o enfoque grupal na conduta terapêutica. Monografia de conclusão do curso de especialização em Psicologia Médica, UERJ, 2001.

BATESON, G. Um enfoque sistêmico. In: BATESON, G. *Uma unidade sagrada*. Barcelona: Gedisa, 1993.

BELL, N. W. *Extended family relations of disturbed and well families*. Family Process, 2, 175-193, 1962.

BROMBERG, M. H. P. F. *A psicoterapia em situações de perdas e luto*. Campinas: Ed. Psy, 1998.

BURD, M. Novas Configurações Familiares: Desafios e Soluções para a Terapia *Familiar com Pacientes Crônicos*. RJ: Ed. WAK, 2015.

BURD, M.; GRAÇA, L. A. C. Grupos com diabéticos. In: MELLO FILHO J. (Org.). *Grupo e corpo*: psicoterapia de grupo com pacientes somáticos. Porto Alegre: Artes Médicas, 2000.

BURD, M.; MAIA, M. R. *Grupos de sala de espera com pacientes diabéticos*. Artigo publicado na revista Diabetes Clínica 02 (2002), p. 129-134.

CARTER, B.; McGOLDRICK, M. (Col.). *As mudanças no ciclo da vida familiar*. Porto Alegre: Artes Médicas, 1995.

CARVALHO, C. S. U. A família e o paciente oncológico. In: *Família, redes sociais e práticas terapêuticas*. Cadernos do IPUB, n. 16, UFRJ, 1999, p. 147-158.

CHAREPE, Z B; FIGUEIREDO, M H J S; VIEIRA, M M A N. *(Re) descoberta de esperança na família da criança com doença crônica através do genograma e ecomapa*. Artigo original. Texto contexto--enferm. Vol. 20, n.2, Florianópolis. Apr/june, 2011.

[1] O Ecomapa é um diagrama que expõe a relação entre a família e as redes sociais existentes na comunidade. É um instrumento que ajuda a quantificar e avaliar os apoios disponíveis na rede e sua utilização pela família; além disso, possibilita identificar o fluxo ou a falta de recursos e as privações vivenciadas pela família na sociedade (LEAHEY e WRIGHT, 2012).

DEBRAY, R. *Bebês/mães em revolta*: tratamentos psicanalíticos conjuntos dos desequilíbrios psicossomáticos precoces. Porto Alegre: Artes Médicas, 1998.

FALCÃO, C. P. Proposta de uma nova prática de recepção: a família como autora da demanda. In: *Cadernos do IPUB*, n. 16, UFRJ, 1999.

FALCETO, O. G. Terapia de família. In: CARDIOLI, A. V. (Org.) *Psicoterapias*: abordagens atuais. Porto Alegre: Artmed, 1998.

HAFNER, R. J. et al. *Marital interaction and adjustment in patients with essential hypertension*. Clin. Exp. Hypertens, n. 5, n. 1, p. 19-3, 1983.

KOSEKI, N. M. O programa dos cuidados paliativos do CAISM – UNICAMP. In: REZENDE, V. L (Org.). *Reflexões sobre a vida e a morte*: abordagem interdisciplinar do paciente terminal. São Paulo: Ed. da UNICAMP, 2000.

KÜBLER-ROSS, E. *Sobre a morte e o morrer*. São Paulo: Martins Fontes, 1998.

LEAHEY, M; WRIGHT L M. *Enfermeiras e famílias*: Um guia para avaliação e intervenção na família. 5. ed. São Paulo: ROCA, 2012.

LOKETEK, A. Diagnóstico e indicación en terapia familiar. In: *Más allá de pactos y traiciones*. Buenos Aires, Barcelona, México, Paidós, 1997.

MASETTI, M. *Soluções de palhaços*: transformações na realidade hospitalar. São Paulo: Palas Athena, 1999.

MARTINS, L. A. N. *Inter consulta hoje*. In: Psicossomática hoje. MELLO FILHO J. e colaboradores. Porto Alegre: Artes Médicas, 1992.

McDANIEL, S. H.; HEPWORTH, J.; DOHERTY, W. J. *Terapia familiar médica*: um enfoque biopsicossocial às famílias com problemas de saúde. Porto Alegre: Artes Médicas, 1994.

MELLO FILHO, J. *Concepção psicossomática*: visão atual. Rio de Janeiro: Edições Tempo Brasileiro, 1988.

MELLO FILHO, J. *O Ser e o Viver*: uma introdução à obra de Winnicott. Porto Alegre: Ed. Artes Médicas, 1994.

MELLO FILHO, J.; BURD, M.; GRAÇA, L. A. *Consulta-conjunta*: uma forma de aprender e atuar a partir de uma dupla. Congresso de Medicina Psicossomática, Penedo, Rio de Janeiro, maio, 1977.

MOREIRA DA SILVA, O. V. Grupo estruturado de vivência para pais. In: MACEDO R. M. (Org.). *Psicologia e instituição: novas formas de atendimento*. São Paulo: Ed. Cortez, 1984.

MUNIZ, J. R; TAUNAY, M. S. *Grupos de enfermaria*. In: MELLO FILHO, J. Grupo e corpo: psicoterapia de grupo com pacientes somáticos. Porto Alegre: Artes Médicas, 2000.

PECCINI PEREIRA, A. Grupos com crianças enfermas. In: MELLO FILHO, J. (Org.). *Grupo e corpo*: psicoterapia com pacientes somáticos. Porto Alegre: Ed. Artes Médicas, 2000.

PONCIANO, E. L. T. *Clínica e pesquisa*: a terapia de família no PRASMET. Cadernos do IPUB, n. 16, 1999.

VILLAS BÔAS, P. *Grupo de atendimento aos familiares: uma experiência em unidade coronariana*. Monografia de conclusão de curso de especialização em Psicologia Médica, UERJ, 2000.

WALSH, F.; McGOLDRICK, M. *Morte na família*: sobrevivendo às perdas. Porto Alegre: Artes Médicas, 1988.

WINNICOTT, D. W. *A família e o desenvolvimento individual*. Rio de Janeiro: Ed. Martins Fontes, 1993.

ZIMMERMAN, G. *Velhice*: aspectos biopsicossociais. Porto Alegre: Artes Médicas, 2000.

Pós-escrito

Miriam Burd

Desde 1977, a Organização Mundial da Saúde (OMS) definiu assim a Telemedicina:

> Telemedicina é a oferta de serviços ligados aos cuidados com a saúde, nos casos em que a distância ou o tempo é um fator crítico. Tais serviços são providos por profissionais da área de saúde, usando tecnologias de informação e de comunicação (TIC) para o intercâmbio de informações (OMS, 1971).

Para finalizar esse Capítulo, resolvemos acrescentar um Pós-escrito explicando como aconteceu o uso da telemedicina e como essa forma de trabalho veio para ficar para os profissionais e os usuários do sistema. A família e o seu atendimento não ficaram de fora.

Há pouco mais de um ano, a pandemia do Covid-19 aconteceu e o atendimento remoto ficou cada vez mais necessário. Os Conselhos Regionais e Federais de Medicina e Psicologia tiveram que estabelecer regras para que este trabalho fosse realizado com a maior eficácia, respeitando os Códigos de Ética dos dois Conselhos.

A Telemedicina e a Pandemia Covid-19

Resoluções dos Conselhos de Classe quanto ao atendimento em Telessaúde

1 – Conselho Federal de Medicina: Resolução N. 366 de 08 de julho de 2020:

– Dispõe sobre a assistência médica a partir de ferramentas de telemedicina, durante o estado de calamidade pública que determina isolamento, quarentena e distanciamento social.

2 – Conselho Federal de Psicologia: Resolução N. 4, de 26 de março de 2020:

– Regulamenta os serviços psicológicos prestados por meios de tecnologia de informação e da comunicação durante o período de pandemia do COVID- 19.

Ampla gama de tecnologias digitais pode ser usada para aprimorar essas estratégias de saúde pública, e a pandemia gerou um frenesi relacionado à telessaúde. No Brasil, esse campo tem crescido acentuadamente nos últimos anos. Todavia, a despeito da intensa proliferação de normativas, ainda inexistia, até a epidemia, um marco regulatório plenamente consolidado no país. O surgimento da COVID-19 marca um momento profícuo de expansão das aplicações e usos da telessaúde, como forma de melhorar a resposta do sistema de saúde à crise em curso.

Historicamente, a telemedicina concentrava-se na aplicação de interações tradicionais de médico para paciente (e de médico para médico) aprimorada pelo recurso bidirecional de vídeo e áudio. Posteriormente, o uso de tecnologias de informação e telecomunicação (TIC) foi estendido para suportar serviços, atividades de treinamento e de informação em saúde para provedores assistenciais multidisciplinares e para pacientes, configurando um campo mais ampliado denominado telessaúde (Caetano, R. et al., 2020).

Evidências têm mostrado que o uso da telessaúde pode trazer benefícios, como a redução de tempo de atendimento, dos custos de deslocamento de pacientes e profissionais de saúde e melhorias na qualidade assistencial, ao possibilitar o acesso a especialistas por profissionais de saúde não especializados de áreas remotas. O escopo amplo e a flexibilidade das tecnologias digitais, ajustando-se às necessidades em saúde de cada contexto social, proporcionam soluções inovadoras de prestação de serviços de saúde e abre grandes oportunidades para o seu uso no caso das epidemias, mormente a da COVID-19 vivenciada neste momento.

A telessaúde é considerada um recurso fundamental, dada a sua capacidade de diminuir a circulação de indivíduos em estabelecimentos de saúde, reduzir o risco de contaminação de pessoas e a propagação da doença, penetrar em lugares de difícil acesso ou com estrutura deficitária, e liberar leitos e vagas de atendimento hospitalar em favor de pacientes infectados. Permite, ainda, garantir o atendimento a pacientes portadores de doenças e comorbidades preexistentes que, embora não infectados, não podem comparecer pessoalmente a consultas médicas em vista das orientações de redução de convívio social. Por fim, pode ajudar a coordenar melhor os recursos presentes em locais separados, facilitando o acesso às diretrizes de tratamento necessárias para gerenciar os casos graves.

Segundo Dimer N A et al. (2020), a pandemia de COVID-19 acarretou diversos desafios, que antes eram imprevisíveis para o século XXI, especialmente em relação à reorganização dos indivíduos à sua rotina familiar, lazer e consumo tanto de bens quanto de serviço, tais como serviços de saúde. Assim, as instituições de saúde passaram a ser evitadas pelas pessoas, especialmente aquelas que se encaixam como grupo de risco. Eles afirmaram que o objetivo primordial e necessário do uso da tecnologia nos processos de disseminação de saúde é de ampliar o acesso aos cuidados em saúde. Além disso, os autores expuseram que, com a utilização da telemedicina, ocorreu um aumento considerável no número de consultas em comparação com o atendimento presencial, isso se devendo aos diversos fatores de impedimento como a falta de transportes, a indisponibilidade de horários, e o incômodo de se deslocar a um local.

As famílias brasileiras e a Pandemia da Covid-19

A relação das famílias brasileiras com a COVID-19 foi mediada por fatores como o desencontro de orientações entre as diferentes esferas do governo e as organizações nacionais e internacionais de saúde, as notícias falsas (*fake news*) disseminadas por meio das redes sociais e dos aplicativos de mensagens, as questões étnico-raciais e o nível socioeconômico. Assim, ao mesmo tempo em que muitas famílias seguiram as medidas de distanciamento social ampliado, aderindo ao teletrabalho e ao ensino remoto, outras não adotaram a mesma conduta por motivos econômico-laborais, ou simplesmente, por falta de consciência ou compreensão acerca da gravidade dessa emergência de saúde. Essas famílias seguiram realizando atividades de lazer, visitas a familiares e reuniões com amigos (Machado da Silva, I, et al., 2020).

Os impactos sociais, econômicos e emocionais apresentam-se às famílias como estressores, intensificando sua vulnerabilidade e demandando um processo de reorganização estrutural. Frente a esse fenômeno, faz-se necessária uma compreensão sistêmica do funcionamento familiar, considerando que famílias em situações extremas, com crises agudas ou crônicas, são impactadas como um todo. Por outro lado, a família dispõe de recursos – ou seja, forças e capacidades – que podem ajudá-la a enfrentar os desafios. Os recursos familiares podem ser divididos em três categorias principais (Walsh, 2005):

(a) os modelos organizacionais, que se referem aos padrões relacionais da família, a seu sentimento de união e pertença, à capacidade de seus membros apoiarem uns aos outros;

(b) o sistema de crenças, que diz respeito à capacidade da família de manter a esperança, ver a crise como uma situação manejável e ver-se como competente para superar o desafio;

(c) o processo comunicacional ou de resolução de problemas, que se refere à habilidade de se comunicar acerca dos problemas e das emoções vivenciadas por seus membros, com clareza, empatia e responsabilidade.

No entanto, os padrões interacionais que se desenvolvem em determinadas famílias também podem representar um risco para a forma de lidar com os estressores. Dentre esses padrões, destacam-se crença de desamparo e incompetência, desesperança, emaranhamento ou desligamento entre os membros da família, falta de senso de pertencimento e continuidade, rigidez, dificuldades na comunicação, habilidades de resolução de conflitos pouco desenvolvidas e violência doméstica.

No entanto, os padrões interacionais que se desenvolvem em determinadas famílias também podem representar um risco para a forma de lidar com os estressores. Dentre esses padrões, destacam-se:

- A crença de desamparo e incompetência.
- Desesperança, emaranhamento ou desligamento entre os membros da família.
- Falta de senso de pertencimento e continuidade, rigidez, dificuldades na comunicação, habilidades de resolução de conflitos pouco desenvolvidas e violência doméstica.

A telemedicina tem influência positiva perante à relação médico (profissional de saúde) – paciente, uma vez que, por meio da comunicação eficaz e da escuta qualificada, o paciente se sente mais confiante para seguir as recomendações médicas, tendo ainda benefícios como a redução dos custos hospitalares e o aumento da acessibilidade ao sistema de saúde. Conclui-se que a telemedicina é uma ferramenta que contribui para a aproximação do médico com o paciente, especialmente em tempos de pandemia, como a da COVID-19, em que o contato físico social teve que ser restringido.

Machado da Silva, I. et al. (2020) apresentam uma revisão narrativa de estudos nacionais e internacionais, em que abordam: (a) conjugalidade, (b) coparentalidade, (c) parentalidade e (d) implicações para a prática da terapia de casal e família nesse contexto.

Riscos e recursos familiares diante da Pandemia

A - Conjugalidade

A pandemia de COVID-19 tem apresentado aos casais uma série de desafios que os colocam em uma situação de maior vulnerabilidade. Nesse contexto, aumenta o risco de dificuldades na comunicação, na coesão e no compromisso com a relação (Stanley & Markman, 2020). Os estressores que se sobrepõem em um contexto como o enfrentado pelos casais na pandemia da COVID-19 predispõem os seus membros a um aumento dos desentendimentos e conflitos.

É necessário, ainda, atentar às dinâmicas preexistentes no casal. Por se tratar de um período que demanda ajustes e reorganizações, casais que, em sua história, apresentaram padrões mais flexíveis de relacionamento, tendem a ter maiores chances de responder satisfatoriamente. É possível supor que, casais que tinham dificuldade em manejar a intimidade e em que os cônjuges se mostravam emaranhados ou desligados antes da pandemia encontrem-se em maior risco, pois se trata de um momento em que a dinâmica proximidade *versus* distanciamento é colocada à prova (Patterson, 2020).

Flexibilidade, intimidade, valores de igualdade entre os gêneros, crenças de competência familiar e uma comunicação aberta, clara e empática, dentre outros fatores, podem contribuir para que o casal, ao se deparar com desafios como os trazidos pela COVID-19, possam encontrar novas formas de se relacionar, descobrindo novos gostos, qualidades e fontes de satisfação em si, no parceiro e na relação. Esses processos atuam de forma conjunta e dinâmica e os terapeutas devem estar atentos à forma como interagem diante da realidade particular de cada casal, buscando potencializar os recursos do casal e minimizar os riscos (Machado da Silva, et al., 2020).

Valores de gênero tradicionais, em que há uma adesão rígida a princípios tais como o de que cabe à mulher o cuidado com a casa e com a família e ao homem o papel de prover o lar e de autoridade, tendem a prejudicar a flexibilidade do casal, além de dificultar a sua intimidade e comunicação, representando um risco. Valores tradicionais de gênero contribuem para uma divisão de tarefas domésticas que sobrecarrega as mulheres, por exemplo. Aumenta também o risco de violência doméstica, dado o maior tempo de convivência entre os cônjuges, a redução nas oportunidades de pedir ajuda e o aumento no uso de álcool ou outras drogas

A intimidade é favorecida pelos processos de comunicação. Isto é, comunicação clara, estratégias construtivas de resolução de conflitos e habilidades de resolução de problemas são recursos que podem preservar a qualidade da relação conjugal diante da COVID-19 (Prime et al., 2020). Os casais devem ser incentivados a falar abertamente sobre as mudanças que estão sendo vivenciadas nesse período, a divisão de tarefas, o manejo do dinheiro e as expectativas de cada.

B – Coparentalidade

Em famílias nucleares, a coparentalidade consiste na dinâmica relacional da tríade mãe-pai-filho, podendo assumir outras configurações face à diversidade das famílias. Destacam-se a delimitação e o compartilhamento de espaços no domicílio, dada a necessidade de os membros da família permanecerem em casa por períodos prolongados e realizarem diferentes atividades nesse ambiente, bem como sobre os momentos de lazer e interações de crianças ou adolescentes com seus pares ou outros familiares, tais como avós, considerando a necessidade de seguir o distanciamento social.

Muitos pais ou cuidadores que, no período pré-pandemia, haviam estabelecido acordos mais restritivos quanto à exposição de crianças e adolescentes às telas (p. ex.: celulares e computadores) precisaram renegociá-los, pois esses dispositivos se tornaram um dos recursos mais importantes – quando não os únicos – para manter as conexões afetivas e sociais de seus filhos com o ambiente extrafamiliar. Em conjunto, esses aspectos podem ter exacerbado conflitos preexistentes ou mesmo gerado novos conflitos nas relações familiares.

Aspectos que anteriormente poderiam estar bem resolvidos entre os pais (ou cuidadores) divorciados, tais como o período em que os filhos permaneceriam junto a cada um deles ou mesmo o compartilhamento de responsabilidades financeiras, precisaram ser redefinidos, com frequência. Nesse contexto, é possível citar casos em que os pais ou cuidadores experienciavam maior exposição ao contágio por conta da sua profissão, faziam parte de grupos de risco para complicações em decorrência da doença ou mesmo residiam com pessoas nessa condição (p. ex.: avós).

Em linhas gerais, estratégias positivas ou construtivas de resolução de conflitos parentais e coparentais incluem comunicação aberta, com explicitação e escuta de diferentes pontos de vista, expressões de validação e afeto, bem como estabelecimento de acordos de forma cooperativa e flexível.

C – Parentalidade

A parentalidade, ou seja, a relação diádica mãe-filho e pai-filho, também pode ser afetada. Nesse sentido, além do aumento nos níveis de depressão e ansiedade entre adultos durante a pandemia, reações comportamentais e emocionais têm sido apresentadas também por crianças e adolescentes. Isso inclui manifestações de irritabilidade, dificuldades de concentração, maior dependência dos pais ou cuidadores, bem como mudanças no padrão de sono e alimentação (FIOCRUZ, 2020b).

A COVID-19 trouxe desafios adicionais à coparentalidade, visto que as figuras parentais precisaram redefinir a rotina familiar, o que implicou o estabelecimento de novos acordos sobre a divisão de cuidados dos filhos e de tarefas domésticas (Prime et al., 2020). Além disso, também emergiram temas e situações que anteriormente à pandemia não existiam ou não eram considerados problemáticos, demandando realinhamentos. Nesse sentido, destacam-se a delimitação e o compartilhamento de espaços no domicílio, dada a necessidade de os membros da família permanecerem em casa por períodos prolongados e realizarem diferentes atividades nesse ambiente, bem como sobre os momentos de lazer e interações de crianças ou adolescentes com seus pares ou outros familiares, tais como avós, considerando a necessidade de seguir o distanciamento social.

As repercussões do distanciamento social podem ser ainda mais desafiadoras para as famílias em que a guarda dos filhos é compartilhada, o que consiste em um estressor que se sobrepõe a outros já experienciados nos arranjos de divórcio e recasamento. Nessa direção, evidências empíricas sugerem que, embora o divórcio não represente necessariamente um risco para o desenvolvimento dos membros da família, a adição de outros estressores – como a pandemia de COVID-19 – tende a potencializar seus efeitos negativos sobre os indivíduos e as relações familiares (Lebow, 2020b). Adicionalmente, quando há perda de emprego ou renda, a manutenção do padrão de vida e a subsistência familiar podem ser prejudicadas, o que vulnerabiliza os membros da família e requer renegociações entre os pais ou cuidadores divorciados (Lebow, 2020b).

Em linhas gerais, estratégias positivas ou construtivas de resolução de conflitos parentais e coparentais incluem comunicação aberta, com explicitação e escuta de diferentes pontos de vista, expressões de validação e afeto, bem como estabelecimento de acordos de forma cooperativa e flexível.

Essa relação tende a ser afetada nas famílias em que houve perda do emprego ou redução da renda, em função das preocupações com restrições financeiras ou, efetivamente, das dificuldades para subsistência e em famílias onde o trabalho dos pais é em *home office*, acumulando tarefas da casa e do trabalho. Se essas necessidades psicológicas básicas sofrem impactos inquestionáveis, os desfechos, adaptativos ou não, dependerão muito do enfrentamento.

D – Implicações da Terapia de Casal e de Família de Forma Remota

Em face o cenário de estresse e incertezas, algumas famílias podem precisar de apoio para lidar com as dificuldades relacionais, fortalecer os processos protetivos e manejar os riscos. Os terapeutas de casal e família também têm lidado com desafios em sua prática durante a pandemia, sobretudo em função da necessidade de rápida transição de atendimentos face a face para aqueles na modalidade remota.

É possível que terapeutas de família e casal não se sintam suficientemente preparados para a prática da terapia *on-line*, dadas as fragilidades na formação para essa modalidade de intervenção. Isso inclui dúvidas sobre aspectos éticos e técnicos, tais como garantir a confidencialidade e a privacidade, contraindicações, estratégias para envolver diferentes membros da família na videoconferência e lidar com distrações no local onde a sessão é realizada.

Deve-se assegurar a qualidade e a segurança da rede de internet, do *software* (p. ex.: *Skype*, *Zoom*) e dos equipamentos utilizados (p. ex.: computador, celular), tanto pelo terapeuta quanto pelos clientes (a infraestrutura do atendimento).

A infraestrutura para realização dos atendimentos remotos

É importante que o terapeuta e os clientes discutam e definam colaborativamente os melhores horários para realização da sessão, o cômodo mais apropriado da casa, os cuidados alternativos para os filhos enquanto ocorre o atendimento (no caso de terapia de casal), bem como a política de pagamento diante de eventuais falhas tecnológicas que impossibilitem o atendimento. Durante as sessões, os membros da família podem estar no mesmo ambiente ou não, em uma ou mais telas.

Caso a família utilize uma única tela, recomenda-se o posicionamento em círculo ou semicírculo (e não em linha reta), pois isso possibilita que os membros se comuniquem de modo mais efetivo. Considerando que a compreensão da comunicação não verbal pode ser prejudicada nos atendimentos remotos, sugere-se que o terapeuta direcione perguntas específicas a cada membro da família ou do casal, mencionando seus nomes, o que pode favorecer o engajamento de todos na videoconferência (Machado da Silva, et al., 2020).

As contraindicações para a terapia *online*

São praticamente as mesmas da modalidade presencial (p. ex.: abuso de substâncias não tratado, alto risco de suicídio, violência por parceiro íntimo). Para avaliar a segurança e a viabilidade da terapia *on-line*, bem como para planejar o tratamento, destaca-se a importância de entrevistar individualmente cada membro da família ou do casal. Nessa entrevista inicial, é possível solicitar a utilização de fones de ouvido, de forma a viabilizar perguntas sobre temas sensíveis, com respostas *sim* e *não*. Esse procedimento, que assegura a confidencialidade caso alguma outra pessoa esteja escutando a conversa, deve ser adotado com todos os membros da família ou do casal, visando à garantia da equidade.

Agora, é a própria família que provê o *setting* e as condições para que o atendimento seja viabilizado. Entretanto, observa-se que o vínculo não fica impedido ou dificultado por isso, muito pelo contrário. Como somos especialistas no processo e os pacientes, no conteúdo, a troca vem mostrando novas potencialidades da intervenção clínica. Essa experiência tem comprovado que as crises são momentos de perigo ou de oportunidades, sendo assim, olhar para os recursos das famílias tornou-se fundamental nas intervenções em tempos de pandemia.

Referências do Pós-escrito

BORCSA, M.; POMINI, V. Couple and family therapy in the digital era. In: J. Lebow; A. Chambers; D. Breunlin (Eds.). *Encyclopedia of Couple and Family Therapy* (pp. 1-9), 2018. Cham: Springer. https://doi.org/10.1007/978-3-319-15877-8_1069-1 [Links]

CAETANO R, et al. Desafios e oportunidades para telessaúde em tempos da pandemia pela COVID-19: uma reflexão sobre os espaços e iniciativas no contexto brasileiro. *Cadernos de Saúde Pública*, 2020; 36(5).

CARVALHO LEITE, S C M. et al. A relação médico-paciente frente à telemedicina. *Revista Eletrônica Acervo Saúde / Electronic Journal Collection Health* | ISSN 2178-2091 REAS/EJCH | Vol.13(2) | e5694 | DOI: https://doi.org/10.25248/reas.e5694.2021 Página 1 de 9

DIMER, NA, et al. *Pandemia do COVID-19 e implementação de telefonoaudiologia para pacientes em domicílio*: relato de experiência. CoDAS, 2020; 32(3).

FIOCRUZ. Fundação Oswaldo Cruz. (2020a, 8 de maio*). ConVid pesquisa de comportamentos.* Disponível em: <https://convid.fiocruz.br/index.php?pag=principal>. Acesso em: 3 abr. 2022.[Links]

FIOCRUZ. Fundação Oswaldo Cruz. (2020b). *Crianças na pandemia COVID-19* (Cartilha da série Saúde Mental e Atenção Psicossocial na COVID-19). Disponível em: <https://www.fiocruzbrasilia.fiocruz.br/wp-content/uploads/2020/05/crianc%cc%a7as_pandemia.pdf>. Acesso em: 3 abr. 2022. [Links]

LEBOW, J. L. Family in the age of COVID-19. *Family Process, 59*(2), 309-312, 2020a. https://doi.org/10.1111/famp.12543 [Links]

LEBOW, J. L. The challenges of COVID-19 for divorcing and post-divorce families [Ahead of print]. *Family Process,* 2020b. https://doi.org/10.1111/famp.12574 [Links]

LINHARES, M. B. M.; ENUMO, S. R. F. Reflexões baseadas na Psicologia sobre efeitos da pandemia COVID-19 no desenvolvimento infantil. *Estudos de Psicologia* (Campinas), *37*, e200089, 2020. https://doi.org/10.1590/1982-0275202037e200089 [Links]

MACHADO DA SILVA, I. et al. As relações familiares diante da COVID-19: recursos, riscos e implicações para a prática da terapia de casal e família. PEPSIC. *Periódicos eletrônicos em psicologia.* Pensando fam. vol. 24 n. 1 Porto Alegre jan./jun. 2020.

PATTERSON, T. *Couples experiencing an unknown world: Enmeshment, disengagement and systemic balance.* Society for Couple and Family Psychology, 2020, 5 de maio. Disponível em: <https://www.apadivisions.org/division-43/publications/blog/practice/couples-covid-19>. Acesso em: 3 abr. 2022. [Links]

PRIME, H.; WADE, M.; BROWNE, D. T. (2020). Risk and resilience in family well-being during the COVID-19 pandemic [Ahead of print]. *American Psychologist*, 2020. https://doi.org/10.1037/amp0000660 [Links]

STANLEY, S.; MARKMAN, H. Helping couples in the shadow of COVID-19 [Ahead of print]. *Family Process*, 2020. https://doi.org/10.1111/famp.12575 [Links]

WALSH, F. Resiliencia familiar: Un marco de trabajo para la práctica clínica. *Sistemas Familiares, 21*(1-2), 76-97, 2005. Disponível em: <https://asiba.org/index.php/asiba/article/view/51>. Acesso em: 3 abr. 2022. [Links]

Os autores

Ângela Baraf Podkameni

PhD, psicanalista. Reside e trabalha no Rio de Janeiro.

Carlos Alberto Sampaio Martins de Barros

Psiquiatra, grupoterapeuta. Especialista em psiquiatria pela UFRGS e pela ABP. Mestre em Psicologia Educativa pelo Instituto Superior de Psicologia Aplicada, Lisboa. Ex- docente dos cursos de graduação em medicina e especialização em psiquiatria *latu senso* da Universidade Luterana do Brasil. Ex-docente colaborador do Centro de Estudos da Família e do Indivíduo de Porto Alegre (CEFI).

Cristiana Moniz de Aragão Baptista

Psicóloga clínica, doutora em psicossociologia de comunidades e ecologia social, Programa EICOS/UFRJ. Ex-Professora da cadeira de psiquiatria e psicologia médica da Faculdade de Medicina de Petrópolis. Especialista em psicologia médica (FCM/UERJ).

David Epelbaum Zimerman

Médico, psicanalista, membro efetivo da Sociedade Psicanalítica de Porto Alegre/RS.

Elisa Maria Parahyba Campos

Professora doutora do Departamento de Psicologia Clínica da Universidade de São Paulo. Criadora e coordenadora do laboratório CHRONOS – Centro Humanístico de Recuperação em Oncologia e Saúde, São Paulo.

Eugênio Paes Campos

Médico e psicólogo, mestre e doutor em psicologia clínica pela PUC/RJ. Professor Titular do Curso de Medicina do Centro Universitário Serra dos Órgãos (UNIFESO). Ex-presidente da Associação Brasileira de Medicina Psicossomática. Teresópolis/RJ.

Evelyn Eisenstein

Pediatra e clínica de adolescentes. Professora-adjunta aposentada da Faculdade de Ciências Médicas da Universidade do Estado do Rio de Janeiro. Diretora da Clínica de Adolescentes e do CEIAS, Rio de Janeiro.

Felipe de Medeiros Tavares

Médico. Psiquiatra. Mestre em Saúde Coletiva pelo IMS- UERJ. Especialista em Psiquiatria, Psicogeriatria e Psiquiatria Forense pela Associação Brasileira de Psiquiatria (ABP).

Gustavo Correa Matta

Psicólogo, Doutor em Saúde Coletiva IMS/UERJ. Atuou como psicólogo no Serviço de Nefrologia e Transplante Renal do Hospital Universitário Pedro Ernesto da UERJ e também na Central Estadual de Transplantes do Rio de Janeiro (Rio Transplante) no período de 1990 a 2002. Atualmente é Pesquisador Titular da Escola Nacional de Saúde Pública Sergio Arouca da Fiocruz.

José Galvão Alves

Chefe da 18ª Enfermaria do Hospital Geral da Santa Casa de Misericórdia do Rio de Janeiro- Serviço de Clínica Médica. Professor Titular de Clínica Médica da Universidade Gama Filho e F.T.E. Souza Marques. Professo Titular de Pós-Graduação em Gastroenterologia da PUC-RJ.

Júlio de Mello Filho

Professor titular de psicologia médica da Faculdade de Ciências Médicas da Universidade Estadual do Rio de Janeiro (UERJ). Ex-presidente da Associação Brasileira de Medicina Psicossomática. Ex-Presidente honorário da Sociedade de Psicoterapia Analítica de Grupo do Rio de Janeiro (SPAG). Membro didata da Sociedade Brasileira de Psicanálise do Rio de Janeiro.

Luiz Carlos Osório

Psiquiatra, psicanalista, grupoterapeuta, terapeuta de casais e famílias. Consultor de sistemas humanos/RS.

Luiz Fernando Chazan

Psiquiatra e psicanalista. Mestre e doutor. Professor de psicologia médica da Faculdade de Ciências Médicas da Universidade do Estado do Rio de Janeiro.

Marco Antônio Chagas Guimarães

Mestre e Doutor em psicologia clínica PUC/RJ. Especialista em psicologia clínica. Psicanalista, Pesquisador em Saúde, Cultura e Religiosidade da População Negra, Rio de Janeiro.

Margareth Álvares

Psicóloga, mestre em psicologia clínica pelo Departamento de Psicologia da USP. Psicóloga hospitalar, São Paulo.

Maria Amélia Jaeger

Psicóloga clínica, terapeuta familiar e de casal. Mestre em psicologia clínica pela PUC/RS. Membro da coordenação e terapeuta de Grupo Multifamiliar do Ambulatório de Transtornos Alimentares do Hospital de Clínicas de Porto Alegre (UFRGS). Reside e trabalha em Porto Alegre/RS.

Miriam Burd

Psicóloga clínica, escolar e hospitalar. Especialista em Psicologia Médica pela Faculdade de Ciências Médicas da UERJ e Neurociências pelo IPUB/UFRJ. Membro titular da Associação Brasileira de Medicina Psicossomática (ABMP). Escritora. Rio de Janeiro.

Nina Rosa Sanches

Psicóloga, especialista em psicologia clínica. Psicanalista. Professora aposentada da UFMG. Belo Horizonte/MG.

Patrícia Abreu

Psicóloga, mestre em Psicologia da Saúde e Hospitalar pela UnG – Universidade de Guarulhos. Psicóloga hospitalar. São Paulo.

Rafael Trevizoli Neves

Psicólogo especialista em Psicologia Hospitalar pelo HC-FMUSP. Mestrando em Psicologia Clínica pelo IPUSP. Psicólogo Sênior no HCor, atuando na UTI – Adulto, Serviço de Cuidados Paliativos e CIHDOTT, São Paulo.

Rosa Abras

Psicóloga, especialista em psicologia clínica. Psicanalista. Belo Horizonte/MG.

Sandra Lúcia Fortes

Douta em Saúde Coletiva pelo IMS/UERJ. Professora Assistente de Psicologia Médica da Faculdade de Ciências Médicas da Universidade do Estado do Rio de Janeiro. Coordenadora do Grupo de Trabalho em Saúde Mental no Programa de Saúde da Família do Pólo de Capacitação/Secretaria de Estado do Rio de Janeiro. Rio de Janeiro.

Silvia Maria Cury Ismael

Psicóloga clínica. Chefe do Serviço de Psicologia do Hospital do Coração – ASS. Especialista em psicologia hospitalar. Vice-presidente da Sociedade Brasileira de Psicologia Hospitalar. Diretora do Programa de Combate ao Fumo do FUNCOR/ Sociedade Brasileira de Cardiologia. Mestre em ciências pela Faculdade de Medicina da USP. São Paulo/SP.

Tânia Rudnicki

Psicóloga. Doutorado em Psicologia (PUCRS). Pós-Doutorado no ISPA – Instituto Universitário de Ciências Psicológicas, Sociais e da Vida, Lisboa/PT, pela Capes Foundation Ministry of Education of Brazil-Brasília/DF – Brazil. Diretora do ITEPSA - Instituto de Terapia Cognitiva em Psicologia da Saúde/RS. Terapeuta Certificada pela FBTC.

Therezinha Penna

Psicanalista. Psiquiatra de Interconsultoria Hospitalar. Ex-membro da Diretoria da Sociedade Internacional de Psico-Oncologia (IPOS), Rio de Janeiro.

Victoria Lidchi

Terapeuta familiar. Psicóloga clínica especialista em pediatria e maus-tratos infantis. Mediadora familiar. BSC, Mphil, DClinpsychol da Sociedade Britânica, Instituto de Terapia Familiar de Londres e ISPCAN (International Society for the Protection of Children against Child Abuse and Neglect). Londres.

Construindo ideias
e conectando mentes

Este livro foi composto com tipografia Bembo Std
e impresso em papel Pólen Soft 80g.
na Artes Gráficas Formato em janeiro de 2023.